Felix Dahn

Urgeschichte der germanischen und romanischen Völker

4. Band

Felix Dahn

Urgeschichte der germanischen und romanischen Völker
4. Band

ISBN/EAN: 9783743688926

Hergestellt in Europa, USA, Kanada, Australien, Japan

Cover: Foto ©ninafisch / pixelio.de

Weitere Bücher finden Sie auf **www.hansebooks.com**

Allgemeine Geschichte

in

Einzeldarstellungen.

Unter Mitwirkung von

Felix Bamberg, F. von Bezold, Alex. Brückner, Const. Bulle, Felix Dahn,
G. Droysen, Joh. Dümichen, Bernh. Erdmannsdörffer, Theod. Flathe,
Ludw. Geiger, Gust. Hertzberg, O. Holtzmann, F. Hommel, E. O. Hopp,
Ferd. Justi, B. Kugler, S. Lefmann, Ed. Meyer, A. Müller, W. Oncken,
M. Philippson, R. Pietschmann, Hans Prutz, S. Ruge, Th. Schiemann,
B. Stade, A. Stern, Ed. Winkelmann, Adam Wolf

herausgegeben

von

Wilhelm Oncken.

Zweite Hauptabtheilung.

Zweiter Theil.

Urgeschichte der germanischen und romanischen Völker.

Von Felix Dahn.

Vierter Band.

Berlin,

G. Grote'sche Verlagsbuchhandlung.

1889.

Urgeschichte

der

germanischen und romanischen Völker.

Von

Dr. Felix Dahn,

Professor an der Universität Breslau.

Mit Illustrationen und Karten.

Vierter Band.

Berlin,

G. Grote'sche Verlagsbuchhandlung.

1889.

Druck von B. G. Teubner in Leipzig.

Beginn des Satzes am 15. Juni 1886.

Zweites Buch.

Die Franken.

Fortsetzung: Innere Geschichte des fränkischen Reichs bis 814.

Erstes Capitel.
Verfassung und Recht.
I. Allgemeine Grundlagen.

Ueber Entstehung der großen Hauptgruppe der „Franken" und deren Gliederung in die Mittelgruppen: salische, Ufer= und hessische Franken, sowie über die einzelnen Völkerschaften, aus welchen sich dieselben zusammen= setzten, ist bereits ausführlich gehandelt worden.[1])

Wenn man[2]) fragt: „wo wäre bei den Franken auch nur die geringste Spur von Statenbünden nachzuweisen?" so lautet die Antwort: bei Sul= pitius Alexander[3]), der gegen Arbogast verbündet nicht nur zwei „sub= regulos der Franken", Sunno und Markomer, nennt, der sogar damals schon mit den Brukterern, Amsivaren und Chamaven die ziemlich entfernt wohnenden Chatten und zwar Amsivaren und Chatten unter Einem gemein= schaftlichen Oberfeldherrn (dux, im alten Sinn Armins) kämpfend uns vor= führt[4]): aber auch schon zur Zeit Constantins müssen wir uns doch die Mehrzahl von gleichzeitig bekämpften und gefangenen Königen der Franken[5]) als verbündet denken, wie später Chlodovech mit Chararich verbündet Syagrius, mit dem Uferfrankenkönig Sigibert die Gothen, mit demselben die Ala= mannen bekämpft.[6]) Und bezweifelt man auch bei Alamannen solche Bündniß= verträge, so sahen wir doch nicht nur bei Straßburg sieben verbündete Alamannenkönige kämpfen[7]), es wird sogar ausdrücklich gesagt, daß, als Julian einige alamannische Völkerschaften angriff, andere diesen zu Hilfe eilen „ge= mäß der Vertragspflicht gegenseitiger Unterstützung": daß jene Bündnisse von Anfang auf die Dauer geschlossen waren und immer eingehalten wurden, habe ich nicht behauptet; allein aus häufigen Bündnissen für Einzelfälle hat sich wohl dauernde Verbündung entwickelt.

Die Zahl der seit Ende des 4. Jahrhunderts in Gallien allmählich ein= wandernden Franken, Alamannen, Burgunden auch nur annähernd abzu= schätzen, ist völlig unmöglich. Wir können blos feststellen, daß die Loire eine bedeutsame Gränze bildete: von Norden und Osten bis an die Loire hin siedelten die Franken in dichten Massen, auf dem südwestlichen Ufer der Loire

---

1) II, 201 Teutsche Geschichte 1a, 461, 1b (1848), 4 401; über den Namen Salier daselbst S. 403. 2) Waitz II 1, 1; gegen meine Ausführung in v Wieters= heim=Dahn I, 177 215. 3) Greg. Tur. II, 9. 4) Urgesch. II, 398. 5) Urgesch. II, 255. 6) III, 45. 49. 7) III, 292.

1*

finden sich nur vereinzelte verstreute fränkische Siedelungen auf allodialem und später auf Beneficial=Boden, abgesehen selbstverständlich von den als Beamte oder als Krieger — in dauernd besetzten Städten und Festungen — auch hier nicht selten weilenden Franken. Die germanischen Bestandtheile der Bevölkerung südwestlich der Loire sind nur die (Ost= und) Westgothen in Septimanien. Daher erklärt sich die frühe und starke Romanisirung dieses Theiles von Frankreich (Bd. III, S. 241, 920) im Unterschied von Nordost=frankreich auf dem rechten Ufer der Loire.[1]) Ja, nicht einmal hier reichten die „compacten Ansiedlungen" der Salier ganz bis zur Somme, d. h. so, daß die Romanen völlig verdrängt worden wären.[2])

Freie Römer blieben am Rhein[3]) nicht oder nur als verschwindende Ausnahmen übrig: der Römer heißt im Uferfrankenland ein „Zugewanderter", advena, wie einer aus den fernen Landen der Burgunden oder Baiern.[4]) Die Schlüsse aus den Namen täuschen leicht: doch trug viel eher der Germane römische, griechisch=hebräische, d. h. biblisch=christliche, als ein Römer germa=nische Namen. Ein Römer, Rotharius, in Regensburg[5]) ist seltenste Ausnahme; häufiger sind germanische Beinamen, Kose= oder Spottnamen neben dem römischen eines Römers.[6]) Der Vater St. Rigoberts[7]) „in pago Ribuariorum", Constantinus, ist nicht so fast dieses Namens halber, als weil seine Gattin „Francigena" genannt wird, als Römer zu vermuthen: indessen bedeutet den Ripuariern „Francus" den Franken anderer Gruppe, zumal den Salier.

In dichteren Massen sind Römer verblieben im süblichsten Alamaunien (in der Schweiz (Arbon), um Vindonissa[8])), dann in Südostbaiern (Salzburg), aber nur als Colonen: freie römische Grundeigner nur in Grau=bünden, wo sich das Vulgärlatein als „Romanisch" ja bis heute erhalten hat.[9])

Uebrigens geschah die Ausbreitung der Herrschaft der Merovingen über Gallien schon unter Chlodovechs Vorgängern und diesem selbst keineswegs nur durch Gewalt: vielmehr ist zu vermuthen, daß, wie es von den Arc=moricauern (d. h. den Kelten in der Bretagne) ausdrücklich bezeugt wird[10]),

---

1) Ueber die von den Franken vorgefundene keltisch=römische Bevölkerung ist ge=handelt III, 1 f. 2) Vgl. Waitz, Deutsche Verfassungsgeschichte, 3. Aufl. 1882, II 1, 30. Schröder, Franken S. 52. Brunner, Deutsche Rechtsgeschichte I (1847), 191. 3) Mit Recht bemerkt Roth, Beneficialw. S. 66: das Verschwinden des Christen=thums in diesen Landen, wo von 500—730 Bekehrer zu arbeiten haben, beweist, wie stark hier die römische Bevölkerung hinweggedrängt worden, die seit ca. 300 christ=lich gewesen war. 4) Lex Rib. XXXVI, 2; daß die Stelle erst karolingisch sei, be=hauptet Sohm a. a. O. ohne Grund, richtig Löning S. 300. 5) Gemeiner, Ursprung der Stadt Regensburg S. 67 6) Waitz II 1, 268 verzeichnet nur etwa zwei Römer in allen Urkunden von Epternach, Werden, Lorsch, Fulda und Weißenburg. 7) Vita St. Rigob. Bouquet II, 657. 8) Siehe die Belege bei Waitz II 1, 269. 9) Und jenseit des Brenuer einmal: quidam nobilis Romanus nomine Dominicus Breonensium plebis civis. Aribo vita St. Corbiniani c. 35. 10) Prokop, bellum Gothicum I, 12.

auch römische Städte und Landschaften sich häufig, halb freiwillig gelindem Drängen weichend, durch Vertrag lieber den Saliern anschlossen, welche, (wenigstens die Könige) obzwar heidnisch, zu den katholischen Bischöfen in leiblichem Vernehmen standen, als den ebenfalls barbarischen, aber ketzerischen — arianischen — Burgunden und Gothen, welche vielfach — freilich nur in Abwehr von Verrath — die rechtgläubigen Bischöfe scharf überwachten und bestraften. Hatte doch schon vor Chlodovech Krieg zwischen Römern und Franken gar oft mit Waffenruhe, ja mit Verträgen (foedera) gewechselt, welche letztere zu Waffenhilfe gegen Gewährung von Jahrgeldern oder Abtretung von Land verpflichteten.

Eine Landtheilung (eine „hospitalitas" I, 289) zwischen Franken und Römern hat nicht wie zwischen Burgunden, Ost= und Westgothen mit den Römern stattgefunden. Es bestand kein Bedürfniß hiezu: in den ersten Zeiten gewaltsamen Vordringens der Franken gegen Süden und Osten — also im 4. Jahrhundert und im 5. bis etwa auf Childerich — waren die römischen possessores, die großen Grundeigner, im Kampf gefallen oder gefangen und verknechtet worden, der weitaus größte Theil derselben aber hatte sich durch die Flucht in den Süden Galliens oder nach Italien den Schrecken der Barbareneinfälle und Barbarenherrschaft entzogen: nur ihre Freigelassenen, Colonen, Unfreien waren im Lande geblieben: sie wechselten jetzt lediglich den Herrn und bebauten die Scholle nunmehr für den Salier wie früher für den Römer. In der späteren Zeit aber boten die Güter des kaiserlichen Fiscus, die Statsgüter der burgundischen und gothischen Reiche, die weitgestreckten Ländereien von römischen, burgundischen, gothischen Vornehmen, welche im Kampfe gefallen oder nach der Unterwerfung wegen infidelitas gegen den Frankenkönig mit Gütereinziehung — gerechter= oder ungerechterweise — bestraft wurden, so viel Boden dar, daß dem Meroving für sich und für seine Gefolgen (Antrustionen), sowie für andere zu belohnende Edle oder anzusiedelnde Gemeinfreie des Landes die Fülle zu Händen stand. Abgesehen von den frühesten Kämpfen wurden die Römer nie und nirgend bei dem Vordringen der Franken ihrer persönlichen Freiheit beraubt, also verknechtet: sie traten vielmehr durch Vertrag oder durch Eroberung lediglich als Unterthanen in das Frankenreich ein, fast in allen wesentlichen Rechten den freien Franken gleichgestellt. Sie lebten nach dem „Princip des persönlichen Rechts" (oben I, 295) nach wie vor nach römischem Privatrecht: wie es sich in gemischten Fällen, ferner im Strafrecht und Proceß verhielt, darüber s. unten „Gerichts= wesen": es gab auch keine besonderen Gerichte und anderen Aemter für die Römer als für die Franken. Nur das Wergeld des freien[1] Römers (100 Solidi

---

1) Die allzu patriotische (b. h. französisch=römische) Behauptung Fustels de Cou= langes VI. 6, 3, diese Römer der Lex Sal. mit dem halben Wergeld des Franken seien nur freigelassene Römer, freigeborne Römer hätten das gleiche Wergeld wie der freie Franke gehabt, hat dessen Landsmann Havet selbst widerlegt Revue histor. II, 120; vgl. Thonissen, Loi Salique S. 60. 385.

— 1200 Mark) ward blos auf die Hälfte des Wergelds des freien Franken (200 Sol.) festgestellt.

Schwerlich ist dies auf abschätzige Würdigung des Römers, der in allen wichtigsten Dingen, z. B. in der Amtsfähigkeit, gleich von Anfang dem Franken gleichgestellt erscheint, zurückzuführen: eher vielleicht darauf, daß der Römer für seine Familie — an welche das Wergeld, Manngeld, als Ersatz des „praktischen Werthes" des Mannes zu zahlen war — in der That geringeren praktischen Werth besaß als der Germane für seine Sippe, gegen welche er schwerwiegende Pflichten (Fehdegang, Kampf, Eidhilfe, Schutz im weitesten Sinn) zu erfüllen hatte.[1])

In dem Verhältniß der Germanen zu den Romanen fehlt es nun zwar weder völlig auf Seite der Römer an Verachtung der „Barbaren", ein Wort, das aber regelmäßig ohne Scheltsinn gebraucht wird — so von der Lex Salica[2]) selbst, von Gregor[3]) und den Heiligenleben, besonders von den Austrasiern rechts vom Rhein, freilich aber manchmal den Heiden und das Rohe bedeutet[4]) — noch auf Seite der Franken an Geringschätzung der „feigen", „verweichlichten", „besiegten" Römer: ein Germane noch zu Ende des 8. Jahrhunderts mag einen Römer von Sprache oder Abstamm nicht einmal im Vorübergehen anschauen: das gilt freilich als „eingeborene Dummheit aus barbarischer Wildheit"[5]). Schwerer wiegt das Auftreten der Germanen gegen die Romanen bei Gregor im 6. Jahrhundert. Und das ganze Selbstgefühl des rasch emporsteigenden Frankenthums drückt aus der Prolog zur Lex Salica[6]): „der Franken ruhmvoll Volk, von Gott gegründet, waffenwehrhaft, friedefest, rathklug, leibedel, treuerein, schön zu schauen, kühn, rasch und rauh: dies ist das Volk, das heldenhaft und heldenkräftig der Römer höchst hartes Joch durch Heldenkampf sich gehoben vom Halse."

Indessen Gewaltthätigkeiten jeder Art kommen zwischen Germanen untereinander nicht minder häufig vor als zwischen Germanen und Römern: ja, auch die Römer verwildern neben ihren fränkischen Nachbarn, von deren unglaublicher Rohheit und Wildheit angesteckt: sie führen auch untereinander Fehde und üben Blutrache: werden doch sogar die Juden hin und wieder von gleicher Gewaltthätigkeit ergriffen.

Im Ganzen und Großen war also das Verhältniß zwischen Franken und Romanen ein gar so ungünstiges nicht: wir bemerkten bereits, daß gleich von

---

1) Ausgeführt ist diese Vermuthung Deutsche Gesch. Ib, 418.   2) XIV, 2.
3) Urgesch. III, 82   4) Barbarorum cruda rusticitas, Greg. mir. St. Juliani
c. 39.   Roth, Ben. S. 102; gentiles, die Ueberrheiner Sigiberts Urgesch III, 167 f.
5) innata ex feritate barbarica stoliditas, mir. St. Goaris c. 7 Acta SS. Bolland.
6. Juli II, 339.   6) Prologus: deutlich hörbar rhythmisch und wohl — fränkisch
— im Stabreim gedacht: Gens Francorum inclyta, | auctore Deo condita, | fortis
in arma, | firma in pacis foedere, | profunda in consilio, | corpore nobilis, | in
columis candore, | forma egregia, | audax, velox et aspera | . . . haec est enim
gens quae | fortis dum esset et valida | Romanorum jugum durissimum | de suis
cervicibus | excusserunt pugnando.

Anfang vornehme Römer in wichtigen Heeres= und Friedensämtern erscheinen. Und lag es auch Chlodovech und dessen Erben gewiß sehr fern, etwa wie Theoderich der Große (I, 290. 303) die römische Cultur in ihren Vorzügen voll zu würdigen und ihren grimmen Antrustionen beibringen zu wollen, — es vollzog sich gleichwohl unwillkürlich, zwar allmählich, aber unaufhaltbar eine Romanisirung wie der Gothen in Spanien und Septimanien, der Lango= barden in Italien, so auch der Burgunden und Franken in Südfrankreich: langsamer selbstverständlich der Franken in Nordostfrankreich: waren doch die Romanen überlegen wie ganz unvergleichlich an Cultur im allerweitesten Sinne, nicht nur in volkswirthschaftlicher Arbeit, in wissenschaftlicher, literarischer, künstlerischer Bildung, auch in Schönheit, Reichthum, Behaglichkeit, Luxus aller Lebensformen, des Hausbaues, des Kunsthandwerks, des Handwerks, der Geräthe, der Waffen, der Genußmittel und der Jahrhunderte hindurch ge= pflegten Kunst heiteren, schönen Lebensgenusses.

Dazu kamen die Einflüsse von Himmel und Boden, dazu das den Ger= manen ganz neue, für die römische Cultur aber so unentbehrliche Leben in Städten, wo, keineswegs nur auf dem flachen Lande — wie man anzunehmen pflegt — wir ebenfalls gleich von Anfang Germanen antreffen, so z. B. in Trier.

Selbstverständlich hat dann die seit 497 durch Annahme des Katholi= cismus ermöglichte und alsbald sehr häufig bezeugte[1]) Ehegemeinschaft zwischen Franken und Römern die Verschmelzung der beiden Völker auf das Mächtigste gefördert. Und es bedarf kaum nochmaliger Erinnerung, wie stark auf die Verhältnisse zwischen Römern und Franken ganz im Allgemeinen — abgesehen von der Eheschließung und der hierdurch allmählich herbeigeführten Verschmelzung beider zu einem neuen Volk — die gleich bei Errichtung des Reiches hergestellte Glaubensgemeinschaft gewirkt hat: der Katholicismus verband Römer und Franken wie gegen heidnische Ueberrheiner — gleichviel ob Germanen oder Slaven —, so gegen ketzerische Ost= und Westgothen. Nun war aber die Religion, das kirchliche Leben die mächtigste Macht in Geist und Seele, in Phantasie und Gemüth, in Wissenschaft und Kunst, im Ge= sammtleben jener Tage: „zu denselben Heiligen, zu denselben Reliquien beteten Römer und Franken, an dieselben Wunder glaubten sie, Glaube und Aber= glaube, heilsame wie schädliche Wirkungen der Kirche theilten sie, die gleichen Feste feierten sie in den gleichen Kirchen, vor der gleichen Hölle zitterten und auf den gleichen Himmel hofften sie". (T. Gesch. I b. S. 417.)

II. Das Volk.

1. Die Sippe.

Wir sahen, der Statsverband war aus dem Sippeverband erwachsen (I, 78). Der Natur der Sache nach wurde von der erstarkenden fränkischen Statsgewalt der Sippe wie eine Reihe von Aufgaben und Pflichten ab=

---

1) Anders bei den Westgothen I, 447.

genommen, so auch eine Reihe von Rechten entzogen oder geschmälert, welche mit Ordnung und Frieden des States in Widerspruch, oder mit dem Heiden= thum in zu innigem Zusammenhang standen.

Der Fehdegang wird eingeschränkt, von Karl ganz verboten: anbrerseits bedroht der Stat schwerste Fälle der Tödtung mit Todesstrafe, verbietet die Beilegung durch Wergeldzahlung, die Eidhilfe wird von der Voraussetzung der Versippung gelöst, die Muntschaft nur vom nächsten waffenfähigen Schwertmag geübt, nicht mehr von der ganzen Schwertmagschaft, welcher nur noch eine Art Ueberwachung bleibt, übrigens unter der Obervormuntschaft des Königs; das Recht auf Wergeld oder Fehde wird auf bestimmte Grade der Verwandt= schaft beschränkt: ebenso die Erbfähigkeit, der Stat zieht nun den Nachlaß als erbloses Gut ein, falls nur Gesippen des V.(—VII.) Grades vorhanden sind; die Wergeldforderung wird nach Hälften oder Dritteln zwischen den Abköm= lingen und den Seitenverwandten getheilt (Erben=Sühne, Magen=Sühne).[1]

2. Die Stände.

a) Der Adel.

Altgermanischer Volksadel (I, 91. 450) hatte gewiß auch den Völker= schaften nicht gefehlt, welche zu der salischen, uferfränkischen und hessischen Mittelgruppe zusammengewachsen waren: wenn seine Spuren im 6. Jahr= hundert verschwindend dürftig sind, so erklärt sich das wohl zum Theil aus der Ausmordung durch Chlodovech und dessen nächste Folger, welche dieser Geschlechter schwerlich mehr als des eigenen werden geschont haben, zum wichtigeren Theil aber wohl daraus, daß die übrig gebliebenen volksedeln Sippen, welche ihren Frieden mit der neuen merovingischen Königsgewalt geschlossen hatten, in den neuen Dienstadel über= und aufgingen, welcher auch hier, ganz ebenso wie im Westgothenstat, aus den gleichen Ursachen und auf den gleichen Grundlagen, sich sehr bald entwickelte: wir verweisen auf die Dar= stellung daselbst (oben I, 450), welche ohne Aenderung auch auf die fränkischen Verhältnisse paßt.[2]

Die Grundlage dieses neuen Dienstadels war eine besonders enge Be= ziehung zu der Person des Königs: — Aufnahme in die königliche Gefolg= schaft (bei den Franken als antrustio in die trustis regia, der Römer, der Gefolge ward, hieß nach dem hochgewürdigten Ehrenrecht, die Tafel des Königs zu theilen, conviva regis) — Verleihung von Königsamt (Hof= oder Reichs= amt) und Schenkung von Königsland, welches in merovingischer Zeit regel= mäßig in das volle, vererbliche, unwiderrufliche Eigenthum des Empfängers überging: — nur ausnahmsweise findet sich auch in dieser Zeit bereits wider=

---

1) Ueber die im Familien= und Erb=Recht fortbestehenden Wirkungen des Sippe= verbandes s. Deutsche Gesch. I b, 437. 2) Bei den übrigen Germanen im Frankenreich, den Alamannen, Baiern, Thüringen, Frisen, Sachsen, hat sich der alte Volksadel, gipfelnd hie und da in einem herzoglichen Geschlecht und ausgezeichnet durch ein hohes Wergeld, erhalten: s. die einzelnen Stämme unten, Buch III.

ruflich oder nicht vererblich Eigenthum hieran, sei es durch Vertragung, sei es durch Gepflogenheit, sei es durch wirkliches objectives Gewohnheitsrecht in einzelnen Landschaften.

Diese Gefolgen, Beamten, Krongutempfänger erwarben Reichthum und dadurch die Gleichstellung mit den in Gallien vorgefundenen sehr reichen senatorischen Geschlechtern. Es walteten selbstverständlich in den von den Franken besetzten Gebieten Galliens in allen diesen Dingen keine anderen Verhältnisse als in den von den Gothen besetzten südgallischen und spanischen, da die zu Grunde liegenden römischen Zustände in Stat, Gesellschaft, Ständegliederung, Volkswirthschaft selbstverständlich östlich des Rhone keine anderen waren, als westlich desselben und der Pyrenäen: wir wiederholen daher nicht das für Westgothen[1]) bereits ausführlich Erörterte. Reichthum, Mittelmaß von Wohlstand, Armuth sind die Grundlagen der Ständegliederung, welche im Frankenreich durch Römer wie durch Germanen jedes Stammes[2]) sich hindurch zieht.

Die Namen schwanken:
  I. primi, primates, primarii, meliorissimi, optimates, proceres, meliores, majores, potentes, potentiores,
  II. medii, mediani, mediocres;
  III. humiliores, inferiores, juniores, viles, viliores = pauperes.

Weil der inferior ein Armer, wird vorausgesetzt, daß er die für ein Vergehen verwirkte Buße, welche der Richter festgesetzt, nicht zahlen kann: es trifft ihn daher Leibesstrafe.

Wenn sich manchmal bei der ersten Gruppe ein Zusatz findet, der auf vornehme Geburt hinweist, — häufig in den Heiligenleben — so erklärt sich dies einmal daraus, daß in dem alten römischen Provinzialadel eben auch der Reichthum von jeher sich vererbt hatte, dann aber daraus, daß auch neu zu Reichthum empor gestiegene Römer und Germanen ihre Güter auf Söhne und Enkel übertrugen, so daß dieser neue Abel, obwohl auf rein thatsächlichen Vorzügen erwachsen, eben auch rein thatsächlich in den meisten Fällen alsbald ein erblicher Abel wurde.

Die Aufnahme in die Gefolgschaft geschah feierlich durch Eidleistung auf die Waffen in die Hand des Königs: dabei wurde das bisherige Wergeld des Gefolgen verdreifacht: jedoch verschwand die altgermanische Gefolgschaft bald: sie setzte die altgermanischen Lebensverhältnisse voraus, paßte nicht in das neue palatium des Königs: andere Treueverhältnisse, zumal später die Basallität, verdrängten die alte trustis: übrigens hatte ursprünglich jeder Gemeinfreie das Recht gehabt, eine Gefolgschaft um sich zu scharen. —

1) I, 450. 2) In der Darstellung Brunners I, 224 über die Gliederung der Gesellschaft ist nur der Satz anzufechten: „Der Gegensatz der Nationalitäten erscheint .. in gewissem Sinne als ein ständischer Gegensatz" — wegen der verschiedenen Wergeldsätze der Stämme: diese Auffassung ist schief, paßt auch nicht zu Brunners eigener Darlegung.

Wie die Gefolgen zeichnete auch die zweite Classe jenes Dienstadels, die (höheren) Beamten des Königs, dreifaches Wergeld aus. Gefreiter Gerichts-stand vor dem König kam aber Gefolgen, Beamten und Krongutempfängern als solchen nicht zu: häufig erhielten sie ihn durch besondere Verleihung z. B. bei Gewährung besonderen Königsschutzes.

b) Die Gemeinfreien.

Aus früher (I, 454) entwickelten Gründen nahm die Zahl dieser ursprüng-lichen Träger der ganzen Verfassung rasch und stark ab: zumal wenn das Grundeigen verloren oder unter ein Mindestmaß gesunken war, ging alsbald auch die persönliche Freiheit[1]) verloren: durch die Immunitäten (III, S. 737 und unten S. 14) verloren sie den Zusammenhang mit den königlichen Gerichten, aus dem Heerbann verschwanden sie, je mehr in diesem der Reiterdienst an Be-deutung gewann, welchen nur die Reichsten (oder Vasallen) zu leisten pflegten.

Die kräftigeren Bestandtheile stiegen empor in eine der Gruppen des Dienstadels, nur die minder Widerstandsfähigen verblieben darin, um meist allmälig in die tiefere Stufe der Halbfreien, Schützlinge, oder gar der Un-freien herabzusinken.

Die oberste Schicht des Standes bilden die größeren Grundeigner, aus welchen später die Schöffen, Schöffenmäßigen und, nach thatsächlich ein-getretener Vererbung die Schöffenbürtigen hervorgingen: nur diese (größeren) Grundeigner durften die gerichtlichen Vollrechte üben, für deren fahrlässigen oder arglistigen Mißbrauch (z. B. Falscheid als Hauptschwörer, Eidhelfer, Zeuge) ein in der Gerichtsgemeinde belegenes erreichbares Vermögen, d. h in Grund-eigen, Schadenersatz gewähren mochte.

c) Die Halbfreien.

Zu diesen zählen vor Allen die Liten, Laten, Lazzen:[2]) barbarische Colonisten mannichfaltiger Volksart, welche schon unter römischer Herrschaft in die Rheinlande aufgenommen oder in denselben unterworfen und gegen Zins auf der Scholle belassen worden waren: sie waren wohl von jeher in ähn-licher Stellung gewesen wie die römischen Colonen.

Zu den Halbfreien zählten ferner die Freigelassenen minderen Rechts: das germanische (oben I. 93) wie das römische (durch Testament, Freilaß-brief) und das kanonische Recht (z. B. in der Kirche vor dem Bischof) hatten mannichfaltige Formen der Freilassung entwickelt: die durch das Kirchen-recht dem Bischof übertragene Schutzpflicht gegenüber allen Freigelassenen, welcher wichtige Rechte an deren Vermögen und Nachlaß entsprachen, wurde von den Frankenkönigen, welche diese Schutzpflicht und die entsprechenden Rechte für sich in Anspruch nahmen, nicht in vollem Umfang anerkannt.

----

1) Auch um sich den Statssteuern (Kopfsteuer) zu entziehen, traten Viele in Ab-hängigkeit. Waitz II 2, S. 363.   2) Name und Sache sind noch nicht genügend erklärt, v. Wietersheim=Dahn I, 324, II, 246. Ueber die bei Sachsen und Friesen f. unten.

Der durch eine der ungünstigeren Freilassungsformen zunächst nur zum Halbfreien (Liten, Albio) Erhobene — mit dem halben Wergeld der Freigebornen — konnte durch nochmalige Freilassung später dem Vollfreien gleichgestellt werden. Vermuthlich gemein- und urgermanisch war die Freilassung in Form eines Scheinkaufs, wobei der Freizulassende dem Herrn in Gegenwart des Königs einen Denar als scheinbare Loskaufssumme anbot, welche dieser ihm aus der Hand schlug, worauf der König ihn für vollfrei erklärte, unter Ausstellung einer Königsurkunde (Freilassung durch „Schatzwurf“, per denarium).

d) Die Unfreien.

In sehr großer Zahl waren römische Unfreie im Lande geblieben. Dazu traten die von den Einwanderern mitgebrachten Knechte: kriegsgefangene Slaven vermehrten die Zahl derselben so wesentlich, daß der Name Slave = Sklave vom griechischen „Sklabenen“) in den meisten europäischen Sprachen später die Unfreien bezeichnete. Nur sehr langsam — zunächst im Eherecht und durch die Kirche — wurden die Härten des alten Grundsatzes gemildert, daß die Unfreien nicht zum Volke gehörig, der Volksrechte unfähig seien, nicht Rechtshäupter, sondern Rechtsgegenstände, den Hausthieren völlig gleich. Erst später auch hat sich an Stelle des ihnen fehlenden Volksrechts ein Hofrecht der Unfreien entwickelt, welches von dem Hofgericht, bestehend aus den Knechten desselben Hofes, in dem Haupthof des Herren, unter dessen oder des villicus Vorsitz, angewendet wurde.

Ein Wergeld konnte der Knecht nicht haben: die dem Wergeld entsprechende Buße für seine Tödtung fiel an den Herrn, denn der Erben darbte ja der Knecht. Selbstverständlich war die Lage der Unfreien, welche nicht ohne die von ihnen bebaute Scholle veräußert werden konnten (servi casati) günstiger als derjenigen, welche von derselben gerissen und verkauft wurden: die Sitte und die Kirche suchten dies einzuschränken, wie die Kirche den Verkauf von christlichen Unfreien an Heiden (übrigens auch an Juden) verbot: da nun fast alle Nachbarn der Franken Heiden waren, ergab sich schon hieraus nahezu ein Verbot, Unfreie über die Grenzen des Reiches hinaus zu veräußern; thatsächlich und auch vielfach rechtlich am Besten standen die Knechte der Kirche (servi ecclesiastici) und der Krone (servi fiscalini).

Wohl schon in grauer Vorzeit hatten in den Hallen der Könige, der Edeln, aber auch reicher Gemeinfreien vier Verrichtungen hervorragende Bedeutung gehabt, waren hervorragend treuen, geschickten Knechten überwiesen worden: das Hausamt des Roß-Knechts (mariskalk), des Mundschenks (pincerna), des Kämmerers (Inbegriff der in Naturalien bestehenden Einkünfte des Hofes in der camera), des „Vorstehers der Schar“ überhaupt, des Truchseß, der dann auch bei der Mahlzeit die Schüsseln auf die Tafel zu besorgen hatte, daher dapifer: diese vier altgermanischen Haus-Aemter wurden im Frankenreich im Hause des Königs glänzendste Hof- und wichtigste Reichsämter.

III. Das Land.

Obwohl von Chlodovechs Tod (511) an bis zur Erwerbung des Major=
domats über das ganze Reich (690) das Statsgebiet der Merovingen fast aus=
nahmslos in drei oder vier — sich meist bekriegende — Theilreiche gegliedert
war, bildete das „regnum Francorum" doch nach Außen, z. B. gegenüber
Byzanz (der „res publica") eine Einheit.

Die drei Theilreiche Austrasien,[1] Neustrien, Burgund[2] waren
gegliedert in provinciae, auch wohl ducatus genannt; die provinciae, Zahl
und Bezeichnungen der provinciae schwanken: wir sahen, daß seit Mitte des
7. Jahrhunderts Basconien und Aquitanien im Süden, die Bretagne
im Westen, Elsaß, das übrige Alamannien, Baiern, Thüringen im Osten
sich wieder so gut wie völlig von der fränkischen Oberhoheit gelöst hatten[3]
und es ist in der That das Verdienst Pippins des Mittleren, wie weiland
Chlodovech, Romanien und Germanien zusammengeschlossen zu haben, nur
daß er dabei von Austrasien ausging, wie der Meroving von Neustrien aus=
gegangen war: er verhütete so, daß dem Süden die germanische Kraft ent=
zogen ward, deren dieser zur Abwehr des Islam alsbald so dringend bedürfen
sollte, daß andrerseits das ostrheinische Land wieder in Verfassungs=Zustände
zurückfiel, welche der Vergangenheit angehörten; auch das kaum hier bekannt
gewordene Christenthum war nur bei der Verbindung mit dem linksrheinischen
Stat aufrecht zu halten.[4]

Die Gaue zerfielen in Grafschaften, comitatus, welche in Gallien
ihren Mittelpunkt in einer civitas hatten, dem Sitz des Grafen, wozu dann
das „territorium" civitatis, die campania gehörte; auf dem rechten Rheinufer
bildete die Grundlage der Grafschaft meist ein altgermanischer Gau.

Andere Bezeichnungen für landschaftliche Gliederungen sind =bant (z. B.
Brak=baut), =eiba (z. B. Wester=eiba).

Meist, aber nicht immer, deckten sich in Germanien Grafschaft und Gau.

Eine Gliederung des Gaues in Hundertschaften läßt sich nicht als alt=

---

1) Der Name Austrasii begegnet zufrühst bei Gregor V, 14 19, verschieden
von den auch zu Sigiberts Reich gehörigen Campanenses, also bezeichnend die noch
weiter östlichen; Campania war meist eine Art Mitte zwischen beiden; Neustrasii
zuerst bei Jonas vita St. Columbani c. 48, Urgesch. III, 553, da die Urkunde
Pertz, Dipl. 7 von 646 falsch ist; andere Belege bei Waitz II 1, 68. Neustrien ist
Westland nach Zeuß S. 349, richtiger wohl Neu=Laub, Bonnell S. 223.   2) Ueber
„Francia" Bourquelot, sens des mots „France" et „Neustrie" sous le régime
Mérovingien, bibl. de l'école des Chartes VI. Séria I. p. 567; Waitz II, 1. S. 154 f.
3) Treffend über Baiern, Alamannien, eine Zeitlang auch Thüringen, Waitz
VI 1, S. 423: — „sie bildeten eigentümlich politische Körper, die sich dem übrigen
wohl vergliedert hatten, ohne doch ganz mit demselben zusammengewachsen zu sein;
.. einem solchen Land und Volke sind Fürsten vorgesetzt, die freilich zunächst als Ver=
treter und Beamte des Königs angesehen werden sollen, die aber doch ein starkes und
selbständiges(?) Recht ausüben und dieses nur dem höheren Recht des Königs unter=
ordnen.   4) Waitz II, 418.

und gemeingermanische Einrichtung nachweisen: nur bei den gothischen Völkern war das Heer nach der Zehnzahl gegliedert. Bei den übrigen Germanen ist nicht einmal der Eintheilungs-Grundsatz der Hundertschaften zweifelfrei zu stellen: wahrscheinlich bildeten je einhundert selbständige Sippehäupter — also in der Zeit des seßhaften Ackerbaues regelmäßig auch je einhundert Gehöfte — Eine Hundertschaft. Sogar bei den Franken selbst ist die Einrichtung erst spät bezeugt, von ihnen ist sie wohl bei den Alamannen eingeführt worden, bei den Baiern hat sie nie bestanden. Ihr geringer Umfang wies ihr stets nur gemeindliche Bedeutung zu: man hätte sie nicht mit dem Gau, pagus, verwechseln sollen, der ursprünglich innerhalb des lockeren Statenbundes der Völkerschaft civitas (z. B. Cheruscorum) den Einzelstat — den Statsbegriff überhaupt — ausgemacht und gebildet hatte.

Der Gau zerfiel nun also in Hundertschaften — da, wo solche bestanden — und diese, oder gleich der Gau, ohne solche Zwischenstufe der Hundertschaften, in Dorfschaften und Höferschaften: denn Hof-Siedelung kam ebenso wie Dorfsiedelung bei den Franken vor —: neben der Allmännde je Eines Dorfes oder Einer Höferschaft mochten auch mehrere Dörfer oder mehrere Höferschaften sich zu „Realgemeinden" in dem Sinne verbinden, daß z. B. ein Wald, ein Sumpf, ein Gebirgszug ihrer gemeinschaftlichen Nutzung unterstand, ein Deich ihrer gemeinsamen Pflege überwiesen ward, der also eine Art Allmännde für mehrere Dörfer- oder Höferschaften, für einen mehrere Dörfer umfassenden Deichverband bildete.

Im späteren Deutschland hatten sich nur ganz ausnahmsweise, an Rhein und Donau, einzelne römische Städte, nicht aber in diesen die römische Städteverfassung erhalten: dagegen in ganz Gallien Städte in großer Zahl: jedoch nur im Süden von Frankreich die römische Städteverfassung und das römische Stadtleben: dieses war aber bekanntlich eine wesentliche Voraussetzung der antiken Cultur überhaupt: deshalb — wenn auch freilich nicht deshalb allein — lebte im Süden Galliens so viel mehr vom Römischen fort. Es war ein Irrthum, die spätere Verfassung der Städte nördlich der Loire und östlich des Rheins aus der nie unterbrochenen Geltung der römischen Verfassung zu erklären: vielmehr hat sich jene erst im Lauf des 10. und 11. Jahrhunderts aus neuen Voraussetzungen entfaltet. Bis dahin war die Stadt — jedenfalls im fränkischen Reich — von der Verfassung des flachen Landes nicht ausgenommen, nur daß größere Städte den Amtssitz des Grafen bildeten, der daher „comes civitatis" hieß.

Die bei der Einwanderung der Franken vorgefundenen römischen Großgüter wurden zwar zu erheblichem Theil in mittlere und kleine Besitzungen aufgetheilt, die mittleren und kleinen Freien zu versorgen, welche nicht so viele Ansprüche, zumal nicht so viele Unfreie und Herden mitbrachten, um weitgestreckter Gründe zu bedürfen. Allein einmal erstreckte sich dieser günstige Einfluß nur bis an die Loire (oben S. 4) und dann entstanden auch hier bald wieder große Besitzungen der Krone, der weltlichen Großen und zumal der Kirchen und Klöster.

Die Rodungen in den Wäldern waren an Zustimmung der Gemeinden geknüpft, zu deren Allmänuden sie zählten; doch auch der König konnte die Rodung hier verbieten, wie in den Statsforsten und auf herrenlosem Grund seine Verstattung erforderlich war.

Das rasche Verschwinden der kleinen Gemeinfreien geschah auch im Frankenreich aus Gründen wirthschaftlicher Uebelstände, welche, mit der römischen Wirthschaft überkommen, nach kurzlebiger Milderung wieder hervor traten.

Das geringe Betriebscapital, die mangelnden Kenntnisse machten dem Klein= bauer — übrigens gerade auch bei den Rodungen — den landwirthschaftlichen Wettbewerb mit den geistlichen und weltlichen und königlichen Großgütern unmöglich: dazu kam der planmäßige Mißbrauch der Amtsgewalt der Grafen, zumal des Gerichts= und Heerbannes, durch welchen die kleinen Freien zur Hingabe ihres Allods oder gleich gar ihrer persönlichen Freiheit gedrängt wurden: mit Recht hat man[1]) bemerkt, daß die Landleihe insofern wenigstens wirthschaftlich wohlthätig wirkte, als sie agrarische Nothstände wie etwa zur Zeit der Baganden in Gallien, des „armen Konrad" in Deutschland verhüteten: die kleinen Leute büßten aber doch nur ihre Stellung in Stat und Gemeinde, nicht die Grundlagen ihres wirthschaftlichen Bestehens ein.

Für den Stat blieb freilich das Zusammenschmelzen der Gemeinfreien ein unersetzbarer Verlust: dadurch verlor das Königthum — trotz allem Mißbrauch doch der Beschirmer der Gesammtwohlfahrt im Reich — seine natürlichen Stützen und ward auf das Schädlichste gesteigert die Macht des Dienstadels. Ganz besonders verderblich aber wirkte hiebei das Institut der Immunitäten[2]), welche allmählich zu kleinen Staten im State erwuchsen: die weltlichen Immunitäten wurden Gebiete erblicher Machthaber, die geistlichen vererbten zwar nicht in Geschlechtern, waren aber so zu sagen noch unsterb= licher, weil ja an die unsterblichen Kirchen und Klöster geknüpft, denen man nicht, wie weltlichen Großen, wegen infidelitas eines Bischofs oder Abtes die Freiung wieder entziehen konnte.

Später ward dann die Immunität nicht nur wie ursprünglich für das vom König geschenkte, für alles von dem Begnadeten besessene Land gewährt: und zwar auch über freie, auf eigenem Allod innerhalb des gefreiten Gebietes Ansässige erstreckt. Ja, man nannte es auch „Immunität", wenn der König z. B. einem Kloster das Recht ertheilte, in einer Ortschaft an des Königs Statt Abgaben zu erheben.[3])

Das Wichtigste aber ward, daß der Immunitätsherr auf Grund dieser ursprünglich rein finanziellen Rechte nun auch eine Art privater „Amts= hoheit" erwarb, indem er nun „Vögte", „judices" ernannte, welche, wie die königlichen Beamten, Finanz= nicht nur, auch Gerichts=Polizei, ja zuletzt

1) Brunner I, 201. 2) Siehe über deren ältere befreiende und jüngere be= rechtigende Seiten Deutsche Geschichte 1b, 197. 198; [die Zurückweisung falscher Ansichten über dieselben Waitz III 2, 316. 3) Sogar die Heerbannbuße, aber nur einmal für Speier Diplomata N. 28, S. 27.

Heerbann=Rechte übten. Sogar Weiterverleihungen kamen vor: ein Bischof, der vom König das Immunitätsrecht erwarb, überträgt es auf ein auf diesem Gebiet errichtetes Kloster, d. h. er verzichtet nun gegenüber dem Kloster und überträgt seine Erhebungsrechte auf das Kloster, wie sie der König auf den Bischof übertragen hatte.

Das angebliche „Bodenregal" oder „Obereigenthum" — eine erst von den Glossatoren ausgebildete Irrlehre — des Frankenkönigs an allem Reichs=boden hat nie bestanden: die hierauf zurückgeführten Erscheinungen wie Berg=, Salz= und Jagdregal haben zum Theil so wenig bestanden wie ihre angeb=liche Grundlage, zum Theil sind sie aus der Gebietshoheit oder aus der (Volks=wirthschafts=)Polizei zu erklären oder aus dem Recht der Krone, sich alles herrenlosen Gutes zu bemächtigen.

Die Macht des weltlichen Adels, zumal auch in den unablässigen Em=pörungen und Verschwörungen wider die Krone und in den häufigen Fehden mißbraucht, beruhte vor Allem auf den zahlreichen unfreien, halbfreien, frei=gelassenen, freien, aber schutzhörigen kleinen Leuten, welche Erbgang, Vertrag, d. h. meist wirthschaftliche Noth, oft nackte Gewalt in solche Unterordnung gebracht hatte. Diese Abhängigkeitsverhältnisse waren entweder rein persönlich oder sie beruhten auf Landleihe, so daß der susceptus, accola auf der Scholle des Schützers saß: — oft freilich war sie das Allod des jetzigen Schütz=lings gewesen, der das schmale Gütlein dem Mächtigen aufgelassen, um es mit dessen Gunst und Schutz, aber freilich auch mit Zins und Frohn beschwert als Leihgut zu empfangen. Die Formen dieser Landleihe waren sehr mannich=faltig: precaria, praestaria (sc. epistola, später terra), terra manu firmata, contractus libellarius, colonia partiaria, emphyteusis; Güter der Kirche auf fünf Jahre, später auf Lebenszeit des Empfängers ausgethan, nannte man beneficia.

Unter den Formen rein persönlicher Abhängigkeit — amici, gasindi, clientes, auf den Namen kommt dabei nichts an — begegnet auch die der Vasallität: von dem keltischen Wort vassus, was ursprünglich den unfreien Hausdiener bedeutete; man empfahl sich in das vassaticum des Königs, indem man den Treueid in seine Hand ableistete. Allmählich verdrängte diese Form der rein persönlichen Abhängigkeit die übrigen: — wir wissen nicht, weßhalb.

Dagegen haben wir[1]) gelernt, aus welchen Gründen seit ca. 740 die Form des Beneficialwesens die übrigen Formen der Landleihe zu verdrängen anfing. Zwar nicht, weil man[2]) das in dieser Form ausgeliehene Kirchengut planmäßig und im ganzen Reiche unter den Söhnen Karl Martells „säcula=risirt", das Eigenthum der Kirche zu Statszwecken eingezogen hätte — das ist vielmehr nirgends und nie geschehen —, man hat nur — aber nicht erst

---

1) Durch die bahnbrechenden Arbeiten Paul v. Rothe, die allerdings durch den Widerspruch von Waitz einerseits eingeschränkt und berichtigt, andrerseits aber auch erst auf die richtigen Bahnen weiter gedrängt worden sind. 2) Wie Roth lehrte, das ist durch Waitz widerlegt.

unter den Söhnen Karl Martells, sondern am allerstärksten hat er das
selbst gethan — oft genug Stücke von Kirchengut mit oder ohne Schein
des Rechts dem Stat oder weltlichen Großen zugetheilt: — aber das geschah
nicht planmäßig, nicht systematisch, nicht nach Gesetz. Planmäßig, in Rechts=
form, d. h. meist mit vertragsmäßiger Zustimmung der Kirche, hat man viel=
mehr nur vorgenommen, was wir heute etwa eine „Zwangsanleihe bei der
Kirche" nennen würden. Man beließ der Kirche ihr Eigenthum, aber man
legte auf das beneficium, das sie z. B. gegen einen Zehnt an einen Bauer
gegeben, einen zweiten an den König oder an einen weltlichen Großen zu
entrichtenden Zehnt, wofür jener Reisige, zumal Reiter, zu stellen hatte. Oder
man nahm dem Bauer das beneficium und gab es einem weltlichen Senior,
der dafür nur mehr die halbe Leistung an die Kirche, die andre — in Gestalt
von Kriegshilfe — an den König zu leisten übernahm. Da nun der Kirche
neben der Krone weitaus der größte Theil des Bodens eignete, so erklärt
sich schon hieraus die Häufigkeit gerade der Beneficialform: und nun ward
diese Form auch vom König und von den weltlichen Senioren immer häufiger
gewählt. Noch aber gingen geraume Zeit Beneficialwesen und Vasallität neben
einander her. Noch konnte man lange Zeit Vasall sein, ohne Beneficium zu
haben, und Beneficium haben, ohne Vasall zu sein. Allein thatsächlich
mußten diese beiden Formen sich doch sehr häufig, ja regelmäßig verbinden.

Wollte der König oder ein andrer weltlicher oder geistlicher Senior einen
getreuen Vasallen für geleistete Dienste belohnen, für künftige gewinnen und
fiel ein beneficium z. B. durch den Tod des bisherigen bäuerlichen Besitzers
in seine Hand zurück, so gab er dasselbe dem zu belohnenden Vasallen. Oder
war ein beneficium freigeworden, so verlangte der Eigner von dem Schütz=
ling, der sich darum bewarb, Eintritt in die Vasallität als die beliebteste, für
den Herrn ehrendste und ersprießlichste Form der rein persönlichen Abhängigkeit.

So ward — ein Entwickelungsgang, der sich so häufig in aller Rechts=
gestaltung verfolgen läßt — aus einer ursprünglich blos thatsächlich häufigen,
dann regelmäßigen Verbindung, aus einer bloßen Gepflogenheit ohne Ueber=
zeugung von Rechtsnothwendigkeit, allmählich ein festes objectives Gewohnheits=
recht mit der Ueberzeugung der Rechtsnothwendigkeit, daß nur der Vasall
und jeder Vasall beneficium oder, wie man in späteren Jahrhunderten sagte,
Lehen, feuda haben solle, könne, dürfe, müsse.

Erst dem Mittelalter gehören an die Rechtssprichwörter, welche diesen
Gedanken in mannichfaltigen Wendungen ausdrücken: z. B. „Wer Lehen hat,
soll dienen", „Kein Lehen ohne Dienst, kein Dienst ohne Lehen". Man pflegt
diese gesammte Rechtsgestaltung zu früh anzusetzen: wie denn auch keineswegs
schon in karolingischer Zeit der Lehnsverband, die Feudalität, an Stelle des
Unterthanenverbandes getreten ist: zumal auch nicht im Heerwesen.[1]

---

1) Das dargewiesen zu haben ist das bleibende Verdienst v. Roths, Feudalität
und Unterthanenverband. Weimar 1863.

Vielmehr beruhte auch im 9. Jahrhundert noch die fränkische Heeres=
verfassung grundsätzlich auf der allgemeinen Wehrpflicht aller Freien; auch
die (freien) homines der Seniores blieben dem König gegenüber wehrpflichtig
im Heerbann, neben ihrer besonderen Verpflichtung zur Waffenhilfe — wie
übrigens auch zur Hilfe in jeder andern Noth — gegenüber ihrem Senior.
Auch die Immunitätsrechte des Seniors änderten hieran grundsätzlich nichts:
es war nur ein Thatsächliches — eine Folge davon, daß der Graf das ge=
freite Gebiet nicht mehr beschreiten sollte —, daß der Beamte, z. B. advocatus,
des Immunitätsherrn so zu sagen als Aufgebots= oder Mobilmachungsofficier
die Heerbannleute der Immunität an des Grafen Statt aufbot und an die
Gränze derselben führte: hier gab er den Befehl über sie an den Grafen oder
Herzog ab, unter dessen Oberbefehl er nun auch selbst trat. Daher wird denn
auch selbstverständlich in dieser Zeit die Heerbannbuße nicht dem Senior oder
Immunitätsherrn, sondern dem König entrichtet.

Erst in dem nächsten Zeitabschnitt wird das Gegentheil allmählich Regel;
aber bereits im Laufe des 9. Jahrhunderts allerdings drückt sich die allmählich
überwiegende Bedeutung der Vasallität gegenüber dem Unterthanenverband
darin aus, daß im Falle des Widerstreits der aus beiden folgenden Pflichten
die der Vasallität vorgehen sollen: ist z. B. derselbe Mann Unterthan des
ostfränkischen, aber Vasall des westfränkischen Königs, so hat er im Kriege
zwischen beiden Reichen seinem Lehnsherrn wider seinen Landesherrn zu dienen:
allein dies gehört erst der Zeit nach Karl dem Großen an.

IV. Das Königthum.

A. Einleitung. Allgemeines.

Recht widersprechend sind von jeher gewesen und bis heute geblieben die
Auffassungen der Forscher von Wesen und Wirken, — von römischer oder ger=
manischer Eigenart — von Ursprung und Machtfülle oder Ohnmacht, von
Gleichmäßigkeit oder Wandelbarkeit des merovingischen, dann folgeweise wohl
auch noch des arnulfingischen Königthums.

Wenn die Einen[1]) den Gegensatz und Kampf verschiedener Strömungen
im Merovingenreich hervorheben, Andere[2]) dagegen die Festigkeit und Gleich=
mäßigkeit der Verhältnisse betonen, so haben beide Auffassungen Berechtigung:
Aufgabe ist es, in jedem einzelnen Gebiet bald die Manchfaltigkeit, bald die
Stäte anzuerkennen.

Nationale Leidenschaften blieben bei dieser Beurtheilung nicht immer aus
dem Spiele: eifrige einseitige Bewunderer des Römischen oder Romanischen —
zumeist, aber nicht allein, in Frankreich: in Italien und Spanien, selbst in Eng=
land findet sich Aehnliches — haben in der „Invasion" Galliens durch die „fränk=
ischen Barbaren" ausschließlich nur Zerstörung, Vernichtung erblickt, nicht blos

---

1) Wie früher schon Guizot, neuerdings Gierke und Waitz II. 2, S. 135.
2) Wie Roth und Sohm.

hoher, reicher, fast ein halb Jahrtausend gepflegter römischer (römisch-keltischer) Cultur, — auch eines herrlichen, wohl und weise eingerichteten Statswesens. Nach dieser Meinung kann, was in diesem Barbarenreich, also auch in seinem Königthum, überhaupt etwa an Statlichem zu entdecken ist, selbstverständlich nur römischen Ursprungs sein: denn diese Germanen hatten ja weder Recht noch Stat, bevor sie beide bei Römern und Kelten antrafen und allmählig zu lernen anfingen: diese „Horden" waren weder Staten, noch auch nur Völker, sondern Räuberbanden — bandes —, ihre sogenannten Könige waren eben die Räuberhauptmänner, — Weiber und Kinder führten diese Räuberscharen gar nicht mit! — (wobei man freilich nicht ohne Erstaunen fragt, wie die „Räuber" dann nicht nach einem Menschenalter aussterben oder zu Halb-Römern werden mußten), — sie suchten nur Gold und Wein und andere Beute. Noch immer finden sich Vorkämpfer solcher — Unwissenheit. Es genügt zu fragen, wie es denn dann kam, daß diese herrlichen sittlichen, gesellschaftlichen, wirthschaftlichen Zustände und das in Frieden und Krieg noch so weise regierte und so tapfer vertheidigte römisch-keltische Gallien jenen halbnackten Räubern erlag? Das blinde Kriegsglück kann es damals nicht gewesen sein, denn die römisch-keltische Bevölkerung war gewiß mehr als zehnfach den sehr verzeinzelt eindringenden Franken überlegen. Auch ist unter jenen Voraussetzungen doch recht auffallend, daß nach dem Zeugniß der Römer — nicht der Germanen! — sehr oft die Barbaren begrüßt werden als Befreier von dem unerträglich gewordenen römisch-keltischen Elend in Stat, Gesellschaft, Wirthschaft.

Und es ist doch seltsam, daß in jenen so vollkommen befriedigenden Zuständen die römischen Beamten, Feldherrn und Soldaten fast zwei Jahrhunderte hindurch vor dem Einbruch der Barbaren mit ihren eignen römisch-keltischen Bauern, welche sich in Verzweiflung gegen die ganze Stats- und Gesellschafts-Ordnung erheben, mit jenen Bagauden zu kämpfen haben, welche dann später gelegentlich mit den Germanen gemeinsam gemeinsame Feinde bekämpfen. Jene Ansicht verkennt die Erfrischung und Verjüngung des Blutes, die Besserung, welche gerade die wirthschaftlichen Zustände durch die einwandernden germanischen Bauerschaften empfingen.

Andrerseits fehlt es nicht an Germano-Manen, welche die hohe, reiche, alte Cultur Galliens unterschätzen, — und den Einfluß seines reicheren Bodens und schöneren Himmels — dagegen die Fäulniß und Verrottung der römischen Zustände übertreiben. Gerade die Mischung der drei so glänzend, wenn auch so verschieden begabten Völker: Kelten, Römer, Germanen (Gothen, Burgunden, Franken) — und nur diese Mischung — hat jenes Franzosenvolk schaffen können, welches uns zwar meist ein recht böser Nachbar gewesen ist, dessen glänzende Verdienste um die Geschichte menschlicher Bildung, dessen ganz besondere, durch kein anderes Geschlecht zu ersetzende Eigenart unter den Culturvölkern wir aber doch niemals verkennen wollen.

Aber nicht nur über Romanismus und Germanismus in diesem Königthum streitet man: nach den Einen soll der merovingische Herrscher absoluter

Monarch, ja Despot, bald nur ein Werkzeug in der Hand seines Adels, nach
Einigen soll der König Eigenthum an allem Boden, unbeschränkte Verfügung
über Ehre, Leib, Leben, Vermögen der freien Franken gehabt haben, nach
Andern vor Adel und Volk seines Lebens nicht sicher gewesen sein. Nach
Jenen soll der Frankenstat wie der römische oder wie der heutige Rechtsstat
auf statsrechtlichen Grunblagen gebaut, nach Diesen soll gegenständlich überall
kein Stat bestanden, Alles lediglich auf privatrechtlicher, subjectiver Beziehung
der Einzelnen zu der Person des Königs beruht haben. Nach Manchen ist
der Merovingenstat schon unter Childerich, Chlogio, zumal Chlodovech fertig in
sich, ruhend in immer gleicher Stäte, nach Manchen fehlt es von Anfang bis
etwa auf König Pippin oder gar bis auf Karls Kaiserthum an jeder Stäte,
und alle öffentlich rechtlichen Verhältnisse sind ungeordnet, unbestimmt, schwan-
tend, wechselnd.

Die schroffen Ansichten sind auch hier wie meist einseitig: doch erklärt
sich der Widerspruch der Meinungen völlig baraus, daß der Widerspruch oder
doch der Gegensatz in den Dingen, in den Verhältnissen, ja in den Köpfen,
der Bildung und Unbildung, in den römischen und germanischen Gedanken
der Menschen jener Zeit lag: wie sollte der Stat, die Gesellschaft, in welcher
ein dreifach zusammengesetztes Mischvolk erwuchs, nicht ein gemischter Stat,
nicht eine gemischte Gesellschaft mit einer Misch-Verfassung und einer Misch-
Cultur gewesen sein? Den schlagendsten Beweis liefert hier die Sprache:
wie im heutigen Frankreich in jenen Jahrhunderten trotz der Glaubens- und
Ehegemeinschaft noch baskisch, westgothisch, burgundisch, fränkisch, alamannisch,
vulgärlatein und in der Bretagne keltisch neben einander gesprochen wurde,
nicht nur nach breiten räumlichen Gliederungen, sondern auch so, daß der
Salier, der Graf zu Toulouse warb, auch vulgärlatein sprechen mußte, —
vielleicht auch gothisch lernte — daß in derselben Familie der burgundische
Vater burgundisch, die römische Mutter vulgärlatein sprach — bis sich allmählig
aus all diesen Bestandtheilen das — übrigens in so viele Mundarten ge-
gliederte — Französische (wesentlich aus dem Vulgärlatein) gestaltete, so standen
auch im Leben, in der Sitte, in Recht und Verfassung, und folgeweise auch
im Königthum Germanisches und Römisches lange wenig vermittelt nebeneinander, bis, mit mancherlei Schwankungen nach der germanischen oder römischen Seite, der Gebundenheit oder Ungebundenheit, der Stäte oder dem
Wechsel, der privatrechtlich persönlichen oder der statsrechtlich objectiven Seite
der Auffassung, sich allmählig das merovingische Königthum und der merovingische Stat gestaltet hat. Von der Geschichte der Sprache unterscheidet sich
aber diese Entwickelung sehr wesentlich dadurch, daß in Stat und Königthum
das Germanische, der Einfluß der Sieger und Herrscher weitaus überwog,
mit nur geringen Entlehnungen aus dem Römischen, während im Lauf von
anderthalb Jahrtausenden in der Sprache im ganzen Süden und Westen bis
an die Maas hin die ungeheure Ueberzahl der romanischen Bevölkerung
entscheidend werden mußte, da überdies in die Wagschale des Vulgärlatein das

2*

ganze Gewicht sank der Kirche, der Schrift, der Literatur, der gesammten Cultur.

Was nun die Entstehung des merovingischen Königthums anlangt, so erwächst dasselbe in seiner Ausdehnung über Land und Leute vor unsern sehenden Augen aus dem alten salischen Gaukönigthum: vor unsern sehenden Augen — man muß sie mit Gewalt schließen, will man es nicht sehen: die Vorgänger Chlodovechs beherrschen nur einen oder ein paar salische Gaue: Dispargum, Tournai, Cambrai sind die Marksteine ihres Ausgangs und ihrer Fortschritte.

Durch den Dienstvertrag mit dem Imperator[1]) sind jene „Führer von Söldnern" doch schwerlich Könige geworden: die Gothen an der Ostsee hatten zur Zeit des Tacitus noch keinen Römer gesehen, geschweige mit einem Imperator einen Dienstvertrag geschlossen und doch wurden sie schon lange von Königen beherrscht, sogar „strammer" als andere Germanen. Ist das ger= manische Königthum durch Vertrag mit Römern entstanden, so kann es nur durch ein aller Zeitfolge und Sprachgeschichte vorgreifendes Wunder geschehen sein, daß diese späte Einrichtung bei Nord= und bei Westgermanen einen gemein= schaftlichen Namen trägt, den sie vor ihrer Trennung — etwa 500 v. Chr. — mit einander mußten verabredet haben für den Fall, daß später bei ihnen aus römischem Einfluß das „Königthum" entstehen sollte.

Recht befremdlich bleibt doch auch bei jener geistreichen Annahme, daß die Franken durch Dienstvertrag mit dem Imperator sollten Könige erhalten haben, während sie einerseits gleich, sobald sie genannt werden, unter (Gau=) Königen auftreten, bevor sie solche Verträge zu schließen nur in die Lage kommen konnten, und während andrerseits Chlodovech sein (Stamm=)Königs= thum aufrichtet, nachdem es gar keinen Imperator des Westreichs mehr gab, mit welchem er solchen Vertrag hätte schließen können: vielmehr ist seine erste That, das letzte Ueberbleibsel römischer Statsgewalt in Gallien zu vernichten. Wohl empfing Chlodovech von einem Imperator, dem von Byzanz, eine Würde: aber nicht die eines Frankenkönigs, aus dem ausgezeichneten Grunde, daß er das schon 27 Jahre war, sondern 508 die eines patricius oder Proconsuls, ganz ebenso, wie der große Theoderich nicht dadurch König der Ostgothen geworden war, „daß er mit dem Imperator den Dienstvertrag geschlossen hatte", sondern in Fortführung des uralt gothischen Königthums, das Tacitus vor 400 Jahren bezeugt hatte, durch Geblütsrecht und Volkswahl: wohl hatte auch Theoderich von Byzanz eine Würde bekommen, aber nicht die eines Gothenkönigs, aus dem ausgezeichneten Grunde, daß er das schon seit 3 Jahren war, sondern die eines patricius. Jene fixe Idee von dem römischen Ursprung des germani= schen Königthums weiter zu bekämpfen ist wohl nicht erforderlich.

Für uns ist es nicht erstaunsam, die Franken im 5. Jahrhundert unter Gaukönigen zu finden, die wir (II, 32) von Anfang an jene Völkerschaften,

---

1) v. Sybel, Entstehung des deutschen Königthums.

welche später als „Franken" sich zusammenschließen, unter Gaukönigen auf=
treten und bleiben sehen fast ein halb Jahrtausend lang: nur wann die
Quellen jener Völkerschaften überhaupt schweigen, schweigen sie selbstver=
ständlich auch ihres Königthums: wir finden Könige bei Sugambern unter
Augustus (Maelo zweifellos König, II, 32, nicht Gaurichter), bei den
Batavern vor Civilis (II, 122), also ca. 30 n. Chr., dann wieder unter
Julian 360 n. Chr., Könige bei Brukterern (ca. 100 n. Chr.), nicht nach=
weisbare Gaukönige, aber Gaurichter bei Chatten (um Christi Geburt) und
sobald ca. 234 die Franken (II, 201), sobald ca. 350 die Salier (II, 303)
genannt werden, treten sie unter einer Mehrzahl von gleichzeitigen Königen,
also Gaukönigen, auf. Gewiß hatte Gregor von Tours die Germania des
Tacitus nie gesehen: aber in der unschätzbaren Stelle, in welcher er uns von
dem Wesen des ältesten salischen Königthums berichtet, hätte er sich nicht
anders ausdrücken können, wäre es seine Absicht gewesen, uns zu sagen: „seht:
bei den Franken hatte sich das altgermanische Gaukönigthum ganz genau so
erhalten, wie es Tacitus geschildert hat im Jahre 99 n. Chr."

Tacitus (c. 7) sagt: „sie wählen ihre Könige aus (und gemäß) dem
Adel" und c. 11: „die gewählten Fürsten (principes, hier Gaurichter und Gau=
könige zusammenfassend) walten der Rechtspflege für die einzelnen Gaue
und Dörfer."

Gregor von Tours sagt (II. 9): „die Franken wählten für die ein=
zelnen Gaue oder Völkerschaften langgelockte Könige aus ihrer ersten und
so zu sagen edelsten Sippe."

Wer wird hiernach noch bestreiten, daß das Königthum der Franken im
5. Jahrhundert und das germanische jener Jahrhunderte überhaupt wesens=
eins war mit dem altgermanischen der Tage des Tacitus? Daß Gregor
Tacitus gekannt und ausgeschrieben, hat — unberufen! — doch noch Niemand
zu „construiren" gewagt. Also haben entweder schon die Gothenkönige, bevor
sie einen lebendigen Römer gesehen, „mit dem Imperator den Dienstvertrag
geschlossen", um dann — freilich sehr unrömisch! — „thiudans" zu heißen oder
aber die Frankenkönige haben solches Vertrages nicht bedurft und der römische
Ursprung des in tiefster Wurzel echtgermanischen Königthums, des „kunings"
(des Geschlechtlings), des „thiudans" (des Volkshaupts) ist eine grund= und
bodenlose Selbsttäuschung.

So untrennbar war germanischer Anschauung Königthum mit „Altgeschlecht",
mit halbgöttlichem Ursprung verbunden, daß auch bei den Franken die Sage
den Merovingen, obzwar sie schon bald nach ihrem Auftauchen in dem 3. oder 4.
Geschlecht Christen werden, Abstammung von heidnischen Meerwichten andichtet:
wahrscheinlich bloße Volksetymologie: das „Mer" in Merovech ist wohl eher
auf mar, Ruhm, als auf mero, Meer zurückzuführen: allein die Erinnerung
an das Meer, an die Küsten der Nordsee bei den Rheinmündungen, von
wannen der Salier Macht und Herrlichkeit war ausgegangen, mochten dem Volk
bei der Deutung des Namens Merovech vor= oder vielmehr nachgeschwebt haben.

Wir sahen bereits (III), inwiefern das weit überwiegende germanische Königthum römische Bestandtheile in sich aufgenommen hat: Heerbann, Ge= richtsbann brachten die Könige als Stücke des germanischen Königthums mit, den Bann als allgemeines Regierungsmittel, den Schutz als Pflicht und Recht, sie brachten, dem Grundsatz und den Anfängen nach, mit eine Amtshoheit, Verwaltungshoheit, eine rechtlich sehr beschränkte, thatsächlich sehr weit gehende Vertretungshoheit: ganz neu hinzutrat die Finanzhoheit (doch wohl mit einer Ausnahme: uralter Zwang zu Opferbeiträgen) und die Kirchen= hoheit (doch mit der Maßgabe, daß der König auch in heidnischer Zeit den Tempelfrieden zu schützen, Opfer für das Volk darzubringen, Verbrechen gegen die Götter zu strafen gehabt hatte).

Römisches trat also hinzu sehr stark im Finanz= und Verwaltungs= wesen, zumal aber auch in der Amtshoheit, in der Beibehaltung so mancher Stücke des alten römischen Aemterwesens.

B. Pflichten des Königs:
Königsschutz, Königsfriede. Persönliche, privatrechtliche Auffassung — aber doch auch statsrechtliche — des Königthums.

Als oberste Pflicht und oberstes Recht zugleich — eben als wesentlichste statsrechtliche „Verrichtung" (Function) — des Königthums — gilt der Schutz, welchen der König allen Reichsangehörigen zu gewähren hat: er verspricht mit seinem Königswort (sermo regis) diesen Schutz allen Unterthanen: — ganz folgerichtig ward daher der Friedlose, welcher durch Verbrechen den Königs= schutz verwirkt hat, als „aus dem Schutzwort des Königs gestellt" (extra sermonem regis positus) bezeichnet. Davon zu scheiden ist der bloße Verlust der königlichen Gnade: das ist nicht eine Rechtsstrafe, nur ein thatsächlicher Schade, daher können erworbene Rechte nicht um deßwillen entrissen, wohl aber natürlich auf Widerruf verliehene Güter nunmehr eingezogen werden.

Dieser Gedanke des Rechtsschutzes war auch dem altgermanischen Stat — ohne wie mit Königen — nicht fremd gewesen, obzwar je früher, desto stärker dieser Schutz Sache der Selbsthilfe des Einzelnen, dann aber zumal der Sippe gewesen war: nur wo dieser wie z. B. gegen Angriffe volks= fremder oder doch gaufremder Feinde nicht ausreichte, war damals der Schutz des Volkes oder des Königs für den Volksfrieden eingetreten: ursprünglich hatte gewiß der König, der ja durchaus nicht Einherrscher (Monarch), sondern Vertreter, oberster Beamter („Präsident") eines Freistates („Republik") ge= wesen war, im Wesentlichen nur in Namen und Auftrag des Volkes diesen Schutz zu gewähren gehabt: abgesehen selbstverständlich von den damals wohl noch nicht häufigen Fällen, in welchen der König Einzelne durch Vertrag in seinen besonderen Schutz aufgenommen hatte: aller Friede war ursprünglich Volksfriede gewesen, wenn auch allerdings schon zur Zeit des Tacitus der König Wetten und Bangelder bezog: das würde an sich gar nicht aus= schließen, daß im strengen Sinn die Brüche dem Volke zu zahlen war, nur daß der König, d. h. der „Präsident" der Republik, als eine Art Vergeltung seiner Mühwaltung, als eine Art Amtsgehalt dieselbe einbehalten durfte, etwa wie im Frankenreich der Graf von dem dem König zu zahlenden Bann ein Drittel einbehalten darf. Indessen soll nicht bestritten werden, daß schon in taciteischer Zeit bei Völkern, welche, wie z. B. die Gothen, schon länger und straffer von Königen beherrscht wurden, der Friede Königsfriede geworden, der Schutz, soweit ihn der Stat überhaupt gewährte — vom König, selbstredend durch Hilfe des Volksheeres, der Volksversammlung, — zu gewähren war. Die Entwicklung im Frankenreiche bestand nun aber darin, daß erstens der Fall des Statsschutzes viel häufiger eintrat als ehedem. Die Selbsthilfe des Ein-zelnen reichte nicht weit, die Sippe hatte durch die Wanderungen und An-siedelungen ihren Zusammenhalt verloren: sie konnte nicht mehr in der uralten Weise Schutz gewähren: und sie sollte, durfte nicht: das erstarkende Königthum schränkte die Selbsthilfe des Einzelnen, auch den Beistand der Ge-sippen in Blutrache und Fehde ein. Der so wegfallende Schutz konnte nun aber nur ersetzt werden durch den König: denn — zweitens — das Mittel, durch welches allein der König — abgesehen von seinen wenigen Beamten und etwa seiner Gefolgschaft — ehedem den Schutz gewährt hatte — die Volksversammlung — war ja ebenfalls weggefallen: an ihre Stelle war das palatium regis mit seinen gewaffneten, dem König stets verfügbaren domestici getreten und draußen in den Provinzen die jetzt so zahl- und machtreiche königliche Beamtung, vor Allem der Graf: so verstand es sich ganz von selbst, daß der alte Volksfriede nun ganz ausschließend Königsfriede geworden war, und daß den nun viel häufiger erforderlichen Schutz an Stelle der Selbsthilfe, der Sippehilfe, der Volkshilfe der König gewährte, der König allein, der König in Person, oder durch seine ordentlichen oder außerordent-lichen Königsbeamten: der Statsschutz ist Königsschutz geworden.

Und dies ist — wie bei dem Königsbann (s. unten) — der folgestrenge Ausdruck dafür, daß die Statsgewalt (Souveränität) von dem Volk auf den König hinübergeglitten ist. Da nun aber in allen diesen auf römischem Boden errichteten Germanenreichen diese Entwicklung stattgefunden hat, treffen wir auch in ihnen allen die gleiche Umgestaltung des Statsschutzes in Königsschutz und die Hervorhebung besonderen Schutzes (I, 297), welchen der König — wie übrigens Jedermann — neben dem allgemein geschuldeten Königsschutz durch Vertrag, durch Verleihung — entgeltlich oder unentgeltlich — ertheilen mochte, wie er ihn Einzelnen wohl von jeher ertheilt hatte (oben S. 22).

Besonderen Schutz schuldet übrigens der König — wenigstens nach späterer Auffassung — von Rechtswegen Kirchen, Klöstern, Geistlichen, auch wohl Wittwen, Waisen, allen, die sich selbst nicht schützen dürfen oder können: — daß auch solche, z. B. Kirchen, sich den besonderen gesetzlich geschuldeten Königsschutz daneben doch noch und durch (besondere) Verleihung ertheilen lassen, steht hiemit im Sinne der Zeit durchaus nicht im Widerstreit.

Welche Wirkungen der besonders verliehene Königsschutz haben sollte, ward in der Verleihungsurkunde meist im Einzelnen aufgezählt: daß Verdreifachung des Wergeldes von Rechtswegen dem Königsschützling wie etwa dem Grafen zugekommen sei, läßt sich nicht beweisen: dagegen scheint er gefreiten Gerichtsstandes vor dem König genossen zu haben, auch der Berufung an den König, wo diese sonst nicht statthaft war, und jedenfalls war er auch in Ermangelung der Aufzählung der einzelnen Wirkungen in allen Nothlagen bei Anrufung des Königs eifriger Beschirmung sicher.

Oft bestellte der König zur Erfüllung seiner besonderen Schutzpflichten geistliche und weltliche Große als seine Vertreter. Uebrigens entsprachen den Schutzpflichten des Königs (oder anderer Schützer) auch weit gehende Rechte: ziemlich dieselben, welche den Gesippen zugekommen waren, so lange sie die ähnlichen Schutzpflichten zu tragen gehabt hatten: nämlich Erbrecht, Recht auf Wergeld und Bußen, auf den Muntschatz; manchmal hat der Königsschützling für den Schutz eine Summe zu bezahlen, wie der Lite das Litimonium.[1]

Eine der ältesten[2] Verleihungen des Königsschutzes für ein Kloster ist die Chilperichs I. vom Jahre 562 für Saint Calais (Anisola):[3] auch sie setzt bereits jene Zustände als alteingewurzelt voraus, auch sie bedient sich bereits der technischen feststehenden formelhaften Rechtsausdrücke, wie sie in den spätesten auftreten: deßhalb theilen wir gerade diese früheste in der Wortfassung mit: „(es erging) die Bitte des Abtes Gallus jenes Klosters, „wo Sanct Carileph in der Leiblichkeit ruht"[4], ihn selbst und das Kloster mit all' dessen Habe und Leuten, gasindis, Freunden, Aufgenommenen[5] oder die auf das Kloster ihre (Lebens=)Hoffnung gesetzt haben,[6] oder die unter desselben rechtmäßigen Schutz und gerichtliche Vertretung gehören,[7] in das Wort unseres Schutzes und in unsre Mundeburd zu nehmen. Deßhalb befehlen wir euch (d. h. allen Königsbeamten), daß weder ihr noch eure Unterbeamten (juniores), oder Nachfolger, oder von unsrem Palast ausgeschickte Sendboten die Vorgenannten weder zu beunruhigen noch zu schatzen,[8] noch ihr Eigen im Rechtsweg (in lege) zu mindern wagen sollen. Sondern sie sollen unter unserm Schutzwort (sermo tuitionis nostrae) und unserer (!) Emunität ruhig leben und weilen und, wenn Rechtssprüche gegen das Kloster erhoben werden und von euch und euren Unterbeamten nicht ohne Nachtheil des Klosters verschieden sind, sollen sie vorbehalten werden bis zu unserer persönlichen Gegenwart, um in dieser nach Recht und Gerechtigkeit entschieden zu werden, indem sie (die Klosterleute) jedermann über die angeführten Rechtsfragen Recht geben und gleichermaßen darüber Recht nehmen sollen."

---

1) Oben S. 11 und unten: „Sachsen". 2) Wahrscheinlich die älteste echte und erhaltene. 3) S. Pertz Nr. 9. Pardessus I, 168. 4) in corpore requiescit. oft z. B. von Saint Denis: ubi ipse preciosus in corpore requiescit. 5) suscepts, d. h. auf Klosterland. 6) vel qui per ipsam monasterium sperare videntur. 7) vel unde legitimo reddebat mitio. Vgl. Brunner und Waitz. 8) inferendas sumere.

Weil an Stelle des Volksfriedens der Königsfriede getreten ist, kommt nunmehr der höhere Friede wie den Menschen so den Sachen, Räumen, Zeiten, Lebensverhältnissen (D. G. Ia, 251, Ib, 530) nicht mehr als erhöhter Volks-, sondern als erhöhter Königsfriede zu Statten. Daher erläßt der König Gebote für „die Wahrung des Friedens" — pro tenore pacis — daher ist Banngeld — Friedensgeld, bannus — fredus.

Wohl ist es stark, das privatrechtliche, das persönliche Element in dem Königthum:[1]) man erwäge den besonderen Königsschutz, die römische Kopfsteuer, die dem Zins von Privaten, Abhängigen gleich gestellt wird, die Verschenkung von Steuerrechten an Private, die privaten Verpflichtungen durch Landleihe, die Auffassung der Grafen als Fiscalbeamter und des Fiscus als der Privatcasse des Königs, der Statsdiener als persönlicher Diener des Königs, der Grafenlehen als Amtssold.[2])

Aber trotz alledem ging und geht man[3]) zu weit in Behauptung völliger Ersetzung des Unterthanenverbandes durch persönliche Verbindungen mit dem König: allzustark betont man doch auch in Deutschland[4]) noch immer das persönlich Subjective des Verbandes mit dem König, allzuwenig die objective statliche Rechtsordnung: das starke Hervorragen des Persönlichen liegt in der Naivetät der Geschichtschreiber und Heiligenleben, dann des höfischen Stiles der Königsurkunden, endlich darin, daß nur die Vornehmen uns schärfer beleuchtet gegenüber treten. Dagegen die Stammesrechte zeigen das Objective: „der Dieb hängt" — „si quis", — ob Königsgünstling oder nicht. Und es fehlt wahrlich nicht an Einrichtungen, die einen öffentlichen Charakter an sich tragen: und diese sind doch nicht wie Münze, Maß, Gewicht, Steuern, Zölle, Straßen, Märkte ausschließlich römisch, doch auch germanisch: wie die Einrichtung der Gerichte, die Sicherung der Rechtshilfe, die sog. Gesammtbürgschaft, der Heerbann, die Beschränkung der Fehde.

C. Königsrecht, Königsmittel: Rechtsform seiner Herrschaft: der Königsbann.

Das rechtliche Mittel, durch welches der König seine Herrschaft ausübt, ist der Königsbann, das Recht, unter Androhung einer Vermögensstrafe Gebote und Verbote zu erlassen mit der Wirkung der zwangsweisen Eintreibung des Strafbetrages durch die Beamten: also das jus sub mulcta jubendi vel vetandi.

Das war nichts Neues, stand vielmehr grundsätzlich schon dem altgermanischen König zu (I, 112; D. G. Ia, 200).

Aber in altgermanischer Zeit hatte dieses Bannrecht fast ausschließend seine Richtung auf den Heerbefehl (Heerbann) und die Rechtspflege (Gerichts-

---

1) Vortrefflich Waitz II. 2, S. 373.   2) Aber auch die Gefolgschaft führt Waitz als „privatrechtlich" an, die er doch für Vorrecht der Könige hält.   3) Waitz II. 2, S. 381.   4) So noch Waitz.

bann) gehabt, wenn es auch an einem Befehlsrecht im Gebiet der Verwaltung, besonders wohl auch zum Schutz des Gottesdienstes, nicht völlig gefehlt hat. Die gewaltige Erstarkung, welche das Königthum seit Chlodovech erfährt, drückt sich nun ganz folgestreng darin aus, daß das Bannrecht, dies recht eigentliche Herrschaftsmittel des Königs, nicht nur sofort eine Reihe von neuen Anwendungsgebieten findet, zumal auch, daß es — aber nur sehr allmählig! — von den ihm ehemals durch die Volksfreiheit gesetzten Schranken mannichfaltiger Art sich befreit.

Zu dem Heer= und Gerichtsbann tritt jetzt neu der Finanzbann, die Hoheit über die Kirche (jus cavendi) und eine ganz erhebliche Vermehrung der Bethätigung in der Amtshoheit, Verwaltungshoheit, auch der Vertretungshoheit

Ursprünglich waren durch Gewohnheitsrecht die Fälle und Zwecke festgestellt, in welchen und für welche der König seinen Bann androhen durfte: völlig unbeschränkt ist hierin der König auch im Frankenreich bis auf Karl den Großen niemals gewesen: — man hat das Gegentheil sehr irrig behauptet: Despotie war die Verfassung des Frankenreichs doch nie! — aber durch Gewohnheit und auch durch Gesetz, durch Vereinbarung mit den geistlichen und weltlichen Großen auf den placita und Reichstagen wurde die Zahl dieser Bannfälle bedeutend vermehrt, bis endlich — und auch dies ist völlig folgestreng — auf der Machthöhe des Königthums, d. h. unter Karl dem Großen gegen Ende seiner Regierung, der Reichstag der Weisheit des Königs in der That die Androhung des Bannes völlig anheim stellt.

Ganz ebenso verhielt es sich mit der Höhe der Bannbuße: auch diese war selbstverständlich von jeher — und je früher desto genauer! — festgestellt, in Herdenthieren, später in Geld: nur in den durch Gewohnheitsrecht, später durch Gesetz aufgezählten Fällen und auch in diesen nur innerhalb eines bestimmten Höchstbetrages sollte der König einen höheren als den ordentlichen (später 60 solidi = 720 Mk.) Königsbann androhen dürfen: Chlothachar II. wird 614 verpflichtet, nicht mehr Todesstrafe auf Verletzung seiner Banngebote zu stellen: erst allmählig wird dem König auch hierin freiere und erst Karl dem Großen völlig freie Hand gelassen.

D. Recht des Königs auf das Land. Kein Bodenregal, kein Obereigenthum.

Der König hat eine Gebietshoheit, welche aus römischer Statsgewalt und — in viel geringerem Maß — aus gewissen Rechten und Pflichten auch des altgermanischen Königs bezüglich des Gaugebietes hervorgewachsen ist. Vermöge solcher Gebietshoheit, aber auch vermöge der Polizeigewalt — Volkswirthschaftspolitik würden wir heute sagen — verfügt z. B. der König über die Rodung von Gemeindewäldern, während sein Recht, in fiscalischen Wäldern Rodung oder Ansiedlung zu verbieten oder zu gestatten, ganz einfach Ausfluß seines Eigenthums ist.

Auch die Verfügung über Land= und Wasserstraßen wird man richtiger
denn als Uebung der Gebietshoheit als Uebung der Verkehrs=, Sicher=
heits=, Wohlfahrtspolizei auffassen, wie denn die „Gebietshoheit" in Wahr=
heit nichts anderes ist als die Statsgewalt (Souveränität) in ihrer Richtung
auf das Statsgebiet, wobei sie im einzelnen Fall bald als Militärhoheit,
bald als Polizeihoheit, bald als Finanzhoheit auftreten mag.

Dagegen ist es durchaus unbegründet, neben dem privatrechtlichen Eigen=
thum an allem Fiscalgut, neben dem ausschließenden Bemächtigungsrecht an
herrenlosem unbeweglichen und beweglichen Gut im Statsgebiet und neben der
Gebietshoheit noch ein weiteres Recht des Königs, ein sogenanntes „Boden=
regal" oder „Obereigenthum" an allem Boden im fränkischen Reich an=
zunehmen. „Obereigenthum, dominium directum, ist ein erst im XI.—XII.
Jahrhundert von den Glossatoren zu Bologna entwickelter (falscher, d. h. auf
Mißverständniß des römischen Rechts beruhender) Begriff. Für Bodenregal ist
neben den oben angeführten Rechten weder Raum noch Bedürfniß: alle aus
dem eingebildeten Bodenregal abgeleiteten Rechte des Königs können, ja müssen
anderweitig erklärt werden oder haben nur in der Phantasie der Boden=
regalisten bestanden. Gegen klarste Quellen bestreitet man Eigenthum der Ge=
meinden an ihren Allmännden, während jene doch zweifellos kraft Eigenthums
über dieselben verfügen. Der König hatte freilich für sich und seine Sippe
eine sehr reichliche Landversorgung empfangen, dazu traten alle dem römischen
Fiscus, den unterworfenen salischen, uferfränkischen, alamannischen, thüringischen,
burgundischen, westgothischen Königen (beziehungsweise diesen Statsvermögen)
gehörigen Güter und die fast unaufhörlich wegen infidelitas eingezogenen Län=
dereien der Vornehmen. In allen diesen Gebieten übte der König Jagd, Fischerei,
Gewinnung der Bergschätze, Verfügung über die Wasserkräfte: aber nicht kraft
Jagd=, Fischerei=, Berg=, Wasser=Regals, sondern einfach kraft Eigenthums.

Daß insbesondere von einem Jagdregal keine Rede, zeigen die Vorgänge
bei dem Strafverfahren wider Chundo (III, Guntchramn): nur auf sein Eigen=
thum am Walde beruft sich der König gegen den Wilderer. Der König konnte
wie jeder Eigenthümer schon das Beschreiten seines Waldes verbieten, also
natürlich auch das Jagen in demselben: aber der König umhegte seine Wälder
mit dem unsichtbaren, idealen Zaun seines Königsbannes, Beschreiten des
gebannten Waldes, oder Jagen oder Holzen darin unter Königsbann ver=
bietend, also, gemäß der alldurchdringenden Verquickung von privatem und
öffentlichem Recht, ein privates Recht — Eigenthum — mit öffentlich=recht=
lichem Mittel — dem Banne — schützend.

Die Weiden und Wälder, welche in vielen Landschaften des Reiches dem
König gehören, sind theils durch besonderen Rechtstitel von ihm erworben,
theils als herrenloses Gut zu seiner Verfügung; auch seine „silva forestata",
in der nur der König jagen darf, ist eben Krongut: von „Obereigenthum an
allen Wäldern" oder einem „Forst=Regal" begegnet keine Spur eines Schattens
eines Scheins.

E. Absolutismus. Königsrecht und Königsgewalt. Kein „Königs"- oder „Amtsrecht" wider „Volksrecht".

Es erweist sich echt geschichtlichem Sinne stets mißlich, neuzeitliche Ausdrücke wie „absolute" und „verfassungsmäßig beschränkte Monarchie" auf Rechtsgebilde anzuwenden, welche lange vor der Ausbildung solcher Begriffe gestaltet worden sind. So kann man auch von der merovingischen Königsgewalt mit dem gleichen Rechte sagen, sie war unbeschränkt und sie war beschränkt.

Sie war unbeschränkt: rechtlich: sofern seit dem Verschwinden der alten Volksversammlung kein verfassungsmäßiges Werkzeug mehr bestand, durch welches das Volk den König hätte zur Verantwortung ziehen, ihm seinen Willen aufzwingen mögen (s. unten die Versammlungen): aber auch thatsächlich, sofern wenigstens sehr oft der König über das Recht hinaus Gewalt brauchen konnte gegen Einzelne, ja auch gegen Städte und Gaue, ohne auf ausreichenden Widerstand zu stoßen.

Aber das Königthum war doch auch beschränkt: rechtlich: sofern es objectives Stammesrecht nicht einseitig ändern, wohlerworbene Vermögensrechte nicht verletzen, in die Familienrechte nicht eingreifen durfte; thatsächlich: sofern es doch auch an Beispielen nicht gebricht dafür, daß Stände, Städte, Stämme, das Heer, Kirchen, auch wohl Einzelne mit ihren Gesippen und Freunden sich Uebergriffen der Krone mit Erfolg widersetzen.

Das Schlimme ist, daß unsere Quellen sehr oft nur berichten, was der König that, oder was zu unterlassen er mit Gewalt gezwungen wurde, sehr selten aber sagen, was er thun durfte, was nicht, wo die Grenze zwischen Königsrecht und Königsgewalt einerseits, zwischen Volksrecht und Empörung andrerseits endete und wendete: man darf weder die Thaten eines Chilperich für Königsrecht noch die Junkerhaftigkeiten des Adels in Sigiberts und Chilperichs Reichen nach dem Tode dieser Könige für Adelsrecht halten.

Völlig unrichtig, nicht nur quellenlos — quellenwidrig ist die mit Eifer und Geist vorgetragene Lehre, die unbeschränkte Gewalt des Königthums habe sich zumal auch dargestellt in einem „Königs- oder Amtsrecht" neben dem, ja gegen das Volks- oder Stammesrecht, ein Königsrecht, welches der König durch königliche Verordnung allein, im Widerspruch mit dem Volksrecht, hätte feststellen können und welches sowohl von dem Königsgericht im palatium als von den Königsbeamten in den Provinzen nicht nur zur Ergänzung, auch in Aenderung des Volksrechts wäre angewendet worden, aber freilich auch nur von den Königsbeamten, nicht von den Gemeindebeamten und Volksgerichten. Richtig ist nur, daß die königlichen Verordnungen — wie übrigens auch die Gesetze — in den von der Mitte des Reiches entlegenen Landschaften nicht immer hinlänglich bekannt und nicht stets gegenüber dem alten (heidnischen) Gewohnheitsrecht durchgesetzt wurden: aber daß die Volksgerichte solche königliche Verordnungen nicht anzuwenden hatten oder das Königsgericht nicht

Volksrecht, — jenes Irrsal wird durch zahlreiche Capitularien, dieses durch zahlreiche urkundliche Zeugnisse widerlegt.

Vielmehr konnte das meist auf Gewohnheitsrecht, seltener auf Gesetz ruhende Stammesrecht nur durch Gewohnheitsrecht oder Gesetz unter Zustimmung des Stammes oder des Reichstages aufgehoben oder geändert werden, durch Verordnung nur Verordnungsrecht.

F. Schranken des Königthums.

1. Königthum und Adel.

Das Recht und die Gewalt der Großen waren rechtlich und thatsächlich zwei sehr fühlbare Schranken des Königthums. (III, Guntchramn.)[1]

2. Königthum und Kirche.

Inwiefern der thatsächliche Einfluß der Bischöfe vermöge ihrer weltlichen und geistlichen Bildung, ihres Reichthums, ihres sittlichen Ansehens auf Erden und bei den Heiligen dem Königthum gar viele Rücksichten aufnöthigte und wiefern später die allgemeinen Rechte und die besonderen Freiungen der Kirchen die Krongewalt einschränkten, haben wir gesehen. (III, Sigibert III.)

3. Königthum und Volk.

Die Unterthanen (Franken wie Romanen in Gallien, wie später unterworfene Germanen oder Slaven) schulden dem König Treue: diese Verpflichtung wird durch den Treueid, das juramentum fidelitatis, nicht rechtlich begründet, nur religiös und sittlich bekräftigt. Nach einem Regierungswechsel lassen die Merovingen die „Leudes", d. h. eben die Männer, die „Leute" in den Provinzen durch die Grafen, auch wohl durch außerordentliche Beamte beeidigen, ebenso in Städten, welche ein König einem andern Theilreich abgerissen. Karl, der von jeher allzuhohen Werth auf politische Eide legte, ließ wiederholt alle eidmündig werdenden Knaben vereidigen, zumal seit die Verschwörer von 786 die fadenscheinige Entschuldigung vorgeschützt hatten, sie hätten Karl nie Treue geschworen, während sie doch als Thüringe durch Geburt mit der Reichsangehörigkeit die Treupflicht überkommen hatten, die, wie bemerkt, durch jenen Eid nur bekräftigt, nicht begründet ward. Als Kaiser ließ er sich dann auch von denjenigen schwören, welche ihm als König bereits geschworen hatten, weil nun die Treupflicht gegen ihn als Haupt des mystischen Gottesstaates auf Erden übernommen werden sollte.

Die Verletzung der dem Kaiser geschuldeten Treue, die infidelitas, ist ein mit dem Tode bedrohtes Verbrechen, nicht ohne Einwirkung des römischen crimen laesae majestatis — ebenso die Lebensbedrohung des Baiern- oder Alamannenherzogs —; unter den Arnulfingen wurden nur noch die schwereren Fälle der infidelitas mit dem Tode, leichtere mit Vermögenseinziehung bestraft,

---

[1] Waitz II 2, 383 unterschätzt doch die Macht des Dienstadels schon gegen Guntchramn und Chilbibert II.

welche, wenn nicht im Gnadenweg erlassen oder z. B. auf Königsschenkungen oder beneficia beschränkt, die Todesstrafe immer begleitet.

Der Titel der merovingischen Könige war rex Francorum — auch der bloßen Theilkönige: einen bloßen rex Neustriae oder Austrasiae oder Burgundiae giebt es nicht, jeder ist an sich König aller Franken —; der Beiname lautet vir inluster: die Großen, auch die majores domus (selbst seit sie sich principes Francorum nennen), dürfen nur den Beinamen inluster vir führen. Pippin und dessen Söhne heißen seit 754 patricius Romanorum, über die Titel Karls seit 774 und 800 III, 973. 1084.

Ständige Residenzen gab es nicht, wenn auch Tournai, Soissons, Rheims, (später Toulouse,) Metz, zumal Paris größere Bedeutung hatten denn andere Städte. Die Könige weilten häufiger als in jenen Festungsstädten in den villas und palatia, welche sie im ganzen Reich verstreut liegen hatten und häufig umher reisend wechselnd aufsuchten: Chalons-sur-Saône, Ponthion, Kiersy (St. Ouen), Diedenhofen, dann Aachen, welches Sitz Karls (aber nicht des Reiches) heißt, „wo er seinen Hofhalt (comitatum) hat".

Ein Eid des Königs gegenüber dem Volke (etwa bei dem Regierungsantritt, zur Erfüllung seiner Schutzpflichten) kommt nicht vor: der sermo regis war kein juramentum regis: nur ausnahmsweise verspricht etwa einmal ein König den Bürgern von Tours, ihre Steuern nicht erhöhen zu wollen; der Abel trotzt später freilich zuweilen schwachen Merovingen eidliche Zusagen ab (Leobigar, III).

G. Aeußere Erscheinung des Königthums. Regierungsantritt. Eid.

So wenig ist das altgermanische Königthum von Hause aus eine römische Aufpropfung, durch den „Dienstvertrag mit dem Imperator" entstanden, daß, wie sein Name, seine Wahrzeichen urgermanisch sind, von römischen Formen der Imperatoren oder der Beamten aber auch nicht das Allergeringste zeigen: nur der Speer und das langwallende Haar zeichnet den König aus. Und so wenig ist auch das merovingische Königthum romanisch, so wenig aus Verleihung oder Anmaßung römischer Würden entstanden, daß von dem merovingischen und karolingischen Königthum bis zur Errichtung des Kaiserthums ganz dasselbe gesagt werden mag. Purpur, Scepter, Diadem sind unbekannt: auf rinderbespanntem Wagen fahren wie in altheidnischer Zeit noch die Merovingen des 7. Jahrhunderts durch die Gaue, feierlich umreiten sie nach dem Regierungsantritt (auch eines Anmaßers, III, 117 Chramn) oder nach der Eroberung die Lande: mit dem Speer vergab Guntchramn das Recht auf die Thronfolge: nur einmal legt Chlodovech Diadem und Purpur an, als ihm Byzanz den Proconsulat verleiht, selbst Karl sogar als Kaiser nur zweimal in Rom auf Bitten des Papstes die römische tunica, chlamys und römische Schuhe: er erst führt ein goldenes Sceptrum. In dem Grabe Childerichs finden sich die fränkischen Waffen, der Sigelring, der von goldnen Bienen übersäete Mantel, — aber kein römischer Schmuck.

Krönung oder Salbung kam bei den Merovingen nicht, erst seit 751 (und 800) bei den Arnulfingen vor (III, 862); das diadema, welches Chlodovech einmal 508 anlegte, war keine Krone.

Das „Königshaar" der Merovingen (reges criniti)
unterschied sich von dem der Freien wohl darin, daß es in lang wallenden Locken getragen ward — daran erkennt man die Leiche eines merovingischen Königssohnes (III, 353) —, während die Gemeinfreien das Haar zwar nicht ganz kurz abgeschoren — wie Knechte —, aber doch kürzer als die Merovingen trugen.

Siegelring König Alarichs.

Als Beispiel für die Haartracht. Vgl. auch den Siegelring König Childerichs in Band III, Tafel zu Seite 45.

Die Ueberbleibsel der alten Freiheit des Volkes hat man da aufzusuchen, wo das Volk in engeren und weiteren Verbänden noch zu kleineren oder größeren Versammlungen zusammentrat: hier war es wirkliches Volksrecht, was der Krone entgegen oder zur Seite stand, nicht Gewalt des Adels oder des Heeres oder sich losreißender Stämme.

Wir werden aber finden, daß freie Bewegung fast nur in den kleinen, gemeinhaften Verbänden sich noch rührt: je weiter, also bedeutungsvoller der Verband, desto geringer sind die ihm von der Krone noch belassenen Befugnisse, bis sich in sehr verschiedenen Gestaltungen in den placita und Reichstagen eine Neubildung der alten Volksversammlung zu gestalten schwankende Versuche macht.[1])

H. Erbrecht des Königsgeschlechts. Mündigkeit. Regentschaft. Kein Wahlrecht des Volkes.

Privatrechtlich gedacht, wie so vieles an diesem Königthum der Merovingen, war auch die Erbfolge: d. h. eine wirkliche, eben privatrechtliche Erbfolge, während man bei Thronfolge in der statsrechtlich geordneten Einherrschaft, der Geblüts-Einherrschaft nur mißbräuchlich von Erbfolge spricht: der Stat ist kein Nachlaß, die Folge in die Statsgewalt ist verfassungsmäßig geordnet, wenn auch unter Hinweis auf Hausverträge, welche Lehnsfolge, nicht Erbfolge, voraussetzen: tritt doch auch ohne Tod des Einherrschers bei Thronentsagung die Thronfolge ein, die also schon deßhalb „Erbgang" nicht sein kann.

Auf den Merovingenstaat aber ward die salische Erbfolge angewendet: die Söhne folgen dem Vater, aber eine Erbfolgeordnung fehlte: der Anspruch auf die Krone stand im Allgemeinen jedem Schwertmagen der Sippe zu, haftete an dem königlichen Geblüt im Allgemeinen: deßhalb mag jeder Meroving den Versuch machen, ob er Anhang findet, um sich ein Theilreich zu erkämpfen. Prinzen und Prinzessinnen heißen reges und reginae, einen geflüchteten Prinzen aufziehen, einen „König" heimlich aufziehen, ist daher unter Umständen an sich schon „infidelitas".

---

1) Vortrefflich bemerkt Waitz II 2, 363, daß doch auch zwischen Königswillkür und Adelswillkür der Volksfreiheit in den Gemeinden noch eine Stätte bereitet blieb.

Eheliche Geburt oder gar Ebenbürtigkeit der Mutter mit dem Vater — also königliche Abstammung — ist durchaus nicht, wie man fälschlich behauptet, — und je früher desto undenkbarer — Voraussetzung der Thronfolgefähigkeit. Auch von unfreien Mägden oder unehelich Geborene folgen dem königlichen Vater, falls nur dieser sie als seine Söhne anerkennt: daher war Sanct Columbans Erklärung, die Buhlkinder Theudiberts seien erbunfähig, ohne Zweifel Antastung des Königsrechts, infidelitas, wenn auch die Kirche selbstverständlich mit Recht für Ehe gegen Buhlschaft der Könige eiferte und thatsächlich die Vermählung mit Königstöchtern in den Augen des Volkes die Könige ehrte, die Buhlschaft mit Mägden herabdrückte. — Um Streitigkeiten der Söhne (auch wohl Neffen) vorzubeugen, nahmen die Könige, zumal in den beiden Fällen, da es das in Einer Hand vereint gewesene Gesammtreich aufs Neue zu theilen galt (Chlothachar I., Chlothachar II.), schon bei Lebzeiten für den Fall des Todes des Vaters eine Theilung unter den Söhnen vor, welche wohl durch deren und der Großen Zustimmung bekräftigt ward, aber keineswegs immer die Wirkung hatte, solche Erbstreite auszuschließen: über die Erbtheilungen unter den Arnulfingen s. die genaue Darlegung III, 949. 1120.

Ein Wahlrecht des Volkes wird in ältester Zeit bei den Franken so wenig wie bei den andern Germanen völlig gefehlt haben: aber von Childerich I. an bis zum Ausgang der Merovingen ist ein solches als Recht und Regel nicht mehr hervorgetreten: auch die Großen wirken nur (vielleicht) mit bei jenen Erbtheilungen unter Lebenden — nachweisbar bei dem Verbrüderungsvertrag von Andelot —, ferner, wo der Erbe gegen Gewalt (zumal seiner Oheime) geschützt werden muß (III, 87). Anderen Sinn hat es, wenn ein Anmaßer auftritt, der die Großen eines Theilreichs oder einer Provinz selbstverständlich für sich gewinnen muß (III, 84. 116. 318), oder bei dem Abfall von einem König und Erhebung eines andern, oder wenn ein Landestheil von dem Vater sich den Sohn als Sonderkönig erbittet (III, 160), oder bei offenbarem Rechtsbruch, wie 613: von da ab haben freilich die Großen oft genug — in Rechtsform oder ohne solche — in die Thronfolge der Merovingen eingegriffen und die Erhebung der Arnulfingen auf den Thron bedurfte selbstverständlich der Zustimmung des Volkes, d. h. in Wahrheit nur der geistlichen und weltlichen auf dem Reichstage zu Soissons versammelten Großen (III, 857). In welcher Weise von 751 bis 814 eine Mitwirkung des Reichstages erfolgte bei der Erbtheilung von 768, der Thronfolge Karls von 771, den Reichstheilungen von 806 und 814, wurde bereits erörtert: auch hier ist die Frage nicht scharf zu beantworten, ob solche Mitwirkung Wesensform für Gültigkeit der Anordnung, ob also die Form eines Reichsgesetzes erforderlich war oder eine königliche Verordnung — 806 mit oder ohne Zustimmung der Söhne? — genügend gewesen wäre.

Die Mündigkeit der Merovingen trat (nach salischem Recht) mit dem vollendeten zwölften, die der Arnulfingen (nach uferfränkischem) mit dem vollendeten fünfzehnten Jahre ein.

Zur Muntschaft über den noch unmündigen König war der nächste Schwert=
mag, also der Vatersbruder, berufen: dieser nahm dann als solcher vermöge
der privatrechtlichen Grundauffassung des Königsrechts auch die statsrechtliche
Regentschaft in Anspruch, was freilich der Adel im Reiche Childiberts II.
Gnuthramn nicht hingehen ließ. Die nutritores sind nicht als solche Regenten,
— das sind nach Brunichildis sogar anerkanntermaßen oft die Mütter,
Großmütter: Brunichildens Regentschaft über Childibert II. war nicht anerkannt
worden, eher wohl die über ihre Enkel und Urenkel — werden es aber oft:
später nimmt der Hausmeier zugleich die Stellung des nutritor und des
Regenten ein, jedoch nicht ohne Widerstand des nutritor, auch wohl der
Regentin, falls er nicht thatsächlich gerade durch diese herrscht.

J. Die einzelnen Hoheitsrechte des Königthums.

a) Heerbann. Kriegswesen.

Die Wehrpflicht ergriff alle wehrfähigen Freien, gleich von Anfang,
d. h. schon unter Chlodovech, auch die Römer (wie übrigens auch bei West=,
anders bei Ostgothen I, 476. 294), was durch die vertragsmäßige Heranziehung
römischer Gebiete (oben S. 5) erleichtert und durch die Geringfügigkeit der
Streitkräfte des Gaukönigs von Tournai erfordert sein mochte: nicht der Besitz
von Krongut oder Grundeigen war erforderlich, die Wehrpflicht zu begründen,
die altgermanische Waffenpflicht aller Waffenfähigen war einfach beibehalten
worden. Der Unterthaneneid begründet nicht die Wehrpflicht, er bestärkt sie
nur, wie er auch die allgemeine Unterthanenpflicht, von der die Wehrpflicht
nur eine Einzelerscheinung, Einzelfolge ist, nicht begründet, nur bekräftigt.

Die Grundlage der fränkischen Heeresgliederung bildet das Aufgebot des
Gaues, pagus, nicht der Hundertschaft — wie denn nie im Frankenreich die
Schaaren nach der Zehnzahl gebildet wurden.

Von Chlodovech bis auf Childibert II. trat das fränkische Heer oder
wenigstens das Eines Theilreiches im Frühjahr im März (daher campus
Martius) zusammen, vor Allem behufs der Musterung, auch wohl um von
da sofort gegen den Feind geführt zu werden: die Zustimmung der in ihren
Waffen Versammelten zu dem vom König beschlossenen Feldzug wurde that=
sächlich — manchmal — eingeholt: daß der König verpflichtet gewesen wäre,
solche Zustimmung einzuholen, wird nirgends gesagt (s. unten Vertretungshoheit).

Jene Versammlung um Frühjahrsanfang war wohl schon in altgerma=
nischer Zeit im Zusammenhang mit dem Frühjahrsopfer herkömmlich gewesen,
abgesehen davon, daß vorher (Winter=)Feldzüge in Germanien kaum möglich
gewesen sein werden. Aber gerade, weil man einerseits die Aufgebotenen auch
Anfang März nicht leicht in das Feld führen und andrerseits sie nicht wieder
entlassen mochte, um sie nach etwa zwei Monaten abermals aufzubieten, verlegte
Pippin das Märzfeld auf den Mai (campus Madius), und dieser Name
ward beibehalten, auch wenn, wie dies häufig geschah, die Versammlung erst
viel später (z. B. im August) abgehalten ward.

Die Schutzwaffen waren Sturmhaube, Brünne, Schild. Die Trutzwaffen in älterer Zeit: die „fränkische" (d. h. Art), francisca, eine Doppel-Streitart, zu Wurf und Hieb, der ἄγγων des Agathias, die später verschwindet, der Speer, das Langschwert (spatha) und das Kurzschwert (sachs, scrama-sachs), Wurflanze, Bogen und Pfeil.

Zu Pferd dienten um der Heerespflicht willen offenbar nur Wenige: das schließt durchaus nicht aus die erhebliche Zahl von Reitern, welche wir schon früh in diesen Heeren antreffen: es sind Antrustionen, Vassen, andere Abhängige verschiedenster Rechtsformen, welche um besonderer privatrechtlicher vertragsmäßiger Verpflichtung willen dem König oder einem andern Senior zum Reiterdienst verbunden sind.

Abgesehen von dem Aufgebot zum Heerbann mußten alle Wehrfähigen, auch Unfreie, ja vielleicht sogar Geistliche (d. h. nach Stats-, nicht nach Kirchen-recht) Folge leisten dem „Waffenschrei", „Landschrei", welcher zur Bekämpfung aufrief von äußeren Feinden, welche in den Gau eingedrungen, oder von Empörern oder von zusammengescharten Räubern.

Die Verletzung des königlichen Heerbanns wird, doch nicht in allen, nur in den schwersten Fällen, regelmäßig mit dem Tode bestraft: so der Ungehor-sam gegen den Waffenschrei oder das eigenmächtige Verlassen des Heeres vor dessen Auflösung und der verstatteten Niederlegung des Speerschaftes (skaft-legi), dagegen das einfache Zuhausebleiben, nachdem der Heerbann ergangen, nur mit der Heerbannbuße von 60 Solidi.

Den Heerbann übt der merovingische König oder Hausmeier, in dessen Auftrag der Herzog, Markgraf, Graf, der arnulfingische Hausmeier durch Königsbriefe oder Königsboten. Der König oder Hausmeier führt den Ober-befehl selbst oder überträgt ihn einem oder einer Mehrzahl von Oberfeldherren, unter welchen dann auch Herzöge und Grafen stehen, welche von Amtswegen die Aufgebote ihrer Provinzen und Grafschaften befehligen. Befreiung der Kirchen und Klöster von der Wehrpflicht für ihre freien Grundholden bestand grundsätzlich keineswegs, ward aber freilich durch besondere Verleihung sehr häufig ertheilt. Bei der wachsenden Ausdehnung des Reiches war es nicht mehr erforderlich, für jeden Feldzug die Mannschaften aller Provinzen auf-zubieten: vielmehr geschah dies unter Karl dem Großen nur ausnahmsweise 778, 788, 791, 810, wie unter Karl dem Hammer 732. Zahlreiche Erlasse Karls sind uns erhalten, welche die Wehrpflicht regeln, den Mißbräuchen der Grafen hiebei entgegentreten, zumal Erleichterungen gewähren: ursprünglich für ein-zelne Landschaften, Jahre, Feldzüge erlassen, drücken sie doch Grundsätze aus, welche dann später verallgemeinert wurden: so die Gedanken, daß stets nur die den bedrohten Marken oder anzugreifenden Feinden zunächst gelegenen Provinzen herangezogen, so daß die Strecken, für welche die Selbstverpflegung der Mannschaft eintritt, genau geregelt werden sollen. Endlich aber ward einfürallemal aufgestellt, daß die Aermsten nicht mehr verpflichtet sein sollten, in jedem Krieg selbst auszuziehen, — dies sollte nur noch diejenigen treffen,

Erläuterungsblatt zu der Tafel:

Waffen, Geräth und Schmuck römischen Charakters aus germanischen Gräbern der ersten fünf Jahrhunderte.

1. Schwert aus dem Moorfund von Vimose; Eisen, zweischneidig, 92½ Centim. lang. Kopenhagen, altnordisches Museum. (Unbef. Das erste Auftreten des Eisens in Nord-Europa.)
2. Römerschwert (gladius); von Eisen, 85½ Centim. lang. Im Rheine bei Bonn gefunden. An der Angel des Griffes ist der Stempel des Waffenschmiedes zu lesen: SABINI. Klinge ist zweischneidig und läuft in eine vierkantig verstärkte Spitze aus. Die verhältnismäßig übergroße Länge des Griffes erklärt sich durch die ungewöhnlich starken Knöpfe aus Holz oder Horn, welche an diesen Schwertern gebräuchlich waren. Bonn, Privatbesitz. (Lindenschmit.)
3. Schwert aus dem Moorfund von Vimose; Eisen, einschneidig, 82 Centim. lang. Kopenhagen, altnordisches Museum. (Unbef.)
4. Schwert aus dem Moorfund von Vimose; Eisen, 57 Centim. lang. Oberale. Museum. (Unbef.)
   (Nr. 1, 3 u. 4 die hervorragendsten der in der ältesten Eisenzeit des Nordens auftretenden Schwert-Typen.)
5. Klinge eines Dolches von Stahl, mit Resten des eisernen Scheidebeschläges; 31 Centim. lang. Die Klinge ist nach der Mitte zu ausgeschweift und hat eine feine Rippe vom Heft bis zur Spitze. Die Scheide war von Holz, mit Leder überzogen; in der Mitte und am Mundstück laufen Eisenbänder um sie herum, an denen die vier Ringe für das Befrägehänge befestigt sind; beide Bänder sind durch schmale Eisenreifen an der Schneide und am Rücken mit einander verbunden. Bei Speyer gefunden. Speyer, Museum der Rheinpfalz. (Lindenschmit, Alterthümer unserer heidnischen Vorzeit.)
6. Spitze eines römischen Wurfspeeres. Eisen, 12½ Centim. lang, vierkantig. Am Rhein gefunden. Mainz, Museum. (Lindenschmit.)
7. Lanzenspitze aus Eisen, aus der römischen Niederlassung in Laiz bei Sigmaringen; 16 Centim. lang. Sigmaringen, fürstl. Museum. (Lindenschmit.)
8. Kurze Speerspitze aus einem Gräberfunde im südlichen Norwegen; Eisen, 18 Centim. lang. (Unbef.)
9. Krumm-Messer aus einem Gräberfelde bei Persanzig; Eisen, ½ der natürlichen Größe. Berlin, königliches Museum. (Unbef.)
10. Krumm-Messer aus einem Gräberfunde im südlichen Norwegen; Eisen; etwas mehr als ¹⁄₂ der natürlichen Größe. (Unbef.)
11. Pincette von Eisen; gefunden in Schlesien. Breslau, Museum. (Unbef.)
12. 13. Schlüssel von Eisen; gefunden in Schlesien. Breslau, Museum. (Unbef.)
13. Konischer Schildbuckel aus einem Gräberfunde im südlichen Norwegen; Eisen, 10 Centim. hoch. (Unbef.)
15. Schwarze Urne mit Mäander-Ornament; mit gebrannten Knochen gefunden in einem Urnenhügel bei Schlopau, Provinz Sachsen. (Unbef.)
16. Thongefäß, 31½ Centim. hoch; mit gewölbter Profilirung und verstärktem Rande. Das Gefäß ist auf der Drehscheibe ausgeführt und fein bemalt; der Grund weiß, die Verzierungen ockergelb und roth. Bei Alzey gefunden. Mainz, Museum. (Lindenschmit.)
17. Urne; mit verbrannten Gebeinen und zwei bandförmigen römischen Fibeln, gefunden bei Kilow, Kreis West-Priegnitz. Berlin, Märkisches Museum. (Unbef.)
18. Thongefäß, 21½ Centim. hoch, auf der Drehscheibe ausgeführt und bemalt. Die würfelförmigen Verzierungen sind scharf und tief eingedrückt. Im Gräberfelde von Mölsheim gefunden. Mainz, Museum. (Lindenschmit.)
19. Urne; mit verbrannten Gebeinen gefunden im Urnenfriedhof von Darzau; schwarz, mit Mäander-Ornamenten. Hannover, Museum. (Unbef.)
20. Eherne Zierplatte mit farbigem Schmelzwerk in Form von Bogen, Sternen, Rosetten und Bandstreifen. Mit dem Hängegeräth 18¹ Centim. lang. Vermuthlich zu einem Pferdeschmuck gehörig, da mit anderen Bestandtheilen von Pferdegeschirr und Wagenfragmenten zusammen gefunden bei Geinsheim in der bayr. Rheinpfalz. Speyer, Museum. (Lindenschmit.)
21. Vorderplatte einer bronzenen Fibula, in Schmelzwerk verziert; die innere Fläche desselben ist orangefarbig, das umgebende Feld blaugrün. Auf der Saalburg bei Homburg gefunden. 3 Centim. Durchmesser. Homburg, Saalburg-Museum. (Lindenschmit.)
22. Gewandnadel (Fibula) aus Erz; die Vorderseite des Bügels ist schmal und mit querlaufenden Strichen verziert; an den Seitenflächen ist der Bügel breiter. Die Nadel bewegt sich in einem Scharnier; ca. 12 Centim. lang. In der Umgegend von Mainz gefunden. Mainz, Museum. (Lindenschmit.)
23. Fibula aus dem Urnenfriedhof von Darzau. Hannover, Museum. (Unbef.)
24. Bronzene Fibula aus den Brandgruben von Cliva. (Unbef.)
25. Fibula aus Erz mit vielfantigem Nadelyörn; die Nadelhülse und der gerippte flache Bügel sind von gleicher Breite, von dem um den Querstab gerollten Gewinde läuft der Nadeldorn aus 10 Centim. lang. Zu Ulm gefunden. (Lindenschmit.)
26. 27. Die Platten zweier Gewandnadeln von Erz mit buntem Schmelzwerk in abwechselnden Feldern verziert. 3½ Centim. im Durchmesser. In den römischen Gräbern zu Regensburg gefunden. Regensburg, Samml. des histor. Vereins. (Lindenschmit.)
28. Eherne Zierplatte ornamentirt mit einem Linienwerk von Ranken und Epheublättern. Die Zwischenräume waren mit Schmelz ausgefüllt, dessen Reste rothe und tiefblaue Farbe zeigen. 10 Centim. lang, 97 Gramm schwer. In Italien gefunden. Karlsruhe, Museum. (Lindenschmit.)
29. Hängeverzierung aus Erz mit niellirten Ornamenten von Ranken und Blättern. Henkel abgebrochen. Gefunden in Mainz. 4 Centim. breit. Mainz, Museum. (Lindenschmit.)
30. Silbernes Armband aus dem Fund von Botenitz. Schwerin, Museum.
31. Silberner Armring, wahrscheinlich aus einem Frauengrabe; gefunden in einer Urne bei Rickelhof unweit Elbing. Elbing, Museum. (Unbef.)
32. 33. Schöpfkelle aus Bronze im Jahre 1863 bei Gelegenheit der Neufassung der Mineralquellen von Pyrmont aufgefunden. An der Außenseite mit Ranken und Blättern reich ornamentirt, ebenso die unter Nr. 33 besonders abgebildete Oberfläche des Handgriffes. Durchmesser 12 Centim. (Lindenschmit.)
34. Bronzene Zierplatte, specielle Bestimmung zweifelhaft; mit Incrustationen von goldfarbigem Erz, Silber und Kupfer. 5½ Centim. breit, 230 Gramm schwer. Fundort nicht bekannt, vielleicht aus Italien? Bonn, Privatbesitz. (Lindenschmit.)
35. Bronzene Fibula aus den Brandgruben von Cliva. (Unbef.)

Waffen, Geräth und Schmuck römischen Charakter:

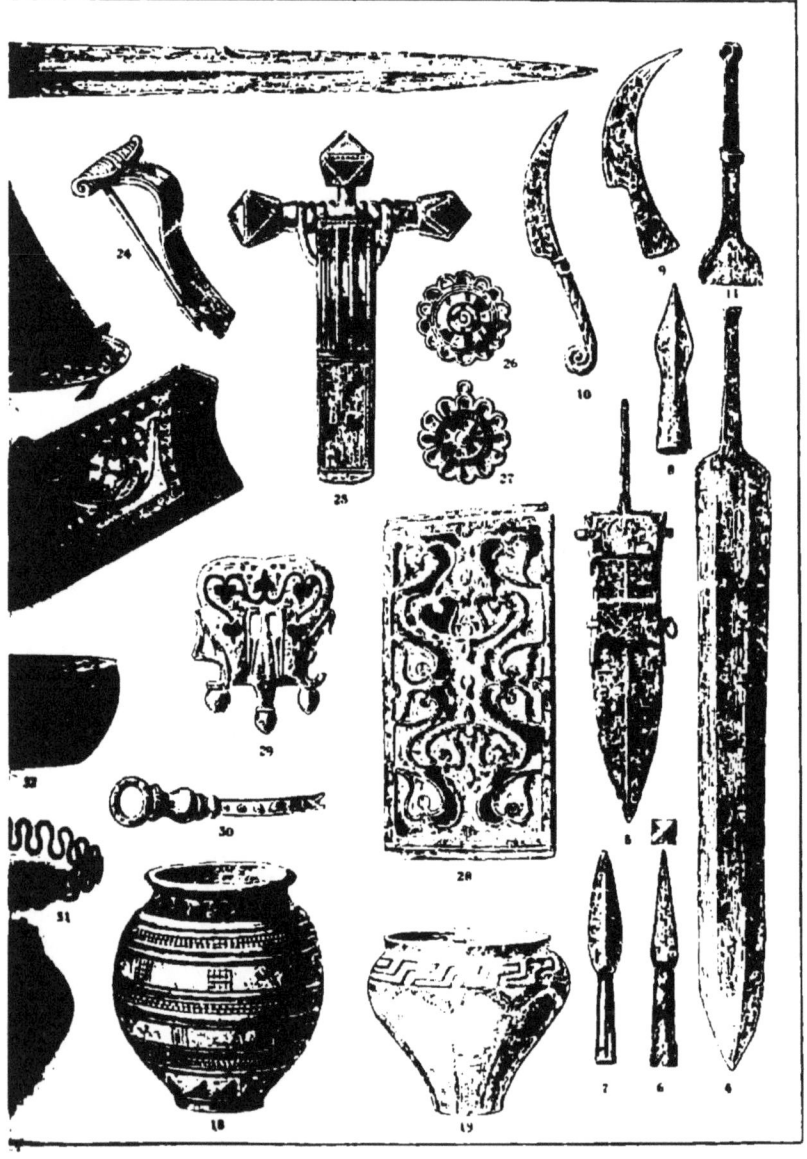

welche ein Mindestmaß von Grundeigen erreichten: die Grundbesitzlosen oder die jenes Maß nicht erreichten, sollten Geld zusammenlegen (conjectus), Beihilfe gewähren (adjutorium), dadurch einen aus ihrer Mitte auszurüsten und zu verpflegen.

Freilich ist es ein betrübendes Zeichen von dem raschen Niedergang der Leistungsfähigkeit dieser kleinen Grundeigner, daß noch Karl selbst sich genöthigt sieht, in den letzten Zeiten seiner Regierung jenes Mindestmaß zu erhöhen, d. h. während er früher noch den Dreihufner für persönlich leistungsfähig erachtet hatte, wagte er später nur noch den Vier- und zuletzt den Fünfhufner so günstig zu beurtheilen: in Ermanglung von Grundeigen und in Italien ward das Vermögen nach Geld geschätzt und dem Werth der 3 bis 5 Hufen gemäß veranschlagt.

Dagegen die Fronden (Wachtdienste, zumal auch an den Küsten) und Naturallieferungen (Wasser, Pferdefutter [fodrum], Brennholz) für Kriegszwecke — Bauten von Canälen (III, 1033), Straßen, Brücken — waren allgemeine Unterthanenpflichten, von denen Befreiung nicht Platz griff. Die Arnulfingen, zumal Karl der Große, hielten auf scharfe Mannszucht: in merovingischer Zeit war — und zwar schon unter Chlodovech, dessen Söhnen, dann unter Sigibert und Guntchramn — die Zuchtlosigkeit der Heere grauenhaft. Viel furchtbarer als den Feinden waren sie den eignen Bauern, welche oft in Verzweiflung den Peinigern den Durchzug wehrten oder falls diese, geschlagen, den Rückzug antraten, in grimmer Rache das Erduldete heimzahlten (III, 481).

Wir sahen bereits (oben S. 33 Vasallität), die fränkische Heerverfassung beruhte noch im ganzen 9. Jahrhundert grundsätzlich auf der allgemeinen Wehrpflicht, nicht auf der Vasallität, wenn auch thatsächlich für den König schon geraume Zeit die Erfüllung der Vasallenpflicht der großen geistlichen und weltlichen seniores viel wichtiger geworden war, als die Erfüllung ihrer persönlichen Heerbannpflicht: d. h. für den König kam viel mehr darauf an, daß der Herzog ihm die vielleicht tausend Helme und Rosse zuführte, welche er als homo dem König als Senior vertragsmäßig zu stellen sich verpflichtet hatte, als daß er in Person zu Felde zog. Alle diese Großen waren wie nach oben zu homines des königlichen Seniors, so nach unten zu seniores von zahlreichen freien und unfreien homines geworden. Gleichwohl ist das fränkische Heer nie ein Vasallenheer gewesen: erst die deutschen, französischen Heere des 10. Jahrhunderts wurden allmählich solche. Wir besprachen bereits (oben S. 17) die hiefür bezeichnenden Umwandlungen: erst nun ward folgerichtig auch die Heerbannbuße des Aftervasallen nicht mehr dem König, sondern dem unmittelbaren Lehnsherrn entrichtet.[1]

Selbstverständlich hatte es von jeher in dem fränkischen Heerbann Krieger gegeben, welche aus besonderen Gründen, abgesehen von der allgemeinen Wehr-

---

[1] Am Frühesten die Buße für Herislitz an den Immunitätsherrn, doch nur in Einem Beispiel Waitz II 2, 377f. 380.

pflicht, dem König oder den Vornehmen im Heere Waffendienst schuldeten:
so die Antrustionen des Königs, Gefolgen von Privaten — die, freilich kaum
bestimmt nachweisbar, jedenfalls früh verschwinden —, dann die zahlreichen
Abhängigen verschiedenster Rechtsformen — mit oder ohne Landleihe —, wo
bei selbstverständlich Unfreie und Freigelassene wie Freie verwendet wurden:
daß Unfreie von jeher ihren Herren zur Bedienung, Begleitung, auch wohl
Beschirmung in das Feld folgten, steht fest: die Volkswaffen sollten sie freilich
nicht führen dürfen, in die Reihen der Heerleute nicht eintreten: aber bei
einem Ueberfall auf dem Zuge, bei einem Angriff auf das Lager sich und
ihre Herren mit den Waffen zu vertheidigen, war ihnen nicht zu verwehren.
So finden wir denn von Anfang in Gregor und den Heiligenleben schon des
5. bis 9. Jahrhunderts sehr häufig um den König und um die vornehmen
Germanen und Römer im Heer, auf der Reise, auf der Jagd, in den Fehden
solche gewaffnete pueri (das sind meist, aber nicht stets, unfreie) satellites,
armigeri, milites, juniores, amici, clientes, mit welchen diese Vornehmen
ganz besonders ihre Fehden, Empörungen, Gewaltthaten jeder Art ausfechten
und ausrichten.   Auch in den merovingischen Bruderkriegen wurde mancher
Streich nicht durch Aufgebot des Heerbanns des ganzen Theilreiches, sondern
durch solche kleinere Scharen ausgeführt. Diese scarae werden freilich manchmal zu kleinen „Heeren" (exercitus): so in den Kämpfen, mit deren Darstellung Fredigar seine Erzählung schließt. Unter Karl dem Großen sind
„scarae" kleinere Scharen (scaritas), bestehend aus erlesenen, flinken Schar-
leuten, oft als Vorhut verwendet, zur raschen Ersteigung von Bergpässen oder
zur schnellen Verfolgung weichender Feinde, bevor der langsame große Haufe
des Heerbanns diese einzuholen vermag: — stets im Gegensatz zu dem Heere
des ganzes Reiches oder auch nur eines ganzen Stammes, einer ganzen
Provinz.[1])

b) Gerichtshoheit. Gerichtswesen.

Auch bei den Franken beruhte das Gerichtswesen auf den gemein-germanischen Gedanken von Genossen-Recht und Genossen-Gericht (I, 95): auch hier
war der Bann: die Berufung, Hegung, Leitung, der Friedeschutz des Tings,
die Schließung desselben, die Vollstreckung des Urtheils getrennt von dem
Tuom, der Findung des Urtheils. Der Bann kam zu dem Richter, d. h. dem
Gaukönig, (im eignen Namen) bei den Völkerschaften mit Königen, dem Gaugrafen, (im Namen des Volkes) bei den Völkerschaften ohne Könige, welche
später in eine der fränkischen Gruppen traten.

Das Urtheil wurde gefunden ursprünglich von der Gesammtheit der voll-
berechtigten Ding-Männer: doch ist es grundsätzlich durchaus kein Verstoß
gegen den Gedanken des Genossengerichts, wenn ein einzelner besonders rechtskundiger Mann das Urtheil, etwa auf Befragen des Richters, vorschlägt, das
dann durch bloßen Nichtwiderspruch von Seite der Gesammtheit als genehmigt

---

1) Beispiele III, 968. 975.

gilt. Ebenso wenig, wenn, wie das in Karls Schöffeneinrichtung geschah, das Urtheil nicht von der Gesammtheit der Tingmänner gefunden wird, sondern von einem Ausschuß von Rachinburgen: jener Grundsatz bleibt völlig dadurch gewahrt, daß jede Partei das Urtheil der Rachinburgen schelten und die Besetzung der Bank durch andere Rachinburgen fordern mag: die Rachinburgen gelten nur als Vertreter der Gesammtheit, deren Rechtsüberzeugung sie zum Ausdruck bringen sollen.

Der Grundsatz des Genossengerichts verlangte möglichst streng durchgeführte Gliederung in die engsten Kreise, oder vielmehr ohne Einfluß eines solchen lehrhaften Grundgedankens hatte die Entfaltung des germanischen States das Ausgehen von den engsten Verbänden vorausgesetzt: das Gericht der Sippe war ja das älteste gewesen, dann kam das der Gemeinde — sei es des Dorfes, sei es der Höferschaft —, der Hundertschaft (da, wo diese Gliederung vorkam), des Gaues, endlich der Völkerschaft. Dabei verstand sich von selbst, daß die Zuständigkeit in Bezug auf die Personen und auf die Sachen, z. B. die Grundstücke, durch den Grundsatz des Genossengerichts vorgezeichnet war: wie weiland nur über Gesippen das Sippegericht hatte urtheilen können, nicht über einen Ungesippen, so konnte das Dorfgericht nur über Grundstücke innerhalb der Dorfmark und über Parteien richten, welche beide die Zugehörigkeit zu diesem Dorfding anerkannten: so konnte das Gaugericht nicht, mußte das Ting der Völkerschaft angerufen werden, falls der Angehörige eines Gaues mit dem Angehörigen eines andern in Streit gerieth. Es läßt sich nicht nachweisen, bis in wie frühe Zeit auch im Uebrigen diese scharfe Durchführung des Genossenschaftsgedankens empor steigt: wie alt z. B. die Sondergerichte für Fischer, Zeidler (Bienenzüchter) sind: indessen die Alterthümlichkeit und reich entwickelte Fülle sinnlicher Formen, Symbole, Gebräuche bei diesen Gerichten in den Weisthümern läßt ein Entstehen in grauer Vorzeit vermuthen; auch gab es damals bereits, was man später mit einem mehrdeutigen Wort Realgemeinden nannte: z. B. das Dorf A und das Dorf B, jedes mit seiner Allmännde, konnte so zu sagen eine Sonder-Allmännde herstellen an einem mit gemeinschaftlichen Kräften auszutrocknenden Sumpf: das älteste Beispiel solcher Realgemeinden gewähren die Deichverbände an der Nordseeküste, eine Mehrzahl von Dörfern oder Höferschaften war oft zu Einem Deichverband zusammengeschlossen.

In allen diesen Gerichten konnten Handlungen der freiwilligen Gerichtsbarkeit, z. B. Schwertleite, vorgenommen werden: selbstverständlich wählten hiefür angesehenere Sippen die glänzenderen Tinge weiterer Verbände, schon um die Volkskundigkeit über größere Kreise zu erstrecken.

Dagegen entzieht sich unserer Kenntniß, inwiefern auch in alter Zeit schwerere Fälle des bürgerlichen und des Strafverfahrens als solche z. B. der Gerichtsbarkeit der Hundertschaft entrückt, der des Gaues vorbehalten waren.

Die scharfsinnige und eindringlich vorgetragene Lehre von einem Nebenober richtiger Widereinander von Königs- oder Amtsrecht einerseits, Volksrecht anbrerseits (oben S. 28) ist unhaltbar.   Hienach soll der König und in des Königs Auftrag dessen Beamter durch Verordnung, Bann Sätze objectiven Rechts im bürgerlichen, im Strafrecht, im Verfahren, im öffentlichen Recht haben schaffen können im Widerspruch mit dem Gewohnheitsrecht der Stämme oder den Gesetzen des Reiches: dieses Königs- oder Amtsrecht sei aber nur von dem König in dem Hofgericht und von den Königsbeamten in deren Gerichten angewendet worden, dagegen nicht in den alten Volksgerichten und von den für diese Gerichte vom Volke gewählten Gemeindebeamten. Diese Annahme beruht auf irriger Auffassung und Verwerthung der That= sache, daß es allerdings der Krone nicht immer gelang, das von ihr — übrigens gleichviel, ob durch Gesetz oder durch Verordnung — neu hergestellte centrali= sirende, absolutistische, römische, christianisirende Recht auch draußen in den Provinzen zur vollen Kenntniß und zur Durchführung zu bringen gegenüber dem alten Stammesrecht.   .

Es gab vielmehr: I. Reichsrecht, welches absolut gebietend oder verbietend alles Stammesrecht brach und in erster Reihe angewendet werden mußte, auch von den Volksgerichten; ob dies Reichsrecht unter Zustimmung des Reichstags als Reichsgesetz ergangen war oder durch bloße Verordnung des Königs oder eines Königsbeamten, war hiefür gleichgiltig: — auch bloße Verordnungen konnten Reichsrecht sein und Stammrecht brechen: ob die Zustimmung des Reichstags und etwa des fraglichen Stammes erforderlich war für die Giltig= keit einer solchen Norm, das war eine Frage des Verfassungsrechts, s. unten Gesetzgebung und Verordnung.

II. Es gab ferner: Stammesrecht:

1) altes, nie aufgezeichnetes Gewohnheitsrecht,
2) aufgezeichnetes, unter Mitwirkung des Reichstags oder doch einer Versammlung des Stammes verändertes Gewohnheitsrecht.

III. Jus loci: Sonderrecht (germanisches wie römisches) in einzelnen Land= schaften, Gauen innerhalb des Stammesrechts.

In allen Gerichten, Volksgerichten wie Königs= oder Amtsgerichten, war zunächst zwingendes Reichsrecht anzuwenden.

In allen Gerichten, Königsgerichten und Amtsgerichten wie Volks= gerichten, war in Ermanglung von zwingendem Reichsrecht bald germanisches Stammes= (also Volks=) oder römisches Recht anzuwenden nach Maßgabe der folgenden Grundsätze:

I. Auch im Frankenreiche galt der Grundsatz des persönlichen oder an= geborenen Rechts (I, 295), eine Folge der germanischen Grundanschauung vom Wesen des Rechtes überhaupt und aller Rechtsprechung.   Deshalb war der Fremde, der Ungenoß, ursprünglich rechtlos gewesen.   Mußte man diesen Satz gegenüber den Römern, Kelten und den in das Reich aufgenommenen übrigen germanischen, nichtfränkischen Stämmen aufgeben — da diese ja nun eben nicht mehr „Statsfremde" sein sollten — so blieb für den Gedanken des Genossenrechts nur der andre Ausweg, jeden nach seinem angebornen Recht leben, wie z. B.

auch nach seiner angebornen Mundart sprechen zu lassen. Der Statsgedanke war noch nicht stark genug entwickelt, das entgegengesetzte, das Territorial= princip, durchzuführen: die Edicte der Ostgothenkönige (I, 295) enthalten die erste, freilich auf sehr wenige Artikel beschränkte Anwendung dieses Princips, dann haben die Westgothen Mitte des 7. Jahrhunderts die Lex Visigothorum, unter Aufhebung der Geltung der Lex Romana Visigothorum für die Römer, als königlich westgothisches Landrecht aufgestellt. In reinen Fällen des bürger= lichen oder Strafverfahrens, z. B. im Streit zwischen zwei Römern oder zwei Saliern, machte jener Grundsatz keine Schwierigkeit: in gemischten Fällen, z. B. Eigenthumsstreit über ein Pferd zwischen Römer und Salier, Tödtung eines Römers durch einen Salier, ergaben sich Schwierigkeiten, welche wohl keineswegs alle durch die uns bekannt gewordenen Grundsätze gelöst werden konnten: so z. B. daß sich jeder nach seinem Recht vertheidige, das Wergeld nach dem Recht des Erschlagenen zu bemessen, bei zweiseitigen Rechtsgeschäften das Recht des „überwiegend" an dem Geschäft Betheiligten (z. B. dessen, der Geld empfing, Grundstücke oder Waren veräußerte) maßgebend sei, daß die Frau bei rechter Ehe — nach Ablösung der Muntschaft des bisherigen Munt= walts durch den Bräutigam — in das Stammesrecht des Mannes trete, bei Freilassung das Recht des Freilassers entscheide, bei Beerbung das Recht des Erblassers u. s. w.

Die Kirche und die einzelnen Kirchen, Klöster als juristische Personen lebten nach ihrem Sonderrecht, in erster Reihe also nach kanonischem, in zweiter als Römerin, als aus dem Römerreich geboren und überkommen, nach römi= schem Recht (ecclesia est Romana, Romanam [secundum] vivit legem). Dagegen die einzelnen Geistlichen lebten in zweiter Reihe damals noch nicht nach römischem, sondern nach ihrem angebornen Stammesrecht, erst nach Ende des 11. Jahrhunderts setzte die Kirche jenen in Italien zuerst mit Erfolg erhobenen Anspruch ganz allgemein durch: nach der großartigen Hebung des gesammten Kirchenlebens durch Gregor VII. und während der Kämpfe des Papstthums mit dem Stat ward klar, daß die Priesterweihe von der ange= bornen Stammesart des Menschen so gut wie nichts übrig lasse, ihn, soweit nicht das kanonische Priesterrecht galt, zum Römer machen sollte.

Ueber die Juden siehe Genaueres unten (Kirchenhoheit): sie waren als Fremde und als Ungläubige rechtlos: der König nur konnte ihnen seinen be= sonderen Schutz gewähren oder verkaufen: keineswegs galten sie als Römer und keinesfalls hatten sie wie Römer das Recht, nach römischem Recht zu leben.

Fremde blieben grundsätzlich rechtlos: gewährt ihnen der König (oder ein Privater) seinen Schutz, so leben sie nach dem Recht ihres Schützers, falls ihnen nicht der König ausnahmsweise verstattet, nach ihrem angebornen Stammesrecht zu leben. Wergeld und Nachlaß des erschlagnen oder sonst ver= storbnen Fremden bezieht der königliche Schützer.

In Städten und Landschaften bunt gemischter Bevölkerung, z. B. in Rom, waren also zahlreiche Rechte nebeneinander in Anwendung zu bringen:

arge Rechtsunsicherheit konnte daraus entstehen, daß z. B. nachträglich einer der Vertragenden die Ungültigkeit eines Rechtsgeschäfts behauptete, weil das Recht, nach welchem er zu leben hatte, in den Formvorschriften nicht eingehalten war. Daher wurden wiederholt sogenannte „professiones juris" abverlangt, d. h. die freien volljährigen Einwohner wurden aufgefordert, zu Protokoll zu erklären — wie wir heute sagen würden — nach welchem Recht sie lebten, leben mußten: denn Willkür der Wahl bestand hierin keineswegs, abgesehen von besonderer Verstattung durch den König.

Das römische Recht ward thatsächlich — ohne daß etwa durch Gesetz der „Personalgrundsatz" durch den „Territorialgrundsatz" wäre ersetzt worden — dadurch im Süden Frankreichs allein geltendes Recht, daß hier die Franken, von jeher wenig zahlreich seßhaft, alsbald romanisirt, zu Römern wurden. Deßhalb galt hier das „droit écrit", d. h. eben das römische, wobei die kürzere Lex Romana Burgundionum (s. unten Burgunden) durch die viel ausführlichere Lex Romana Visigothorum (I, 367, 481) ersetzt wurde: in Nordfrankreich dagegen erhielten sich die germanischen Stammesrechte (das [burgundische?], salische, uferfränkische, im Elsaß das alamannische), d. h. das „droit des coutumes".

Uebrigens gliederten sich auch die großen germanischen Stammesrechte in engere Rechtsgebiete: innerhalb des uferfränkischen Rechts galt für die Chamaven im Hamaland das chamavische (Lex Francorum Chamavorum), auch das frisische, sächsische, thüringische Stammesrecht war weiter gegliedert (s. unten); und endlich gab es auch hievon abgesehen locales, landschaftliches Gewohnheitsrecht (jus, lex loci, oben S. 38). Für Einheit des Rechts dagegen wirkte die gemeinfränkische Reichsgesetzgebung, welche z. B. zur Bekämpfung des Heidenthums gemeines Recht für das ganze Frankenreich oder doch für ein ganzes Theilreich — Römer wie Germanen jedes Stammes — schaffen wollte und schuf; einheitlich wirkte die Rechtsprechung des Hofgerichts, einheitlich der Einfluß der meist fränkischen in alle Landschaften verschickten Königbeamten, einheitlich eine Reihe von Einrichtungen des öffentlichen Rechts, die Zuständigkeit der Grafen, die Immunitäten, Beneficien, Vasallität, einheitlich endlich das Recht der Kirche, das rein geistliche und das durch Königsgesetz auch zu weltlichem Recht erhobene der Synodalbeschlüsse.

Es erfuhr jedoch hiebei das römische Recht der Provincialen eine ähnliche Trübung und Anpassung, wie das von ihnen gesprochene Latein: entsprechend dem Vulgärlatein, aus welchem dann später das Altfranzösische und das Provençalische erwuchsen, entwickelte sich ein römisches Vulgärrecht, den neuen Bedürfnissen angepaßt, zumal durch Einfluß der Formularjurisprudenz der Tabellionen und Notare, welche, wie übrigens schon von jeher in den Gebieten des römischen Rechts, nur mit immer steigender praktischer Bedeutung, je weniger mehr eine Wissenschaft des römischen Rechts vorhanden war oder leistete, nach alter Ueberlieferung Formeln verfaßten für alle Rechtsgeschäfte, welche das tägliche Leben mit sich brachte, wobei nur die Lücken für die fortgelassenen Namen der handelnden Personen, der Grundstücke, der Betrag von Preis oder Mieth= oder Pachtgeld ausgefüllt werden mußten; allerdings ward dabei mit solch barbarischer Unwissenheit verfahren, daß die Tabellionen die Parteien auf Einreden aus Gesetzen verzichten ließen, welche schon vor Jahrhunderten aufgehoben oder veraltet waren.

Die ordentliche Eintheilung des Frankenreichs, d. h. seiner Provinzen, war die in Grafschaften oder Gaue: folgerichtig ist der ordentliche Richter, der Gaurichter, eben der Graf: nicht der Centenar, weil ja die Eintheilung in Hundertschaften keineswegs die ordentliche, allgemein vorkommende, weil der Centenar als solcher gar nicht Königsbeamter, also auch nicht königlicher Richter, sondern von den Genossen gekorener Beamter dieser „Selbstverwaltungs= gemeinde" war. Folgerichtig übt der Graf den Gerichtsbann des Königs im ganzen Umfang seines Amtsgebiets, d. h. eben der Grafschaft oder des Gaues, und er allein hat auch die Vollstreckung aller Urtheile im ganzen Gau.

Die gebotenen Dinge (I, 99) treten nach Bedürfniß an besonders bezeichneter Stätte, die ungebotenen alle 40 (42) Nächte an der altherkömm= lichen Dingstätte, dem mallus legitimus, mallobergus, zusammen: diese war häufig, aber keineswegs immer, keineswegs nothwendig die Dingstätte einer Hundertschaft. Dingpflichtig sind alle wehrfähigen freien unbescholtenen Zu= gehörigen des Gerichtsgebiets des Mallbergs, nicht nur die Grundeigner: aber allerdings wurden die verantwortlichen Verrichtungen im Gericht nur denjenigen verstattet, deren in dem Gerichtsgebiet belegenes, also zweifelloses und sicher erreichbares Grundeigen für den Fall der Schädigung der Parteien durch arg= listigen oder fahrlässigen Mißbrauch jener Verrichtungen Ersatz gewährte.

Der Graf oder dessen ordentlicher (vicarius) oder außerordentlicher Ver= treter (missus) hält das Gericht auch an dem Mallberg der Hundertschaft ab: hiebei kann er sich von dem Centenar vertreten lassen, — und muß es oft, weil er unmöglich, ganz abgesehen von den gebotenen Dingen, auch nur die ungebotenen alle 40 Nächte selbst an allen Mallbergen seiner Grafschaft ab= halten kann — aber keineswegs ist der Centenar von Rechts wegen sein Ver= treter als Richter. Daher vollstreckt auch nicht der Centenar die unter seinem Vorsitz gefundenen Urtheile, sondern der Graf: daher treibt nicht der Centenar, dieser Gemeindebeamte, die an den König verfallenen Friedens= und Bußgelder ein, sondern der sakebaro: ein ausschließlich königlicher, vom König ernannter Beamter, oder — der Graf selbst.

Gefunden wird das Urtheil von der Gesammtheit der dingpflichtigen Grundeigner, auf Vorschlag von je 7 Rachinburgen, der von der Gesammt= heit auch durch bloßes Schweigen angenommen, jedoch auch ausdrücklich ab= gelehnt werden konnte.

Der Unterschied in der späteren Schöffeneinrichtung bestand nur darin, daß die Schöffen das Urtheil nicht blos, wie die Rachinburgen, vorschlugen, sondern selbst fanden, vorbehaltlich der Schelte ihres Urtheils und des Ein= tritts von anderen Schöffen an ihre Stelle (oben S. 36).

Der Centenar wird später nicht mehr von der Gemeinde gekoren, sondern auf deren Vorschlag vom Grafen in Ausübung der Amtshoheit des Königs ernannt: er ist zum bloßen Fronboten des Grafen geworden, der deßhalb — wegen der Vollstreckung — jedem vom Grafen abgehaltenen Gericht anwohnen muß. Er hatte eine Mitwirkung bei der Urtheilsfindung, vielleicht indem er die Fragen darüber an die Rachinburgen richtete.

An jedem mallus kamen die Angehörigen nur dieses mallus, nicht des ganzen Gaues, bei den ungebotenen Dingen zusammen; das echte Ding währte drei Tage, d. h. so lang mußte der Widersacher erwartet werden, bevor man sein ungehorsam Ausbleiben feststellen durfte. Die Ladung geht noch immer von dem Kläger aus, nicht von dem Richter, ausgenommen Verfolgung von Verbrechen gegen Königsgebot. Doch greift der Graf nun stärker in den Gang der Verhandlung ein. Die rein formalen Beweismittel, Eid und Gottesurtheil[1]), werden allmählich durch die materiellen, rationellen: Zeugen, Urkunden ersetzt.

Für die Römer gab es keine besonderen Gerichte: kam römisch Recht zur Anwendung, so werden die Rachinburgen aus Römern genommen oder von Römern belehrt worden sein.

Der Richter nimmt Platz auf erhöhtem Sitz: die 7 (12?) urtheilfindenden Rachinburgen sitzen auf 4 Bänken, die andern stehen umher (der Umstand); ein an Speeresschaft ausgehängter Schild etwa bezeichnet die Hegung des Gerichts; die Gerichte tagten wie ursprünglich unter freiem Himmel an den alten Ding- (und Opfer-)Stätten, später in Kirchen, und als die Canones das mit gutem Grund untersagten, in königlichen palatia oder andern weltlichen Gebäuden.

Im Strafrecht ist nun an Stelle der alten Friedlosigkeit streng folge- richtig (s. oben S. 23) die Entziehung des Königsschutzes getreten. Todes- strafe trifft außer Hochverrath auch schwere Fälle von Tödtung, Diebstahl. Gefängniß, abgesehen von Untersuchungshaft, kommt zumal als Einbannung an einem bestimmten Ort, häufig einem Kloster, vor. Verbannung aus dem Reiche begegnet nicht[2]): allzu gefährlich wurden leicht solche Verbannte, sie flohen zu den Reichsfeinden und trachteten als echte Emigranten nach Rache und Rückkehr mit gewaffneter Hand und fremder Hilfe (vgl. Könige V, S. 195).

Im Strafproceß ist, zumal in politischen Processen, viel aus dem römischen Verfahren herübergenommen worden. Bezüglich der Unfreien mußten die alten Grundsätze fortbestehen, da jene nicht des Volksrechts fähig waren. Vergehen der Unfreien gegen den Herrn oder dessen Beamte oder gegen Unfreie des nämlichen Herrn wurden von dem Herrn oder dessen Vertreter gerichtet: erst gegen Ende dieses Zeitabschnitts kommt ein „Hofrecht" auf: doch schreckten schon lange die Kirchenstrafen vor äußerstem Mißbrauch der Willkür in der Strafgewalt.

Bei Strafklagen Fremder wegen Vergehen von Unfreien war der Herr der rechte Beklagte, ganz wie wenn ein Hausthier des Herrn Schaden gestiftet

---

1) Kesselfang, Los. unter Karl und Ludwig Kreuzprobe, Bausteine II, 34. 41.
2) Eine Ausnahme s. D. G. Ib, 731.

hatte: der Herr konnte sich durch Auslieferung des Untreuen zur Bestrafung (oder zu Gottesurtheil) der Haftung in jedem Fall entziehen, wollte er- die Vertretung des Angeschuldigten vor dem Grafengericht nicht übernehmen; ward der Unfreie von Fremden verletzt, war der Herr der rechte Kläger vor dem Grafengericht für die Schadenersatz-, erst später auch Strafklage.

Aber auch für persönlich frei verbleibende Abhängige — mit oder ohne Landleihe — mußte der Schützer die Vertretung auf dem Grafengericht über- nehmen: gerade die Gewinnung dieser schützenden Vertretung gegenüber mäch- tigen Proceßgegnern war für sehr viele der geringeren Leute ein Hauptbeweg- grund für den Eintritt in das Schutzverhältniß gewesen: das neue, vielfach lateinisch geschriebene Recht, das veränderte Verfahren war ihnen nicht geläufig, der Schutz der Gesippen bedeutete hier nichts mehr, schon das Aufsuchen des oft weitab gelegenen Grafengerichts war den Verarmten und Hilflosen schwierig.[1])

Die Leute der Immunitäten wurden in den schwereren vor das Grafen- gericht gehörigen Fällen vertreten durch den Immunitätsherrn (oder dessen Beamten), an welchen und von welchem auch die Ladung erging: erst später erwarb der Immunitätsherr auch in solchen schwereren Fällen die Grafen- gerichtsbarkeit über die Immunitätsleute. In leichteren Fällen hatte der Immunitätsherr oder dessen Vogt die Gerichtsbarkeit, ausgenommen es war ein Fremder betheiligt: hier wurden vor dem königlichen Niedergericht (des Centenars) die Immunitätsleute durch ihren Herrn vertreten.

Nicht Unterdrückung, Wohlthat bedeutete es, wenn Gerichts-, Polizei-, Finanzgewalt, welche villici, actores königlicher Landgüter zuerst über alle unfreien, dann auch über freie Grundholden auf dem Boden der villa aus Auftrag des Königs, dann nach Vertrag mit diesen freien Grundholden aus- geübt hatten, allmählich durch ausdrücklichen oder stillschweigenden Vertrag, durch Gepflogenheit, dann durch objectives Gewohnheitsrecht auch auf solche Freie erstreckt wurde, welche auf eigenem Allod, aber rings von Königsland umschlossen oder neben dem Königsland als Nachbarn siedelten: in jenen unsicheren Zeiten war ein naher Schützer und Richter, obzwar nur Privat- beamter des Königs[2]), erwünschter als der fern wohnende Graf des Königs.

Sehr bestritten ist die kirchliche Gerichtsbarkeit: nach dem Bestand der Ueberlieferung ist zu zweifelfreien Ergebnissen in manchen Fällen nicht zu gelangen.[3]) Die Kirche fordert ausschließlich geistliche Gerichtsbarkeit in allen Civil- und Criminalsachen der Kleriker, und zwar sollen Bischöfe ihren Gerichts-

---

1) Vgl. Brunner, mithio und sperare, Abhandl. der Berl. Akad. 1887; ganz ebenso bei den Gothen, qui per eum sperare videntur. Könige VI. 2) Die Ent- wicklung war ganz wie bei den Gothen I, 496. 3) Sohm, Z. f. Kirchenr. IX, 195f. Waitz, IV, 374. 411. Löning II, 516. Rißl, Der Gerichtsstand des Klerus im fränkischen Reich, Innsbruck 1886; dazu (beziehentlich: dagegen) Löning im Lit. Centralbl. 1887. Zorn, Kirchenrecht, Stuttgart 1888, S. 67, dessen Darstellung oben zu Grunde gelegt wird; sie scheint mir — abgesehen von einzelnen kaum entscheid- baren Punkten — dem Richtigen, wie es D. G. Ib, 670 f. erörtert worden, noch am Nächsten zu stehen.

stand vor dem Metropoliten, eventuell unter Zuziehung von zwei Conprovinzial=
bischöfen, in höherer Rechtsstufe vor der Synode, der übrige Klerus vor dem
Bischof oder dessen Archidiakon haben; ferner über Freigelassene, Wittwen und
Waisen; Klerikern wird streng verboten, weltliche Gerichte anzurufen; auch Laien
dürfen Kleriker nicht vor weltliches Gericht ziehen. Weltliche Richter, welche
im Widerspruch zu diesen Vorschriften Gerichtsbarkeit ausüben, verfallen kirch=
lichen Strafen, selbst dem Bann.

Zu diesen Forderungen nimmt der Stat folgende Stellung ein. Civil=
sachen unter Klerikern, wenn de persona gestritten wird, gehören vor das kirch=
liche, wenn de possessione, vor das weltliche Forum; Civilsachen zwischen
Klerikern und Laien de persona gehören seit 614 gleichfalls vor das geist=
liche Gericht, Sachen de possessione dagegen vor den weltlichen Richter, jedoch
so, daß vorher ein Güteverfahren vor dem Bischof zu erfolgen hat; in der
Karolingerzeit scheinen Civilsachen zwischen Klerikern und Laien gemeinsam
von Bischof und Graf, also in einem gemischten Gericht erledigt worden zu
sein; in allen Civilsachen von Klerikern ist das Königsrecht zuständig, regel=
mäßig nur bei Berufung, in Sachen von Bischöfen und Aebten allein;
Strafsachen der Bischöfe gehören vor die Synode; inwieweit ein weltliches
Verfahren und, nach dem verurtheilenden Spruch der Synode, ein weltliches
Schlußverfahren vor dem Königsgericht stattfand, lassen die Quellen zweifel=
haft; Strafsachen der Priester und Diakone werden seit 614 ebenso behandelt,
wie diejenigen der Bischöfe; vorher waren dieselben ausschließlich vor welt=
lichen Gerichten verhandelt worden; leichtere Fälle werden nach 614 wohl den
Bischöfen allein überlassen; Strafsachen der niederen Geistlichen gehören vor das
weltliche Gericht, doch darf ein solcher nicht verurtheilt werden, nisi convin=
citur manifestus; Mönchen ist, wenigstens in der Karolingerzeit, jedes Er=
scheinen vor weltlichen Gerichten verboten.

Trotz ihres grundsätzlichen Standpunktes scheint die Kirche sich bis auf
Pseudoisidor dieser Gerichtsordnung im Frankenreiche gefügt und für die An=
rufung weltlicher Gerichte, soweit diese zuständig waren, nur bischöfliche Ge=
nehmigung erfordert zu haben.

Ueber Laien war die kirchliche Gerichtsbarkeit in der Merovingenzeit trotz
der mehrfachen Forderungen der Synoden nur in Ehesachen anerkannt: erst
in der Karolingerzeit wird die Gerichtsbarkeit („inquirendi studium habeant")
bei Blutschande, Ehebruch, Vater= und Brudermord „et alia mala quae contraria
sunt Deo" der Kirche überlassen. Die Testamentsgerichtsbarkeit dagegen, sowie
die Gerichtsbarkeit in Sachen der Wittwen, Waisen und Armen behielt auch in
der Karolingerzeit der Stat; nur die bischöfliche Gerichtsbarkeit über Frei=
gelassene scheint durchgesetzt worden zu sein.

Das Zufluchtsrecht behauptete die Kirche im gleichen Umfang wie im
römischen Reich, Verletzung desselben zog Kirchenbann nach sich.

Bischöfe und Klöster mußten sich vor weltlichen Gerichten wenigstens in
Strafsachen, später allgemein durch Vögte (advocati) vertreten lassen.

Die Form, in welcher die Bischöfe in der Karolingerzeit ihre Gerichtsbarkeit ausübten, war die des Sendgerichtes. Das Sendgericht hat sich entwickelt aus den bischöflichen Untersuchungsreisen und steht in engstem Zusammenhang mit dem Kampf der Kirche gegen die mit großer Zähigkeit festgehaltenen
heidnischen Bräuche der Germanen. Dem Bischof voran erscheint der Archidiakon
mit dem königlichen Grafen, welcher die staatliche Hilfe wie auch Ueberwachung
bethätigt, zur Vorbereitung des bischöflichen Sendes und zur Entscheidung
der leichteren Fälle; weiterhin kommt die ganze Gerichtsbarkeit ausschließlich
an den Archidiakon. Seit der zweiten Hälfte des 9. Jahrhunderts werden in
Nachbildung weltlicher Einrichtungen im Frankenreiche Sendzeugen (testes
synodales) bestellt, welche die erforderlichen Anzeigen über die in ihrem Be-
zirke begangenen Sünden und Vergehungen gegen die kirchliche Ordnung zu
erstatten haben.

Seitdem an Stelle des Volksfriedens der Königsfriede getreten (oben
S. 42, 23), konnte selbstverständlich auch die Gerichtsbarkeit höchster Stufe nicht
mehr von der (gar nicht mehr vorkommenden) allgemeinen Volksversammlung
geübt werden, sondern vom König, dessen palatium nun die Stätte höchsten
Gerichts geworden.

Es war dies „Königsgericht" überall, wo der König (oder dessen
Vertreter) war, keineswegs nur, wo „ein" palatium war — eine „Residenz",
ein einziges palatium, eine einzige Stätte des Königsgerichts gab es ja
nicht (oben S. 30). Es konnte also der König, der sehr viel im Reich umher reiste[1]), an jeder Stelle das Königsgericht abhalten: im obersten Rechtsgang nur in Begleitung seiner Großen, welche das Urtheil fanden, wenigstens
sieben, meist bedeutend mehr, wobei für die Auswahl Stamm und Stand des
Beklagten nach dem Genossengerichtsgrundsatz maßgebend waren. Doch konnte
der König oder dessen Vertreter eine Sache gleich im ersten Rechtsgang selbst
entscheiden und dann auch durch die gewöhnlichen am Orte vorgefundenen
Urtheiler, indem er nur den Sitz des ordentlichen Richters einnahm und die
Verhandlung leitete, den Bann übte.

Daß dies Königsgericht aber als ein „Billigkeitsgericht" gar nicht nach
Recht, nur nach Billigkeit resp. Willkür gerichtet gehabt habe, ist schief. Richtig
ist nur, daß der merovingische König, zumal in Hochverrathsprocessen, sich oft
willkürlich über das Recht hinwegsetzte in Bestrafung, in Niederschlagung von
Strafklagen, aber das war nicht Uebung des Rechts, sondern Mißbrauch
der Gewalt. Wie streng vielmehr auch das Königsgericht an das nach dem
Princip der persönlichen Rechte je im Einzelfall anzuwendende Recht gebunden
war, sehen wir aus den zahlreichen Urtheilsurkunden arnulfingischer Zeit: daß
die Merovingen dem Rechte nach hierin sollten weniger beschränkt gewesen
sein als die Arnulfingen, das ist durchaus nicht anzunehmen.

---

[1]) Schon deßhalb konnte es hiefür keine festen Gerichtszeiten geben: die Merovingen haben alle Monate, die Arnulfingen jede Woche Gericht gehalten, meist 3 Tage
lang, wie das ungebotene Ding (oben S. 41).

Die hier bekämpfte Ansicht hängt mit der Annahme des Nebeneinander von „Amts-" oder „Königsrecht" und „Volksrecht" zusammen; was als Rechts-schutz gegen die Gefahr der Willkür angeführt wird, so z. B., daß die allgemeinen Formen des Processes gewahrt werden mußten, würde doch recht ohnmächtig gewesen sein; auch für die ordentlichen Gerichte waren einseitige königliche Erlasse und Verordnungen verbindlich, vorausgesetzt[1]), daß sie giltig, inner-halb der Zuständigkeit des Königs ergangen waren.

c) Gesetzgebende und verordnende Gewalt.

Nicht selten begeht man in Behandlung verfassungsrechtlicher Fragen jener Tage den Fehler, statsrechtliche Begriffe der Neuzeit (oder auch des römischen Statswesens) als damals maßgebend anzunehmen. Auch den Unter-schied der neuzeitlichen verfassungsmäßig beschränkten Statsgewalt zwischen Gesetz und Verordnung darf man nicht ohne Weiteres in die merovin-gischen und arnulfingisch-karolingischen Jahrhunderte zurück versetzen. Immer-hin aber kann man sagen: es gab Rechtsnormen, Gebote und Verbote, welche der König (oder kraft königlichen Amtsauftrags dessen Beamter) allein erlassen konnte — „Verordnungen" — und es gab andrerseits objectives Recht, das, auf Gewohnheitsrecht oder auf „Gesetz" beruhend, nicht vom König allein (oder dessen Beamten) geändert oder aufgehoben werden konnte, sondern unter Zu-stimmung einer Versammlung von Großen des ganzen Reiches oder von An-gehörigen des fraglichen germanischen Stammes: will man solche Erlasse, welche der Zustimmung derartiger Reichs- oder Stammes-Versammlungen bedurften (oder doch, der größeren Feierlichkeit und Oeffentlichkeit halber, gewürdigt wurden) „Gesetze" nennen, so ist dawider nichts einzuwenden, so lang man sich der Merkmale dieses Begriffes bewußt und die Hereinziehung der gesammten neuzeitlichen Lehre von Gesetz und Mitwirkung einer „Volksvertretung", die es nicht gab, bei Ausübung der gesetzgebenden Gewalt sorgfältig ausgeschlossen bleibt.

Soviel darf vorsichtige Forschung mit Bestimmtheit aufstellen: jeder Schritt darüber hinaus ist nicht zweifelsfrei.

In der Zeit des vormerovingischen Gaukönigthums waren wohl, abgesehen vom Heerbann und Gerichtsbann, sehr wenige Fälle vorgekommen, in welchen der Gaukönig sein Bannrecht anzuwenden hatte (D. G. 1a, 219, 225).

Das objective Recht — ursprünglich ausschließlich Gewohnheitsrecht — war nur durch änderndes Gewohnheitsrecht oder durch Beschlüsse der Volks-versammlung aufgehoben oder weiter gebildet worden.

Schon in Chlodovechs merovingischem Stat war eine Volksversammlung aller seiner germanischen oder romanischen freien Angehörigen nicht mehr

---

1) Ein schrankenloses Bannrecht des Königs lehren v. Sybel S. 363 und Fahlbeck S. 168; Sohm hat diesen Irrthum früher (Reichsverfass. S. 108) getheilt, aber jetzt aufgegeben D. Literatur-Zeitung 1884 S. 68. — Ueber die Thätigkeit des Pfalz-grafen (früher das „testimoniare") in merovingischer und arnulfingischer Zeit f. Amts-hoheit; eine Ausführung über das Urkundenwesen wurde D. G. 1b, 65. 680 gegeben.

zusammengetreten: „Gesetze", unter Zustimmung eines Reichstags des ganzen Reiches erlassen, gab es nicht.

Wohl aber ward das im Grundsatz auch schon früher wohl anerkannte Recht des Königs, kraft seiner Banngewalt Gebote und Verbote unter Androhung von Vermögensstrafen zu erlassen, nunmehr mit der rasch steigenden Gewalt des Königthums überhaupt beträchtlich erweitert, niemals aber dahin, daß die Banngewalt des Königs eine unbeschränkte gewesen wäre: das heißt die Verfassung der freien Franken in nahezu orientalische Despotie verkehren.[1]) Vielmehr war von Anfang an durch Gewohnheitsrecht, später durch „Gesetz" das Gebiet abgesteckt, innerhalb dessen sich die Banngewalt des Königs bewegen durfte: dabei wird freilich die Höhe der Bannbußen stets gesteigert, die Zahl der Fälle, d. h. der Zwecke, für welche der König bannen darf, stets vermehrt und ganz folgerichtig ist es, daß zuletzt, nachdem Karl dem Machtinhalt nach unbeschränkter Einherrscher geworden war, dies auch formal darin Ausdruck fand, daß ihm nun durch Reichsgesetz völlig frei gestellt ward, für welche Zwecke und bis zu welchem Betrag (Höchstbetrag 1000 Solidi?) er bannen wolle. Das ist aber der Abschluß der theokratischen Weltherrschaft Karls, nicht der Anfang des merovingischen Gaukönigthums.

Die verschiedenen Arten von Versammlungen des Volkes oder der Volkstheile, welche von dem Märzfeld Chlodovechs von 486 ab bis zu den großen Reichstagen von 806 und 813 stattfanden und — großen Theils — auch bei der Ausübung der gesetzgebenden Gewalt des Königs mitwirkten, sind bereits in der Darstellung der äußeren Geschichte geschildert worden.

Hier genügt die Bemerkung, daß die Könige zwar das römische Recht einseitig hätten ändern können — „aber mit jener Scheu, mit der man an Dinge nicht rührt, von denen man nicht allzuviel versteht,[2]) nicht änderten", dagegen die Stammesrechte der Germanen durch Verordnung nicht ändern konnten, nur unter Zustimmung einer Stammesversammlung oder — in karolingischer Zeit — auch durch Reichsgesetz, wie Karl einmal den Langobarden sehr deutlich sagt, obwohl langobardische Große den fraglichen Reichstag gar nicht besucht hatten (was überhaupt nur einmal bezeugt ist): denn der Gedanke der neuzeitlichen „Vertretung" des Volkes oder der einzelnen Stämme auf dem Reichstag war jenen Tagen fremd.

Es ist sehr bezeichnend, daß wiederholt dieses Recht der Stämme, ihr Stammesrecht nur unter eigner Zustimmung geändert zu sehen, in engsten Zusammenhang gebracht wird mit der Zusicherung, daß die subjectiven Befugnisse der Einzelnen nicht durch königliche Verordnung, d. h. Willkür sollen angetastet werden: das subjective Recht des einzelnen Alamannen, gemäß dem Grundsatz des persönlichen Rechts nur nach objectivem alamannischem Stammesrecht zu leben und gerichtet zu werden, hatte ja nur Werth, wenn der

---

[1]) Diesen sehr starken Irrthum R.- u. Ger-Verf. hat Sohm später zurückgenommen. D. G. 1b, 523.   2) Vortrefflich Brunner, Deutsche Rechtsgeschichte. Leipzig 1887. I, 375.

Einzelne davor geschützt war, daß dies objective Recht, auf dem seine wichtigsten Befugnisse beruhten, durch königliche Verordnung geändert werden könne. Es ist dies ein sehr wichtiger, noch zu wenig gewürdigter Gesichtspunkt: so barbarisch roh uns der Grundsatz der persönlichen Rechte gegenüber dem Gedanken des „Landrechts" erscheint, — man begreift, in jener Zeit war jener Grundsatz die einzige sichere Burg für das Recht der Privaten gegenüber der stets mehr um sich greifenden Banngewalt des Königs und bei dem völligen Mangel einer Volksvertretung, ja irgend welcher festen Bestimmung des Standschaftsrechts auf jenen Versammlungen: da war es der Hort des Alamannen, daß der Frankenkönig z. B. seine Erbrechte, seine Grundeigenthumsrechte nicht antasten konnte, soferne sie auf alamannischem Stammesrecht beruhten, ohne Zustimmung des Alamannenstammes selbst, der sein objectives Recht zu ändern nicht gezwungen werden konnte (abgesehen in spätester Zeit durch Reichsgesetz). Ueber das Zustandekommen von Reichs- oder Stammes-gesetzen auf jenen Versammlungen wird bei deren Darstellung gehandelt werden. Hier genügt der Hinweis, daß die Könige wiederholt versprechen müssen, auch ihr Bann- und Verordnungsrecht nicht willkürlich, nicht unter Verletzung wohlerworbener Befugnisse, nicht in Widerspruch mit Reichs- oder Stammes-Gesetz oder Stammes-Gewohnheitsrecht zu üben.

So wird ausdrücklich gesagt, eine auctoritas (schriftliche Verordnung) des Königs solle, wenn contra legem (d. h. hier wohl Gesetz und Stammesgewohnheits-recht) verstoßend, nichtig sein: bloße schonende Höflichkeit ist es, wenn dabei voraus-gesetzt wird, solche Verfügungen würden dem König wohl nur abgeschlichen sein unter Verhüllung des Rechts. Wohlerworbene Rechte, auch wenn auf Privilegien früherer Könige beruhend, sollen nicht durch bloße Verordnung des Königs entzogen (wohl aber natürlich zur Strafe für Hochverrath verwirkt) werden können.

Nur solche Verordnungen der Könige, sogar in Uebung des Heerbanns, sind gültig, welche ergehen per justicia, d. h. innerhalb ihrer Zuständigkeit und nicht gegen Gesetz oder Stammesrecht.[1]

Es gebrach aber an jeder Bestimmtheit des Standschaftsrechts auf diesen Versammlungen: — nur der Grundsatz galt, daß auf der Reichsversammlung jeder volljährige freie Reichsangehörige, auf der Stammesversammlung jeder (entsprechende) Stammesangehörige erscheinen durfte: aber thatsächlich erschienen außer den vom König mitgebrachten oder besonders geladenen geistlichen und weltlichen Großen nur andere solcher Vornehmen und von den kleinen Freien nur die nächst Siedelnden oder solche, welche ein besonderes Anliegen vorzubringen hatten. Ebenso fehlte es an jeder Bestimmtheit der Zuständigkeit dieser Versammlungen: abgesehen von dem die Abänderung des Stammesrechts geltenden Grundsatz ist nur etwa noch anzuführen, daß kirchliche Dinge auf weltlichen Reichstagen nicht berathen und beschlossen, wohl aber Beschlüsse der Concilien durch den König unter Zustimmung des Reichs-

---

1) S. die Belüge D. G. I b, 570.

tags (aber auch ohne solche, wenn die Stammesrechte nicht dadurch berührt wurden) zu weltlichem Recht erhoben wurden.

Bei dem Geist unserer Berichte ist gar nicht zu hoffen, daß sie z. B. bei thatsächlicher Zustimmung des Heeres oder des Reichstages zu einer Kriegs= erklärung oder zu Erlaß einer Rechtsnorm sagten: ohne solche Zustimmung hätte der König zu dieser Handlung nicht das Recht gehabt. Sie erwähnen die Zustimmung (manchmal, keineswegs immer: sie geschweigen derselben oft, wo sie oder sogar der Druck der Großen gewiß nicht gefehlt hatte, z. B. 614) — daß sie nothwendig, oder daß sie entbehrlich war, bleibt ungesagt.

Es ist merkwürdig, daß wir in fast allen diesen auf römischem Boden errichteten Germanenreichen schon im 5. Jahrhundert eine Aufzeichnung, starke Abänderung, reiche Ergänzung des altgermanischen Rechtes dieser Stämme antreffen. Diese Erscheinung beruht nicht auf Entlehnung, sondern auf ge= meinsam wirkendem Bedürfniß. Waren doch diese Germanen in ganz neue Lebensverhältnisse eingetreten: schon die Aufnahme der vorgefundenen Römer als gleichberechtigter Statsangehöriger, die Beziehungen zu der Kirche, das Siedeln in Städten brachte neue Bedürfnisse, neuen Lebensinhalt, für den das alte Recht Lebensformen nicht hatte aufstellen können. Wurde also vor Allem, nachdem man die Vortheile der sichernden, stätigen Schrift für den Ausdruck des objectiven Rechts im Vergleich mit mündlicher Ueberlieferung einmal würdigen gelernt, der praktisch wichtigste Theil des alten Gewohnheitsrechts aufgezeichnet, so trat doch zu der Feststellung auch mannichfaltige Aenderung des Ueberlieferten hinzu. Dabei lag nichts ferner als ein systematisches oder gar er= schöpfendes Verfahren: mit einziger Ausnahme des Westgothenrechts (I, 481), das aber auch nur sehr allmählig im Laufe von Jahrhunderten (Eurich 470 — Rekared 590 — Egika 690) seinen gewaltigen Umfang und seine systematische Eigenart annahm, zeigt schon die knappe Magerkeit dieser leges barbarorum, Volksrechte, Stammesrechte, daß man an schriftliche Zusammenfassung des ganzen Rechts z. B. der Salier entfernt nicht dachte. Wie vielmehr die Edicte der Ostgothenkönige (I, 295) ohne System nur eine Reihe der praktisch wichtigsten, häufigst vorkommenden Fragen entscheiden wollten, so wurden auch bei Aufzeichnung und Aenderung der Stammesrechte nur die dringendsten, praktisch wichtigsten Fälle erledigt: nur mit dem Unterschied, daß jene Edicte so gut wie ausschließend aus römischem Recht geschöpft hatten, während die Stammesrechte, wo sie nicht blos das alte Recht feststellten, sondern änderten, dies nach germanischen Grundsätzen thaten, nur hin und wieder von römischem und kirchlichem Recht beeinflußt.[1]

Abgesehen von der Regelung des Verhältnisses zu den Römern — diese mußten z. B. ein Wergeld erhalten — und den Kirchen mußte durchgängig

---

[1] In einem dem Frankenreich später einverleibten Stat ward wie bei den West= gothen und aus denselben Gründen für die Römer eine Zusammenstellung des römischen Rechts vorgenommen — die Lex Romana Burgundionum, lex Gundobada, s. unten Burgunden.

eine Erhöhung der Bußen erfolgen, da das Geld westlich vom Rhein ver=
möge viel reicheren Ausgebots viel geringeren Werth hatte und daher alle
Bußen zu niedrig schienen; der Fehdegang mußte von dem in dem Königs=
thum erstarkenden Statsgedanken den Germanen eingeschränkt, zumal die Nei=
gung zu Gewaltthat wider die Romanen bekämpft, dann aber auch rasche,
sichere Hilfe auf dem Rechtsgang gewährt werden, den Vorwand der Unent=
behrlichkeit der Selbsthilfe abzuschneiden. Dazu trat das Bedürfniß eines reicher
entwickelten Rechts der Forderungen und Schulden aus Verträgen, wie es die
neue Geldwirthschaft statt der alten Naturalwirthschaft erheischte. Endlich aber
mußte die so gewaltig erhöhte Macht des Königsthums mit seinen zahlreichen
neuen, römischen oder aus römischen und germanischen Aemtern gemischten Be=
amtungen auch im Recht einen der Gegenwart angepaßten Ausdruck finden.

Diese gleichmäßig wirkenden Bedürfnisse haben denn gleichmäßig und im
Wesentlichen ohne Entlehnung zur Entstehung der Lex Burgundionum
unter Gundobad, Visigothorum schon unter Eurich — auch Geiserich traf
eingreifende verfassungsändernde Bestimmungen (I. S. 205, 206 Vandalen) —,
der Lex Salica (unter Chlodovech?), des Rechtes der Uferfranken (ca. 630),
der Edicte der Ostgothenkönige (500—530), der Gesetze der Alamannen
(600) und Baiern (745), der Friesen (700), Sachsen (782—803) und
(thüringischen) Angeln und Warnen (803) geführt.[1])

Reiche Ergänzung erhalten die oft sehr knappen, leider sämmtlich in
lateinischer Sprache aufgezeichneten Stammesrechte durch die (ebenfalls latei=
nischen) Formelsammlungen, welche, nach dem Vorbild der Formular=
Jurisprudenz und Vulgar=Jurisprudenz der römischen Tabellionen, nun auch
für die wichtigsten Rechtsgeschäfte nach westgothischem, salischem, neustrischem,
alamannischem, baierischem Recht aufgezeichnet wurden.[2])

Wir sahen (oben S. 47), daß außer durch „Gesetz" auch durch könig=
liche Verordnung, praeceptio, edictum, decretum, das Recht innerhalb der
Schranken des Gesetzes weiter gebildet wurde. In arnulfingischer Zeit findet
sich der Name capitulare (von den Einzelabschnitten, den capitula) sowohl
für königliche Verordnungen als für Gesetze, d. h. unter Zustimmung des
Reichstags ergangene, meist umfassendere Erlasse: beide konnten für das ganze
Reich Geltung haben oder nur für einzelne Landschaften oder Stämme: solche
capitula legibus (d. h. Stammesrechten) addenda bedurften aber der Zu=
stimmung des Volkes.

1) Genauere Darstellung der Stammesrechte, Capitularien, Formelsammlungen
und des Urkundenwesens ist nicht Aufgabe dieses Buches, das nur dürftigste Auszüge
geben könnte aus den musterhaften Arbeiten, welche gerade diese Dinge — in Quellen=
ausgaben und Einzelabhandlungen — in den letzten zwanzig Jahren erörtert haben.
Eine ausgezeichnete Zusammenfassung eigener und fremder Leistungen auf diesen Ge=
bieten giebt Brunner I, 282—412; auch sehr gut hierüber Schröder I, 218—251;
ferner D. G. Ib, 579; über die Gesetze der späteren deutschen Stämme, der Bur=
gunden und der Langobarden s. unten die einschlägigen Darstellungen.   2) S. die
Zusammenstellung D. G. Ib, 583.

Erläuterungsblatt

zu dem

Facsimile aus der St. Gallener Handschrift der Lex Salica.

Transcription:

In nomine Domini nostri Jesu Christi incipiunt titulus legis salice:

I. De mannire.

Si quis ad mallum legibus dominicis mannitus fuerit et non uenerit, se cum sunnis non detenuerit, sol. XV. culpabilis iudicetur.

Illi uero, qui alio manit et ipsi non uenerit, se cum sunnis non detenuerit, sol. XV. ei cui manuit, conponat.

II. De furtis porcorum.

Si quis purcellum lactantem de cranne furauerit, et ei fuerit adprobatum, **malb. ohranne ohalti, reohalti,** sol. III. culpabilis iudicetur.

Si quis purcellum furauerit, qui sine matre uiuere possit, et ei fuerit adprobatum, **malb. himnes theca,** sol. I. culpabilis iudicetur, excepto capitale et dilatura.

Si quis bimum porcum furauerit, **malb. in simia suiani,** sol. XV. culpabilis iudicetur, excepto capitale et dilatura.

Anmerkung: Die fett gedruckten Stellen find die fog. malbergischen Gloffen, d. h. in den lat. Text eingeschobene altdeutsche Rechtsausdrücke, wie fie bei den alten Germanen auf dem Malberg, d. h. der Gerichtsstätte unter freiem Himmel üblich waren. In der Uebersetzung find fie, weil noch nicht durchweg mit Sicherheit erklärt, weggelaffen.

Uebersetzung:

Im Namen unferes Herrn Jefu Chrifti beginnt der Titel des Salifchen Gefetzes:

I. Von der gerichtlichen Vorladung.

Wenn Jemand nach den landesherrlichen Gefetzen vor Gericht geladen worden und nicht kommt, fofern ihn keine Verfäumniß (d. h. berechtigte Verhinderung) abgehalten hat, fo foll er zu (einer Buße von) 15 Schillingen verurtheilt werden.

Derjenige aber, welcher einen Andern vorladet und felbft nicht kommt, fofern ihn keine Säumniß abgehalten hat, der foll dem, den er vorlud, 15 Schillinge zahlen.

II. Von den Schweinediebftählen.

Wenn Jemand ein fangendes Ferkel aus dem Koban (Stall) geftohlen hat, und es ihm bewiefen worden, fo foll er zu drei Schillingen (Buße) verurtheilt werden.

Wenn Jemand ein Ferkel geftohlen hat, das ohne Mutter leben kann, und es ihm bewiefen worden, fo foll er zu einem Schilling (Buße) verurtheilt werden, außer Capital und Dilatur (ein nicht hinlänglich erklärter Ausdruck).

Wenn Jemand ein zweijähriges Schwein geftohlen hat, fo foll er zu 15 Schillingen (Buße) verurtheilt werden, außer Capital und Dilatur.

Daneben ſtehen die bloßen Verordnungen, capitula per se scribenda, und ſeit Karl dem Großen die Anweiſungen für die Königsboten (capitula misso-rum). Die große Zahl der Capitularien machte ſchon unter Ludwig dem Frommen eine Sammlung (durch Abt Anſigis von St. Bandrille, 827) ſo bringend wünſchenswerth, daß dieſe Privatarbeit bald amtliches Anſehen er-langte. Dagegen iſt die in Weſtfrancien entſtandene Sammlung des ſogenannten Benedictus Levita eine bewußte Fälſchung, welche, wie die gleichzeitig ge-ſchmiedeten pſeudo-Iſidoriſchen Decretalen, alle damals zwiſchen Kirche und Stat ſchwebenden Streitfragen als längſt zu Gunſten der Kirche entſchieden hinzuſtellen den Zweck hatte. [1])

d) Finanzhoheit. Finanzweſen.

Ein Unterſchied zwiſchen dem Statsgut (aerarium publicum, Fiscus) und dem Vermögen des Königs und Königshauſes beſtand in dieſem Reiche ſo wenig wie in allen dieſen Germanenſtaten,[2]) und übrigens auch ſchon lang nicht mehr in dem römiſchen Kaiſerreich. Ohne Unterſcheidung floſſen alle Einnahmen aus ſtatlichen wie aus privaten Erwerbsgründen, z. B. alſo Steuern wie Erb-ſchaften in der Königsfamilie, Geſchenke an den König von fremden Herrſchern oder von Unterthanen, in die Eine königliche oder — es war daſſelbe — Statscaſſe, wie auch die privaten gleich den öffentlichen Ausgaben aus der-ſelben beſtritten wurden. Recht deutlich ſtellte ſich dieſe unſcheidbare Miſchung dar in dem königlichen Hofhalt, welcher dem Unterhalt des Königs und ſeines Hauſes, ſowie der Verpflegung der zahlreichen Beamten diente, die zugleich Hof- und Reichsbeamte waren oder, Provincialbeamte, in Dienſtgeſchäften den Hof aufſuchten, ſowie auch der fremden Geſandten.

Selbſtverſtändlich iſt in dem Finanzweſen Alles faſt ganz ausſchließlich römiſch, da der altgermaniſche König eine Finanzhoheit, insbeſondere ein Be-ſteuerungsrecht nicht gehabt hatte; nur abgeſehen vielleicht von der Verpflichtung der Höfe, zu den Opferfeſten Beiträge zu liefern, wobei aber ſehr zweifelhaft bleibt, ob der König (oder die Gemeinde) als bezugsberechtigt erſchien, oder nicht vielmehr der Prieſter oder die Prieſterin oder die Feſtgenoſſen, welche

---

1) Daß die Capitularien nicht Rechtsnormen, nur Normen für Ausübung der könig-lichen Gewalt geweſen, ſollte Sohm S. 102 nicht aufrecht halten: wurde die königliche Gewalt nicht nach Rechtsnormen, ſondern nach Willkür geübt? Regeln die Capitularien (Decr. Childib. Legg. I. p. 9, der pactus Childib. et Chloth. p. 711) nicht Rechts-verhältniſſe der Unterthanen unter einander ohne Beziehung auf Königsgewalt? Sohm wird zur Behauptung dieſer nachweisbaren Unrichtigkeit dadurch gedrängt, daß er dem König die Geſetzgebung völlig abſpricht: die Statsgewalt ſoll die Geſetzgebung überhaupt nicht enthalten haben(!): wo war ſie dann? Daß die Capitularien ſtets nur auf Lebenszeit ihres Erlaſſers galten, von dem Nachfolger ausdrücklich beſtätigt werden mußten, wenn ſie nach dem Thronwechſel gelten ſollten, dieſen Irrthum, den Boretius je gelehrt zu haben beſtritten (Beitr. zu Cap.-Krit. 1874, S. 60), will auf-recht halten Sohm S. 102. Sickel Acta I. (1867) p. 408. Bethmann-Hollweg Civilpr. II. (1871) S. 59. 2) Ausgenommen den weſtgothiſchen I, 418. Könige VI 2, S. 249.

4*

ben Aufzug veranstalteten: heute noch lebende Volkssitte bezeugt die Verpflichtung der Bauernhöfe, zu solchen Opferfesten beizutragen.[1])

Diese Opferbeiträge stehen — vielleicht — in entferntem Zusammenhang mit den freiwilligen Ehrengeschenken, welche den Königen dargebracht
wurden, wie es scheinen will, zumal zu gewissen regelmäßig wiederkehrenden
Zeiten im Jahre, besonders bei Frühlingsanfang, zu „Ostern" (Ostara, germanische Frühlingsgöttin). Deßhalb — vermuthlich — finden wir solche Ehrengeschenke auch in merovingischer Zeit an den Märzfeldern, — welche wenigstens
als Heeresversammlung das altgermanische Ding, das ja auch Opferversammlung gewesen, fortsetzten.

Diese Vermischung von privatem persönlichem Recht des Königs mit
statlichem drückt sich auch in der Verwaltung der Finanzen aus: einerseits
verwalten die Häuslinge, Hausangehörigen des Königs, die domestici, fisca-
lische Güter und der ursprünglich rein private Vorsteher des Königshauses,
der major domus, wird zuletzt oberste Finanzbehörde des Reiches, andrerseits
erhebt der öffentliche Beamte, der Graf, nicht nur öffentliche Steuern, er
überwacht auch (allerdings verwaltet er nicht unmittelbar) die Verwaltung
der königlichen Güter; derselbe Beamte, der Schuldheiß, heischt alles ein,
was dem König gebührt aus privat- wie aus öffentlich rechtlichen Rechtstiteln.

Andere Finanzbeamte waren die Münzmeister, Zöllner, Förster und
die anderen bei der Bewirthschaftung der villas Thätigen.

Von den Einnahmen lieferten den reichsten Theil die Erträgnisse der königlichen Landgüter (villas), vgl. I, 482, 496: dies königliche Krongut, von Anfang
sehr beträchtlich — die Ländereien des Fiscus, die dem König zugesprochene sehr
umfangreiche sors —, ward bald und unablässig stark vermehrt durch die Güter
der Königshäuser und die „Fisci" der einverleibten Staten, durch die herrenlosen
Grundstücke, noch nie in Eigenthum genommene auf dem rechten Rheinufer und
wieder veröbete auf dem linken, endlich durch die unaufhörlichen Einziehungen der
Güter von wirklichen oder angeblichen Hochverräthern. Verwaltet wurden diese
villas entweder unmittelbar für den König von den unfreien, halbfreien, freigelassenen, freien Knechten, Dienstleuten, Colonen, Grundholden unter Leitung
eines villicus, major, actor, procurator (oben S. 43) und der Förster, Müller,
Kellermeister, Winzer, oder mittelbar, indem sie gegen eine Art Pachtschilling,
Antheil am Rohertrag, Naturalzinse, Fronden, Dienste jeder Art in einer der
zahlreichen Formen der Landleihe (oben S. 15) ausgethan: emphyteusis, Erb-
pacht, contractus libellarius, terra manu firmata, precaria, praestaria,
beneficium. Reichen Einblick in diese wirthschaftlichen und damit in die
Culturzustände der königlichen villas gewährt das capitulare Karls de villis
(von 812?): wir sehen, welche Fülle von Betriebsarten neben Ackerbau und
Viehzucht in diesem seit acht Jahrhunderten romanisirten Gallien uralter
mannichfaltiger, reicher Cultur gepflegt wurden: — wie übrigens auch aus

---

1) Dahn, Bavaria 1, München 1860, S. 372.

den Polyptycha der geistlichen Besitzungen, z. B. dem ungefähr gleichzeitigen polyptychon Irminonis von St. Germain-des-Prés.

Alsdann kommen in Betracht die Erträgnisse der unmittelbaren Steuern. Das römische Steuerwesen blieb zunächst in vorgefundener Weise den Provincialen gegenüber in Geltung: auf dem rechten Rheinufer war es wohl nie durchgreifend eingeführt gewesen, jedenfalls erlosch es nun hier völlig. Aber auch im Nordosten von Frankreich blieb es nicht erhalten: es ist schwer, hier die Grenze zu ziehen. Dagegen in ganz Südgallien bis an die Loire wurden die alten Einrichtungen mit gleich zu erwähnenden Aenderungen beibehalten. Uebrigens sind die Versuche der Merovingen schon gleich nach Chlodovech, ihr Besteuerungsrecht auch auf die Germanen zu erstrecken, keineswegs lediglich als Habgier zu erklären, — mag diese manchen Mißbrauch und Druck hiebei herbeigeführt haben. Vielmehr liegt darin die richtige Erkenntniß, daß mit den Einnahmen des altgermanischen Königthums die ganz bedeutend vermehrten Ausgaben und Bedürfnisse des neuen Statswesens nicht mehr zu bestreiten und zu befriedigen waren; unbillig mußte es scheinen, die Mittel für diese Statseinrichtungen, welche Germanen nicht minder wie Provincialen zu Vortheil kamen, lediglich von den letzteren zu erheben. Wie denn überhaupt bei aller merovingischer Machtgier und Herrschsucht doch nicht lediglich solch selbstische Leidenschaft als Triebfeder dieser Könige angenommen werden darf, wenn sie ganz allgemein die Rechte, welche sie, von den Imperatoren überkommen, über ihre römischen Unterthanen übten — Finanz-, zumal Steuer-, Polizei-, Amts-hoheit —, auch über ihre germanischen Unterthanen zu erstrecken trachteten: klarer als das Volk erkannten sie doch die Ueberlegenheit der römischen Stats-idee, der römischen statlichen Wohlfahrts- und Culturpflege, und wenn auch oft in selbstischer Leidenschaft mißbraucht, verwandten sie im Ganzen und Großen ihre erweiterte Machtfülle doch zum Heile der Gesammtheit, zumal des geringeren Volkes gegen den reichsverderberischen und volkszerstampfenden barbarischen Adel der Germanen und den verwilderten der Romanen.

Andrerseits wurzelt der erbitterte Widerstand, welchen die Franken jenen Versuchen, auch sie zu besteuern, wiederholt entgegenstellen, auch in tieferen Gründen als der bloßen statsfeindlichen Selbstsucht oder noch statsunfähiger Rohheit. Es handelte sich um zwei Arten der unmittelbaren Steuern, die Grundsteuer, tributum, census, und die Kopfsteuer, capitatio. Beide waren dem altgermanischen Recht völlig fremd gewesen: öffentliche Grundsteuer hatte der König nicht vom freien Grundeigner zu erheben gehabt: wohl aber der König wie jeder Grundeigner ähnliche Abgaben von dem Grundholden, dem er eine Scholle zur Bebauung beliehen: erhob der König nun von dem Franken Grundsteuer, so schien er dessen vollfreies Eigen an dem Grundstück antasten, den Eigenthümer als bloßen Grundholden behandeln, eine Art Obereigenthum, Bodenregal an dem Lande der freien Franken in Anspruch nehmen zu wollen, welches anzuerkennen diese keineswegs gemeint waren. Ebenso hatte der Herr oder Schützer von dem Knecht oder Schützling ein Kopfgeld erhoben, ohne

andere Gegenleistung von Seite des Herrn, nicht aber der König als solcher
von dem freien Stammesgenossen: erhob jetzt der König von dem freien
Franken ein Kopfgeld, so schien er ihn damit als Knecht oder halbfreien
Schutzhörigen zu brandmarken.

Uebrigens setzten die Könige im Süden des Landes die Erhebung der
Grundsteuer auch von den Germanen zuletzt erfolgreich durch: Freiheit der
Franken von der Grundsteuer war grundsätzlich keineswegs anerkannt. Allein
thatsächlich gestaltete sich dies allmählig doch anders. Die römischen Grund-
steuerlisten wurden wiederholt in Steueraufständen verbrannt, keinesfalles regel-
und ordnungsgemäß und allgemein fortgeführt: nur die bei der Eroberung
in die Listen eingetragenen Grundstücke — sofern die Listen nicht zerstört
wurden — blieben grundsteuerpflichtig und zwar zu dem damals vorgefundenen
Steuerbetrag: so ward die Grundsteuer zu einer besonderen Reallast, die zu
festem Betrag, etwa wie ein privatrechtlicher Bodenzins, auf bestimmten Gütern
lastete und capitalisirt, bei Veräußerungen von dem Kaufpreis des Gutes
vorweg abgezogen wurde.

Aehnliche Umwandlung erfuhr die Kopfsteuer: dieselbe war in römischer
Zeit nur von den grundbesitzlosen geringeren Leuten in Stadt und Land erhoben worden: auch die Listen der kopfsteuerpflichtigen Familien waren oft
verbrannt, jedesfalles nicht gehörig fortgeführt worden: so ward die Kopfsteuer
eine besondere Last derjenigen Familien, welche nun einmal seit Alters in
diese Listen eingetragen waren. Die Zahlung derselben galt zwar nicht
geradezu als Zeichen der Unfreiheit — denn Unfreie konnten als solche nicht
besteuert werden, nur ihre Herren etwa des Werthes der Unfreien halber —
doch aber der herabgedrückten Ehrenstellung: abgesehen von jenen germanischen
und römischen Erinnerungen schon deßhalb, weil ja nur solche, welche kein
Grundeigenthum hatten, die Kopfsteuer entrichten mußten: Mangel von Grundeigen drückte aber den Freien auf die unterste Schicht seiner Standesgenossen
herab: die wichtigsten gerichtlichen Rechte durfte er nicht üben.

Neben diesen unmittelbaren Steuern sind zu nennen die mittelbaren: die
Zölle: es waren reine Finanz-, nicht Schutzzölle, übrigens weder Eingangs-,
noch Ausgangs-, noch Durchgangs-Zölle: vielmehr ward auch die im Inland
hergestellte zollpflichtige Ware, bevor sie im Inland zur Verzehrung gelangte,
so oft verzollt, als sie das Unglück hatte, eine Zollstätte durchwandern zu
müssen: meist in Procentsätzen, in natura, nicht in Geld. Die Könige versprachen die Zollstätten nicht willkürlich zu vermehren.

Besonders viel brachten Zölle an Märkten ein, wurden aber zur
Hebung der Märkte häufig erlassen. Wie in altgermanischer Zeit an das
Ding, die heidnische Opfer- und Gerichtsversammlung, außerhalb der eigentlichen
Dingstätte ein lebhafter Tauschhandel sich geknüpft hatte — ganz einfach, weil nur
bei diesen Anlässen viel Volk zusammenströmte[1]) —, so schlossen sich in christlicher

---

1) D. G. Ia, 205.

Zeit an die großen Feste der Heiligen in deren Kirchen und Klöstern häufig Märkte: daher Messe (d. h. Hochmesse, feierliche Messe) = Markt, wie gothisch dulths, Opferfest, Volksversammlung (neuhochdeutsch Dult = Jahrmarkt) aus dem gleichen Grunde, weil hier die Leute oft aus sehr weiter Ferne herbei- und zusammenströmten: so Friesen und Sachsen schon vor 700 zu dem October-Markt am Tag des h. Denis zu Paris (s. III, Dagobert I., Pippin der Mittlere; die Wichtigkeit der Einkünfte von diesem Markt).

Von den Zöllen begrifflich scharf zu scheiden, obwohl sie meist an den- selben Orten, von denselben Bezahlern, durch dieselben Beamten und oft auch bei denselben Anlässen erhoben wurden, sind die Gebühren, welche bei Be- nutzung öffentlicher Verkehrseinrichtungen zu entrichten sind: also die Straßen- gebühren, Canal-, Brücken-, Hafen-, Furth-, Fähren-, Marktgebühren; Kirchen und Klöster erhalten oft einerseits das Recht, solche Gebühren zu erheben, andrerseits die Befreiung von solchen an den Erhebungsstätten.¹)

Ferner die Banngelder, Friedensgelder, Wetten, von denen aber ¹/₃ den Grafen als Ersatz des fehlenden Amtsgehalts überlassen blieb, und die Güter- einziehungen, welche die infidelitas auch dann zu begleiten pflegten, wenn Todesstrafe oder Einbannung im Wege der Gnade erlassen war. Sodann das Recht des Fiscus sich alles herrenlosen erblosen Gutes im Lande — un- beweglichen wie beweglichen — zu bemächtigen und hieburch Eigenthum daran zu erwerben: dahin zählte auch der Nachlaß des obzwar unter Königsschutz im Lande verstorbenen Fremden, denn dieser Schutz erstreckte sich keineswegs selbstverständlich auf die im Lande lebenden und durchaus nicht auf die aus- wärtigen Erben des Verstorbenen. Uebrigens hatte der Königsschützling als solcher, auch der einheimische, für jenen Schutz oft eine vertragsmäßige Ab- gabe zu entrichten. Die Rechtlosigkeit des Fremden hatte ursprünglich den Schiffbrüchigen selbst wie dessen Wrack oder Schiffsgut der Bemächtigung jedes Strandbewohners unterworfen, nun nahm der Fiscus das Recht auch auf dieses herrenlose Gut in Anspruch, bis endlich dieses grausame Strand- recht aufgehoben und nur den bergenden Strandbewohnern ein durch gesetz- liches Rückhaltungsrecht gesicherter Anspruch auf Zahlung eines Bergelohns je nach dem Werth des Geretteten zugebilligt ward.

Ziemlich viel mußten in der Blüthezeit der merovingischen Macht, dann seit den Arnulfingen die Hilfsgelder verbündeter Staten (Byzanz, Ost-, Westgothen) und die Schatzungen dauernd unterworfener oder vorübergehend besiegter Völker eintragen, sowie die Beute, welche ursprünglich zwischen König und Heer gemäß Beschluß der Heeresversammlung war getheilt worden.

Der Schatz, der auch hier wie in allen diesen Reichen eine wichtige Rolle spielt (I, 484) — war er doch neben den unablässigen Schenkungen oder Verleihungen von Königsland das wichtigste Regierungsmittel, Treue zu be- lohnen, in der Treue zu befestigen, fremde Könige zu gewinnen, deren Vor-

_____

1) Urgeschichte III, 666, 667. D. G. Ib, 706.

nehme abspenstig zu machen —, bestand außer aus gemünztem Geld aus kostbaren Waffen, Geräthen, Schmuck= und Gewandstücken; auch die Königin und die königlichen Kinder hatten oft ihren besonderen thesaurus.

Es ist doch nur eine ziemlich lehrhafte Erinnerung daran, daß Königthum und Königschatz und Königspalast nicht Selbstzweck sind, sondern dem Reich der Franken zum Schutz und Heile bestimmt, wenn Schatz, aerarium, und Palast gelegentlich, aber sehr selten[1]) thesaurus oder palatium Francorum genannt werden, statt des weit überwiegenden thesaurus regis, palatium regis.

Auch die Münzhoheit ward als Finanzregal verwerthet durch Erhebung eines Schlagschatzes von Privaten, welche Gold= oder Silber=Münzen prägen ließen, und durch häufige Münzverschlechterungen. Das römische Münzwesen ward natürlich zunächst beibehalten: der Goldsolibus — 12 Mark 50 Pf. ward

Münze von Theubibert I. (539).

Auf der Vorderseite das Brustbild des Königs mit der Lanze. Umschrift: D(ominus) N(oster) THEODEBERTVS VICTOR. Auf der Rückseite der Erzengel mit Kreuz und Reichsapfel. Umschrift: VICTORIA AVCCI; im unteren Abschnitt: CONOB, eine Abkürzung, durch welche wahrscheinlich die Ermächtigung des byzantinischen Kaisers ausgedrückt wird; im Felde zur Linken des Erzengels ein Stern und BO als Zeichen der Münzstätte Bononia.

in drei tremisses, die tremisses in acht siliquae gestückelt; aber seit Ende des 6. Jahrhunderts tritt eine Münzverschlechterung ein, es werden nicht mehr 72, sondern 84 Solidi aus 1 Pfund Gold (— 327 Gramm) geprägt. Der erste Germanenkönig, der Goldmünzen mit dem eignen Bilde statt dem des Kaisers prägte, war Theubibert I. Seit ca. 500 stellten die Merovingen in Gallien den Goldsolibus 40 Silberdenaren und die vorgefundenen siliquae dem Silberdenar gleich: also jetzt 1 Pfund Gold — 72 Goldsolidi — 2880 Silberdenaren oder Silbersiliquae. (Ueber Münzwesen der Alamannen, Baiern, Sachsen, Friesen siehe unten.) Im Laufe des 7. Jahrhunderts trat wegen der starken Abnahme des Goldvorrathes allmählich Silberwährung ein, indem man nun den Silbersolidus zu 12 Denaren rechnete. König Pippin prägte aus dem merovingischen Pfund 22 Solidi — 264 Denaren, also per Solidus — 12 Denaren (nicht, wie D. G. Ib Münzwesen verdruckt steht, 22 Denaren). Davon erhob der Fiscus 1/22 vom Pfund, also 1 Solidus Schlagschatz. Karl verbesserte die Münze beträchtlich, indem er das Pfund von 327 auf 367 oder gar auf 408 Gramm erschwerte und aus diesem erschwerten Pfund doch nicht 22, sondern nur 20 Solidi prägte, — 240 Silberdenaren; dieser Münzfuß erhielt sich bis in die deutsche Kaiserzeit. Nach dem massenhaften Einströmen von Edelmetallen aus der Avarenbeute (III, 1044) sank der Werth

1) Aehnliches auch bei Gothen=Königen. S. die Belege Waitz II. 2, S. 118; res publica, manus publica jedoch ist das Römerreich. 2) J. H. Müller, Deutsche Münzgeschichte I. 1860. — Waitz, Abhandl. d. Götting. Gesellsch. d. Wissensch. IX. 1861. Verfass.=Gesch. II, 307. IV, 81. — Soetbeer, Forsch. z. D. Gesch. L II V. VI. — v. Inama=Sternegg, S. 182. 451. D. G. Ib, 708.

des Geldes so stark, daß die Bußsätze von Pippin nicht mehr schwer genug schienen, Karl daher die höheren der Lex Salica wieder herstellte. Doch hob Ludwig wegen lebhaften Widerstandes die Maßregel mit einer merkwürdigen Ausnahme (D. G. Ib, S. 712) wieder auf.

Befremdlich ist die außerordentlich große Zahl von Städtenamen auf den fränkischen, wie übrigens auch auf den westgothischen Münzen. Daß alle diese Städte fortwährend volleingerichtete, mit Münzern besetzte und ständig arbeitende Prägestätten sollten besessen haben, ist nicht anzunehmen. Vermuthlich reisten die Monetarii, abgesehen von den größten Städten, in dem Land umher und prägten je nach Bedarf in den einzelnen Städten, welche ihre Stempel selbst verwahrten.

Was die Ausgaben anlangt, so ist zu erinnern, daß eine ganze Reihe von Bedürfnissen, für deren Befriedigung der Stat heute Kaufpreise oder Miethgelder oder Arbeitslohn bezahlen muß, damals durch Naturallieferungen und Fronden der Unterthanen gedeckt wurde. Dahin zählt die Verpflegung und Beförderung des Königs, seines Hofes, seiner Gesandten, all seiner Beamten, endlich der fremden Gesandten an den König: diese Gesammtleistung hieß servitium, dazu gehörte die Speisung (paratae sc. opulae), die Beförderung zu Roß und Wagen (evectio, veredi, paraveredi, angariae, parangariae). Auch das Heerwesen kostete dem Stat verhältnißmäßig wenig, da der Wehrmann sich selbst bewaffnen, ausrüsten, verpflegen mußte. Karl regelte die letztere Verpflichtung genauer: die Krieger sollten im Inland nur Wasser, Holz und Pferdefutter (fodrum) verlangen können. Andere Ausgaben waren der Unterhalt des Hofes, die Geschenke an fremde Fürsten, die unabläßigen Geschenke und Verleihungen von Land und Immunitäten an Kirchen, Klöster, geistliche und weltliche Große, die Almosen, die Ueberlassung von Amtsbeneficien und Bann-Dritteln an die Grafen und andere Beamte. Geldsold an reisige Diener wird nur ganz ausnahmsweise erwähnt.

e) Polizeihoheit. Verwaltung.

Unvergleichlich weniger reich als z. B. schon bei Ostgothen im Anfang des 6. (I, 302), dann zumal bei Westgothen im Verlauf des 6. und 7. Jahrhunderts (I, 486) ist im merovingischen Reich die Polizei — im weitesten Sinn — entfaltet: rasch und gewaltig tritt hierin Umschwung ein unter Karl dem Großen (s. unten). Die merovingische Polizei ist fast ausschließend Sicherheits- und Strafrechtspolizei: eine Reihe von Aufgaben der Wohlthätigkeits- und Cultur- (im weitesten Sinne) Polizei blieb der Kirche überlassen, anderes, im Süden wenigstens, wo sich städtisches Leben, städtische Verfassung erhalten hatte, auch etwa den Stadtgemeinden. Diese Dinge sind lichtvoll nur darzustellen im Zusammenhang mit den Wirthschafts-, Bildungs- und Moralzuständen im Frankenreich, deren Schilderung den hier gebotenen Raum weit übersteigen würde: erschöpfende Erörterung wird anderwärts[1]) erfolgen.

---

1) Merovingische, arnulfingische, karolingische Studien.

Selbstverständlich waren die auf diesen Gebieten von den Königen geübten Rechte nahezu ausschließlich römischen Ursprungs: denn in den germanischen Urwäldern hatte es nur ein Mindestmaß von Verwaltung und Verwaltungs- hoheit gegeben. Da nun aber der Imperator unbeschränkter Alleinherrscher gewesen war und die Volksversammlung, welche die Germanen wenigstens gegen Uebergriffe hätte schirmen mögen, weggefallen war, begreift sich, daß Willkür und Gewalttreiben der Merovingen sich am Bequemsten und Breitesten gerade dieser unbeschränkten Polizei im Interesse der salus, utilitas publica bediente zu jeder Art von Mißbrauch.

Manche polizeiliche Einrichtung ward der kirchlichen Sittenpolizei nachgebildet; doch auch ohne Entlehnung ward Einiges eingeführt: so die Gesammtbürgschaft, nachdem Diebstahl, Raub, Verlockung von Herden und Unfreien so stark überhand genommen hatten: der Geschädigte sollte sich an seine Gemeinde halten, diese die Spuren des Vergehens — zunächst ganz wörtlich: die Fußstapfen der davongeführten Thiere oder Unfreien, — in die nächste Gemeinde verfolgen, von dieser Ersatz fordern dürfen und so fort, bis der Schade an derjenigen Gemeinde haften blieb, in welcher die Spur verschwand; keineswegs war dies eine alt- oder gemeingermanische Einrichtung.

Nach den Zeiten arger Zerrüttung, schlimmen Mißbrauchs des könig- lichen Verordnungsrechts gerade auch auf dem Boden — oder unter dem Vor- wand — der Verwaltung, setzte der Adel 614 manche Beschränkung dieser polizeilichen Banngewalt durch.

Die Sicherheitspolizei ist oft nicht frei von fiscalischen Erwägungen: so wenn dem Beschädigten bei schwerer Strafe (z. B. bei Diebstahlstrafe dem Bestohlenen!) verboten wird, sich mit dem Verbrecher außergerichtlich, d. h. ohne Entrichtung der Wette an den Richter, zu vertragen.

Uebrigens fehlt es auch in merovingischer Zeit nicht an Aeußerungen der Straßen-, Mühlen-, Fluß-, Gränzpolizei. Die Armenpflege lag so gut wie allein in den Händen der Kirche, welche diese echt christliche Aufgabe in groß- artigem Sinne aufgenommen und gelöst hat. Dabei ist jedoch zu erinnern, daß es sich nur um arme oder verarmte Freigeborene handelte: denn für die Unfreien hatten die Herren, für die Freigelassenen die Freilasser von rechts- wegen zu sorgen, bei Verwirkung ihrer Rechte an jenen und über diese durch schwere Verletzung solcher Pflichten.

Wiederholt wird schon in merovingischer Zeit ausgesprochen der echt- germanische Gedanke, daß die Wahrung des Friedens, d. h. des Inbegriffs der vom Recht anerkannten und geschützten Befugnisse und Zustände der Zweck des States oder, naiv-concret ausgedrückt, die höchste Pflicht des Königs sei. Von den Römern hatte man dann den Gedanken der utilitas publica, salus publica herübergenommen und es ist doch nicht nur abgelernte Redensart, wenn die Könige wiederholt auch auf diesen Statszweck und diese Königs- aufgabe sich berufen.

f) Amtshoheit. Aemterwesen.

Geringfügig waren die Anfänge einer Amtshoheit des altgermanischen Königs: aber wenigstens Unteranführer im Krieg ernannte er, was man nicht auf den „Heerbann" zurückführen darf: wenn der König von Preußen heute einen Officier anstellt, thut er das nicht kraft Militair-, sondern Amtshoheit, denn Officiere sind unzweifelhaft Beamte, da sie kraft statlichen Auftrags ein Statshoheitsrecht, eben die Militairhoheit, ausüben.

Mit der Errichtung des Königthums auf gallischem Boden und der Erweiterung desselben aus dem Gaukönigthum zu dem Königthum über mehrere, dann alle Gaue einer Mittelgruppe, endlich über die ganze Hauptgruppe der Franken mußte Erweiterung und Verstärkung der Amtshoheit Hand in Hand gehen. Römische Aemter bestanden fort, neue Aemter erwuchsen aus Verschmelzung römischer und germanischer Aemter, die alten Hausämter wurden zu Hof- und zu Reichsämtern: das Beamtenthum, zumal der Graf, wurde das Mittel, durch welches der König all seine neuen oder doch verstärkten Hoheitsrechte ausübte, wo er nicht in Person handelnd eingriff.

Der König ernennt daher nun alle unmittelbaren Statsbeamten (auch die Bischöfe bestellt er im letzten Grunde, nur Gemeindebeamte werden frei gewählt und bedürfen zuweilen nicht einmal der königlichen Bestätigung), sowohl die ordentlichen, als die außerordentlichen (missi), welche er, oft aus seinem palatium (a latere), aus den domestici seiner domus beliebig gekoren, in die Provinzen entsendet (schon in merovingischer Zeit, nicht etwa erst Karl der Große), um Prüfung der Zustände vorzunehmen, gegen die ordentlichen Beamten erhobene Beschwerden an Ort und Stelle zu prüfen, solche Beamte zu strafen, abzusetzen, gefangen an den König zu schicken oder auch in Niederwerfung von Empörern zu unterstützen. An Stelle der besonderen Amtstreue, welche im heutigen öffentlichen Recht den Statsdiener dem State verpflichtet, nahm man damals einen höchst persönlichen Treuverband an zwischen dem Beamten und dem König, etwa ähnlich der besonderen Treupflicht, welche den homo, den vassus mit dem senior verknüpfte.

Wir betrachten die Aemter in aufsteigender Linie, ausgehend zunächst von den Gemeindebeamten in den Städten und auf dem flachen Lande, welch letzteren wenigstens später auch Verrichtungen von dem König und für den König übertragen wurden, etwa wie heute Beamte der Selbstverwaltung in Stadtgemeinden und auf dem flachen Lande auch mit Verrichtungen der Regierungsverwaltung betraut werden.

Im Süden Galliens erhielten sich die „senatores", „curiales" der „curia" der Stadt auch mit einem jus actorum, Handlungen der freiwilligen Gerichtsbarkeit werden vor ihnen vorgenommen, von ihnen verurkundet; auch städtische defensores werden zuweilen genannt, von bischöflichen defensores unterschieden.

Auf dem flachen Lande lassen wir die bereits erörterten Verhältnisse der Unfreien unter ihrem Herrn oder dessen villicus, actor außer Betracht: übrigens gab es im Anfang dieses Zeitabschnittes ganze Dörfer unfreier Bauern noch nicht; ebenso behandeln wir hier nicht die Verhältnisse der persönlich freien aber auf fremder Scholle sitzenden Grundholden.

Bei den freien Bauern auf eigenem Allod ist nun zu unterscheiden zwischen Hof- und Dorfsiedelung. Die „Mark der Höfer", wie sie sich durch die Art der ursprünglichen, ungefähr gleichzeitigen Ansiedelung der Einwandernden, durch topographische Abgränzung gegliedert und zusammengeschlossen hatte, war vielfach als eine Gemeinde der Höferschaft gestaltet — vielfach, aber nicht überall: es giebt Gegenden im Hochgebirg, wo es an jeder Spur solcher Zusammenfassung — aus guten Gründen! — völlig gebricht: nur die Kirche etwa hat solche zerstreute Einödhöfe in eine Pfarrei zusammengeschlossen.

Aber in der Regel wurden doch, entsprechend den Versammlungen der Dorfbauern, auch ungebotene und gebotene Dinge der Höfer, der Einödbauern der Höferschaft abgehalten unter Leitung eines von und aus den Vollhöfern gekorenen Vorstehers mannichfaltiger Bezeichnung: hier wurden über die Nutzungsrechte an der Mark ebenso Beschlüsse gefaßt, wie über die an der Dorfallmännde von der Versammlung der Dorfbauern. Es besteht kein Grund, zu bezweifeln, daß solche Einrichtungen, welche für den folgenden Zeitabschnitt im späteren Deutschland vielfach bezeugt und zum Theil mit höchst alterthümlichen Formen umkleidet sind, bis in die fränkische Zeit hinaufreichen.

In den Dorfschaften wird von den freien ein Mindestmaß von Grundeigen erreichenden Bauern ein Bauermeister, Dorfvorsteher gekoren, welcher das gebotene Ding ansagt und das gebotene wie das ungebotene hegt.

Wo Hundertschaften vorkommen, wird in gleicher Weise der Centenar gekoren, wir wissen aber nicht, ob von den Dörfern, die zur Hundertschaft gehörten, oder von den einzelnen Bauern der gesammten Hundertschaft.

Weil Gemeindebeamter, nicht Königsbeamter, wird der Centenar von der Gemeinde gekoren, nicht vom König ernannt, höchstens bestätigt (— nur ausnahmsweise hat er die Vertretung des Grafen —), hat er nicht das dreifache Wergeld, wie sonst Königsbeamte, und nicht deren Zwangsgewalt. Die Hundertschaft und der Centenar sind der umfassendste Selbstverwaltungsverband (auf dem flachen Land) und der höchst stehende Gemeindebeamte.

Dagegen der sakebaro, causarum vir (baro = Mann), entsprechend dem gothischen sajo, sagjo (I, 307, 497), oder der Schuldheisch (Einheischer der Schuld, skulda-hisk) ist nicht Gemeindebeamter, sondern auf Vorschlag derselben ernannter Königsbeamter, Fronbote, Gehilfe des Grafen, Einheischer der verwirkten Banngelder: erst im Mittelalter wird der Schuldheisch (der Sakebaro verschwindet sehr früh) Beamter der Grundherren. Der selten genannte (jedesfalls ungermanische Name) tribunus scheint „Dorfvorsteher" zu bedeuten.

Der wichtigste Königsbeamte ist der Graf, grafio, comes, er trägt im königlichen Auftrag alle Banne, er übt alle Hoheitsrechte des Königs, er ist dessen eigentliches und ordentliches Regierungswerkzeug.

Das Amt der Grafen (comites) ist bei Vandalen, Ost- und Westgothen,

Burgunden und Franken (ähnlich, obwohl in etwas anderer Bedeutung, bei Langobarden) entstanden aus der Verschmelzung von Verrichtungen der vorgefundenen römischen comites mit solchen der mitgebrachten „Grafen", d. h. Träger des königlichen Heer- und Gerichtsbannes, wie das bereits oben I, 204 dargelegt worden. An Stelle der alten Gaukönige oder Gaugrafen (I, 79) ist auch der fränkische Graf nicht getreten: nur daß rechts vom Rhein das Gebiet eines solchen fränkischen Grafen oft ein altgermanischer Gau war. Links vom Rhein bildet den Mittelpunkt der Grafschaft (comitatus), was regelmäßig soviel ist wie Gau (pagus), die Stadt (civitas): daher heißt der Graf comes civitatis, z. B. Turonensis, wozu dann das territorium, die campania, das flache Land, der pagus in diesem engeren Sinne gehört.

Der Graf übt, wie bemerkt, alle ihm vom König kraft der Bestallungsurkunde eingeräumten Hoheitsrechte oder Banne: — Heerbann, Gerichtsbann, Polizeibann, Finanzbann, Kirchenhoheit, auch Amtshoheit, sofern er die ihm untergebenen Beamten überwacht — und zwar über alle Angehörigen seiner Grafschaft ohne Unterschied der Volksart, also über Römer wie Kelten wie Germanen jedes Stammes. Die Königsbannsumme kann er nur kraft besonderer Ermächtigung androhen, regelmäßig nur den Grafenbann seines Stammes. Die Einnahmen bestehen — abgesehen von Verpflichtungen der Gauleute zu Naturallieferungen und Fronden bei Amtsreisen des Grafen oder seines ordentlichen (vicarius) oder außerordentlichen (missus) Vertreters — in einem Drittel der eingehenden Banngelder; in arnulfingischer Zeit werden ferner große Beneficien als Amtsbeneficien zuerst wohl durch bloße Gepflogenheit und thatsächliche Vererbung, falls der Sohn in das Amt des Vaters folgte, später durch objectives Gewohnheitsrecht mit bestimmten Grafenämtern verbunden, also selbstverständlich auf Amtsdauer, also regelmäßig auf Lebenszeit. Der Graf erhält Verdreifachung des Wergeldes seiner Geburt: also z. B. der freie Römer von 300, der freie Salier von 600 Solidi.

Bis Anfang des 7. Jahrhunderts war der König in Ausübung seiner Amtshoheit bei Ernennung der Grafen völlig unbeschränkt gewesen, hatte er auch thatsächlich den Vorschlägen des Bischofs, den Bitten der Stadt, dem Wunsche von Vater und Sohn bezüglich der Nachfolge des Letzteren häufig nachgegeben. Weislich hatten sie die Grafen nicht gern aus den ohnehin schon so gefährlich mächtigen und unbotmäßigen großen Adelsgeschlechtern der Grafschaft gewählt. Es ward verhängnißvoll gegen die Krone, daß der Adel 614 Chlothachar II. den Grundsatz abzwang, der Graf müsse den Grundeignern seiner Grafschaft angehören: dadurch ward die Umwandlung dieser mächtigen Grundherren zu erblichen Machthabern in ihrem Gau erheblich gefördert; allerdings war nicht rein erfunden der allein dabei ausgesprochene Beweggrund, man müsse für den Fall der Schädigung durch Mißbrauch der Amtsgewalt den Verletzten auf sicheres und leicht erreichbares Vermögen des schuldigen Grafen verweisen können, eine Erwägung, welche auch sonst hervortritt (f. oben Gerichtswesen S. 41). Im Uebrigen sollte der König seine Amtshoheit auch über die Grafen nach wie vor unbeschränkt üben, also sie einsetzen, versetzen, überwachen, absetzen, anderweitig strafen.

Nicht dem Range, nur dem Umfang des Gebietes nach überragten die Markgrafen, marchiones, marchisi (daher franz. marquis), comites marcharum, auch wohl duces limitis genannt, die gewöhnlichen Grafen. Diese Marken, von Karl dem Großen zumal planmäßig verwendet und einheitlich eingerichtet (III, 986, 1021), waren Gränzgebiete, welche wohl über das zweifellose Reichsland hinaus sich auf bestrittenen, zweifelhaften Boden (debatable land) erstreckten, durch vorgeschobene Vesten gesichert: das Bedürfniß brachte es mit sich, daß solche stets bedrohte Grafen die Polizei (z. B. die Paß-, die Fremden-, die Zoll-, die Ein- und Ausfuhrpolizei) und den Heerbann unablässiger, strenger, straffer, mit größerer Selbständigkeit und Verantwortung zu üben hatten, denn die Grafen des Binnenlandes: ständige Besatzungen in ihren Gränzburgen waren unentbehrlich, Gränzverletzungen durch Feinde oder Räuber hatten sie ohne Weiteres selbst abzuwehren, die Einwohner zum Wachtdienst bei Nacht und Tag in bestimmtem Reihenwechsel heran zu ziehen. Es ist nicht Zufall, daß zwei Markgrafen — der der Ostmark und der der (später brandenburgischen) Nordmark — mehr als die übrigen deutschen Grafen von Macht und Erbe des alten Reiches für sich gewonnen haben.

Was die Herzöge, duces, anlangt, haben wir hier die Herzöge im altgermanischen Sinne (D. G. Ia, 89, wie Armin, Brinno, Chnobomar) nicht mehr zu erörtern: bei Sachsen (und Friesen) freilich, welche die alte mittelstehende Gauverfassung wie zu Zeiten Armins beibehalten hatten, mußte auch immer noch für den einzelnen Feldzug ein Oberfeldherr gekoren werden: so Wibukind.

Wir haben hier nur die von den Germanen in Gallien vorgefundenen römischen Beamten, welche duces hießen, und die Stammesherzöge auf dem rechten, zum Theil auch noch (ducatus Alsatiae, Mosellanorum) auf dem linken Rheinufer zu erörtern: der Umstand, daß die ausschließlich lateinisch verfaßten Rechts- und Geschichtsquellen auch diese germanischen Herzöge „duces" nennen, hat dazu verleitet, römische duces und germanische Stammesherzöge für dasselbe zu erklären, was sie doch nur insofern waren, als allerdings nach Unterwerfung dieser Stämme — und soweit und solang dieselbe aufrecht erhalten wurde — auch diese Herzöge als vom Frankenkönig abhängige, eingesetzte oder doch bestätigte Beamte galten, welche den römischen duces vielfach gleichgestellt schienen.

Der römische dux war dem römischen comes untergeordnet gewesen: jetzt im Ost-, Westgothen- und Frankenreich ward umgekehrt der (umgestaltete) dux dem (umgestalteten) comes übergeordnet: Entstehung und Umgestaltung dieses veränderten Amtes des dux war genau dieselbe, wie Entstehung und Umgestaltung des veränderten Amtes des comes (oben S. 60): auch hier wurden die vorgefundenen römischen Verrichtungen des dux mit mitgebrachten germanischen Verrichtungen von Heerführern und Richtern verschmolzen, auch der so umgestaltete dux war zuständig für alle Angehörigen seiner provincia, seines ducatus, Römer, Kelten, Germanen jedes Stammes. Den sämmtlichen Grafen seiner provincia übergeordnet, bildete er insofern eine Mittelstufe zwischen ihnen und dem König, als er in dessen Namen die Amtsführung der Grafen überwachte, alle Banne des Königs auch über und gegen die Grafen übte, von Amtswegen die Aufgebote aller Grafschaften unter deren Grafen zur Ab= wehr eingedrungener Feinde, zur Niederwerfung von Empörern unter seinen Oberbefehl rief, bei dem vom König erlassenen Heerbann von Amtswegen den Oberbefehl über alle Grafen und deren Grafschaftsaufgebote seiner provincia führte, auch Versammlungen für die Angehörigen der ganzen provincia aus= schreiben durfte.

Wenig erfreut pflegten die Grafen zu sein über solch einen ihnen in nächster Nähe auf die Amtsführung schauenden Mittelbeamten: sie standen lieber unmittelbar unter dem fernen König, der nicht alle Provinzen zugleich be= reisen konnte.[1]

Wie die provinciae (oben, Land S. 63) haben auch die ducatus und duces vielfach geschwankt (patricius ist ein Ehrenname für ein der Macht und Stellung des dux entsprechendes Amt: so in einem Theile von Burgund und in Septi= manien): so begegnen duces von Vasconia, Gothia, Septimania, Aqui= tania, Burgundionum, Alisatiae, Mosellanorum, „Austrasiae" (wechselnder Bedeutung), dann auf dem rechten Rheinufer die Herzöge der Alamannen, Baiern, Thüringe, später auch Frisen: sächsische aber in fränkischer Zeit noch nicht. Ueber diese Herzöge wird unten bei den einzelnen Stämmen gehandelt: nur nach Auffassung der Frankenkönige, meistens nicht nach der eignen und der ihrer Stämme, sind sie den römischen duces völlig gleichgestellt.

Haben wir bisher in aufsteigender Linie vom engsten Verband der Höfer= oder Dorfgemeinde emporschreitend bis zur Provinz die Gemeinde= und Stats= beamten draußen im Lande verfolgt und suchen wir nun nach den — neuzeitlich ausgedrückt — „Central-Beamtungen" des Reichs, so versteht sich bei dem höchst persönlichen Wesen dieser Herrschaft, daß wir solche nur um die Person des Herrschers herum antreffen können. Wie die Verquickung von Statsvermögen und privatem Vermögen des Königs in der Finanzverwaltung dahin geführt hatte, daß die „Häuslinge" des Königs zugleich Reichsgüter verwalteten und der Haushofmeister zuletzt, wie wir sagen würden, Finanzminister ward, so versteht sich auf allen Gebieten des Statslebens von selbst, daß die wichtigsten persönlichen und Hausdiener, Hofbeamten des Königs zugleich die wichtigsten Reichsämter bekleiden. In dem palatium, das an die Stelle der alten Volks= versammlung getreten war, lag jetzt die Reichsregierung.

Schon in altgermanischer Zeit hatte nicht nur der König, hatte jeder Freie, der eine größere Zahl von unfreien Knechten und Mägden eignete,

---

1 Ueber die besonderen Verhältnisse des ducatus und des patriciatus in Burgund und die langobardischen duces, unter welchen nur ausnahmsweise comites begegnen, s. unten „Burgunden" und „Langobarden".

gewisse Dienste gegenüber seiner Person, in der Halle, auf Jagden, Reisen, Kriegsfahrten ein für allemal bestimmten Erlesenen anvertraut, die sich durch Treue, Tapferkeit, Begabung, Bildung, feineres Wesen auszeichneten. Es sind die uralten germanischen Hausämter des Roßknechts (mariskalk), Mund=schänks (pincerna), Kämmerers (camerarius: camera nannte man ins=besondere die Vorrathskammer, in welcher die Naturalzinse der Unfreien, Halb=freien, Freigelassenen, Grundholden, auch die Erträgnisse des unmittelbar bewirthschafteten Haupthofes selbst aufbewahrt wurden) und des Trucht=saß (d. h. des der Schar, der Trucht [Hausgenossen und Knechte] Vorgesetzten oder des denselben ihre Sitze in der Halle Anweisenden): derselbe hatte besonders auch für das Mahl zu sorgen, war also Küchenmeister, dapifer, Schüsselträger: außerdem wird noch genannt der Altknecht, seniskalk, der, wie sein Name andeutet, wohl oft von dem Herrn zum Vorsteher der ganzen Schar (trucht=saz) bestellt werden mochte, aber selbstverständlich nicht mußte: bei der Be=deutung, welche senior und junior, von jener Beziehung auf Alter und Jugend gelöst und nur Ueber= und Unterordnung ausdrückend schon im 6. Jahr=hundert angenommen hatte, mochte übrigens gar oft der Leiter, der Vorgesetzte Altknecht, seniskalk, heißen, ohne es gerade jedesmal zu sein.

In dem Hause des merovingischen Königs nahmen nun diese Verrichtungen ganz andern Umfang und statt häuslicher statliche Bedeutung an: Haus und Hof des Königs waren ja zugleich Stateinrichtungen, in der camera z. B. desselben flossen die Naturalerträgnisse aller Domänen des ganzen Reiches zusammen: diese Haus= und Hofbeamten wurden also zugleich die wichtigsten Reichsbeamten. Wohl erst später ward es Sitte, daß jeder in dem palatium Dienende einem der obigen vier Aemter — bekanntlich in der Folge Erzämter des heiligen römischen Reiches deutscher Nation — zugetheilt sein mußte. Alle zum Königshause (domus regia) Gehörigen heißen domestici (vgl. I, 204), palatini, auch etwa optimates: — convivae regis sind die in die Gefolgschaft aufgenommenen Römer. Unter diesen Vornehmen konnte der König wen er wollte seines besonderen Vertrauens würdigen, vor Andern zu Rathe ziehen, consiliarius, wurde thatsächlich bald dieser, bald jener: der „ver=trauteste Rath", der „Nächste beim König", bis der major domus als solcher diese Stellung in Anspruch nahm.

Jenen Höflingen, Hausgenossen, domestici, übertrug der König, wie er sie auch sonst behufs Besorgung gewisser Geschäfte, z. B. als außerordent=liche Beamte (missos a latere), oft in die Provinzen versandte, die Verwaltung von Domänen, aber auch von Gütern der Königin, der Königskinder, — selbst=verständlich hatte auch die Königin, weil eine domus, „domesticos" — es ist nicht wahrscheinlich, daß umgekehrt die Verwaltung fiscalischer Güter der Aus=gangspunkt des Amtes der domestici gewesen: nur daß freilich auch Ver=mögensmassen, Landgüter von je zur domus regia gezählt wurden.

Die (byzantinischen) referendarii haben die königlichen Urkunden zu voll=ziehen, führen daher das königliche Siegel, sie haben Schreiber (notarios) unter sich: sie haben das „referre", daher in Königsurkunden: referendarius obtulit, sonst und später: „recognovit". Der archicapellanus, apokrisiarius erscheint in der Merovingenzeit noch nicht. Der comes palatii ist nicht Vorsteher des palatii, wie der major domus: wie allen domesticis wurden ihm häufig Aufträge auf Gebieten verschiedener Hoheitsrechte (Heerbann, Steuer= hoheit) übertragen. Er war amtliche Urkundsperson für die Königsurkunden und Vorsitzender des Pfalzgerichts: — vorübergehend hierin von den Haus= meiern seit Pippin II. (ca. 680) verdrängt — er hatte daher das testimo= niare, d. h. er hatte der königlichen Canzlei gegenüber, welche nun eine Königs= urkunde ausstellen sollte, amtlich zu bezeugen, daß eine Rechtshandlung im Pfalzgericht streng nach Gesetzesform vorgenommen worden war. Nach 751 übernahm er selbst wieder den Vorsitz im Pfalzgericht, und da nun eine be= sondere Canzlei für dieses geschaffen wurde, deren Glieder der Sitzung bei= wohnten, ward das testimoniare überflüssig.

Später, im Deutschen Reich des Mittelalters, ward der Pfalzgraf bei Rhein Vorsitzender des Fürstengerichtes, wenn der König thatsächlich (z. B. während des Zwischenreichs) oder rechtlich (z. B. weil er selbst Beklagter) unfähig war, den Vorsitz anzunehmen.

Seit 751 werden die Urkunden von der königlichen capella verfertigt, d. h. von den Geistlichen der Hofkirche, während die referendarii weltliche Beamte, nur ihre Schreiber oft Geistliche gewesen waren.

Geringere Hofbeamte sind die spatharii, Schwertträger, ostiarii, Thür= hüter, mansionarii (die für die mansio, die Verbleibung des Königs und seines Gefolges auf den Reisen, zu sorgen haben), die Jäger (venatores), Falkner (falconarii). Schon seit altmerovingischer Zeit wurden die Kinder, zumal Knaben, der römischen wie germanischen Vornehmen an den Hof geladen und geschickt, hier zu eignem und der Aeltern Vortheil in höfischer Sitte auf= zuwachsen, den Hofdienst praktisch kennen zu lernen — war er doch zugleich Statsdienst! —, dem König, der Königin, den Königssöhnen, den einflußreichsten geistlichen und weltlichen Großen am Hofe frühe bekannt und vertraut zu werden, so sich von Jugend auf den Weg zu den wichtigsten Aemtern zu öffnen und andrerseits als Geiseln für die Treue ihrer Väter zu dienen.

Wie es nicht durch Reichsgesetz eingeführt ward, sondern aus der Art dieses Königthums von selbst sich ergab, daß die oben genannten vier Haus= ämter zu wichtigen Statsämtern wurden, so ist es auch nicht durch Gesetz eingeführt worden, sondern aus der Art dieses Königthums von selbst erwachsen, daß der Vorsteher des königlichen Hauses und kein Anderer Vorsteher des States wurde, als der merovingische König allmählich aufhörte, dies zu sein. Wir sahen bereits (III, 561), aus welchen Gründen gerade der major domus der einflußreichste Beamte am Hofe werden mußte: weil er am Meisten unzer= trennlich war von der Person des Königs, weil dieses „Haus" an Stelle der Volksversammlung neben, später vor dem König Träger der Macht in diesem Stat geworden war. Nachdem einmal fest stand, daß dieses Amt thatsächlich ben größten Einfluß gewährte, insbesondere nun — aber nicht von Anfang und nicht so, daß gerade diese Verrichtung Ursprung seines Emporwachsens gewesen wäre — auch über die Landschenkungen, Landleihen wie über die Aemter verfügte, nun verstand sich freilich von selbst, daß gerade die Kraft= vollsten und Ehrgeizigsten dieses Amt anstrebten und das Erreichte mit immer gewaltigerem Einfluß ausfüllten.

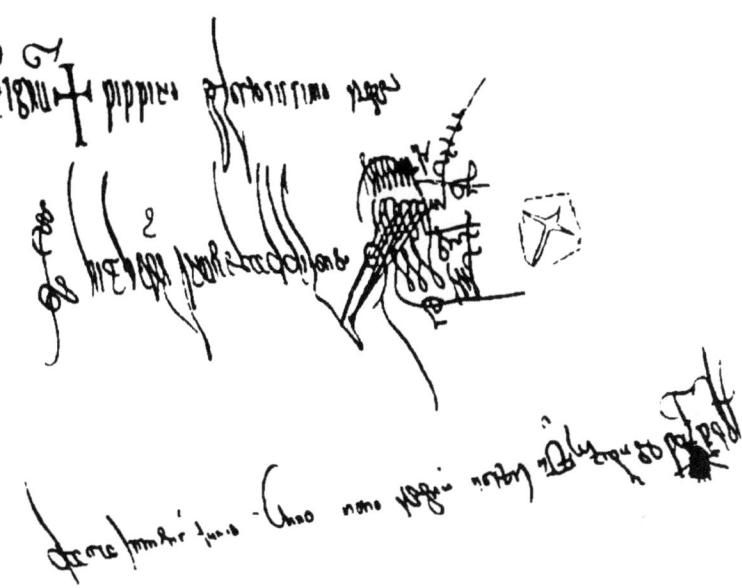

Unterschrift einer für das Kloster Fulda 760 ausgestellten Urkunde von Pippin.

Verkleinertes Faksimile der Unterfertigung einer Urkunde Pippins, durch welche dem Kloster Fulda die Villa Delningen geschenkt wurde; ausgefertigt im Juni 760 zu Attigny. Originaldiplom im k. preuß. Staatsarchiv zu Marburg. Die Unterfertigung dürfte vom Kanzler Hitherius selbst, der eigentliche Text der Urkunde von dem Kanzlisten Wigbald geschrieben sein; die Vollziehung, wohl durch die Hand des Königs, beschränkt sich auf einen Punkt in dem Zeichen des Kreuzes; das angehängte Siegel, dessen Führung dem dafür verantwortlichen Kanzler oblag, ist nicht mehr vorhanden. Die Unterfertigung besteht aus der Unterschriftszeile des Königs (Signum † Pippino gloriosissimo rege), der Recognitionszeile des Kanzlers (Ch[rismon]. Hitherius in vice Baddilone; folgt das Recognitionszeichen mit den tironi= schen Noten, welche aufzulösen sind in Hitherius subscripsit), der Datumszeile (Data in mense Junio anno nono regni nostri. Actum Attiniago palatio publico).

Wir sahen auch bereits, wie das Amt zuerst, gleich jedem andern vom König frei verliehen, eine Waffe in der Hand des Königthums gegen den Dienst= adel ist (Protabius), wie dann der Hausmeier mächtig wird als Haupt und Führer des Dienstabels gegen die Krone (Pippin der Aelteste), welche den ihr aufgedrungenen major domus nicht mehr ablehnen kann, während doch dieser ebendeßhalb von der Partei, die er führte, auch sehr wesentlich abhängt, bis, nach einem Rückschlag (in die Stellung eines Protabius: Ebroin), endlich der Hausmeier auch von dem Dienstadel, auf dessen Schultern er empor gestiegen und dem König über die Krone gewachsen war, unabhängig in seinem Amte und erblich wird (Pippin der Mittlere), bis er endlich den Schritt auf den Thron wagt und nun wohlweislich keinen Hausmeier mehr duldet. Während dieses Emporringens hatte der major domus gar mancherlei Einfluß herabzudrücken gehabt: so jenen beliebig vom König aus den domestici, palatini, optimates seiner Umgebung zu wählenden „vertrautesten Rath", „Nächsten beim König" — das mußte nun eben der major domus von Amtswegen werden —, ferner die Regentschaft über die so häufig noch nicht regierungsfähigen Könige, welche, oft von der Königin-Wittwe oder Königin-Mutter oder von den Erziehern — nutritores — des Königsknaben in Anspruch genommen, keineswegs dem Hausmeier als solchem zustand: er suchte wohl, hinter der Regentschaft stehend, durch sie hindurch zu herrschen, bis er zuletzt die Regentschaft als Recht seines Amtes in Anspruch nahm.

Die Entstehung des Amtes ist sehr bestritten.

Daß wir auch bei gothischen Königen und bei Privaten in diesen Reichen (z. B. dem vandalischen) Namen und Amt des major domus antreffen, beweist an sich sehr wenig. Immerhin deutet die übereinstimmende, nicht auf Ent-lehnung beruhende lateinische Benennung darauf hin, daß wenigstens der Name nicht germanischen Ursprungs: denn es ist ebenso unwahrscheinlich, daß dieser Name bei allen — Ostgermanen und Westgermanen — einheitlich gelautet habe, wie daß die Römer die verschiedene Benennung einheitlich sollten übersetzt haben: insbesondere kann major domus nicht Uebersetzung von seni-skalk sein, welche major natu servorum, senior servorum lauten müßte.

Da wir nun, lange bevor von Einwirkung germanischer Hausämter auf die Römer die Sprache sein kann, im 4. und 5. Jahrhundert bereits bei den Römern — bei Privaten — majores domus antreffen, übrigens auch weibliche, in der ihrem Namen voll entsprechenden Bedeutung von Vorgesetzten der Sclaven (und Sclavinnen), so ist wohl anzunehmen, daß die Germanen den Namen — und im Wesentlichen die Sache — auf römischem Boden vorfanden und wie soviele andere Namen, Sachen, private (z. villicus, actor, major [villae praepositus]) und öffentliche Aemter einfach herüber nahmen. Dabei ist sehr gut möglich, daß schon vorher bei den Germanen die Sitte aufgekommen war, einen der Unfreien zum Vorsteher und Leiter der Andern, zum Vorsteher des Hauswesens zu bestellen: allein es fehlt jeder Beweis, daß hiefür bereits in germanischer Zeit ein bestimmtes Hausamt — also ein fünftes neben den oben erörterten — ausgebildet war: auch der seniskalk nahm als solcher unseres Wissens jene Stellung durchaus nicht ein: sein Name beweist das doch wahrlich nicht: denn daß der älteste Knecht stets der zur Leitung des ganzen Hauswesens (noch) geeignetste sein mußte, kann man doch nicht behaupten.

Vielmehr wurde wohl im Einzelfall durch die Gunst und Wahl des Herren bald dieser, bald jener, gewiß meist einer aus jenen fünf Erwählten, zu dieser rein thatsächlichen Vertrauensstellung berufen, welcher der Herr jeden Augenblick wieder ein Ende machen konnte. Es leuchtet ein, daß auch Freigelassene oder freigeborene Schützlinge diese leitende Stellung erhalten, ferner, daß nicht nur der König, sondern jeder Eigner von Unfreien, endlich daß die Herren für verschiedene von einander getrennte Besitzungen verschiedene Vorsteher des Hauswesens und der Unfreien bestellen konnten: — ganz ebenso wie in den römischen Verhältnissen nicht nur die Kaiser, auch Private, und zwar für verschiedene villae, possessiones verschiedene majores domus bestellen mochten.

Als nun die Gothen, Vandalen, Burgunden, Franken diese römischen majores domus vorfanden, nahmen sie Namen und Sache herüber: letztere war ja nichts Neues. Daher finden wir — sehr erklärlich — majores domus in allen diesen Reichen, majores domus nicht nur der Könige, auch der Privaten, jeder der eine „domns" in diesem Sinne hatte, mochte sich auch einen major domus bestellen: — daher selbstverständlich auch die Königin und die Kinder des Königs. Nur daß der major der domus regis aus denselben Gründen wie der camerarius oder mariskalk dieser domus eine nicht nur private, eine öffentliche Stellung einnahm, von welcher er sich allmählich zum ersten Beamten des States erheben konnte.

Die Entstehung des majordomatus aus römischen Reichs- oder Palast-Aemtern, z. B. comes sacri cubiculi, ist damit unvereinbar.

Diese Erklärung, obwohl sie nur den Werth einer Vermuthung beansprucht, scheint mit den Quellen, mit dem Sprachgebrauch, mit den gesammten uns bekannten Verhältnissen am Meisten in Einklang.

g. Kirchenhoheit.
1. Einleitung. Allgemeines.

Von welch' entscheidender Bedeutung im Frankenstat schon seit Chlodovech die Priester, vorab die Bischöfe, wurden, haben wir scharf hervorgehoben.[1]) Sie waren anfangs ausschließend aus Romanen hervorgegangen, die natürlichen Vertreter der Romanen in ihrer Stadt und ihrer Cultur gegen den häufig germanischen Grafen. Sie vermittelten gern zwischen Franken und Romanen, legten die Fehden auch unter Franken in oft sehr rühmlicher Opferwilligkeit bei. Ihre feste Zusammenschließung zumal auf den Synoden, aber auch sonst in unablässigem Verkehr verlieh ihrem Stand, — war er doch der einzige geschlossen organisirte, — ein Gewicht, das, in Religion und Aberglauben, im Recht und in geistiger Bildungsüberlegenheit begründet, die Könige anerkennen mußten, bald auch für sich, für Statszwecke zu verwerthen suchten. Concilien und Reichstage wurden am selben Ort unmittelbar nacheinander abgehalten, das geistliche Recht der Concilienschlüsse durch Veröffentlichung als

---

1) Urgeschichte III, 54.

„Edict" oder „Capitular" auch zum weltlichen Reichsrecht erhoben, weltliche
Strafen für Verletzung geistlicher Anordnungen angedroht, während auch der
Stat weltliche Normen erließ, die in das Geistliche eingriffen, geistliche Gebote und Verbote Schon die Merovingen, noch mehr die Arnulfingen haben
von Anfang — aus Frömmigkeit und Klugheit — die Bischöfe und Aebte für
sich gewonnen durch unablässige Schenkungen und Freiungen: daß der Bischof
ein viel höheres Wergeld erhielt, wie der Graf, 900 und 800 Solidi, nach
salischem und uferfränkischem Recht also das neunfache, falls er Römer war,
der Graf nur das dreifache (der niedere Clerus hat das Wergeld seiner
Geburt, also seines Stammes und Standes) seines Geburtsstandes, ist bezeichnend. Die Bischöfe und Aebte erscheinen und stimmen auf den Reichstagen, während Laien auf Concilien zwar erscheinen, aber nicht stimmen. Den
Bischöfen ward — wenn auch entfernt nicht so systematisch wie im West-
gothenreich — Ueberwachung der weltlichen Beamten überwiesen. Bischöfe
erlangen gräfliche, herzogliche Rechte: Bischöfe wie Aegidius von Rheims,
Leodigar von Autun, Arnulf von Metz, Kunibert von Köln beherrschen
thatsächlich, auch ohne ein weltliches Amt zu bekleiden, König und Reich. Uebrigens: verboten auch alte Canones den Geistlichen die Bekleidung weltlicher Aemter:
— streng eingehalten ward dies nicht, im Gemeindeamt begegnet ein Diakon,
in Statsämtern häufig Bischöfe. Denn ohne Zweifel ist ein Gesandter Stats-
beamter, er übt im Auftrag der Statsgewalt ein Statshoheitsrecht — die
Vertretungshoheit — aus; auf die Dauer der Verrichtung kommt nichts an;
und als Gesandte — nicht nur an den Pabst — verwendeten die Könige
gern Bischöfe wegen ihrer Sprachkenntnisse, Bildung, Geschäftsgewandtheit.[1]
Karl der Große giebt dann dem weltlichen Königsboten je einen Bischof oder
Abt als zweiten an die Seite und seine theokratische Auffassung von der zugleich geistlich-religiösen und weltlich-statlichen Art und Aufgabe seines Reiches
findet in seiner Mahnung bezeichnendsten Ausdruck, daß sich Bischöfe und
Grafen, geistliche und weltliche Beamte, einander ergänzend in die Hand arbeiten
sollten: bitter klagt er darüber, daß zwischen beiden vielmehr schroffes Gegen-
einanderwirken hervortritt.

Die Rechtsstellung der Kirche, der Bischöfe zumal, ward also gleich von
Anfang auch unter den Franken eine hoch bedeutsame. Dieselben „senatorischen Häuser", welche den Städten die decuriones, curiales, senatores
lieferten, stellten auch in thatsächlich fast erblicher Folge die Bischöfe der
Städte: (domus „infulatae" nannte man solche domus senatoriae deßhalb):
so waren fast alle Vorgänger Gregors auf dem Stuhle von Tours zugleich
Ahnen Gregors gewesen.

Doch treten ziemlich früh auch Germanen — wie Gothen, so Burgunden
und Franken — in den geistlichen Stellen uns entgegen, in Bisthümern selbstverständlich etwas später. Das begreift sich: der Eintritt in den Priester- oder

---

1) Viele Beispiele III.

doch in den Mönchsstand war oft der Abschluß wild bewegter Sturmjahre, auch wohl verbrecherischer Thaten, und andrerseits verliehen sehr bald die Könige Bisthümer und Abteien — ganz gegen die Canones — weltlichen Großen als Ruheposten zur Belohnung und zum Abschluß treuer Dienste.

Beides traf auf Germanen wahrlich nicht seltener als auf Römer. Gegen die Beweise aus den römischen Namen der Geistlichen ist zu erinnern, daß zwar nie Römer germanische Namen (höchstens Beinamen, Kose- oder Neck-namen), wohl aber sehr oft Germanen römische Namen führten und gerade bei dem Eintritt in den geistlichen Stand lateinische, griechische Namen frommer Bedeutung oder auch hebräische, biblische annahmen.

Wenn es den Bischöfen gleichwohl nicht gelang, den Frankenstat wie etwa den westgothischen (I, 515) zu unterjochen, so hat dies zahlreiche Gründe. Vor allem die schroff die Canones verletzenden Eingriffe des Königs in die Besetzung der bischöflichen Stühle selbst (s. darüber unten 2), die Abhängig-keit der Reichs-Concilien von der Berufung durch die Krone (s. darüber unten S. 74), der Mangel eines fränkischen Primas (s. darüber unten Metropoli-tane S. 71) und vor Allem die Jahrhunderte währende fast völlige, wenn freilich auch nur thatsächliche Lösung der fränkischen Kirche von Rom.

Seit jenem, jetzt in seiner Echtheit angefochtenen (s. D. G. Ib 94, 10⁸) Brief des Pabstes Anastasius an den neu getauften Chlodovech (III. 56) fehlt es geraume Zeit an Einwirkung des Pabstes auf die fränkische Kirche. Zwar ward der schon im 5. Jahrhundert zum Vicar des Pabstes in Gallien bestellte Bischof von Arles im 6. Jahrhundert als solcher bestätigt, allein er war in seiner Wirksamkeit auf das (südliche) Theilreich beschränkt und keineswegs war jedes vom Pabst als mit jener Würde verknüpft gedachte Recht als solches anerkannt. Im 6. Jahrhundert hat der Pabst nur einmal — aber hier auch zweifellos — die Disciplinargewalt über fränkische Bischöfe geübt.[1] Einmal versuchte ein Pabst in seinem Kampfe gegen byzantinische Irrlehren schon unter den Merovingen auch die fränkische Kirche als Helferin heranzuziehen.[2] Aus welchen Ursachen und in welch rasch vorschreitender Steigerung dann später eine innige auf Gegenseitigkeit der Unterstützung gegründete Verbindung zwischen den Päbsten und den Arnulfingen erwuchs, ward ausführlich erörtert.[3]

Ueberhaupt war aber „die Kirche durch weltliches Recht der fränkischen Reichsverfassung eingeordnet und mußte als Glied des States alle jene Be-schränkungen anerkennen, welche der König ihr auferlegte",[4] wenn auch die Merovingen in die Dogmen der Kirche nicht wie häufig byzantinische Kaiser eingriffen. Der König hatte den Geistlichen gegenüber weiter gehende Rechte als weiland der Kaiser: Eintritt in den geistlichen Stand bedarf königlicher Genehmigung — offenbar wegen der dadurch berührten Wehr- (Kopf- und Steuer-)pflicht: erst später wollen es Synoden daher auf Kopfsteuerpflichtige beschränken. Von der Dingpflicht sind die Geistlichen zwar nach den Forde-

---

1) III, 197. Greg. Tur. V, 21.   2) III, 657.   3) III, 860.   4) III, 726.

rungen der Concilien, aber nicht nach (merovingischem) weltlichem Rechte frei, die Führung der Waffen verboten den Geistlichen die Canones, freilich schon in merovingischer Zeit nicht immer mit Erfolg, in arnulfingischer erscheinen sie häufig im Heerlager, auch wohl als Führer ihrer homines. Jede Pflicht= verletzung der Geistlichen — nicht blos „infidelitas" — wird streng vom König gestraft: als infidelitas kann ihnen aber schon wie Laien das Verlassen des (Theil=)Reiches ohne königliche Erlaubniß ausgelegt werden. Gegenüber Heiden, Juden und Ketzern jedoch nahm der merovingische Stat — sehr mit Unrecht bestreitet man das — das Recht des Glaubenszwangs dem Grundsatz nach in Anspruch: wie weit dasselbe ausgeübt ward, ist dem gegenüber ziemlich gleichgiltig und hing von den Umständen ab.

So begann gleich nach Unterwerfung der geistlichen Gebiete die Verfol= gung der Arianer: diesen wurden ihre Kirchen entrissen, um, neu geweiht, den Katholiken überwiesen zu werden, arianischer Gottesdienst in Kirchen ward nicht mehr geduldet; gleich das erste Concil Chlodovechs (das von Orleans von 511) verfolgte den heidnischen Gottesdienst, die Anhänger der monotheletischen Ketzerei, welche nur Einen Willen in Christus annahm, wurden aus dem Lande vertrieben, was nicht eine Kirchen=, sondern eine weltliche Strafe ist, allerdings zunächst von den Bischöfen vollstreckt: aber ohne Zweifel hätte diesen der weltliche Arm bei Widerstand der Ketzer nicht gefehlt. Dago= bert I. ordnet die Zwangstaufe der Heiden im Gau von Gent (III, 616) an, was man sehr mit Unrecht bestreitet. Zwar bilden in merovingischer Zeit Kirche und Stat noch nicht in dem Maß eine unscheidbare Einheit, wie in der durchaus theokratischen Auffassung von König= und Kaiserthum durch Karl den Großen (III, 1080), aber immerhin werden doch auch jetzt schon aus der Kirche Gestoßene mit weltlichen Strafen bedroht: — Ausstoßung aus dem pala= tium, Verlust des Klagerechts vor Gericht, Verwirkung des Vermögens an die Erben. Die Kirche gewährt jedoch noch keineswegs volle Gegenseitigkeit, so daß Reichsacht Kirchenbann zur Folge haben müßte; wohl verlangt einmal der König, die Bischöfe sollen gegen ungerechte Richter einstweilen, bis der König weltliche Strafen über sie verhängen kann, mit geistlichen Strafen vor= gehen. In merovingischer Zeit sind die kirchlichen Erlasse als solche nicht weltliches Recht, werden aber regelmäßig, sofern es sich um Durchführung des Zwanges handelt, vom König als weltliche Gesetze oder Verordnungen er= lassen, während der Theokratismus Karls für alle kirchliche Normen dem Grundsatze nach den weltlichen Arm zur Durchzwingung zur Verfügung stellte.

Bonifatius unterwarf die „germanische" Kirche in gleich unbeschränktem Maße Rom, wie dies von seiner heimischen, der angelsächsischen Kirche schon längst gegolten hatte: wie er vor dem Abgang in das Frankenreich und an seine große Bekehrungsarbeit dem Papst den Eid des unbedingten Gehorsams geleistet hatte, wie er als Legat und Vicar des Pabstes aufgetreten war, so mußten auf dem Reichstag von 742 die Bischöfe schwören, wie das katho= lische Bekenntniß, so die Unterordnung unter Rom zu wahren, St. Peter und dessen Vertreter, dem Pabst, unterthan sein und in allen Dingen gehorsamen zu wollen.

Wir sahen aber, wie diese scheinbar so fest gefügte Herrschaft des Pabstes auf das Schwerste bedroht wurde durch die Gefahr eines Caesaro-Papismus Karls, der in bedenklichen Anfängen schon vor der Kaiserkrönung von 800 hervortrat (III, 1051) und vom römischen Bischof wahrlich nicht hätte abgewehrt werden mögen: der Kampf hiergegen in der Kirche beginnt bereits unter Ludwig und erhält ausgezeichnete, mit unübertroffener Meisterschaft vergiftete Waffen durch die Fälschungen von Benedictus Levita und Pseudo-Isidor.

2. Die Bischöfe und Metropolitane.

In Mittel- und Südfrankreich bestanden die Gliederungen der Diöcesen fort: in der Hauptstadt der provincia der Metropolit, in den wichtigsten Städten derselben dessen Suffragan-Bischöfe. Im Nordosten von Gallien und auf dem rechten Rheinufer (siehe unten Alamannen und Baiern) waren die kirchlichen Einrichtungen im Laufe des 5. Jahrhunderts (II, 415) wohl nirgends ungestört geblieben, meist unterbrochen, manchmal dauernd verfallen. Im Laufe des 6. und 7. Jahrhunderts wurden aber die Bischofssitze zu Constanz: Straßburg, Speier, Mainz, Trier, Köln, Maastricht wieder (oder neu) errichtet.

Die Einrichtung des Metropolitans gerieth in argen Verfall. Die Provincialconcilien, auf denen er den Vorsitz führen sollte, traten nicht mehr zusammen, seine Visitationsreisen, die Einholung seiner Zustimmung bei Veräußerung von Kirchengut kamen außer Uebung.

In den gallischen Städten waren in römischer Zeit die Bischöfe von Clerus und Laien der Gemeinde, unter Mitwirkung des Metropoliten und der anderen Provincialbischöfe, gewählt worden. Die Franken-Könige übten aber geradezu ein Ernennungsrecht: sie begnügten sich nicht damit, die ihnen eingesendete Wahlurkunde[1]) zu bestätigen oder zu verwerfen. Alle Klagen der Päbste und der Synoden über „simonistische" Vergabung von Bisthümern und Abteien blieben fruchtlos: sogar unter dem frommen, halb heiligen Guntchramn und unerachtet dessen guter Vorsätze (III, 344 f). Am willkürlichsten schaltete hierin Karl der Hammer, lediglich nach dem Vortheil des States. Auch seine Nachfolger nahmen nur thatsächlich mehr Rücksicht auf die Wünsche des Clerus: umgekehrt entsagte Ludwig im Princip dem Ernennungsrecht, übte es aber thatsächlich gleichwohl. Bezeichnend ist die Verfügung Chlothachars II. (614): regelmäßig Bestätigung der Wahl auf Grund des consensus — nicht Ernennung: aber doch auch Ernennung unter Voraussetzung kanonisch geeigneter Personen aus dem Palatium (also Laien) und — über diese Eigenschaften entscheidet (zunächst wenigstens) der König allein.

---

1) Den consensus, Urgesch. III, 114.

Die Könige besetzten aber nicht blos, allein handelnd, die bestehenden bischöflichen Stühle: sie schufen auch, allein handelnd, neue Bisthümer, rissen Theilstücke von ihrem bisherigen Diöcesenverbund los: sie duldeten nicht, daß fränkische Landestheile zu Diöcesen gehörten, deren Bischöfe von nichtfränkischen Herrschern bestellt wurden, also vom Kaiser, vom König der Westgothen oder Langobarden: sie rissen solche Stücke los und verbanden sie mit fränkischen Diöcesen. Ja, sie versuchten sogar, die Gränzen der Bisthümer mit den Gränzen der fränkischen Theilreiche in Uebereinstimmung zu bringen, so daß also z. B. ein von Chilperich ernannter Bischof mit dem Bischofssitz in Chilperichs Reich in Guntchramns oder Sigiberts Reich keine Diöcesanen sollte haben können: allein mit bestem Recht und mit Erfolg widersetzte sich die Kirche diesem Streben, welches bei dem so häufigen Wechsel der Gränzen dieser Theilreiche die ganze Gliederung der Kirche in häufiges Mitschwanken würde gebracht haben.

Des Amtes entsetzt wird der Bischof nur von der Synode, nicht vom König (siehe aber III, Karl den Hammer), der selbstverständlich die weltlichen Strafen z. B für infidelitas erlassen mag. Der Bischof übt die Disciplinar-gewalt über die Geistlichen (vertreten wird er hierin und vor der königlichen Gewalt durch den Archidiakon): er verhängt Geißelung, Einsperrung in Klöster, Suspension, Degradation: gegen seine Entscheidung steht Berufung an das Provincialconcil frei, nicht aber an den König, dessen Beamte doch nöthigen-falls zwangsweise die (obigen) verhängten Strafen vollführen müssen.

3. Kirchenvermögen.

Das Kirchengut vermehrte sich im Frankenreich in rascher Steigerung, wie wir sahen (III, 359 f.). Zahllos sind die Schenkungen an die Kirche, ins-besondere durch die Mitglieder des Königshauses selbst; von Seiten der Privaten wurde hierfür regelmäßig die Form des Prekarienvertrages be-nutzt, d. i. Uebergabe an die Kirche zu Eigenthum mit Vorbehalt des Nieß-brauches für die Lebenszeit des Schenkers; in gleicher Weise bildete dann dieser Vertrag die regelmäßige Form, in welcher die Kirche ihren Reichthum an Grundbesitz nutzbar machte. Ende des 7. Jahrhunderts wird der Immobiliar-besitz der Kirche im fränkischen Reiche bereits auf ein Drittel des gesammten Grund und Bodens berechnet. Viele germanische Volksrechte enthalten dieser Entwickelung gegenüber einschränkende Vorschriften zum Schutze der Erben (welche aber nach Baiern- und Alamannenrecht keinen Beispruch mehr bei Veräußerungen an die Kirche haben), so bedurften in Baiern alle Schenkungen an die Kirche die Genehmigung des Herzogs; die Kirche bedrohte allerdings den Erlaß und die Anwendung solcher Vorschriften mit dem Bann. Zu der raschen Vermehrung des Kirchengutes trug sehr viel auch der Umstand bei, daß alle Vergabungen für milde Zwecke, besonders für die Armen, als der Kirche gemacht galten, weil eine besondere Rechtsform für derartige Stiftungen noch nicht ausgebildet war. Eigenthumssubject waren zuerst nur die Bistumskirchen (deren Vermögen verwaltet unter Aufsicht des Bischofs der vicedominus, Vizthum) und die Klöster; mit der Ausbildung der Parochialverfassung dehnte sich die Eigenthumsfähigkeit auch auf die Parochien aus.

Andererseits aber bestand noch die rechtliche Möglichkeit von Privateigenthum an Kirchen mit allen hieraus sich ergebenden Folgen; erst unter Karl dem Großen erreichte die Kirche eine Einschränkung jenes Princips durch gesetzliche Bindung des Zweckes der Kirchen, keineswegs aber eine vollkommene Beseitigung des Privateigenthums.

Abgesehen von derartigem Privateigenthum war die Veräußerung von Kirchengut bei Strafe der Nichtigkeit verboten, ausgenommen Fälle bringender Nothwendigkeit oder zum Loskauf von Unfreien. Die Verwaltung des Kirchengutes erfolgt durch die Bischöfe für die Bisthumskirchen, durch die Aebte für die Klöster, weiterhin durch die Pfarrer für die Parochien. Die Unverletzbarkeit des Kirchengutes wird von den Concilien unter Androhung des Bannes für Verletzungen betont.

Seit dem 5. Jahrhundert fordert die Kirche von den Gläubigen in Anlehnung an das Alte Testament (Levitenrecht) als ständige Abgabe den Zehnt von allen Feldfrüchten und Vieh und weiterhin von jedem Erwerb, im 6. Jahrhundert (Concil von Macon 583) unter Androhung des Bannes bei Nichtentrichtung, welche Vorschrift jedoch erst in der Karolingerzeit die statsgesetzliche Anerkennung fand (oft erhalten Kirchen den Zehnt des Grundeigners, der sie erbaut hat). Der Zehnt wird nach dem Recht der spanischen Kirche in drei Portionen, nämlich mit Ausscheidung eines Viertheils für die Armen ("ad luminaria") vertheilt: im Frankenreiche kamen beide Arten vor, späterhin wurde vorgeschrieben, daß eine Zweitheilung für Pfarrer und Arme zu gleichen Hälften, bei reichen Kirchen mit einer Zweidrittelportion für die Armen zu erfolgen habe. Den Statslasten war das Kirchengut im Frankenreiche grundsätzlich unterworfen.

Der Grundsatz der Verpflichtung des Kirchengutes zu den Statslasten wurde jedoch frühzeitig schon durch zahlreiche Privilegien für einzelne Kirchen auf Steuerfreiheit, ja selbst auf das Recht zur Erhebung von Statsabgaben durchbrochen. Daraus entwickelte sich der technische Begriff der „Immunität" im Frankenreiche (III, 666), auf welchem die Forderung der Freiheit der Kirche von allen Statslasten im classischen canonischen Rechte beruht. Im Frankenreiche war aber trotz der ungeheuren Ausdehnung der Immunität jene Freiheit niemals als allgemeiner Grundsatz anerkannt, sondern beruhte immer nur auf besonderer Freiung. Auch die einzelnen Geistlichen waren als solche von den Statssteuern nicht befreit, zweifelhaft nur etwa, ob von der Kopfsteuer. Diese Freiungen nahmen allerdings an Zahl und Inhalt allmählich einen Umfang an, daß sie das Frankenreich von innen heraus auflösen mußten.[1]

---

[1] Zorn, Kirchenrecht, Stuttgart 1888, in allem wesentlich übereinstimmend mit D. G. Ib.

4. Die Kirchenversammlungen.

Die fränkischen Reichs-Concilien werden durch den König berufen.[1]) Dies gilt von den Concilien des Gesammtreichs wie der Theilreiche: auf das Schärffte verwarnt Sigibert II. (III.) (das heißt wohl Grimoald) einen Bischof, sich beigehen zu lassen, ohne Verstattung des Königs eine, auch nur eine Provincial-Synode zu veranstalten (Urgeschichte III, 659: dies war aber weder altes Recht, noch konnte es, so scheint es, die Krone von damals an durchsetzen). Unerachtet der Theilungen finden von 511 bis zu dem Haber der Hausmeier noch Reichs-Concilien des Gesammtreiches statt: — aber daneben natürlich auch Provincial-Synoden und Synoden der Theilreiche. Seit 638 waren aber in Austrasien diese kirchenrechtlich vorgeschriebenen Versammlungen (fast) völlig ungebräuchlich geworden.

Die Brüder Pippin und Karlmann veranlaßten dann wieder Concilien für ihre Reiche: Gesammtconcilien kamen erst unter König Pippin und Karl wieder vor.

Uebrigens war das Recht des Königs, Concilien zu berufen, nicht völlig unbeschränkt: Gregor von Tours widersprach einmal einem Theilreichs-Concil, weil er ein Provincial-Concil für genügend erachtete und die Bischöfe machen den Besuch des Concils von vorgängiger Mittheilung abhängig. Kirchenrechtlich verpflichtet waren die Bischöfe nur zum Besuch von Provincial- und Theil-reich-Synoden, nicht auch von Reichs-Concilien; den Vorsitz führte einer der Metropoliten, der König früher selten, wohl aber Karl der Große.

Statt zweimal, wie unter römischer Herrschaft, kamen die gallischen Bischöfe je einer Kirchenprovinz unter je einem Metropolitan nur einmal im Jahr zusammen, bald wurden aber diese Provincial-Synoden verdrängt durch Synoden des ganzen Reichs (schon 511 zu Orléans) oder der Theilreiche: Ohne Befehl (oder doch Erlaubniß) des Königs darf keine Reichs- oder Theil-reichs-Synode zusammentreten. Die Beschlüsse (auch die rein geistlichen?) wurden vom König — auf Bitten der Bischöfe — selbst bestätigt, von ihnen auf den Befehl des Königs zurückgeführt: der König publicirt Concilien-schlüsse geistlichen wie weltlichen Inhalts, verändert oder unverändert, ganz oder theilweise als weltliche Gesetze: weltliches Recht werden sie nur durch königliche Publication, geistliches Recht auch ohne solche, aber erzwingbar durch die Statsgewalt wird in merovingischer Zeit auch in geistlichen Dingen ein Concilienbeschluß nur durch königliche Publication.

Die schon im römischen Reich auch in Statsdingen höchst einflußreichen Bischöfe wurden von den Merovingen ebenfalls zu den weltlichen Reichs-versammlungen beigezogen (s. oben S. 47): oft tagten dann „Concilium" und „Placitum" gleichzeitig in derselben Stadt. Auf diesen Synoden wurden aber auch weltliche oder doch gemischte Dinge berathen und andrerseits stimmten

---

1) So gleich das erste von Orléans 511.

die Bischöfe in den getrennt[1]) von der Synode tagenden placita über rein weltliche Dinge mit den weltlichen optimates.

Die Concilien behandelten keineswegs nur kirchliche Fragen (z. B. Absetzung von Bischöfen), auch die sittlichen, ja selbst die wirthschaftlichen Zustände der Diöcesanen, und manchmal legten die Könige auch rein weltliche Fragen den Bischöfen auf diesen Concilien zur Begutachtung oder sogar Entscheidung vor.

Außer dem König, der das Concil beruft (und manchmal eröffnet?), erscheinen im 7. Jahrhundert, vielleicht aber auch schon Ende des 6. Jahrhunderts auch andere vornehme Laien auf den Synoden: doch entstehen insofern allerdings keine concilia mixta (wie bei den Westgothen), als diese Laien nicht (wie bei den Westgothen) auch Stimmrecht haben. Dagegen kann man von „placita mixta" sprechen, sofern auf den Reichs- und Hoftagen neben den Laien auch Bischöfe und Aebte erscheinen und auch in weltlichen Dingen mitstimmen, während die nur aus abstimmenden Geistlichen bestehenden Synoden geistliche Dinge allein beschließen. Freilich sind ihre Beschlüsse dann auch nur geistliches Recht: weltliches, vom Stat mit weltlichen Strafen erzwingbares Recht werden sie erst, wenn der König, allein oder mit dem weltlichen Reichstag, sie auch als weltliches Recht beschließt und veröffentlicht. — Jedoch sind diese im Allgemeinen richtigen Sätze nicht immer einfach eingehalten worden: die Frage, welche Beschlüsse der Synoden der königlichen Bestätigung bedurften, ist sehr zweifelreich. Unter Karl dem Großen führte die theokratische Auffassung des States zu sehr gefährlichen Eingriffen des königlichen und kaiserlichen Schirmvogts (oben S. 103ᴬ) Sanct Peters auch durch Berufung und Leitung von Reichs-Concilien in das innere Leben der Kirche.

5. Die Klöster.

Klöster dürfen nur mit Zustimmung des Bischofs der Diöcese gegründet werden, unter dessen geistlicher Gerichtsbarkeit sie stehen, wenn sie nicht königliche oder päbstliche Freiung derselben enthebt. Die Aebte werden von und regelmäßig aus den Mönchen gekoren, bedürfen aber (in Ermangelung besonderer Freiung) der Bestätigung durch Bischof und König und seit ca. 530 auch der bischöflichen Segnung; Klöstern in Privateigenthum ernennt aber der Grundeigner geradezu den Abt, wie anfänglich auch sonst aus dem Grundeigenthum an Kirchen Folgerungen gezogen wurden, welche mit der Einheit und Würde des kirchlichen Lebens nicht vereinbar waren.

Erst im 7. Jahrhundert drang in dem Frankenreich die Klosterregel Sanct Benedicts von Nursia (529 für Monte Casino) durch, auch in den von St. Columba (III, 533) nach irischem Muster eingerichteten Klöstern.

---

1) Insofern gab es allerdings hier nicht concilia mixta; s. Löning Geschichte des deutschen Kirchenrechts II. S. 141.

6. Juden.

Zu Anfang der merovingischen Zeit verblieben die Juden in der socialen Stellung wie im spätrömischen Reich.[1] „Nach wie vor waren sie auf den Schacher beschränkt, während der Großhandel sich in den Händen der Syrer befand.[2] Als die Eroberung Syriens durch den Islam die Juden von diesem überlegenen Wettbewerb befreite, kamen sie im fränkischen Reiche als Kaufleute empor."[3]

Sie sind Volksfremde, also zunächst Rechtlose: — sie haben daher kein Wergeld! — es ist freie Gnade des Königs, ob und wie weit er sie schützen will. Durchaus nicht gelten sie als Römer und durchaus nicht haben sie, wie Römer, ein anerkanntes Recht darauf, nach römischem Recht zu leben. In rein jüdischen Fällen lebten sie nach jüdischem Recht unter Schiedspruch ihrer Lehrer. Thatsächlich ging es ihnen so gut — trotz gelegentlicher Zwangsbekehrung, wie sie Chilperich in ruchlos frommer Tyrannenlaune betrieb (Urgesch. III, 117, 252) — daß sie sogar, angesteckt von der Gewaltthätigkeit der Germanen und Romanen, selbst verwilderten, zur Blutrache schritten (Urgesch. III, 253). Gerade die stete Wiederholung der Verbote der Concilien, daß Juden Richter- oder auch Verwaltungsämter, auch Zollämter bekleiden, Zwangsgewalt (districtio) über Christen üben, bestätigt, daß sie thatsächlich durch ihr Geld und ihre Klugheit immer wieder solche Stellungen zu erlangen wußten; auch christliche Unfreie sollten sie nicht eignen, vor allem wegen der Gefahr der Proselyten-macherei.

h. Vertretungshoheit.

Leider verstatten uns die Quellen nicht, hierüber mehr als Thatsächliches aufzustellen, weil sie sich über die Rechtsfragen dabei fast niemals äußern.

Ohne Zweifel hatte nach altgermanischem Recht nicht der König, sondern die Volksversammlung das Recht gehabt, über Krieg, Frieden, Bündnisse, andere Verträge mit andern Staten zu entscheiden: der König hatte nur Recht und Pflicht, in dem vom Ting beschlossenen Krieg den Heerbann zu üben. Thatsächlich wird freilich schon in jener Zeit der Einfluß des Königs auf die Beschlußfassung des Dinges ein meist entscheidender gewesen sein: steigen mußte dieser Einfluß des Königs in der Zeit der Wanderung, des Vordringens in neue Sitze, unter neue Nachbarn, unter die gefährlichen, von einer lärmenden Volksversammlung nicht zu erkennenden und abzuwehrenden Ränke römischer Statskunst und gallischer Parteiung. Gleichwohl konnte ein Chlogio oder Childerich gewiß seine Franken nicht zu einem Angriffskrieg „von Rechtswegen" zwingen. Aber diese Frage — „von Rechtswegen" — kam fast nie zur Erörterung. Thatsächlich befragte der König, der das Heer

---

1) S. Könige VI. 2, S. 410.   2) S. Bausteine II, 301 f. Scheffer-Borch-horst, zur Gesch. d. Syrer im Abendlande, Mitth. d. Instit. f. österr. Gesch.-Forsch. VI. 3) Vgl Urgesch. III. Sklavenhandel, Creditgeschäfte, Höniger, zur Gesch. d. Juden Teutschlands im früheren M.-A. Z. f. d Gesch. d. Juden in Teutschl. I.

selbstverständlich versammeln mußte, wollte er es gegen den Feind führen, ob ihm der Feldzug genehm sei, was in der Regel ohne Weiteres bejaht ward. Freilich wird weder gesagt, daß er fragen mußte, noch daß das Heer hätte nein sagen dürfen, noch daß der König das Heer gegen dessen Willen hätte in den Krieg führen dürfen: — er hätte es eben vor Allem nicht ge= konnt. Zweimal wird der König gezwungen, Krieg zu führen, einmal — im Bruderkrieg — Friede zu machen: daß das Recht war, wird so wenig gesagt, wie daß es Gewalt war. In den merovingischen Bruderkriegen von 511 bis 614 wird die Befragung des Volksheeres oft dadurch vermieden, daß nicht das Heer des ganzen Theilreichs aufgeboten, nur die aus privaten Gründen dem König zum Waffendienst verpflichtete Mannschaft verwendet wird oder nur die Krieger weniger Städte, welche auch ohne Neigung leichter von den Grafen und homines des Königs gezwungen werden können.

Die Entsendung, Anweisung von eignen, die Aufnahme, Verbescheidung von fremden Gesandten üben die Könige allein: — auch in altgermanischer Zeit wirds nicht viel anders gewesen sein, stand auch die letzte formale Ent= scheidung über den Abschluß der Verhandlungen damals noch der Volks= versammlung zu (Gepiden I, 571). Jetzt im merovingischen Reich verstand sich das Alles erst recht von selbst: gab es doch keine Volksversammlung mehr. Dem auf dem März= oder später Maifeld versammelten Heere blieb thatsächlich gar nichts andres übrig, als zu den Vorschlägen des Königs, der allein die Lage des Reiches und der Nachbarn übersah, Ja zu sagen.

Der König in seinem Palatium mit seinen Großen verhandelt mit den Gesandten der Ostgothen (III, 91), Byzantiner (III, 127), Burgunden (S. 62), Westgothen (S. 284), Langobarden (S. 468), im Feldlager mit denen der Avaren (S. 126), Slaven (S. 1061), Sachsen (S. 1105), wie er allein Gesandte an diese Könige und Völker schickt, Hilfsgelder von ihnen bezieht, Waffenbündnisse mit ihnen eingeht: hier wird die äußere Leitung des States entschieden: das Volksheer hat auszuführen, was man ihm als entschieden — oder auch zum Schein: als zu entscheiden — verkündet.

Indessen pflegen in arnulfingischer Zeit die Hausmeier mit dem Könige die Zustimmung des Reichstages, der nun meist mit der Heeresversammlung — dem Maifeld — zusammenfiel, einzuholen bei Angriffskriegen, nicht zur Ab= wehr von Feinden oder Niederwerfung von Empörungen: den Langobarden= kriegen Pippins waren dessen Vornehme so abgeneigt, daß sie nahezu Abfall drohen, und daß der König es ihnen überläßt, die sehr harten Bedingungen des Friedens, der dem zweiten Feldzug ein Ende machen soll, selbst mit Aistulf zu vereinbaren, schon damit er, ward ein dritter Krieg nöthig, nicht den Vor= wurf hören mußte, er habe den Feind das zweite Mal ebenso zu wenig un= schädlich gemacht, wie das erste Mal. Karl läßt sich vom Reichstag den Lango= bardenkrieg und die Unterwerfung Tassilo's bewilligen, auch den Be= schluß des Krieges gegen die Sachsen „bis zur Ausrottung oder Belehrung", dagegen die einzelnen Sachsenkriege — oft zur Verfolgung, Abwehr, Rache —

beschließt er allein: offenbar ward es nicht nach Recht, sondern Klugheit ent=
schieden, ob der König allein oder der König unter Zustimmung des Reichs=
tags einen Krieg beschließen solle. In einem von Karl allein beschlossenen
Krieg wegen fehlender Zustimmung des Reichstags die Heerfolge dem Heer=
banne Herrn Karls weigern, das wäre den Franken doch nicht in den Sinn
gekommen: ein Recht dazu hatten sie schwerlich, und thatsächlich wäre es ihnen
wohl recht übel bekommen.

V. Die Verfassungsänderungen Karls des Großen.

In dem Vorstehenden wurden — im Wesentlichen, abgesehen von ein=
zelnen Vorgriffen — die fränkischen Statseinrichtungen der merovingischen
Zeit der Betrachtung zu Grunde gelegt.

Die späteren Veränderungen, welche in der Verfassung und den Zu=
ständen der merovingischen Zeit eintraten, gehören zum größten Theil erst
den Jahrzehnten nach 814 an: wir beschränken uns daher auf Hervorhebung
der besonders einschneidenden Umgestaltungen, welche Karl der Große vornahm.

I. Um die Wehrpflicht zu erleichtern, unter deren drückender Last die
kleinen Gemeinfreien versanken, beschränkte

1) Karl die Verpflichtung, in Person im Heerbann einzurücken und sich
hiefür zu rüsten, zu waffnen und während der Dauer des Feldzugs zu ver=
pflegen, auf die großen Grundeigner, welche ein Mindestmaß von Grundeigen
erreichten: es ist ein bedeutsames Zeichen, daß Karl selbst noch dieses Mindest=
maß von drei auf vier und fünf Hufen erhöhen mußte. Die hienach von
der persönlichen Heerbannpflicht Befreiten wurden „zusammengelegt", indem je
drei oder vier von ihnen aus ihrer Mitte Einen ausrüsten und verpflegen
mußten, der dann — wechselnd — für die zu Hause bleibenden zu Felde zog.
Sie zahlten an den Fiscus einen Beitrag, conjectus, adjutorium, eine
Leistung, aus welcher später im Mittelalter, nachdem sich das Volk auf dem
flachen Lande in „Ritter" und „Bauern" gegliedert hatte, die Steuerpflicht
der Hufen der zu Hause bleibenden Bauern und die Steuerpflicht der Hufen
(und der Häupter) der zu Felde ziehenden Ritter entwickelt hat.

2) Karl ließ nicht mehr in jedem Krieg den ganzen Heerbann des
Reiches aufbieten, sondern nur den der Landschaften, welche dem Kriegsschau=
platz am nächsten lagen.

3) Er stellte fest, von wo ab und auf wie lange die Pflicht des Wehr=
manns, sich selbst zu verpflegen, begann.

II. Um die Gerichtspflicht der kleinen Gemeinfreien zu erleichtern, welche
von den Grafen und den übrigen Beamten vielfach ganz ähnlich wie die
Wehrpflicht mißbräuchlich erschwert ward, indem sie durch unablässig angesagte
gebotene Dinge die Leute wirthschaftlich zu Grunde richteten, falls sie er=
schienen, und durch die Bannbuße für das Ausbleiben, falls sie nicht erschienen,
beschränkte Karl die Pflicht der Freien als solchen, das Ding zu besuchen, auf

die drei großen ungebotnen Dinge des Jahres: dagegen die gebotnen von den Grafen nach Bedürfniß anzusagenden Dinge sollten fortab nur die größten Grundeigner zu besuchen haben, welche von den Freien hiezu gekoren und vom Grafen bestätigt wurden: diese „Schöffen" sollten fürderhin an Stelle der Gesammtheit das Urtheil finden — meist je sieben; der Stand, ursprünglich ein Berufsstand, ward bald ein erblicher, ein Geburtsstand, da sich Recht und Pflicht mit dem großen Grundbesitz vererbte: übrigens ist es ein sehr arg übertreibender Irrthum, diese fränkische karolingische Gerichtsverfassung für die „die ganze Welt" beherrschende zu erklären; vielmehr wurden diese Einrichtungen nur sehr beschränkt durchgeführt, z. B. bei Sachsen und Frisen gab es keine Schöffen, bei Alamannen und Baiern nur spät oder kurze Zeit und mit vielen Ausnahmen.

III. Um sich in seinem weiten Reich gleichsam allgegenwärtig zu machen, um die argen Mißbräuche der Amtsgewalt aufzudecken, abzustellen, zu strafen, bildete Karl die Einrichtung der Königsboten, Sendboten, missi dominici, aus den vorgefundenen Anfängen weiter aus, im Anschluß an die kirchlichen Visitationsreisen der Bischöfe oder ihrer Vertreter. Von seiner Seite (a latere III, 206), aus dem „palatium", sehr oft aber auch aus den Landschaften wählte er meist einen geistlichen (Bischof, Abt) und einen weltlichen Großen, um als Königsboten ein gewisses Gebiet, gewöhnlich einige Grafschaften einer Provinz in solcher Absicht zu bereisen: das Reich ward zu diesem Behuf in missatica getheilt. Die Sendboten beriefen ein außerordentliches Ding oder besuchten das nächste ordentliche, verkündeten die jüngsten Gesetze oder Verordnungen, erledigten vorgefundene Fälle des Strafrechts oder des bürgerlichen Rechts, forderten jedermann auf, Klagen wider die ordentlichen Beamten des Gerichtssprengels vorzubringen, entschieden solche Beschwerden sofort selbst oder schickten den Bericht und oft auch den Ankläger und den Verklagten an den Hof zur Entscheidung durch den König. Rügeschöffen, jurati, nominati, wurden neben den Gerichtsschöffen von und aus den freien Grundeignern gekoren, welche verpflichtet waren, von Amtswegen den Königsboten alle Uebelstände im Gau, die Mißbräuche und Frevel und Unthätigkeit der ordentlichen Beamten anzuzeigen.

Zweites Capitel.

Grundlagen der Volkswirthschaft.

Was die Betriebsweise der Landwirthschaft im weitesten Sinn anlangt, so versteht sich, daß die Germanen auch auf dem rechten Rheinufer seit den Zeiten des Cäsar und Tacitus Fortschritte gemacht hatten: von höchst günstigem Einfluß war hier der römische „limes" gewesen (II, 422): einmal hatte die Undurchdringbarkeit desselben etwa zwei Jahrhunderte die Germanen genöthigt, mehr als früher seßhaft zu werden; nach West und Süd konnten sie nicht mehr vorwärts schweifen, nach Nord und Ost nicht durch andere Germanen (und hinter diesen heran wogende Slaven) sich zurück bewegen: also hieß es bleiben, auf ungleich engerem Raum als ehedem leben, daher den früheren höchst extensiv betriebenen Ackerbau durch einen mehr intensiven ersetzen, der auf schmaler Scholle mehr Köpfe nährte: die rasch wachsende Bevölkerung verstärkte dies Bedürfniß, die Germanen gingen so in die Schule der Noth, der eindringlichsten Lehrerin. Dazu kam dann aber die Entlehnung des überlegenen römischen Wirthschaftsbetriebs durch die dem limes nächst siedelnden Germanen; denn wir dürfen nicht vergessen, daß nicht Krieg (von dem wir freilich fast allein erfahren), sondern friedlicher Handelsverkehr der regelmäßige, der dauernde Zustand hüben und drüben vom limes war.

Wie die Römer keltische und germanische Götter und Landeserzeugnisse aufnahmen, so die dem limes nächsten Germanen eine ganze Fülle von römischen Culturgenüssen, Thieren, Pflanzen, Früchten, Einrichtungen, Geräthen, Werkzeugen, Betriebsarten. Sehen wir doch, daß schon Julian die Häuser der Alamannen auf dem rechten Rheinufer „nach römischer Weise" erbaut fand (II, 298), also offenbar nicht mehr germanische Blockhäuser, sondern Steinbauten.

In Gallien auf dem linken Rheinufer — das hat man völlig übersehen — bedurfte es gar nicht erst der Erlernung der römischen Wirthschaftsweise in Wein- und Obst- und Gemüse- und Feldbau; vielmehr ward der ganze bisherige Betrieb in der bisherigen Weise auch nach der — sehr langsam sich

vorschiebenden — fränkischen Einwanderung fortgeführt durch die massen=
haft im Lande verbliebenen römisch=gallischen Unfreien und Colonen, welche
vor den Germanen fliehen, — wie ihre Herren, — weder konnten noch
wollten: sie wechselten nur den Herren, die Scholle den Eigenthümer: sie
arbeiteten nun für den Franken, der mit seinen Knechten in die vor=
gefundene Wirthschaftsweise einfach eintrat. Daß in der That eine so dichte
römisch=gallische — unfreie und halbfreie — Bevölkerung in dem Gebiet
östlich bis gegen Maas und Mosel hin im Lande blieb, geht daraus
hervor, daß in diesen Landschaften, nachdem doch die römischen Grundeigen=
thümer, die Herren, fast völlig durch Franken waren ersetzt worden, gleich=
wohl eine romanisch redende Bevölkerung das Germanische wieder nahezu
verdrängt hat.

Die Siedelung geschah, wie von jeher, bald als Dorf=, bald als Hof=
Siedelung bei den Franken, wie bei allen Germanen: sehr mit Unrecht spricht
man die Hofsiedelung nur Sachsen und Franken zu: bei Baiern und
Alamannen beweisen, abgesehen von andern Belägen, schon die vielen
patronymisch gebildeten Ortsnamen (auf: =lingen u. s. w.) die Entstehung
der Ortschaften aus Einzelhöfen. Die großen Latifundien in Südgallien
waren nur vorübergehend durch die gothische, burgundische Einwanderung
zerkleinert worden, bald entstanden neue Großgüter der Kirchen, Klöster, welt=
lichen Großen.

Bald erwarben aber nun auch im Nordosten Galliens und sogar auf
dem rechten Rheinufer dienstadelige Geschlechter großen Grundbesitz, wie
ihn alle volksedle Sippen, wo sie sich behauptet hatten, wie bei Sachsen,
Friesen, aber fünf auch bei Baiern, behielten. Durch die umfassenden
Rodungen von Urwald und Trocknungen der Sümpfe wurden diese Ver=
hältnisse allmälig verschoben. Die Stammesrechte setzten noch voraus, daß
jeder selbständige Freie in der Gemeinde soviel Grund eignete, daß er mit
den Seinigen, auch Unfreien und etwa Halbfreien, von den Früchten
leben, daß dieses Eigen für Bußen und Banngelder ausreichende Sicherheit
bieten mochte.

Mittellose Freie in der Gemeinde werden nicht vorausgesetzt. Dies
änderte sich allmälig: wir sahen (oben S. 79), aus welchen Gründen (auch
die hohen Bußsätze gehören hieher) die kleineren Grundeigner die freie Scholle
oder gar die persönliche Freiheit einbüßten. Mit Recht hat man bemerkt,
daß die bäuerliche Leihe, das precarium, wenigstens den Ausbruch von
agrarischen Nothständen, wie in der Bagaudenzeit oder zur Zeit der Refor=
mation, abgehalten hat. Dazu kam, daß bei der nun beginnenden Rodung
und Auftheilung des bisher öde liegenden Waldes die kleinen Leute, welche
nur mit ihren, ihrer Familie und etwa einzelner Unfreier Kräften arbeiteten,
sehr bald den Wettbewerb der großen Grundeigner mit deren unvergleichbar
überlegenen Betriebsmitteln an Menschen, Thieren, Geräth, Geld nicht mehr
ertragen konnten: hier hieß es: „wer hat, dem wird gegeben“, d. h. in dem

Ringen um das bisher unbebaute Land mußten die großen geistlichen und weltlichen Grundeigner weitaus den größten Theil der Beute davon tragen: die Kirchen und Klöster gingen dabei planmäßig vor: wir haben sie in sehr vielen Fällen als Käufer, Erwerber von Grundeigen angetroffen (III, 659 f.).

Die Robung in dem im Eigenthum der Gemeinde stehenden Allmännde= wald geschah entweder nach Beschluß der Gemeindeversammlung für Rech= nung der Gemeinde, welche dann das Gerodete den Gemeindegenossen ent= geltlich oder unentgeltlich zu Eigenthum überweisen, oder denselben Nutzungs= rechte an dem z. B. dem Sumpf abgewonnenen Weideland einräumen, oder auch das Land Ausmärkern verkaufen konnte — vorbehaltlich des Bei= spruchrechts (später Näherrechts) jedes Gemeindegliedes, — den sie etwa (— aber nicht nothwendig —) nun in die Gemeinde aufnehmen wollte. Viel häufiger aber — selbstverständlich — kam es vor, daß die Gemeinde dem Märker ausdrücklich oder stillschweigend verstattete, für sich selbst zu roden: bei dem Kampf um's Dasein, den der Mensch mit dem Urwald führte, damals noch bis in das 10. Jahrhundert hinein, bestand ja keine Nöthigung, mit dem Walde schonlich, pfleglich umzugehen: noch war jeder gefällte Baum ein Vorschritt für die Gesammtheit, wie jeder erlegte Bär oder Wolf oder Auerstier oder Eber, daher denn auch unbeschränktes Jagd= recht der Märker in der Mark: stillschweigende Erlaubniß ward bereits an= genommen, wenn die Gemeinde wider die offen begonnene Robung Ein= spruch nicht erhob („die hallende Axt ist ein Rufer, kein Dieb"); an dem Reubruch erwarb der Rober Eigen. Der König konnte an Gemeindewald Robung gebieten kraft seiner Gebiets= und Polizeihoheit, auf Krongut konnte nur mit — übrigens auch stillschweigend ertheilter — Erlaubniß des Königs oder des Grafen gerodet werden, der Rober erwarb aber an solchem Robland nicht Eigenthum (abgesehen von besonderer Schenkung), nur Nutzungsrecht gegen Zins an den nach wie vor Eigenthümer blei= benden Fiscus.

Es war nun — im Unterschied von der altgermanischen Zeit — das Acker= land von dem Weideland endgültig getrennt: der Flurzwang nöthigte aber den Einzelnen, sich dem Wirthschaftsbetriebe der Gesammtheit zu fügen. Vermöge der bei den Römern vorgefundenen Winterfrucht ward nun die Dreifelder= wirthschaft seit dem 8. Jahrhundert allgemein: Winterfeld, Sommerfeld, Brache. Jeder Hof hatte entsprechenden Antheil an jedem der „Gewanne", in welche, nach Lage und Güte und Art verschieden, die ganze Mark getheilt ward. Der Begriff der Allmännde blieb derselbe, der er (I, 70) war. Die Gesammtheit der zu einem Hof gehörigen Felder hieß die Hufe, mansus (aber auch der Hof selbst und die dazu gehörigen Rechte), von manere, was ausreichend ist, dauerndes Bleiben, d. h. Leben zu verstatten, oft 30 Tage= werke, jurnata, jurnale, d. h. soviel man an Einem Tage bepflügen kann. Privateigen an Boden hat die sogenannte Feldgemeinschaft der Märker nie=

6*

mals ausgeſchloſſen (dieſelbe regelte nur einheitlich für alle Märker den Wirth=
ſchaftsbetrieb, die Zeit der Beſtellung und der Ernte nach Beſchlüſſen des
Märkerdings): ſie bewirkte nur den Flurzwang, das Näherrecht (der
Marklöſung, d. h. Zwang, das Grundſtück den Märkern vor Ausmärkern
zum Kauf anzubieten), den Rückfall längere Zeit unbebaut gebliebener
(nie eingehegter) Aecker an die Gemeinde (ſpäter: „geht der Buſch dem
Reiter an den Sporn, hat der Bauer ſein Recht verlorn"), ſowie der Huſe
überhaupt (falls Söhne [und Sohnesſöhne?] fehlten: erſt Chilperich hat
wenigſtens Töchtern, Tochterſöhnen, Schweſtern den Vorzug eingeräumt vor
den Nachbarn, welche übrigens urſprünglich ja auch Geſippen geweſen
waren). Von dem Haupthof, der sala, villa, curtis dominica, aus und
deren von dem Herrn ſelbſt bewirthſchafteten Huſen werden die übrigen
Höfe verwaltet, welche, mit Zins und Frohn beſchwert, an Unfreie, Halb=
freie, Schutzhörige ausgeliehen ſind. In der sala dominica tritt dann
ſpäter unter Vorſitz des Herrn das Hofgericht über die Hofhörigen zu=
ſammen; die mansi ſind vestiti, d. h. mit Hofſaſſen beſetzt, oder absi,
nudi: jene ſind ingenuiles, lidiles, serviles, je nach dem Stand
des Empfängers urſprünglich, ſpäter objectiv nach der einmal geſchichtlich
feſtſtehenden Eigenſchaft des Gutes und — folgeweiſe — der Schwere der
Belaſtung, ohne Rückſicht auf den Stand des dermaligen Beſitzers. Die an
Unfreie, Freigelaſſene, Halbfreie verliehenen Güter wurden von dem Haupt=
hof aus, der curtis dominica, sala dominica, und vorab zu deren Vor=
theil unter Oberaufſicht des Eigenthümers des Hauptgutes oder deſſen Ver=
treters (villicus, major) bewirthſchaftet: jene Hinterſaſſen ſchulden Zins und
Frohn dem Hauptgut.

Auf dem flachen Lande mußte die alte Naturwirthſchaft fortbeſtehen:
jeder Hof erzeugte die wirthſchaftlichen Güter für ſeine Bedürfniſſe ſelbſt,
ſchon deßhalb, weil auf den Handel für Zuführung gerade des Unentbehr=
lichſten kein ſicherer Verlaß war: der Handel führte in die Außenprovinzen
nur Luxusgegenſtände — bei möglichſt kleinem Gewicht von höchſtem Werth —
während von den Außenlanden nach Paris z. B. Unfreie, Rinder, Roſſe,
Felle, Tuch, Leinen zugeführt wurden.

Von einer wirthſchaftlichen Vereinſamung Auſtraſiens im 7. Jahrhundert
kann man daher nicht wohl reden: man vergleiche die Octobermeſſe von
St. Denis (III, 741, 829). Ebenſowenig darf man die Franken nur auf
dem flachen Lande ſuchen: wir haben ſie bei Gregor und in den Urkunden gar
oft in den Städten wohnend gefunden (III, 741, 829), wo ſie, wenn nicht
— was aber bei Geringeren auch vorkam — ſelbſt, doch durch Unfreie,
Freigelaſſene die nie völlig unterbrochnen Betriebe des römiſchen Handwerks
fortführten, deren Werkſtätten und Läden dauernd der Nachfrage der Käufer
und Beſteller geöffnet ſein ſollten: dies iſt der Sinn von casa publica —
semper patens, nicht: „der Gemeinde gehörig"; erwähnt werden in den Städten
Gold=, Silber=, Waffen=, Eiſenſchmiede, Zimmerleute, Schuſter, Schneider,

Müller, Bäcker und auf dem flachen Land alle Arten von Urerzeugern und ländlichen Gewerken.[1])

Höchst lehrreich für den Vermögensbestand eines solchen Klosters und für die Wirthschafts= und Culturverhältnisse im Allgemeinen sind das Polyptychon des Abtes Irmino für St. Germain=des=Près (Anfang des 9. Jahrhunderts) und das capitulare Karls de villis (von 812?).

---

1) Ueber den Handel, zumal der Syrer und Juden, s. Bausteine II (Berlin 1880) S. 301.

Drittes Buch.

Die im fränkischen Reich versammelten Germanen.

Erstes Capitel.

Die Alamannen.

Um Frühesten von allen nicht fränkischen Germanen auf dem rechten Rheinufer — den späteren „Deutschen" — wurden von den Franken unterworfen die Alamannen.[1]) Wenn man bei diesen Gruppen — Franken und Alamannen — das Verhältniß eines Bundes völlig bestreitet[2]), (Bundesstat wird nicht behauptet:) so ist das Gegentheil zweifellos nachweisbar: Ammian[3]) sagt ausdrücklich: daß 357 zum Theil gegen Sold, „zum Theil aber gemäß dem zu gegenseitiger Hilfe verpflichtenden Vertrag" (pacto vicissitudinis reddendae) Waffenhilfe gewährt wurde.

Daß dieses Bündniß nicht stets „dauernd" alle alamannischen Völkerschaften umfaßt habe, ist selbstverständlich: erst allmälig traten die Nachbarn in die „Gruppe" ein: und selbstverständlich ist auch, daß die Bundespflicht nicht immer voll eingehalten wurde (bei Straßburg kämpfen nur 7 von den etwa 18 Königen), eingehalten werden konnte: aber wiederholt setzt die Erzählung der Römer voraus, daß die gemeinsam gegen Rom kämpfenden Könige und Gaue sich zu diesem Zweck verbündet haben.

Alamannen und Schwaben sind nicht verschieden:[4]) erst ganz spät hat man wohl Alamannen im weitern Sinne unterschieden — in 1) Alamannen im engern Sinn: im Westen und Süden (Elsaß, Baden, Schweiz und Baden): im Osten (Württemberg, baierisch Schwaben) und Norden. Eine Unterabtheilung der Alamannen sind die Juthungen im Nordosten. Die Alamannen als Alah(=Weihthum)mannen für die Semnonen (I, 22) zu erklären, besteht kein Grund: Andere[5]) wollen wenigstens bei den Juthungen diese Möglichkeit annehmen: aber so wenig wie bei Franken ist eine Herzuwanderung neuer Völker in diese Landschaften nöthig oder auch nur irgend wahrscheinlich: die Juthungen werden als treffliche Reiter gerühmt: man hat

---

1) Ueber die Entstehung dieser Gruppe und dieses Namens vgl. Urgeschichte II, 192. Deutsche Geschichte Ia, 449. Stälin (Christoph Friedrich von), wirtembergische Geschichte. I. Stuttgart 1841, „das Muster einer Stammes- und Landesgeschichte". — Paul (Friedrich) Stälin, Geschichte Württembergs Ia. Gotha 1882. 2) Waitz II, 3. Aufl. S. 11: „es ist auch bei den Alamannen eine dauernde, alle umfassende, wirklich politische Verbindung nicht nachzuweisen." 3) Ammian Marc. XVI, 12. 4) So habe ich von jeher angenommen (und vorgetragen), schon lange vor Baumanns (übrigens ganz vortrefflicher) Ausführung. Forschungen XVI. 5) So Waitz, II, 3 S. 10.

darin etwas „Neues" finden wollen: aber ganz dasselbe wird von Cäsar und Tacitus schon von den Tenchtherern berichtet, die einen starken Bestandtheil der Alamannen abgaben und in diesen Gegenden von jeher saßen: so daß hier gerade umgekehrt erfreulich überraschende Uebereinstimmung nachweisbar ist, meines Wissens noch unbeachtet.

Aus ihren ursprünglichen Sitzen bringen die Alamannen allmälig weiter nach Süden bis an die Schweiz und nach Westen bis in die Vogesen. Was man sonst nur vermuthen kann, daß diese Völker-Bewegungen nicht ganz freiwillig, daß sie häufig durch das Drängen und Schieben anderer herbeigeführt waren, — hier wird es durch mehrfache, von einander unabhängige Quellenzeugnisse und für verschiedene Male bewiesen: wiederholt sind es die Burgunden gewesen, welche von Nordosten her auf die Alamannen drückten: so ca. 290:[1]) mögen die Versuche einigemale scheitern[2]), schließlich bringen die Burgunden wenigstens durch Alamannen und Franken an den Rhein: im Jahre 359 gränzen Burgunden und Alamannen bereits am römischen Gränzwall[3]) und im Jahre 371 verwendet sie Rom gegen die Alamannen von Nordosten her.[4]) Diese Nachbarn bekämpfen sich um der Salzquellen willen bei Schwäbisch-Hall im Kocherthal: so weit also sind die Burgunden einstweilen südwestlich vorgedrungen aus den Gegenden am Ursprung des Mains.

Das Wenige, was uns von der Geschichte der Alamannen bis auf die Unterwerfung durch die Franken bekannt ist, wurde im II., was uns seit dieser Unterwerfung bis zum Tode Karls überliefert ist, im III. Bande dieses Werkes dargestellt: fast ausschließlich aus Anlaß ihrer Kämpfe mit den Römern und dann ihrer Erhebungen gegen die fränkische Herrschaft erfahren wir von ihnen.

Auf jene bereits erörterten Dinge greifen wir hier nicht zurück.

Uebrigens wurden später gar manche Striche, welche seit 496 von fränkischen Ansiedlern waren besetzt worden, durch die überwiegende Menge alamannischer Nachbarn wieder dem alamannischen Stamme zurückgewonnen.

Die seit dem Sinken der merovingischen Krone ziemlich unabhängig ge- wordenen Alamannen wurden erst von den arnulfingischen Hausmeiern wieder zu strafferer Abhängigkeit herangezogen.

Von den alamannischen Herzögen erwähnen wir außer Leuthari und Butilin, ca. 555 (III, S. 99) Leudfrid unter Childibert II., Uncilen 588—607: legendenhaft ist der christliche „Herzog" Cunzo (613) und dessen von St. Gall aus der Besessenheit d. h. wohl aus dem Heidenthum erlöste Tochter Fridiburg (Braut Sigiberts II.), ca. 630 Chrodibert (gegen die Wenden), 642 Leuthari, eifriger Anhänger Grimoalds unter Sigibert III., ca. 700 Gotfrid (der c. 700 Sanct Gallen beschenkt zu „Cannstabt am Neckar") † ca. 708, Willehari 709—712, von Pippin bekämpft (legendenhaft sind

---

1) v. Wietersheim-Dahn, S. 270. 537.   2) Burgundiones Alamannorum terras occupant, Alamanni repetunt. Mamertin II, 17.   3) Ammian Marc. XVIII, 2, 15.   4) XXVIII, 5.

Herzog Nebi ca. 720 und dessen Bruder Berchtold, der ca. 724 Sanct Pirmin, den Stifter von Reichenau, Karl Martell empfohlen habe), 725—730 Herzog Lantfrid (ob dessen Bruder Theutbald auch Herzog war, steht dahin, der letzte sicher nachweisbare Stammherzog, denn der Rebell Theutbald hat sich das Herzogthum wohl nur angemaßt); fortab erscheinen nur noch Grafen: so jener Lantfrid, welcher sich Grifo anschloß.[1])

Was die Einführung des Christenthums anlangt, so begegnen uns in dem Rheinthal allerdings schon im 4. Jahrhundert einzelne Christen. Allein die Menge des Volkes war noch Mitte des 6. Jahrhunderts heidnisch: heidnische Opfer bringen sie in Italien (555) dar und nur die Hoffnung spricht Agathias aus, allmälig werde der Einfluß der Franken d. h. vor Allem der Merovingen die Einsichtigeren unter ihnen dem Christenthum zuführen. Zu Anfang des 7. Jahrhunderts erscheint zwar ein Bischof Gaudentius von Constanz († 613?), aber gleichzeitig wird die Capelle der h. Aurelia zu Bregenz wieder in ein heidnisches Weihthum verwandelt, darin die Bilder von Göttern aufgestellt werden. Gregor der Große dachte (ca. 600) an die Belehrung auch dieses Germanenstammes wie der fernen Angelsachsen in Brittanien, aber zunächst griff hier nicht Rom ein, sondern die vielfach Rom gegenübertretende Arbeit der irischen Belehrer: Columba und Gallus (oben III, 575)[2]). Die Lebensbeschreibung des Letzteren († 627? zwischen 626 und 650) ist erst entstanden, als die sehr bescheidene Stiftung des Jahres 613/614 bereits größere Bedeutung erlangt hatte, daher recht reich an Uebertreibung; noch mehr gilt dies von den viel jüngeren Lebensbeschreibungen der heiligen Trudpert im Breisgau und Landolin in der Ortenau; mit gleicher Vorsicht sind auch die Berichte über Sanct Pirmin, der 724 Kloster Reichenau auf der „Au des Sintlaz" gegründet haben soll, und noch mißtrauischer die Legenden von Sanct Magnus (aus St. Gallen) aufzunehmen. In den Gränzgebieten von Franken und Alamannen wirkte der Ire St. Kyllena, der gegen Ende des 7. Jahrhunderts in der Nähe von Wirzburg den Tod des Bekenners fand. Die alamannischen Gesetze aus der ersten Hälfte des 7. Jahrhunderts setzen überall nicht nur das Christenthum, auch kanonisch geordnete kirchliche Einrichtungen voraus.

Die für die Kirchengeschichte Alamanniens wichtigsten Bisthümer wurden vor allem Constanz, dann Augsburg, auch Wirzburg seit 741. Bonifatius, seit 746 Erzbischof von Mainz, dem wie Worms und Speier Wirzburg unterstellt war — erst später, wie es scheint, auch Augsburg mit Constanz — ward wie den baierischen so den alamannischen Bischöfen von Rom als Stellvertreter des Pabstes empfohlen.

Für die Rechts-, Wirthschafts- und Bildungszustände der Alamannen sind die ergiebigsten Quellen die Aufzeichnung und Aenderung des alaman-

---

1) Ich folge hier wesentlich F. Stälin I a, 78.　2) Die Legende des h. Fridolin, der unter Chlodovech schon ca. 600 das Frauenkloster Säckingen gegründet haben soll, beruht auf einem Machwerk des 11. Jahrhunderts.

nischen Stammesrechts: der pactus und die Lex Alamannorum: ersterer ist
wahrscheinlich zu Anfang des 7. Jahrhunderts verfaßt: er setzt das Christen=
thum überall voraus und falische Rechtsausdrücke in dem lateinischen Text
lassen annehmen, daß die Aufzeichnung unter fränkischem Einfluß geschah,
also bevor seit etwa 640 das Land sich von der merovingischen Krone fast
völlig gelöst hatte. Die Lex ist jünger: sie gehört dem Anfang des 8. Jahr=
hunderts an: sie ward auf einer Stammesversammlung[1]) unter Herzog
Lantfrid beschlossen, jenes Sohnes des ca. 709 gestorbenen Herzogs Gotfrid,
welcher 730 im Kampfe gegen Karl den Hammer fiel (III, 788). Diese
Aufzeichnung benützt Beschlüsse fränkischer Kirchenversammlungen aus der zweiten
Hälfte des 7. Jahrhunderts und das Beichtbuch des Erzbischofs Theodor
von Canterbury (Verbot der Sonntagsarbeit), sie setzt das entwickelte
Beneficialwesen und freie Vasallen des Herzogs voraus, wie denn der
Herzog, dessen der pactus geschwieg, hier überall als der Träger der Stats=
gewalt, als Haupt des Stammes erscheint, während dem König nur eine
gewisse Oberhoheit eingeräumt wird. Dies entspricht den Zuständen zu An=
fang des 8. Jahrhunderts, nicht der Zeit Clothachars II., in welche man
früher die Abfassung verlegte.[2]) Die Lex behandelt zuerst das Kirchenwesen
(1—23), dann die Stellung des Herzogs (24—44), endlich in zusammen=
hangsloser Folge mannichfaltige Dinge, „welche häufig vorzukommen pflegen
im Volke": „causae qui (sic) saepe solent contingere in populo" — ein
werthvoller Zusatz! Er belehrt uns, wie sich auch in andern Rechtsaufzeich=
nungen jener Jahrhunderte z. B. in den Edicten der Ostgothen=Könige[3]) die
Zusammenstellung höchst verschiedenartiger Gegenstände erklärt: — einfach aus
dem Bedürfniß des täglichen Lebens und Verkehrs. Jüngere Handschriften
fügen Zusätze bei, Fortbildungen des Rechts unter den Karolingern. Wir
übergehen in dem Gesetz jene Einrichtungen, welche gemein germanisch sind,
und heben nur das für die Alamannen Eigenartige hervor.

Der Römer und des römischen Rechts geschweigt das Gesetz völlig,
offenbar, weil einerseits nicht viele freie Römer im größten Theil des Landes
verblieben waren, und weil andrerseits für die allerdings im Süden Ala=
manniens (Churrätien, Graubünden) nicht dünn gesäeten Provincialen
— spricht man doch daselbst heute noch romanisch — die Geltung des römischen
Rechts nach dem Grundsatz des „persönlichen Rechts" sich von selbst verstand:
für diese Römer in Churrätien ward um die Mitte des 9. Jahrhunderts ein
Auszug aus der Lex Romana Visigothorum mit zahlreichen Aenderungen
und fränkischrechtlichen Einflüssen verfaßt: die Lex Romana Curiensis,
während die sogenannten Capitula Remedii zu Anfang des 9. Jahr=

---

1) c. 37. Conventum nostrum quod conplacuit cunctis Alamannis c. 41. sic
convenit duci et omni populo (Alamannorum) in publico concilio. 2) Gegen
Merkel hat dies scharfsinnig dargewiesen Brunner, Sitz.=Ber. d. Berliner Akad. 1885.
S. 150 f. und Deutsche Rechtsgeschichte 1, 308. Leipzig 1887. 3) Könige IV.
Würzburg 1867. S. 25.

hunderts kurze Satzungen, zumal strafrechtlichen Inhalts, für die Immunitäts=
leute des Bischofs von Chur — Germanen und Römer — enthalten.[1]) In
der Lex Alamannorum tritt die Gewalt des Herzogs überall auf das kräftigste
hervor: er hat alle Banne, Heer=, Gerichtsbann, Verwaltungshoheit. Schon
der Plan des Mordes gegen ihn wird mit dem Tode, andere Verletzung
seiner Person oder auch nur seiner Gesandten und Vertreter mit dreifacher,
Diebstahl an herzoglichem Gut mit siebenundzwanzigfacher Buße bedroht; seine
Gewalt ist — vorbehaltlich der Anerkennung durch den König — in dem
Geschlecht erblich; in dem Elsaß besteht ein besonderes Herzogthum. Der
Herzog kann alle Freien des Landes zu einer Versammlung berufen — so
eben bei der Gutheißung der Lex; die Regel aber bilden die Hundertschafts=
versammlungen (alle 14 oder 7 Nächte).

Großgrundbesitz wird erst allmälig häufiger; der kleine und mittlere
Gemeinfreie bearbeitet das Land selbst mit Weib und Kindern und wenigen
Unfreien, während solche auf den Gütern des Herzogs, der Kirchen und
der reichen „meliorissimi" in dichter Menge begegnen, sowohl auf einer
Scholle fest angesiedelte (servi casati) — wie in dem Haupthof des Herrn
zu manchfachen Diensten als Huf=, Grob=, Waffen=, Gold=Schmiede, Hirten,
aber auch als Wundärzte, Bäcker und Köche, die Mägde als Weberinnen
in besonderen Weiberhäusern (genecia) — auch wohl unter der Erde —
verwendet. Sogar öffentliche Prüfung dieser meist unfreien Handwerker
wird erwähnt.

Der Ackerbau ward noch immer in der alten höchst einfachen Weise
betrieben, welche bei dem Uebergang zu dauernder Seßhaftigkeit aus dem starken
Ueberwiegen der Viehzucht sich von selbst als unentbehrlich ergeben hatte:
Feldgraswirthschaft, höchst ausgedehnte Weidegebiete. Noch immer spielt die
Viehzucht mit die wichtigste Rolle in dem Wirthschaftsleben: der Hirt hat
höhere Bußsätze denn andere Unfreie (was sich aber freilich zum Theil wohl
auch daraus erklärt, daß der mit dem Schafhund einsam draußen auf der
Flur und Waldweide, z. B. in den Nothställen (puriae), in dichten Wäldern
lebende ähnlich wie unbehütetes Ackergeräthe oder unbewohnte Wasser=Mühlen
eines höheren Friedensschutzes zu bedürfen schien); die verschiedenen Arten von
Verletzungen der Thiere werden fast ebenso genau wie die an Menschen auf=
gezählt und abgestuft; Ziegen, Schafe, Schweine sind häufig, dagegen das
Streitroß, der Streithengst wie der Zuchtbulle sind auf 12 Solidi gewerthet,
— ebenso hoch ein gewöhnlicher Knecht! — das Rind auf 4—5 Tremissen.

Eifrig ward die Jagd betrieben: ein guter Jagdhund, Leithund[2]) galt
so viel wie das Streitroß, 12 Solidi (der Schafhund nur 3): man jagte
Baren, Wölfe, Auerochsen, Wisent (bisons), Schwarzwild[3]) Hirsche: — diese
auch mittelst zahmer, abgerichteter Hirsche (behufs Anlockung?) und baizte

1) Brunner, Deutsche Rechtsgeschichte I, 361 f.   2) primum curialem id est
qui primus currit (83).   3) Mit Bären= und Eber= und Auer=Hunden: canis
ursaritius, porcaritius, vel qui taurum . . capit.

Bogelwild mit dem Habicht; auch zahme Rehe werden erwähnt, Tauben und Störche flattern um das Holzdach, Singvögel, auch Krähen, Kraniche und Raben werden gehalten.

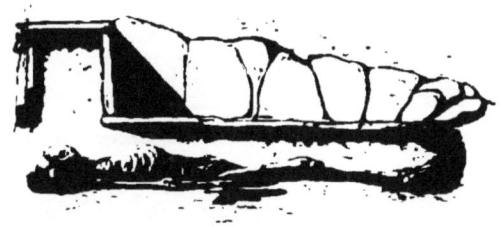

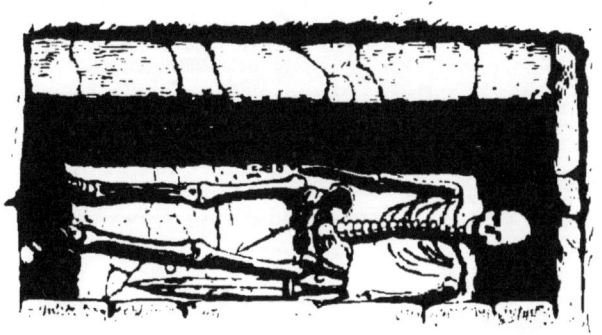

1. Bestattung in freiem Boden; vom Friedhofe zu Selzen. 2. Plattenkammer aus den Reihen-
gräbern auf dem Heuerfelde in Rheinhessen. 3. Steinkammer aus dem Friedhofe von Bel-Air
in der Schweiz.

Das Haus ist im Wesentlichen noch das altgermanische Holzgezimmer (I, 55), jedoch ist römischer Einfluß bereits deutlich wahrnehmbar, wie er ja schon zum Jahre 358 für die Alamannen nah am rechten Rheinufer bezeugt ist. Den wichtigsten Raum bildet die Halle, der Sal (sala), welcher, ohne Zwischenquerbalken und ohne Rauchfang, in dem Dache ausläuft: durch Vorhänge oder Holzverschläge kann dieser Raum gegliedert, durch seitliche

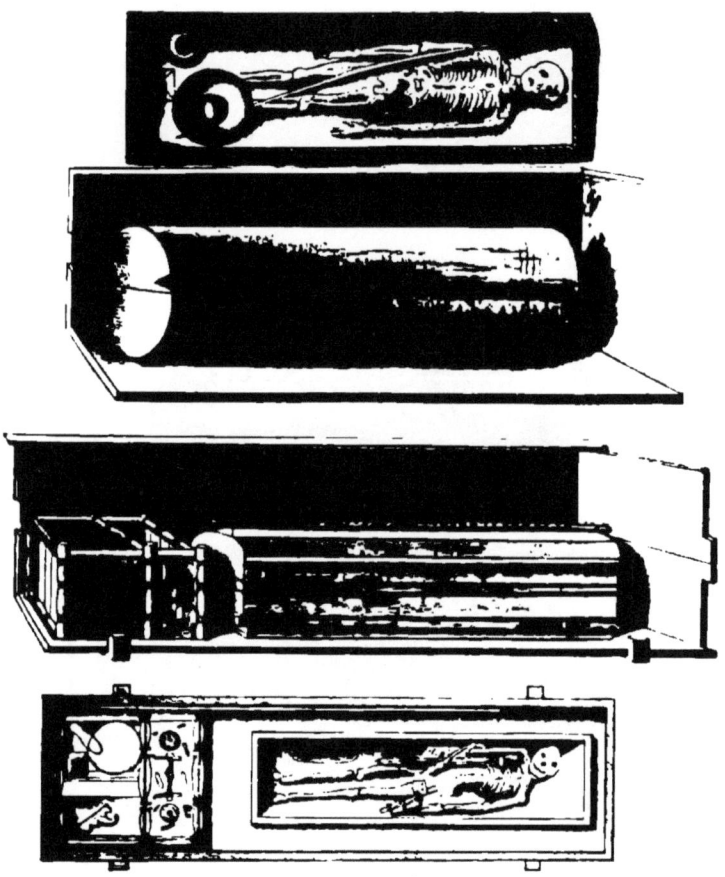

Aus den Gräbern von Oberflacht.

Bestattung im Todtenbaum, innere Ansicht, darunter der geschlossene Todtenbaum. — Holzsarg in einem Aussensarg von dicken Eichenbohlen; in demselben, zu Füssen des Bestatteten, zwei Verschläge mit Beigaben.

Anbauten erweitert werden: solche Anbauten heißen stubas, wenn sie heizbar sind (vgl. neuenglisch stove, Ofen); unter dem Estrich aus gestampftem Lehm liegen Keller, oft mit Fluchtgängen, auch wohl Gemächer für die Arbeit der

Mägde; der Kornboden (grania) ist auf dem Dache angebracht, Scheuern (scuriae) und Ställe liegen bei größeren Besitzungen neben dem Herrnhof, beim Kleinbauer unter dem Dache des Wohnhauses selbst. Die sämmtlichen zusammengehörigen Gebäude des Gehöftes (curtile) waren durch einen Holz= zaun, „die Were", „Hofwere", umhegt und umfriedet. Neben der Hofsiedelung (villa) begegnen auch Dörfer (vici), aber mit Namen werden uns nur wenige genannt: so Heilbronn und Lauffen am Neckar, welche Herzog Gotfrid ca. 700 dem Kloster Sanct Gallen schenkte.

Die Bestattung der Todten geschieht nur durch Beerdigung: das „Hügelalter" ist an Stelle des „Brennalters" getreten. Jedoch auch die Hügel= gräber sind bereits größtentheils ersetzt durch die „Reihengräber", welche man in großer Häufigkeit bei Alamannen und Baiern findet: sie bilden für diese Zeit das Gewöhnliche, sind die regelmäßigen Begräbnißstätten der Einwohner, nicht Spuren von Schlachtfeldern, wie die zahlreichen Frauen= und Kinder= Gerippe beweisen. Die Todten wurden mit dem Antlitz gen Osten bestattet, meist ausgestreckt, manchmal sitzend; häufig, aber nicht immer, ist das Grab auf den Seiten durch rohe auseinander geschichtete Steine umlegt, auch wohl mit Steinplatten bedeckt. Särge, Holzverkleidungen fehlen, können freilich auch vermodert sein. Die Beigaben sind Speisen, mitbegrabne Thiere (Roß, Hund, Habicht), Waffen, Schmuck, Geräth aus Gold, Silber, Bronze, Elfen= bein, Bernstein, Halbedelsteinen, Glasfluß, Thon; jünger sind die „Todten= bäume", „Einbäume", Särge aus einem Eichen= oder Birnbaumstamm, welche der Länge nach gespalten wurden: der eine Theil ward muldenförmig aus= gehöhlt und nahm die auf dem Rücken liegende Leiche auf, der andere ward als Deckel darüber gelegt und mit hölzernen Zapfen darein gefestigt; die Beigaben sind hier oft aus Messing oder doch einer stärker als in den Reihen= gräbern mit Zinn versetzten Bronze.

Erläuterungsblatt zu der Tafel:

Waffen und Ziergeräth
aus germanischen Gräbern der Völkerwanderungs-Zeit.

1. Scramasax, zu der unter Nr. 3 abgebildeten Scheibe gehörig. (Nach Lindenschmit, Alterthümer.)
2. Scramasax. München.
3. Scheibe eines Scramasax; von Holz, mit Leder bezogen, das Ortband ist von einem Streifen Erzblech und mit vier starken Erznägeln befestigt. In den Gräbern von Sprendlingen gefunden. (Nach Lindenschmit, Alterthümer.)
4. Lanzenspitze. München.
5. Lanzenspitze mit Schaftheil. München.
6. Gürtelgehänge von Bronze. München.
7. Gürtelgehänge von Bronze. München.
8. Mit Thierfiguren verzierte Schnalle von Erz. Aus den burgundischen Gräbern bei Chabans im Waadt. (Nach Lindenschmit.)
9. Gürtelbeschläg aus Eisen; in der Mitte verschlungene drachenähnliche Thiergestalten, deren innere Körperlinien, die äußeren Fußkrallen und die kreisförmigen Augen von Messingeinlage, alle übrigen Verzierungen von Silbereinlage gebildet sind. Aus fränkischen Gräbern bei Trier. Museum in Trier. (Ebd.)
10. Francisca. München.
11. Francisca. München.
12. Streitaxt. München.
13. Speereisen; 52', Centim. lang. Aus den Gräbern bei Darmstadt.
14. Scramasaxartiges Messer. München.
15. Messer mit Horngriff. München.
16. 1a. Scramasax. Vorder- und Rückseite. Die Klinge ist mit einem Streifen eingravirter, aber durch den Rost zerstörter Ornamente verziert; von der Scheide ist das Beschläg, aus drei gerippten Bronzeblechstreifen von gleicher Länge bestehend, erhalten. In einem Todtenbaum der Gräber bei Oberflacht gefunden Museum zu Stuttgart. (Nach Lindenschmit, Alterthümer.)]
17. Speereisen; 1 Meter lang. Aus den Gräbern bei Selzen. _
19. Scramasax. München.
20. Spatha; Knopf, Griff und Bügel aus Bein. Auf. zu Regensburg. (Nach Lindenschmit, Handbuch.)
21. Scramasax aus den Gräbern von Oberolm. Auf. zu Mainz. (Nach Lindenschmit, Alterthümer.)
22. Spatha; Knopf (22a) und Bügel (22b) von Erz. Auf. zu Stuttgart. (Nach Lindenschmit, Handbuch.)
23. Speereisen; 3a', Centim. lang. Aus den Gräbern bei Cetrich im Rheingau.
24. Silberne Gewandnadel aus den Gräbern bei Dürkheim, Rheinpfalz. (Nach Lindenschmit.)
25. Schildbuckel aus den Gräbern bei Bierstadt (bei Wiesbaden). Auf. zu Wiesbaden. (Ebd.)
26. Schildbuckel. München.
27. Gewandnadel aus Erz; in einem Steinplatten-Grabe in der Rehbacher Steige bei Nierstein gefunden. Museum zu Mainz. (Nach Lindenschmit, Alterthümer.)
28. Schildbuckel aus den Gräbern bei Sendling (bei München). Auf. zu Mainz. (Ebd.)
29. Schildgehänge. München.
30. Framea. München.
31. Messer. München.
32. Schildbuckel mit Gehänge, aus den Gräbern bei Darmstadt; zeigt deutliche Spuren einer Holzfütterung der Eisenbeschläge. Auf. zu Mainz.
33. Rundes Beschläg von Eisen; mit Einlagen aus Messing und Silber. In Bayern gefunden. Nationalmuseum, München. (Nach Lindenschmit, Alterthümer.)
34. 35. Goldene Trinkhörner; Nr. 35 mit Runen-Inschrift um die Mündung; in Schleswig gefunden.
36. Schildbuckel aus der Umgegend von Mainz. (Nach Lindenschmit, Alterthümer.)
37. Schildbuckel aus den Gräbern bei Flomborn, Rheinhessen. Auf. zu Mainz. (Ebd.)
38. Schnalle von Erz; verziert mit Thierköpfen und Bandgeflecht. Aus den alamannischen Gräbern bei Reftenbach, Kanton Zürich. Museum zu Zürich. (Ebd.)
39. Silberne Gewandnadel; die inneren reich verzierten Felder vergoldet. Die Bänder am Rande, in der Mitte des Bügels und an dem Thierkopfe von Silber mit niellirter Zickzackverzierung. Bügel und Augen des Kopfes waren mit Granaten besetzt. Gefunden in den Gräbern von Rosberndorf. Maximilianmuseum zu Augsburg. (Ebd.)
40. Schnalle aus versilbertem Erz. Aus den fränkischen Gräbern der Umgegend von Lyon. (Ebd.)

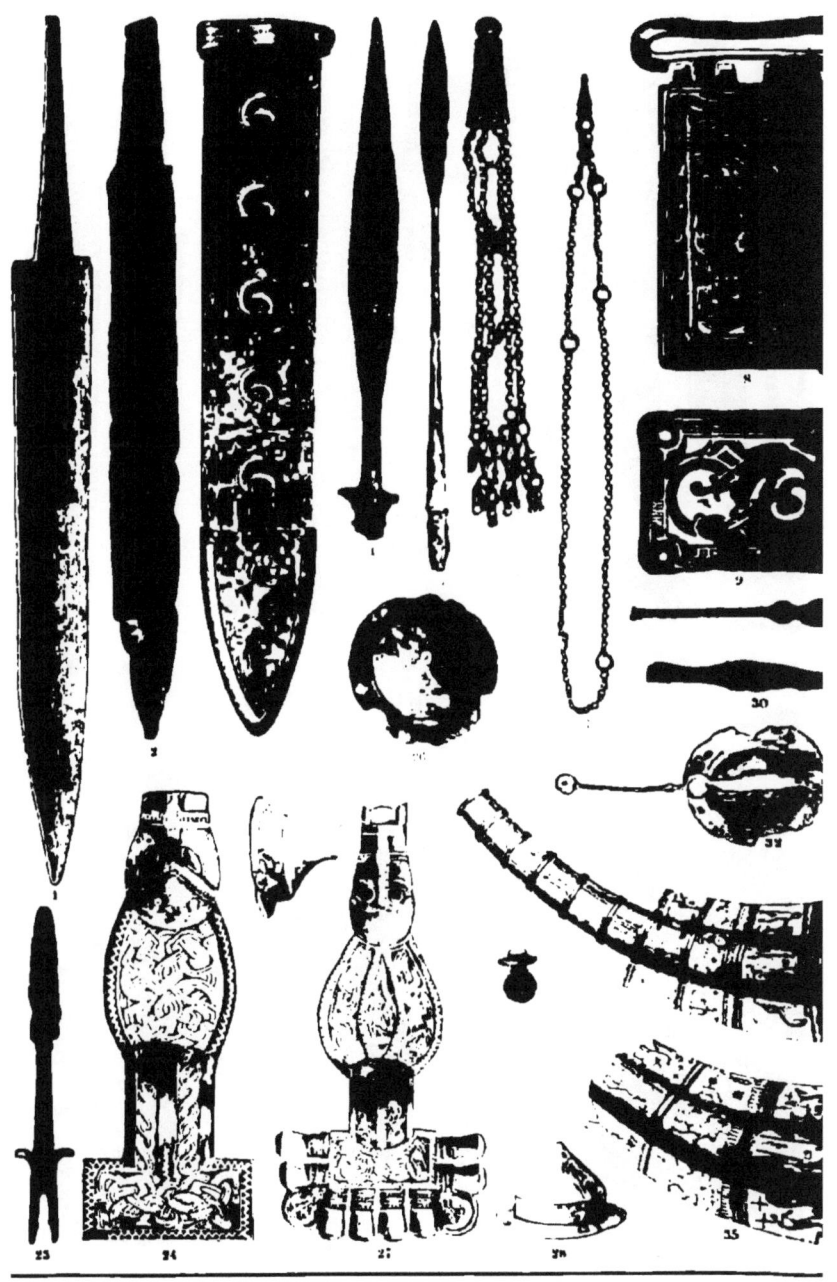

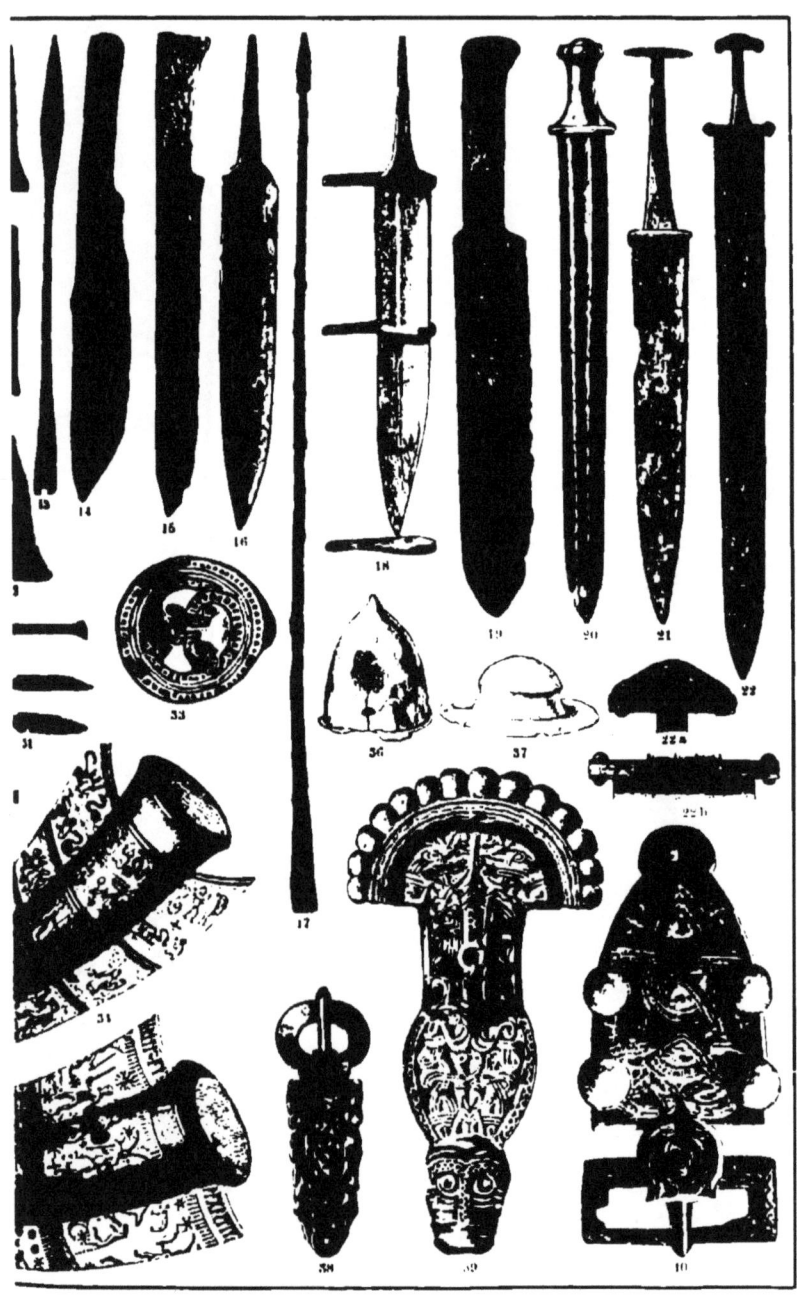

ibern der Völkerwanderungs-Zeit.

Zweites Capitel.

Die Thüringe.

Die nächsten Nachbarn der Alamannen im Norden waren die Thüringe und die Thüringe waren der erste nach den Alamannen von den Franken unterworfene Stamm diesseit des Rheines.

Mag man die von Chlodovech Bekämpften (III, 48) auch für die mitteldeutschen Thüringe, nicht für linksrheinische Thüringe halten, — unter= worfen, dauernd unterworfen wurden jene jedenfalls erst 534.[1]

Die Thüringe aber sind die alten Hermunduren: Sprache und Ge= schichte beweisen es: man hätte nicht ganz grund= und bodenlose Zweifel erheben sollen.[2]

Sie nehmen auch unter dem umgeänderten Namen im Wesentlichen die alten, nur nach Südwesten erheblich ausgedehnten Sitze ein: die volkreiche suebisch=herminonische Mittelgruppe reichte jetzt von Böhmens Westgrenze im Osten bis an und über den Main im Westen,[3] im Süden bis gegen die Donau hin, im Norden grenzten sie mit den Sachsen. Als „Mittel= gruppe" — keineswegs bloße Einzelvölker — mochte der Gesammtname der Thüringe recht wohl Gliederungen, leise ethnographische und sprachliche Unter= schiede in sich begreifen und insofern — aber auch nur insofern — mag der „Rennstieg" von jeher eine ethnographische Scheide gebildet, Nordthüringe von Südthüringen getrennt haben.[4] Soviel kann man zugeben, aber daß südlich vom „Thüringerwald" nie „Thüringe" gewohnt, geht viel zu weit: es ist doch zu erinnern, daß im Süden die späte fränkische Colonisation viel stärker war als im Norden, also Volksart, Sprache, auch Ortsnamen[5] viel stärker färbte als im Norden des Waldes. Der Name erstreckte sich also viel weiter als im späten Mittelalter.[6] Doch verloren die Thüringe später im

---

1) III, 48. 2) Vgl. J. Grimm, Gesch. d. D. Spr., nicht überzeugend hiegegen Müllenhoff, Zeitschr. XXIII. Waitz II², 14; oben I, 69, die alte Zu= sammenzwängung des Namens mit den räumlich und stammthümlich und sprachlich weit abstehenden gothischen Thervingen hätte Glöel, de antiquis Thuringis Halis Saxon. 1862 nicht wieder versuchen sollen. Knochenhauer, Geschichte Thüringens in der karolingischen und sächsischen Zeit. Gotha 1863. 3) Bis Wirzburg, Arnold, Ansiedelungen S. 221; der Marienberg auf dem linken Mainufer trug hier eine thüringische Burg. 4) Brückner, Henneberger histor. Verein III, 250. 5) S. aber Arnolds Belege thüringischer Ortsnamen bis an den Main. 6) v. Ledebur (Die alten Thüringer) maßlose Uebertreibungen hierin hat freilich Waitz schon vor 45 Jahren zurückgewiesen. Jenaer Lit.=Zeit. 1843. Nr. 272. Ueber die Warnen=

Osten den größten Theil des alten Hermundurenlandes an die Slaven, welche von Böhmen (das Markomannen, Naristen und Quaden, nach Baiern wandernd, geräumt hatten) aus das ganze dermalige Königreich Sachsen er= füllten, ebenso in einzelnen vorgeschobenen Posten Ostthüringen (bis an die Werra) und das jetzige baierische (sogenannte) Franken bis an den Main, wie zahlreiche Fluß= und Ortsnamen heute noch beweisen: Pegnitz, Rednitz, Redwitz u. s. w

Die Geschicke des Volkes unter dem Hermunduren=Namen wurden bereits ausführlich erörtert.[1]) Am Markomannenkrieg (160 n. Chr.) nehmen sie noch unter ihrem alten Namen Theil (II, 170) und noch für die ersten Jahrzehnte des 4. Jahrhunderts bezeugt Jordanis, daß die „Hermunduren" nördlich von der Donau wohnen, durch die Vandalen (in Siebenbürgen) von dem Strome geschieden.[2])

Von da ab wird der Name „Hermunduren" nicht mehr genannt: an ihrer Stelle erscheinen in denselben Sitzen und mit dem gleichen Namen — nur der erste Theil der Zusammensetzung, Ermin = „groß", „gesammt", ist weggefallen — die „Duri", „Duringi". zuerst genannt ca. 420 von einem Thierarzt Publius Vegetius[3]) bei Anlaß des Lobes ihrer trefflichen Pferde, welche auch Jordanes (c. 5) zu rühmen weiß.

Als ein Menschenalter später Attila seine Massen gegen den Rhein wälzte (451), führte ihn sein Weg gerade durch das alte Hermundurenland: es ist daher voll begreiflich, daß er nun hier „Thüringe" traf und sie wie deren Nachbaren mit sich fortriß.[4]) Im Osten reichten sie zur Zeit des heiligen Severin (Ende des 5. Jahrhunderts) bis nah an die Donau.

Das tiefe Dunkel, welches die rechtsrheinischen Germanen seit dem Ende des vierten Jahrhunderts bedeckt, verbirgt uns auch fast völlig die Geschichte der Thüringe bis zu ihrer Unterwerfung durch die Franken. Geschichtlich, nicht sagenhaft ist der Name der Mutter Chlodovechs, Basina, und geschichtlich ist ein König der Thüringe, Bisin, um ca. 460. Zu Anfang des 6. Jahr= hunderts vermählte Theoderich der Große seine Nichte Amalaberga mit dem Thüringenkönig Herminfrid und suchte auch die Thüringe gegen die um sich greifende Frankenmacht zum Bündniß heranzuziehen. Neben Herminfrid werden aber noch zwei andere thüringische Gaukönige, seine Brüder Baderich und Berthar genannt; es ist nicht nöthig, hiebei Ueberordnung Herminfrids anzunehmen, mag er auch thatsächlich der mächtigste der Gaukönige gewesen sein. Herminfrid tödtete seinen Bruder Berthar (über dessen Tochter, die heilige

---

Nordschwaben Greg. Tur. V. 15. Fred. c. 15; sehr mit Unrecht denkt Waitz II, 1, S. 67 an linksrheinische Thüringer.
1) II, 53 f.; eine hermundurische Auswanderung ins Markomannenland hinein bezeugt Cassius Dio fragm. ed. Morellius 1798, S. 33.   2) Getica c. 22. 3) de arte veterinaria sive mulomedicina IV, 6. ed. Schneider scriptores rei rusticae, nicht zu verwechseln mit dem einige Jahrzehnte älteren Kriegswesen=Schrift= steller Flavius Vegetius Renatus.   4) Apollinaris Sidonius VII. v. 323. Vgl. Könige V, 78.

Radegundis, s. III, 77), verbündete sich mit Theuderich von Austrasien gegen Baderich, schlug und tödtete diesen (516), gerieth aber dann um die Beute in Streit mit dem Merovingen, der sich später, als Theoderich der Große († 526) nicht mehr den Schild über die schwächeren Germanenstaten hielt, mit den Sachsen gegen Herminfrid verband (531) und nach dessen Niederlage (an der Unstrut?) und Flucht den größten Theil des Thüringer- reiches Austrasien einverleibte, während die Sachsen im Norden zwischen Unstrut und Bode sich ausbreiteten. Herminfrid ward später von Theuderich zur Verhandlung nach Zülpich gelockt und daselbst von der Stadtmauer herab- gestürzt. Alsbald wurden nun auch die nächsten sächsischen Gaue von der fränkischen Uebermacht, wenn nicht zu voller Unterwerfung, doch zur Schatzungs- pflicht gezwungen: eine gemeinsame Erhebung von Sachsen und Thüringen 533 ward von Chlothachar I. niedergeworfen (III, 106).

Die Enkel der einst so weithin herrschenden Hermunduren wurden nun von allen Seiten her eingeengt: weniger noch im Norden von den Sachsen, als im Osten von den Slaven, deren weidende Horden, nachdem Markomannen und Quaden etwa um 500 Böhmen und Mähren geräumt hatten (s. unten Baiern), nun massenhaft von Ost nach West in urgermanisches Land herein- flutheten, bald die Elbe überschritten und, sei es mit Thüringen gemischt, sei es diese verdrängend, das alte Hermundurenland bis gegen den Main hin erfüllten, so daß später die deutschen Könige, Ritter und Bauern seit Anfang des 10. Jahrhunderts viele Menschenalter hindurch schwere Arbeit mit Schwert und Pflug hatten, bis sie diese räuberischen Nachbarn wenigstens zum Theil wieder weiter gen Osten zurückgeschoben oder, sofern sie im Lande blieben, unterworfen und — stellenweise — verdeutscht hatten.

Aber auch im Westen verloren die Thüringe weite Strecken hermun- durischen Gebiets durch die wohl schon damals beginnende, jedoch in arnul- fingischer und karolingischer Zeit ganz gewaltig gesteigerte, Einwanderung und Niederlassung von Franken. Die Maingegenden — zumal von Wirzburg nach Osten hin — die heute sogenannten „fränkischen" Kreise des Königreichs Baiern erhielten damals ihre starke fränkische Bevölkerung, was selbstverständ- lich nicht ausschließt, daß sehr zahlreiche Thüringe im Lande blieben, so daß eine Mischung von Franken und Thüringen entstand, bei welcher das Frän- kische im Südwesten, das Thüringische im Nordosten überwog und heute noch überwiegt.

Im Norden bildete wie weiland zwischen „Sueben" und Cherusken der Harz noch immer die Gränze zwischen Thüringen (d. h. Hermunduren: und diese waren Sueben gewesen) und „Sachsen" d. h. den unter der Sachsengruppe nun einbegriffnen Cherusken. Nur auf dem Westabhang des Harzes zur Weser hin sind Sachsen über das Waldgebirg hinab in die Ebene vorgedrungen. „Die äußersten thüringischen Gaue zwischen Werra und Oberharz, das Eichsfeld, das Onefeld reichten nur wenig über die

7*

Wasserscheide der Unstrut und Leine hinüber. Oestlicher sind noch thüringisch
der Zore=Go an der Zore und der Helme=Go an der Helme."[1]

Im Jahre 568 zogen Sachsen aus den den Thüringen nächst benachbarten
Gauen mit den Langobarden nach Italien: in diese leer gewohnten Land=
schaften wanderten Sueben, Nord=Sueben, später Nord=Schwaben ge=
nannt, ein und ließen sich hier unter Genehmigung des austrasischen Königs
Sigibert I. nieder (569). Noch später hieß die Landschaft um Queblinburg
an der Bode „Schwabengau"; damals vielleicht siedelten sich auch um
Merseburg im „Hassegau" Hessen, östlich von diesem im Frisonoseld
Frisen an. Da nun aber jene Sachsen sich in Italien mit den Langobarden
nicht vertrugen, sondern mit Erlaubniß desselben Königs Sigibert in ihre
alte Heimath zurückwanderten (572), kam es daselbst zu blutigen (sagenhaft
ausgeschmückten) Kämpfen mit den Nordschwaben, in welchen die Sachsen,
wenn nicht völlig ausgerottet, doch dermaßen geschwächt wurden, daß sie spur=
los in den umwohnenden Thüringen aufgingen. Ganz das gleiche Schicksal
aber hatten diese Nordschwaben (oder Warnen) selbst, als sie sich gegen
Childibert II. empört hatten und von diesem mit sehr starken Verlusten
geschlagen worden waren (595; III, 530). Damals vielleicht wanderten
Thüringe in die Landschaften nördlich von dem thüringischen Schwaben
(= Warnen)=Gau um Magdeburg von der Bode und untersten Saale
und von der Elbe bis über die Quellen der Aller, welche später unter
dem Namen Nord=Thüringen von dem eigentlichen Süd=Thüringen
unterschieden wurden. Vermuthlich war der Grund des Ausweichens dieser
Thüringe nach Norden das gerade um diese Zeit beginnende Vordringen der
Slaven nach Westen, welche allmälig alles Land von der Elbe bis gegen
den Main hin überflutheten: schwerlich doch konnten alle Thüringe nach
Westen und Süden ausweichen. Diese Nordthüringe, ja sogar auch die Nord=
schwaben — Warnen, schlossen sich später an die Sachsen. Als Pippin 748
gegen die Sachsen kämpft, heißt es: „er zog (zuerst) durch Thüringen und
erreichte (dann) das Gebiet derjenigen Sachsen, welche man Nordschwaben
nennt." (III, 530.) Uebrigens erhielt sich unerachtet dieses Anschlusses bei
den Nordschwaben gegenüber dem Sachsenrecht ihrer Nachbarn ihr schwäbisches
Sonderrecht, so daß noch der Sachsenspiegel (ca. 1230) desselben aus=
drücklich erwähnt. Die enge Verbindung der Thüringe, Nordschwaben (Warnen)
und Sachsen in jenen Landschaften ward vermuthlich befördert durch das Be=
dürfniß gemeinsamer Abwehr der Slaven, welche (unter Samo seit 623)
nicht nur Raubzüge gegen Westen unternahmen (630, 631), sondern sich im
Lande dauernd festsetzten (III, 637 f.). Wir sahen, wie die Versuche der
Sachsen, aus eigner Kraft den Slaven zu wehren und sie ohne Hilfe der
Franken von Thüringen abzuhalten — sie hatten dies gegen Erlaß einer Jahres=
schatzung von 500 Kühen übernommen (631) — scheiterten (632; III, 632,

---

1) Zeuß S. 358.

636). Erst Radulf, der Sohn Chamars, vielleicht aus thüringischem Adels=
geschlecht, den König Dagobert I. zum Herzog des Landes erhob, erzielte
Erfolge wider die Wenden: aber nun erhob er sich alsbald so selbständig
gegen die Franken, daß er (640) „die Unbotmäßigkeit bis zu offner Em=
pörung steigerte" (III, 649). Der fränkische Versuch, ihn zu unterwerfen,
mißlang kläglich (III, 651): es ward ein Vertrag geschlossen, in welchem
Radulf zwar dem Namen nach die fränkische Oberhoheit wieder anerkannte,
in Wahrheit aber „schaltete er in Thüringen wie ein König": ja er verband
sich — offenbar gegen die Franken — mit den bisher bekämpften Wenden
und mit andern Völkern seiner Nachbarschaft. Angebliche Erfolge Pippins
des Mittleren vor 687 über die Thüringe sind lediglich Erfindungen der
lobpreisenden Lebensbeschreiber. Vielmehr brachte wohl erst Karl der
Hammer die Thüringe wieder zu strafferer Abhängigkeit: seine wiederholten
Feldzüge gegen die Sachsen (718, 721) [722?], bei denen er bis an die
Weser vordringt (718), setzen doch offenbar voraus, daß Thüringen in seinem
Rücken ruhig und für ihn sicher war (III, 772, 780). Damals (723) be=
gann auch Wynfrith=Bonifatius sein Bekehrungswerk wie in Hessen so
in Thüringen, was ebenfalls Anerkennung der fränkischen Statsgewalt und
thatsächliche Befolgung ihrer Gebote annehmen läßt: Frisland zu bekehren
giebt derselbe doch wahrlich todesmuthige Mann sofort auf, sobald er er=
fährt, die Frankenherrschaft ist dort abgeschüttelt: 723 stiftet er wie in den
Maingegenden die Nonnenklöster Kitzingen, Bischofsheim, Ochsenfurt
so in „Thyringea" das Mönchskloster zu Ordruf (Ordorp südlich von Gotha).
Bei der Reichstheilung von 741 kam Thüringen wie Alamannien an Karl=
mann I., bei der von 768 an Karlmann II. Unter Karl dem Großen
wird das Land selten erwähnt: 782 fielen wieder einmal Slaven — diesmal
Sorben, „Sorabi Sclavi, welche zwischen Elbe und Sale wohnen": so viel
altthüringisch Land war also an die Slaven verloren worden! — plündernd
in Thüringen ein, 784 zog Karl durch Thüringen gegen die Ostfalen bis
an die Elbe. Im Jahre 786 gelang es dem (thüringischen) Grafen Hardrab
„fast alle Thüringe" zu Verschwörung gegen den König zu verlocken (III, 928).
Der Plan der Reichstheilung von 806 hatte Thüringen König Karl zugedacht.

Von der inneren Geschichte der Thüringe wissen wir sehr wenig.

Am Meisten gewährt noch die Rechtsaufzeichnung Aufschlüsse, welche unter
dem Namen: „Lex Angliorum et Warinorum hoc est Thuringorum"
bekannt ist; sie bezieht sich auf jene Theile des Landes, welche von den
Angeln besiedelt waren — südlich der Unstrut lag der Angeln=Gau,
„Engle=Heim", „pagus Engili" — und östlich von diesen von den Warnen
zwischen Saale und Elster, dem „Werinofeld" (III, 1111). Theoderich
der Große schreibt noch (vor 507) an einen selbständigen König der
„Guarnen" neben den thüringischen Königen: aber noch vor 531 scheinen
die warnischen Sonderkönige verdrängt worden zu sein, die Warnen von den
thüringischen Königen Hermenfrid und dessen Brüdern mit beherrscht.

Eine große Schwierigkeit macht es, daß Prokop sonder Zweifel Warnen an den Rheinmündungen, England gegenüber, kennt, während der Brief Theoderichs ebenso gewiß an Warnen neben den mitteldeutschen Thüringen gerichtet und die Lex Angliorum et Warinorum ebenso bestimmt (was freilich auch heute noch bestritten wird) in Mitteldeutschland ihr Geltungsgebiet hat. Das wird durch die zweifellos althochdeutschen Wortformen Abaling, Nusla (Nusche, Spange) bewiesen, während die in der Lex begegnenden niederdeutschen aus der Lex Saxonum und der der Uferfranken entlehnt sind.

Andrerseits begegnen[1]) linksrheinische „Thoringe", die man doch nicht einfach aus der Welt schaffen kann. So sei denn die Vermuthung gewagt, daß, vielleicht zu Anfang des 5. Jahrhunderts, als so zahlreiche Germanen in Gallien eindrangen und sich dort niederließen, auch ein Splitter von Thüringen — eben warnische Thüringe — rheinabwärts zogen, den Strom überschritten und dort unter einem Gaukönig (denn Könige der Warnen erwähnt Prokop) sich selbstständig behaupteten, bis diese Thoringe (Gregors) — linksrheinische, meeranwohnende Warnen (Prokop) von Chlodovech unterworfen wurden und nun mit den umwohnenden Saliern verschmolzen. Diese Annahme, welche selbst keine Schwierigkeiten enthält, würde die vorhandnen einfach lösen.

Die Gebiete der mitteldeutschen Warnen sehen wir von Slaven, zuletzt sorbischen (III, S. 1122) überwuchert: der Name auch dieser Warnen wird nicht mehr genannt: soweit sie nicht im Lande blieben und slavisirt wurden, sind sie unter den übrigen Thüringen unterscheidungslos auf- und untergegangen.

Die Lex ist, was die Reihenfolge der Gegenstände betrifft, der der Uferfranken nachgebildet, sie ist wahrscheinlich unter Karl dem Großen zu Anfang des 9. Jahrhunderts aufgezeichnet und zwar „indem Weisthümer des anglowarnischen Rechts in Anlehnung an die Stoffvertheilung in der Lex Ribuariorum abgefragt wurden".[2]) Einzelnes ist geradezu aus dem Recht der Uferfranken entlehnt: so das Wergeld von 200 solidi, während ursprünglich dasselbe wohl nur 160 sol. betragen hatte (dazu das Friedensgeld von 40 sol.); aber auch mit dem Sachsenrecht berührt sich die Lex: Adel, Gemeinfreie, Unfreie kennt sie, aber nicht (wie Sachsen und Uferfranken) Liten. Im Erbrecht begegnen die ersten Spuren von Heergewäte und Gerade (Deutsche Geschichte I a, S. 265).[3])

---

1) Bei Gregor Tur. II, 9.   2) Brunner I, 351.   3) Werßebe, Beschreibung der Gaue zwischen Elbe, Saale u. f. w. 1829. — Vgl. Gaupp, Das alte Gesetz der Thüringer. Breslau 1834. — Zeuß, Die Teutschen und die Nachbarstämme. München 1837. S. 102. 104. 353. — J. Grimm, Geschichte der deutschen Sprache. II. Aufl. Leipzig 1853. I, 414. 421. 447. 539. — Böttger, Versuch einer Reconstruction der Gränzen der germanischen Völkerschaften der Urzeit. Stuttgart 1877. — Mehlis, Hermunduren und Thüringe, „Ausland" 1881. Nr. 28. 29. — H. Müller, Der L. Salica und der L. Angl. War. Alter und Heimat. 1840. — v. Richthofen, Zur Lex Saxonum. 1868. Beilage V. — Derselbe in dem Vorwort zu seiner Ausgabe der L. Sax. in den Monum. Germ. hist. Legg. V, 103. — v. Amira in v. Sybels histor. Zeitschr. Neue Folge IV, 310. — Schröder, Zur Kunde D. Volksrechte. Z. für Rechtsgesch. Neue Folge. VII, 19.

Drittes Capitel.

Die Burgunden. [1]

Schon ein Jahr nach der Einverleibung des Thüringenlandes erlag das Reich der Burgunden den wiederholten Angriffen der Merovingen (532 III, 85).

Die Vorgeschichte der Burgunden — vor ihrer Niederlassung in Gallien — ist im Wesentlichen bereits dargestellt worden. Wir erinnern, daß die Völkerschaft, der Sprache nach den Oberdeutschen zugehörig, aber den Gothen näher stehend denn andere Oberdeutsche, ursprünglich östlich von den Semnonen von der Oder bis zur Weichsel, also an Netze und Warthe lag. [2] Ihr Name geht zweifellos auf burgs, baurgs (vgl. griechisch πυργος) zurück: daß sie römischen Ursprungs (II, 370), ist eine lächerliche Fabel. Wie ihre gothischen Nachbarvölker setzen auch sie sich in Bewegung gen Süden, wir wissen freilich nicht, wann diese Wanderung begann: wahrscheinlich doch auch ungefähr um die gleiche Zeit, also kurz vor dem durch diesen Druck der „Nordvölker" herbeigeführten sogenannten „Markomannenkrieg", d. h. dem Ueberfluthen der Donausueben auf das rechte Ufer des Stromes zu Ende des 2. Jahrhunderts (II, 170). Dem entsprechend finden wir die Burgunden zu Anfang des 3. Jahrhunderts viel tiefer südlich als Nachbarn der Gepiden, welche unter König Fastiba (I, 568; ca. 230) von den Waldhöhen der Karpathen aus ihre Macht bedeutend ausbreiteten und auch den Burgunden eine schwere Niederlage beibrachten, mag auch des Jordanis [3] Angabe „fast bis zur Vernichtung" Uebertreibung enthalten. Immerhin scheint das Volk so geschwächt worden zu sein, daß es sich in diesen von Gepiden,

---

1) Zeuß, Die Deutschen und die Nachbarstämme. München 1837. S. 133. — J. Grimm, Geschichte der deutschen Sprache. 2 Aufl. I. Leipzig 1853. S. 474. 485. 465. 695. — Jahn, Die Geschichte der Burgundionen I. II. Halle 1874. — Binding, Das burgundisch-romanische Königreich I. Leipzig 1868; daselbst I, S. XVII sehr reiche Literaturangaben; zu beiden Werken Dahn, Bausteine V. und Literar. Centralbl. 1875. — Wackernagel, Sprache und Sprachdenkmäler der Burgunden, bei Binding. — Bluhme, Das westburgundische Reich und Recht, in: Jahrbuch des gemeinen deutschen Rechts I, 1. Leipzig 1857. Derselbe, Der burgundische Reichstag zu Ambérieux, ebenda V, 2 1861. Derselbe, Lex Burgundionum und Lex Romana Burgundionum, in Monumenta Germaniae historica Legg. III. Hannover 1863. — Derichsweiler, Geschichte der Burgunden. Münster 1863. 2) I, 22. Deutsche Geschichte Ia, 98. 3) Getica c. 17.

Vandalen und andern Gothen in Anspruch genommenen Ostlanden zu be=
haupten nicht mehr vermochte: sie bogen nach Westen aus: fest steht, daß sie
später am Main wohnen, als Ostnachbarn der Alamannen, und es ist ver=
muthlich anzunehmen,[1]) daß diese Wanderung nach Westen schon vollzogen
war, als Kaiser Probus (278) neben Franken auch Burgunden bekämpft:
wenigstens spricht vieles — so die Nachbarschaft (?) der Franken — dafür,
diese Gefechte nicht an die Donau, sondern in die Maingegenden zu verlegen.
Die nächste Erwähnung der Burgunden im Jahre 291 enthält auch wieder
recht erhebliche Schwierigkeiten: das Wahrscheinlichste ist, die Burgunden am
Main, durch einen Vorstoß gothischer Völker bedroht von Osten her, er=
wehren sich dieser Gefahr durch Bündniß mit ihren ebenfalls bedrohten West=
nachbarn, den Alamannen, mit welchen sie nachträglich in einen der häufigen
Kriege um Gränzland gerathen.[2]) Daß diese Deutung die richtige und an
Burgunden im fernen Osten nicht zu denken, also auch nicht „Alanen" statt
„Alamannen" zu setzen ist in dieser Stelle Mamertins, geht schon daraus
schlagend hervor, daß auch zwei Jahre früher derselbe Mamertin (289, Rede
vor Maximian) die Burgunden neben den Alamannen als in Gallien
eingebrochen nennt.   Von den Karpathen her konnten sie unmöglich mit
Alamannen in Gallien einbrechen: es gab also nicht „Ostburgunden" neben den
allein damals bezeugten (West=) Burgunden am Main.   Hier blieben sie nun
über ein Jahrhundert: im Westen (gegen Jagst und Kocher) von den Ala=
mannen begränzt, im Süden (gegen Donauwörth hin) von den Juthungen:
hier traf sie ca. 360 Julian.   Längst erholt von der alten Schwächung von
230 nennt sie Ammian (XXVIII, 5) kriegerisch, überströmend an Kraft un=
gezählter junger Mannschaft, daher allen Nachbarn furchtbar.   Sie gliedern
sich keineswegs den doch noch unvergleichlich volkreicheren Alamannen an, von
denen sie in Stamm, Götterdienst, Sprache beträchtlich abstehen mochten, viel=
mehr ringen sie häufig mit diesen übermächtigen Nachbarn um das Gränz=
land, zumal um den Besitz von Salzquellen — wie weiland Chatten und
Hermunduren[3]) —, welche, da die Burgunden ebenso am Obermain und
der Saale, wie gegen Jagst und Kocher hin wohnten, ebensowohl bei
Kissingen wie bei Schwäbisch Hall gesucht werden mögen.   Diese Kämpfe
beider Germanenstämme um die Grenze benützte Valentinian dazu, die
Burgunden zu einem Angriff auf die Alamannen zu bereden, der scheiterte
weil die versprochene römische Mitwirkung ausblieb.[4])   Wenn Orosius bei
diesem Anlaß von den Burgunden sagt: „ein neuer Name neuer Feinde", so
zeigt er nur seine Unwissenheit.   Durch die gewaltige Bewegung, welche 405/6
Vandalen, Alanen, Sueben über den Rhein führte, wurden wie die

---

1) Obzwar die Auslegung der verstümmelten Stelle des Zosimus I, 68 sehr erheb=
liche Schwierigkeiten macht, s. v. Wietersheim=Dahn I, 258. Urgeschichte II, 235.
Teutsche Geschichte Ia, 481.   2) II, 246. v. Wietersheim=Dahn I, 270 gegen
v. Wietersheims Annahme zugleich östlicher und westlicher Burgunden   3) II, 119.
4) II, 371.

Alamannen in das Elsaß, so auch die Burgunden aus ihren Sitzen am Obermain weit gen Südwesten getragen: Mainz wird nun ihr Hauptort: hier erhebt ihr König Gundahar (mit dem Alanen Goar) 412 Jovinus zum Imperator.[1]) Ein Jahr später 413 finden wir das Volk auch auf dem linken Rheinufer weiter ausgebreitet,[2]) jedoch in den folgenden Jahrzehnten von der Ausdehnung in das Innere Frankreichs durch Aëtius abgewehrt (II, 412, Niederlage von 435). In dieser Zeit ihrer Siedelung am Rhein wurden sie mit dem Christenthum vertraut und demselben, und zwar in dem katholischen Bekenntniß gewonnen — wenigstens zum Theil — wodurch — mochte auch der größere Theil des Volkes arianisch geworden sein — das Verhältniß zu den Romanen günstiger als in der Heidenzeit des Volkes gestaltet ward. Jedoch im Jahre 437/438 traf das Volk ein schwerer Schlag: Hunnen in römischem Dienst, oder gerade aus demselben scheidend, brachten, vielleicht nicht ohne Anstiftung des Aëtius, den Burgunden eine furchtbare Niederlage bei: deren König Gundahar fiel mit dem größten Theile seines Heervolkes.

Dies ist die geschichtliche Grundlage der letzten Gesänge der Nibelungensage. Bekanntlich ist dieser Sagenkreis aus Göttersage und (geschichtlicher) Heldensage zusammengewachsen: Sigfrid ist Baldur, Hagen Höður. Die Sage hat aber auch an den geschichtlichen Thatsachen erhebliche Umgestaltungen vorgenommen: sie hat zum Führer der Hunnen Attila gemacht, der erst 445 die Alleinherrschaft gewann, und den Untergang der Burgunden nach Hunnenland verlegt, während die Schlacht am Rhein geschlagen wurde.

Leider ist uns völlig in Dunkel gehüllt, in welchem Zusammenhang fünf Jahre später (443) die Uebersiedelung des größten Theils der Ueberbleibsel (reliquiae) des Volks nach Savoien erfolgte.

Von gewaltsamem erobernden Eindringen kann bei der bedeutenden Schwächung der Völkerschaft nicht die Rede sein: vielmehr ist anzunehmen, daß die Burgunden nach solchen Verlusten die lebhaft bestrittenen, gerade damals von Uferfranken, Chatten und Alamannen um die Wette begehrten Landschaften um Mainz und Worms zu behaupten nicht mehr vermochten und daher eine vertragsmäßige friedliche Uebersiedelung in andere römische Gebiete entweder — was wahrscheinlicher — selbst suchten oder, wenn von Rom angeboten, gern annahmen.

In aller Form Rechtens ward den Burgunden damals Savoien (Sabaudia, Sapaudia) zur Ansiedelung überwiesen, selbstverständlich unter Anerkennung der Oberhoheit Roms und höchst wahrscheinlich unter Verpflichtung zu Kriegsdienst, vor allem zur Vertheidigung des Landes gegen andere Barbaren: Alamannen, Franken, Alanen, Westgothen. In welcher Weise die Burgunden von Worms durch Franken oder Alamannen hindurch an den

---

1) **Frigeridus** bei Gregor. Tur. II, 9.   2) Anon. Prosperi, Aquitani. **Bonnell** I, 647.

Westabhang der Alpen gelangt sind, das erfahren wir nicht: vielleicht bedang und sicherte Rom ihnen den friedlichen Durchzug: denn daß das geschwächte Volk gegen den Willen der übermächtigen Franken oder Alamannen diesen Durchzug sich mit den Waffen ertrotzte, ist wenig wahrscheinlich. Und Franken wie Alamannen sahen die Gegend um Mainz und Worms gewiß gern geräumt.

Allmählig erstarkte in jenen schönen fruchtreichen Landschaften wieder die Zahl der Einwanderer, später sind aus den alten Sitzen Nachzügler gefolgt. Nun breiteten sich die Burgunden aus dem ursprünglich allein eingeräumten Savoien über das Rhonethal aus, sowie über das Gebiet am Fuß der Alpen, bis sie im Süden das Mittelmeer, im Osten die Vogesen, im Westen die Sevennen erreichten.

König Gundahar und seine Vorfahren Gislahar und Gundomar führten ihr Geschlecht auf Giebich zurück, was einer der Namen Odhin-Wotans ist: sie hießen die Giebichungen. Gundahars Untergang scheint dessen ganzer Mannsstamm getheilt zu haben — was ja auch die Sage berichtet —: die beiden Brüder Gundioch und Hilperik, welche Gaukönige nebeneinander in den neuen Sitzen die Eingewanderten beherrschen, sind nicht Giebichungen, wahrscheinlich von dem Volk nach dem Untergang dieses Geschlechts aus einer der edelsten Volksadels-Sippen gekoren: die angebliche Verwandtschaft mit dem Westgothenkönig Athanarich (I, 333) ist sehr zweifelhaft und höchstens für die Spindelseite anzunehmen.

Acht Jahre nach dieser Südwanderung ward die Hunnenschlacht zu Chalons geschlagen: die auf Seite Attila's kämpfenden Burgunden sind keinesfalles die savoischen, sondern wohl die Reste, die noch um Worms verblieben waren, und nun, wie die rechtsrheinischen Franken fortgerissen und gezwungen, dem Hunnen folgten: auf Seite seiner Gegner werden Burgunden nicht genannt, indeß ist es schwer denkbar, daß Aetius und die West-gothen den savoischen Burgunden sollten Nichtbetheiligung verstattet haben: so fochten denn wohl zu Chalons wie Gothen und Franken, so Burgunden auf beiden Seiten.

Die Schlacht ward für die savoischen Burgunden so denkwürdig, daß ihr Gesetz dasselbe als Abschluß, als Verjährungsgrenze von Streithändeln älteren Ursprungs aufstellte.

Im Jahre 453 drangen die Burgunden unter Verletzung des Bundes-vertrages in römisches Gebiet; ihr König Gundioch vermählte sich mit einer Schwester des Kaisermachers Rikimer: darin lag aber (wieder? oben) eine Verschwägerung mit einem westgothischen Königshaus, denn Rikimer war der Sohn einer Tochter König Walja's (I, 355). Dem entspricht es, daß die beiden Burgundenkönige Gundioch und Hilperik 457 mit den West-gothen für den von diesen erhobenen Kaiser Avitus die Sueben in Spanien bekämpften (I, 361). Nach der Absetzung des Avitus durch Rikimer kehrten die Verbündeten nach Gallien zurück und nun breiteten sich die Bur-gunden zu beiden Seiten des Rhone weiter aus: König Gundioch führte seine

Gauleute aus Savoien gen Norden, während Hilperik fortfuhr, zu Genf
Hof zu halten, wo er auf Verwendung des heiligen Lupicinus, Abt von
St. Claude († etwa 480) kleinen Gemeinfreien, welche einer der Großen zur
Aufgabe der Freiheit gedrängt hatte — also auch hier schon so früh die
gleiche Erscheinung wirthschaftlichen Druckes des Adels auf die Kleinbauern!
— die Freiheit wiedergab; die beiden Könige hatten (von Rikimer?) die
Würden eines patricius (Gundiok) und magister militum (Hilperik) erhalten. Da nach Gundioks Tod (nach dem 5. März 473) dessen Söhne das
ganze Reich, auch die Gaue Hilperiks, erben, war dieser vermuthlich schon vor
Gundiok erblos gestorben. Von jenen vier Söhnen: Gundobad, Godigisel, Hilperik und Godomar, wird der letztere nicht weiter erwähnt: aus
dem einmal (von Apollinaris Sidonius! I, 363) für den einen Bruder
Hilperik gebrauchten Ausdruck „tetrarcha" darf kaum gefolgert werden, daß
eine Viertheilung stattgefunden und auch Godomar eine Zeitlang als Gaukönig geherrscht habe: vielmehr sind nur Hilperik (zu Lyon), Godigisel (zu
Genf), Gundobad (zu Vienne) als gleichzeitige Gaukönige nachweisbar: das
Reich war also seit 457 abermals durch Ausbreitung über römische Gebiete
beträchtlich erweitert worden.

Noch vor seiner Thronbesteigung weilte Gundobad in Italien und ward
von Kaiser Olybrius nach dem Tode Rikimers — war er doch dessen Neffe
— zum Patricius erhoben (vor 23. October 472). Nach des Olybrius
Tod (23. October 472) ward unter Mitwirkung Gundobads Glycerius zu
Ravenna auf den Kaiserthron gesetzt. Wahrscheinlich im folgenden Jahre (473)
verließ Gundobad Italien, um nach des Vaters Tod sich in Burgund mit den
Brüdern zu theilen.

Glycerius aber verlieh den Namen eines magister militum, den Gundiok geführt, auch dessen Sohn und Theilfolger Hilperik und gewann ihn, in
dem Kampf gegen den Westgothenkönig Eurich um die Auvergne (Könige
V, 94; Urgeschichte I, 365) Hilfsscharen zu senden. Bei diesem Anlaß schrieb
Apollinaris Sidonius, der „erste Franzose" (Könige V, 96) die drolligen
Verse, welche das Entsetzen schildern des künstelnden, aber witzigen Romanen
über die siebenfüßigen Schutzherrn (patroni), welche die sechsfüßigen Verse
verscheuchen. Rom und seine Verbündeten erlagen in diesem Kampfe: die
Auvergne ward dem Gothen preisgegeben (475: im folgenden Jahr (476)
erlosch das Westreich. In diese Zeit fällt ein Einbruch Gundobads in
Italien: Sanct Epiphanius von Pavia bittet ihn später (494) um Freigebung der damals aus Ligurien fortgeführten Gefangnen. Damals gewannen übrigens die Burgunden ihren Ostnachbarn, den Alamannen, erhebliche Städte und deren Landgebiete ab, wie Langres (Bischof Aprunculus,
III, 62), Besançon, Mandeure und Windisch. Der Nachfolger Odovakars in Italien, Theoderich der Große, suchte wie die Königsgeschlechter
der Vandalen, Westgothen, Thüringe auch die Burgunden durch die
Bande der Verschwägerung näher an sich heran und unter seinen herrschen-

den Einfluß zu ziehen: er vermählte seine Tochter Ostrogotho Gundobads ältestem Sohne Sigismund (494).

Bei diesem Anlaß schickte Theoderich jene Gesandtschaft — Sanct Epiphanius von Pavia, Bischof Victorius von Turin (mit Ennodius) — an Gundobad, welche die Freilassung der gefangnen Italier erwirken sollte und erwirkte, theils ohne, theils mit Lösegeld. (Daß der König seinen Burgunden hätte befehlen können, die in ihr Eigenthum übergegangenen Unfreien sonder Entgelt frei zu geben, ist undenkbar.) Godigisel zu Genf folgte dem milden Vorgang Gundobads: — also hatte auch jener sich an dem Einfall in Ligurien betheiligt. Ungefähr gleichzeitig hatten die Burgundenkönige ihre katholische Nichte Hrothehildis, die Tochter des wohl kurz zuvor verstorbenen Hilperik II., dem heidnischen Meroving Chlodovech verlobt 492/493, mit dessen Schwester Theoderich sich vermählte (I, 244). Allein all diese Verschwägerungen und die Bemühungen des großen Friedensfürsten zu Ravenna, die andern Germanenkönige zu einem Bunde wider die merovingische Gefahr zu versammeln, blieben erfolglos.

Die Geschichte jener Verlobung und die gesammte an Hrothehildis geknüpfte Familiengeschichte hat sehr frühe die Sage, später dann auch die Kunstdichtung mit üppiger Umrankung geschmückt zugleich und verhüllt.[1] Schon Gregor von Tours, nur ein Jahrhundert jünger, erzählt, Gundobad habe Hilperik mit dem Schwerte getödtet, dessen Wittwe mit einem Stein um den Hals in das Wasser werfen lassen, die beiden Töchter verbannt, von denen die ältere, Saedeleuba Herona, in das Kloster getreten, die jüngere Hrothehildis mit Chlodovech vermählt worden sei, welche dann ihre Söhne zu später Rache wider Gundobad gespornt habe. Allein diese ganze Mordgeschichte ist wohl lediglich Sage: derselbe Gregor bringt über den Tod Amalaswinthens, der nur etwa vierzig Jahre, bevor er schrieb, sich ereignet hatte, ebenfalls eitel Fabelei: die Wittwe Hilperiks starb höchst wahrscheinlich erst im Jahre 506 und ist die in der Basilika des heiligen Michael zu Lyon bestattete katholische 50jährige Burgundenkönigin Caretene. Jedoch scheint Gundobad nach Hilperiks söhnelosem Tode einen größeren Theil von dessen Reich an sich gerissen zu haben, als ihm nach burgundischem Erbrecht gebührte, nämlich mehr als die Hälfte: Godigisel zu Genf wird von ihm erheblich in den Hintergrund gedrängt. Dieser verband sich gegen den mächtigeren Bruder mit Chlodovech, der im Jahre 496 das katholische Bekenntniß gewählt hatte (III, 53 f.).

In dem Volk und an den Höfen der Burgundenkönige bekämpften sich das ursprünglich fast allein herrschende arianische Bekenntniß und die sehr eifrige Belehrungsarbeit des Katholicismus: der Arianer Hilperik hatte seiner katholischen Gattin Caretene verstattet, die Kinder katholisch zu erziehen (ebenso

---

1) S. Dahn, Gundobad, in der Allgemeinen Teutschen Biographie X. Leipzig 1879. S. 131.

wie der Heide Chlodovech seiner Gemahlin); die katholischen Bischöfe, zumal der geistig hoch bedeutende Avitus von Vienne, den wir auch mit Chlodovech in wichtigem Briefwechsel fanden (III, 57), betrieben unablässig ihre Bemühungen, Gunbobad zu ihrem Glauben herüber zu ziehen. Dieser mochte wohl erkennen, daß er durch den Uebertritt der drohenden Statskunst des Merovingen die gefährlichste Waffe würde aus der Hand gewunden haben. Er schwankte: nach einer Versammluug der katholischen Bischöfe zu Lyon (August 499) berief er Vertreter beider Bekenntnisse zu einem großen Religionsgespräch in seinen Palast (2. und 3. September). Er erklärte den Ausgang für unentschieden, während sein Sohn Sigismund bereits völlig dem Katholicismus zuneigte.

Im nächsten Jahr (500) erfolgte der schon 499 angekündigte Angriff Chlodovechs, mit welchem Gobigisel sich verbündet hatte: Gunbobad erlag in der Schlacht bei Dijon dem weit übermächtigen Gegnern: er floh aus dem äußersten Norden in den äußersten Süden seines Reiches nach Avignon. Die Belagerung daselbst durch ein fränkisches Heer ist zwar nicht ganz undenkbar, aber doch sehr unwahrscheinlich und jedesfalles sagenhaft ausgeschmückt die vertragsmäßige Beendung derselben durch die Listen des klugen Rathgebers Gunbobads Aredius.

Chlodovech zog mit der fränkischen Hauptmacht nach Hause, wahrscheinlich in Erwartung der alsbaldigen Theilung des eroberten Gebietes mit Gobigisel. Aber blitzschnell griff nun Gunbobad den feindlichen Bruder zu Vienne an, eroberte die Stadt durch Hilfe des wegen der Nahrungsnoth mit der gesammten ärmeren Bevölkerung ausgetriebenen Baumeisters der Wasserleitung — ein Zug, der keineswegs nothwendig sagenhaft sein muß — tödtete Gobigisel sowie die auf Chlodovechs Seite getretenen römischen und burgundischen Großen und schickte eine zu Vienne mitgefangene fränkische Hilfeschar zu dem Westgothenkönig Alarich II., dem Schwager seines Sohnes Sigismund, nach Toulouse, vielleicht als Geiseln für friedliches Verhalten Chlodovechs. Nach solchen Erfolgen näherte sich nun der König gleichwohl der katholischen Partei: schwerlich doch ohne seine Zustimmung konnte es geschehen, daß seine beiden Söhne Sigismund und Godomar nun offen zum Katholicismus übertraten. Zugleich aber schloß sich Gunbobad nun statt an den großen Theoderich und die Westgothen an Chlodovech, mit welchem er zwischen 501 und 506 bei Auxerre, also auf burgundischem Gebiet, an der Mündung des kleinen Flusses La Cure in die Yonne eine Zusammenkunft hatte. Diese, wie der Erfolg bald lehren sollte, höchst thörige Statskunst des sonst vielfach als nicht unbedeutend bewährten Herrschers ist vielleicht dadurch einigermaßen zu erklären, daß der schwache Alarich II. (vgl. III, 62. I, 368), sein nächster natürlicher (— arianischer —) Verbündeter gegen den (katholischen) Franken, der Mahnung zu kräftigem Widerstand gegen diesen, welche in der Zusendung der fränkischen Gefangenen liegen sollte — man wird daran erinnert, wie weiland Armin das Haupt des Varus als Siegeszeichen und zugleich als stumme

Mahnung an Marobod gesendet! — nicht entsprochen hatte: vielmehr hat
Alarich II. sich Chlodovech zu nähern getrachtet: er „bat" den Merovingen
um eine Zusammenkunft, welche dann auch auf einer Aue der Loire bei
Amboise (heute Ile-de-St.-Jean) erfolgte, zwischen 500 und 506: viel=
leicht vor der Zwiesprache zwischen Chlodovech und Gundobad, die letzterer
nun etwa als Gegenschritt herbeiführte (freilich kann es sich auch gerade um=
gekehrt verhalten haben). Wie dem sei, Gundobad beging den schwer begreif=
lichen Fehler, sich bei dem Angriff Chlodovechs gegen die Westgothen auf
Seite des Merovingen zu stellen: noch viel mehr als der gemeinsame Aria=
nismus mußte die Erkenntniß der allen kleineren Nachbarreichen von den
Franken drohenden Gefahr, welche der große Theoderich zu allem Ueberfluß
denselben recht klar gemacht hatte, an dessen Friedensbündniß auch den Bur=
gundenkönig reißen.

Statt dessen zog das Burgundenheer unter den beiden katholischen Königs=
söhnen (507, nach Pfingsten?) gegen Alarich: während Chlodovech von Norden
her über die Loire drang, fielen sie von Osten her, durch die Auvergne auf
Limoges ziehend, den Gothen in die rechte Flanke und nahmen (damals?)
die Burg Idunum. Ob Gundobad mitzog und ob das burgundische Heer
den Sieg Chlodovechs bei Voulon „auf den voclabischen Feldern" am
Clain mit erfechten half, steht nicht zu sagen. Im folgenden Jahre (508)
zog Gundobad auf Narbonne, belagerte und eroberte die Stadt und ver=
trieb Gesalich, den Bastard des bei Voulon gefallenen Alarich II, der von
einer Partei zum König erhoben worden war. Darauf belagerten Burgunden
und Franken gemeinschaftlich Arles: jedoch vergeblich: die feste Stadt wider=
stand länger als ein Jahr (von Juli 508 bis Ende 509 oder Anfang 510):
bis endlich die spät eintreffende Hilfe der Ostgothen sie befreite: Theoderichs
Waffen waren 507 in Italien fest gehalten worden durch einen Angriff der
byzantinischen Flotte, welcher gewiß so gleichzeitig nicht ohne Einvernehmen
mit Franken und Burgunden erfolgt war. Erst zur Sommersonnenwende
508 brach der ostgothische Heerbann auf: Herzog Ibba, Theoderichs tapferer
Feldherr, schlug die verbündeten Belagerer von Arles vor dieser Stadt ent=
scheidend aufs Haupt, und entriß den Burgunden nicht nur alle ihre neueren
Eroberungen, zumal Narbonne, auch altburgundischer Besitz, namentlich das
wichtige Avignon, ging an die Ostgothen verloren: das Bündniß mit den
Franken war Gundobad recht übel gediehen: man hat dessen statsmännische
Begabung doch gewaltig überschätzt: überhaupt ist es allzu geist= und phan=
tasiereich, auf Grund der paar Worte, welche die Quellen über Hilperik,
Godigisel, Gundobad gewähren, gleich ein Bild des „Charakters" oder der
„Persönlichkeit" dieser — Namen zu entwerfen. Aus den letzten sechs Regie=
rungsjahren Gundobads (er starb 516, vor dem 8. März) ist Erhebliches
nicht überliefert (über seine Gesetzgebung s. unten). Daß er insgeheim zum
Katholicismus übergetreten sei, ist eine wenig glaubhafte Nachricht Gregors
von Tours; that er diesen Schritt, so ließ er sich die Vortheile der Veröffent=

lichung schwerlich entgehen. Gemäß dem Wunsche Gundobads ward nach dessen
Tod Sigismund unter Ausschluß Godomars zum Einkönig von Burgund
erhoben (auf der königlichen Villa Quatruvium bei Genf). Daß jener
schon bei Lebzeiten des Vaters rex genannt wird, beweist bei der Sprachsitte
der Zeit durchaus nicht, daß er schon vor 516 Mit- oder Theilkönig gewesen.
Der eifrig katholische Herrscher berief gleich im nächsten Jahr (517) eine
Versammlung seiner Bischöfe nach Penne (Epaonense concilium), auf
welchem unter dem Einfluß des Avitus von Vienne ein starkes Selbstgefühl
des Katholicismus gegenüber dem Arianismus hervortritt: und als einer der
höchsten Hof- und Reichsbeamten, der Oberverwalter des königlichen Fiscus,
Stephanus, gegen einen Beschluß jener Kirchenversammlung die Schwester
seiner verstorbenen Frau heirathet, verhängen die Bischöfe in zwei neuen
Versammlungen (519) über ihn die Ausschließung aus der Kirche: der König
fügt sich, nachdem er heftig erkrankt und durch Ueberspreitung des Mantels
des Bischofs Apollinaris von Valence geheilt ist: die Königin hatte den
Mantel erbeten. Dem entsprechend nennt der König Pabst Symmachus
den Oberherrn der gesammten Kirche und dem entsprechend schreibt er den
Kaisern zu Byzanz, Anastasius und Justinus, gar demüthige Briefe, so daß
Theoderich der Große, der an dem Glaubenswechsel seines Eidams und dessen
Abhängigkeit von den katholischen Bischöfen schwerlich große Freude erlebte,
diesen Verkehr zwischen dem Burgundenkönig und dem Kaiser durch Fest=
haltung burgundischer Gesandter hemmte, worüber Sigismund sich bitter in
Byzanz beklagte. Freilich Theoderichs Tochter Ostrogotho war gestorben und
der Wittwer hatte eine katholische Burgundin zu ihrer Nachfolgerin erhoben,
mit welcher sich der Stiefsohn Sigerich, der Sohn Ostrogotho's, schlecht ver=
trug: er grollte, sie mit dem Schmucke seiner Mutter, „ihrer Herrin weiland",
geziert zu sehen. Nach dem stark sagenhaft gefärbten Bericht verleumdet ihn
die Stiefmutter bei dem König, er trachte diesem nach Thron und Leben, und
läßt der Vater den Sohn, nachdem er ihm gerathen, einen Rausch nach Mittag
zu verschlafen, im Schlummer durch zwei Knechte erdrosseln (522). Reuig zog
sich alsbald der König in das von ihm gestiftete Kloster Agaunum zurück
und stiftete hier einen ständigen Chor von Psalmensängen (III, 644) unter
dem Lobe des Avitus. Aber nun vollendeten sich doch rasch die Geschicke des
Mörders. Im Jahre 523 griffen die Söhne Chrothehildens Burgund an
(III, 74): Sigismund und sein Bruder Godomar wurden geschlagen, Godo=
mar entkam, Sigismund, der nach Agaunum floh, ward von Burgunden
selbst dem Merovingen Chlodomer ausgeliefert, der schon vorher Frau und
Kinder desselben gefangen hatte. Jedoch nach dem Abzug der Franken tauchte
— ähnlich wie 500 Gundobad — Godomar plötzlich wieder auf und über=
nahm die Vertheidigung des Reiches. Da ließ Chlodomer seine Gefangnen
— Sigismund, dessen Gattin und beide Söhne, Gistlahad und Gun=
dobad — zu Velsa, oder zu Columna (Coulmiers oder Coloumelle)
bei Orleans in einen Ziehbrunnen werfen, obwohl er mit ihnen verschwägert

war; sein Halbbruder Theuberich hatte eine Tochter Sigismunds, Suabe:
gotho, zur Gemahlin (III, 72). Nun ward Godomar auch dem Namen
nach König der Burgunden: gegen ihn zogen Chlodomer und Theuderich
(524) zu Feld: aber Chlodomer fiel in der Schlacht bei Bisorontia
(Bes6ronce im Gebiet von Bienne) und die entmuthigten Franken wurden
geschlagen: — Gregors Bericht von einem fränkischen Sieg ist völlig
unglaubhaft.

Bielleicht versprach Theuberich, fortab Friede zu halten: wenigstens be:
theiligte er sich nicht an dem abermaligen — nun dem britten in 30 Jahren —
merovingischen Angriff auf das Burgundenreich von 532. Godomar hielt noch
im Jahre 524, — ungewiß, ob vor oder nach seinem Sieg, — einen Reichstag
zu Ambaracum (Amberieng)[1], auf welchem die durch den Krieg zerrütteten
Verhältnisse des Reiches geordnet wurden. Zumal die Ansiedlung von Ein:
wanderern beschäftigte den König: so von Gothen, aber auch von Burgunden,
welche aus burgundischen 508 oder 523 ostgothisch gewordenen Landestheilen
in das burgundisch gebliebene Gebiet einwandern, ferner aus der Verschollen:
heit zurückkehrende, für tobt erachtete Heerleute, endlich Unfreie, welche in
das Ausland verkauft, aber in das Reich zurück geflüchtet waren. Die neuen
Ansiedlungen in dem durch die Kriege entvölkerten Lande geschehen theils durch
hospitalitas d. h. Landtheilung mit römischen Grundeignern, theils durch
Landleihe des Königs. Auf die Fürsorge des Königs, solcher Entvölkerung
zu steuern, die im Kriege fortgeschleppten Gefangenen dem Lande zurück zu
gewinnen, bezieht sich offenbar auch eine zu Saint Offange am Genfer
See zwischen Erian und Tour Ronde gefundene Inschrift: der König kaufte
Angehörige der keltischen Völkerschaft der Brandobrigi,[2] welche die Franken
523 gefangen fortgeführt, aus der Knechtschaft los. Auch die Verhältnisse
zwischen Arianern und Katholiken wurden auf dem Reichstag berührt. Gegen:
über der nur verschobenen fränkischen Gefahr suchte sich Godomar verständiger:
maßen auf die Ostgothen zu stützen, welche Gundobad und Sigismund so
schwer und so thörig gereizt hatten: im Jahre 523 hatte Theoderich — ohne
Kampf — durch seinen tüchtigen Feldherrn Tulum ein erhebliches Gebiet
des Burgundenreiches westlich der Durance besetzt: entweder indem er zur
Rächung seines Enkels Sigrich gegen Sigismund einschritt oder indem Godomar
nach Sigmunds Tod die ostgothische Bedrohung durch solche Landabtretung
beschwichtete. Jetzt nach dem Tode Theoderichs (526) gab dessen Enkel
Athalarich oder vielmehr die Regentin Amalasvintha einen Teil des
damals besetzten Gebietes im Wege des Vertrages an Godomar zurück gegen
das Versprechen „ergebener Dienstwilligkeit". Allein das schwache Burgunden:
reich war auf die Dauer nicht zu halten gegen die damals gerade am ge:

---

1) Den Binding jedoch von Gundobad 501 abgehalten werden läßt. 2 = den
Aulerci Brannovices III, S. 36 ? ? Der Brannovices Sitze waren „zwischen Saône
und Loire im Briennois, Diöcese Maçon, im Gränzstrich gegen die fränkische
Auvergne hin".

waltigten um sich greifende Frankenmacht: im Jahre 532 fielen Chlothachar I. und Childibert I. den südöstlichen Nachbarstat an — Theuderich I. weigerte die Mitwirkung — sie belagerten Autun (Augustodunum): Godomar, vermuthlich zum Entsatz herbeigeeilt, ward in der Nähe dieser Stadt geschlagen: er entkam, aber sein Name wird nicht mehr genannt: er ist seither verschollen und die Frankenkönige theilten sich in das Land.[1]

Die Schicksale Burgunds unter den Merovingen, Arnulfingen und Karolingen bis 814 wurden bereits dargestellt: das Land bildete ein Theilreich, bald ward es allein, bald mit Neustrien zusammen von einem König beherrscht oder von einem Hausmeier.

Bei der Reichstheilung von 561 fiel es an Guntchramn (III, 126), nach dessen Tod (593) gemäß dem Vertrag von Andelot an Childibert II., bei dessen Tod (596) an Theuderich II.; als dieser stirbt und ein Sohn Sigibert II. vernichtet ist (613), beherrscht Chlothachar II. Burgund durch einen besonderen Hausmeier, Warnachar, aber nach dessen Tod (626) wird auf Wunsch der burgundischen Großen kein besonderer Major domus für Burgund bestellt: Burgund wird dann meist mit Neustrien zusammen von Einem König (so von Dagobert I. 628—638) und Einem Hausmeier beherrscht. Der Gegensatz des stark romanisirten Landes zu dem germanischen Austrasien tritt immer schärfer hervor. Es folgte 638 auf Dagobert I. in Neustrien und Burgund Chlodovech II. 638—656 (Major domus Aega für beide Länder 638—640, 641—642 ein besonderer Major domus Flaochat, 656 Erchinoald Hausmeier in allen drei Reichen). Nach Chlodovechs Tod beherrscht dessen Knäblein Chlothachar III. (636—660) alle drei Reiche unter Regentschaft Balthildens und Ebroins als Nachfolger Erchinoalds. Als 660 Childerich II. zum König von Austrasien erhoben wird (Hausmeier Wulfoald), walteten in Burgund allein Balthild (bis 664) und Ebroin bis 670. Bei Childerichs II. Tod (670) erhob Ebroin dessen Bruder Theuderich III., ward aber (670) sammt diesem durch Bischof Leobegar ins Kloster gesteckt: Childerich II. von Austrasien hieß nun König in allen drei Theilreichen. Leobegar beherrschte Neustrien und Burgund, Wulfoald Austrasien, bis 673 Childerich III. ermordet, Wulfoald vertrieben wird. Nun wird Theuderich III., aus dem Kloster geholt, König von Neustrien und Burgund, sein Major domus Leudesius, neben dem waltet, ebenfalls aus dem Kloster befreit, Leobegar. Aber auch Ebroin ist dem Kloster entronnen, vertreibt 674 Leudesius, nöthigt Theuderich III., ihn als Major domus anzuerkennen, und zwingt (678) die Austrasier ebenfalls Theuderich als König, sich selbst ihnen als Major domus auf. Nach Ebroins Ermordung vereinen Waratto, Gislemar, Berthar Neustrien und Burgund unter Einem Major domus, bis Pippin der Mittlere 688 alle drei Reiche als Hausmeier beherrscht.

---

1) Vgl. Dahn, Godomar, Allgemeine Deutsche Biographie IX. Leipzig 1879. S. 321.

Chlodovech III. (691—695), Childibert III. (695—711), Dagobert III. (711—715) sind Könige des ganzen Frankenreiches. Aber nachdem schon Grimoald Major domus nur für Neuster und Burgund gewesen (695—714), erheben beide Reiche mit Gewalt einen besonderen Major domus in Ragin= fred (715), und einen besonderen König Chilperich II., während Karl der Hammer Chlothachar IV. (717—719) zum König von Austrasien macht, erst nach dessen Tod (719) erkennt Karl Chilperich als König des Gesammtreichs an, worin dann 720 Theuderich IV. (720—737) folgt. Nach dessen Tod regiert Karl bis zu seinem Tod ohne König alle drei Reiche, nicht ohne burgundischen Widerstand. Die Reichstheilung von 741 gab Burgund an Pippin, Childerich III. ward 743 als König über das ganze Reich bestellt. Bei der Reichstheilung von 768 erhielt Karlmann Burgund, bei der von 806 war es Ludwig und Karl je zur Hälfte zugedacht.

— — —

Die innere, zumal auch die Verfassungsgeschichte der Burgunden hat von der savoischen Zeit auszugehen: das äußerst Dürftige, was uns hiervon aus der früheren Zeit berichtet wird, ist dem Königthum anzufügen. Während bei den Franken nie eine Landtheilung mit den Römern stattfand, oben S. 5, ist eine solche für die Burgunden nicht nur bei der ersten Niederlassung (456) in Savoien, auch später noch unter Gunbobad (ca. 473) bezeugt. In der Zwischenzeit und wohl auch noch nach 473 fanden gar viele Burgunden eine Heimstätte auf Königsland, das ehemals dem kaiserlichen Fiscus gehört hatte oder (nach den Kriegen, oben S. 107, 110, 111) als veröbetes herren= loses Land an die Krone gefallen oder wegen infidelitas der Eigner eingezogen worden war. Jedes Haupt einer burgundischen fara (= Sippe), jeder fara= mannus ward als „hospes" einem römischen „possessor" (I, 59, 289, 443) zugetheilt: auf Grund dieser auf römischer Seite recht unfreiwilligen „hospi= talitas" (— ein Vorkaufsrecht ward dem Römer gewährt, falls der Burgunde später seine sors wieder veräußern wollte —) erhielt der Burgunde von Haus und Garten $\frac{1}{2}$, vom Ackerland $\frac{2}{3}$, von den zugehörigen Unfreien $\frac{1}{3}$; Wald und Weide wurden entweder zur Hälfte getheilt oder ungetheilt zur Hälfte in Nutzung genommen. Groß war die Zahl der schon vom König mit Land und Zubehörde versehenen Burgunden: denn besonders bestimmt das Gesetz, daß solche an Acker und Knechten nichts mehr zu fordern haben; erst später vom Rhein her nachgewanderte Burgunden erhielten nur $\frac{1}{2}$ des Ackerlandes ohne Unfreie, Frei= gelassene $\frac{1}{3}$ des Maßes der Freigebornen. Was das Volk anlangt, so finden wir auch hier wie bei Westgothen (I, 452) Römer und Germanen gleichermaßen gegliedert in die drei Stände der Reichsten (majores, potentiores), Mittel= reichen (mediani, mediocres) und Armen (viles — pauperes). An Stelle des kaum noch wahrnehmbaren Volksadels tritt der auf Königslandschenkung und Königsamt, vor Allem aber eben auf Reichthum beruhende Dienstadel. Zu diesem gehören selbstverständlich die Richter (judices) und Grafen (comites), welche (übrigens aus beiden Völkern) vom König ernannt wurden.

Der König hat den Heer= und Gerichtsbann, die Verwaltungs= und Finanz= und Kirchenhoheit (über beide Kirchen): Gesetze erläßt er unter Zustimmung der optimates auf dem Reichstag. In seinem palatium begegnen — außer den comites — ein Major domus, cancellarius, consiliarius, domestici. Entstanden ist das Königthum über die ganze Völkerschaft der Burgunden höchst wahrscheinlich — „beweisen" läßt es sich nicht — wie das

Burgundische Münzen. Originalgröße.

1. Nachahmung eines Gold-Solidus von Leo I. (457—474), in Ravenna geprägt. 2. Nachahmung einer Silbermünze von Theodosius I. (379—395), in Trier geprägt. 3. Nachahmung einer Silbermünze von Valentinian II. (375—392), in Trier geprägt. 4. Nachahmung eines Gold-Solidus von Anastasius I. (491—518) mit dem Monogramm Sigismunds (516—523). 5. Kleine Silbermünze von Gundobad. 6. Nachahmung eines Gold-Solidus von Anastasius I. (491—518) mit dem Monogramm von Gundobad (500—516). (Berlin, kgl. Münz-Cabinet.) 7. Nachahmung eines Gold-Triens von Justin I. (518—527) mit dem Monogramm von Sigismund (516—523). 8. Anastasius (kgl. Münz-Cabinet in Berlin.)

der andern Germanen aus dem Gaukönigthum: sehr früh, nachdem der Name der Burgunden auftaucht, werden auch Könige der Burgunden genannt. Die merkwürdige Angabe bei Ammian wurde bereits (II, S. 371) erörtert: sie zeigt gerade, daß nicht der Oberpriester (sinistos), sondern der König (hendin) das wichtigste, das statsrechtlich einzige Haupt des Volkes war: deßhalb war Er, nicht der Oberpriester, verantwortlich und absetzbar.[1]

---

1) Ueber die Namen s. Wackernagel a. a. O. S. Grimm a. a. O.

8*

Daß wir auch später im südgallischen Reich mehrere Könige nebeneinander zu Lyon, Genf, Vienne antreffen, ist zwar zunächst gewiß wohl Folge der privatrechtlichen Auffassung der Thronfolge, wonach das Reich wie ein erb= rechtlicher Nachlaß unter die gleich nahen Erben getheilt wird. Aber sicher wirkte doch hiebei noch die uralte Gliederung des Volks in Gaue und die Erinnerung an eine Mehrheit von Gaukönigen neben einander: denn bei den Merovingen finden wir solche verbrüderte und vervetterte Gaukönige neben= einander lange bevor ein einheitliches Reich der Franken und eine auf jener erbrechtlichen Vorstellung beruhende Erbtheilung des Reiches bestand: die Gliederung der Mittelgruppe in Völkerschaften, der Völkerschaft in Gaue ist dort viel älter als das Königthum über die ganze Mittelgruppe und die später neu erfolgende Theilung unter Erben des Ein=Königs.

Die Romanisirung des Volkes vollzog sich rasch und früh, selbstverständ= lich mehr in den südlichen als in den nördlichen Landschaften des kleinen Reiches: die Gründe waren das vertragsmäßige, nicht erobernde Eintreten dieser Germanen in die neuen Sitze, deren geringe Zahl im Vergleich mit den Römern, die alte und tiefgedrungene römische Cultur in diesem Land, die Ausschließung jedes burgundischen Nachschubs, während zu dem Franken= reich Austrasien von Anfang gehörten und stets leicht Zutritt fanden.

Die Gesetzgebung bei den Burgunden ist der klarste Ausdruck dieser starken, auch von der Krone begünstigten Romanisirung: sie geht zum größten Theil zurück auf Gundobad (474—516). Nach dem Vorwort der Lex Burgundionum[1]) hat Gundobad dieselbe aus den Gesetzen seiner Vor= fahren und seinen eignen zusammenstellen lassen (zwischen 481 und ca. 495): sie hieß daher noch ganz spät Lex Gundobada, loi Gambette, die Burgunden hießen Gundbadingi. Sonder Erfolg verlangte unter Ludwig dem Frommen Bischof Agobard von Lyon die Aufhebung der von dem Ketzer Gundobad herrührenden lex, welche gemäß dem Grundsatz der persönlichen Rechte auch nach der Einverleibung des Burgundenreichs für die Burgunden fortgegolten hatte und noch im 11. Jahrhundert für sie galt. Strenge Rechts= pflege wird eingeschärft, 31 burgundische Grafen haben durch Unterschrift oder Handzeichen ihre Zustimmung erklärt: 31 Grafschaften zählte nun aber das schmale Königreich sicher nicht: es sind wohl die Namen späterer Amts= Nachfolger nachgetragen worden. Denn die ursprüngliche Sammlung ist uns nicht erhalten, nur eine durch jüngere Gesetze Gundobads selbst und seiner Nachfolger Sigismund und Godomar vielfach veränderte und vermehrte.

Die neueren Gesetze wurden in den Abschriften des Gesetzbuchs an Stelle der alten, aufgehobenen eingerückt. Aber eine nochmalige Gesammt= Veröffentlichung der alten Aufzeichnung hat man ohne Grund Gundobad und Sigismund zugeschrieben. Das Gesetz will nicht nur auf rein burgundische.

---

1) Vgl. außer den oben Genannten jetzt besonders Brunner I, 332 und die da= selbst angeführten Sonderabhandlungen.

auch auf gemischte Fälle Anwendung finden, ja, während im Allgemeinen nach dem Grundsatz der persönlichen Rechte (I, 198) die Römer im burgundischen Reich nach römischem Recht lebten (s. unten Lex Romana Burgundionum), wurden doch einige Vorschriften in die Sammlung aufgenommen, welche auch in rein römischen Fällen gelten sollten, also — wie die Edicte der Ostgothen= könige (I, 295) und seit ca. 642 das Westgothenrecht (I, 449) — den Land= rechtsgrundsatz an Stelle des der persönlichen Rechte setzten und burgundisches Reichsrecht enthielten. Die Romanisirung des Rechts ist sehr stark: und doch waren noch nicht zwei Menschenalter hingegangen seit der Einwanderung in Savoien: oft ist das römische Recht einfach abgeschrieben nicht nur im Privatrecht — z. B. Zulassung von Testamenten, Klagen, Verjährung — und in Formfragen (römische Testamentsform, das ganze Urkundenwesen), sogar der römische Strafproceß, — das „Inscriptionsverfahren" — was doch schroff gegen germanische Grundanschauungen verstieß. Mit Recht hat man bemerkt,[1]) wie viel weniger romanisirt das Recht der doch weit südlicher ge= wanderten Langobarden noch um anderthalb Jahrhunderte später in dem Mutterland des römischen Rechts uns entgegentritt. Daher denn auch die Auslegungsschriften zu römischen Quellen, welche im 5. Jahrhundert zahlreich entstanden, verwerthet sind, ebenso übrigens wohl auch westgothische Gesetze König Eurichs (vgl. I, 365).

Die Mischung beider Völker und die reichliche Aufnahme römischen Rechts in das Burgundenrecht zeigt sich fast überall: die Ortsgemeinden sind aus Römern und Burgunden zusammengesetzt, — Folge der hospitalitas — die Gemeindelasten beschweren beide gleichmäßig: auch dem Römer wird ein Wergeld beigelegt, auf das allein bei fahrlässiger Tödtung geklagt werden kann (anders bei Mord und Todtschlag); das römische Totalrecht wird auch auf burgundische Wittwen angewendet, Schenkungen und Testamente macht der Burgunde (auch) nach römischem Recht. Nur selten begegnet eine Spur des Gefühls der Ueberlegenheit der Germanen: doch gehört dahin, daß der Römer die Forderung gegen einen Römer nicht einem Burgunden abtreten darf, weil dadurch wohl die Lage des Schuldners als verschlechtert galt (römisches Verbot der cessio in potentiorem) und die auffallende Bestimmung, daß der Unfreie burgundischer Abkunft höher geachtet wird als der römische Servus, der doch gewiß oft brauchbarer war in allen Arbeiten von Kunst und Handwerk.

Aus den gleichen Gründen, aus welchen für die Römer im westgothischen Reich eine Zusammenstellung wichtiger römischer Rechtsquellen wünschenswerth geworden war (I, 367, 481), erfolgte eine solche auch für die Römer im Burgundenreich. Gundobad versprach bei Veröffentlichung seines Burgunden= rechts den Römern eine solche: diese Lex Romana Burgundionum[2]) bildete Gundobad in der Folgereihe der behandelten Gegenstände dem Burgundengesetz

---

1) Brunner I, 339.   2) Ebenda S. 354; Ginoulhiac, revue historique de droit français et étranger II. Paris 1856. S. 540 f.

nach: „man suchte zu dem Inhalt der Lex Gundobada passende ähnliche Stellen aus römischen Rechtsquellen, die in jener für Burgunden (und für gemischte Fälle) entschiedenen Rechtsfälle sollten hier für rein römische Fälle entschieden werden, indem man jener einen Auszug aus den römischen Rechtsquellen zur Seite stellte", abgesehen von Bestimmungen des Burgundenrechts, welche auch für die Römer gelten sollten (oben S. 117) oder welchen entsprechende römische Sätze fehlten. Da ja das römische Recht für die Römer ohnehin galt und die „Lex Romana" im Wesentlichen nur das alte Recht aussprechen, nicht ändern will, hat sie mehr von der Art einer Rechtsweisung, als eines Gesetzesbefehls. Wesentlich nun ist die Gewährung eines Wergeldes auch für Römer: der Todtschläger, der, weil er die Zuflucht einer Kirche gewonnen, nicht nach römischem Inscriptionsverfahren mit dem Tode bestraft werden kann, wird (mit der Hälfte) seines Vermögens den Erben des Getödteten verknechtet.

Die Lex Romana wurde noch von Gundobad selbst erlassen, nach der Gundobada, aber vor der Lex Romana Wisigothorum von 506, weil diese sonst doch wohl von Gundobad wäre benützt worden. Doch wurden beide Leges Romanae vielfach in derselben Handschrift hintereinander abgeschrieben: sehr begreiflich, da es derselbe Leserkreis war, für welchen die Sammlung von römischem Recht für die zwei südgallischen Reiche von Wichtigkeit war. Der Umstand, daß die Lex Romana Wisigothorum mit einer Stelle von dem römischen Juristen Papinianus schließt „incipit Papian liber I" (abgekürzt aus Papinianus), verleitete Abschreiber zu dem Irrthum, die nun folgende Lex Romana Burgundionum heiße „Papianus", ein Verstoß, nach welchem letztere vom 9. bis ins 19. Jahrhundert den sinnlosen Nebennamen „Papianus" erhielt und behielt.

Was die Sprache der Burgunden betrifft, hat man[1]) mit Fug bemerkt, daß die Feststellung des rein und richtig Burgundischen erheblich erschwert wird durch die frühen und starken Einflüsse des Gothischen — schon an der Oder, nicht erst an dem Rhone hatten ja Burgunden mit Gothen verschiedner Völkerschaften gegränzt! —, des Fränkischen und selbstverständlich des Bulgär-Latein der Römer, sowie durch die Sprach- und Schreibfehler der des Burgundischen gar nicht oder ungenügend kundigen römischen Abschreiber des Gesetzbuchs und der übrigen spärlichen Handschriften, welche burgundische Wörter — meist nur Eigennamen — enthalten. So wurden gewiß viele Wörter entstellt, romanisirt. Aber Namen wie Silvanus und Aredius aus dem Burgundischen erklären, darf man deßhalb doch nicht![2]) Begegnet doch schon im 4. Jahrhundert ein zweifelloser Franke mit Namen Silvanus, und römische Namen von Burgunden sind gewiß sehr häufig gewesen: auch Doppel= namen kommen vor, z. B. heißt 543 eine Burgunderin Remila zugleich Eugenia.

---

1) Wadernagel a. a. O. S. 332.   2) Wie Wadernagel a. a. O.

Das Burgundische steht zwar in den Mitlautern auf derselben Stufe der Lautverschiebung wie das Gothische, das will aber nur sagen: beide stehen auf der des Altgermanischen: die Lautverschiebung, welche das Althochdeutsche vom Altniederdeutschen trennte, hat ja erst ein Jahrhundert nach Aufzeichnung des Gesetzbuchs — unserer Hauptquelle für die Sprache — stattgefunden. Deßhalb darf also noch nicht das Burgundische allzu nah an das Gothische gerückt werden: behielt doch das Volk noch ein eigenartiges Runenalphabet, lange nachdem bei den Gothen das des Wulfila herrschend geworden. Zahlreich sind die Abweichungen des Burgundischen von dem Gothischen und Altgermanischen und die Uebereinstimmungen mit dem (späteren) Hoch- oder Oberdeutschen: zumal beginnt bereits die Lautverschiebung: wenigstens in den hauchenden Zahnlauten: an Stelle von th tritt schon d.

Viertes Capitel.

Die Baiern.[1]

Die Herkunft dieses starken deutschen Stammes von Markomannen und Quaden[2] und die Wanderung aus Böhmen und Mähren um die Wende des 5. und 6. Jahrhunderts in das später nach ihnen, den Baju=varen, d. h. Männern aus Baja, Baju=hemum, benannte Land Baju=Baria wurde bereits erörtert; ebenso die seltsame Laune der Geschichte, daß das Land Böhmen, nach den keltischen Boiern benannt, diesen Namen nun fast zwei Jahrtausende behalten hat, seitdem die Boier daraus verschwunden und ger= manische Markomannen, dann wieder Bajuvaren und Thüringe, zuletzt slavische Czechen darin wohnen, und die weitere Seltsamkeit, daß diese kelti= ischen Boier dem durchaus germanischen Lande Baiern ihren Namen bis heute aufgedrückt haben — durch Vermittlung der Markomannen=Bajuvaren, ohne daß doch je Boier in Baiern gewohnt hatten.

Genannt wird der Name der Markomannen und Quaden in den alten Sitzen zuletzt 451, unter den Völkern, welche Attila zwang ihm bei seinem Zug nach Gallien Heerfolge zu leisten. Gewiß fehlten Markomannen und Quaden nicht unter jenen „Sueben", welche in der Befreiungsschlacht am Netab in Pannonien 454 das Joch der Söhne Attila's abwarfen. Sie

---

[1] Gegen die geschichtlich und sprachlich gleich unmögliche Ableitung der Baiern (Beib — Männer!) von den „beiden" Gefolgschaften Marobods und Katwaldas bei Quitzmann in dessen verschiedenen Schriften (leider auch von dem vielfach so vortrefflichen Buch über die Quaden von Kirchmeyer [Brünn 1888] aufgenommen), s. Dahn, Bausteine I, 316. 1879. [2] Leider hält Waitz II², 19 daran fest, daß die Baiern auch gothische Reste in sich aufgenommen hätten (so schon Mannert), was die Geschichte keineswegs verlangt — es kämen nur etwa dünne Splitter der Rugier, Skiren, Heruler in Frage — und die Mundart auf das Schärfste aus= schließt: auch gothische Sage ist nicht ursprünglich bairisch, nur nach Theoderich dem Großen vermöge der Nachbarschaft von Südtirol her in Baiern eingedrungen. Für die Herkunft von den Markomannen (und Quaden, füge ich bei) Zeuß, Die Herkunft der Baiern von den Markomannen. Wittmann, Die Herkunft der Baiern von den Markomannen. J. Grimm, Gesch. d. D. Spr. I, 504. Riezler, Bair. Gesch. I, 16 (neben Stälins wirtemberg. Gesch. ohne Frage die vortrefflichste Geschichte, deren sich ein deutscher Stamm erfreut, vgl. Dahn, Bausteine I, Liter. Centralblatt). Bach= mann, Wiener Akad. XCI, 828 f. Vgl. Paul von Roth, zur Geschichte des baierischen Volksrechts. Riezler, Ueber die Entstehungszeit der Lex Bajuvariorum. Forsch. z. D. Gesch. XVI, 409. Brunner I, 313. Schröder I, 234.

ſnd aber auch wohl jene „Sueben", welche ſpäter 467—472 von den Oſt=
gothen, den Amalern Theodemer und Widemer (I, 232), geſchlagen
und wahrſcheinlich ſeit jener Zeit weiter nach Weſten gedrängt werden oder
ausweichen: ſie ſind wohl auch jene Barbaren, welche gleichzeitig in den Tagen
Sankt Severins († 482) Paſſau bedrohn. Dagegen die vielgeplagten
Sueben des Vannius (II, S. 102, 113), ein kleines Häuflein von zwei
Gefolgſchaften, ſollte man nicht ein halb Jahrtauſend als ſelbſtändiges „Volk"
fortbeſtehn laſſen.

Die Einwanderung in Baiern geſchah alſo wohl um das Jahr 500.
Die uralte Gränze, noch heute die Sprachgränze, zwiſchen Bajuvaren und
Alamannen im Weſten bildete, von Venantius Fortunatus (geſt c. 600)
bis auf Eginhard 787 herab bezeugt, der Lech. Im Süden überſchritten
die Baiern die Alpen, Bozen war lange baieriſch, hier wechſelte wiederholt
die Gränze mit den Langobarden, denen immer Trient, aber ſpäter auch
Mais (Magies) bis Meran gehörte. Im Oſten gränzten ſie mit den ſlaviſchen
(ſloveniſchen) Karantanen in Steiermark, Kärnten (ſlaviſch Goratan)
und Krain (ſlav. Granitza, Gränze), welche bis an die Quellen der Drave
gen Weſten gedrungen waren und zu Anfang des 7. Jahrhunderts den Baiern
Aguntum (Lienz, nicht Innichen) beſtritten. Die Oſtgränze gegen die
Avaren bildete die Enns unter Herzog Theodo (c. 690) bis auf Karl
den Großen, der ſeit 791 öſtlich des Fluſſes eine Mark errichtete, welche
von den Baiern beſiedelt ward unter Verdeutſchung und Unterwerfung der
Slaven, welche hier unter avariſcher Herrſchaft gelebt hatten und nach deren
Vertreibung im Lande blieben. Weil die Baiern „Sueben" und weil dieſer
Name viel älter als der Name Baiern, nennen die Nicht=Germanen in
Pannonien alle deutſchen Weſtnachbarn „Swab", die niederlauſitzer
Slaven jeden Deutſchen Bawarski.[1]) Schwieriger iſt die Gränze im Norden
zu beſtimmen. Offenbar ſind keineswegs alle Gaue, welche ſpäter Bajuvaren
hießen, über die Donau nach Süden gezogen. Es blieben vielmehr in dem
Land zwiſchen der Donau bei Regensburg, der Eger und dem oberen Lauf
des Main ſeßhaft die alten Weſt=Nachbarn der Markomannen, die Nariſken
oder Variſken: auch ſie zählten nun zu den „Baiern": — zumal in der
Oberpfalz am Regen: Theile von ihnen waren nach Burgund aus=
gewandert, wurden dort 430 von Aëtius geſchlagen, wußten aber noch im
8. Jahrhundert zu erzählen, daß ihre Ahnen am Regen in einem Gau
Stadevanga gewohnt hatten; man hat „Norinberg" mit den Nariſken
zuſammen gebracht, aber ohne Recht; ſie hingen ſüdlich gegen Eichſtädt
hin mit der Hauptmaſſe des Stammes zuſammen, während ſie weſtlich am
Unterlauf des Mains mit den Thüringen in dem heutigen ſogenannten
Mittel=Franken gränzten. Dieſer baieriſche „Nordgau" am „Nordwald",
d. h. Fichtelgebirg und Böhmiſchen Wald, ward ſpäter (von Karl 780

---

1) Riezler I, 19.

ober 7×7) von dem Stammesherzogthum abgerissen: daher nennt Paulus Diaconus unter Karl dem Großen die Donau die Nordgränze Baierns.

Die oberpfälzische Mundart unterscheidet sich recht erheblich von dem sonstigen Baierischen, was auch darauf hindeutet, daß hier am Regen eine eigenartige Gruppe innerhalb des gemein-bajuvarischen Stammes saß.

Bald nach Unterwerfung der Thüringe wandte sich die fränkische Macht gegen Südosten, gegen die Baiern, deren Land nun zugleich vom Norden her, von Donau, Main und Altmühl, und, seit auch die rhätischen Alamannen (536) aus ostgothischer in fränkische Herrschaft getreten waren, vom Westen, vom Lech aus, von den jetzt unmittelbare Nachbarn gewordenen Franken bedroht war: ziemlich bald nach dieser Umklasterung trat — so will es scheinen - auch deren natürliche Folge ein: die Unterwerfung durch die Uebermacht. Daher mochte der Stamm ferner Stehenden, denen der Sondername nicht bekannt war, von dem der Franken, zu deren Reich sie nun gehörten, verdeckt werden.

Es scheint der Anschluß an das in Bildung wie Macht weit überlegene Reich ohne sehr heftige, lange währende Kämpfe erfolgt zu sein: sonst würde doch bei Gregor, der Zeitgenosse der Einverleibung war, irgend etwas darüber berichtet sein: auch die Zeitgenossen Jordanis und Prokop wissen nichts dergleichen. Wir finden um das Jahr 555 den ersten geschichtlichen Herzog des Stammes, Garibald I., bereits in Abhängigkeit von Chlothachar I., der damals Austrasien erbte.[1]) Zuerst genannt wird der Name von der Völkertafel von 520,[2]) dann von Jordanis[3]) und Fortunatus Venantius.[4])

Bald nachdem Jordanis geschrieben (551/552), reiste Venantius (565) auf dem Weg aus Italien nach Gallien durch ihr Gebiet: er sagt (I, 1): „ich kam über die Drave in Noricum, über den Inn im Lande der der Breonen (Brenner-Anwohner I, 12), über den Lech nach Baiern (Liccam Bojoaria transiens), über die Donau in Alamannien, über den Rhein aus Germanien"; umgekehrt schickt er sein Buch über das Leben des heiligen Martinus auf demselben Wege aus Gallien nach Italien, er redet zu der Handschrift: „du gehst nach Augsburg, das Wertach und Lech bespülen, — dann, wenn dir der Weg frei bleibt und nicht der Baier sich auf demselben dir entgegen wirft, geh über die Alpen, dort wo die Ortschaften der Breonen liegen" (d. h. über den Brenner).[5]) Sie waren offenbar die „grimmen

1) Es ist ein bedauernswerther Irrthum, daß (nach dem Vorgang Baumanns) Riezler die fragliche Stelle für eine späte Einschiebung erklärt, mit bestem Fug hat Mommsen in seiner Ausgabe sie beibehalten.   2) Müllenhoff, Abhandl. der Berliner Akademie von 1862 S. 538.   3) Getica c. 55.   4) Denn eine frühere Erwähnung des Namens zu Byzanz, Dethier, Augsb. Allg. Zeit. 1876. Nr. 302 S. 4603, ist doch wahrlich allzuschwach gestützt und zu nebelhaft.

5) Pergis ad Augustam, quam Virdo et Licca fluentant,
. . . .
si vacat ire viam nec te Bajoarius obstat,
qua vicina sedent Breonum loca, perge per Alpem.

Vita S. Martini IV. („Gerauft" haben sie offenbar schon damals gern, wie seit Ariovists, Marobods und Marc Aurels Tagen bis 1870!)

Völkerschaften" (ferae gentes) gewesen, gegen deren Andringen Theoderich
der Große die Etschlinie befestigen ließ: also standen sie ca. 510—520 schon
jenseit des Brenners, sonst wäre doch wohl dieser leicht zu sperrende Paß
besestigt worden: denn die (rhätischen, nicht keltischen) Breonen waren nicht
start genug, sich mit den Gothen zu messen: sie wurden alsbald spurlos —
bis auf die Ortsnamen[1]) — theils im Süden von den Romanen, theils im
Norden von den Bajuvaren und im Nordwesten von den Alamannen
aufgesogen; im Osten drangen auch Slaven (Slovenen, Karantanen,
I, 13. III, 1056 oben S. 12) ein, so in das Pusterthal. Nach dem Sinken
der ostgothischen Macht (I, 251) breiteten sich die Baiern südlich des Brenners
bis gegen Trient hin aus: dies ward 569 langobardisch, aber die Gränze
zog bei (dem jetzt auch verwälschten) Deutsch-Metz, und da die Langobarden
der Verrömerung nicht widerstanden, während die Baiern die unter ihnen
sitzenden Romanen größtentheils verdeutschten, gestaltete sie sich später zur
Gränze zwischen deutschem und wälschem Volksthum. Jetzt ist bekanntlich
die deutsche Sprachgränze etwas zurück gewichen: sie läuft auf den Wasser-
scheiden zwischen Noce und Etsch, dann zwischen Etsch und Avisio, indem
sie bei Salurns, dem südlichsten deutschen Ort, die Etsch überschreitet.[2])
In den letzten beiden Menschenaltern wurde absichtlich von der k. k. Regierung
der Habsburger das Vordringen der Wälschen begünstigt. —

Den Baiern fiel nun also die schwere Aufgabe zu, an ihrer Südost-
gränze nicht nur die Slaven abzuwehren, welche bis an die Höhen der Alpen
und stellenweise über diese gedrungen waren, auch die Avaren, welche zumal
seit dem Abzug der Langobarden aus Pannonien nach Italien sich mächtig
nach Westen ausgebreitet und, zum Theil als Beherrscher von Bulgaren
und Slaven (Slovenen, Karantanen oben S. 21), die Enns erreicht
hatten.

Es ist gar nicht undenkbar, daß schon Theuderich I. (511—533) gleich
nach Unterwerfung der Thüringe (531) die Anfänge zur Heranziehung auch
der Baiern eingeleitet hat, wie das Vorwort zum Baiernrecht besagt, daß „er
bereits das Recht habe aufzeichnen lassen der Franken, Alamannen und
Bajuvaren nach deren Rechtsgewohnheit", wenn auch gewiß die uns erhaltene Lex Bajuvariorum nicht diese Aufzeichnung ist. Sein Sohn
Theudibert (533—548) aber hat gewiß auch über das Baiernland bereits
Oberhoheit geübt, da er dem Kaiser schreiben kann, er habe seine Gewalt
längs der Donau bis Pannonien ausgedehnt. Zu jener Zeit (555) steht
an der Spitze des Stammes unter Oberhoheit des austrasischen Königs nur
Ein Fürst aus dem Geschlecht der Agilolfingen; er ist bereits Christ und
katholisch — ebenso seine Tochter —, nicht Arianer. Man darf vielleicht ver-

1) Hier müssen wir Ludwig Steubs ehrenvoll gedenken, der die nicht keltische, sondern rhätisch-tuskische Sprachzugehörigkeit der nicht-romanischen und
nicht-germanischen Ortsnamen in Tirol nachgewiesen hat, Rhätische Ethnologie 1854.
2) Riezler I, 74.

muthen, daß die fünf Geschlechter alten bajuvarischen Volksadels, die Huosi, Drozza, Fagina, Hahilinga, Anniona, welche noch im 7. Jahrhundert dem herzoglichen sehr nahe stehen — ihr Wergeld beträgt das Zwiefache, das des Herzogs das Vierfache des Wergelds der Gemeinfreien — später unter-worfne Geschlechter alter markomannischer und quadischer Gaukönige waren. Denn daß nach Auflösung der verfrühten Einherrschaft Marobods (II, 101) Markomannen und Quaden Jahrhunderte lang nicht unter je Einem Volkskönig, sondern unter einer Mehrzahl von gleichzeitigen Königen — Gau-königen — standen, ist zweifellos (II, 170 f., 316). Die Entwicklung aus dem Gaukönigthum zu der Zusammenschließung mehrerer Gaue unter das Ein-Königthum des Stammes hat sich hier wohl ähnlich wie bei Westgothen, Alamannen, Franken, Angelsachsen, Nordgermanen vollzogen. Daß nämlich jene fünf Geschlechter — nicht Dienstadel, sondern alter Volksadel — nicht erst unter dem Herzog oder dem Frankenkönig und durch diese empor gekommen sind, geht gerade aus ihrer geringen Zahl (I, 92), bei einem Volk das von Bozen bis Eger, von Eichstädt bis nach Ungarn hinein siedelte, also Millionen zählte, schlagend hervor; dienstedle Geschlechter in Baiern gab es später viel zahlreicher.

Ob aber die Agilolfingen selbst eines dieser alten bajuvarischen Gau-königsgeschlechter waren oder erst bei der Unterwerfung durch die Merovingen aus einem fränkischen oder etwa langobardischen — der Name begegnet sonst nicht bei Baiern, nur häufig bei Langobarden und selten bei Franken[1]) — zur Beherrschung des Stammes in fränkischem Sinn eingesetzt wurden, das entzieht sich der Entscheidung. Ebenso, ob die Herrschaft der fünf königlichen Geschlechter erst durch die fränkische Oberhoheit und durch Einführung der fremden Agilolfingen als Herzoge beseitigt wurde, oder ob die bajuvarischen Agilulfingen bereits das Einkönigthum errichtet und jene fünf Geschlechter unterworfen hatten, als sie ihrerseits von den Merovingen unterworfen wurden, oder endlich ob die Merovingen die Agilolfingen als eines der sechs gau-königlichen Geschlechter vorfanden, alle sechs unterwarfen, aber den Agilolfingen als Herzogen Ueberordnung über den andern fünf gewährten.

Daß Paulus Diaconus Garibald und dessen Nachfolger Tassilo I. den Königstitel beilegt, beweist durchaus nicht, daß sie ihn führten, drückt nur aus: Paulus wußte, diese Bajuvaren-Fürsten hatten früher eine fast königliche Machtstellung. Die Nachfolger Chlothachars I., zumal Childibert II., sollen nach spätern, also wenig verbürgten Nachrichten minder günstig zu Garibald I. sich gestellt haben. Indessen, der Sohn Tassilo's (I.) hieß Garibald (II.), war also wohl Enkel Garibalds I. und die Aufeinanderfolge der drei Agilolfinge ward also nicht unterbrochen. Tassilo I. erfocht (592) einen großen Sieg über die Slaven, während ein späterer Feldzug scheiterte (die thörigen Helden hatten

<hr>

1) Die Namen Agilulf, Garibald, Chrodoald, Grimoald, Fara be-gegnen sonst nie bei Baiern, Grimoald, Fara bei Langobarden, Agilulf, Chrodoald, Faroald auch bei Franken.

wohl wieder einmal keine Vorposten ausgestellt!) Im Jahre 630 fochten Baiern
sieghaft gegen die Slaven Samo's; bald darauf erfolgt die auf fränkischen
Befehl vollzogene Ermordung der aufgenommenen Bulgaren (III, 634).[1]
Nun hören wir erst 680 wieder von den Baiern: Herzog Alahis von Trient
schlägt den baierischen Grafen von Bozen. Gegen Ende des 7. Jahrhunderts
begegnet nun ein agilolfingischer Baiernherzog Theobo; daß er einen gleich-
namigen Vorgänger gehabt habe, ist nicht genügend bezeugt, ebensowenig, daß
dessen Gattin jene Regintrud gewesen, die in einer sehr späten Urkunde
(erst aus dem Jahre 1116!) als Schenkerin von Tittmoning an Nonnberg
genannt und als „Königin" bezeichnet wird, wodurch die Glaubhaftigkeit
wahrlich nicht steigt. Theodo wirkte für Verbreitung des Christenthums im
Lande, das freilich gleich von Anfang als Bekenntniß seines Hauses erscheint.

Die privatrechtliche Auffassung der Statsgewalt ist die gleiche bei den
Agilolfingen wie bei den Merovingen: auch Theobo I. theilt sein Herzogthum vor seinem Tod unter seine Söhne Theodebert (den er schon früher
während einer Krankheit zum Mit-Herzog bestellt), Grimoald und Tassilo II.,
vielleicht auch ward der bald verstorbene vierte Sohn Theodebald bedacht.
Aber schon bei Lebzeiten des Vaters, der erst ca. 718 starb, ward die Herrschaft den Söhnen verliehen: während Theodo der Vater die alte wichtige
Römerstadt an dem nördlichsten Punkt der Donau, Regensburg, für Jahrhunderte die Hauptstadt des Herzogthums, als Herrschersitz festhielt, ward
Theodebert Salzburg, Grimoald Freising als Hauptstadt zugetheilt.

Wir sahen bereits (III, 784) und werden noch genauer sehen (unten
Langobarden), wie Theodebert, der also Südbaiern beherrschte und mit den
Langobarden gränzte, in die Thronkämpfe dieses Volkes verflochten ward, mit
welchem übrigens alte Beziehungen bestanden, nicht nur verwandtschaftliche
der Agilolfingen mit einem langobardischen Königshaus, viel ältere und tiefere.
Der Ruhm Alboins lebte in baierischer Heldensage fort: man hat noch nicht
beachtet, daß Baiern und Langobarden, beide suebisch, beide (später) ober-
deutsch, Nachbarn waren schon seit die Langobarden gen Südosten gezogen und
in Pannonien neben den Quaden und Markomannen — Baiern siedelten
und abermals Nachbarn wurden, seit 568 im Etschgebiet bei Trient-Bozen
und diese Nachbarschaft war doch regelmäßig eine freundliche: nur ausnahmsweise vernehmen wir von Gefechten an der Gränze, wie sie in jenen Verhältnissen gar nicht fehlen konnten. Ja, Baiern und Langobarden hätten noch
dringenderen Grund zum Zusammenhalten gehabt als die alte suebische Gemeinschaft: waren sie doch natürliche Verbündete gegen den gemeinsamen Feind
ihrer Selbständigkeit, den Franken, wie ja auch unter Karl dem Großen

---

[1] Ich finde soeben mit Freude, daß auch Riezler I, 78 die Agilolfingen
Chrodoald und dessen Sohn Fara nicht für Herzoge der Baiern hält: ersterer ist
vielleicht der mit einer Schwester Childiberts II. vermählte gleichnamige in vita
St. Columbani c. 24; nach Riezler lebte schon Chrodoald nicht in Baiern, sondern in Francien, sehr möglich, ich nahm dasselbe bestimmt nur für Fara an.

ein Bündniß zwischen Desiderius und dessen Eidam Tassilo zu drohen
schien. Gerade deßhalb durften die fränkischen Machthaber nicht dulden, daß
Wirren in dem baierischen Herzogshaus durch langobardisches statt durch
fränkisches Einschreiten geschlichtet würden.

Als bei den Langobarden zu Anfang des 8. Jahrhunderts in dem Kampf
um die Krone Ansprand von Aribert geschlagen ward (s. unten Langobarden), floh ersterer mit seinem Sohne Liutprand über Chiavenna und
Chur nach Südbaiern, wo Theodebert waltete, und lebte neun Jahre an
dessen Hofe zu Salzburg. Im 10. Jahr, etwa 712, versuchte Ansprand mit
baierischer Waffenhilfe seine Wiedereinsetzung: eine Schlacht bei Pavia blieb
zwar unentschieden, — nach dem Langobarden Paulus siegte sogar Aribert —
allein dieser wich nach Pavia zurück und fand den Tod (s. unten Langobarden): Ansprand gewann die Krone also durch baierische Waffen, und als
er nach drei Monaten starb, folgte ihm Liutprand, welcher sich alsbald mit
Theodeberts Tochter Guntrub vermählte, nachdem deren Bruder Hugbert
dem Vater Theodebert gefolgt war. Zwischen Hugbert von Salzburg und
Grimoald von Freising (oben S. 125) scheint aber Feindschaft bestanden
zu haben: sonst würde doch schwerlich Liutprand Besitzungen Grimoalds im
Etschthal, zumal Meran (über Verbindung zwischen Freising und Meran
s. das Leben Sanct Corbinians unten S. 145) dem Oheim seines Schwähers
entrissen haben. Da schritt aber Karl der Hammer in Baiern ein: nicht aus
Feindschaft gegen Liutprand, mit welchem er vielmehr in guter Freundschaft
stand: — trat er doch wie Liutprand gegen Grimoald, nicht gegen Hugbert
auf! — allein nachdem die Frankenmacht aus merovingischem Verfall durch
die Arnulfinge wieder empor gehoben war, konnte deren Träger nicht dulden,
daß ein Andrer als er die Streitigkeiten in dem Hause der Agilolfingen entscheide: Baiern sollte, wie Alamannien, zum Reiche wieder herangezogen,
nicht fremdem Einfluß überlassen werden. In zwei Feldzügen ward Grimoald
von Karl besiegt: wir erfahren nicht, ob die nächste Veranlassung des fränkischen Angriffs die Weigerung Grimoalds war, Karls Oberhoheit anzuerkennen
oder sich dessen Entscheidung in einem Streit mit Hugbert (und worüber?)
über die Theilung des Herzogthums?) zu fügen: im Jahre 724 führte er
Biltrud, Grimoalds Gemahlin, und deren Nichte Swanahild aus Baiern
mit fort, welche ihm im folgenden Jahre jenen Grifo gebar, der dereinst
seinen Halbbrüdern noch viele Mühen schaffen sollte.[1])

In einem zweiten Feldzug (728) ward Grimoald ermordet, seine Söhne
ließ Karl nicht in des Vaters Erbe folgen: sie fanden den Untergang. Hugbert scheint nun wieder das ganze Herzogthum, Karl treu ergeben, beherrscht
zu haben bis 737: ohne Zweifel gehörten seine Baiern zu den „Nordvölkern",
welche die Araberschlacht bei Cenon entschieden (III, 795): es ist eine an-

---

1) III, 785 f.; s. daselbst auch über die Verwandschaftsverhältnisse. Ueber das
Jahr 724 gegen 725 wie Riezler I, 80 ebenda S. 784.

sprechende Vermuthung,[1] daß die Verleihung von Kirchengütern bei Augerre (748) an sechs baierische Edle zur Belohnung für Kriegsdienste erfolgt ist. Hugberts Nachfolger (ca. 737) Oatilo (Odilo) war nicht dessen Sohn, jedenfalls aber ein Agilolfing, vielleicht Sohn Tassilo's II. Sehr bald tritt dieser so selbständig auf, daß Karl bei der Reichstheilung von 741 über Baiern sowenig wie über Aquitanien verfügt;[2] auf der großen austrasischen Reichs- und Kirchenversammlung vom 21. April 742 (Ort ungenannt) fehlen die Baiern. Denn schon 741 (oder Anfang 742) gleich nach Karls Tod (21. October 741) war dessen Tochter Hiltrub auf Anstiften Swanahilds[3] nach Baiern entflohen und hatte sich, gegen den Willen ihrer beiden Brüder Pippin und Karlmann, mit ihrem Gesippen Oatilo vermählt, welchem sie im folgenden Jahr — es ist das Geburtsjahr auch Karls des Großen — jenen Tassilo III. gebar, der der letzte agilolfingische Herzog werden sollte. Im Jahre 743 zog Pippin aus, den unerbetenen Schwäher zu unterwerfen, der, mit seinen Nachbarn, dem alamannischen Herzog Theubibald im Westen und den Slaven im Osten, aber auch mit den Sachsen und sogar mit den fernen Aquitaniern im Bunde, sich der fränkischen Oberhoheit zu entziehen gerüstet war. Dem von Westen heranziehenden Feind trat Oatilo an der alten Westgränze des Baierlandes, dem Lech, entgegen, in wohl verschanzter Stellung. Geraume Zeit — 15 Tage lang — standen sich die beiden Heere hier am Grenzflusse gegenüber; die Franken hörten deutlich die Hohn- und Scheltworte, welche ihnen die Baiern vom Ostufer aus zuriefen. Vielleicht sagenhaft, wenn Sage, aber gute, echte Sage ist, was von Sergius, einem im Lager der Baiern weilenden Legatus des Pabstes Zacharias an Oatilo, berichtet wird. Derselbe gebot Pippin unter Berufung auf einen — wohl erfundenen — päbstlichen Auftrag, von dem Angriff auf die Baiern abzustehen. Pippin kehrte sich begreiflichermaßen nicht daran, setzte in der folgenden Nacht an einer von beiden Lagern abgelegenen Stelle, wo der Gebirgsfluß breiter und daher untiefer oder ungleicher dahin zog, unvermerkt über, theilte seine Haufen und griff das Lager zugleich in Rücken und Flanke an. Grimmig wehrten sich die überraschten Baiern, viele Franken fielen, aber das Heer Oatilo's ward nahezu vernichtet: mit wenigen Gefolgen entkam der Herzog bis über die zweite Hauptvertheidigungslinie seines Landes, über den Inn, zurück. Unter den Gefangenen befanden sich Bischof Gavibald (so, nicht Garibald) von Regensburg und jener Legat Sergius, dem der Sieger nun mit geistvoller Ueberlegenheit zurief: „Ei, Herr Sergius! Nun haben wir es erkannt, daß Ihr nicht Sanct Petri Stellvertreter seid. Haben wir Euch nicht gesagt, weder Sanct Peter noch der Herr Pabst verbieten uns, unser Recht an den Baiern zu nehmen? Nun hat Sanct Peter uns geholfen und nach dem Urtheil Gottes gehören

---

[1] Riezler I, 80.   [2] III, 828.   [3] Ueber diese und Grifo's Erhebung III, 828. 839.

die Baiern und ihr Land zu der Herrschaft der Franken!" Zwei und fünfzig
Tage heerten nun die Sieger, wohl auf der Verfolgung gegen den Inn, also
nach Osten, in dem Lande; der Herzog selbst ward gefangen und über den
Rhein abgeführt, kehrte jedoch nach Vertrag mit beiden Hausmeiern im fol:
genden Jahre wieder als Herzog in sein Land zurück, von dem aber (da:
mals?) der Nordgau (oben S. 121, nördlich der Donau, westlich von
Regensburg) abgetrennt wurde betreffs Verbindung mit Ostfranken: dadurch
ward der Weg für den Aufmarsch der Franken bei einem etwaigen neuen
Aufstand erheblich abgekürzt: Tassilo III. sollte das spüren. Odilo hielt nun
Treue, bis er starb.[1]) Wir sahen bereits, wie Pippin durch Grifo's Flucht und
Anmaßung des Herzogthums — er hatte Hiltrub und den jungen Tassilo III.
gefangen — genöthigt ward, 749 wieder nach Baiern zu ziehen: diesmal
ward aber kein Widerstand geleistet: Grifo, der, obwohl Graf Suidger vom
Nordgau und der Alamannenherzog Lantfrid zu ihm hielten, wenig An:
hang gefunden zu haben scheint, floh gleich bis über den Inn, und als Pippin
sich anschickte, diesen Fluß auf Schiffen zu überschreiten, unterwarfen sich unter
Geschenken und Geiselstellung die mit Weib und Kind auf das Ostufer Ge:
flüchteten;[2]) Pippin setzte nun den siebenjährigen Tassilo, seinen Neffen (oben
S. 127) zum Herzog ein, unter Obhut seiner Mutter (bis diese 754 starb).
Wahrscheinlich ward Tassilo schon damals genöthigt, in das Verhältniß der
Vasallität zu treten. Er zog in Person, 14 Jahre alt, also wohl gerade
als waffenfähig anerkannt, 756 unter Pippin gegen die Langobarden;[3]) im
folgenden Jahre mündig geworden, leistete er auf dem Reichstag zu Com:
piègne, feierlich, auf die Heiligen (d. h. Reliquien), und die zusammengefal:
teten Hände in die des Königs legend, den Vasalleneid und gelobte wie
Pippin so dessen Söhnen Karl und Karlmann Treue. Das Gleiche thaten
viele baierische Große. Pippin überließ ihm nun die innere Regierung des
Herzogthums: selbstverständlich verfügte er aber über das baierische Aufgebot
als Theil des fränkischen Reichsheeres: gewiß fochten Baiern mit gegen Sachsen
758 und in Aquitanien (760, 762), wenn auch Tassilo's Anwesenheit im
fränkischen Lager nur für 763 bezeugt ist. Wir sahen, daß er dies Lager
damals plötzlich verließ, nach Baiern eilte und erklärte, er werde Pippins
Antlitz nie wieder schauen: wir kennen die Beweggründe des wankelmüthigen,
von widerstreitenden Eindrücken hin und her gezogenen Jünglings von
21 Jahren nicht.[4]) Bald reute ihn des kecken Schrittes: er wollte des Pabstes
Paul I. Vermittlung anrufen: aber der Langobardenkönig Desiderius, der
sehr mit Recht in einem den Franken feindlichen Baiern einen höchst werth:
vollen Verbündeten erblickte, verwehrte den vom Pabst behufs der Vermitte:
lung abgeschickten Gesandten die Durchreise durch sein Gebiet und es gelang

---

1) 18. Januar 748. III, 853; anders Riezler 1, 83.   2) Ueber Grifo's Ausgang III, 865.   3) III, 902 sein Heerbann wohl schon 754.   4) Vermuthungen
III, 934.

ihm nun in der That folche Annäherung an den Agilolfingen, daß er diefem
feine Tochter Liutberga vermählte (zwifchen 765 und 769). Eine Zeit lang —
aber freilich nicht auf die Dauer — fchien es fogar, als ob gerade diefe
Heirath den Agilolfingen und die fränkifchen Könige einander näher bringen
folle. Pippin, der in Perfon durch jenen Abfall gekränkt worden, war ge=
ftorben: zwifchen Karl, dem als auftrafifchem Herrfcher Baiern würde zu=
gehört haben, und feinem Vetter (oben S. 127) Taffilo III. vermittelte mit
Erfolg der wackere Baier Sturm, Abt von Fulda, (der in den letzten Jahren
Pippins, vielleicht auch wegen der Haltung feines Heimathlandes, in Abgunft
gerathen war), fo daß es ihm gelang, zwifchen beiden „auf mehrere Jahre
Freundfchaft herzuftellen". Vielleicht trug dazu bei, daß Karl auf Betreiben
feiner Mutter damals des Herzogs Schwager zu werden gedachte. Vielleicht
auch fteht Taffilo's Reife nach Italien (769) hiemit im Zufammenhang
(III, 958). Als nun aber (771) Karl Liutberga's Schwefter verftoßen und die
Freundfchaft mit Defiderius fich in bittre Feindfchaft verkehrt hatte, da mußte
felbftverftändlich Taffilo's Verfchwägerung mit dem Langobarden das Ver=
hältniß des Agilolfingen zu Karl fehr übel geftalten. Als jedoch 773/4 der
längft vorauszufehende fränkifch=langobardifche Krieg ausbrach, blieb Taffilo
unbetheiligt. Das heißt, er hatte nicht die Einficht zu begreifen (oder den Muth,
nach folcher Einficht zu handeln), daß jetzt die letzte Möglichkeit winkte, im
Bunde mit Defiderius fich der Franken zu erwehren oder andrerfeits in treuer
Erfüllung der Vafallenpflicht auch gegen den Schwiegervater fich Karl tief und
dauernd zu verpflichten. Karl fchonte klug des Schwachen: er bot den baie=
rifchen Heerbann nicht auf; war das Langobardenreich einverleibt, war Wider=
ftand des alsdann von drei Seiten angreifbaren Baierlandes nicht mehr mög=
lich. In dem fpanifchen Feldzug von 778 werden dann auch die Baiern fofort
aufgeboten (III, 983) einfach nach der Unterthanen= und Heerbannpflicht:[1]
Ganz ebenfo unthätig wie feines Schwiegervaters Untergang fah Taffilo 787
feines Schwähers Arichis von Benevent Unterwerfung (III, 1004) zu: ja, er
bemühte fich abermals, den Pabft als Vermittler gegenüber Karl zu gewinnen,
nachdem ein Gefecht zwifchen Franken und Baiern bei Bozen (784) das
Grollen zwifchen beiden vielleicht mehr aufgedeckt als erft herbeigeführt hatte.
Wir haben die Schritte, welche von da ab den letzten Agilolfingen rafch berg=
ab führten, bereits betrachtet: Taffilo brachte es weder über fich, die fo oft
befchworene Treue zu halten, noch als Vorkämpfer der Freiheit feines Stammes,
Schwert in Fauft, an der Spitze feines Heerbannes zu fallen: folgerichtig
endete er im Klofter (III, 1008). Man hat, das widerftandslofe Erliegen von
787 zu erklären, wohl mit Recht auf die Parteinahme des Pabftes, der den
Eidbrüchigen bannte, Gewicht gelegt, — daher feine eignen Bifchöfe, wie Arbeo
von Freifing, gegen Taffilo ftanden:[2] „er war fchon früher", fagt Taffilo,
„dem König Karl und den Franken treuer als mir felbft und nahm ihm reiche

---

1) Anders Riezler I, 163.   2) Riezler I, 16.

Güter, die er theils Frauenchiemsee, theils, wie Innichen, Salzburg gab".
Es ward auch hervorgehoben, daß gar manche bajuvarische Edelinge lieber den
fernen König als den nahen Herzog zum Herrscher haben mochten, wie jener
Poapo, der in der Zeit des Trotzes Tassilo's wider Pippin gleichwohl nach dessen
Königsjahren urkundet, während sonst baierische Urkunden jener Zeit Pippins
gar nicht erwähnen.[1]) Diese kamen aber aus dem Regen in die Traune, da
sie nach Tassilo's Absetzung den kraftvollen Schwäher des Königs, Gerold, als
„Präfect" auf den Nacken gesetzt erhielten. Das Entscheidende war 787 offen-
bar gewesen das erdrückende strategische Auftreten des großen Feldherrn
Karl gegenüber einem Tassilo, der offenbar nichts weniger als ein Held war.[2])
Nicht ohne Bedeutung sind die Vorgänge bei der vorletzten Unterwerfung
Tassilo's auf dem Lechfeld (30. October 787): er überreicht dem König einen
Stab, dessen oberes Ende in eine Mannesgestalt auslief (homo, homagium),
ließ ihm damit das weiland von Pippin empfangene Herzogthum auf und
erhielt es. nun zurück, jedoch indem auch der ganze Baiernstamm nun den
Treueeid leistete; Tassilo stellte 12 Geiseln und als 13. seinen Sohn Theodo,
den er schon 777, obwohl höchstens 11 Jahre alt, als Mitherzog bestellt hatte.
Zweifelhaft bleibt doch, ob damals jene Bestimmung in das Baiernrecht von
Karl eingefügt ward, wonach der vom König eingesetzte Herzog das Geschenk
der herzoglichen Würde verwirken soll, wenn er so feel, hartnäckig, frech, aufgeblasen, übermüthig und rebellisch sein sollte, einen Befehl des Königs zu
mißachten. Auch soll er erwägen, daß er dadurch jede Hoffnung auf den
Himmel und die Frucht von Christi Erlösungsthat verliere. Daß trotz Tassilo's
zweifellosen Bruches auch dieser Versprechungen von 787 das Todesurtheil
von 788 nicht zu Recht begründet war, wurde bereits gezeigt (III, 1008).
Sehr schlimm aber spricht gegen ihn, daß seine Baiern selbst als Ankläger
wider ihn auftreten zu Ingelheim, also nicht einmal als Held und Opfer
des Stammestrotzes gegen die „Fremdherrschaft" des Reiches fällt er.[3]) Er
starb an einem 11. December ungewissen Jahres; die späte Klosterlegende, dankbar dem Wohlthäter so vieler Klöster, läßt den Helden erst nach heldenhaftem
Kampfe geschlagen, gefangen, von dem grausamen Karl (wie, ebenfalls erfunden,
Desiderius) geblendet, aber dann von Engeln zu dem Altar geleitet werden.
Die Wahrheit aber ist, daß der in Abwehr und Belehrung der Slaven und
vielfach in der inneren Verwaltung seines Landes — wie schon mancher
Agilolfing — verdienstvolle Fürst durch seine Schwäche, seine Willenskleinheit
von dem Maß eines tragischen Helden ausgeschlossen bleibt; Agilolfingen
begegnen noch im XI. Jahrhundert in Baiern.[4])

Die weiteren Schicksale Baierns von 788—814, auch die Bedeutung der
nochmaligen Vorführung Tassilo's auf einem Reichstag (794) haben wir

---

1) Riezler I, 166.   2) Wenn er sich auch auf einem Reiche dux fortis nannte;
Riezler I, 168.   3) Ueber das Schicksal seiner Sippe III, 1008; die dort nicht
genannten Töchter hießen Cotani und Hrotrut.   4) Riezler I, 171.

bereits dargestellt. Wir sahen, wie Karl das Stammesherzogthum mit der
Absetzung Tassilo's eingehen ließ, wie dann der alamannische Graf Gerold
von der Bertholdsbaar, der „praefectus Bavariae“, bis zu seinem Helden=
tod (1. Sept. 799) das Land schützte, erweiterte (sein Nachfolger ward der eben=

falls tüchtige Seniskalk Audulf,
Graf des ostfränkischen Tau=
bergaues, † 818), wie es Karl
bei den Avarenkriegen zum
Ausgangs= und Stützpunkt seiner
Bewegungen diente, wie es bei
der Reichstheilung von 806 König
Pippin zugedacht war, abgesehen
von dem als Theil Ostfrankens
(oben S. 128) König Karl zu=
gesprochenen Nordgau mit den
Höfen Ingolstadt und Lauter=
hosen (III, 1117).

Man darf beklagen, daß
äußere, von dem kernstarken
Stamme nicht verschuldete Um=
stände seit dem 11. Jahrhundert
etwa dessen Machtentfaltung ge=
hemmt haben. Ja, schon früher
war die Abscheidung des Nord=
gaues von dem Herzogthum
Baiern ein schwerer Nachtheil:
damit wurde der Zusammenhang
mit dem Norden und Westen völlig
abgeschnitten. Kraftvoll hat darauf
die Kraft der Baiern sich nach
Süd und Ost gewendet: allein nun

Der Tassilokelch; im Stift zu Kremsmünster.

traf das Herzogthum der schwere Schlag, daß im Süden, wo es bis Bozen ge=
reicht hatte, Tirol, der noch viel schwerere, daß seine alten Marken Oesterreich
und Kärnthen von dem Herzogthum losgerissen wurden: so ward der Stamm
— als politische Einheit — zwischen Inn, Lech und Donau eingezwängt.
Was er gleichwohl geschichtlich geleistet hat, ist die Verdeutschung all seiner von
Avaren, Slaven, Madgharen mehr verwüsteten als bebauten Ostgränz=
lande. Daß diese Gebiete in unsern Tagen durch eine selbstmörderische, Stat=
zertrümmernde Statskunst wieder entdeutscht werden, ist nicht Schuld des
Baiernstammes in Baiern und in Oesterreich. Im Uebrigen sei nur daran
erinnert, daß die vornehmsten Träger unserer ersten classischen Dichtungszeit,
der mittelhochdeutschen, Wolfram und Walther, Baiern sind, und daß das
Hochdeutsch, das alle Stämme heute vereint, die Sprache der Kaiserurkunden

9*

Ludwigs des Baiern ist, welche, seither die Sprache der kaiserlichen Kanzlei, von Luther in der Bibelübersetzung angenommen wurde.

Die inneren Zustände des Landes, das später „Baju=varien", „Baiern" hieß, in der keltisch=rhätisch=römischen Zeit wurden bereits aus= führlich dargestellt (II, 461); ebenso das Wenige, was wir von der Ver= fassung der Markomannen und Quaden wissen bis zu ihrer Westwanderung (ca. 500) unter dem Namen „Bajuvaren". Es sei in Kürze daran erinnert, daß auch diese beiden (suebischen) Völkerschaften je in eine Mehrzahl von Gauen gegliedert waren: König eines solchen Gaues — jedenfalls Marko= manne[1]) — war vielleicht ursprünglich Ariovist gewesen (II, 18), schon bevor er wegen der in Gallien durch Eroberung begründeten Machtstellung von dem römischen Senat des Königstitels gewürdigt ward (II, 18). Wir sahen, wie dann Marobod, der nicht König, nicht einmal Graf gewesen war, aber einem der ersten volksedeln Geschlechter angehörte, sich zum König der ganzen von ihm nach Böhmen geführten Völkerschaft aufschwang, ja, eine Einherrschaft auch über andere benachbarte Völker errang, welche, vielfach nach römischem Vorbild gestaltet, eine kurzlebige Verfrühung war. Wir wissen bestimmt, daß diese Einherrschaft wieder zerfiel und daß in dem „Marko= mannenkrieg" (166—180) eine Mehrzahl von markomannischen und quadischen Gaukönigen neben einander stand, auch über benachbarte Jazygen herrschen solche. Noch in der alten Heimath wird eine Markomannenkönigin Fritigil zur Zeit des heiligen Ambrosius (gest. 397) bezeugt, welche bereits ihren Gemahl für das Römer=, vielleicht auch für das Christenthum gewonnen hat. Außer den königlichen Geschlechtern werden auch damals Volksedle be= zeugt. So viel aus der Vorgeschichte der Baiern als „Markomannen" und „Quaden".

Wir sahen bereits (oben S. 124), welche Vermuthungen — mehr sollen es nicht sein — über das Verhältniß des herzoglichen Hauses der Agilolfingen zu den fünf volksedeln Geschlechtern möglich sind.

Die Einwanderung erfolgte höchst wahrscheinlich nicht im Norden durch den Böhmerwald, sondern im Süden die Donau aufwärts,[2]) also zunächst in das alte Noricum, erst später nach Rhätien: zuerst nach Oesterreich ob der Enns, Niederbaiern, Oberbaiern, dann im Norden in die Gebiete von Oberpfalz und Regensburg, endlich nach Salzburg und Deutsch= Tirol. Wahrscheinlich kam es nicht viel zu Kämpfen: die vornehmen und reichen Römer hatten schon vorher das viel bestürmte Land verlassen, Odovakar hatte (488) die letzten römischen Besatzungen aus den Donaustädten abge= führt (I, 577), denen sich von den römischen Einwohnern anschließen durfte wer wollte und gewiß sehr Viele anschlossen. Die Zurückbleibenden waren

---

1) Das glaube ich, Die Landnoth der Germanen (Festschrift für Windscheid), Leipzig 1888, S. 14, dargewiesen zu haben. — Ueber jene Vorgeschichte der Baiern vgl. Kirchmayer, Die Quaden. Brünn 1888.   2) Riezler I, 47.

Sclaven, Colonen: nur ganz vereinzelt und ausnahmsweise wird sogar so tief südlich, wie der Brenner liegt, ein edler Romane Dominicus, ein reicher Quartinus von dem Volk der Noriker und Pregnarier (ein Clan=Name; über Römer in Regensburg unten S. 136) erwähnt.[1]) Was über Kämpfe bei der Einwanderung berichtet wird, gehört der Sage an, aus der geschicht= lichen Kern zu schälen nicht mehr möglich ist.

Man darf auch hier nicht, wie es früher so allgemein geschehen und noch zu häufig geschieht, durch die Phrase „Stürme der Völker= wanderung" die Vorstellung pflegen, daß jene langsamen Bewegungen plötz= lich wie ein Bergsturz alles Alte, Vorgefundene vernichtet, ausgetilgt hätten. Wir wiesen bereits darauf hin, daß die zahlreichen, heute noch fortlebenden keltischen und römischen Namen von Flüssen, Gebirgen, Wäldern darthun, wie die Germanen sie von der im Lande vorgefundenen keltisch=römischen Be= völkerung vernommen haben mußten, aber aufgenommen — dauernd — in die Sprache der Einwanderer konnten jene ihnen nichts bedeutenden Fremdwörter doch nur dann werden, wenn sie dieselben nicht von den davon Flüchtenden zum Abschied zugerufen erhielten, — die dazu gewiß keinen Grund hatten, — sondern wenn sie die Flüsse und Berge wie die im Lande Bleibenden nennen mußten, um sich mit diesen zu verständigen. In Baiern sind nun keltisch= römisch (zuweilen auch rhätisch=römisch) Donau, Regen, Enns, Inn, Isar, Amper, Lech, die beiden Glon, die Partnach, der Kelsbach, der Linzingbach, zweifelhaft ob auch die Wirm und die Abens.[2]) Dazu kommen die Städte= und Orts=Namen Lorch, Wels, Linz, Ischl, Kuchl, Hallstadt, (Reichen=) Hall, Passau, Künzing, Regensburg, Pfünz, Pfunzen, Partenkirchen, Valley, Scharnitz. Dazu zahlreiche Bergnamen mit Kar (Karwendel). Sehr häufig sind im Gebirge — selten im Flach= lande — die mit Walch, Wälsch, Wal, Waller, Walchen zusammen= gesetzten Ortsnamen, was alles den „Walah" — Fremdsprachigen[3]) be= zeichnet. Und in erfreulichster Uebereinstimmung hiermit steht es, daß wir in solchen Gegenden, z. B. am Walchensee, aber auch in anderen, deren römische Besiedlung wir bestimmt kennen, wie z. B. in Partenkirchen, eine starke dunkelhaarige und dunkeläugige Bevölkerung heute noch antreffen.

Gegen Süden hin geschah übrigens das Vordringen der Baiern lang= samer: das lag in der Natur der Sache, d. h. der Berge, welche einerseits den Widerstand erleichterten, andrerseits weniger zur Ansiedlung lockten (daher finden wir an den Bergseeen so zähe Namen und Volksart der Walchen haften); die Thäler wurden zuerst germanisirt, weil und sofern sie bereits urbar gemacht waren. Während so die Einwanderer bald von Enns im Osten bis Lech im Westen und Fichtelgebirge im Norden reichten, scheint der „Südgau" lange nur bis zum Zillerbach gereicht zu haben. Der Inn

---

1) Riezler I, 55. 2) Riezler I, 60. 3) Von Bolci umgestellt, wie Müllen= hoff, Alterthumskunde, scharfsinnig nachgewiesen.

entspringt noch nach Fortunatus (565) nicht im Lande der ihm wohl bekannten Baiern, sondern der Breonen.[1]) Jedoch das ist Unkenntniß: noch
während Theoderichs des Großen Regierung überschritten die Bajuvaren
nicht nur den Inn, wo sie im Westen zweifellos[2]) bereits auf Alamannen
von dem Engadin her stießen, auch den Brenner: denn nicht den Brenner-
paß, die Etschlinie bei Trient befestigt und vertheidigt Dietrich von Bern
gegen die „grimmen Völker der Barbaren", d. h. eben gegen die Baiern.

Dagegen ist nicht[3]) anzunehmen, daß damals schon die Bajuvaren im
Pusterthal Slaven angetroffen hätten, nannten auch später diese das Thal
das „öde" (Pustrissa), d. h. (durch Kämpfe?) veröbete. Erst gegen Ende
des 6. Jahrhunderts können Slaven soweit vorgedrungen sein, wurden aber
bei Lienz, dem alten Aguntum, von den längst vor ihnen angelangten
Baiern zurückgeworfen. Die Grenze Baierns mit ihnen (im Südosten)
„die Wasserscheide zwischen Rienz und Drau, die mit den Langobarden
aber der Abfall des Ronsbergs in das Etschthal".[4]) Erinnerung an
feindliche und an friedliche Beziehungen zu Theoderich dem Großen hat
die baierische Sage bewahrt, welche lange von Dietrich von Bern zu erzählen wußte; vielleicht sind auch in den „Römern", welche bei Brixen
von dem Bajuvarenkönig Abalger und dessen Bannerwart Vollvin besiegt
werden, Ostgothen zu suchen: allein diese Sagen[5]) haben sehr früh so üble
Zuthat von Gelehrtenfabeln erdulden müssen, daß sie für die Geschichte kaum
verwerthbar sind.

Ueber Mischung und Verhältniß der beiden Volksthümlichkeiten erfahren
wir sehr wenig: der „edle Dominicus, Angehöriger des Breonenvolkes"[6])
auf dem castrum Wipitina bei Sterzing bezeugt, daß nur statsrechtliche
Unterwerfung, nicht Verknechtung, der reiche Quartinus, daß nicht Be-
raubung der Romanen stattgefunden hatte; auch im Salzburgischen begegnen
nicht nur Vollfreie[7]), sondern edle Römer, Milo nobilis, Dignolus nobilis.
Von Landtheilung erscheint keine Spur. Wenn es nicht Zufall ist, daß bei
Aufzählung der Zeugen in der Urkunde die Germanen: Paldink, Vollhart,
Caballer, Wolfkrim, Mahtun, Lintold voranstehen den Romanen:
Secundo, Lupo, Ursio, Johannes, Seviro, Orilius, Dominicus,
Passivus, Currentins, so erhellt daraus, daß sogar in des Romanen
Urkunde den Eroberern ein Vorzug eingeräumt ward.[8]) Höchst wahrscheinlich
doch ließ man nach dem Grundsatz des persönlichen Rechts auch hier die
— wenig zahlreichen — freien Römer nach römischem Recht fortleben: daß
auch die römischen Zeugen in jener Urkunde als in gesetzlich vorgeschriebener

---

1) Ueber all' dies trefflich Riezler I, 52, dem ich hier nur dankbar folgen kann.
2) Zweifelnd Riezler I, 52.   3) Mit Riezler I, 52.   4) Riezler I, 53.
5) Ebenda S. 49.   6) Ueber diese s. I, 12. 563.   7) So Riezler I, 55.   8) So
Riezler I, 54, aber in anderen Urkunden stehen die Germanen im Anfang und am
Ende, die Romanen in der Mitte.

Weise (nach baierischem Recht) „am Ohre gezupft" bezeichnet werden,[1] beweist nicht das Gegentheil:[2] gerade im Urkundenwesen ist wohl einzelnes
Germanische in Römisches — wie so oft umgekehrt — herübergenommen
worden Die Namen der von Quartin verschenkten Unfreien sind römisch:
Urso, Secundina, Mora, Marcellina, ausgenommen Tata.[3]

Daß später gar keine Spur mehr von römischem Recht hier begegnet,
abgesehen von der Kirche, erklärt sich daraus, daß die wenigen freien
Römer bald aufgesogen wurden von den Baiern: wie ja in ganz Süd-
gallien umgekehrt aus dem gleichen Grunde die germanischen Stammesrechte, das burgundische, westgothische, die beiden fränkischen, die
doch ohne Zweifel hier anfangs gegolten hatten, verdrängt wurden durch
das römische Recht, weil hier die Germanen von den Romanen aufgesogen
wurden. Helles Licht wirft auf diese Dinge das benachbarte Alamannien:
hier waren im Norden wohl gar keine (freien) Römer im Lande geblieben
bei der höchst gewaltsamen Durchbrechung des limes schon unter Gallienus
ca. 250, daher hier keine Spur von Rücksichtnahme auf Römer, dagegen
im Süden — in Graubündten, Currätien, wo Römer so massenhaft
sitzen blieben, und wenige Alamannen (später mehr Burgunden) eindrangen,
daß heute noch dort romanisch gesprochen wird — sehen wir nicht nur
die römischen Beamtungen fortbestehen, es lebte dort auch selbstverständlich das romanische Recht fort, so daß noch ca. 850 dasselbe in der Lex
Romana Curiensis (aus der Lex Romana Wisigothorum geschöpft) besonders aufgezeichnet ward. Wenn nun noch im 12. Jahrhundert „Latini"
im Oberinnthal und in Absam bei Hall im Unterinnthal auftreten,
ob zwar die römischen Namen immer seltener werden, während im Vinstgau noch im 16. Jahrhundert die „Romansche" Sprache überwog und
bis heute noch im Enneberg, Gröbnerthal, Ampezzo, Buchenstein
und Fassa zusammen etwa noch 20 000 „Ladiner" leben,[4] wird man in
jenen Landschaften für die Zeit des ersten Eindringens der Baiern gewiß
Fortbestand des römischen Rechts (in rein römischen Fällen) annehmen müssen.

Mit Recht hat man[5] darauf hingewiesen, daß, während die Langobarden in Italien romanisirt wurden (doch übrigens auch nur langsam!),
die Baiern jenseit der Alpen nicht nur ihr Volksthum wahrten, sogar die
Romanen größtentheils germanisirten, und scharfsinnig hat man die Ursachen
des Unterschiedes darin gefunden, daß die Bildung des viehzüchtenden Berg-
volks der Rhaeto-Romanen zwar wohl der der Bajuvaren überlegen war,
aber doch nicht so gewaltig wie die römische in den Städten und Ebenen
Italiens der der Langobarden, sowie vor Allem darin, daß die Langobarden

---

1) „Testes legitime per aures fracti." Ueber diese Rechtssitte, die Merkfähigkeit
zu wecken und festzustellen J. Grimm, R.-A. S. 857. 2) Wie Riezler I, 55 meint.
3) Anders Riezler I, 54, aber vergl. den Langobardenkönig Tatto und zahlreiche Tato, Tata bei Förstemann Spalte 1143. 4) Riezler I, 55. 5) Ebenda
S. 56.

keinerlei germanischen Nachschub mehr erhielten, während die Baiern südlich der Alpen, äußerste Vorhut ihres Stammes, fortwährend Verstärkung und Erfrischung vom Norden her empfingen.[1])

Die Einwirkung der römischen Cultur auf die Einwanderer darf nicht unterschätzt werden. Wer Jahrzehnte lang südlich und westlich von Main und Elbe, dann nördlich und östlich dieser Flüsse gelebt hat, nimmt an unzähligen kleinen und großen Dingen wahr, wie von Italien aus ein breiter, mächtiger Strom südlicher, romanischer Cultur im weitesten Sinn höchst wohlthätig sich fühlbar macht, der zwischen Main, Weser und Elbe schwächer wird und Weser und Elbe nicht mehr zu überschreiten vermag. Dieser italische Einfluß ist zwar zum Theil, aber doch nur zum Theil, erst später durch den lombardischen Einfuhrhandel und den innigen, etwa sechs-hundertjährigen Zusammenhang Deutschlands, vor allem aber Süddeutschlands mit Italien (von 962—1550 etwa) herüber getragen worden: aber auch früher schon ist solche Einwirkung wahrnehmbar in Hausbau, Hausschmuck, Hauseinrichtung, Kunst, Kunsthandwerk, Handwerk, Waffen, Geräth, Kleidung, in Ackerbau, Weinbau, Obstbau und später Gemüsebau, in den Arten der Herdenthiere und deren Zucht, vor allem aber drückt sich der romanische Ein-fluß in den sehr zahlreichen vulgär-lateinisch-italienischen Wörtern aus, welche in die baierisch-österreichische Mundart, und zwar nicht etwa in die Schreibweise der Gebildeten, sondern in die Redeweise des ungeschulten Volkes, den Norddeutschen unverständlich, übergegangen sind. Auch diese Auf-nahme ist zum Theil wenigstens schon in der Zeit der ersten Berührung der Einwanderer mit den im Lande gebliebenen und den nahe benachbarten Romanen erfolgt; auch haben die Baiern ja bereits als Markomannen und Quaden in ihren alten Sitzen Jahrhundertelang einen durch Verträge geregelten Grenzverkehr und Handel gepflegt.

So begreift sich daß, da der Hausbau der Germanen ursprünglich aus-schließlich Holzbau gewesen war (I, 55), die Ausdrücke für die erst von den Romanen erlernten Steinbauten namentlich aus dem Latein entlehnt wurden, übrigens selbstverständlich nicht blos bei den Baiern, sondern aus der gleichen Ursache bei allen Germanen: so Mauer, Thurm, Fenster, Söller (solarium), Kemenate (caminata sc. camera), Kalk, Ziegel, Mörtel.[2]) Regens-burg, das im 8. Jahrhundert geschildert wird[3]) als „gar nicht zu erobern, von Quadersteinen erbaut, überragt von Thürmen, reich an Brunnen", ist von den Baiern so vorgefunden[4]), höchstens noch nachgebessert worden. Auch das Netz der Römerstraßen, welches Baiern durchzog (II, 464) und das heute noch so vielfach wahrnehmbar, ist damals gewiß noch zum großen Theil beschritten und befahren worden, sonst wäre nicht von ihnen das Wort

---

1) Riezler I, 56, ganz ebenso waren Franken vor Gothen hierin bevorzugt. 2) Hehn, Culturpflanzen und Hausthiere II. Ausgabe 1874 S. 121. Ich füge bei „Pforte". 3) Von Aribo irtas Emeramni Acta 56 ed. Bolland. Sept. V, p. 475. I, 6. 4) Riezler I, 57.

„Straße" (strata sc. via) in unsere Sprache übergegangen.[1]) Den Wein=
bau lernten die Baiern erst jenseit des Brenners, daher die zahlreichen
romanischen Kunstausdrücke in diesem Betrieb (wie die slavischen im Berg=
bau), desgleichen mit derselben Wirkung die Almen=Wirthschaft erst im
baierischen Vor= und Hochgebirge: Alm ist doch wohl aus Alpe entstanden,[2])
Senn aber wohl nicht aus lateinisch senior, sondern aus althochdeutsch
senn (vgl. seni = skalk oben S. 64), aber gewiß nicht aus der nur
ingväonischen „Sahne" der Berliner! Kaser dagegen aus Bulgärlatein
casa, nicht wohl[3]) von Käse, baierisch allerdings Kas; aber auch in diesem
Fall wär' es entlehnt, denn richtiger Ansicht nach ist althochdeutsch chasi aus
lateinisch caseus entlehnt.[4]) Ebenso sind romanisch „Schotten" und die
Alpenkräuter Speik, Marbl und Madaun.[5]) Selbstverständlich folgt aus
der Entlehnung von caseus nicht, daß die Germanen nicht schon vor der
Berührung mit den Römern Käse gekannt (und germanisch benannt; nord=
germanisch: „ost") hätten, — als ob sie auch die Rosse erst von den Kelten
oder Römern überkommen hätten, weil sie dieselben keltisch „Pferd" (von
paraveredus) und vulgärlateinisch „Gaul" (von cavallus) nannten! — nur
die kunstvollere Art der Käsebereitung, eben des römischen Käse, wie sie
aus lateinisch pistor „Pfister" aufnahmen,[6]) obwohl sie doch gewiß nicht erst
von den Römern das Backen gelernt haben; ebenso verdrängte „Pfeil" von
lateinisch „pilum" altgermanische Namen für diese Art von Geschossen. Aehn=
lich haben die Einwanderer gewiß in andern Wirthschaftszweigen viel von
den Römern gelernt; daß sie in der Ackerwirthschaft das römische Colonat=
wesen vielfach fortbestehen ließen, haben wir gesehen.[7])

Unerheblich sind die Mischungen der Baiern mit andern Volksstämmen,
nur die Alamannen sind vom Westen her tief in den Süden vorgedrungen;
man[8]) nimmt an, die vor Chlodovech weichenden Alamannen seien von
Theoderich im heutigen baierischen Schwaben angesiedelt worden, aber schwer=
lich erstreckte sich der Ostgothen Macht soweit nordöstlich der Alpen! Dagegen
haben sich Alamannen von selbst im Süden bis an eine Linie im Osten
vorgedrängt, welche man[9]) wohl richtig von Augsburg nach dem Ammer=
see, über den Kochelsee, Lermoos, Telfs, Oetzthal, Finstermünz bis
zur Malserheide zieht. Die wenigen mit „Sachs=" zusammengesetzten Orts=
namen[10]) mögen zum Theil auf von Karl angepflanzte Sachsen deuten, aber
der Volksname „Sachs" ward oft Personen=Name und von Personen=
Namen sind viele Ortsnamen abgeleitet. Das gilt auch von den mit Frank=
zusammengesetzten Ortsnamen, die sich aber bezeichnenderweise nördlich der
Donau finden.

1) Riezler a. a. D.   2) S. Schmeller, baier. Wörterbuch II. Ausgabe durch
Fromman.   3) Wie Riezler anheimstellt I, 58.   4) Grimm, Wörterbuch V.
Spalte 248.   5) Riezler I, 58. Schmeller.   6) Riezler I, 58.   7) Deutsche
Geschichte I b, 65.   8) Riezler I, 6. 61.   9) Ebenda.   10) Nach Riezler c. 17
in dem Ortsverzeichniß der Bavaria.

Die von uns bestimmt zurückgewiesene (oben S. 120) Beimischung von
Gothen kann man daher gewiß nicht auf Ortsnamen stützen, welche den
Namen „Stir:" enthalten: „Stir" bedeutet einfach heiter, hell, und Stiro
kann Personenname gewesen sein, ohne jeden Bezug auf die gothischen
Stiren.   Dagegen scheint noch immer nicht die Vermuthung[1]) — mehr soll
es nicht sein — widerlegt, daß die Bewohner des Burggrafenamts Tirol bei
Meran und in Passeier Ueberbleibsel der Ostgothen sind, welche nach
der letzten Schlacht am Vesuv vertragsgemäß über die Alpen zu andern Barbaren abziehen durften, auch wirklich abzogen und am Brenner die letzten Erhebungen (I. 287, 563) versuchten. Körperbeschaffenheit, Sage (vom Rosengarten, von Dietrich von Bern), Mundart unterscheiden sie von den
umwohnenden Bajuvaren, Schwaben und Romanen, sollte auch Gossensaß
am Brenner nur auf einen Personennamen Gozzo zurückgehen.[2])

Die zahlreichen Ortsnamen auf „:reut (:reut, :gereut), :ried, :schwend,
:brand, :schlag, :hau, :metz" zeigen, wie die Bajuvaren das von Wald über-
zogene Land (daher die vielen Namen auf „:loh (:loch), :hardt (:har), :holz,
:wald") mit Axt und Feuer urbar gemacht haben. Es ist zu erinnern, daß
die Römer nach der Eroberung das Land entvölkert und durch ihre Colonisten
wohl nicht im alten Umfange wieder bevölkert hatten; jedenfalls ist auch in
Baiern wie sonst rechts vom Rhein die Rodung in umfassender Weise erst
unter Agilolfingen und Karolingen vollzogen worden. Arbeo von
Freising weiß freilich seine Heimath im 8. Jahrhundert schon hoch zu preisen,
während den Römern die Großartigkeit der Alpenwelt einfach „grauenvoll"
erschienen war.[3])

Nahezu die Hälfte des alten baierischen Stammgebietes ist Alpenhoch-
land:[4]) das erklärt die von jeher nachweisbare geringe Dichtigkeit der Bevölkerung, abgesehen von den Städten, das erschwerte die wirthschaftlichen
Fortschritte, hielt das Landvolk großentheils in Armuth fest. „Da ist es ein
günstiges Zeugniß für die Begabung des Stammes, wenn er trotz dieser
Hindernisse[5]) vielleicht schon am Ausgang der Karolingerzeit, dann aber,
durch die Ungarnnoth nochmal zurückgeworfen, jedenfalls seit dem Beginne
des 11. Jahrhunderts seine (günstiger gelegenen) deutschen Nachbarn in der
geistigen Cultur einholt, ja im 12. Jahrhundert in einigen Richtungen derselben an ihre Spitze tritt."[6]) Wenn in dem 17. Jahrhundert schon eine

---

1) Zuerst von uns (1861) aufgestellt, dann vielfach von Steub, Zingerle, Busson
und Andern angenommen. Auch nicht von Riezler I, 62.   2) Ueber slavische Ein-
sprengsel im Süden, abgesehen von den „Main-Wenden", s. Riezler I, 60; Tölz
ist aber nicht slavisch, sondern rhätisch, auch nicht der Wendel-stein (er heißt nicht
Wenden-stein). Landil ist ein altgermanischer Personen-Name.   3) horrida; vgl.
über das Naturgefühl der Antike Ludwig Friedländer, Sittengeschichte Rom's,
V. Aufl. II. (Leipzig 1881), S. 170f. und eine ganze ziemlich umfangreiche an jene
Ausführungen sich knüpfende Literatur.   4) Riezler I, 66.   5) Die Nähe Italiens
wirkte freilich günstig, aber die Alpen bildeten doch eine gewaltige Scheidewand, s.
oben S. 136.   6) Riezler I.

dumpfe geisterstickende Nebelschicht auf den begabten Stamm sich niederläßt
und bis zu Anfang unseres Jahrhunderts das Land verfinstert hält, so ist dies
wahrlich nicht der Geist des Katholicismus, es ist der Jesuitismus, der
wie ein giftiger Nebelthau seit dem Siege der Gegenreformation in Baiern
— im Zusammenhang mit einer oft viel mehr französischen als deutschen
Statskunst seiner Fürsten, — das Land künstlich und gewaltsam von dem
Geistesleben in West-, Mittel und Norddeutschland absperrte und zumal die
Schule für Mädchen wie Knaben — von der Dorfschule bis hinauf zur Hoch-
schule — unter seiner Zuchtruthe und Verdumpfung hielt.[1]

1) Wir können uns nicht versagen, aus der vorzüglichen Darstellung Riezlers
I. 67 von dem Leumund des Stammes Einiges wörtlich anzufügen:

„Ueberblicken wir seine ganze Geschichte, so dürfen wir wohl sagen, daß aus ihm
weniger Forscher und Denker als Dichter und Künstler, weniger erleuchtete Staats-
männer als tapfere Kriegsführer und fromme Helden der Kirche hervorgegangen sind.
Ausgezeichnet durch körperliche Kraft, läßt der körnige Menschenschlag auch den inneren
Gehalt nicht vermissen. Ein lebensfroher, heiterer Sinn, biedere Geradheit, Gutmüthig-
keit und Einfachheit bilden sein glückliches Erbe. Fremd und verhaßt sind ihm knech-
tische Unterwürfigkeit, Vielrednerei, süßliches und schmeichlerisches Wesen; doch die
Rauheit der eignen Sitten artet leicht zur Rohheit aus. Als hochgewachsen und kräftig,
liebreich und menschlich rühmt Bischof Arbeo seine Landsleute. Rithard von
Reuenthal und Wolfram von Eschenbach bezeichnen ihre eigenen Landsleute als
die „toerschen" Baiern.

Darf man das Beiwort, das damals sogar als stehendes erscheint, wohl auffassen
als Ausdruck für jenen Mangel an Gewandtheit und Weltklugheit, für jene Unfähigkeit
oder Ungeneigtheit, die eigene Kraft zu verwerthen, über doch die eigenen Vorzüge
geltend zu machen, welche fremde Beobachter auch heute als weit verbreitete Anlagen
bei den Baiern erkennen wollen? Auch in sittlicher Beziehung erscheint der Leumund
des Volkes schon im Mittelalter nicht ungetrübt: doch entfällt zumal bei diesen Zeug-
nissen großer Antheil auf humoristische Spottsucht oder nachbarliche Reiberein. Heben
wir immerhin aus der reichen Blumenlese, die sich bietet, die Vorwürfe der Ungastlich-
keit, Trunksucht und Völlerei hervor. Die Sprache des baierischen Stammes galt den
Nachbarn als besonders rauh. Um so heller erklingt das einmüthige Lob seines
tapferen und kriegslustigen Sinnes.

„Chuoner Volk newart nimere," rühmt das Rolandslied;
„Peiere vurin jo oi wige gerno," das Annolied.

Gern deutet der Sänger des letzteren den Noricus ensis des Horaz auf „ein
wert beierisch"; er meint, daß keine anderen besser bissen und daß dem Volke diese
Stärke von jeher gut war.

„Ein pris, den wir Beier tragen," singt Wolfram von Eschenbach, „muoz ich
von Wileisen sagen; die sind toerscher denne beierisch her und doch bi man-
licher wer." Und im Gedicht von Biterolf und Dietleib heißt es von Baiern: „Von
Streit redet da mehr ein Knecht denn dreißig Ritter anderswo."

Am Ausgang des Mittelalters begegnet dann die derbe, aber classische Charakte-
ristik Aventins, classisch, weil ihre Uebereinstimmung mit der heutigen Wirklichkeit die
Richtigkeit und Schärfe der Beobachtung verbürgt. Anderseits deutet sie auf die Un-
vertilgbarkeit der Stammesnatur, indem sie den Wahrscheinlichkeitsschluß gestattet, daß
Züge, die sich seit vierthalbhundert Jahren nicht verändert haben, auch vor tausend
nicht viel anders waren. „Das baierische Volk," sagt sein eigner Sohn und Geschichts-
schreiber, „ist geistlich, schlecht (d. h. schlicht) und gerecht; es geht und läuft gern auf

Wir haben nun die Einflüsse der fränkischen Oberherrschaft auf das Land darzustellen; mit Recht hat man bemerkt, daß diese Oberherrschaft unvergleichlich mehr an Vortheilen als an Nachtheilen mit sich brachte. Sie brachte die ganze römisch-gallisch-fränkische Cultur, auch das dazu gehörende Christenthum, aber das ward hier nicht mit Gewalt aufgezwungen. Der Verlust der statlichen Selbständigkeit scheint nicht allzuschmerzlich empfunden worden zu sein; wir hören von Aufständen erst, als alle rechtsrheinischen Stämme sich vom Frankenreiche lösen, und zwar scheint die Erhebung mehr von dem Herzogsgeschlecht als von dem Stamme selbst auszugehen, der wiederholt dem Franken bereits vor dem Herzog sich unterwirft, ja zuletzt für den Frankenkönig gegen den eigenen Herzog Partei ergreift.

Vor allem das Christenthum brachte den Baiern die Frankenherrschaft, oder doch die Kirche, denn die Lehre war schon den Markomannen des 4. Jahrhunderts bekannt, und die in der neuen Heimath angetroffenen und beibehaltenen Romanen waren ja Christen seit ca. 350, daher sich die Verehrung christlicher Orts- und Landschaftsheiliger aus der Römerzeit in die heidnische hinein und durch diese hindurch bis auf die Gegenwart erhalten hat: der heiligen Afra in Augsburg, des heiligen Valentinian in Tirol (ca. 430), des von den Herulern (ca. 470) getödteten Priesters Maximus im Salzburgischen, der heiligen Maximilian und Florian in Noricum,[1] wobei es für unsere Auffassung unerheblich ist, ob diese Heiligen auf Geschichte oder auf Legende beruhen. Sehr zweifelhaft ist aber freilich, wiefern die unter dem Römerreich gegründete kirchliche Eintheilung des Landes fortbestand. Rhätien und Noricum hatten zu dem Metropolitansprengel von Aquileja gehört mit den Bisthümern Augsburg und Lorch, Seben, Tiburnia an der Drave und Cilli; letztere gingen unter, wenn nicht schon unter germanischem, sicher unter avarischem und slavischem Heidenthum; unterbrochen war die Bischofsfolge wohl auch in Augsburg, Lorch und Seben durch die Germanen worden, ob zwar nicht auf lange. Selbstverständlich war das rhätisch-keltisch-römische Heidenthum, das sich hier so seltsam gemischt hatte (II, 460), nicht völlig von dem Christenthum verdrängt worden, zumal auf dem Lande, in dem pagus (daher pagani, payen, paynim = Heiden) lebten Ueberbleibsel fort; die Heiden im Salzburgischen, welche Sanct Severin

Kirchfahrten, zu denen es auch reichlich Gelegenheit hat, und legt sich mehr auf den Aderbau und das Vieh als auf den Krieg, dem es nicht viel nachläuft. Es trinkt sehr, erzeugt viel Kinder, ist etwas unfreundlich und eigensinnig, weil es nicht oft hinaus kommt, sich gern daheim hält, wenig Hantierung treibt und fremde Länder ungern aufsucht. Die Kaufmannschaft achtet es nicht, und wie Kaufleute selten zu ihm kommen, sind im Lande selbst wenige, die großen Handel treiben. Tag und Nacht sitzt der gemeine Mann beim Trunk, schreit, singt, tanzt, kartet, spielt, hält große und überflüssige Hochzeit, Todtenmahl und Kirchtag. Aber er ist ehrlich und unsträflich, gereicht keinem zum Nachtheil, kommt keinem zum Uebel."'

1) Riezler I. 89. Huber, Geschichte der Einführung und Verbreitung des Christenthums in Südostdeutschland I, 1874.

dafür straft, opferten nicht Wotan, sondern Jupiter (oder wahrscheinlicher jenen Misch-Göttern), denn Baiern saßen vor 482 gewiß nicht an der Salzach. Mit bestem Fug hat man aber bemerkt,[1] von den unter ihnen als unterworfen lebenden romanischen Colonen und Unfreien würden die Eroberer das Christenthum sicher nicht angenommen haben, sie haben es angenommen seit ca. 550, weil es die herrschende und unduldsam andere Religionen unterdrückende[2] Statsreligion ihrer fränkischen Oberherren war; sie haben es angenommen als ein Stück der ·römisch-gallisch-fränkischen Cultur- und Statswelt, in die sie eintraten, wie weiland die Gothen und die Franken es als ein Stück der römisch-byzantinischen und römisch-gallischen Cultur- und Statswelt angenommen hatten. Bevor wir aber die Siegesschritte des neuen Glaubens begleiten, müssen wir einen kurzen Blick werfen auf den besiegten und zertretenen alten Glauben.

Sonder Zweifel waren die Grundzüge des bajuvarischen Heidenthums die gemein-germanischen, was durchaus nicht ausschließt, daß gemein-suebische oder marcomannisch-quadische Eigenart dabei waltete in der Bevorzugung gewisser Götter oder der besonderen Ausgestaltung einzelner Götterwesen. So erfahren wir von den Quaden (II, 320), daß sie zwar gewiß nicht ihre eigenen Schwerter anbeteten (!), wohl aber den Kriegsgott besonders verehrten und bei seinem Wahrzeichen, der gezückten Klinge, die feierlichsten Eide eideten. Der Name des Kriegsgotts (nordisch Thyr, althochdeutsch, zumal auch alamannisch Ziu) hieß den Baiern Eru, daher der Diens-tag (Zins-tag, alamannisch noch Zie stag) ihnen heute noch Erchtag heißt. Die in christliche Basiliken eingemauerten angeblich heidnisch-germanischen Götzen und mythologischen Sculpturen an Säulen in Freising und Regensburg läßt man vorsichtiger außer Betracht; sie sind wohl erst von Christen mit mancherlei Verunstaltungen geschaffen und als besiegte Dämonen, welche den Bau der Kirche tragen müssen, hineingemauert oder gehauen worden.

Der schöne Runenspruch auf der Spange von Nordendorf: „mit theuerem Lohne lohnt Wuotan treue Freundschaft" (s. nächste Seite) ist zwar wohl eher alamannisch denn baierisch. Die (ohnehin selbstverständliche) Verehrung Wotans ist sicher bezeugt durch die reich entwickelte und heute noch viel im Lande verbreitete Sage vom „wilden Gejaid"[3]. Besonders aber wurden die drei „Nornen", die „drei saligen (säligen) Fräulein", gefeiert. Frilla heißt den Baiern die Berchtfrau, Frau Berahta, den Thüringen die Hollefrau Frau Holle; sie ist nicht von Frikk zu scheiden,[4] die Isa ist wohl mehr alamannisch.

Die Baiern sind Herminonen, daher von ihrem göttlichen Stammvater Ermin so viele baierische mit Ermin zusammengesetzte Personennamen abgeleitet sind. Als sie im Kreuzzug von 1101 „Armenien" kennen lernten,

---

1) Riezler I, a. a. O. 2) S. den Beweis gegen die falsche Meinung D. Gesch. 1 b., 731. 3) Dahn in der Bavaria I, 366. München 1860. 4) Wie Riezler I, 86.

entstand aus gelehrtem Mißverständniß die Fabel ihrer Abstammung aus
Armenien — Ermenland. Aber auch Fro und Paltar erscheinen in
Personennamen, dagegen hadu ist einfach Kampf, nicht Höður. Reicher als
die Hauptgötter haben sich die elbischen und riesischen Mittelwesen in Aber:
glaube, Sage, Sitte, Spruch, Orts: und Personennamen erhalten:[1] also Elben

Die Nordendorfer Spange. Silber. ¹/₁ der Originalgröße.

Dieses Schmuckstück ist, der mit einem niellirten Zickzack verzierte Streifen ausgenommen, vergoldet. Auf
der Rückseite befinden sich an dem breiten viereckigen Theile noch die verrosteten Ueberreste des eisernen
Trachtgewindes, durch welches die Nadel, von der das Gewand gehalten wurde, ihre Federkraft erhielt.
Der hohle Bügel der Spange nahm die Gewandfalte auf und ein vorstehender gekrümmter Haken hielt die
Nadelspitze fest. Die Nadel wurde wahrscheinlich, wie aus der Stellung der auf der Rückseite eingeritzten
Runenzeichen zu schließen sein dürfte, mit dem breiten Theile nach unten getragen. Gefunden in dem
großen Gräberfelde von Nordendorf bei Augsburg. — Die Deutung der beiden ersten Zeilen der Runen-
schrift ist nach J. Dietrich: loṇậ thioṛậ (statt djoṛậ) Vodan vinuth lôṇậth, d. h. mit theuerem Lohne
lohnt Wodan Freundschaft. Nachschrift: athal oder abal Leubvini, d. h. Besitz? oder etwa
Arbeit des Leubvini. Doch ist diese Deutung sehr zweifelhaft. — Im Besitz des histor. Vereins
für Schwaben und Neuburg in Augsburg.

(Alb, Alp, Strat, Wichtel), Riesen, Thurs, Riso, Fasolt, Witolt, aber der
Ore, franz. Ogr ist romanisch Orco, lat. orcus; auch die Heldensage hat ihre
Namen wie Wate, Wiland, Wittich, Eigil, Oreudil, Sigmund, Sigfrid

hinterlassen. Die Formen der Götterverehrnng, Opfer, feierliche Umzüge mit Roß und Wagen (die St. Leonhardsritte), Gelübde, waren die gemein germanischen.[1])

Das Christenthum ward nun von den Franken verbreitet, wohin immer sie kamen. König Theudibert schreibt mit Fug dem Kaiser, die Ausdehnung seines Reiches bis an Pannoniens Gränze sei ein „Fortschritt der Katholiken" d. h. des Katholicismus (III. 94). Daher duldeten sie, wie wir sahen (oben S. 73), nicht, daß Bischofssprengel ihres Reiches außerfränkischen Metropoliten unterstellt blieben; daher klagt das Concil von Aquileja (591), daß unter Theudibert bereits (S. 534—548) die norischen Bisthümer von Aquileja (vgl. oben S. 140) losgerissen und mit Franken besetzt worden seien. Die Agilolfingen treten bereits als Katholiken in die Geschichte ein. Garibald I. würde sonst nicht die katholische Frankenkönigin zur Ehe erhalten haben, von der sich Chlothachar aus kirchlichen Rücksichten getrennt hatte,[2]) und seine Tochter Theudelindis erwarb sich ja hohes Verdienst um Katholisirung der Langobarden (s. unten). Allein mochte der Hof, fränkischem Einfluß meist zugänglich, früh den neuen Glauben angenommen haben, in die Masse des niedern Volkes drang er noch lange nicht ein. Noch am Ausgange des Pusterthales (wohin sie doch wohl erst Ende des 6. Jahrhunderts gelangten) haben die Baiern bei Meransen hoch auf dem Berg drei Gottheiten (den Nornen? oder Wuotan, Donar, Eru?) ein Weihthum gegründet.[3])

Die Erfolge der Bekehrer im 6. Jahrhundert, Eustasius, Abt von Luxeuil (III, 533), Agilus, Agrestinus, ebenfalls aus Luxeuil, aber abweichend von St. Columban, und im 7. Sanct Amandus (III, 615) unter Dagobert I. (ca. 630) können nach Ausweis der späteren Zustände nicht so bedeutend gewesen sein, als die Lebensbeschreibungen sie preisen. Wie so oft, z. B. auch in Scandinavien, ließ das duldsame Heidenthum die Bekehrer wohl predigen, gesellte auch etwa Gottvater, Christus, den heiligen Geist, die Erzengel, Engel und Heiligen seinen bisher verehrten Göttern bei, fuhr aber um so mehr fort, auch an diese zu glauben, als ja die Christenpriester selbst deren Vorhandensein nicht bestritten, nur daß sie nicht wohlthätige, sondern schädliche Geister sein sollten. Es lief zuletzt — wie bei den Erwägungen Chlodovechs (III. 51) — darauf hinaus, ob man die christlichen oder die heidnischen Götter für mächtiger hielt, worüber die Meinung füglich leicht wechseln mochte. Es entstand besten Falls oft eine Mischung von Christenthum und Heidenthum, wie sie noch Bonifatius mit Entsetzen vorfindet. Bei der Lösung Baierns von den Merovingen (650—690) konnte die königlich-fränkische Staatsreligion nicht wohl Fortschritte machen; erst gegen Ende dieses Jahrhunderts ward auch in Baiern das Christenthum herzoglich-agilolfingische Staatsreligion, und da nun gleichzeitig die arnulfingischen Hausmeier das Land wieder an das Frankenreich heran rissen und bald darauf wie im gesammten

---

[1]) S. Bavaria I, 383.   [2]) Sehr treffend Riezler I, 90.   [3]) Ebenda.

inneren Deutschland auch in Baiern die Bekehrungsthätigkeit durch die ganze Macht des Frankenreichs gefördert ward, traten denn nun ganz andere Erfolge ein.

Der „Apostel der Baiern" ward Bischof Ruprecht (Hruotpert) von Worms, ein Gesippe der Merovingen.[1]) Eingeladen von Herzog Theodo kam er (ca. 690) nach Regensburg, ging dann über Lorch, wo er zahlreiche Christen vorfand, an den Wallersee (d. h. Walen, d. h. wohl auch Christen) bei Salzburg, baute hier die Peterskirche zu Seekirchen, wandte sich aber dann nach Salzburg selbst, dessen stolze Römerbauten großentheils seit der Zerstörung durch die Heruler von Wald überwachsen waren: die umwohnenden Romanen aber waren Christen. Der Herzog schenkte ihm hier alles Land zwei Meilen in der Runde und der Bischof baute ein Mönchskloster und eine Kirche zu Ehren des h. Petrus, des Schutzheiligen von Worms.

Bald ward gegenüber den Mönchen auch ein Nonnenkloster gegründet. Ruprecht holte selbst seine Schwester Erintrud und zwölf Geistliche aus Worms und bestellte jene zur Abtissin. Von Salzburg aus ward nun das Land bekehrt, indem Ruprecht unermüdlich bis an seinen Tod ca 712 umherzog; er ward in seiner Peterskirche bestattet. Selbstverständlich konnte die Bekehrung nur gelingen, indem man die vorgefundenen heidnischen Gebräuche möglichst schonte und nur in christliche Formen kleidete. Der große Pabst Gregor ging darin so weit, daß er sogar Roßopfer zu Ehren Christi duldete, was von unserm heutigen baierischen Klerus wohl schwerlich gebilligt würde. Aber von dem geliebten Pferdefleisch ließen sie nun einmal nicht, die Heiden, und dem klugen Pabst schien es besser, sie verzehrten es zu Ehren Christi als, wie sie es bei dem Verbot unzweifelhaft würden gethan haben, abermals zu Ehren Wotans und Donars. Pabst Gregor II. bezeichnet dann später 716 auch nur solche Speise als unrein, welche den Göttern war geopfert worden. So tranken auch die Bekehrten Ruprechts gar oft noch aus demselben Becher Christi und der Asengötter „Minne" (d. h. Ehren-Gedächtniß). Das Werk Ruprechts führte fort Sanct Heimraban (Emeramn), angeblich Bischof von Poitiers; auf dem Wege zu den Avaren ward er zu Regensburg von Herzog Theodo bewogen, statt dessen in Baiern zu bleiben (712—715). Der stattlich schöne Romane, der Frauen wie Männer gewann, mußte sich, des Teutschen (oder doch des Baierischen) unkundig, eines Dolmetsch bedienen. Sein Untergang wird von der Legende in einer Weise berichtet, die auffallend, aber nicht unglaubhaft ist. Des Herzogs Tochter Uta war von Sigbert, dem Sohne eines Richters, verführt worden. Das Paar ruft des Bischofs Vermittlung bei dem Vater an, jener aber empfiehlt ihnen, die That ihm, dem Belehrer selbst, Schuld zu geben. Darauf verläßt er Regensburg,

---

1) Daß er nicht früher, etwa gar schon in die Mitte des 6 Jahrhunderts hinaufzurücken ist, wie die Salzburger Ueberlieferung thut, ist nun dargewiesen, f. die Literatur für und wider bei Riezler I, 92.

angeblich nach Rom zu reisen. Lantbert, der Bruder Uta's, eilt nun dem vermeintlichen Verführer nach, holt ihn bei Grub an der Mangfall ein: „halt da, Herr Bischof und Schwager!" schreit ihn der grimme Rächer an, und läßt ihn verstümmeln; sterbend wird er nach dem herzoglichen Hofgut Aschheim gebracht. Man hat an dem Bericht — ein einziger Priester, Wolflet, war von dem Heiligen eingeweiht — Anstoß genommen, allein wir sahen, daß diese heilige Sittenlehre die Selbsterniedrigung bis zur Lüge trieb (III, 237), und hier wirkte noch der Beweggrund der Selbstaufopferung für fremde Schuld.

Der Herzog verbannte Lantbert und nahm Uta nach Italien mit (?), wohin er 715/16 sich begab, Pabst Gregor II. zu Rom aufzusuchen, der dann drei Geistliche nach Baiern sandte, welche nach einer päbstlichen Anweisung vom 15. März 716 die Kirche in diesem Land einrichten sollten. Obwohl der Plan unausgeführt blieb, ist er wichtig: er deckt die Absichten Roms auf. Denn vor Allem befremdet, daß darin von Sanct Ruprechts und von Sanct Emeramns bahnbrechender Vorarbeit völlig geschwiegen wird! Liegt darin auch nicht eine Verwerfung jener Männer, so doch die Absicht, die in Baiern herzustellende Landeskirche ohne jede Vermittlung von Franken als unmittelbar von Rom aus gegründet und daher auch nur von Rom zu beherrschen darzustellen. Eine große Landesversammlung soll vom Herzog berufen werden aller Priester, Richter und Vornehmen, auf welcher die Legaten des Pabstes Willen verkünden: nur kanonisch beförderte Priester sollen fortab geduldet, die hiernach zulässigen nach Wandel und Wissen geprüft werden. Ein Erzbisthum soll errichtet, diesem ein Bisthum in jeder „provincia" unterstellt, die Bischöfe sollen von den Legaten vorgeschlagen, aber vom Pabst bestätigt werden, ebenso der künftige Erzbischof. Leute, die nicht lesen und schreiben können, oder zum zweiten Mal, oder zwar zum ersten Mal, aber nicht mit einer Jungfrau verheirathet sind, dürfen nicht die Priesterweihe empfangen: (ein paar Jahrzehnte später duldet aber Bonifatius, d. h. Rom, verheirathete Priester gar nicht mehr, ebensowenig manichäische Ketzer („Afri"). Die Bischöfe werden gemahnt, das Kirchenvermögen thunlichst zu vergrößern, die Einkünfte werden in der bekannten kanonischen Weise geviertelt: für Bischof, Geistliche, Arme (dazu auch fremde Reisende) und das Kirchengebäude. Im Uebrigen werden heidnische Gebräuche bekämpft, die Unsterblichkeit auch des Fleisches und die ewige Verdammniß des Teufels und seiner Engel in die Hölle eingeschärft. Es ist wohl allzukühn, die entgegenstehende Meinung, Satan werde nach dem Weltuntergang in seine frühere Engelswürde im Himmel zurückkehren, auf die heidnische Vorstellung der Wiederkehr der in dem Weltenbrand geläuterten Götter in das neue Walhall zurückzuführen; immerhin waren ja aber dem Volke die geliebten Götter längst als Teufel vor die Seele geführt, deren Erlösbarkeit nun etwa gehofft, weil gewünscht ward.

Bald darauf kam an den Agilolfinger-Hof ein weiterer Bekehrer, Sanct Corbinian aus Chartrettes bei Melun, Sohn des Franken Walttiso

und der Romanin Corbinia. Er errang den Ruf hoher Frömmigkeit schon
zu Melun, Pippin ehrte ihn durch Gewährung seiner Fürbitten und schenkte
ihm ein Prachtkleid, das der Hausmeier sonst nur auf dem Märzfeld getragen.
Auf der Reise nach Rom schon ward er von Herzog Theodo und dessen
Sohn Grimoald reich beschenkt — sie wollten ihn, wie Sanct Emeramn, fest
halten — auf der Rückreise, er war von Gregor II. 715—735 zum Wander=
bischof geweiht (?), ward er zu Meran von Grimoald (dessen Vater 716?
gestorben) wirklich aufgehalten und zog an dessen Hof nach Freising. Für
dies Bisthum erwarb er mit dem Gelde Pippins reiche Güter im Vinstgau
(Kortsch bei Schlanders) und Kains (Canina) bei Meran. Er war ein
heißblütiger Heiliger, wie etwa St. Columban. Er stößt mit dem Fuß
die herzogliche Tafel um, daß die Silberschalen auf dem Estrich klirren, weil
der Herzog ein von dem Bischof bereits bekreuztes Stück Brod seinem Lieblings=
hunde gereicht; er springt auf und schreit, er wolle nichts mehr mit dem des
Segens Unwürdigen gemein haben. Der Herzog hat alle Mühe, ihn durch
Bitten und Geschenke zu versöhnen.[1]) Eine „Doctorbäuerin", die durch Zauber=
sprüche des Herzogs krankes Söhnlein geheilt, züchtigt er, vom Gaule springend,
mit Faustschlägen und schenkt, was sie vom Herzog zum Lohn erhalten —
eine Kuh — den Armen. Er setzte auch durch, daß der Herzog seine schöne
Gattin Biltrud verstieß, die Wittwe seines Bruders Theudibald, weil die
Kirche neuerdings solche Ehe verbot (Concil zu Rom V. April 721). An=
geblich wollte ihn Biltrud dafür ermorden lassen, er floh auf Warnung seines
Bruders Erimbert „vor dieser zweiten Herodias" nach Meran (721)
und kehrte erst nach Grimoalds Ermordung und Biltrudens Gefangennehmung
(oben S. 126) nach Nordbaiern zu Herzog Hugbert zurück (den er aber
doch wohl nicht erst jetzt getauft hat); er starb gleichwohl zu Meran (8. Sep=
tember 730), ward aber von seinem Schüler und Nachfolger Arbeo, der sein
Leben beschrieben hat, nach Freising übergeführt (769).

Einstweilen hatte bereits Wynfrith=Bonifatius auch für Baiern seine
großartige Thätigkeit begonnen; es heißt einseitig protestantische Anschauungen
des 16. oder 19. Jahrhunderts höchst widergeschichtlich in jene Zeit hinauf
tragen, erhebt man gegen diesen wahrhaft großen Mann die Anklage, die
„deutsche" Kirche Rom unterworfen zu haben. Die „deutsche" Kirche, d. h.
die christliche in den den Franken unterworfenen später „deutschen" Ländern,
mußte römisch werden oder sie ward gar nicht. Rückfall ins Heidenthum, Zer=
fall in wüsteste Sectirerei, äußerste Rohheit und Unbildung der Priester wäre
die Folge des Versuchs einer „deutschen" (! soll heißen fränkischen) National=
kirche, getrennt von Rom, gewesen.[2])

Seit 15. Mai 719 von Pabst Gregor II. mit der Bekehrung der heid=
nischen Deutschen beauftragt und 30. Nov. 722 unter dem Namen Bonifatius

1) Riezler I. 101.   2) Das Richtige sowohl gegen die einseitig römische Auf=
fassung Hubers als gegen die einseitig protestantische Werners Bonifatius 1875 bei
Riezler I, 102.

zum Bischof geweiht, bekämpfte er (unter Hugbert 735) einen Ketzer Erem=
wulf, der bedenklichen Zulauf in Baiern gefunden hatte.   Auch sonst aber
waren die Zustände der baierischen Kirche nichts weniger als befriedigend,
auch wenn man nicht den strengen römischen Maßstab eines Bonifatius an=
legte.   Von allen Bischöfen des Landes war nur Vurlo von Lorch=Passau
canonisch geweiht, übrigens auch keineswegs nach römischen Ansprüchen ge=
schult.   Auf der Rückreise von Rom folgte er Herzog Datilo's Einladung,
gliederte unter dessen und einer Landesversammlung Zustimmung Baiern in
vier Bisthümer, indem er Vurlo bestätigte, und Gawibald (nicht Garibald)
für Regensburg, Erimbert (oben S. 146) für Freising, Johannes für
Salzburg weihte; das Concil von Reisbach von 799 zeigt die Durchführung
der Pfarreien in allen diesen Bisthümern.   Als aber (743—747) der Nord=
gau von Baiern getrennt ward, gründete Bonifatius das Bisthum Eichstädt
(erster Bischof ward sein Stammgenosse Sanct Wilibald), dem von Regens=
burg der Westen des Nordgaus, von Augsburg das Sualafeld zugetheilt
ward.   Eichstädt ward unter Mainz gestellt und auch nach Errichtung des
baierischen Erzbisthums zu Salzburg belassen; es sollte der Nordgau wie
staatlich so kirchlich völlig von Baiern getrennt werden und bleiben.   Gleich=
zeitig ward, wie es scheint, auch die von Baiern und Alamannen gemischt
bewohnte Landschaft östlich vom Lech durch Pippin von dem Bisthum Augs=
burg gelöst und zu einem eignen Bisthum Neuburg erhoben, aber von Karl
dem Großen (800) wieder Augsburg unterstellt, unter einem Bischof Sintbert
(von Staffelsee? wohl nur Abt dieses Inselklosters).

Der größte Theil von Tirol gehörte zu dem Bisthum Seben, damals
(739) langobardisch, unter Tassilo III. wieder baierisch, der Vinstgau
gehörte von je zu dem Bisthum Chur.

Der Kampf des Bonifatius gegen die heidnischen Vorstellungen und Ge=
bräuche dauerte selbstverständlich fort, der wackre Herr hätte ihn noch heute
zu führen.   Dagegen überwand allmälig, obzwar nicht ohne harten Kampf, die
römische Zucht den Widerstand, welchen die in Baiern ältere, von Rom
unabhängige, Rom vielfach widerstreitende schottisch=irische Schule leistete,
geführt von dem Schotten Vergilius vom Kloster Hy, der nach des Jo=
hannes Tod das Salzburger Bisthum verwaltete und mit Bonifatius vor
Herzog und Pabst heftig haderte; so bitter war der Groll der Salzburger
gegen Bonifatius, daß in den Salzburger Kirchenannalen wie in dem
Verbrüderungsbuch von St. Peter dessen Name nicht einmal erwähnt wird.

Für Verbreitung des Christenthums in Baiern wurden wichtigste Burgen
die zahlreichen Klöster: St. Peter und Liebfrauenkloster in Salzburg,
Maximilianszell im Pongau, St. Emeranm in Regensburg, St.
Marien zu Freising, dann Wilibalds Kloster zu Eichstädt, das von
dessen Bruder Wunibald und Schwester Walburga zu Heidenheim, für
Mönche und Nonnen, des Britten Sola zu Solnhofen, Weltenburg
durch Wisund von Montecasino; Datilo stiftete Niedernburg in Passau

und Niederaltaich, Pfaffenmünster und Osterhofen, auch Mondsee. Unter König Pippin ward Tegernsee gegründet von zwei Brüdern (vielleicht Agilolfingen) Adalbert (erster Abt) und Otgar, gleichzeitig Ilmmünster, Isen und Altomünster. Besonders zahlreich waren die Klöster in dem westlichen Vorlande der Berge, das zu Augsburg gehört; eine einzige Sippe, zwei Brüder Waldbramn (Waltraban) und Eliland und ihre Schwester Gaileswintha (derselbe Name wie von Brunichildens Schwester III, 132), Verwandte Karls, daher vielleicht ebenfalls Agilolfingen, gründeten hier nicht weniger als acht: Schlehdorf, Kochel, Staffelsee, Solling, Wesso=brunn, Thierhaupten, Sandau und Siverstadt; sie überragte Benedict=beuren 740 von Bonifaz geweiht: „hier gewahrt man, was diese Stätten der Frömmigkeit auch für die materielle Hebung des Landes bedeuteten; gleich bei der Gründung des Klosters ward die Loisach überbrückt und durch das sumpfige Thal eine Straße geführt."[1]) Der Vorgang ist geradezu artzeichnend: die Klöster wurden zugleich Ausstrahlungsorte der Landespflege und der Volks= bildung wie des Christenthums, zumal seit sie alle mit Benedictinern be= setzt wurden, welchen ihres Meisters weise Regel wirthschaftliche Arbeit (neben geistigen und neben religiösen Pflichten) auferlegte.

Die ergiebigste Quelle für die weltlichen Zustände in dem Herzogthum ist auch hier die mannigfach ändernde und neuernde Aufzeichnung des alten Stammesrechts, der Lex Bajuvariorum. Während man früher mehrfache Redactionen unterschied, ist durch neuere Untersuchungen dargewiesen gegen= über den älteren[2]) Darstellungen, daß die drei allerdings deutlich unter= scheidbaren Bestandtheile der Lex nicht zu verschiedenen Zeiten geschaffen, son= dern gleichzeitig zu einem Ganzen verbunden worden sind. Das Gesetz enthält I. Vorschriften über die Stellung des Herzogs und der Kirche: Titel I—III; diese, starken Einfluß des Frankenthums bekundend, sind selbstverständ= lich in einer Zeit straffer Zugehörigkeit des Stammes zum Frankenreich ent= standen, aber die Gegner schwanken von 510—638 bezüglich der Entstehungs= zeit. Geistliche wurden gewiß bei dem Kirchenrecht, die fränkische Oberregierung bei dem Herzogrecht zugezogen. Tit. III spricht im Namen des Königs; Straf= recht, Privatrecht und Proceß wurden verzeichnet unter Mitwirkung heimischer

---

1) Riezler, I, 113, der mit Recht bemerkt, daß die Ungarneinfälle des 9. und 10. Jahrhunderts gar manche Klöster, deren Spuren nur noch Ortsnamen auf =zell und =münster andeuten, zerstörten. 2) Von (Paul v.) Roth, über Entstehung der L. B. München (1848); derselbe zur Geschichte des baierischen Volksrechts (1869). Merkel, d. baier. Volks=R. in Pertz Arch. XI (1858). Von Merkel stammt auch die (ungenügende) Ausgabe in den Mon. Germ hist., Legg III. Quitzmann, die älteste Rechtsverfassung der Bajuvaren, 1856, dazu aber Dahn, Bausteine II, 188. S. Mutzl, d. L. B. 1859. Waitz in d. Nachrichten d. Götting. Gesellsch. d. W. (1869) und D Verfass.=Gesch. II, 1. v. Muth, d. bair. Volksrecht (1870). Riezler, Forsch. zur d. Gesch. XVI. Es scheint mir in vielen — obzwar nicht in allen — Stücken das Richtige gefunden, von Brunner I, 313 f. Dieser Theil (über die Rechtsquellen) ist der trefflichste des trefflichen Buches.

Rechtskundiger (judices). In II. ist das Alamannenrecht benutzt und zwar auf der Stufe Lantfrids (oben S. 91, 92); wörtliche Entlehnung und die Reihenfolge der Gegenstände zeigen, daß nicht etwa — sonder Entlehnung — Uebereinstimmung der beiden Stammesrechte vermöge Urgemeinschaft vorliegt, sondern einfach Abschreiben, was freilich nur vermöge großer Aehnlichkeit des alten Rechts (und der neuen, Aenderungen erheischenden Zustände) möglich war. III. Endlich ist das Westgothenrecht benutzt und zwar gleichfalls in wörtlichem Abschreiben, so daß nicht etwa eine (durchaus unwirkliche) gothische Beimischung bei Entstehung des Baiernstammes zu Grunde liegt. Ueberzeugend und scharfsinnig hat man nun die Entstehungszeit der ganzen Lex — keine Handschrift ist älter als ca. 780 — auf die letzten Regierungsjahre Catilo's festgestellt: sie ist jünger als Lantfrids († 730) Lex Alamannorum, sie ist älter als Tassilo's Regierungsantritt (749), jünger als 739, indem sie mehr als Einen Bischof in Baiern voraussetzt (oben S. 147); sie ist entstanden unter einem merovingischen König, also nicht zwischen 737—743 (III, 807), da ein solcher fehlt. Die strenge Abhängigkeit Baierns vom Frankenreich, welche die Lex voraussetzt, fand nun aber gerade zwischen 744 und 748 statt,[1]) da der gefangene Catilo wieder zurückkehren und die Herrschaft übernehmen durfte. Nun ist allerdings auffallend, daß das in der Lex benutzte Westgothenrecht nicht das fortgebildete Kindasvinths oder Rekisvinths (I, 401) ist, sondern das der „antiqua". Allein dies ist nicht so befremdend, wenn man die „antiqua", richtiger Ansicht nach, auf Rekared I. (Ende des 6. Jahrhunderts) zurückführt, statt[2]) auf Eurich (Ende des fünften). Das Rekaredsche Recht von ca. 590 war wahrscheinlich bei dem Beutezug Dagoberts in Spanien ca. 632[3]) neben andern nachweisbar davongeschleppten Handschriften nach Gallien gebracht und so im Frankenreich bekannt geworden. In den letzten 50 Jahren des Gothenreiches seit Rekisvinths Rechtsneuerung (660—711) hatte unseres Wissens keine Beziehung zwischen Franken und Gothen mehr stattgefunden, diese Rechtsneuerung blieb also vollbegreiflichermaßen diesseit der Pyrenäen unbeachtet.

Ist es nun auch für unsere heutige Anschauung so gar befremdlich, daß bei der Neugestaltung eines Landrechts Stücke des Rechts eines fremden Volkes aufgenommen werden, und zwar in einer schon seit vielen Jahrhunderten ver-

---

1) Wir können daher hier Riezler I, 115 nicht beipflichten, auch ist es nicht „ein Fortschritt der Cultur", daß die Normen der Rechtsprechung den Richtern in lateinischer Sprache vorgelegt werden konnten. Im Gegentheil: es ist ein Zeichen, daß man von 500—740 noch nicht gelernt hatte, die doch fest stehenden germanischen Rechtssatzungen auch in der Muttersprache zu schreiben: die baierischen Grafen und judices verstanden gewiß nicht genug Latein — daher auch die vielen bajuvarischen Erklärungswörter — das Gesetz ohne Hilfe von Dolmetschen, oft gewiß Geistlichen, zu verstehen und anzuwenden, der des Latein kundige Gerichtsschreiber war schon deshalb unentbehrlich. Einfluß des Bonifatius — wenigstens mittelbar — auf die das Kirchliche betreffenden Sätze, Riezler I, 117, ist auch mit der von uns angenommenen Entstehungszeit voll vereinbar.   2) Wie Brunner I, 323 will.   3) III, 636.

alteten Fassung? War doch das Corpus Juris Justinians, als es in Deutsch=
land im 15. Jahrhundert als Rechtsquelle für die Deutschen aufgenommen
ward, ein Jahrtausend alt und galt es doch in seiner nun aufgenommenen
Fassung längst auch in seiner Heimat nicht mehr. Gilt doch das französische
Recht auf dem linken Rheinufer und in Baden nicht in seiner heutigen Fas=
sung, sondern in der in Frankreich selbst längst veralteten von 1806. Die
Herübernahme der antiqua (von 590) um 744 (statt um 632: — an
Theuberich I. 532 ist gar nicht zu denken) — ist nicht so viel unwahrschein=
licher, daß sie unmöglich würde. [1])

Unter Tassilo III. wird die Lex, wie sie uns vorliegt, vorausgesetzt und
angeführt (Synode von Aschheim v. 756 s. unten Urkunde und v. 772).
Nicht in verwirrsamer Weise eingeschaltet, wie sonst wohl mit Neuerungen an
den Stammesrechten geschah, sondern als Anhang jüngerer Handschriften der
Lex angefügt werden Rechtserlasse aus der Zeit Tassilo's III. und Karls: so
die Beschlüsse einer 772 zu Dingolfing unter Tassilo's Vorsitz abgehaltenen
Landesversammlung, welche die Rechte von Kirche, Adel und Volk gegenüber
dem Herzog wahrt, und die Beschlüsse einer ähnlichen Versammlung zu
Reuching von 774 oder 775. Dazu kommen zwei Capitularien Karls von
810 und von 801—813.

Von der Verfassung und den Rechtszuständen bleibt das gemein=
germanische auch hier (wie oben S. 92) ausgeschlossen von Wiederholung.

Scharf tritt die Stellung des Herzogs an der Spitze des Stammes
hervor: der Anspruch auf die Würde haftet an dem Mannesstamm der
Agilolfingen, jedoch fehlt es — wie bei dem Königthum (I, 108) — an
einer bestimmten Folgeordnung. Das Volk wählt (offenbar auf einer hiefür
zu berufenden Stammesversammlung) unter den mehreren Schwertmagen, aber
der Frankenkönig hat das Recht der Einsetzung, d. h. der Bestätigung oder
Verwerfung der Wahl. Waffenreise ist zwar für die Wählbarkeit nicht er=
forderlich (s. oben S. 128, Tassilo III.), allein persönliche Regierungsfähigkeit
wird doch insofern verlangt, als die Bestimmung des Gesetzes, welche dem
Sohn des Herzogs verbietet, den Vater zu verdrängen, voraussetzt, der Vater
sei noch fähig, ein Urtheil zu fällen, im Heerbann mit auszuziehen, mannhaft
zu Roß zu steigen, die Waffen heldenhaft zu führen, daß er weder blind noch
taub sei und dem Bann des Königs allerwege gehorsamen könne. Fehlt es
also hieran, darf der Sohn den Versuch machen, an des Vaters Stelle die
Herrschaft zu führen, selbstverständlich in gesetzlicher Weise, also wohl unter
Befragung der Stammesversammlung und des Königs. Während der Lösung von
den Merovingen haben herzogliche Brüder getheilt, Theodo und Tassilo III.
haben jeder den ältesten Sohn zum Mitherzog erhoben. Der Herzog schuldet dem
König Treue: Vasallentreue sogar seit 749, 781 und 787. Abgesehen von dieser
Unterordnung übt der Herzog in eignem Namen, nicht in des Königs Namen,

---

1) Nach Brunner soll der Zwischenraum ja noch viel größer sein 481—744.

wohl aber kraft dessen Auftrags, den Heerbann, den Gerichtsbann, den Amtsbann, den Finanzbann, unter Mitwirkung der Stammesversammlung die Gesetzgebungshoheit, die Kirchenhoheit, ja auch die Vertretungs= hoheit gegenüber Langobarden, Slaven, Avaren. Er übt das Bann= recht mit so zwingender Wirkung, daß sein Befehl sogar die Tödtung eines Menschen straflos macht (ähnlich die Merovingen III, 389), er urkundet mit seinem Sigel (vergl. III, 43). Er, — sein Wergeld ist mehr als fünfmal so hoch als des Gemeinfreien —, sein Palatium, sein Gut erfreuen sich erhöhten Friedens, Streit im Palatium, der zu Waffenzücken führt, wird, abgesehen vom Schadensersatz, mit dem großen Friedensgeld (— 40 Solidi) bedroht; Diebstahl hier verübt wird 3 × 9 gebüßt. Aufruhr („carmula") gegen den Herzog büßen die Rädelsführer — bezeichnend ist, daß solche Edelinge oder große Grundeigner vorausgesetzt werden — mit 600, denselben gleich stehende Anhänger mit 200, kleine Freie mit nur 40 Solidi; man sieht, diese gelten als viel (fünfmal) ärmer und entschuldbarer, weil abhängig. Später wird schon der entfernte Versuch des Herzogsmordes mit dem Tode bedräut; die übrigen Agilolfingen — es scheint viele Zweige des Geschlechts gegeben zu haben, vergl. III, 609 — haben das vierfache Wergeld der Gemeinfreien. Der Herzog eignet sonder Unterscheidung von privatem und (herzoglich=) fiscalischem Gut (wie bei den Franken oben S. 51) außer der großen ursprünglich erworbenen sors die ehemaligen Güter des römischen Fiscus mit den darauf verbliebenen Sclaven und Colonen: daß aber alle (z. B. Quintinus?) im Lande verbliebenen Römer dem Herzog (privatrechtlich) zinspflichtig geworden, läßt sich nicht erweisen. Dem Fiscus gehört auch alles herrenlose Land und erblose Gut, Strafgelder, eingezogene Güter, Schatzung der Slaven mehren seine Einnahmen; als Beamte begegnen Kämmerer, Kanzler, Capellan.

Die fünf Adelsgeschlechter, wahrscheinlich ursprünglich gaukönigliche (oben S. 124), der Huosi, Trozza, Fagana, Hahilinga, Anniona leben zum Theil wenigstens in Ortsnamen lange fort. „Die Huosi, noch im 9. Jahrhundert auch aus Urkunden bekannt, saßen in den Thälern der Amper, Glon, Ilm und Saar und haben dem Huosigau den erkenn= baren Namen gegeben." Zwischen Isar und Inn scheinen die Besitzungen der Fagana gelegen zu sein (Fagen an der Mangfall, bis ins 13. Jahr= hundert Herrn von Fagen, aber ungewiß ob von jenen entstammt);[1]) ihr Wergeld beträgt das Zwiefache des Wergeldes der Gemeinfreien.

Jene Edelfreien bilden aber doch nur die oberste Schicht dieser gemein= freien Freigebornen (ingenui); es folgen die Freigelassenen (frilaz) mit einem Wergeld von ¼ des Wergeldes der Freien und die Unfreien, letztere können kein Wergeld haben, außer ihrem Werth ist dem Herrn ¼ des Wer= geldes der Freien als Buße zu entrichten, höher gewerthet sind die servi fiscalini und ecclesiastici. Die Vollgrundeigner allein haben die Gerichts=

---

1) Riezler I, 122.

rechte: Waffenrecht (und -Pflicht) und das unverschorene Haar kommen allen Freien zu.[1] Das fränkische Vasallitäts- und Beneficialwesen drang auch in Baiern ein.

Das Land war gegliedert in Gaue, ursprünglich vielleicht nur vier, nach den Himmelsgegenden Süd- (Sunder-), Nord-, West und nur vermuthet, nicht bezeugt, Ost-gau: später werden diese alten großen Gaue in mehrere kleinere zerlegt. Hundertschaften sind in Baiern durchaus nicht vorhanden.[2]

Der baierische Graf (Grafschaft — Gau) nimmt gegenüber dem Herzog etwa dieselbe Stellung ein wie der fränkische gegenüber dem König, doch behält er nur $\frac{1}{3}$ (nicht $\frac{1}{2}$) der Wetten- und Banngelder. Unter dem Grafen steht der Schuldheisch; eigenartig ist den Baiern der judex, ein Rechtskundiger, den der Graf — wie das Gesetzbuch — zum Gericht mitzubringen .hat. Der judex findet zuerst das Urtheil, der Umstand stimmt, ausdrücklich oder still-schweigend, bei, kann aber auch, — und damit ist der Grundsatz des Genossen-gerichts voll gewahrt, — widersprechen und ein anderes Urtheil finden; der judex entspricht dem friesischen Asega. Wissentliches Falschurtheil muß der Richter mit Doppelersatz an den Verletzten und dem Friedensgeld (40 Solidi) an den Fiscus büßen.

Außerordentliche von dem Herzog entsendete Beauftragte unter Tassilo III. ähneln den fränkischen Königsboten (oben S. 80). Die ungebotnen Dinge treten alle 28, später alle 14 Nächte zusammen: gerichtspflichtige Freie, auch Bassen des Königs oder Herzogs, die ausbleiben, zahlen 15 Solidi. Die Gerichtsstätte heißt placitum (schwerlich doch der Ort „Urteil!"), es gab deren mehrere in jedem Gau; wie die Gliederung des Gaues hiefür hieß, wissen wir nicht. Hundertschaft hieß sie nicht, „contena" wird ausdrücklich als ein Baiern fremder Ausdruck bezeichnet. Wahrscheinlich fehlte es an solcher Benennung ganz, sie war neben der von Dorf, Höferschaft und Mark über-flüssig. Der Gau zerfiel also wohl ohne weitere Mittelstufe[3] in Gemeinden, Marken,[4] Dörfer, Höfe. Die Gerichtsstätte — die alte Stätte der Volks-,

---

1) Nicht deutlich unterscheiden sich die persönlich freien, aber zinspflichtigen, — die Frauen heißen „bar-wip" — „barakalken" (Schmeller, baier. Wörterbuch 2. Aufl. Sp. 263) von den hierin ihnen gleich stehenden römischen, auf der Scholle verbliebenen coloni; über aldiones s. Langobarden; der Hilti-skalk (— Adal-skalk) ist ein unfreier Kampf-Knecht, d. h. der geschützt ist, in den Frehden des Herrn die Waffen zu führen. 2) Die entgegengesetzte Ansicht (I, 126) wird Riezler nun wohl auf-geben, vgl. D. Gesch. I b, 481. 3) Damit löst sich auch die Schwierigkeit der Stelle L. Baj. II, 14, der Gerichtspflichtige wußte — das war volkskundig — an welchem placitum des Gaues er zu erscheinen hatte; unmöglich hätte er alle 14 Nächte an allen placita des Gaues Theil nehmen können. Placita des ganzen Gaues gab es nicht. Riezler I, 136 muß daher einräumen: „es fehlt an jedem Anhalt zur Ent-scheidung der Frage, wie sich die Markgenossenschaft örtlich zu der Hundertschaft ver-hält!" Sehr begreiflich, da es gar keine Hundertschaft gab! 4) Der Gemeinde-genoß Kalasneo ist wohl am Besten von Riezler I, 136 erklärt. Ka — ge, la — lack — Gränze, also Mit-gränzer, wie Ge-selle, Ge-noß.

also auch Opferversammlung — war im Freien, unter alten Bäumen,[1]) später in Basiliken, zuletzt wohl in den palatia und villae.[2])

Das große Friedensgeld, das (neben Wergeld oder Buße an den Ver- letzten, z. B. für Diebstahl neunfacher Ersatz) an den Herzog zu zahlen ist, beträgt 40 Solibi bei Aufstand, Raub und Diebstahl im Heerbann, Menschen- raub, Brand, Verletzung des Haus=, zumal des Kirchenfriedens, das kleinere 12 Solidi für Ungehorsam gegen den Bann, zumal Gerichtsbann, des Herzogs, Hehlerei u. A. Todesstrafe (mit Vermögenseinziehung) bedroht Hoch= oder Landesverrath, vorbehaltlich der Begnadigung durch den Herzog, Prügelstrafe sogar Freie wegen Verletzung der Heereszucht; Verknechtung trifft Geschlechts= verbrechen und wiederholte Sonntagsentheiligung, — ein Zeichen, mit wie scharfen Mitteln der Stat seiner jungen Statskirche Gehorsam erzwang! Gemein- germanisch ist die Verknechtung wegen Zahlungsunfähigkeit, ebenso die Prügel= strafe für den Unfreien, wo der Freie wettet und büßt.

Die Fehde — ein in den Hof geschossener Pfeil verkündete sie, andere Bedeutung hat der nordische Heerpfeil — (Herireita, wenn 42, Heimzucht, (Heimsuchung) wenn weniger Schilde) — ist zwar bei hohem Friedensgeld im Allgemeinen verboten, jedoch für Mord eines Gesippen ist sie den Gesippen und Nachbarn bei Beschränkung auf die Blutrache an dem Mörder insofern frei gegeben, als die Rächer sich lediglich durch Pfand verpflichten müssen, später dem Richter sich zu stellen.

Das ursprünglich dem Freien zugetheilte „Los" (hluz) hatte zum Ein= heitsmaß die Hufe (hopa — mansus, hier = 45 Joch). Das Holz= Gehöft ist von dem Holz=Zaun (Ezzistan) umhegt, dieser durch die wagerechte Ettergerten (Etor-Karten) zusammengehalten. Steinbauten werden (abgesehen von den wenigen Städten) zuerst von Kirchen und Klöstern aufgeführt und deren Colonen zu Frohnden hierbei — Stein= und Kalk=Fuhren — eifrig angehalten;[3]) die einzelnen Bestandtheile des Hauses haben ihre besondere Werthung bei Schädigung.

Der Hausfriede wird auch sonst gewahrt: zwar darf der Bestohlene die Deube (d. h. die Stehlsache) in fremdem Hause suchen (soli-sohan, Sal= suchen) — der Hausherr, der sich widersetzt, verwirkt das große Friedensgeld — aber wer gewaltsam einbringt und sucht, ohne zu finden, büßt 6 Solibi.

Die Almwirthschaft wird auch nach der Einwanderung der Marko= mannen in der bisherigen Weise und zwar gewiß meist von den vorgefundenen Unfreien oder Colonen, welche, wie in Gallien (oben S. 4), nur den Herrn wechselten, fortgeführt, daher die vielen romanischen Namen der Unfreien in den Urkunden, daher die vielen lateinischen Kunstausdrücke in der Almwirth=

---

1) Vgl. J. Grimm, Rechtsalterthümer.   2) Ueber die Zuständigkeit der Gerichte für Personen, Sachen, Grundstücke, Vergehen s. D. Gesch. I b, 639 f.; über den testis aure tractus s. oben; über den gerichtlichen Kampf weba-diog — wik-ding Bau= steine II, er war ursprünglich nicht Gottesurtheil; anders Riezler 1, 131. 3) Treffend Riezler 1, 137.

schaft (oben S. 137). Dasselbe gilt vom Weinbau im Etschthal und an der Donau; man pflegte im Mittelalter die Rebe freilich noch viel weiter nördlich (ja sogar — schrecklich vorzustellen! — bei Marienburg in Preußen!), indem man den Wein durch Honig und Gewürz genießbar machte. Uebrigens ist „Win" in Flurnamen[1]) meist nicht „Wein", sondern Wunn — Weide.

Von Obst werden nur Aepfel und Birnen erwähnt. Die Bienen-zucht der Zeidler, Imker war altgermanisch, nicht erst von den Römern zu erlernen. Ein Strohwisch (wiffa, vgl. neuenglisch waif) warnt unter An-drohung der Pfändung vor Beschreiten der Flur, Entfernung wird mit 1 So-lidus gebüßt. Gränzzeichen sind in Bäume gehauen, aber auch Marksteine finden sich. Die uralten, sogar vorkeltischen, dann keltisch-römischen Berg-werke zu Hallstatt, aber auch andere[2]) werden ebenfalls von den im Lande verbliebenen Arbeitern für Rechnung der neuen Herren fortbetrieben.

Bezüglich des Ackerbaues, der Viehzucht und Jagd gilt das oben bei den Alamannen Erörterte fast ganz ebenso von deren Nachbarn:[3]) das Streitroß heißt Marach (Mähre, damals durchaus nicht in abschätzigem Sinn), das Zugpferd Wilz, das zum Kriegsgebrauch untaugliche „angar-nago"; eine volle Schweineherde zählt 72 Stück, von den Jagdhunden und Jagd-vögeln mancherlei Art (Leit-hund, Treib-hund, Spür-hund, Biber-hund, Hapi-hunt, Howa-wart, Krano-hari, Gans-hapuch, Anotha-hapuch, Sparvar) handeln zwei Titel des Gesetzes; man jagte auch den Steinbock; das Elch lebt in Ortsnamen fort.

Auf die Auflassung der Grundstücke folgt die Einlagerung (drei Tage und drei Nächte bewirthet der neue Eigenthümer den alten); die In-vestitur ist wohl erst aus dem Frankenrecht herübergewandert, doch kannte man eine andere Weise, dem Erwerber Frieden zu sichern: firmare, suiron). Ausdrücklich verstattet das Gesetz, gleich am Eingang, dem Eigner, auch Grundstücke der Kirche zu schenken, nachdem er mit seinen Söhnen getheilt, also diesen eine Art Pflichttheil gewährt hat.

Verboten wird der Gebrauch vergifteter[4]) Pfeile gegen Menschen: auch sonst findet sich, bei aller Rauhheit der Sitten und Zustände, — wegen Straßenraubes waren die baierischen Wege gefürchtet![5]) — mancher ideale,

---

1) Was Riezler I, 137 hervorhebt. 2) Salz, Eisen, Silber, im Pongau Gold, Riezler I, 137. 3) Verboten wird das Schädigen fremder Aerndte durch Zaubermittel „aranskarti" — heute noch lebt im Volksglauben der „Bilwis-schneider". Dahn, Bavaria I. 1860. 374. 4) Selbstverständlich kannten schon die alten Germanen die Gifte der Pflanzen und Schlangen ihrer Wälder; daß ein Chatten-fürst Gift von Tiberius habe erbitten lassen, da er Armin tödten wollte, ist täppisch gelogen von dem Imperator. Gifttränke werden bestraft III, 11. 5) Riezler I. 40, dem ich aber nicht beipflichten kann in Auslegung von XVIII, 4; das repererint beweist, daß das Raubgevögel zufällig die Leichen gefunden hat, nicht absichtlich mit diesen geködert wurde. Der ganze Titel handelt ja von frommer Pflege der Leichen, der uralt heidnischen Sittenpflicht (I, 130, auch Dahn, Walhall, Kreuznach, 9. Aufl. 1889. S. 181), die nun vom Christenthum eingeschärft war; der Zusammen-

feinere Zug: so erhält das Weib, weil es sich nicht selbst mit den Waffen schützen kann, als idealen Schild des Rechts das doppelte Wergeld des Mannes, während andre Stammesrechte ihm nur das halbe des Mannes oder nur während der Gebärfähigkeit ein höheres gönnen. Ueberhaupt ist die weibliche Ehre hoch gewerthet: wer einer Jungfrau auch nur die Flechte des Haares löst, wird ebenso hart gestraft wie wer einen freien Mann vergiftet! Wer seine Braut verläßt, muß ihren Gesippen 24 Solidi zahlen und mit 12 Eidhelfern schwören, daß er es — nur aus Liebe zu einer andern gethan! wodurch nämlich jeder Vorwurf von der Verlassenen feierlich abgewehrt wird.

Bildung und Wissenschaft, auch Dichtung waren nun fast ausschließend christlich, kirchlich:[1] das Schönste freilich an dem schönen Wessobrunner Gebet (ca. 814) und an dem Muspilli ist nicht das Christliche, sondern das vorgefundene Heidnische, das nur wenig durch die christliche Ueberlieferung verdeckt ist. Die noch in der Heidenzeit entstandenen Sagen von Dietrich von Bern, von seinem Rosengarten, von Alboin, die lebhaft in Baiern im Schwange gingen, sie sind verschollen.[2]

Die Stellung der fränkisch-agilolfingischen Statskirche tritt uns in dem Gesetzbuch als eine allherrschende entgegen: Heidenthum und Ketzerei werden vom Stat mit allen Zwangsmitteln bekämpft. Das Vermögen der Kirche, auf dessen unablässige Mehrung der Papst drängte, wird streng befriedet, 27facher Ersatz für Diebstahl in (d. h. aus) der Kirche (ebenso wie im Palast des Herzogs, in der allzeit offnen Mühle und Werkstatt), neunfacher Ersatz jeder der Kirche entwendeten Deube, doppeltes Wergeld der (niederen) Geistlichen, dreifaches der Priester, Entführung einer Nonne (Braut Christi) doppelt so schwer gebüßt wie der Braut eines Andern: bei Tödtung eines Bischofs muß der Tödter eine nach dem Maße des Getödteten hergestellte Blei-Tunica mit Gold aufwiegen, — übrigens ein altheidnisches Strafmaß,[3] — und falls er es nicht kann — und er konnte es nie![4] — wird er (mit Weib und Kind!) der Bischofskirche verknechtet. Diese furchtbare Strenge ward verhüllt durch die scheinbare Möglichkeit der Lösung durch Gold. Offenbar

---

bang des letzten Absatzes von den Schiffen mit den Leichen beruht offenbar auf der oft wahrnehmbaren Gleichstellung von Sarg und Schiff; der Einbaum diente beiden Zwecken. Ueber die Todtenbestattung vergl. oben S. 96, noch heute verwendet man im Lande die Todtenbretter: Rech- (von reh — Leiche) bretter (Dahn, Bavaria I, 413) wie in der Lex (XIX, 6) geschildert: heidnischer Brauch und Glaube verlangte auch, daß der Eigner des Unfreien oder nächste Schwertmag des Freien bei der Bestattung zuerst Erde auf den Todten werfe, vorgreifende andere machen sich sittlich-religiös schuldig. Dies Stück Heidenthum „falscher Richter" wird bekämpft XIX, 6, 2.

1) Ueber Runen in Baiern s. W. Grimm, Deutsche Runen S. 111. 2) Holland, Geschichte der altdeutschen Dichtkunst in Baiern. Müllenhoff und Scherer, Denkmäler Deutscher Poesie und Prosa S. 163—243. 3) Deutsche Geschichte I a, 230. J. Grimm, D. Rechtsalterthümer S. 672. 4) Mit Recht Riezler I, 119.

in Erinnerung an Emeramn (oben S. 145) wird eingeschärft, einen Bischof wegen vermuthlichen Unrechts doch nicht gleich todt zu schlagen, sondern vor König oder Herzog oder Landesversammlung zu verklagen, wobei wegen Mordes, Landverraths oder Geschlechtsverbrechen Absetzung und Verbannung des Bischofs, aber nicht Todesstrafe,[1] versprochen wird.

Das Zufluchtrecht der Kirche wird durch das große Friedensgeld und den gleichen Betrag als Buße geschützt; die Sonntagsentheiligung wird mit Prügel und Verknechtung geahndet, auch Reisende in Schiff oder Wagen müssen Sonntags rasten bei Meidung des kleinen Friedensgeldes; die Ehelosigkeit der Priester und Diakone ist jetzt (anders noch 716, oben S. 145) durchgesetzt; nur Mutter, Tochter, Schwester des Priesters darf bei diesem hausen.

Die Bischofskirchen und Klöster wurden aber auch wirklich die „Herdstätten der höheren Cultur".[2]   Schon St. Ruprecht bildete junge Baiern zu Salzburg in den Wissenschaften aus.   Die weise Regel Sanct Benedikts gebot Abwechselung von Handarbeit mit wissenschaftlicher Forschung, gebot Anlegung von Büchereien.   Auch ein Agilolfing, Bischof Wikterp († 756) von Augsburg war ein Gelehrter, er richtet (754) an einen Fürsten Ermahnungen: es war gewiß Taſſilo III., der des Schreibens kundig und in der Bibel bewandert war.   Ein hervorragender Baier (edler Geburt) war Sturmi, des Bonifatius Schüler und seit 744 Abt von Fulda (aber Tutti, „der Grieche", Abt von Chiemſee, war weder Grieche noch Baier, sondern Schotte).   Arbeo, 763 Abt von Scharniz, 764 Bischof von Freising († 4. Mai 784), war als Kind von St. Corbinian aus der Passer (bei Meran) gerettet, dann von Corbinian und dessen Bruder Erimbert erzogen worden: „seine Lebensbeschreibungen von St. Emeramn und St. Corbinian weisen ihm den Ehrenrang des ältesten baierischen Schriftstellers zu."[3] Letztere Schrift widmete er dem gelehrten Vergil von Salzburg, dem Widersacher des Bonifatius, dem wir die Schrift „über die Belehrung der Baiern und Kärnthner", sowie das Verbrüderungsbuch von St. Peter zu Salzburg (Verzeichniß hervorragender oder für das Kloster wichtiger Personen) verdanken und der die Lehre von der Kugelgestalt der Erde und den Gegenfüßlern verfocht (wofür ihm Pabst Zacharias ganz folgerichtig mit Absetzung und Kirchenbann drohte), übrigens ein Schotte war.   Aus karolingischer Zeit sind zu nennen: Arn, Diakon am Hofe Karls (nach 778 unten „Literatur") 782 Abt von St. Amand, 785 Bischof, 798 Erzbischof von Salzburg († 821).[4] Leidrab, 782 noch in Baiern, dann Königsbote Karls, 799—813 Bischof von Lyon, bis er in das St. Medarduskloster trat († 28. Dec. 816) und Eigil, der Schüler und Geſippe Sturmis, schon als Kind in das Kloster Fulda gebracht, dort 20 Jahre von Sturmi erzogen,

1) Vgl. D. Gesch. 1b, 631.   2) Riezler I. 117.   3. Ebenda S. 148.
4) S. sein Lob bei Wattenbach I, 149; mehr als 150 Bücher ließ er schreiben.

Eigils Bau in der St. Michaelskirche zu Fulda; im jetzigen (restaurirten und etwas
veränderten) Zustande.

dessen Leben er auf Bitten Angiltrudens, vielleicht einer Nonne von Bischofsheim, schrieb; er war ein Freund Eginhards, sein Leben († 15. Juni 822)
schrieb Bruun (Candidus), Eginhards Schüler; er preist Eigils Bauten,
zumal das noch heute stehende Achteck der St. Michaelskirche zu Fulda.[1]

1) Wattenbach I, 218—220.

Von Tassilo ist übrigens hervorzuheben, daß er bei der Verdeutschung von Kärnthen und Steiermark zugleich eifrig für Verbreitung des Christen= thums sorgte: wie früher die Römer gegenüber den Gothen, die Franken gegenüber den Sachsen, Friesen, Thüringen, Alamannen, Baiern, so erkannten nun die Baiern gegenüber den Slaven, daß die statliche Unterwerfung Hand in Hand gehen müsse mit der zwangsweisen Einführung der Statsreligion. der Statskirche an Stelle der alten vollsthümlichen Götter.

Die slavischen Karantanen waren im 6. Jahrhundert von Kärnten und Steiermark aus allmälig weiter gen Westen vorgedrungen, plündernde Fahrten — zugleich Erkundigungsritte — gingen voraus, dann folgte das Eindringen zu dauernder Besitznahme des Landes. So hatten sie Anfang des 8. Jahr= hunderts im Pongau gebrannt, auch die Cella Sanct Maximilians, Sanct Ruprechts fromme Stiftung, verheert. Um das Jahr 740 aber riefen sie die Hilfe der Baiern an wider die avarischen Dränger im Osten. Der baierische Heerbann erschien alsbald in Kärnten, wehrte die Avaren ab, unter= warf aber das Land den Franken und nahm Kakaz, den Sohn, und Chotimir, den Neffen des Häuptlings Boruth, als Geiseln mit. Kakaz — er war Christ geworden — ward auf Befehl Pippins in der Folge entlassen, seinem Vater in der Herrschaft zu folgen. Chotimir war auf Herrenchiemsee von dem Priester Lupo als Christ erzogen worden; als er des Kakaz Nach= folger ward, nahm er Lupo's Neffen, den Priester Majoranus mit; schon unter= wegs suchte er das Heiligthum Sanct Ruprechts zu Salzburg auf, beugte dort demüthig sein Haupt vor Sanct Peter und gelobte ihm jährliche Schatzung. Von Salzburg aus erfolgte dann unter Chotimirs eifrigem Schutz die Be= kehrung des Volkes, aber nach dessen Tod (ca. 770) siegten die heidnisch und volksthümlich Gesinnten im Land, die Priester wurden vertrieben, die baierische Herrschaft abgeschüttelt. Jedoch Tassilo unterwarf das Land 772 aufs Neue und ihr Häuptling (duces nennen die Quellen auch diese Chane) Wal= tunt (was doch wohl germanisch ist) forderte Bischof Vergil von Salzburg zur Wiederaufnahme des Bekehrungswerkes auf, das nun eifrig gefördert ward. Gleichzeitig erwarb die Kirche gewaltigen Grundbesitz, zumal durch Schenkungen Tassilo's, der auch eine ganze Reihe von Klöstern gründete. Vor allen sind zu nennen „als kühn vorgeschobene Posten zur (Bekehrung und) Germanisirung der Slaven"[1] das Münster an der Krems, mit seinem Sohne Theodo, dem er (777) die Mitherrschaft eingeräumt hatte. Fatir aus Nieder=Altaich ward als erster Abt berufen; unter den der Stiftung geschenkten Gütern ist ein Salzwerk (am Sulzbach): viele Unfreie, Fischer, Imker, Winzer, Schmiede werden mit geschenkt, außerdem vierzig neu angesiedelte Sippen aus der Fremde; die benachbarten Slaven sollen die bisher dem Herzog entrichtete Schatzung fortab dem Kloster leisten unter genauer Verzeichnung und Be= gränzung ihrer Ländereien durch den Abt und den herzoglichen Grafen auf

---

1) Riezler I, 156.

Grund eidlicher Angaben des Häuptlings (Zupan) Fysso (Fisço?). Im Jahre 763 hatte ein Edeling Reginprecht in der öden Isar-Wildniß am Karwendel das Kloster Scharnitz gegründet (unter Zustimmung des Herzogs und der Vornehmen'. Im Jahre 769 schenkte Tassilo zu Bozen (oben S. 129. III, 958) diesem Kloster Scharnitz Innichen (nicht Aguntum) auf der eisigen (daher campus gelatus, verdeutscht: „Feld Gelau") Hochebene des Pusterthals unter der Auflage, dort ein Kloster behufs Belehrung der umwohnenden Slaven zu errichten, was erst später Bischof Atto von Freising: Arbeo's (764—784) Nachfolger (784—810), ausführte. Schon früher hatte Arbeo das Mutterkloster aus der rauhen Felswildniß der Scharnitz nach Schlehdorf am Kochelsee verpflanzt, wo schon unter Oatilo eine Cella errichtet worden war. Wohl mehr der Legende als der Geschichte gehört es an, wenn noch zahlreiche andere Klöster sich auf Tassilo zurückführen.¹)

Sehr merkwürdig sind die drei von Tassilo abgehaltenen Versammlungen von geistlichen und weltlichen Großen zu Aschheim (nach 755, da die Beschlüsse der Kirchenversammlung zu Verneuil (755, III, 892) benutzt werden), zu Dingolfing (769/770) und zu Neuching (bei Erding 14. Oct. 771): nicht ein Wort ihrer Beschlüsse deutet irgendwie Zugehörigkeit Baierns zu dem Frankenreiche an. Tassilo's Land und Herrschaft hießen „regnum".

Dagegen ist es nicht richtig,²) eine Abweichung dieser Versammlungen von den fränkischen darin zu finden, daß in Baiern weltliche Große auch über rein kirchliche Fragen wie Geistliche beschlossen hätten; zur Berathung wurden sie allerdings zugezogen, aber ihre Unterschriften unter den Acten fehlen, welche allein doch das beweisen würden, wie freilich auch die der Geistlichen. Es war vielmehr wie im Frankenreich: über weltliche Dinge beriethen und beschlossen Geistliche wie Laien, über kirchliche beriethen beide, beschlossen aber nur Geistliche. Zu Aschheim werden nicht Gesetze erlassen, nur Forderungen an den noch sehr jungen Herzog (aetate tenerulum) gerichtet. Wohl im Hinblick auf die eigenmächtige Verfügung Karl Martells und seiner Söhne über das Kirchengut wird dem Jüngling Scheu und Schutz vor und für Kirchengut eingeschärft. Verwandtenehen sollen getrennt und mit Vermögenseinziehung — sonst nur bei schwersten Verbrechen — geahndet werden, wie schon früher zu Aschheim beschlossen worden.³) Der Herzog soll jeden Samstag oder doch jeden Monat selbst Gericht halten, dabei stets einen Priester zur Seite haben, auch seinem weltlichen Sendboten stets einen Geistlichen zugesellen (vgl. oben S. 80). Dagegen Beschlüsse, nicht blos Forderungen, Gesetze sind die Erlasse von Dingolfing: schwere Strafen für Sonntagsentweihung, für Heirath einer Nonne, Recht auch des Adels, an die Kirche Grundstücke zu

¹) So nach Riezler I, 157 Mattsee, die beiden Klöster auf den „Auen" im Chiemsee, Wessobrunn nahe dem Ammersee, Schäftlarn (762), Schliersee, Gars (Karos), St. Castulus in Moosburg, in der Zeit Tassilo's entstanden die Cella Au am Inn, Waging im Chiemgau, St Peter zu Wörth bei Regensburg.   ²) Mit Riezler I, 168.   ³) L. B. VII, 1—3 (vgl. oben S. 149).

schenken; wer einen homo des Herzogs tödtet, verwirkt Einziehung des Vermögens; (Fürsorge für adelige Frauen.) Landschenkungen des Herzogs sollen nicht im Thronfall erlöschen, auch im Lehenfall vererben, nur wegen infidelitas eingezogen werden.[1]) Das Wergeld des Abalschallen soll nicht geringer sein als zur Zeit der Vorgänger.[2]) Die 18 Volksgesetze (leges populares) von Reuching behandeln, außer einigen kirchlichen Fragen, (— die Eingriffe der Mönche in die Thätigkeit der ordentlichen Pfarrer werden abgewiesen, vgl. oben gegen die Iren —) Diebstahl, Unfreie, gerichtliches Verfahren, zumal gerichtlichen Zweikampf (wechadink, champfwik), wobei Zaubermittel ausgeschlossen werden, und das Verbot heidnischer Worte bei dem „stap-saken".[3])

Wir haben die baierischen Dinge ausführlicher als die Geschichte und Zustände der anderen Stämme dargestellt, einmal, weil für jene die Quellen reichlicher fließen als für Burgunden, Thüringe, Frisen, Sachsen, — dann weil manches Bajuvarische ähnlich auch für die Alamannen gilt, und endlich, weil eine gleich ausführliche Verwerthung der Angaben bei allen Stämmen einen zu großen Raum in Anspruch genommen haben würde.

1) Vgl. Deutsche Geschichte I b, 698. 2) Was aber sicher nicht, wie Riezler I. 161 meint, heißen kann: „als bevor sie sich dem Herzog geeignet hätten". 3) Ein Gottesurtheil, nach Art der Kreuzprobe, nur daß in heidnischer Zeit das Kreuz nicht vorkam, die Entscheidung lediglich in dem längeren Ausgestreckthalten des Armes lag. Dahn, Gottesurtheile, Bausteine II, Berlin 1880, S. 42.

Fünftes Capitel.

Die Frisen.[1]

Der Name der Frisen ist einer der alterältesten unter den germanischen Völkerbezeichnungen: schon Drusus der ältere gewann sie für Rom. Sie gehören mit den Sachsen zu den Ingväonen: gleich von Anfang bedeutet der Name nicht eine Einzelvölkerschaft, sondern eine Mittelgruppe innerhalb der großen ingväonischen (später niederdeutschen) Hauptgruppe: denn sie gliedern sich in Groß=Frisen (östlich) und Klein=Frisen (westlich der Dsel,[2] was bei einer Einzelvölkerschaft nie begegnet,[3] stets größeren, mehrere Theile umfassenden Verband voraussetzt. Um diese Gliederungen zu verstehen, sind wir auf den Sprachgebrauch des Mittelalters angewiesen: solches Verfahren ist stets mißlich und auch hier nur mit Vorsicht anzuwenden: nur mit Vorbehalt ziehen wir also die spätere Eintheilung heran.

Im Mittelalter verstand man unter Frisland das ganze Küstengebiet von der Weser im Osten bis zu dem Sinkfala im Westen: dies war ein Fluß und Hafen nördlich von Brügge, südwestlich von Walchern, jetzt das Flüßchen 't Zwin, das nördlich von Sluis in die See geht. Dies gesammte Frisland gliedert sich in drei Hauptlandschaften: 1) Ostfrisland von der Weser bis Laubachi, de Lauwers, welche, die heutigen Provinzen Groningen und Frisland scheidend, in den „Lauwers Zee" genannten Busen mündet: es umfaßte die Provinz Groningen, das preußische Ostfrisland und das nördliche Oldenburg. 2) Mittelfrisland von der Lauwers

---

1) Karl Freiherr von Richthofen, Frisische Rechtsquellen, Berlin 1840. Derselbe, Frisisches Wörterbuch, Göttingen (1840). Derselbe, „Frisen", im Statswörterbuch von Bluntschli und Brater. IV. Stuttgart 1859. Derselbe, Lex Frisiorum, Monum. Germ. histor. Legg III. Hannoverae 1863. Derselbe, Frisische Rechtsgeschichte I. II. 1882. Zeuß, Die Deutschen und die Nachbarstämme, München 1837. S. 136, 397. J. Grimm, Geschichte der deutschen Sprache I. II. 2. Aufl. 1853, S. 464. Gaupp, Vorrede zu seiner Ausgabe der Lex Frisionum 1832. 2) Tacitus, Germania c 34; Plinius unterscheidet Frisii und seine Frisiabones (= vones). 3) Vortrefflich würde hiezu stimmen J. Grimms a. a. O. S. 471 geniale Vermuthung. „Kleine Frisen, Chauken, Brukterer" habe man genannt solche Theile (Gaue) einer Völkerschaft, welche zuerst einen Wasserlauf oder Aehnliches vordringend überschritten und, ohne den (gottesdienstlichen und kriegsbündnerischen) Zusammenhang mit der Hauptmenge des Volkes — also den „großen" Frisen, Chauken u. s. w. — völlig aufzugeben, als verhältnißmäßig selbständige Staten (oder Gemeinden) auftraten.

im Osten bis zur Fli im Westen: dies war damals ein Fluß, der aus dem heutigen Zuiderjee kam und zwischen den heutigen Inseln ter Schelling und Blieland, wohl längs der heutigen „Blie=straat", mündete: denn der Zuiderjee war damals ein Binnensee, der Flevus oder Flevo der Römer, die Ael=mere des Mittelalters: es war also die dermalige holländische Provinz Frisland. 3) Westfrisland: von Fli bis Sinkfala, umfassend das heutige Seeland, Süd= und Nord=Holland und West=Utrecht. Das Südufer des Zuiderjee zwischen Noorden und Kuinder und das Flußgebiet von Elm, Yssel und Vechte waren nicht frisisch, sondern theils fränkisch (im Südwesten), theils sächsisch (im Nordosten).[1]

Wie das Recht war auch die Sprache der Friesen dreifach gegliedert: die Mundart zwischen Weser und Laubach wich von der zwischen Laubach und Fli ab, das Ostfrisische steht dem Angelsächsischen, das Mittelfrisische dem Westfälisch=Sächsischen näher: beiden steht das Westfrisische gegen= über, das dem Brabantischen verwandt ist.[2]

„Einen schmalen Uferstrich bewohnt das Volk, der etwa 80 geographische Meilen lang, nirgends breiter als 10, von dänischem, sächsischem und fränki= schem Lande in die See gedrängt wird, die ihn in ihren Fluthen zu begraben droht. Scharf unterscheidet Sprache, Recht und Sinnesart den Friesen von seinem Nachbarn; ein Jahrtausend hat nicht vermocht, seine eigenthümliche starre Kraft zu brechen, noch heute ist sie den Nachkommen der alten Friesen geblieben, unerachtet das uralte frisische Stammrecht fast spurlos verschwunden ist und nur noch geringe Ueberreste der frisischen Sprache fortklingen. In einzelnen Gemeinden der niederländischen Provinz Frisland, auf der olden= burgischen Insel Wangeroge und in dem jetzt ebenfalls zum Großherzogthum Oldenburg gehörenden Saterlande wird noch ein aus dem ältern Frisisch der Gegend hervorgegangener, in neuester Zeit mehrfach im Verschwinden begriffener Dialekt als eine besondere Sprache neben dem Holländischen und Plattdeutschen gesprochen; die andern frisischen Gegenden hat die Sprache der Umwohner über= fluthet, und wenn auch in ihre jetzigen Dialekte mehr oder weniger frisische Worte und Laute übergegangen sind, so zeigt doch eine nähere Betrachtung, daß dieselben nicht für Fortentwicklungen der ältern frisischen Sprache der ein= zelnen Gegend, d. i. für neufrisische Dialekte gelten können. In einem Theil des Landes, welcher bis zur gegenwärtigen Stunde von Friesen bewohnt wird, in der jetzt niederländischen Provinz Frisland, deren Mittelpunkt Leuwarden bildet, kennen wir keinen Volksstamm, der vor den Friesen dort gesessen hat; und wenn wir auch annehmen müssen, daß vor ihnen dort andere Menschen gewohnt haben, so hat doch keine deutsche Bevölkerung irgend einer andern Gegend größere Ansprüche, für Ureinwohner ihrer Heimath zu gelten, als die

---

1) Ich folge v. Richthofen, Zur Lex Fris. Monum. Germ. hist. Leg. III. Hannoverae 1863. p. 633. Vgl. Spruner=Menke Nr. 29. Droysen, Histor. Handatlas, Bielefeld und Leipzig 1886. Nr. 20. 21.   2) v. Richthofen, Praefatio Leg. Fris. p. 639.

jenes merkwürdigen Küſtenſtriches zwiſchen dem Fli, d. i. der Mündung des
Zuiderſee, und dem alten Laubach, der im Oſten die Provinz Fris=
land von der Provinz Groningen ſcheidet. Mit Fug und Recht nennen
wir dieſes Land für den Forſcher älteſter deutſcher Volksart einen heiligen
Boden."¹)

Das ſehr wenige, Stückhafte, Abgeriſſene, was wir aus der Urzeit von
der Geſchichte der Friſen wiſſen, ward bereits dargeſtellt: meiſt als Verbündete
Roms, nur ausnahmsweiſe im Kampfe und Aufſtand wider Rom²) treten ſie
hervor. Seitdem die Römerkriege aufhören, verſchwinden die Friſen auf Jahr=
hunderte faſt völlig aus der Geſchichte: in einer Stelle bei Capitolinus
aus der Zeit des Commodus (180—193) iſt der Name der Friſen nur
durch Mißverſtändniß gefunden worden.³) Vielmehr wird des Volkes erſt
wieder gedacht (ſeit 69) im Jahre 292, da Conſtantius Chlorus die
Franken auf der bataviſchen Inſel beſiegt: hier werden als in Gallien
angeſiedelte Gefangene neben den Chamaven auch Friſen genannt.⁴)

Daß unter den Angeln, Sachſen und Jüten, welche ſeit der Mitte
des 5. Jahrhunderts in Brittannien ſich niederlaſſen, auch Friſen vor=
kamen, wie Prokop⁵) berichtet, iſt doch durchaus nicht⁶) unmöglich: das
Angelſächſiſche und das Altfriſiſche iſt auf das Innigſte verwandt. Bei den
erſten Ausbreitungen Chlodovechs und ſeiner Söhne werden die Friſen noch
nicht erwähnt.

Die Erfolge Chilperichs über die Friſen ſind blos von Venantius
Fortunatus,⁷) alſo herzlich ſchlecht, bezeugt; nur der Flußname „Bordoa"
fällt ins Gewicht⁸) und der Umſtand, daß ſelbſt der Schmeichelſänger doch
nicht wagt, Siege Chilperichs zu preiſen: er meint, „ohne Kampf" haben
Friſen (und Sueben) die Herrſchaft Chilperichs geſucht. Immerhin mögen
die nächſtbenachbarten friſiſchen Gaue Ende des VI. Jahrhunderts in eine ge=
wiſſe Abhängigkeit gezogen worden ſein, von der ſie ſich aber bei dem Sinken
der Merovingen wieder ſo völlig löſten, daß ſie plündernd, ja wahrſcheinlich
ſogar erobernd ſich in fränkiſches Gebiet verbreiteten.

So hatte zwar Dagobert I. (622—638) in der Gränzveſte Utrecht
— auf friſiſchem Boden — eine Kirche gegründet (636) und Sanct Eli=
gius, Biſchof von Noyon (Noviomensis) † 658,⁹) predigte vom Kreuz,
aber die Friſen eroberten die Burg und zerſtörten die Kirche.¹⁰) Bei einem

---

1) v. Richthofen, im Statswörterbuch S. 2.   2) So a. 28 — 37 n. Chr. II,
107, 116 und unter Civilis a. 68 II, 125 f. 3) Auch Peter script. hist. Aug. Lipsiae
1865 p. 158 lieſt (Clodius Albinus c. 6) fusis gentibus Transrhenanis, nicht fusis
Frisiis.   4 Von Eum. paneg. Const. dictus c. 9 II, 248. v Wietersheim-
Dahn I, 273.   5) B. Goth. IV, 20.   6) Wie Zeuß meint.   7) VII, 1. IX, 1
terror et extremis Frisonibus atque Suevis qui neque bella parant, sed tua
frena rogant. 8) De Geer, be ſtrijd der Frieẑen en Franken, p. 11. Sueben
weſtlich der Schelde, neben den Friſen? allerdings auch in der vita St. Eligii II, 3.
9) vita, scripsit St Audoen, (Dado) Biſchof von Rouen † 683 ed. Bouquet
III, 623.   10) Brief 97 des Bonifatius an Pabſt Stephan.

Theil der Friſen unter dem Häuptling — er wird von Beda[1] „rex" ge=
nannt — Aldgiſl[2] fand unter Dagobert II. (674—678) Sanct Wilfrid
freundliche Aufnahme (ca. 677) und Verſtattung der Predigt (III. 701),[3]
allein Aldgiſls Nachfoger (und Sohn?)[4] Radbod (679? oder 688—719)
iſt ein ſo eifriger Vorkämpfer des Heidenthums, daß die Sage dieſen Zug
anſprechend verewigt hat. Schon iſt er zur Taufe gewonnen und hat den einen
Fuß in den Taufbrunnen geſetzt, als er den Biſchof fragt, wie es wohl ſeinen
ungetauften Ahnen ergehe, und auf die ſelbſtverſtändliche Antwort, daß ſie in
der Hölle brennen, zieht der Friſe den Fuß zurück und erklärt, dann wolle
er lieber mit ſeinen Ahnen brennen als mit den Heiligen ſelig ſein. Jeden=
falls war er geſchichtlich ein ſo entſchloſſener Heide, daß ſogar ein St.
Bonifatius auf die Nachricht von ſeiner Herrſchaft in Dorſtaat und Utrecht
(717) ſofort alle Bekehrungsgedanken aufgiebt, um nach deſſen Tod (719) ſie
ſofort auf's Neue aufzunehmen (719—722).[5] Mit dem Eifer für die alten
Götter war der für die alte Freiheit und der Gegenſatz zu dem Frankenthum
gegeben: ob der Kampf mit Pippin (689) herbeigeführt wurde, weil die
Franken Raub oder gar Ausbreitung ſtrafen und wehren oder weil ſie früher
ſchatzungspflichtige Friſen wieder heranzwingen wollten, erfahren wir nicht.
Der Sieg Pippins bei Wyl=de=Duerſtede (ſüdöſtlich von Utrecht) hatte
zur Folge die Abtretung Weſtfrislands an das Frankenreich (III. 723).
Sofort eilte nun St. Willibrord in den fränkiſch gewordnen Theil von
Frisland und predigte das Kreuz unter Pippins Schutz; er ward von Pabſt
Sergius auf Pippins Verlangen zum Erzbiſchof für Frisland geweiht:
ſein Begleiter St. Adalbert hielt ſich bis zu ſeinem Tod in Elmund[6]
(Nordholland); ungeſchützt durch die fränkiſchen Schilde Friſen zu bekehren,
hatte der Prieſter Wikbert zwei Jahre lang vergeblich verſucht.[7] Es kam
nun zu einer Annäherung zwiſchen Radbod und Pippin: erſterer vermählte
eine Tochter Pippins Sohn Grimoald (III. 724). Allein nach Pippins Tod
(714) greift Radbod kraftvoll in die fränkiſchen Wirren ein — ſchwerlich nur,
weil Karl der Hammer der Gegner Plektrudens, der Schwägerin des
Friſen war — er erfaßt die Gelegenheit, im Bunde mit den Neuſtriern
das 689 verlorene Weſtfrisland von den Auſtraſiern zurückzugewinnen (715),
ſchlägt mit einer Flotte den Rhein herauf fahrend Karl bei Köln (716) und
kehrt nun, weil er ſeinen Zweck erreicht hat, zurück. Auch gelang es Karl erſt
nach des tapfern Heiden Tod (719) Weſtfrisland wieder zu gewinnen: auf dieſe

---

1) Historia ecclesiastica Anglorum ed. Giles V c. 19. vgl. III. 701; ebenda
702 über Ebroins Verſuch, den Friſen gegen Wilfrid zu gewinnen; auch Eddius
Stephanus (677), der Genoſſe Wilfrids, nennt Aldgiſl „rex", vita St. Wil-
fridi c. 26.   2) Sohn Beroalds?? ſeit 630? † 679? 68.? Hauptort Meden-
blik? oder Stavern?   3) Des Häuptlings Taufe wird aber nicht gemeldet.
4) Unentſchieden auch v. Richthofen, praef. p. 642.   5) vita St. Bonifacii
c. 11. Mon. Germ. hist. Scr. II, 338.   6) Annales Xantenses 694. Monum.
Germ. hist. Scr. II, 220.   7) Beda l. c.

Kunde eilt St. Bonifatius sofort wieder herbei „und läßt das Heerhorn des himmlischen Wortes erschallen". Alsbald (1. Jan. 722) bestätigt nun Karl St. Willibrord, den Apostel der Frisen, als Bischof von Utrecht. Allein noch zweimal mußte Karl das Schwert ziehen, bevor die Einverleibung des Landes, die Bekehrung des Stammes gesichert scheinen mochte: Rabbods[1] Nachfolger Bobo (Popo) (719—734)[2] empörte sich (733): Karl zog in diesem Jahr in den Westgau (von Stavoren über Franeker nach Norden). Dieser Feldzug blieb ohne Entscheidung: aber im Jahre 734 kam er wieder mit starker Schiffsmacht nach Wistrachia und Austrachia, schlug Lager an dem Fluß Burdine und verwüstete das Land dermaßen „bis zur Vernichtung" — der Herzog fiel in der verlornen Schlacht — „überall die heidnischen Weihthümer zertrümmernd und verbrennend", daß das erschrockene Volk ein halb Jahrhundert Ruhe hielt.[3] Pippin hatte zum Grafen des Ostergaus Abba[4] bestellt. Erst der große Freiheits= und Glaubenskampf der heldenmüthigen Sachsen riß sie 781 zu einer letzten Erhebung fort, welche Karl der Große in Feuer und Blut erstickte (III, 997).

Bei der Reichstheilung von 741 kam Frisland an Karlmann (I.). 753 beschenkte Pippin reich die Missionsschule zu Utrecht: aber das Heiden=thum blieb doch noch so stark, daß es St. Bonifatius den Bekennertod be=reitete (im Ostergau bei Dokkum 6. Juni 754).

Sein Schüler und Nachfolger Gregor leitete die Kirche von Utrecht bis an seinen Tod (775): aber dessen Schüler, St. Liudger, bezeugt, daß während all dieser Zeit und während der ganzen Herrschaft Pippins (also 741—768 und dann unter Karl bis 775) der Laubach die Gränze bildete zwischen den getauften und unterworfnen und den heidnischen und freien Frisen.[5] In Derlingen war zum Angedenken des Bekenners eine Kirche gebaut worden: dort wohnte und wirkte für das Kreuz unter Gregor (775) St. Willihad: als aber dieser versuchte, (ca. 779) den Laubach zu über=schreiten und die freien Frisen zu bekehren, ward er durch Bedrohung mit dem Tod — es scheint ein Urtheil über ihn gefunden zu sein — gezwungen, wieder über den Laubach, die fränkische Gränze, zurück zu fliehen.[6]

---

1) Sohn? unb. 2) Nach unbeglaubigter Ueberlieferung als Muntwalt von Rabbods waffenunreifem Sohn Aldgisl II. (734—737?). 3) Nach sehr wenig be=glaubigter Ueberlieferung soll damals Karl Rabbods Sohn Aldgisl II. (734—737??) unter der Bedingung der Taufe und voller Unterwerfung als König der Frisen an=erkannt haben; als „König" gewiß nicht und als Herzog aller Frisen auch nicht. Als nächsten Nachfolger Aldgisl II. nennen ganz unkritische Meinungen zuerst dessen älteren Sohn Gundobald, dann den jüngeren Rabbod II., abermals einen eifrigen Heiden, von dem die obige Sage ebenfalls erzählt wird: er soll 784 von Karl ver=bannt worden sein, der nun keinen Gesammtherzog („König") von Frisland mehr geduldet habe, allein es hatte wohl niemals einer geherrscht. 4) vita St. Bonif l. c. p. 383, aber nicht einen Abt. 5) Liudger, v. beati Gregorii c. 10. Acta S. Ordin. S. Benedict. saec. III, 295. 6) St. Anskar v. St. Willehadi Mon. Germ. histor. II, 380.

Bon 775—782 waltete St. Liudger zu „Dotin-Kirika" (in pago Ostrache)[1].

Im Jahre 768 kam Frisland an Karl: wir sahen, wie er sich wiederholt der segelkundigen Frisen in seinen Feldzügen auf den mit Vorliebe verwertheten Wasserstraßen bediente (III, 1019 f). Ostfrisland (zwischen Laubach und Weser) war bis 781 heidnisch und den Franken nicht unterworfen: 781 sandte Karl St. Willibrord aus dem sächsischen Gau Wigmodia zur Bekehrung der Frisen an der Wesermündung in dem Gau Riustri: aber gleich im folgenden Jahr 782 warfen die Frisen zwischen Weser und Fli im Bunde mit Widukind (III, 994 f.) das Frankenjoch und den mit aufgejochten Glauben ab, vertrieben und töbteten mehrere Priester;[2] erst im Jahre 785 verleibte Karl auch Ostfrisland dem Frankenreich ein und vertheilte dessen Gaue an die Bischöfe von Münster und Bremen.[3] Im gleichen Jahre (785) bestellte Karl St. Liudger zum Lehrer des Frisenvolkes östlich vom Laubach über die fünf Gaue: Hugmerchi, Hunus-ga, Fivil-ga, Emis-ga, Febrit-ga und die Insel Bant.[4] Der Theilungsplan von 806 hatte das Land König Karl zugedacht.

Von der inneren Geschichte der Frisen bis zu ihrer Unterwerfung und Bekehrung der Franken wissen wir so gut wie nichts.

Die gemein germanische Gauverfassung gliederte auch hier die Mittelgruppe der großen wie der kleinen Frisen. Könige sind nur ganz ungenügend bezeugt: Tacitus allerdings scheint die Frisenhäuptlinge Berrit und Malorich für Gaukönige gehalten zu haben,[5] ungewiß, ob mit Recht, obwohl es ja nicht unerhört und also auch hier denkbar[6] ist, daß bei einer Völkerschaft Gaukönige vorkommen, dann wegfallen (Cherusker, Bataver), ja sogar nach langem Zwischenraum wieder erhoben werden (Bataver). Außerdem wird nur noch — 600 Jahre später — jener Albgisl einmal von fremden Quellen „rex" genannt, dann auch wohl Rabbod, nie Popo: nur principes und duces heißen diese meist in gleichzeitigen Quellen.[7] Letzteres schwerlich in dem Sinne von „Stammesherzog" wie die baierischen, alamannischen: denn über alle Gaue Frislands walteten sie sicher nicht:[8] „duces" waren sie aber

1) Altfrib v. St. Liudgeri. l. c. p. 409.   2) v. St. Liudgeri I. 18 p. 410 l. c. v. St. Willehadi p. 382 l. c.   3) l. c. p. 410. p. 383.   4) Altfrib † 849. v. St. Liudgeri I, 19. Monum. Germ. hist. Scr. II, 410.   5) Annalen XIII, 54; was dafür spricht, daß Tacitus so glaubte, s. Könige I, 136: er sagt: qui gentem eam regebant, in quantum Germani regnantur: regnari braucht er sonst gerade nachdrucksam von Königsherrschaft; s. die Beläge Könige I, 120 f. 6) Der Classiker des Frisenrechts und der Frisensprache, Karl Freiherr von Richthofen, hat den Königsnamen bei Albgisl und Rabbod angewandt und das Zeugniß des Begleiters St. Wilfrids wiegt nicht leicht.   7) Spätere frisische Ueberlieferungen nennen freilich zumal Rabbod gern rex. 8) Mit Recht nehmen Walt. Versaff.- Gesch. III, 158. V, 36 und Brunner I, 343 gegen v. Richthofen, praefatio p. 649, an, daß unter Karl dem Großen frisische Herzoge überall nicht mehr vorkamen: Regino von Prüm, der ein Jahrhundert nach Karl starb (915), ist doch allzu-später Zeuge.

freilich in dem Sinn Armins, Brinno's, Wibukinds, d. h. für den einzelnen Feldzug gekorene Oberfeldherren der für diesen Feldzug verbündeten Gaue. Abgesehen von dieser vorübergehenden Verrichtung waren sie wohl ohne Zweifel Edelinge alten Volksadels und Grafen eines Gaues oder mehrerer Gaue. Rabbod beherrschte Westfrisland (bis 689 und dann 715—719) und einzelne östlichere Gaue, aber nicht alle frisischen Gaue.

Zwar haben unter allen westgermanischen Völkern die Frisen (neben Chatten, Hessen und Sachsen) ihre alten Sitze am wenigsten verändert — heute noch siedeln sie, wo sie Drusus der ältere vorfand — aber einige Verschiebungen und Ausbreitungen haben doch nicht gefehlt. Ptolemäus (140 v. Chr.) nennt die Ems ihre Ostgränze gegen die Chauken (später ein Hauptbestandtheil der Sachsen), im Süden schwankte die Gränze mit den Brukterern wohl häufig, auch bevor hier Brukterer von Chamaven, Chamaven von Chauken abgedrängt wurden.

In der Römerzeit wohnen die Frisen[1]) längs der Nordsee von Tondern in Schleswig bis Brügge in Flandern: ihr Hauptland ist die heutige holländische Provinz Frisland, außerdem aber wohnten damals Frisen weiter westwärts an der Nordseeküste bis zur Mündung des südlichsten Rheinarmes, der sich, mit der Maas verbunden, in das Meer ergießt; auch auf den Westufern der Yssel und ihrer Altwasser. Dieses westliche Land weiß Plinius außer von Frisen und „Frisiabonen" bewohnt von Chauken, Marsaken, Sturiern, die er alle mit zu den Frisen zählt, was die Chauken anlangt, wohl nicht mit Recht; von diesen Gesammt-Frisen unterscheidet er die (chattischen) Bataver und Kannenefaten; nach Ptolemäus reichen die Frisen bis an die Ems, also auch noch über die Provinz Groningen hin. Die „kleinen" Chauken wohnen nach ihm östlich von den Frisen bis zur Weser, die „großen" von Weser bis Elbe, also in dem hannöverschen Ostfrisland und dem oldenburgischen Frisland.

Nach der Völkerwanderung aber, vom 7. bis ins 11. Jahrhundert, erscheinen die Frisen (nach dem Abzug der Römer) ausgebreitet: westlich längs der Küste von der Maas-Mündung bis zu der durch den alten Meerbusen Sinkfal nordöstlich von Brügge gebildeten Gränze Flanderns, also über die holländische Provinz Seeland, aber im Westen des Hamalandes die Gaue Feluwe und Fleithi bis an den Mittelrhein, der sie vom Gaue Batawa, Ober- und Nieder-Betuwe, von der Trennung des Rheins bis zur Stadt Buuren, schied, aber der Gau Batua, auch die Osthälfte der Insel blieb fränkisch;[2]) östlich haben sie sich vorgeschoben in das Land der Chauken

---

1) v. Richthofen, im Statswörterbuch S. 2.   2) Oben S. 162. Zeuß S. 397. „Der Geograph von Ravenna führt die Orte an der alten Römerstraße, welche die Peutingersche Tafel an das Südufer des „Rheines" (d. h. des mittleren Rheinarmes) zeichnet, selbst noch Dorostate, 164 bis in den westlicheren Theilen der Insel in „Francia Rhenensis" auf", Dorstat am nördlichen Ufer dagegen nennt er Frigonum patria IV, 24. Frixonum patria I, 11.

hinein und zwar bewohnen sie nun auch Ostfriesland zwischen Ems und
Weser und die nördlichen Striche von Oldenburg, ferner einige Küstenstrecken
zwischen Weser und Elbe, insbesondere das Land Wursten, und außerdem
an der Westküste der Kimbrischen Halbinsel „Nordfriesland" südlich von
Tondern.[1])

Das Verhältniß der Friesen zu den Chauken in der letzteren alten Sitzen
ist schwer zu erklären;[2]) am wahrscheinlichsten ist: der größte Theil der
Chauken war ausgewandert gen Südosten und in den Sachsenverband getreten: die zurückgebliebenen Chauken gingen unter den eindringenden Friesen
auf, jedoch nicht unterscheidungslos.[3]) Denn ohne Zweifel sind diese zurückgebliebenen Chauken die von den angelsächsischen Quellen erwähnten Hugas
und nach diesen Hugen (= Chauken) hieß das Gränzgebiet der Chauken gegen
die Friesen an dem Laubach in Groningen „Hug-Merke" d. h. die Mark
der Hugen (= Chauken). Danach ist nicht mehr, wie zur Zeit des Ptolemäus (S. 167), die Ems, sondern der Laubach die Gränze zwischen Friesen
und Chauken: sehr begreiflich, da die Chauken während der Ausbreitung der
Friesen gen Westen hin, über Seeland, diesen folgend, sich zwischen Ems und
Laubach eingeschoben haben werden, wenn auch in der Folge um den Preis
des (statlichen) Anschlusses an die Friesen, statt an die Sachsen. Später ist
sonder Zweifel nicht die Ems, sondern der Laubach wichtige Scheide in
Gesammt-Frisland: als St. Willihad dort wirkte (ca. 778), war der Laubach
die Gränze fränkischer Herrschaft: erst nach 785 ward das Land östlich vom
Laubach unterworfen, während dies für die Gebiete westlich vom Laubach
schon ca. 726 erfolgt war (III. 787): daher scheidet noch zur Zeit Karls
(ca. 803) das Frisenrecht „Ostfrisland, Mittelfrisland (zwischen Laubach
und Fli) und Westfrisland".

„Das bündigste Zeugniß dafür, daß die Bewohner des Landes zwischen
Laubach und Ems demselben Stamm angehören mit denen des Landes
zwischen Ems und Weser, liefert aber ihre mittelalterliche Mundart: die
frisische Sprache in den Rechtsaufzeichnungen des 13. und 14. Jahrhunderts
aus jenem Landestheile (Hunse-Go, Fivel-Go) stimmt unleugbar überein
mit der in gleichzeitigen Rechtsaufzeichnungen aus diesem (Ems-Go, Brokmer-
land), während beide gemeinsam sich nicht unerheblich unterscheiden von der
frisischen Sprache in gleichzeitigen Rechtsaufzeichnungen aus dem Lande zwischen
Laubach und Fli."[4])

Wie im Westen — über den westlichen Theil der batavischen Insel
hin — dehnten sich seit der Römerzeit die Friesen auch im Süden aus: an

---

1) v. Richthofen a. a. O. S. 2　　2) Nach v. Richthofen, praef. p. 640 waren
von Anfang an die Ostfrisen — den kleinen Chauken: das ist aber doch wohl deßhalb zu bezweifeln, weil sie zugleich — den großen Frisen gewesen sein sollen.
Eine Volksgruppe soll „kleine Chauken" und „große Frisen" geheißen haben?
3) S. Ettmüller, Skopes Vidsidh, Zürich 1839 S. 6. J. Grimm a. a. O. S. 674.
J. Grimm, Gesch. d. D. Spr. I, 468.　4) v. Richthofen a. a. O. S. 3.

den Ufern der Maas unterhalb der Vereinung mit der Waal, bis dahin
reichten Frisen in dem Gau Testerbant (Testarbenzon,): hier gränzten
sie mit dem uraltfränkischen Toxandrien (II, 303), aber auch die Mün-
dungen der Schelde (Schaltheim villa) waren frisisch, die „Flandrenses
et Andoverpenses“, während freilich auch wohl „Frisia“ als „anstoßend“
(„confinis“) an „Flandria“ bezeichnet wird; während die Franken das
Uferland östlich am Unterlauf des Stromes erfüllten, hatten sich die Frisen
am Meeresstrand ausgedehnt.[1]

Die Verbreitung der Frisen im Osten über die Ems meldet zuerst der
Gothe Markomer,[2] denn Nocbac ist doch wohl Nordac — Norden.
Nicht Bonifatius, erst Liudger († 26. März 809) trug die Taufe zu
diesen Frisen über die Ems: Liudgers Lebensbeschreiber Altfrid († 12. April
849) nennt Leer (Hleri) an dem Lade-Fluß einen Ort der Frisen.

„Helgoland“, Fositesland, d. h. das Land des Rechtsgottes Forsete,[3]
war als ein Haupttheiligthum der Frisen schon von St. Willibrord († 739)
besucht worden zu Zwecken der Bekehrung der Heiden.[4] Im Mittelalter fand
man die Gränze zwischen Sachsen (über die Zweitheilung der Chauken in
Sachsen und Frisen oben S. 168) und Frisen in dem Sumpf Walpingen,
dann in der Mündung der Wirraha. Noch nicht völlig zweifelfrei ist auch
die Herkunft der Nordfrisen, Eiderfrisen: nach Saxo Grammaticus
(p. 260) Frisia minor, nach Hamsfort (Chronologia Frisia Eydorensis)
beweist „Namen und Sprache“ den frisischen Ursprung und dabei wird es
wohl bewenden, auch wenn Nordstrand, Föhr und Sylt die drei „Sachsen-
inseln“ des Ptolemäus sein sollten. Dies Nordfriesland umfaßte auf dem
Festland den schmalen Streifen zwischen Widau, Tondern und Eider und
neben kleineren Inseln auch Helgoland. Diese Insel wird dann Gränz-
scheibe zwischen Dänen und Frisen genannt.[5]

Eindringen frisischer Ansiedler zur See und Mischung mit der vielleicht
älteren sächsischen Bevölkerung (auf den Inseln), allmälige Verdrängung des
sächsischen Namens durch den frisischen Namen ist doch recht wohl denkbar.[6]

Hauptquelle unserer dürftigen Kenntniß von den Rechts- und Wirthschafts-
und Bildungszuständen der Frisen ist das frisische Volksrecht, von dem wenigstens so viel fest steht, daß es, wie es uns überliefert vorliegt, aus verschiedenen, nicht gleichaltrigen Bestandtheilen erwachsen ist. Im Einzelnen gehen
aber die Meinungen ziemlich weit auseinander. Eine Ansicht[7] unterscheidet

1) Zeuß S. 398.   2) Geograph. Rav. IV, 23.   3) Dahn, Walhall,
9. Auflage, Kreuznach 1889.   4) Alcuin, v. St. Willibr. c. 10 Mabillon,
Acta Sanctorum ordinis S. Benedicti saec. III, 1. p. 603–630.   5) Egilssaga
p. 260. Mir im Augenblick nur nach der Angabe Jakob Grimms a a O. S. 466
zugänglich, dem ich aber hier in der von Anbeginn bestehen sollenden Einheit von
Frisen und Chauken (S. 470) durchaus nicht beipflichten kann; ebensowenig hat das
Frisia minor des Saxo noch mit des Tacitus Scheidung zu schaffen.   6) Anders
Zeuß S. 399.   7) v. Richthofen, praefatio und zur Lex Saxonum S. 343.

ben älteſten Theil für Mittelfrisland nach 734 unter Karl Martell ober
Pippin (und zwar noch vor 751, Pippin ober ſein Vater heißen noch
„dux", das heißt dux Francorum, nicht Frisiorum)[1]) aufgezeichnet, einen
zweiten für ganz Frisland nach 785 und die „Additio", ſowie Zuſätze zum
erſten Titel nach 801, und dieſe Meinung ſcheint noch immer beſſer begründet
als die Annahme,[2]) wonach die Zuſammenſtellung erſt im 9. ober 10. Jahrhundert, die Additio vollends erſt im 11. entſtanden ſei.

Zu ber urſprünglichen Lex tritt allerdings erſt viel ſpäter die „Additio",
zu ber auch die Urtheile des Wulemar und Sachsmund gehören, die man
irrig ber Lex Angliorum et Werinorum (oben S. 101) zugetheilt hat.
Da Weſtfrisland als „cis Fli" bezeichnet wird, erfolgte die Aufzeichnung
weſtlich vom Fli: Abweichungen des Rechts in ben beiden Seitenlanden werden
beſonders hervorgehoben. Die Ungleichheit des Münzfußes und, damit zu-
ſammenhängend, des Wergelds der Stände weiſt ebenfalls auf Ungleichzeitig-
keit der Aufzeichnung hin. Außer aus alten friſiſchen Volksgeſetzen, bann
königlichen (b. h. fränkiſchen) Edicten beſteht die Sammlung aus aufgezeichneten Weisthümern (I, 96. Deutſche Geſchichte I[4]. 200f.) und aus Privat-
aufzeichnungen. Die Abſchreiber haben ſo gedankenlos in chriſtlicher Zeit längſt
veraltetes heidniſches Recht neben die chriſtlichen Satzungen geſtellt, baß neben
dem Gebot der Sonntagsfeier, dem Eid auf die Heiligen, dem Verbot, Unfreie
an Heiden zu verkaufen die Satzung ſteht: ben „Weihthumſchänder" barf
(als Friedloſen) jeber töbten: und baß bas hier (Tit. V) genannte fanum
nicht etwa eine chriſtliche Kirche iſt, geht ſchlagend baraus hervor, baß noch
die „Additio" als oſtfriſiſches Recht verzeichnet: wer ein Weihthum erbricht
und dort etwas von den Weihbingen bavonträgt, wird an die See geführt,
im Sand innerhalb des Fluthgebiets eingegraben, entmannt und mit ge-
ſchlitzten Ohren benjenigen Göttern (Diis) geopfert, beren Tempelfrieden er
gebrochen hat (tit. XII). Das iſt boch ſchwerlich chriſtlich.[3])

---

1) Allerdings macht Bedenken, baß die Beſtimmung aus Lex Alam. entlehnt iſt,
wo ſie ben Stammesherzog meint.   2) be Geers, Zuſammenſetzung der L.F. LH.
RG. VIII, welcher Brunner I, 343 zuneigt.   3) In den Aushängebogen durfte
ich an bieſer Stelle einſehen die vortreffliche Arbeit meines Amtsgenoſſen Dr. Siebs,
zur Geſchichte der engliſch-frieſiſchen Sprache I. (Halle 1889). Dieſelbe verſetzt S. 8
die Fr. minores zwiſchen Fli und Rhein; banach iſt auch bas S. 162 über die Sprach-
glieberung Geſagte zu berichtigen; er macht ſehr wahrſcheinlich, baß ein erheblicher
Theil ber nach England auswanbernden Sachſen Chauken waren.

Sechstes Capitel.

Die Sachsen.[1]

Die Sachsen sind der letzte von dem Frankenreich — erst unter Karl dem Großen — herangezwungene germanische Stamm.

Der Name „Saxones" begegnet zuerst bei Ptolemäus (138—161 n. Chr.).[2] Tacitus — etwa zwei Menschenalter früher — hat ihn noch nicht vernommen, während er ber der ihnen in Verwandtschaft, Siedelung und Geschicken so nahe stehenden Angeln anführt.[3]

Ohne Zweifel sind die Sachsen benannt nach ihrer Waffe (— welche aber nicht ausschließlich sächsisch war —): wie die Suardonen vom „Schwert, ebenso die Heruler von gothisch hairu — Schwert, so die Sachsen von dem sahs,[4] dem Kurzschwert oder Langmesser, das ursprünglich von Stein war (sahs, lateinisch saxum, Fels) wie der Hammer auch.

Dieser Name bezeichnete wohl schon ursprünglich nicht nur eine Einzelvölkerschaft, sondern eine Mehrzahl von kleineren Völkerschaften oder auch von größeren Gauen:[5] gleichwohl ist glaublich, daß erst allmälig eine erheblichere Reihe von Völkerschaften unter jenem Namen zusammen geschlossen ward im Zusammenhang mit der Ausbreitung und Vorschiebung der Sachsen von der Kimbrischen Halbinsel her nach Süden. Es sind „Ingväonen".[6] Eine Zeit lang werden auch die Friesen zu den Sachsen im weitesten Sinne gezählt. Ohne jede Waffengewalt vollzog sich wohl diese Vorschiebung der Sachsen nach Süden so wenig wie andere Bewegungen dieser Art in jenen

---

1) Bolze, die Sachsen vor Karl dem Großen (1861). — Hodenbed, de Saxonum origine. Monasterii (1868). — Keferstein, die Bildung des Staates der Sachsen (1862). — Zeuß, die Deutschen und die Nachbarstämme (1837). S. 150 f. 380 f. — Gaupp, Recht und Verfassung der alten Sachsen (1837). — Jakob Grimm, Geschichte der Deutschen Sprache. II. Aufl. 1853. S. 440. — Merkel, Lex Saxonum (1853). — Rodinger, Sachsen, im Statswörterbuch von Bluntschli und Brater. IX. (1865.) — Waitz, Verfassungsgeschichte III. S. 156. 207 f. — Dahn, Deutsche Geschichte Ia, 110. — Lex Saxonum, ed. v. Richthofen, Mon. Germ. hist. Legg. V. p. 1—102. Dazu Boretius in v. Sybels histor. Ztschr. (1860). — v. Amira ebenda. Neue Folge. IV, 305. — Usinger, Forschungen zur Lex Saxonum (1867) (sehr schwach!). — v. Richthofen, zur Lex Saxonum (1868) (sehr gut). 2) II, 11, ed. Müllenhoff, in: Germania antiqua, Berolini 1873, p. 126. 3) Germania, c. 40, ebenda p. 37. 4) Deutsche Geschichte Ia, 110. 5) So ward I, 110 vermuthet. 6) I, 16.

Jahrhunderten.¹) Dabei ist doch durchaus nicht anzunehmen, daß alles
Land südlich der Elbe von den nordalbingischen Sachsen erst und nur
durch förmliche Eroberung und Unterwerfung sei bezwungen worden.¹)

Die Behauptung,²) der Name „Sachsen" habe bei Ptolemäus nur eine
Völkerschaft bezeichnet, sei erst später die Bezeichnung eines ganzen Ver-
bandes vieler Völkerschaften geworden, läßt sich nicht erweisen. Sie hat keine
Aehnlichkeit für sich bei Entstehung der Namen der anderen Verbände:
Baiern, Alamannen, Franken, Thüringe, Frisen: nirgends ist der
Name einer einzelnen Völkerschaft Name eines Verbands von Völkerschaften
geworden: warum sollte es hier geschehen sein?

Daß Tacitus den Namen Sachsen nicht kennt, wohl aber Ptolemäus, kann
doch nicht beweisen, daß er zur Zeit des Tacitus nur eine Völkerschaft bezeichnete:
daß solche Gesammtnamen schon lange vor Tacitus vorkamen, beweisen gerade
Frisen, dann Sueben, Gothen, Lugier. Nichts verbietet, anzunehmen,
schon zu des Tacitus Zeit seien die zahlreichen kleinen Völkerschaften und
Gaue, deren Sondernamen allein ihm genannt wurden, daheim zusammengefaßt
worden unter dem Namen Sachsen, der nur zufällig nicht an sein Ohr schlug;
Ptolemäus weiß, daß die Sachsen wohnen „auf dem Nacken der Kimbrischen
Halbinsel", außerdem nennt er vor der Elbemündung „die drei Inseln der Sachsen":
man nimmt an: Nordstrand, Föhr und Sylt: die sieben Namen bei Tacitus
Reudigni, Aviones, Anglii (gewiß Theile der späteren Sachsen im
weiteren Sinn!), Varini, Eudoses, Suardones, Nuithones können
— bei dem engen für sie verfügbaren Raum — nur kleine Völkerschaften, zum
Theil wohl nur Gaue bezeichnet haben, während Ptolemäus den zusammen-
fassenden Gruppennamen vernahm. Indessen insofern hat allerdings eine
Ausdehnung der Bedeutung des Sachsen-Namens stattgefunden, als derselbe
zweifellos erst in späterer Zeit auch auf die andern, tiefer südlich wohnenden
inguäonischen Völkerschaften erstreckt wurde: die Chauken, Angrivaren
und Cherusker, welche in der Folge den „nordalbingischen" Sachsen als
Ostfalen, Engern, Westfalen sich gesellten.⁴)

Die Nord-Sachsen hatten zur Westgrenze mit den Cherusken die Elbe,
zur Ostgrenze mit den Suardonen die Trave, den „Chalus" des Ptole-
mäus, nach welchem vielleicht eines der kleinen Völkchen im Norden der
Sachsen benannt war, die sonst nirgends erwähnten „Chalen": auch der
Sabalingen im Norden⁵) und der Sigulonen im Nordwesten wird
sonst nie gedacht: sie gehörten gewiß als Gaue zu dem Gesammtverband der
Nord-Sachsen, welchem ja auch die ihnen am fernsten wohnenden (Nord-)
Angeln (oberhalb Schleswigs liegt heute noch die Landschaft Angeln)

---

1) Vgl. die Chamaven, die Salier.   2) So richtig auch Waitz II³, S. ².
3) von Zeuß. a. a. O.   4) II, 308); daß die Nord-Sachsen die alten Ambronen.
die Wandergenossen der Kimbern gewesen, ist eine unbegründete Vermuthung von
Zeuß. 150. vgl. Siebs, S. 14.   5) S. den germanischen (gothischen) Mannsnamen
Saba, Dahn, Könige. VI. 2. Aufl. 44.

dem Stamme nach so nahe stehen wie die Sprache darweist: Ptolemäus aber
weiß von diesen Nord-Angeln gar nicht: er kennt nur die vom Norden nach
Süden gewanderten Angeln an der thüringischen Saale, die Nachbarn
der Hermunduren (oben S. 97). Allerdings steht zu erwägen, daß man
allgemein germanisch „im Angel" d. h. „im Winkel" gelegene Landschaften
Angel-land nannte; so begegnet auch ein Aungull (— Angull) in Hâlogaland:
es wäre also nicht undenkbar, daß das nordsächsische Anglia und der thüringische Gau Englide, sowie die Bewohner beider Landschaften diese Namen
ohne Stammeseinheit und Auswanderung erhalten hätten. Die Nordangeln
aber sind jedenfalls — nach Zeugniß der Sprache — allernächste Stammes-
genoßen der Nordsachsen, mit denen sie nach Britannien wanderten, dem jene,
nicht diese, seinen germanischen Namen gegeben haben. Weiter zählt Ptolemäus
auf die Funbusen, welche man für gleichbedeutend hält mit den Eudosen
des Tacitus[1]) und den Sedusen, von denen Scharen zu Ariovist gestoßen
waren. Seine Kobanden will man[2]) — ziemlich kühn — wiederfinden in den
Chauben des Strabo[3]); eher sind diese die Aviones des Tacitus (l. c.)
und zweifellos sind die Avionen die Chavionen, Chaibonen des Mamer-
tinus,[4]) welcher diese (285) mit Herulern zusammen in Gallien
heeren läßt. Ohne Zweifel waren diese Heruler nicht die vom schwarzen
Meer, sondern die aus Thule (Prokop) d. h. an der Nordsee und auf den
dänischen Inseln; zu Schiff waren sie gekommen, mit ihnen die Chaibonen,
Avionen, ihre Nachbarn an der Ostküste der kimbrischen Halbinsel. Dies ist
höchst bedeutsam: wir sehen hier die erste der Seeraubfahrten, welche die
Nord-Sachsen später so häufig an die gallischen Küsten führten: und die Chaibonen, Avionen erweisen sich uns gerade dadurch als ein Theil der Nord-
Sachsen.

Daß aber wesenseins mit diesen Chaibonen auch die „Obier" gewesen
seien, welche im Markomannenkrieg (170) neben Langobarden in Pannonien auftreten,[5]) ist nicht[6]) anzunehmen; die Gleichung Kobanden —
Chauben — Chavionen — Chaibonen — Avionen — Obier ist im ersten
und im letzten Glied allzu kühn.

Nachdem Ptolemäus ca. 140 zuerst den Namen der Sachsen ausgesprochen,
ist er auf anderthalb Jahrhundert wieder verschollen: erst zum Jahre 286
werden sie wieder genannt zunächst als Seeräuber an den Küsten von
Belgien und der Bretagne.[7]) Dies läßt die Frage nicht beantworten,
ob damals bereits der Name Sachsen außer den Nord-Sachsen auch die
Chauken, Angrivaren und Cherusken umfaßt hatte; sonder Zweifel
war aber diese neue weitere Bedeutung bereits eingewurzelt, als Julian

---

1) Germania c. 40.   2) Zeuß S. 152.   3) Müllenhoff, l. c.   4) Paneg. I, c. 5 II. ed. Jäger — vgl. Genethl. (Cavione) II, c. 1. — v. Wietersheim-Dahn I, 265.   5) S. unten Langobarden; und v. Wietersheim-Dahn.
Petrus Patricius, ed. Bonn S. 124.   6) Mit Zeuß S. 152.   7) S die
Belāge in D. Gesch Ia, 13.

ca. 360 die Sachsen unmittelbar das hinter den Franken dem Rheine nächste
Volk bis an das Weltmeer hin nennt; er hatte es selbst erfahren und gesehen, sagt er nachdrucksam, nicht nur vom Hörensagen, als unsicher Gerücht
vernommen, daß Franken und Sachsen die streitbarsten, schwerst zu bekämpfenden, stärksten der Barbarenvölker zwischen Rhein und Meer sind.[1])
Selbstverständlich schließt dies nicht aus, daß innerhalb des Gesammtnamens
auch die alten Völkerschaftsnamen: Chauken, Angrivaren, Cherusken noch fort-
tönten, wie später innerhalb der Hauptgruppe „Sachsen" die neuen Mittelgruppen:
Nordelbische, Ostfalen, Engern, Westfalen unterschieden wurden, ganz wie bei
den Franken die alten Völkerschaftsnamen: Bataver, Chamaven, Sugambern,
Chattuvaren, Bructerer, Chatten, später innerhalb der Hauptgruppe Franken
die Mittelgruppen: Salier, Uferfranken, Hessen unterschieden werden. Auch
der Chauken wird der Sachsen gedenkt zuletzt ca. 140 Ptolemäus; nach
langer Verschollenheit tauchen sie wieder auf zur Zeit des Didius Julianus ca. 220, der noch als Statthalter von Belgien die „von der Elbe
her" vordringenden abwehrt.[2]) Also etwa zwei Menschenalter später als
die Gothen gegen Südosten aufgebrochen waren, begannen die Chauken
(und andern Sachsen) gegen Südosten zu drängen; sie überschritten nun ihre
alte Gränze, die Ems, und schoben (Ueberbleibsel der Amsivaren?) die
Bructerer aus ihren alten Sitzen an der Ems und bis in die Gegenden
der Lippe und an den Rhein, während die Chamaven, früher im Norden
(und Osten?) der Bructerer, nunmehr als nördlichste rechtsrheinische Franken
zwischen Ems und Rhein stehen. Man sieht, die südlichen Sachsen — Chauken
haben sich in diesen achtzig Jahren erheblich weiter nach Süden ausgebreitet;
allein die Bewegung kam damit nicht zur Ruhe; 130 Jahre später, unter
Julian, sind die Chamaven noch viel südlicher gerückt in die Sitze der rechtsrheinischen Sugambern und diese, mit den Batavern auf der batavischen
zu Saliern geworden, sind nicht einmal sicher vor den vordringenden Chauken
(nicht Quaden!), welche an dieser Stelle, in höchst erwünschter Bekräftigung
unserer Annahmen, ausdrücklich „ein Theil der Sachsen genannt werden".[3])
Zuletzt wird der Name der Chauken genannt zur Zeit des Stilicho von
Claudian, der sie als unmittelbare Nachbarn von Belgica hart am Ostufer des Rheines kennt.[4]) Denn kaum geht es doch an, bei Apollinaris
Sidonius (430—488) die „Chatten" an dem sumpfigen Wasser der
„Elbe", durch die „Chauken" zu ersetzen; freilich würde letzterer besser passen

1) Opera ed. Spanheim p. 34. 56. Φράγγοι καὶ Σάξονες τῶν ὑπὲρ τὸν
Ῥῆνον καὶ τὴν ἑσπερίαν θάλατταν ἐθνῶν τὰ μαχιμώτατα . . . ἄλκιμοι . . . Γερ-
μανῶν . . . οἱ πρόσοικοι τῷ Ῥήνῳ καὶ τῇ θαλάττῃ τῇ πρὸς ἑσπέραν . . . αὐτῇ
προσοικεῖ δύσμαχα καὶ ῥώμῃ διαφέροντα τῶν ἄλλων ἐθνῶν γένη βαρβάρων, ὅτι
ἀκοῇ μόνῃ, ἥπερ δὴ τυγχάνει πίστις οὐκ ἀσφαλής, ἀλλ᾽ αὐτῇ πτέρα τοῦτο ἐκμαθὼν
οἶδα. 2) Aelius Spartianus. Didius Julianus c. 1 ed. Peters. 3) Von
Zosimus III, 6. vgl. v. Wietersheim-Dahn I, 477, 519. D. G. Ia, 550 und oben
II, 308. 4) de laude Stilichonis I, v. 225 ed. Jeep. I, Lipsiae 1876 p. 221.
ut jam trans fluvium non indignante Cauco pascat Belga pecus.

und daß er neben den „Sachsen" erscheint, durchaus nicht im Wege stehen;
aber was wußte der Bischof von Clermont-Ferrand von den Sitzen der
Völkerschaften zwischen Lahn und Elbe![1]) Seit Anfang des fünften Jahrhunderts wird also der Name der Chauken von dem Gesammtnamen „Sachsen"
zugedeckt.

Die Angrivaren werden in dieser alten Bezeichnung zuletzt genannt
von der Peutingerschen Tafel (230—270): aber in geringer Aenderung, nur
mit Weglassung des Auslauts auf „Wehren", werden sie in den alten Sitzen,
den „Angern" der Weser, als „Engern" fort und fort erwähnt.

Das dritte Hauptvolk der Süd-Sachsen, die Cherusken, wird nach
Ptolemäus in verderbter Schrift („Chrepstini") von der Peutingerschen
Tafel verzeichnet, sie sind in ihren alten Sitzen nordöstlich vom Harz im Wesentlichen verblieben. Hier kennt sie noch zu Anfang des vierten Jahrhunderts
Nazarius als gegen Constantin verbündet mit Brukterern, Chamaven,
Alamannen, Tubanten. Die Bangionen können freilich nur durch einen
Schreibfehler von Worms hierher verschlagen sein,[2]) da aber eine Handschrift neben dem sinnlosen Lancionas, Laucionas das ganz richtige Logionas
gewährt[3]), sind wohl diese in den Text zu stellen; sie kämpfen 276—278
neben den Burgunden am oberen Main,[4]) würden also auch 30 Jahre
später füglich hier neben Alamannen und Tubanten fechten können. Ganz
spät[5]) gedenkt der Cherusken — wie der Chauken, oben S. 174, Anm. 4. —
Claudian zum Jahre 398[6]) neben den Brukterern und wenige Jahre
darauf, 40?, als Stilicho die Rheinbesatzungen zum Schutz Italiens abführt,
neben Sugambern und Chatten.[7]) Ja, ein merkwürdiger Zufall hat uns
überliefert, daß jene Sachsen, welche in der Bretagne sich niedergelassen
hatten, noch zu Ende des 6. Jahrhunderts den Romano-Franken vielleicht als
„Cherusker" bekannt waren.

---

1) Carm. VII. v. 390. ed. Grégoire et Colombet I. (Lyon 1836):
   Saxonis incursus cessat Chattumque palustri
   Alligat Albis aqua.

2) Allzukühn wollte Zeuß S. 383 Saxones lesen.   3) S. Baehrens p. 227 paneg.
Const. Aug. dict. c. 18.   4) D. Geschichte Ia, 481.   5) Mit Fug hob Zeuß
S. 383 hervor, daß die Römer wie Chauken und Cherusken noch neben Sachsen, so
Sugambern neben Franken, Tubanten (ich füge bei Teuchterer, Juthungen, Suaben)
neben Alamannen anführen, wissend oder nicht wissend, daß jene Theile dieser.
6) IV. Consulat des Honorius ed. Jeep l. c. V. 450:
   venit accola sylvae
   Bructerus Hercyniae latisque paludibus exit
   Cimper et ingentes Albin liquere Cherusci.

7) de bello Getico v. 419:
   agmina quin etiam flavis objecta Sicambris
   quaeque domant Chattos immansuetosque Cheruscos
   huc omnes vertere minas tutumque remotis
   excubiis Rhenum solo terrore relinquunt.

Benantius Fortunatus schreibt an Bischof Felix von Nantes: „Ich würde die Symplegaden sogar durchfahren: „te mihi Canobocherucis adversientibus myoparonem"; man wußte keinen Rath, diesen Namen zu deuten. Er ist aber offenbar zu trennen; te mihi Canobo, Cherucis (= Cheruscis) adversientibus, d. h. „wenn du mein Canobus wärest (— Canobus war der Steuermann des Menelaos —) und die Cherusken mir den raschen Kahn beschafften": also waren die Sachsen um Nantes um ca. 579 als Cherusken bekannt: das ist doch schwerlich nur Alterthümelei des Bischofs von Poitiers.

Unter ihrem neuen Gesammtnamen „Saxones" wurden diese raschen[1]) Räuber zu Wasser und zu Land[2]) schon seit ca. 350 ein Schrecken Galliens. Valentinian schlug einen ihrer Streifzüge zu Land bei Deuz gegenüber Köln zurück; hier werden sie genannt ein Volk an den Küsten, in den Sümpfen der See, durch Heldenthum furchtbar und Raschheit.[3]) Im Jahre 370 ward ein Schiffszug derselben durch echt römische Treulosigkeit, welche jedoch sogar ein Ammian (XXVIII, 5) billigt, vernichtet. Im 5. Jahrhundert haben sie sich an den Nordküsten Galliens bereits so eingenistet, daß dies Gestade das Sächsische heißt; alsbald nach dem Weiterbringen der Franken gen Westen besetzen sie auch die Inseln vor der Loiremündung; ihre Ausbreitung in das Festland hinein wurde eine Zeitlang noch von Römern und Salfranken unter Childerich abgewehrt (III, 43). Aber in der Folge setzten sie sich doch fest um Bayeux wie bei Nantes.[4]) Jene Sachsen, welche mit den Langobarden nach Italien, dann wieder in die Heimat an Bode und Sale zurückzogen, (s. III, 147 und oben S. 100), waren die süd-östlichsten, den Thüringen nächsten gewesen, sie waren daher auch — ein erwünschter Zusammenschluß! — den Langobarden in deren Sitzen an der Donau von allen Sachsen am Nächsten und hatten zum Anschluß an deren Südwanderung den kürzesten Weg gehabt.

Wann und wo zuerst sächsische Gaue dem Merovingenreich schatzungs-pflichtig — an strengere Unterwerfung ist nicht zu denken — wurden, wissen wir nicht; es scheint aber früher — von dem eroberten Thüringen aus — die östlichen als die westlichen Sachsen jenseit der Lippe getroffen zu haben, aus späteren Vorkommnissen zu schließen; denn jene Sachsen, welche sich unter Dagobert erbieten, die Wenden allein ohne fränkische Hilfe von Thüringen abzuwehren, falls man ihnen die schon von Chlothachar I. auf-erlegte Schatzung erlasse (III, 100), waren doch sonder Zweifel nächste Nach-barn der Thüringe; dazu stimmt auch, daß Chlothachar I, 553 einen „Auf-

---

1) Prae caeteris hostibus Saxones timentur ut repentini Ammianus Marcellinus XXVIII. 2.   2) Franci et Saxones quoquis erumpere potuit terra vel mari. 3) Orosius ed. Mörner VII. 32.   4) III, 478 Benantius Fort. III, 9 rühmt, Felix von Nantes habe sie gesänftigt:

aspera gens Saxo veniens quasi more ferino
te medicante, sacer, bellua reddit ovem.

stand" (rebellantibus) von Sachsen niederschlägt, welchen Thüringe unterstützten (III, 113; oben S. 99). Allerdings aber berühmt sich auch bereits Theubibert I. 534—548 in seinem hochmerkwürdigen Brief an den Kaiser, daß er bis an die Küste der Nordsee herrsche nach Unterwerfung von Sachsen und Jüten (Eutiis), wobei in diesem Zusammenhang nur an nordwestliche Sachsen gedacht sein kann. Gleichwohl scheinen die schatzungs= pflichtigen und schatzungweigernden Sachsen, welche nun 555, 556, 632, 743 wiederholt genannt werden (III, 113, 636, 845), überwiegend die Nachbarn der Thüringe gewesen zu sein, während die Gränzwirren, welche Karl dem Großen einen äußeren Anlaß zu dem inneren theokratischen Drange der Sachsenunterwerfung fügten, auch an der Lippe ihren Schauplatz hatten. Die neue Gliederung in Nordalbinger, Ostfalen, Engern, Westfalen tritt erst nach 750 auf, also 130 Jahre, nachdem der Cherusken, 350 Jahre (oder 270? s. oben S. 174) Jahre, nachdem der Chauken Name zuletzt ver= nommen worden.

Das alte Gebiet der Angrivaren war bedeutend erweitert; Engern wohnen im Leine=Gau, Rithe=Gau, Leri=Gau, Bucki=Gau (West=Gau?); Cherusken mögen sich mit Angrivaren wie mit Chauken gemischt haben.

„Von da aufwärts trennten Weser und Werra den ostengrischen Gau Logne vom pagus Hessi Franconicus bis zur Grenze der Thüringe" ... von diesen schied die Sachsen die Wasserscheide zwischen Leine und Un= strut; die Gaue Logne und Hliäto sind hier die äußersten sächsischen. Weiter östlich ... hatten die Sachsen noch das eigentliche Harzland, die Thüringe nur das Flußgebiet der Unstrut in Besitz."[1]

Auch die Chasuaren an der Hase, Fosi an der Fuse, die im Barden= gau zurückgebliebnen Langobarden, sind in den Sachsen aufgegangen.[2]

An die Seite der Hessen und Uferfranken sind Sachsen bis an den Oberlauf der Ruhr und in Nordhessen an der Diemel vorgedrungen.[3]

Von der Wesermündung und den Ostfriesen bis zur Saalemündung um= schlossen das Land der Sachsen das Meer und die Elbe.[4] Auch die Nord= albingischen Sachsen erscheinen unter diesem Namen erst gegen Ende des 8. Jahrhunderts; im Norden gränzen sie an der Eider mit den Dänen, im Osten mit den Slaven; sie sind jene Gaue der (Angeln und) Sachsen des Ptolemäus, welche nicht (wie so viele von ihnen) im 5. Jahrhundert nach Brittannien hinübersegelten, mit starker frisischer Beimischung.[5] Die Gliederung der Nordelbischen in Thiedmarsen (Thiodmars=gowe) am Meere,

---

1) Zeuß S. 394 über die Gränze mit den Warnen, Nordthüringen, Nord= schwaben oben S. 100. 2) Zeuß S 393, aber die Chamaven im Hamaland, sind, wenn auch vorübergehend von Sachsen bewältigt, Franken. 3) Pagus Hessi Saxonicus heißt aber nicht nach Hessen — Chatten, sondern nach dem Mannes=Namen Hessi. 4) Zeuß S. 395. 5) Rudolf von Fulda, Translatio St. Alexandri, ed. Pertz Mon. Germ. hist. Scr. II, 175: gens ... Saxonum scilicet et Fresonum commixta in confiniis Nordmannorum et Obodritorum.

mit der Kirche Milbinthorp, Holtsaten (d. h. im Holz — Walde sitzende,
daraus später durch mißverstehende Volkswurzeldeutung „Holstein" geworden)
mit der Kirche Stonenfeld, und Stormaren mit der Mutterkirche Hamma=
burg (und den Gränzflüssen Eider (Egidora) im Norden gegen die Dänen,
der Bille (Bilena) im Südosten und der Schwale (Suala) im Osten
gegen die Slaven) werden zwar von Adam von Bremen († ca. 1076)[1])
angeführt, reicht aber sicher in ältere Zeit hinauf. Wie zahlreich Nord=
elbinger von Karl ausgewurzelt und über sein ganzes Reich zerstreut ange=
siedelt wurden, haben wir gesehen.[2]) Den Obobriten schenkte der Sieger
großentheils das entvölkerte Land. Seit der Einwanderung der Angeln und
Sachsen in Brittannien werden — zumal eben von diesen — die auf dem
Festland verbliebenen Nordsachsen „Altsachsen" (antiqui Saxones, „Eald-
Seaxe") genannt.

　　Wir erfahren von der Geschichte der Sachsen in den Jahrhunderten
von Ptolemäus (150 n. Chr.) bis zum Aufsteigen der Merovingen (ca. 450)
nur bei Gelegenheit ihrer Kämpfe mit den Römern (seit 286), ihrer Einfälle
zu Wasser und zu Land in römische Provinzen.[3]) Von dem Aufsteigen der
Merovingen ab (ca. 450) vernehmen wir ebenso von den Sachsen fast nur aus
Anlaß ihrer Kämpfe mit den Franken[4]) bis auf die Zeit Karls des Großen
und — sehr spät — durch die Lebensbeschreibungen einzelner Bekehrer.

　　In langen Zwischenräumen hören wir daher gar nichts von ihnen; so
von 572—631, dann von 631—715.

　　Während der argen Zerrüttung im Merovingenreich gegen Ende des
7. Jahrhunderts haben die Sachsen gewiß jede etwa noch bestehende Schatzungs=
pflicht abgeschüttelt; 713 vertreiben sie die Christen=Priester aus dem Brukterer=
lande. 715 fallen sie heerend in den Gau der fränkischen Hattuaren ein
in Geldern, zwischen Rhein und Maas, am Niers (III, 772), so daß
Karl der Hammer, sobald er des Reiches Gewalt gewonnen, wiederholt
gegen sie zieht bis an die Weser, sie zu züchtigen und zu schrecken.[5])

　　Mehr Erfolg scheint ein Zug von 738 gehabt zu haben; Karl über=
schritt den Rhein an der Lippemündung bei Wesel und unterwarf „einen
Theil" des Volkes unter Geiselstellung (III, 813); doch gelten diese unter=
worfenen Sachsen=Gaue nicht voll als Theile des Reichs; sie werden bei der
Reichstheilung von 741 nicht erwähnt; gleich 742 greifen sie wieder zu den
Waffen (III, 840); ebenso 745; Karlmann gewann damals oder 743?
durch Vertrag die Burg Hoohseoburg (Seeburg im Mansfeldischen,

---

1) Gesta Hammenburgensis ecclesiae pontificum ed. Pertz Mon. Germ.
hist. Ser. II. VII, 280 c. 61.　2) III, 1043 f.; z. B. in Ostfranken bei Würzburg
s. Zeuß S. 397.　3) S. darüber II, 241, 307—311, 346, 357, 367, 415, zuletzt im
Jahre 435　4) Wir haben diese bereits dargestellt: III, 43, (a. 481), 77 (a. 531),
118 (a. 555, 556), 148 (a. 572); n. 631. 636 (a. 715), 772.　5) a 715 (S 772)
und a. 720 (S. 780), a 723? a. 729 rüstet er nur gegen die Sachsen (S. 788).

ober die Sachsenburg?); ebenso durch Verhandlung einen mächtigen Land=
herrn dortselbst, Theuderich, und viele Sachsen zur Taufe, aber nur in den
allernächsten Gauen.[1]

Allein schon 747 muß Pippin nach Sachsen ziehen, wo Grifo Zuflucht
und Waffen gefunden hatte; er drang von Thüringen her bis Schöningen
(Stehaningi) am Bach Meißau (Missaho) in Braunschweig.

Grifo lagerte mit den Sachsen zu Ohrum an der Oder, auch aus
Frisonovelt und Winibengo waren Slaven (und Frisen?) zu ihnen ge=
stoßen; nach, oder nach andern Angaben ohne, Blutvergießen unterwarfen sie sich
wieder den Franken, „wie es von alters her Sitte gewesen“, und versprachen
die einst von Chlothachar I. auferlegte (von Dagobert I. erlassene, oben
S. 176) Schatzung wieder zu entrichten; auch die Taufe gelobten Manche.[2]
Aber schon 753 erhoben sie sich wieder und gerade während König Pippin
in ihrem Lande stand — scheint es — glückte es ihnen, die Burg Juberg
(Jburg bei Osnabrück) zu erstürmen, wo sie Bischof Hildegar von Köln
fanden und erschlugen; der König drang aber bis Rehme oberhalb Minden
an die Weser und erzwang die Unterwerfung.[3]

Im folgenden Jahre (754) nahm des Bonifatius Nachfolger in der
Bekehrungsarbeit, Gregor von Utrecht, das Werk auch bei den Sachsen
auf, 758 erschien Pippin zum dritten Mal in Sachsen, erzwang durch Gefecht
den Eingang in ihre Verhacke und drang bis Sithen (Sithnia) Reg.=Bez.
Münster südwestlich von Dülmen, die Besiegten versprachen eine Jahres=
schatzung von 300 Rossen und gewiß Duldung der Taufpredigt (l. c., zwischen
Ostern und Anfang September).

Im Jahre 772 beginnen die Sachsenkriege Karls; wir haben deren
Gesammtbedeutung, die wahren Ursachen und die in Selbsttäuschung gern ge=
glaubten Vorwände eingehend gewürdigt, daher ist hier nur der Verlauf in
Kürze darzustellen.

Im Sommer 772 zog Karl zum ersten Mal — es wird durchaus nicht
berichtet, daß er durch irgend einen Angriff der Sachsen gereizt worden — gegen
die Engern mit großer Heeresmacht und vielen Priestern. Nach Erstürmung
von Eresburg (Stadtbergen an der Diemel) erreichte er, sechs Stunden
weiter nördlich, in einem heiligen Hain eines der gefeiertsten Weihthümer des
Volkes: die Irmin=Sul, eine dem Gott Irmin geweihte baumähnliche Säule,
ein Sinnbild der Weltesche:[4] die Säule ward umgestürzt, der Hain zer=
stört, das — wohl als Weihgeschenke, Gelübdegaben — in Holz=Gebäuden
geborgene Gold und Silber unter die Krieger vertheilt.[5] Karl drang noch
über die Weser, die Engern unterwarfen sich ohne Kampf. Während seiner
Abwesenheit in Italien (774) fielen sie aber in Hessen ein und verbrannten

1) Fredig. contin. p. 113; Annal. Laur. 743; Einh. annal. 2) III, 652
Fredig. cont. 117. 3) Ann. Lauriss. maj. 753; Fred. cont. 118. 4) Uni-
versalis columna, quasi su-tinens omnia, translatio St. Alexandri, Pertz Scr. II,
676. c. 3. 5) Ueber das Wunder am „Bullerborn“ s. III, 967. D. Gesch. 1b, 296.

das von Bonifatius gestiftete Fritzlar (Fridislar), während Westfalen die
Kirche zu Deventer an der Yssel zerstörten: schwache Vergeltung für Irmin=
sul! Nun ward nach Karls Rückkunft auf dem Reichstag zu Quierzy (774)
der furchtbare Beschluß gefaßt: Bekehrung und Unterwerfung oder Ausrottung
des ganzen Sachsenvolkes! Und furchtbar hat er es durchgeführt, der „eiserne
Karl". Noch 774 waren die abziehenden Sachsen von drei Scharen verfolgt
worden. Im August 775 zog Karl von Düren aus gegen die Westfalen,
eroberte die Sigiburg (Hohen=Syburg an der Ruhr), erbaute aufs Neue
und besetzte die Eresburg, erzwang dann durch Gefecht den Uebergang
über die Weser am Brunsberg bei Höxter, durchzog das ganze Land der
Engern, überschritt die Leine, deren Gränze mit den Ostfalen, und zog
auch noch durch Ostfalen bis an die Oder; hier und auf dem Rückweg
im Buckigau (zwischen Weser und Deistergebirg) unterwarfen sich viele Ost=
falen und Engern nach Vorgang und unter Einfluß mächtiger Adelsgeschlechter.[1])
Denn bei den Sachsen hatte sich der altgermanische Volksadel (I, 91) in seiner
vollen Machtstellung erhalten; diese Sippen waren in Ermangelung von
Königen die eigentlichen Leiter des Volks und seiner Geschicke. Sie geboten
auch über zahlreiche Liten (unten S. 187: — offenbar alte, meist hermun=
durische Einwohner des von den aus Norden vordringenden Sachsen
eroberten Landes, in Halbfreiheit gegen Zins auf der Scholle belassen)
sowie über eigene Freigelassene. Sie standen auch bei den kleinen Gemein=
freien in höchstem Ansehen: ihr Wort entschied im Ding. Deßhalb bemühte
sich Karl unablässig durch Geschenke an Gold und Land und durch freund=
lichste Behandlung, diese Edeln für sich zu gewinnen; wo es gelang, — und
es gelang gar oft, — war auch die Menge des Volkes mit gewonnen oder
doch der gewohnten Führer beraubt, unfähig oder ungeschickt, zu widerstehen.
So planmäßig ward die Bestechung des Adels betrieben, daß ein besonderes
Capitular (802?) über das sächsischen Großen geschenkte Königsland erlassen
werden mußte und ein Zeitgenosse meint: „mehr Sachsen hat die Bestechung
als das Schwert gewonnen" (III, 1106). Allerdings wurden solche Ab=
trünnige von denen, die den Göttern und der Freiheit treu geblieben, so
bitter gehaßt, daß sie auch im Frankenlande keine Sicherheit fanden, falls
ausgewurzelte Sachsen in ihrer Nähe angesiedelt wurden.

Karls Rückendeckung an der Weser war einstweilen von Westfalen
nicht ohne Erfolg überfallen worden; auf der Heimkehr schlug er auch dieses
Aufgebot bei Libbach (Hlibbeki) an der Weser. Als aber Karl im
folgenden Jahr (776) in Friaul weilte (III, 980), erhoben sich die näm=
lichen Gaue — unter Preisgebung ihrer Geiseln! — und zerstörten die
Eresburg; Sigiburg rettete ein Wunder. Nach seiner Rückkehr drang Karl
mit solcher Raschheit von Worms aus durch alle Verhacke (caesas) in das

---

1) Hessi's und Bruno's; letzterer (angeblich) Stammvater des sächsischen Kaiser=
hauses (??)

Land, daß die Erschrocknen sich sofort zu Lippspring (ubi Lippia consurgit) unterwarfen, die Taufe gelobten und für den Fall des Treuebruchs ihr Grundeigen an Karl verwirken zu wollen erklärten; man sieht, Karl wollte freie Verfügung über das Land behufs Ansiedelung von Franken gewinnen. Die Eresburg ward wieder befestigt, eine neue Zwingveste, Karlsstadt, an der Lippe, erbaut; im Jahre 777 hielt Karl bereits den fränkischen Reichstag mitten im Sachsenland, in Paberborn (Padrabrun); dies sollte aller Welt zeigen — wie weiland Pippin in Aquitanien that — wie so ganz die neue Eroberung schon ein Theil des Reiches geworden, und zugleich sollte solche Zuversicht des Siegers von Erneuerung des Widerstandes abschrecken. Viele Edelinge erschienen und unterwarfen sich, nicht aber Widukind, der hier zuerst genannt wird, aber wohl schon früher ein Führer der Erhebung gewesen: er war zu dem Dänenkönig Sigfrid in Nordmannia geflohen. Als aber Karl 778 zu Felde lag, erhoben sich die Sachsen (an der Lippe?) aufs Neue, verbrannten die Karlsstadt, streiften heerend bis Deutz gegenüber Köln und rheinaufwärts bis Ehrenbreitstein, zumal die Kirchen zerstörend, „denn nicht um zu rauben, Rache zu nehmen waren sie ausgezogen", Rache vor Allem für die zerstörten und geschändeten Heiligthümer der Götter. Die Mönche flüchteten die Leiche des Bonifatius aus dem bedrohten Fulda; auf dem Rückzug wurden die Sachsen durch eine rasch von Karl voraufgesandte Schar zu Leisa bei Ueberschreitung der Eder eingeholt und geschlagen. Im Jahre 779 zog Karl von dem Reichstag zu Düren gegen die Westfalen und drang bis an die Weser (bis Medofulli: Uffeln?), wo auch Ostfalen und Engern sich unterwarfen.

So hielt Karl auch im folgenden Jahre (780) die Reichsversammlung in Sachsen ab, zu Lippspringe, und richtete bereits die Bekehrung mit solcher Zuversicht ins Werk, daß er das Land hiefür in Sprengel theilte, so z. B. den Gau Wigmodia Willehad, Paderborn Megingoz von Wirzburg zuwies. Auch 782 tagte die Reichsversammlung zu Lippspringe; Karl unterschätzte — wie Napoleon I. — die Widerstandskraft eines für den Augenblick überwältigten Volksthums; er glaubte bereits die fränkische Grafschaftsverfassung, „zugleich das am Meisten Art-zeichnende Stück und das wirksamste Herrschaftsmittel fränkischen Statswesens"[1] einführen zu können; damals auch erließ er (782) jene mit Blut geschriebene capitulatio de partibus Saxoniae", welche mit fürchterlicher Eintönigkeit das: „der soll des Todes sterben" wiederholt, sogar für bloße Verletzung des kirchlichen Fastengebots; auch wird von jetzt ab jeder Sachse, der Heide bleibt, sich selbst oder sein Kind nicht in Jahresfrist taufen läßt, mit dem Tode bestraft; auch die unerbittliche Eintreibung der Zehnten für die Kirchen, d. h. die Zwangsbethäuser, erbitterte das nicht reiche Sachsenvolk, zumal darin auch eine Schatzung gesehen ward, welche sonst nur von Unfreien oder von Zinsbauern auf fremder

---

1) Deutsche Geschichte Ib, 304.

Scholle erhoben ward. Zu den neu errichteten Grafenbeamten berief Karl
außer verläſſigen Franken auch häufig jene abtrünnigen Edelinge (oben S. 180).

In allzukühner Zuverſicht bot Karl (782) ſogar bereits den ſächſiſchen
Heerbann auf, neben Franken in Thüringen und Sachſen ſelbſt eingedrungene
ſorbiſche Plünderer zu vertreiben: Waffenbrüderſchaft von Sachſen und Franken
behufs Schirmung des Landes wider gemeinſame, ſtammfremde Feinde und ein
ſicher vorauszuſetzender Erfolg hiebei mußte Sieger und Beſiegte noch näher
bringen. Allein Karl wußte nicht, als er dieſe Anordnungen traf, daß Widukind, aus Dänemark zurückgekehrt, einen neuen Aufſtand, zumal im Gau
Wigmodia, ins Werk geſetzt hatte. Die gegen die Sorben ausgeſandten
Scharen wandten ſich nun wider die ſächſiſchen Empörer, wurden aber am
Süntelgebirg unter Verluſt von 27 Führern und Edeln vernichtet. Raſch
und fürchterlich war Karls Rache, ſehr bald ſtand er an der Weſer, die er-
ſchrocknen Führer der Sachſen ſchoben alle Schuld auf den wieder nach Nord-
mannia entfloſſenen Wibukind, ſtellten aber 4500 Männer, welche an dem
Aufſtand als Verführte Theil genommen. Karl ließ ſie alle 4500 an Einem
Tag enthaupten zu Verden an der Aller.

Die ſcheußliche That hatte wohl ſchrecken ſollen, aber ſie ergrimmte. Zum
erſten Mal erfolgt nun 783 eine „allgemeine‟ Erhebung der Sachſen, zum
erſten Mal ſtellten ſie ſich dem großen Feldherrn Karl ſelbſt zu mehr als
Einer offnen Schlacht.

Er ſiegte in der erſten bei Detmold, aber unter ſolchen Verluſten,
daß er bis Paderborn zurückweichen mußte, Verſtärkungen heran zu ziehen,
und wenige Tage darauf traten ihm die Sachſen wieder zu offnem Kampf
entgegen an der Haſe: abermals geſchlagen, verloren ſie „unzählige Mengen‟,
der Sieger zog würgend bis an die Elbe. Aber ſchon im folgenden Jahr
(784) rief ihn eine neue Erhebung, der ſich auch die Friſen, von Widukind
aufgereizt, angeſchloſſen hatten (oben S. 166), nach Sachſen; wieder zog er
durch Weſtfalen bis an die Weſer, dann öſtlich durch Thüringen gegen die
Oſtfalen, während ſein Sohn Karl die Weſtfalen im Draingau in einem
Reitergefecht zerſtreute. Vater und Sohn überwinterten in Sachſen, neue
Erhebung zu entmuthigen oder raſch zu erſticken. Im folgenden Jahre (785)
zog er bis an die Mündung der Werra in die Weſer. Streifſcharen, von
der Eresburg aus geſandt, zerſtörten die Verhacke der Sachſen; die Reichs-
verſammlung tagte im Juni zu Paderborn; Großes ward erreicht durch
die Unterwerfung Widukinds (und eines andern Edelings Abbio). Karl
hatte das Glück, daß ſeine Gegner, die Vorkämpfer langobardiſcher, ſächſiſcher,
bajuvariſcher Stammesfreiheit, nichts weniger als tobentſchloſſene Helden waren;
folgegerecht endeten Deſiderius und Taſſilo im Kloſter, Widukind als königlich
fränkiſcher Statspenſionär, nachdem er in Attigny die Taufe genommen —
Karl ſelbſt ward ſein Pathe und ſchrieb dem Pabſte das Geſchehniß mit der
Aufforderung, dreitägige Dank- und Lob-Lieder anzuordnen — erhielt er
ſeine eingezogenen Güter zurück (und vermuthlich fränkiſches Königsland dazu).

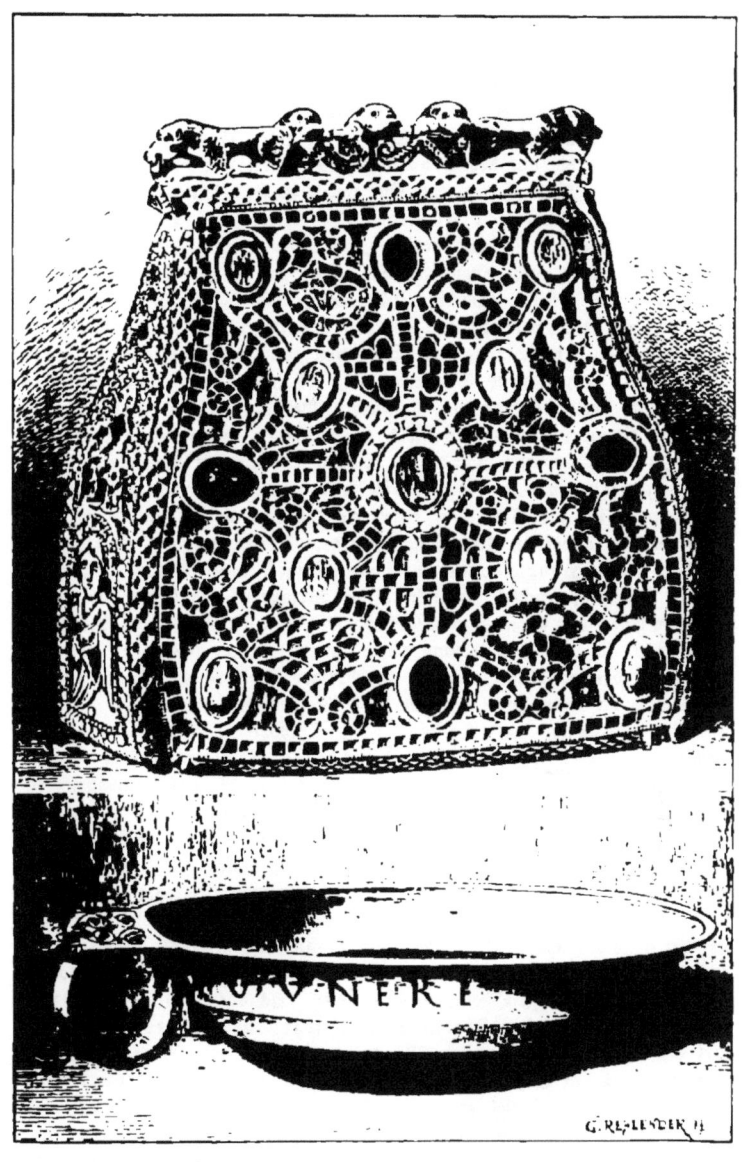

1. **Tauffdale des Herzogs Widukind.** Afrikanischer Jaspis in vergoldeter Bronzefassung; Inschrift, nielliert: Munere tam claro nos ditat Africa raro. Soll im Grabe Widukinds gefunden sein.
2. **Reliquiar,** in Taschenform, mit Emuil und Zellenvergießung in Goldfassung. Karolingische Arbeit des 8. Jahrh. — Beide Stücke sind nach der Tradition Taufgeschenke Karls des Großen an Herzog Widukind und von diesem dem von ihm gegründeten Stifte des heil. Dionysius in Enger bei Herford (Westfalen) vermacht. (Jetzt im Kunstgewerbe-Museum zu Berlin.)

„Ganz Sachsen ward damals unterjocht" — und zwar für immer, wähnten
die fränkischen Jahrbücher; in der That konnte nun Karl die Sachsen wider
Slaven und Avaren aufbieten; allein am 6. Juli 792 ward doch wieder eine
Schar Franken, die auf der Elbe hinsegelte, überfallen und erschlagen, und
noch bevor diese That gestraft war, eine zweite in Friesland im Rüstringer=
Gau (aber von Sachsen). Im Jahre 794 erzwang ein Doppelangriff, wie
ihn Karl liebte und meisterhaft verstand, die Unterwerfung; doch im Jahre 793
erhoben sich die gleichen Gaue wieder. Karl zog in den Bardengau nach
Bardewick und Lüne gegenüber Lüneburg und lagerte hier, seinen Ver=
bündeten, den Abodritenhäuptling Wilzin erwartend. Auf die Nachricht, daß
dieser bei dem Ueberschreiten der Elbe von den Sachsen erschlagen worden,
schleppte Karl nach grauenvoller Verwüstung des Landes durch Mord und Brand
den dritten Theil der ganzen männlichen Bevölkerung des Bardengaues
mit fort, sie über sein weites Reich zu verstreuen und durch fränkische An=
siedler in dem veröeten Lande zu ersetzen. Allein der Widerstand in den
„Elbsümpfen" und in Wigmodia war noch immer nicht gebrochen; in
den Jahren 796 und 797 kam daher der Würger wieder und führte aber=
mals, unter furchtbarster Verwüstung, aus dem Draingau, aus Wigmodien,
aus dem Lande Hadeln „eine unzählige Menge", diesmal auch Weiber und
Kinder. Allmälig fruchtete das scheußliche Verfahren: „da kamen die Sachsen
von allen Ecken und Enden ihres Landes und ließen sich taufen": — das geschah
jetzt offenbar in größerem Umfang als je zuvor — „und abermals führte Herr
Karl jeden dritten Mann mit den zugehörigen Weibern und Kindern davon
und siedelte an ihrer Statt Franken an" (September 797).

Der Reichstag zu Aachen (28. October 798), den auch die
Sachsen beschickten, erließ das Capitulare Saxonum, das einzelne
Milderungen der Capitulatio von 782 (oben S. 181) gewährte, die
fränkischen Banngrundsätze auch in Sachsen einführte und den König er=
mächtigte, Sachsen, welche das Leben verwirkt, sammt deren Gesippen außer
Landes anzusiedeln, womit sie ihren Stammesgenossen für todt zu gelten
hatten. Karl überwinterte mitten in Sachsen, sein Heerlager aufschlagend
an der Mündung der Diemel in die Weser; Heerstelle hieß und heißt
der Ort seither. Und noch immer war er nicht ausgetreten, der Funke der
Freiheitsliebe und der Sehnsucht nach den alten Göttern in dem maßlos ge=
peinigten Stamme. In Ostern, 8. April 798, erschlugen Nordalbinger ein
paar Königsboten, sofort standen auch Ostfalen und Engern wieder auf.
Karl eilte von Heerstelle nach Minden, überschritt die Weser, verwüstete
alles Land bis zur Elbe und schleppte Edelinge (angeblich 1600) und andere
„Geiseln" mit fort „soviel er nur wollte". Gleichzeitig hatte er gegen die
Nordelbinger seine slavische Meute, die Abodriten los gelassen; unter
der Feldherrschaft eines fränkischen Königsboten, Eburis, und mit fränkischen
Hilfsschaaren schlug der Häuptling Drosuch die Nordsachsen in der blutigen
Schlacht bei Sventisfeld an der Sventine; 4000 (al. 2901) Todte ließen

die Besiegten auf der Walstatt. Im folgenden Jahre (799) erschien Karl
abermals in Sachsen mit Entfaltung überwältigender Macht; sein Sohn
Ludwig mußte seine Aquitanier nach Paderborn führen, sein Sohn Karl
nahm im Barbengau die Unterwerfung von Nordalbingern entgegen. Nun
war's zu Ende. Zwar zweifelte noch im Jahre 799 Alcuin, ob denn
Gott wirklich auch das Sachsenland dem Christenthume vorbestimmt habe;
da bisher nur die ausgewurzelten, nicht die in der Heimath verbliebenen
Sachsen die alten Götter wirklich aufgegeben hatten. Aber er irrte: auch das
Land war — auf diese Weise — der Religion der Liebe „gewonnen" worden:
es lag die Ruhe des Grabes darüber. Nur einmal noch, im Jahre 804,
flackerte eine Erhebung des zerstampften Volkes auf in Nordalbingien und
Wigmodien(?). Sofort war Karl zur Stelle, hielt den Reichstag zu Lipp=
springe, lagerte bei Hollenstedt und machte nun rasch ein furchtbar Ende.
Er schenkte ganz Nordalbingien — uralt Germanenland — dem Abobriten=
Häuptling Drosuch für dessen Horden, schleppte alle Sachsen „ohne Ausnahme"
auf das linke Elbe=Ufer — 10 000 Männer mit den dazu gehörigen Weibern
und Kindern — und verstreute sie über Francien und Gallien.

    Das scheußliche Werk war vollendet.

    Jetzt konnten die Bischofssitze in dem Lande eingerichtet werden: zu
Bremen unter Willerich (806—838), zu Münster (Mimigernesord) unter
St. Liudger (805—809), zu Paderborn unter (dem Sachsen) Hathumar
(806 — 815).

    Wir sahen, daß Karl durch die gewaltsame Hereinzwängung der Sachsen
in sein Reich ganz wesentlich zu dessen Auflösung beigetragen hat: erst durch die
Sachsen wurde der austrasische Bestandtheil desselben so stark, daß er sich von
dem neustrisch=romanischen und italisch=romanischen losreißen konnte.

    Von den inneren Zuständen des Sachsenvolkes in Recht, Verfassung und
Bildung vor dem Eingreifen der Franken wissen wir so gut wie nichts; nur
Rückschlüsse aus dem in der Frankenzeit Berichteten sind möglich, aber oft gewagt;
die beiden Capitularien Karls, oben S. 181, 183, und die Lex Saxonum sind unsre Hauptquellen neben den fast nur die Kriegführung beachtenden
fränkischen Reichs=Jahrbüchern; die Zeit der Entstehung dieser drei Rechts=
quellen ist vor Allem festzustellen; ganz unstatthaft ist es, späte Quellen aus
dem 11. und 12. Jahrhundert zu Rückschlüssen auf die vor=fränkische Zeit, wie
leider noch immer geschieht, zu mißbrauchen; unter wesentlich umgestalteten
Verhältnissen und Voraussetzungen sind sie entstanden, ferner unter sagenhaften
und manchmal — schlimmer noch! — unter absichtlich für gewisse Zwecke be=
rechneten Zuthaten.

    Nach der richtigen[1]) Ansicht ist die Lex Saxonum nach der „capitulatio"

---

1) Im Wesentlichen schon von Waitz, Verfassgs.=Gesch. III, 157. 207 aufgestellt,
von Brunner I, 345 f. noch genauer begründet.

von 782, nach dem Capitular von 797 und nach der Veröffentlichung des
Userfrankenrechts von 802/803 (oben S. 50) verfaßt worden: dies gilt
auch für die Wortfassung der ersten 20 Capitel, was aber nicht aus=
schließt, daß diese inhaltlich ursprünglich altsächsisches und vor der
fränkischen Eroberung bereits geltendes Recht enthielten; sie setzen diese nirgend
voraus.[1])

Die Abschnitte 21—65 (Eherecht, Erbrecht, Recht der Unfreien, Todes=
strafen) heben manchmal die Abweichungen im Recht der drei südelbischen
Mittelgruppen hervor; 51—33 sind offensichtlich einem Zusatz zum Recht der
Userfranken aus dem Jahre 803 angepaßt.[2])

Wir sahen bereits, bei den Sachsen hatte sich die alte mittelsiehende
Gauverfassung erhalten, wie sie zur Zeit Armins bei den Cheruskern
bestanden; jeder Gau bildete einen Stat für sich, der mit den Nachbargauen
derselben Mittelgruppe nur durch Opfergemeinschaft, durch die gemeinsamen
Bedürfnisse der Nachbarschaft, durch Verträge — völkerrechtlich — verbunden
war; aber nicht nur ein „Bundesstat" der Westfalen, Engern, Ostfalen,
Nordalbinger hat nicht bestanden — es scheint auch durchaus nicht ein
„Statenbund" alle Gaue einer solchen Mittelgruppe, also z. B. der Westfalen
dauernd zu gegenseitiger Waffenhilfe verpflichtet zu haben: wenigstens sehen
wir oft einen oder einzelne Gaue einer Mittelgruppe allein kämpfen; andrer=
seits schließlich freilich auch wohl mehrere Gaue verschiedener Mittelgruppen für
Einen Feldzug ein Bündniß, aber daß alle Gaue aller vier Mittelgruppen
gemeinsame Sache gemacht hätten, das kam sogar in dem Verzweiflungskampf
gegen Karl — wenn überhaupt — nur einmal, höchstens zweimal vor.

Dies schließt nicht aus, daß die sämmtlichen Gaue Einer Mittelgruppe
schon wegen der Opfergemeinschaft ein gemeinsam beschicktes Ding — nach
Mond=Zeiten — abhielten, wo dann auch andre als götterdienstliche Dinge ge=
meinsam verhandelt werden mochten; ja, ein Heiligthum wie die Irminsul

---

1) Waitz a. a. O. und anders, wie es scheint, Brunner I, 347; allein die Ein=
wände von Waitz, daß die Sachsen vor der fränkischen Zeit ihr Recht wie die Angel=
sachsen in der sächsischen Sprache würden verzeichnet haben und daß die Lex Rib.
benutzt sei, erledigen sich durch unsre Annahme, daß ein altsächsisches, gar nie auf=
gezeichnet gewesenes Weisthum 804 unter Benutzung der L. Rib. lateinisch aufgezeichnet
ward; der Eid auf die Waffe ist allerdings nicht ausschließend heidnisch, auch von
Boretius, in v. Sybels histor. Z. XXII, 148 weiche ich daher hierin ab; wie man
je die L. Sax. für eine Privatarbeit hat halten können — so Usinger, Forschungen
zur Lex Saxonum 1867 — ist freilich unfaßbar; s. dagegen v. Richthofen, zur Lex
Saxonum 1868, der aber (wie Brunner) die ganze Lex auf einmal entstehen sein
läßt; ganz haltlos ist Merkels Lex Saxonum (1853) Annahme eines dritten Theils
c. 61—66 (weil Eine Handschrift ihre Inhaltsübersicht mit c. 60 abschließt!)
de Geer, nieuwe Bijdragen voor Rechtsgeleerdheid II, 3 will vollends 5 Theile
unterscheiden.   2) Gegen v. Richthofen, der die Lex vor das „Capitulare" von
797 etwa in 785 setzt, s. Brunners schöne Beweisführung aus der Bestrafung der
Brandstiftung, welche in der Lex auch in dem vom älteren Recht noch geduldeten
Fall des Fehdebrandes gestraft wird.

war gewiß von allen Sachsen (auch von den Nordelbischen?) gefeiert und besucht, und so mag denn auch in den im Uebrigen mit wachsrem Mißtrauen
aufzunehmenden Nachrichten einer späten Quelle von dem Gesammt-Ting
aller Sachsen zu Markloh an der Weser ein Körnchen geschichtlicher Wahrheit
vergraben sein: Opfergemeinschaft und bei solcher Zusammenkunft Berathung
über andere, mehr als Eine Mittelgruppe betreffende Sorgen, aber daß etwa
die Nordelbischen durch Mehrheitsbeschlüsse der drei andern Gruppen rechtlich
zu einer bundesmäßigen Leistung hätten verpflichtet werden mögen, daran ist
nicht zu denken; auch im Verhältniß der drei südelbischen Gruppen unter
einander fand solche Vermehrheitung nicht statt.

Gaukönige waren bei den Cherusken vorgekommen, das Königthum
über die ganze Völkerschaft hatten sie aber sogar einem Armin nicht gegönnt:
Bei den Angrivaren werden Gaukönige nie erwähnt. Bei den Chauken
nennt Zosimus[1] einen „König", zur Zeit Julians: doch begegnet sonst
vom Königthum bei den Völkerschaften, welche später als Sachsen bezeichnet
werden, keine Spur; es fällt dies sehr auf, da bei den nach Brittannien
gewanderten Angelsachsen das Gaukönigthum alteingewurzelt scheint.

So darf wohl die Vermuthung gewagt werden, daß auch bei den Nordalbingern und den Südsachsen das Gaukönigthum nicht immer ganz gefehlt
hatte — bei den Cherusken war das kurzlebige Königthum über die ganze
Völkerschaft mit der Vertreibung des Italicus gestürzt worden: unter den so
oft genannten und als so machtvoll geschilderten volksedeln Geschlechtern mochten
ursprünglich und vielleicht bis gegen die fränkische Zeit einzelne königliche bestanden haben: aber die Franken gaben diesen Häuptlingen sowenig wie den
frisischen den Königsnamen: — einheimische Quellen, sächsische Namen außer
„Edeling" fehlen. Allein alle diese Adelsgeschlechter für gaukönigliche zu
nehmen, ist völlig unstatthaft — schon ihre große Zahl verbietet das — und
leider verstattet uns die Dürftigkeit der Quellen auch nicht, etwa einzelne
dieser „capitanei" als Könige über die Edeln zu stellen. So scheint also
— mehr als Vermuthung soll das nicht sein — bei den Sachsen (und vielleicht
auch bei den Frisen?) die Verfassungsentwicklung gerade den entgegengesetzten
Verlauf genommen zu haben wie bei Franken und Alamannen, auch
Gothen (f. I): (— so wenig sind wir geneigt, um jeden Preis einheitliche
Entwicklung zu „construiren", d. h. gegen die Thatsachen zu ersinnen —)
während bei diesen das Gaukönigthum zum Königthum der Völkerschaft, dann
der Mittelgruppe (Salier), zuletzt der ganzen Gruppe (Franken) aufsteigt und
den alten Volksadel, die ursprünglich fast ebenso mächtigen Geschlechter, die
eifersüchtigen Wächter der alten Volksfreiheit, vernichtet oder in den neuen
Dienstadel mit aufnimmt, verschwinden die alten zweifellos bezeugten Gaukönige der Cherusken — auch der Chauken — unter den volksedeln
Geschlechtern, aus welchen durch Wahl der sämmtlichen Freien die Gau-

---

1) III, 7; vgl. Eunapius p. 41.

grasen, Gaurichter (hier, wie es scheint, auf Lebenszeit gekoren) hervorgehen, welche in der Gauversammlung, getragen von ihren Gesippen und den verschwägerten andern Adelssippen, von dem Ruhm des alten götterentstammten Blutes, von großem Grundbesitz, von zahlreichen halbfreien Hintersassen und Schutzhörigen (Läten), thatsächlich so gut wie immer ihren Willen durchsetzen und die Geschicke des Volkes — jetzt also Erhebung oder Unterwerfung, Treue den Göttern oder Taufe, Freiheit oder Frankendienst — entscheiden. Von den Rechtszuständen innerhalb der einzelnen Gaue soll hier nur das Eigenartige in dem Ständewesen hervorgehoben werden.

Außer dem mehrfach erörterten Volksadel, in welchen auch die ehemals gauköniglichen Geschlechter, sofern sie nicht, wie wahrscheinlich das Armins, gewaltsam untergingen, eintraten, dann den Gemeinfreien, den selbstverständlichen Trägern der ganzen Verfassung, der „Volksfreiheit", und den unentbehrlichen Unfreien begegnet hier, wie übrigens auch unter Franken und Frisen, der Stand der Läten oder Liten. Dieselben sind persönlich frei, nicht Unfreie, aber sie sitzen auf fremder Scholle, sind schatzungspflichtig gegenüber ihrem Brobherrn, Grundherrn und haben ein geringeres Wergeld als die Gemeinfreien.

Wir erinnern an die mannichfaltigen gewaltsamen Vorschiebungen der Chauken, Agrivaren, Cherusken auf Kosten der Thüringe, Hessen, Franken, (Frisen?). Die bei den Sachsen in so dichter Zahl bezeugten Liten sind keineswegs aus gewöhnlichen Freigelassenen zu erklären, sondern aus den Bewohnern der von den Sachsen allmälig überflutheten Länder im Süden, welche nicht kriegsgefangen und verknechtet, sondern persönlich frei auf ihrer Scholle belassen, aber mit Zins (und Fron?) gegenüber dem sächsischen Schutzherrn belastet wurden.

Selbstverständlich erhielten nicht kleine Gemeinfreie, sondern die volksedeln Geschlechter bei der Eroberung, Einwanderung, Ansiedelung die Ländereien und die Schatzungspflicht dieser Belassenen zugetheilt.

Auf diesen beruhte daher vorab die Macht des Adels: dessen Einnahmen an Grundzins und dessen waffenpflichtige Abhängige. Aber ebendeßhalb ward dieser Adel in seinen Grundvesten erschüttert, falls es gelang, die Läten, die doch wohl oft auch über Druck zu klagen hatten, gegen ihre bisherigen Schutzherren aufzuwiegeln, aus den Stützen die Untergrabenden des Adels zu machen; es war also eine furchtbar richtige Rechnung, als Lothar I., um seinem Bruder Ludwig die schwer wiegende Hilfe des Sachsenadels zu entkräften, die Läten, den Bund der Stellinga, anrief wider ihre bisherigen Herren, ihnen die Wiederherstellung der alten Zustände, also das Land ihrer Ahnen verhieß; es war die Entfesselung der „gesellschaftlichen, wirthschaftlichen, bauerländlichen (agrarischen)" Umwälzung im wildesten Sinne des Wortes.

Mit dieser auf Eroberung, auf dem Gegensatz sächsischer Sieger und thüringischer Unterworfener — nicht nur die Sage des 10. und 11. Jahr-

hunderts, noch Herr Eike von Repgowe weiß (1230) davon zu erzählen! —
beruhenden schroffen Scheidung der Stände bei den Sachsen hängt zusammen
die verworrene Ueberlieferung, welche in ganz unglaubhafter Weise auf das
Verhältniß zwischen Adel und Gemeinfreie übertrug, was nur für das Ver=
hältniß zwischen Adel und Läten — vielleicht auch zwischen Gemeinfreien und
Läten und selbstverständlich — wie bei allen Germanen — zwischen Adel
und Gemeinfreien einerseits und Unfreien andererseits galt: z. B. das
unbedingte, mit schwersten Strafen eingeschärfte Eheverbot zwischen — an=
geblich, aber fälschlich — Edelingen und Gemeinfreien.

Siebentes Capitel.

Die Langobarden.[1]

Gegen Ende des 8. Jahrhunderts ward mit der Krone des Frankenreichs die des langobardischen Königthums in Italien vereint: Vor der Unter= werfung der Sachsen die letzte Erweiterung jenes Reiches durch einen ger= manischen Stamm.

Wir fanden[2] die ursprünglichen Sitze der Langobarden auf beiden Ufern der Elbe an deren unterem Lauf. Nordwestlich grenzten sie mit den Ost= Chauken (s. oben Friesen), östlich auf dem rechten Elbufer mit den Teu= tönen (in Holstein); im Süden an der Mittel=Elbe mit den Semnönen, südwestlich reichten sie wohl nah an die Cherusker: im Barden=gau um Bardon=wid bei Lüneburg will man ihren Namen noch fort klingen hören. Wir sahen die Völkerschaft in den Kämpfen mit Rom und in den Kriegen der Germanen untereinander im ersten Jahrhundert nach Christus hervortreten.[3]

Zur Zeit des sogenannten Markomannenkrieges ca. 170 stehen Lango= barden plötzlich an der Grenze von Pannonien, während sie zur Zeit des Tacitus (100 n. Chr.) noch in den alten Sitzen an der Elbe nahe den

---

1) Türk, die Langobarden und ihr Volksrecht. Forschungen auf dem Gebiete der Geschichte IV (1835). — Troja, storia d'Italia I.—IV. Napoli 1841 f. — della condizione dei Romani vinti dai Langobardi (Milano 1844). — Bethmann= Hollweg, Ursprung der lombardischen Städtefreiheit (Bonn 1846). — Hegel, Ge= schichte der Städteverfassung in Italien I II. (Leipzig 1847 f.) — Flegler, das Königreich der Langobarden in Italien (Leipzig 1851). — Pabst, Geschichte des langobardischen Herzogthums. Forsch. z. D. Gesch. II, 2 (1862). — Hirsch, das Herzogthum Benevent (Leipzig 1870). — Bethmann, Arch. f. D. Geschichtskunde X. — Bluhme, die gens Langobardorum und ihre Herkunft. — v. Hammerstein, der Bardengau. — Jacobi, die Quellen der Langobardengeschichte des Paulus (Halle 1877). — Weise, die älteste Geschichte der Langobarden (Jena 1877). — Holder= Egger, langob. Regesten. Neues Archiv III (Hannover 1878). — Mommsen, die Quellen der langobardischen Geschichte des P. D. Neues Archiv V (1880). — Ludwig Schmidt, zur Geschichte der Langobarden (Leipzig 1885). — Weise, Italien und die Langobardenherrscher von 568—628 (Halle 1887). — (Karl) Meyer, die Sprache der Langobarden (Paderborn 1877). Weitere Angaben s unten: Edictus; besonders aber in Dahn, Langobardische Studien I (Leipzig 1876) p. I—LVI, auf welche hier= mit verwiesen wird. 2) I, 21. Deutsche Geschichte Iu, 76. 3) II, 56, 98, mit Unrecht wollte Zeuß S. 109 Langobarden und Lakkobarden unterscheiden.

Semnonen weilen. Während dieses halben Jahrhunderts also hat die Süd=
wanderung begonnen: in derselben Zeit, und wohl auch aus ähnlichen Ur=
sachen, da auch die andern „Nordvölker", d. h. die Gothen verschiedener
Mittelgruppen, die gleiche Bewegung von der Ostsee an die Donau führte.
Während wir aber von dieser Wanderung bei den andern Völkern nichts er=
fahren, hat für die Langobarden die Lücke der Geschichte die Wandersage
ausgefüllt, wie sie uns, auch geschichtlich werthvoller Angaben keineswegs
ermangelnd, die höchst werthvolle Ueberlieferung bei Paulus Diaconus, des
Warnefrid Sohn, erhalten hat.

Und ähnlich, wie wir die Geschichte der Franken, soweit es anging,
in der treuherzigen Redeweise ihres eignen Geschichtschreibers erzählten, da=
durch dem Leser den unverfälschten Ausdruck der Denkart jener Jahrhunderte
vorzuführen, wollen wir auch Sage und Geschichte der Langobarden in der
Darstellung ihres volksthümlichen Erzählers, des trefflichen Sohnes des
Warnefrid,[1]) sprechen lassen. Nur zwingt hier die Rücksicht auf den Raum
zu vielfachen Kürzungen: auch sind die gelehrten Einschaltungen, welche nicht
die Langobarden betreffen, bei Paulus viel häufiger und umfangreicher als
die unfränkischen Dinge bei Gregor von Tours.

„Je weiter der nördliche Himmelsstrich von der Gluthhitze der Sonne ent=
fernt und von Schnee und Eis kalt ist, um so zuträglicher ist er für die
Körper der Menschen und günstig für die Vermehrung der Völker, wie um=
gekehrt alles mittägliche Land, je näher die Gluth der Sonne desto mehr voll
Krankheiten und für die Aufzucht der Sterblichen weniger geeignet ist. Daher
geschieht es, daß so große Mengen von Völkern im Norden geboren werden,
und nicht mit Unrecht wird all jenes Land vom Tanais (Don) bis zum
Sonnenuntergang mit dem allgemeinen Namen „Germania" bezeichnet."[2])
Diese ersten Worte der Langobardengeschichte bestätigen auf das Erfreulichste
eine unserer wichtigsten Aufstellungen, daß nämlich die Land=Noth,[3]) der
Mangel an Ackerland es gewesen ist, was die unablässig anschwellende Be=
völkerung zur Ausbreitung und, falls diese nicht möglich, zur Wanderung
in andere Sitze gezwungen hat. Es war dem Gedächtniß des Volkes jene
Noth als treibende Kraft so tief eingeprägt, daß die bestimmteste Erinnerung
daran noch sechs Jahrhunderte später in Sage und Geschichte haftete. Die
sprachunkundige Sprachdeutung jener Zeit fand sogar in dem Namen des
Mutterlandes „Germania" den entsprechenden Sinn: es sollte das (völker=)
sprossende, unablässig keimende Land bedeuten: Germania — Germinania

---

1) Er war Zeitgenosse Karls des Großen, an dessen Hof er von 782 bis 786
weilte. Ueber sein Leben und seine Schriften Dahn, Langobardische Studien I,
Leipzig 1876: er schrieb die Langobardengeschichte um das Jahr 790 als Benedictiner=
Mönch zu Monte Casino.   2) Historia Langobardorum ed. Waitz (Hanno=
verae) 1878. I. — Ich folge meist der Uebersetzung von Abel=Jakobi (2. Aufl.),
Leipzig 1878.   3) Vergl. Dahn, die Landnoth der Germanen (in: Festschrift der
Juristenfakultät zu Breslau für Windscheid), Leipzig 1888.

von germinare. Paulus hat diese kindliche, aber sehr bezeichnende Weisheit bei Isidor von Sevilla aufgelesen[1]) und sich vollgläubig angeeignet.

„Aus diesem volkreichen Germanien nun werden gar oft zahllose Scharen von Gefangenen fortgeführt und an die mittäglichen Völker verkauft, gar oft sind auch viele Völkerschaften aus diesem Land ausgezogen, weil es so viel Menschen hervorbringt (germinat, Germ(in)ania), als es kaum zu ernähren vermag, diese haben dann zwar wohl auch Theile von Asien, vorzugsweise aber das ihnen näher liegende Europa heimgesucht. Das bezeugen allenthalben zerstörte Städte in ganz Illyrien und Gallien, besonders aber in dem unglücklichen Italien, das die Wildheit fast aller jener Völker erfahren hat. Gothen, Vandalen, Rugier, Heruler, Turkilingen und noch andere grimme und barbarische Völkerschaften sind aus Germanien gekommen. Gleichermaßen ist auch das Volk der Winniler, das heißt der Langobarden, das nachmals glücklich in Italien herrschte, von germanischen Völkern herstammend, von der Insel Skabinavia hergekommen, obwohl auch noch andere Ursachen ihres Auszugs angegeben werden.

Wie uns nun Leute erzählt haben, die dieselbe mit Augen gesehen, so liegt diese Insel nicht eigentlich im Meere, sondern sie wird von den Fluthen des Meeres umspült, welche die flachen Ufer umgeben.[2]) Als nun die Bevölkerung dieser Insel so angewachsen war, daß sie nicht mehr zusammen dort wohnen konnte, so theilte man, wie erzählt wird, die ganze Masse in drei Theile und erforschte durchs Los, welcher von der Heimath ausziehen und neue Sitze suchen solle (I c. 2).

Die nun, welchen durch das Los auferlegt ward, den väterlichen Boden zu verlassen und fremde Gefilde aufzusuchen, wählten sich zwei Brüder zu Führern, Ibor und Ajo, die in der Blüthe des Mannesalters standen und sich vor allen auszeichneten, dann sagten sie den Ihrigen und der Heimath Lebewohl und machten sich auf den Weg, ein Land zu suchen, das sie bebauen und wo sie feste Sitze einnehmen könnten. Die Mutter der beiden Anführer, Gambara mit Namen, war eine Frau, die unter ihren Volksgenossen durch scharfen Verstand und vorsichtigen Rath hervorragte, auf deren Klugheit sie in bedenklichen Lagen nicht geringes Vertrauen setzten (c. 3).

Die Winniler zogen also aus von Skabinavien, kamen unter der Führung von Ibor und Ajo in das Land, das Skoringa[3]) heißt, und blieben hier einige Jahre sitzen. Zu der Zeit nun bedrängten Ambri und Assi, die Heerführer der Vandalen, alle benachbarten Länder mit Krieg. Aufgeblasen bereits durch viele Siege, schickten sie zu den Winnilern Boten, sie sollten den

---

1) Etymologiarum liber XIV. 4: unde et propter fecunditatem gignendorum populorum „Germania“ dicta est.   2) Eine Halbinsel also; man verstand darunter die Küsten der Nordsee und die Inseln und Schweden und Norwegen.   3) Keineswegs nur Sage oder gar Erfindung: „Skoringa“ ist „Uferland“ (Müllenhoff, nordalbingische Studien I 142.

Vandalen entweder schatzen oder sich zu Krieg und Kampf rüsten. Da sprachen Jbor und Ajo, mit Zustimmung ihrer Mutter Gambara, es sei besser die Freiheit mit den Waffen zu schützen als sie durch Schatzung zu schänden, und ließen den Vandalen durch Gesandte sagen, sie wollten lieber kämpfen als dienen. Es standen nun damals zwar alle Winniler in der Blüthe des Mannesalters, aber sie waren wenig an Zahl, da sie nur den dritten Theil der Bevölkerung einer nicht gerade sehr großen Insel aus=machten[1] (c. 7).

Es berichtet an dieser Stelle die alte Sage ein lächerliches Märchen: die Vandalen seien vor G(u)odan getreten und haben bei ihm um Sieg über die Winniler gefleht: der habe geantwortet, er werde den Sieg verleihen denen, die er zuerst bei Sonnenaufgang erblicken werde. Darauf sei Gambara vor Frea, Godans Gemahlin, getreten und habe bei ihr um Sieg für die Winniler gefleht. Frea habe den Rath ertheilt, die Weiber der Winniler sollten ihr aufgelöstes Haar wie einen Bart um das Gesicht schmiegen, dann in aller Frühe mit ihren Männern auf dem Platze sein und sich zusammen so aufstellen, daß Godan sie sehen müsse, wann er, wie gewöhnlich, aus dem Fenster gen Morgen schaue. Und so sei es auch geschehen. Als sie Godan bei Sonnenaufgang erblickte, habe er gerufen: „Wer sind diese Langbärte („qui sunt isti longibarbi")?" Da sei Frea eingefallen, er solle denen auch den Sieg verleihen, welchen er den Namen gegeben.[2] Und so habe Godan den Winnilern den Sieg verliehen. Das ist aber lächerlich und für nichts zu erachten: denn der Sieg liegt nicht in der Gewalt der Menschen, sondern wird vielmehr vom Himmel herunter gesendet[3] (c. 8).

Gewiß ist jedoch, daß die Langobarden, während sie ursprünglich Win=niler hießen, von der Länge ihres Barts, an den nie das Scheereisen rührte, nachmals so genannt wurden. Denn in ihrer Sprache bedeutet das (lateinische) Wort longus „lang", und barba „Bart". Wotan aber, den sie mit Beifügung eines Buchstabens[4] G(u)odan nannten, ist der nämliche, der bei den Römern Mercurius heißt und von allen Völkern Germaniens als Gott verehrt wird, aber nicht in jener Zeit, sondern weit früher, und nicht in Germanien, son=dern in Griechenland gewesen sein soll" (c. 9): (es war also damals schon eine Art von Euhemerismus oder eine Vermenschlichung Odhin=Wotans unter den christlichen Gelehrten verbreitet, wie sie später bei Saxo Grammaticus (ca. 1180) waltet.)

„In der Schlacht mit den Vandalen kämpften die Winniler oder Lango=barden tapfer, — galt es doch den Ruhm der Freiheit, — und gewannen den

---

1) Und von Anfang an war die Zahl der Langobarden nicht groß gewesen. L., quos paucitas nobilitat, sagt Tacitus, Germ.   2) Es war nämlich Sitte, daß wer einem Kinde den Namen gab, die Namengebung mit einem Geschenk beglei=tete.   3) Als ob nicht gerade dies die Sage melde, freilich vom heidnischen Himmel herunter!   4) D. h. eines G vor dem als Selbstlauter, nicht als Mit=Lauter stehenden w = u.

Sieg. Nachher aber erlitten sie in derselben Landschaft Sloringen eine schwere Hungersnoth[1]) und wurden dadurch sehr niedergeschlagen (c. 10).

Wie sie von hier auszogen und nach Mauringa[2]) hinübergehen wollten, stellten sich ihnen die Assipitter in den Weg und verwehrten ihnen durchaus den Zug durch ihre Marken. Als die Langobarden die gewaltigen Mengen der Feinde erblickten und wegen der geringen Zahl" (— diese wird immer wieder hervorgehoben —) „ihres Vollsheeres den Kampf nicht wagten und zweifelten, was sie thun sollten, fand die Noth endlich Rath. Sie gaben vor, sie hätten in ihrem Lager „Kynolephaler", das heißt Menschen mit Hunds= köpfen, und verbreiteten bei den Feinden, diese kämpfen gar hartnäckig, trinken Menschenblut und, wenn sie eines Feindes nicht habhaft werden können, ihr eigenes. Und um dieser Versicherung Glauben zu verschaffen, dehnten sie ihre Zelte weit aus und zündeten sehr viele Feuer im Lager an. Als die Feinde das sahen und hörten, glaubten sie jenes Gerücht und wagten die Schlacht nicht mehr, welche sie angedroht hatten (c. 11).

Sie hatten jedoch unter sich einen gewaltigen Helden, durch dessen Kraft sie, was sie wollten, sicher zu erreichen glaubten: den allein stellten sie für alle in den Kampf. Den Langobarden ließen sie sagen, sie sollten einen von den Ihrigen, welchen sie wollten, stellen, daß er mit jenem zum Zweikampf hinaus schreite und zwar unter der Veredung, daß, wenn der Assipitter Kämpfer den Sieg gewinne, die Langobarden auf dem Wege, den sie gekommen, wieder umkehrten; sollte er dagegen von dem andern überwunden werden, so wollten sie den Langobarden den Zug durch ihr Gebiet nicht mehr wehren. Als nun die Langobarden zweifelten, wem von den Ihrigen sie jenem gewaltigen Helden entgegenstellen sollten, da erbot sich hiezu einer aus dem Knechtstande von freien Stücken; er versprach, mit dem herausfordernden Feinde zu kämpfen unter der Bedingung, daß sie, im Fall er Sieger bliebe, ihm und seinen Nach= kommen die Flecken der Unfreiheit abnehmen. Gerne versprachen sie zu thun, wie er begehrte. Er zog hinaus gegen den Feind, kämpfte und siegte. So erwirkte er den Langobarden die Verstattung des Durchzugs, sich aber und den Seinigen, wie er gewünscht hatte, die Rechte der Freiheit (c. 12).

Als die Langobarden nun endlich nach Mauringa kamen, so entrissen sie noch mehrere Unfreie dem Joche der Knechtschaft und erhoben sie in den Stand der Freiheit, um die Zahl ihrer Streiter zu vergrößern; und auf daß ihre Vollfreiheit anerkannt werden müsse, bekräftigten sie ihnen dieselbe in herkömmlicher Weise vermittelst eines Pfeiles und murmelten dazu einige Worte in ihrer Sprache, um der Sache Festigkeit zu verleihen."

---

1) S. Dahn, die Landnoth S. 9, 11.   2) Auch dies keineswegs erfunden; nach dem Geographen von Ravenna I, 11 heißt das Elbe=Land, d. h. dessen Bewohner „Maurungani", bei den Angelsachsen „Myrgingas", Müllenhoff. a. a. O. S. 140. Dagegen ist zu wenig gegründet, wenn Bluhme, die gens Langobardorum und ihre Herkunft, Maurungania in Moringau und vollends die Assipitti um den Berg Asse bei Wolfenbüttel finden wollte.

Diese Angaben sind sehr lehrreich. Sie zeigen, aus welchen Gründen und auf welchem Wege die Freigelassenen, welche durch die Freilassung ursprünglich nur die Rechtsfähigkeit für das Sipperecht und das Vermögensrecht (zusammen also Privatrecht), aber keineswegs die Gleichstellung mit den Freigelassenen auch in staatsbürgerlichen Rechten erlangt hatten, auch letztere erhielten. Das Bedürfniß, den Heerbann zu stärken, hat, wie die von jeher schwachen Langobarden so gewiß oft auch andere Völkerschaften genöthigt, die Unfreien zu bewaffnen: die Waffenpflicht gab aber auch das Waffenrecht und nun konnte man die zu Heerleuten gewordenen Freigelassenen auch von der Volks-, d. h. Heeresversammlung nicht mehr ausschließen; damit aber war das formale Hinderniß weggefallen, welches sie bisher von der Uebung der Gerichtsrechte, vom Recht, auch über Krieg und Frieden abzustimmen, ausgeschlossen hatte. Zweifellos hat bei den Langobarden aus solchem Grund eine umfassende Freilassung von Knechten durch Volksbeschluß stattgefunden und dies außerordentliche Ereigniß hatte der Volksseele solchen Eindruck gemacht, daß die Wandersage es in nicht weniger als drei verschiedenen Gestaltungen darstellte.

Die Freilassung mittelst eines Pfeiles begegnet nicht mehr in den Freilassungsformen des späteren Langobardenrechts, war aber wohl alt- und gemein-germanisch; der vom Bogen frei in die Lüfte entsendete Pfeil bedeutete die Entlassung des bisherigen Knechtes aus der Gewalt des Herrn; selbstverständlich wurden dazu gestabte Worte, d. h. stabreimende Spruchformeln (nicht unter Vorhaltung des Richterstabes) gesprochen. Daß Pfeil hier — Waffe überhaupt[1]), also nur das langobardische „Gairething" gemeint sei, ist weniger wahrscheinlich.

„Die Langobarden zogen nun aus Mauringa und gelangten nach Golanda, wo sie längere Zeit verweilten,[2]) und nachdem sollen sie mehrere Jahre lang Anthab, Banthaib und gleichermaßen auch Burgundaib[3])

---

1) J. Grimm, Rechtsalterthümer S. 162. 2) Man sieht, wie langsam, mit welchen Unterbrechungen diese Bewegungen sich vollzogen; gar oft meinten wohl die Wanderer, nun sei die Wanderung zur Ruhe gekommen, aber neue Ursachen drängten sie wieder weiter. 3) Ueber diese Landschaftsnamen f. J. Grimm, Geschichte der Deutschen Sprache I, 476. Nach der ganz späten, durch Kunstdichtung entstellten Ueberlieferung bei Saxo Grammaticus ed. Erasmus Müller. Havniae. (1839) ziehen die Wanderer zur See an Blekingen und Maringen vorüber und gelangen so zu Schiff nach „Gutland". Ohne Zweifel das Richtige hat die Wandersage bei Paulus, welche eine Wanderung nur zu Lande kennt. Die von Grimm bevorzugte Lesung Rugilanda statt Golanda (Gobo-landa) ist handschriftlich zu wenig gestützt. Viel zu spät setzte Grimm die Wanderung in das 4. Jahrhundert: im Markomannenkrieg ca. 179 stehen bereits Langobarden an der Donau und im 4. Jahrhundert waren Gothen oder Rugen nicht mehr in der Nähe der Elbemündung; haib — aib — eib ist dasselbe „Landschaft" bedeutende Wort, das in Wetter-eiba, Wingart-eiba erhalten ist. Vgl. Rechtsalterthümer S. 496. Burgund-eib erklärt sich von selbst: die Anten sind die Slaven gleichen Namens, das Banta in Bant-eib kann unmöglich, wie Grimm meint, das -bant in Brak-bant, Teister-bant sein. Denn Land-Land oder Gau-gau ist kein Name. Bant — Wund — Venedi ist wohl unmöglich.

beießen haben, was wir für Gaunamen oder irgendwelche Ortsnamen halten
mögen (c. 13).

Mittlerweile starben die Anführer (Herzöge?) Ibor und Ajo, welche die
Langobarden aus Skadinavien hergeführt und bis dahin beherrscht hatten.
Jetzt wollten aber die Langobarden nicht länger unter (bloßen Anführern)
„Herzogen" stehen, sondern sie setzten sich einen König[1]) nach dem Vorbild
der übrigen Völker. Es waltete des Königthums über sie zuerst Agelmund,
der Sohn Ajo's, der seinen Namen herleitete von dem Geschlecht der
Gungingen, das bei ihnen für besonders edel galt.[2]) Er war, wie von
Voreltern überliefert wird, dreiunddreißig Jahre lang König der Langobarden
(c. 14).

In diesen Zeiten gebar eine Dirne auf einmal sieben Knaben: die Mutter,
grausamer denn jedes wilde Thier, warf sie in einen Fischteich, um sie zu
tödten. Es traf sich nun, daß König Agelmund, wie er des Weges zog, an
den nämlichen Fischteich kam; er sah staunend die armen Kindlein, hielt das
Roß an, und wie er sie mit dem Speer, den er in der Hand trug, hin und
herwandte, da griff eines derselben mit der Hand den Speer des Königs.
Der, von Mitleid bewegt und hoch verwundert, sprach, das werde ein großer
Held werden. Sofort befahl er das Knäblein aus dem Fischteich zu ziehen,
einer Amme zu übergeben und es auf das sorgsamste aufzuziehen; und weil
er es aus einem Teich, der in ihrer Sprache Lama (Lehm, Schlamm) heißt,
gezogen hatte, so gab er ihm den Namen Lamissio."

Selbstverständlich ist die Mehrgeburt, die Abstammung des Helden von
niedriger und schlimmer Mutter, die Errettung des einzigen der sieben Brüder
durch eine Regung stärkerer Lebenskraft Sage — und zwar echteste Sage. Da
der Prolog des Edicts Lamissio einen Gunging nennt, ist derselbe wohl
als Sohn, Neffe oder Vetter Agelmunds zu denken und die Sage im Anschluß
an Volksetymologie des Namens Lamissio (von „Lehm", Sumpf) entstanden.

„Als er herangewachsen, wurde er ein so wackrer Jüngling, daß er als
der tapferste Held erschien und nach Agelmunds Tode als König herrschte.
Es geht die Sage, als die Langobarden auf ihrem Zug" (— sie sind also aus
Burgundenland wieder aufgebrochen —) „unter ihrem König an einen Fluß
kamen und ihnen von den Amazonen der Uebergang verwehrt wurde, kämpfte
er mit der tapfersten derselben schwimmend im Flusse, tödtete sie und erstritt
so sich hohen Ruhmes Lob, den Langobarden aber den Uebergang. Denn
zuvor sei zwischen beiden Schlachtreihen ausgemacht worden,[3]) daß, wenn die

---

1) Schmidt, S. 76 will diesen Bericht als aus der Bibel entlehnt (Könige 1,
8, 5 soll vielmehr heißen: Samuelis 1, 8, 5) verwerfen: es kann aber höchstens im
Ausdruck eine Anlehnung gefunden werden; wie sollte auch der Uebergang von der
königlosen Verfassung anders geschehen sein als gemäß dem Willen des Volkes?
2) Also waren (der Sage nach) auch Ibor und Ajo Abkömmlinge des Gungo: das
Königsgeschlecht ist auch hier (der Sage nach) das edelste Adelsgeschlecht. 3) Waitz
meint, diese Art, Kriege zu entscheiden, sei damals nicht ungebräuchlich gewesen, und

Amazone Lamiſſio überwinde, die Langobarden von dem Fluſſe zurück weichen, wenn dieſelbe aber, wie es geſchah, von Lamiſſio beſiegt werde, freien Ueber= gang über dies Gewäſſer haben ſollten. Es iſt nun aber offenbar" — meint Paulus treuherzig — „daß dieſe ganze Erzählung auf geringer Wahrſchein= lichkeit beruht.[1]) Denn alle, welchen die alte Geſchichte bekannt iſt, wiſſen, daß das Volk der Amazonen ſchon lange, bevor dies hätte geſchehen können, ver= nichtet worden war. Wenn es nicht etwa[2]) bis auf dieſe Zeit ein derartiges Weibervolk daſelbſt gegeben hat, weil die Gegenden, in welchen ſich dies er= eignet haben ſoll, den Geſchichtſchreibern nicht hinlänglich bekannt waren und kaum von einem derſelben beſchrieben worden ſind. Denn auch ich habe von etlichen gehört, daß bis heute im hinterſten Germanien das Volk dieſer Weiber noch beſtehe[3]) (c. 15).

Die Langobarden überſchritten alſo den Fluß, von dem wir ſprachen, und als ſie in das jenſeitige Land gekommen waren, verweilten ſie längere Zeit daſelbſt."

(Es wiederholen ſich alſo die langen Unterbrechungen der „Wanderung" — ſie wanderten nur, wenn ſie mußten.) „Als ſie ſich aber nichts Widrigen verſahen und durch die lange Ruhe weniger achtſam[4]) geworden waren, ſchuf die Sorgloſigkeit, immer die Mutter der Schädigungen, ihnen nicht geringes Unheil. Denn als ſie, in Nachläſſigkeit verſunken, einſtmals in der Nacht alle= ſammt ſich dem Schlafe überlaſſen hatten, fielen plötzlich die Bulgaren über ſie her, erſchlugen viele von ihnen, verwundeten noch mehr und wütheten ſo

---

beruft ſich auf Gregor. Tur. II, 2, allein der dort berichtete Zweikampf zwiſchen einem Vertreter der Vandalen und einem der Alamannen iſt ohne Zweifel ebenſo ſagenhaft wie der hier erzählte. Iſt aber ein Ganzes ſagenhaft — wie hier doch die Amazonen darthun — darf nicht nach einzelnen geſchichtlichen Zügen geſucht werden, während umgekehrt in ein geſchichtliches Ganzes einzelne ſagenhafte Züge gar oft ſich einflechten: — eine Unterſcheidung, deren Vernachläſſigung ſchon viel Ver= wirrung angerichtet hat.
1) Denn — abgeſehen von der Amazone — echt ſagenhaft wiederholt ſie: vgl. oben S. 193, wie auch die Freilaſſung der Knechte für tapfere Thaten wiederholt wird. 2) Und nun begeht der Geſchichtſchreiber des 8. Jahrhunderts einen ähnlichen Fehler wie der des 19. Jahrhunderts, Waitz! 3) Gewiß mit Recht dachte Zeuß S. 686 dabei an die Kvenen, d. h. finniſch „Kainulaiſet", Niederländer, von „Kainu", Niederung, auf der Weſtſeite des botniſchen Meerbuſens, welchen ſpäter, dieſe Finnen verdrängend, die Schweden beſetzten und Helſing=Land nannten. Germaniſche volks= thümliche Deutung des unverſtandenen Fremdnamens machte nach germaniſch quinô, quena aus Kvenen ein Volk von Weibern und darauf baute die Sage fort. Daß aber ſchon bei Tacitus Germ. c. 45 die Königin der Suionen hierauf beruhe, iſt doch kaum (mit Zeuß S. 157) anzunehmen. Die Kvenen ſind die Vino-vilos des Jordanes c. 3. Müllenhoff lieſt willkürlich „Vinguli" (von Vingul — mörk), und läßt die an jenen Gegenden noch zur Zeit Adams von Bremen feſthaftende Sage von einem Weibervolk unbeachtet. Paul hatte dieſe Nordlandsſage offenbar am Hofe Karls vernommen, wo er weilte, während die Geſandſchaften zwiſchen dem Dänen= könig Sigfrid und Karl hin und her gingen. Dahn, Langobard. Studien I, 40. 4) Als beim Umherziehen ſich von ſelbſt ergab.

furchtbar in ihrem Lager, daß sie sogar König Agelmund tödteten und seine einzige Tochter in die Gefangenschaft fortschleppten (c. 16).

Nachdem jedoch die Langobarden von diesem Unfall sich wieder erkräftigt hatten, machten sie Lamissio, von dem wir oben gesprochen, zu ihrem König. Dieser, im Jugendfeuer, gar frohgemuth zum Kampfe, wandte die Waffen wider die Bulgaren, denn ihn verlangte, den Tod seines Nährvaters Agelmund zu rächen. Aber gleich im ersten Treffen flohen die Langobarden vor dem Feind ins Lager[1] zurück. Wie dies König Lamissio sah, erhob er laut die Stimme und rief dem ganzen Volksheere zu, sie möchten doch der erlittenen Schmach gedenken und sich vor Augen zurückrufen die schimpfliche Schau, wie ihren König die Feinde erwürgt, wie sie seine Tochter, die sie sich zur Königin ge= wünscht, jammervoll in die Gefangenschaft fortgeschleppt hätten. Zum Schluß mahnte er sie, sich und die Ihren mit den Waffen zu schützen, besser sei es, das Leben im Kriege zu wagen, denn als schlechte Knechte unter der Feinde Hohnthaten zu liegen. Indem er dies und ähnliches ihnen zurief und ihren Muth bald mit Drohungen, bald mit Versprechungen kräftigte, dem Kampf zu stehen, wo er einen Knecht mitkämpfen sah,[2] ihm Freiheit[3] und Beloh= nung verwilligte, da stürzten sie sich endlich, angefeuert durch das Beispiel ihres Fürsten, der als der Erste in den Kampf vorsprang, auf die Feinde, kämpften grimmig und schlugen den Gegner mit schwerer Niederlage. Indem sie endlich über die (früheren) Sieger den Sieg davon trugen, rächten sie ihres Königs Fall wie ihre eigene Schmach. Damals trugen sie große Beute von den Waffenrüstungen der Feinde davon, und seit der Zeit[4] wurden sie kühner zur Unternehmung von Kriegszügen (c. 17).

Nach dem Tode Lamissios erhielt als der dritte Lethu die Königs= würde. Nachdem dieser ungefähr vierzig Jahre gewaltet hatte, hinterließ er seinem Sohn Hildeoc, dieser aber als dem fünften Gudeoc die Herrschaft."

Diesen Gudeoc denkt Paulus als Zeitgenossen Odovakars: seine Zeit= rechnung ist nicht seine Stärke und sein „his temporibus" sehr unbestimmt: allein diesmal setzt er voraus, daß Odovakar das Rugenreich bereits gebrochen und, abgesehen von den gefangen fortgeführten Rugen, auch die Römer aus jenen Donaulanden hat abziehen lassen; denn in das so genannte Rugenland wandern jetzt die Langobarden unter Gudeoc aus ihren bisherigen Land=

---

1) Diese von der Wandersage stets vorausgesetzten Lager von Karren (carrago) und Holzhütten schließen doch bei Jahre langem Verweilen den Ackerbau keineswegs aus.   2) Man sieht hier deutlich — es ward anderwärts bereits darauf hin= gewiesen —, wie das Verbot der Betheiligung der Unfreien am Kampfe gar nicht durchzuführen war; die Nothwehr konnte man den mit bedrohten Knechten doch nicht versagen.   3) Zum dritten Mal bringt hier die Sage diese in die Volksgeschichte allerdings tief eingreifende, ganz außerordentliche Maßregel.   4) Mit großer Wahr= haftigkeit und sonder Ruhmrede räumt hier die Sage ausdrücklich ein, was ohnehin aus ihren früheren Einzelangaben erhellt, daß „bis dahin" die Lage der Wanderer eine glänzende durchaus nicht, vielmehr oft fast verzweifelte war, fast wie weiland die der Amsivaren, s. Dahn, Landnoth S. 26.

schaften, welche wir nur als nahe den Bulgaren, genauer aber gar nicht an=
setzen können, und verweilten hier einige Jahre, „weil es fruchtbaren Boden
hatte". Die Wandersage der Langobarden, in diesen Zügen voll glaubhaft,
ersetzt uns vielfach die geschichtliche Ueberlieferung von diesen Bewegungen;
in ähnlicher Weise hat sich offenbar die ganze sogenannte „Völkerwanderung"
vollzogen.[1]

Auf Gudeoc folgte sein Sohn Claffo, auf diesen dessen Sohn Tato
als der siebente König. „Die Langobarden zogen jetzt auch aus Rugiland
und wohnten in den weiten Ebenen, welche in ihrer Sprache „Feld" genannt
werden.[2] Nachdem sie hier drei Jahre zugebracht hatten, entstand Krieg
zwischen Tato und Rodulf, dem Herulerkönig.[3] (Ueber den Sieg der
Langobarden hiebei f. I, 564.) „Und seit der Zeit (495) war die Kraft der
Heruler gebrochen, so daß sie von da an keinen eigenen König mehr über sich
hatten" (man sieht, geschwächte Völkerschaften geben das Königthum auf, er=
starkte nehmen es an'. „Die Langobarden aber wurden seitdem gewaltiger"
(— wir sehen, die eigene Sage des Volkes räumt die bescheidenen Anfänge
ein —) „ihr Volksheer ward durch die verschiedenen Völkerschaften, die sie besiegt
hatten, gemehrt und sie fingen jetzt an, auch ohne Anlaß zu Kriegen auszuziehen
und den Ruhm ihrer Heldenschaft allenthalben zu verbreiten" (c. 20).

Es ist dabei wieder hervorzuheben, daß die Langobarden abermals, um
ihre geringe Streiterzahl zu mehen, die Kriegsgefangenen, also verknechteter
Feinde, frei ließen. Aber auch daran ist zu denken, daß manchmal besiegte
Völkerschaften durch Vertrag in ein Abhängigkeitsverhältniß traten, nach welchem
die Grundeigner auf der bisherigen Scholle schatzungspflichtig, aber persönlich
frei und daher waffenpflichtig und waffenrechtig blieben; wir sehen hier die
Entstehung der Laeten (Laten, Leten, Liten) an geschichtlichen Beispielen vor
Augen, wenn auch nicht gerade an den — ausweichenden I, 564 — Herulern,
aber wohl an andern der „verschiednen" überwundenen fortab die Streitmacht
der Langobarden mehrenden Völkerschaften.

„Jedoch Tato freute sich seines Sieges nicht lange: Wacho, der
Sohn seines Bruders Zuchilo, überfiel und ermordete ihn. Tato's Sohn
Hildechis bekämpfte nun Wacho, wurde aber von diesem besiegt und
floh zu den Gepiden.[4] In der nämlichen Zeit fiel Wacho über die

---

1) Vgl. Dahn, Landnoth S. 27 f. 2) Barbarico sermone, sagt Paul, übrigens
(wie weiland Gregor) nicht in abgünstigem Sinne: war er doch selbst ein „Barbar'.
3) Paulus berichtet hier die langobardische Ueberlieferung, großentheils Sage, sie ward
bereits I, 563 angeführt; die geschichtliche bei Prokop, bellum Gothicum II. 14
und Könige II. 7 f. Es ist sehr auffallend, daß die langobardische selbst den Lango=
barden, die andere den Herulern die Schuld beimißt: sagenhafte Züge sind in das
deutsche Volksmärchen (Grimm, Stück 149), ja manche noch in den Schwank von den
sieben Schwaben übergegangen; bezüglich der Zeit halte ich an der Könige II, S. 9
ausgeführten Annahme fest. 4) Die hieran sich knüpfenden Ereignisse sind bereits
dargestellt I, 571. Paulus ist durch Prokop, b. Goth. III 35, IV 27 zu ergänzen
und zum Theil zu berichtigen. Der Anmaßer Wacho wird weder von der alten

Sueben[1]) her und unterwarf sie seiner Herrschaft. Sollte das Jemand für Lüge und nicht für wahre Thatsache halten, so lese er das Vorwort nach, welches König Rothari zu den Gesetzen der Langobarden verfaßt hat, und er wird es fast in allen Handschriften, so wie ich es in diesen kleinen Geschichtsabriß aufgenommen habe, geschrieben finden. Es hatte aber Wacho drei Gattinnen, zuerst nämlich Raukunba, die Tochter eines Königs der Thüringe. Sodann heirathete er die Austrigusa, die Tochter des Gepidenkönigs, von der er zwei Töchter hatte. Wisegarda hieß die eine, die er dem Frankenkönig Theudibert (534—548, III, 87 f.) zur Ehe gab, die zweite hieß Walderada, diese wurde mit Cusupald,[2]) einem andern König der Franken, vermählt, der sie aber, da sie ihm zuwider war, einem seiner Leute Namens Garipald[3]) (b. h. bem Baiernherzog) zur Ehe gab. Die dritte Gemahlin Wacho's war die Tochter des Königs der Heruler und hieß Salinga. Diese gebar ihm einen Sohn, den er Walthari nannte, und der nach Wacho's Tod als der achte[4]) König über die Langobarden herrschte. Diese alle, b. h. von Lethu, dem Nachfolger Lamissio's, ab, waren Lithinge, so hieß nämlich bei ihnen ein Abelsgeschlecht (c. 21).

Nachdem nun Walthari sieben Jahre lang als König gewaltet hatte, starb er (an einer Krankheit[5]). Nach ihm wurde als der neunte Auboin König, der bald darauf die Langobarden nach Pannonien führte.

Zwischen Gepiden und Langobarden kam jetzt der schon lange genährte

---

origo gentis Langobardorum (ed. Bluhme, Mon. Germ. hist. Legg. IV), noch von dem Vorwort des Edicts Rotharis (s. unten S. 287), noch von Paulus als König aufgezählt. Auf Tato den siebenten König lassen sie gleich Walthari als achten folgen. Nach Prokop III, 35 war Wacho's Neffe Risiulf durch das Gesetz zur Thronfolge berufen, in Wahrheit wohl nur durch die Vorliebe des Volkes. Wacho, seinem Sohne die Krone zu vererben, treibt Risiulf durch falsche Anklagen in Verbannung zu den Warnen und besticht diese, ihn zu morden; von Risiulfs beiden Söhnen stirbt einer an Krankheit, der andere Ildisgos — Hildechis entflieht zu den Gepiden. 1) Suabi, sagt Paulus I c. 31; an Schwaben — Alamannen ist an der untern Donau nicht zu denken, es sind Sueben, b. h. die Markomannen und Quaben — Baiern, welche hier bis an die Donau reichten und Westnachbarn der ehemaligen Rugier in Rugiland und der daran stoßenden campi patentes, b. h. Donau-Ebene waren. Dieselben sind auch die im Leben Severins und von Jordanes erwähnten Suaben — Sueben um Passau und die von den Amalern nach Westen zurückgedrängten Ende des 5. Jahrhunderts. 2) D. h. Theudibald 538—555, III, 99, es ist auffällig, daß 14 Handschriften die falsche, nur 3 die richtige Schreibung haben. 3) S. oben S. 122 und III, 106, nicht Theudibert verstieß sie, sondern nach dessen Tod heirathete sie Chlothachar I., der sie aber auf Anbringen der Priester (wegen der Ehe mit der Schwägerin) Garipald vermählte. Greg. Tur IV, 9, oben III, 106. 4) Walthari wird von König Rothari und Paulus als (8.) König aufgeführt, während sein Vater Wacho nicht in die Königsreihe aufgenommen wird, weil dieser Knabe unter Auboins Mundschaft wenn auch nur kurze Zeit eine vom Volk anerkannte Herrschaft führte. So gewiß richtig Waitz. 6) Für das Knäblein hatte Auboin — wohl durch Volksbeschluß, welcher so (obwohl Hildechis noch lebte) die Unrechtmäßigkeit heilte — die Regentschaft geführt.

Streit enblich zum Ausbruch[1]) und beide Theile rüsteten sich zum Krieg. Als nun in dem begonnenen Treffen beide Schlachtreihen tapfer kämpften und keine der anderen wich, da geschah es, daß mitten im Getümmel Alboin, Audoins Sohn, und Turismod, Turisinds Sohn, auf einander stießen und Alboin diesen mit dem Langschwert (spata) durchbohrte, also daß er todt vom Rosse stürzte. Wie die Gepiden sahen, daß ihres Königs Sohn, der hauptsächlich den Krieg getragen hatte, gefallen sei, wandten sie sich entmuthigt zur Flucht. Die Langobarden verfolgten sie scharf und kehrten, nachdem sie eine große Anzahl erschlagen, zurück, um den Getödteten die Rüstungen auszuziehen. Als die Langobarden nach erfochtenem Siege wieder heimgekehrt waren, drangen sie in ihren König Audoin, er möge Alboin, durch dessen Heldenschaft sie in der Schlacht den Sieg gewonnen hätten, zu seinem Tischgenossen (conviva) machen, auf daß er seinem Vater wie in der Gefahr, so auch bei'm Gelag Genosse sei. Audoin antwortete, er könne das durchaus nicht thun, um nicht die Volkssitte zu brechen. „Ihr wißt," sprach er, „wie es bei uns nicht Brauch, daß der Sohn des Königs mit seinem Vater tafele, bevor er von dem König eines fremden Volks die Waffen erhalten hat." Wie das Alboin von seinem Vater gehört hatte, machte er sich mit blos vierzig Jünglingen auf[2]) zu Turisind, dem Gepidenkönig, mit dem er erst vor kurzem gekriegt hatte, und eröffnete ihm, warum er gekommen sei. Dieser nahm ihn gütig auf, lud ihn zu seinem Gelag und setzte ihn zu seiner Rechten, wo sein Sohn Turismod weiland zu sitzen gepflegt hatte. Während sie nun die Speisen mannichfaltiger Zurichtung einnahmen, da seufzte Turisind, der schon lang über den Sitz seines Sohnes brütete und sich dessen Tod zu Herzen nahm, wie er an dessen Platz dessen Erleger sitzen sah, laut auf und konnte sich nicht halten, sondern sein Schmerz brach aus in den Ruf: „Theuer ist mir jener Platz, aber gar schwer ist es mir, den Mann, der darauf sitzt, zu schauen." Da hob, durch des Vaters Rede aufgestachelt, des Königs anderer Sohn, der mit zugegen war, an, die Langobarden mit Schmähungen zu reizen: er meinte, sie seien, weil sie von den Waden abwärts die Beine mit weißen Binden umwickelt trugen, Stuten zu vergleichen, die bis zum Beine weiße Füße haben, und rief: „Stuten sind es mit weißen Fesseln[3]) (Unterfüßen), denen ihr gleicht!" Darauf erwiderte einer der Langobarden: „Geh hinaus auf das Asfeld (in campum Asfeld), dort wirst du sonder Zweifel erkennen, wie kräftig die, welche du Stuten nennst, auszuschlagen vermögen: wo die Gebeine deines Bruders so zerstreut mitten auf der Heide umherliegen, wie die von schlechtem Vieh." Wie das die Gepiden hörten, konnten sie ihre Beschämung nicht ertragen, heftig ergrimmten sie in Zornmuth und wollten die offenbaren

---

1) Vergleiche I, 572. Könige II, 20. Prokop, b. G. III, 33, IV, 18, der drei Feldzüge unterscheidet.   2) So groß etwa also, — nicht stärker, — war die Gefolgschaft sogar eines Königssohnes; denn vermuthlich waren diese 40 doch wohl seine Gefolgen. 3) Daß fetilae so zu verstehen, nicht fetidae zu lesen, hat Waitz I, 24 überzeugend dargethan.

Schmähungen rächen. Die Langobarden alle auf der andern Seite fuhren
zum Kampf bereit mit der Faust an den Schwertgriff. Da sprang der König
von dem Tisch auf, warf sich in die Mitte, und hielt die Seinen von Zorn
und Kampf zurück und drohte den sofort zu strafen, der zuerst im Gefecht
losschlagen würde. „Es ist," sprach er, „kein Gott wohlgefälliger Sieg, wenn
man im eigenen Hause den Gastfreund erschlägt." Als so endlich der Zank
unterdrückt war, führten sie das Gelage fröhlichen Sinnes zu Ende. Turisind
ergriff die Waffen seines Sohnes Turismod, übergab sie Alboin und sandte
ihn in Frieden unversehrt in seines Vaters Reich. Zurückgekehrt wurde Alboin
fortab vom Vater als Tischgenosse angenommen. Und wie er jetzt frohen
Muthes die Leckerbissen des Königstisches kostete, erzählte er der Reihe nach
alles, was ihm bei den Gepiden in Turisinds Königshalle begegnet war.
Da bewunderten und lobten alle Anwesenden Alboins Kühnheit, nicht minder
aber rühmten sie Turisinds hohe Treue (c. 24).

Audoin starb nun und jetzt erhielt Alboin (seine Mutter hieß Rodelinda) als der zehnte König nach dem Wunsche aller die Herrschaft. Da er
allenthalben einen hoch gefeierten und ob seines Heldenthums berühmten
Namen hatte, gab ihm Chlothachar I., der Frankenkönig, seine Tochter Chlotsuinda zur Ehe, von der ihm nur eine Tochter, mit Namen Alpsuinda,
geboren wurde. Unterdessen starb Turisind, der Gepidenkönig, ihm folgte
Kunimund in der Herrschaft, der, die alten Kränkungen der Gepiden zu rächen
begehrend, den Vertrag mit den Langobarden brach und Krieg statt Frieden
erwählte. Alboin aber schloß mit den Avaren[1]) einen ewigen Bund. Hierauf
zog er in den von den Gepiden gerüsteten Krieg. Als diese ihm entgegen-
eilten, fielen die Avaren, wie sie es mit Alboin beredet, in deren Land. Traurig
kam ein Bote zu Kunimund und verkündete, die Avaren seien in seine Marken
gebrochen. Obwohl niedergeschlagen und von zwei Seiten bedrängt, mahnte er
doch die Seinen, zuerst mit den Langobarden zu schlagen, vermöchten sie diese zu
überwinden, dann wollten sie das Heer der Hunnen (= Avaren) aus dem Lande
jagen. Es kam also zur Schlacht. Auf beiden Seiten wurde mit aller Macht
gestritten.[2]) Die Langobarden aber blieben Sieger und wütheten so grimmig
gegen die Gepiden, daß sie diese fast bis zur Vernichtung trafen und von der
großen Menge kaum ein Bote der Niederlage am Leben blieb. In dieser
Schlacht tödtete Alboin Kunimund, schlug ihm das Haupt ab und machte
sich daraus einen Becher zum Trinken. Diese Art Becher heißt bei ihnen
„Skala", lateinisch aber patera. Kunimunds Tochter mit Namen Rosimunda

---

1) Die ursprünglich „Hunnen", nachmals nach ihrem König Avaren genannt
worden, sagt Paulus irrig. 2) In Wahrheit war Alboin der Angreifer (Menander,
Legat. ed. Bonn S. 303), welcher Rosimunda geraubt habe; nach Theophylactus
Simocatta (ἱστορία οἰκουμενική VI. 10. ca. 629) erlag Kunimund in einem ersten
Feldzug (566?); als Kaiser Justinus nun rüstete, den Gepiden zu helfen, bot Alboin
Frieden und Vermählung mit Rosimunda, Kunimund schlug das aus, erneuerte den
Kampf und fiel (567).

führte er mit einer großen Menge verschiedenen Alters und Geschlechts ge=
fangen mit sich fort und erhob sie, da Chlotsuinda gestorben war, wie sich
nachmals zeigte, zu seinem Verderben, zu seiner Gemahlin. Damals machten
die Langobarden solche Beute, daß sie zum größten Reichthum gelangten:
das Volk der Gepiden aber war so geschwächt, daß sie seitdem nicht mehr
einen König hatten. Sondern alle, die den Krieg zu überleben vermochten,
unterwarfen sich entweder den Langobarden, oder sie seufzen bis auf den
heutigen Tag in harter Knechtschaft, den Hunnen, die ihr Land in Besitz
nahmen, unterworfen. Alboins Name aber ward weit und breit so gefeiert, daß
bis heute seine Gabenmilde und sein Ruhm, sein Glück im Kriege und seine
Heldenschaft bei den Stämmen der Baiern und Sachsen und andern Völkern
dieser Sprache in Liedern gepriesen werden. Auch ganz vorzügliche Waffen
wurden unter ihm geschmiedet, wie noch jetzt von Vielen erzählt wird (c. 27).
    Da nun ringsum das Gerücht von den häufigen Siegen der Langobarden
erscholl, sandte Narses, der kaiserliche Geheimschreiber (chartolarius), der
damals Italien unter sich hatte und den Krieg gegen Totila, den Gothen=
könig, rüstete, Gesandte an Alboin [1], — wie er denn auch schon vorher mit
den Langobarden verbündet war, — und ersuchte ihn, ihm in seinem Kampf
gegen die Gothen Hilfe zu leisten. Da schickte ihm Alboin eine auserlesene
Schar, den Römern wider die Gothen zu helfen. Sie segelten über den Busen
des adriatischen Meeres nach Italien, begannen mit den Römern ver=
bündet den Kampf wider die Gothen, schlugen sie sammt ihrem König Totila
bis zur Vernichtung und kehrten, durch viele Geschenke geehrt, als Sieger nach
Hause zurück (552). Und die ganze Zeit, da sie Pannonien in Besitz hatten,
unterstützten die Langobarden das römische Reich gegen seine Feinde. — — —
    Nachdem nun Narses das ganze Volk der Gothen überwunden oder ver=
nichtet, dazu eine große Masse Gold und Silber nebst andern reichen Schätzen
aufgehäuft hatte, mußte er von den Römern, für die er doch so viel wider
ihre Feinde gerungen hatte, große Gehässigkeit erdulden. Sie verklagten ihn
bei Kaiser Justinus II.[2] und dessen Gemahlin Sophia und sprachen
diese Worte: „Besser wäre es für die Römer, den Gothen dienstbar zu sein,
als den Griechen, wo der Eunuche Narses befiehlt und uns in Knechtschaft
bedrückt. Unser höchst frommer Fürst weiß das nicht; befreie uns aus seiner
Hand, oder wahrlich, wir überliefern die Stadt Rom und uns selbst den
Heidenvölkern." Als das Narses hörte, erwiderte er kurz: „Wenn ich an den
Römern Uebles gethan haben soll, so soll es mir auch schlecht ergehen." Da
wurde der Kaiser so sehr wider Narses aufgebracht, daß er augenblicklich
Longinus als Präfecten nach Italien schickte, des Narses Stelle anzunehmen.
Narses erschrak über diese Nachricht gewaltig und fürchtete sich besonders vor
der Kaiserin Sophia so sehr, daß er nicht nach Konstantinopel zurückzukehren

---

    1) Vielmehr noch Audoin (Prokop, b. Goth. IV, 26. 33.) im Jahre 550.
2) Nicht Justinian, wie Paulus aus den gesta pontificum abschrieb.

sich getraute. Unter anderem habe sie ihm, wie erzählt wird, weil er ein
Eunuch war, sagen lassen, sie werde ihn den Mägden im Weibergemach das
Maß Wolle zum Weben zutheilen lassen. Darauf soll Narses zur Antwort
gegeben haben, er wolle ihr ein Gespinnst anfangen, das sie ihr Lebtag nicht
mehr werde endigen können.[1]) Hierauf zog er sich, von Haß und Furcht
umgetrieben, nach der Stadt Neapel in Campania zurück und schickte bald
nachher Boten an das Volk der Langobarden mit der Aufforderung, sie sollten
doch ihre ärmlichen Felder in Pannonien verlassen und nach Italien kommen,
das reich an allen Schätzen sei, und es in Besitz nehmen. Zugleich schickte
er verschiedene Arten von Obst und andere Erzeugnisse, an denen Italien
fruchtbar ist, mit, um dadurch ihre Gemüther noch mehr anzureizen, zu kommen.
Die Langobarden nahmen gar freudig die frohe und erwünschte Botschaft auf
und machten sich große Gedanken über ihr künftig Glück. Sofort wurden in
Italien Nachts schreckliche Zeichen sichtbar, feurige Schlachtreihen erschienen
am Himmel, das Blut, das nachher vergossen ward, vorbedeutend in rothem
Glanze" (c. 5).

Der Hauptgrund für die Veränderung war wohl — abgesehen von dem
Reichthum Italiens, welchen die 552 Heimgekehrten ausreichend kennen gelernt
hatten, und der Entvölkerung des Landes durch zwanzigjährigen Krieg und
durch die Pest von 566 — die Erwägung, daß das offene Pannonien, von
den Avaren, Slaven und Byzantinern bedroht, wenig Sicherheit zu
gewähren schien.[2])

„Wie aber Alboin mit den Langobarden gen Italien ziehen wollte, erbat
er von seinen alten Freunden, den Sachsen[3]), Verstärkung, um mit größerer
Anzahl das geräumige Land Italien in Besitz zu nehmen": (— noch immer
also sind die Langobarden nicht so zahlreich, wie weiland die Ostgothen,
welche die ganze Halbinsel erfüllten, obwohl viele in Thrazien zurückgeblieben
waren, I, 238.) „Es kamen denn also auf seinen Wunsch mehr als 20,000
sächsische Männer mit Weib und Kind zu ihm, um mit ihm nach Italien
zu ziehen.

Jetzt überließ Alboin die eigenen Sitze, nämlich Pannonien, seinen
Freunden, den Hunnen, d. h. den Avaren, unter der Bedingung jedoch, daß,
wenn die Langobarden irgend einmal wieder heimzukehren genöthigt würden,
sie ihr altes Land wieder begehren könnten.[4]) Die Langobarden verließen
also Pannonien und zogen mit Weib und Kind und aller Habe Italien zu,
um es in Besitz zu nehmen. Sie hatten aber 42 Jahre in Pannonien gewohnt, und zogen aus im Monat April, in der ersten Indiction, am Tage
nach dem heiligen Osterfest, das der Berechnung gemäß in jenem Jahre gerade

---

1) All' das ist Sage, so richtig auch Weise S 6f; abberufen ward aber Narses
allerdings.   2) Treffend Weise S. 3.   3) Durchaus nicht Erfindung Paul's:
waren doch beide Völker Jahrhunderte lang an der Niederelbe Nachbarn gewesen.
Gar viel Gemeinsames haben beide in Recht und Sitte.   4) Ganz wie einst die
Vandalen I, 150.

auf den ersten April fiel, nachdem seit der Menschwerdung des Herrn 568 Jahre
verflossen waren.

„Wie nun König Alboin mit all seinem Heer und einer großen Menge
allerlei Volkes an die äußersten Marken Italiens gelangt war" (— er zog die
Save zu Berg bis Aemona (Laibach), dann über die Julischen Alpen:
von Widerstand der Slaven verlautet nichts —), „da stieg er auf den Berg,
der jene Gegend überragt, und beschaute da, so viel er von Italien über=
sehen konnte. Darum, wie man sagt, heißt seit der Zeit dieser Berg der
„Königsberg".[1]) Man sagt, auf diesem Berge leben wilde Wisende (bisontes):
kein Wunder, da er bis nach Pannonien hin sich erstreckt, welches an diesen
Thieren reich ist. Hat mir doch ein höchst wahrhaftiger Greis erzählt, er
habe das Fell eines auf diesem Berg erlegten Wisend gesehen, auf welchem,
wie er sagte, 15 Männer, einer neben dem andern, liegen mochten.

„Nachdem jetzt Alboin Venetia, das die erste Provinz Italiens ist, ohne
irgend ein Hinderniß" (— so wenig verstand Byzanz zu vertheidigen, was es
den Gothen entrissen —) „erreicht (schon Mai 568) und das Gebiet der Stadt
oder vielmehr der forojulianischen Burg[2]) betreten hatte, so überlegte er,
wem er wohl diese erste eroberte Provinz anvertrauen solle, wen er zum
Herzog (ducem) in diesen Landen bestellen solle. Da entschloß er sich, wie
erzählt wird, seinen Neffen Gisulf[3]), einen durchaus tüchtigen Mann, der
zugleich sein Stallmeister (strator) war, den sie in ihrer Sprache „Mar=
pahis"[4]) nennen, über die Stadt Forojuli und jene ganze Gegend zu setzen.
Dieser Gisulf aber erklärte, er werde hier nicht eher die Herrschaft über Stadt
und Volk übernehmen, als bis ihm diejenigen langobardischen „Faren" (das
heißt Geschlechter oder Stämme, generationes vel lineas) überlassen würden,
die er sich selbst auslesen wolle. Und so geschah es unter Genehmigung des
Königs. Er erhielt demnach die hervorragenden[5]) (praecipuas) langobardischen
Geschlechter, welche er sich gewünscht hatte, daß sie mit ihm wohnten, und
jetzt erst übernahm er das Ehrenamt eines Herzogs (doctoris = ductoris
—

---

1) Nach Bethmann der monte maggiore, monte del re, bei Friaul,
von dem aus man die ganze Landschaft Friaul überschauen kann. (Sage: wohl erst
aus dem Namen „Königsberg" entstanden.)   2) Nach Bethmann war dies
castrum Julium die alte colonia Julia Carnica, ein wenig oberhalb der veneti=
schen Marktflecken Osopo und Ragogna gegen den Kamm der Julischen Alpen.
40 römische Meilen weiter östlich liegt am Natiso die civitas Forojulii, heute
Cividale del Friuli, 568 eine unbedeutende villa, die erst später, als castrum
Julii zerstört war, wuchs und die Hauptstadt des Herzogthums ward. Die Einwohner
wollen freilich in Cividale selbst das „castrum" und die „colonia" finden.   3) Viel=
mehr wahrscheinlich Gisulfs Vater, Grasulf, s. Muratori, Annales Ital. 590.
4) mari-paizo, entsprechend dem „mari-skalk". paizan heißt das Gebiß anlegen,
machen, daß das Pferd (in das Gebiß) beißt. J. Grimm, Gesch. d. D. Spr. I, 481.
5) Nicht etwa „volksedle": so viele Adelsgeschlechter gab es nicht; fälschlich hat
man aus dieser Stelle gefolgert, auch Pauls allerdings in Friaul angesiedelte Sippe sei
eine edle gewesen.

= ducis). Er forderte sodann noch von dem König eine Zucht edler Stuten[1]) und auch hierin willfahrte ihm der König freigebig[2]) (II, 11).

Als nun Alboin (569) an den Fluß Piave (Plabes) kam, zog ihm Bischof Felix von Tarvisium (Treviso) entgegen. Der König ließ ihm, wie er denn höchst freigebigen Sinnes war, auf seine Bitte das sämmtliche Vermögen seiner Kirche und bekräftigte das durch eine eigens darüber aus= gestellte Urkunde (pracmaticum)[3]).

Alboin gewann nun Vincencia (Vicenza), Verona und die übrigen Städte Venetiens, ausgenommen Patavium, Monssilicis[4]) und Mantua (das fiel Frühjahr 569).

Alboin erreichte also Liguria und zog im Anfang der dritten Indiction (1. September 569) am (3.?) fünften September zur Zeit des Erzbischofs Honoratus in Mailand ein. Von da aus eroberte er sämmtliche Städte Liguriens, außer den am Meer gelegenen.[5]) Erzbischof Honoratus verließ jedoch Mailand und floh nach Genua.

Die Stadt Ticinus (Pavia) bestand damals eine mehr als dreijährige Belagerung und hielt sich tapfer, während das Heer der Langobarden sich in nicht großer Entfernung westlich von der Stadt gelagert hatte. Unterdessen überzog Alboin, nachdem er die kaiserlichen Besatzungen ausgetrieben, alles Land bis nach Tuscien hin, ausgenommen Rom, Ravenna und noch einige Burgen an der Meeresküste.[6]) Die Römer waren nicht stark genug, Widerstand zu leisten, da die zu Narses' Zeit wüthende Pest in Liguria und Venetia sehr Viele weggerafft und eine große Hungersnoth ganz Italien entvölkert[7]) hatte. Gewiß ist übrigens, daß Alboin damals Leute aus den

---

1) Das muß doch durchaus nicht Sage sein, wie Waitz meint; füglich mochte der Stallmeister sich solche Zucht vorbehalten. 　　2) Hier schaltet Paulus einige unrichtige Angaben ein: nicht Benedict I. (674—578), sondern Johannes III., genannt Bonosus (560—573), war Pabst, als die Langobarden einwanderten, erst bei der weiteren Ausdehnung über Italien (574) war Benedict Pabst; und der Patriarch von Aquileja, welcher mit dem Kirchenschatz aus Furcht vor der Wildheit (barbaries) der Langobarden auf die Insel Gradus floh (sicher, daß die thörigen Helden ohne Flotte ihm dort nichts anhaben mochten!), hieß nicht Paulus, sondern Paulinus (567—569). S. Bethmann bei Waitz II, 10. 　　3) Man sieht, die langobardische Wildheit wüthete also doch nicht unterschiedslos gegen die katholische Kirche. Daß man sehr mit Unrecht die Urkunde Alboins bestritt, — weil die Lango= barden nicht hätten schreiben können! — hat Waitz II, 12 gezeigt, wahrscheinlich hat Paulus Alboins Handzeichen auf der vom bischöflichen Schreiber gesetzten Urkunde selbst gelesen; über Felix von Treviso s. Fortunatus Venantius' vita s. Martini ed. Leo (Berol. 1881) IV, v 660; über diesen Bischof von Poitiers schaltet hier Paulus einiges ein: er war geboren zu Duplabilis (San Salvadore) nahe der Burg Ceneta bei Treviso. 　　4) Monselice in den Euganeischen Bergen bei Este, südlich von Padua. 　　5) Weil er sich keine Flotte schuf! 　　6) Wie oben! Damals schon, vor dem Fall von Pavia, wurden wohl langobardisch Parma, Reggio, Modena, Bologna; vielleicht wurde auch damals schon der Anfang zur Gründung der späteren Herzogthümer Spoleto und Benevent gemacht. 　　7) Daß die Italier allein sich der Langobarden zu erwehren nicht vermochten, ist begreiflich: daß aber der Kaiser

verschiednen Völkerschaften, die er selbst oder frühere Könige unterworfen hatten, nach Italien brachte" (vgl. oben S. 201, 200, 199, 198, das waren offenbar nicht verknechtete Kriegsgefangene, sondern den Laeten gleichstehende), „daher nennen wir die Ortschaften, in denen sie wohnten, bis auf den heutigen Tag nach ihnen gepidische, bulgarische, sarmatische, pannonische, suebische, norische¹) und so fort (c. 26).

Nachdem aber die Stadt Ticinus eine Belagerung von drei Jahren und etlichen Monaten ausgehalten, ergab sie sich endlich Alboin und dessen Langobarden. Als nun Alboin von Osten her (auffallend, da das Lager im Westen stand) durch das St. Johannisthor in die Stadt einritt, stürzte sein Roß mitten im Thor und konnte, obwohl es durch die Sporen angetrieben und von allen Seiten mit den Lanzen geschlagen wurde, nicht wieder in die Höhe gebracht werden. Da sprach ein Langobarde: „Erinnere dich, Herr König, welch ein Gelübde du gelobt hast! Brich dieses harte Gelübde, und du wirst einziehen in die Stadt; denn wahrhaft christlich ist das Volk in diesen Mauern." Alboin hatte nämlich gelobt, die gesammte Bevölkerung, weil sie sich nicht hatte ergeben wollen, mit dem Schwert auszutilgen. Als er nun aber jetzt sein Gelübde brach und den Bürgern Verzeihung versprach, da erhob sich sein Pferd sogleich, und als er in die Stadt eingezogen war, hielt er sein Versprechen und that Niemandem etwas zu Leide. Da eilte alles Volk zu ihm in den Palast, den einst König Theoderich (der Große) erbaut, und faßte nach so großem Elend wieder frohe Hoffnung für die Zukunft.²)

Nachdem Alboin drei Jahre und sechs Monate in Italien regiert hatte, fiel er durch die Hinterlist seiner Gemahlin (also im Frühjahr 573). Die Ursache seiner Ermordung aber war folgende. Als er in Verona länger, als er hätte thun sollen, fröhlich beim Gelage saß, den Becher vor sich, den er aus dem Schädel seines Schwiegervaters, des Königs Kunimund, hatte fertigen lassen, befahl er, auch der Königin Wein zu reichen, und forderte sie selbst auf, lustig mit ihrem Vater zu trinken.³) Möge dies Keiner für

von Byzanz keine „milites" sandte, das in so schweren Kämpfen wiedergewonnene Mutterland zu vertheidigen, ist (auch wenn man die Kämpfe in Asien in Anschlag bringt) ein Zeichen arger Schwäche. Es ist nicht Eine offene Feldschlacht aus jenen Jahren zwischen Byzantinern und Langobarden berichtet. Die „milites ejecti" sind die Besatzungen der befestigten Städte. Der Exarch Longinus beschränkte sich auf die Verstärkung seiner Vertheidigung von Ravenna und Classe.
1) Welch abermalige bunte Zumischung von nicht-italischen Völkerschaften zu den zahlreichen Mischungen auf der Halbinsel seit der ersten Einwanderung der Italiker, Etrusker, Griechen, Kelten, Ligurer!　2) Gewiß richtig führt Waitz dies auf pavesische Kirchenlegende zurück, welche aber gut zum Ausdruck bringt, wie das im Allgemeinen wilde Auftreten der Langobarden zumal gegen die katholische Kirche doch wiederholt (s. oben S. 205) von Ausnahmen — gerade durch den König selbst — gemildert und unterbrochen ward: schlimmer erging es — nach nicht unglaubhafter Ueberlieferung — den Italiern, zumal auch den Kirchen, in der königlosen Zeit, da die Herzöge jeder auf eigene Faust erobernd und raubend vorgingen; s. unten S. 209. 3) Nicht gerade nothwendig, wenn auch wahrscheinlich Sage; das Naive, Sinnlich-

unmöglich halten, ich rede die Wahrheit in Christo, und ich selbst habe diesen
Becher gesehen[1]), wie ihn der König Ratchis bei einer festlichen Gelegen=
heit einst in Händen hielt und seinen Gästen zeigte. Wie nun Rosimunda
solches vernahm, ergriff sie im Herzen tiefes Weh, das sie nicht zu unter=
drücken vermochte; sie glühte alsbald von dem Verlangen, durch die Er=
mordung des Gemahls den Tod des Vaters zu rächen, und verschwor sich
gar bald darauf mit Helmichis, der des Königs Stilpor, das ist Schild=
träger, und Milchbruder war, zur Ermordung Alboins. Helmichis rieth der
Königin, Peredeo, der ein ungemein starker Mann war, zu dem Anschlag
beizuziehen. Als aber Peredeo sich nicht zu so schwerer That verstehen wollte,
legte sie sich Nachts in das Bett ihrer Ankleidezofe (vestaria), mit welcher
Peredeo der Buhlschaft pflag, und als nun Peredeo kam, so schlief er, ohne
es zu wissen, bei der Königin (concubuit). Als aber das Verbrechen zu Ende
gethan war, fragte sie ihn, für wen er sie halte? Er nannte nun den Namen
seiner Freundin, für welche er sie hielt. Da fiel aber die Königin ein und
sprach: „Es ist keineswegs so, wie du glaubst. Sondern ich bin Rosimunda.
Jetzt aber hast du, o Peredeo, eine solche That gethan, daß du entweder
Alboin tödten mußt, oder er wird dich mit dem Schwert aus dem Leben tilgen.“
Jetzt erkannte jener, welch Unheil er angerichtet, und gab so gezwungen zu
des Königs Ermordung seine Einwilligung, welche er aus freien Stücken nicht
gewollt hatte. Rosimunda gebot nun, als sich Alboin um Mittag dem Schlummer
hingegeben hatte, daß große Stille im Palast walte, schaffte alle Waffen bei
Seite bis auf des Königs Schwert, das sie zu Häupten seines Ruhebettes
so fest anband, daß er es weder erheben, noch aus der Scheide ziehen konnte,
und dann ließ das Weib, grausamer als alle reißenden Thiere, nach dem
Rathe Peredeo's den Mörder Helmichis[2]) herein. Alboin, plötzlich aus seinem
Schlummer auffahrend, erkannte die Gefahr, die ihm drohte, und griff schnell

---

Anschauliche und Poetische berechtigt nicht ohne Weiteres Sage anzunehmen: wir ver=
gessen zu leicht, daß in jenen Zeiten das Leben selbst naiv und reich an Poetischem,
sinnlich Anschaulichem war. — Es kann aber auch die germanische Pflicht der Blut=
rache in dieser schauspielhaften Steigerung sagenhaft ausgedrückt sein; ähnliches gilt
von „Authari's Brautfahrt“ unten.
 1) Dieser Zug ist recht bezeichnend für Paulus, vgl. Langob. Studien I, 9.
 2) Man hat längst bemerkt, daß diese Wendung der Erzählung, wonach Helmichis die
That ausführt, in vollem Widerspruche steht mit des Paulus eignen obigen Worten
über den Beweggrund der Beiziehung Peredeos. Paulus folgte der Origo. Agnellus
kennt Peredeo gar nicht, theilt Alles, was hier von diesem erzählt wird, Helmichis zu.
Die Gestalt des Peredeo ist wahrscheinlich, wie das folgende Abenteuer in Byzanz zeigt,
lediglich sagenhaft. (Viel zu subjectiv willkürlich (wie leider oft) hier Weise S. 25,
dessen sonst verdienstliche Arbeit nur an allzu großer Zuversicht in Dingen leidet, über
die wir höchstens ziemlich werthlose Vermuthungen wagen können.) Aber auch von
der übrigen Erzählung ist als Geschichte wohl nur fest zu halten, daß Alboin durch
Helmichis, der nach der Krone trachtete — dieser Beweggrund tritt in der Sage nach
deren Eigenart sehr zurück — auf Anstiften Rosimunda's (ob aus später Rache?) er=
mordet wurde und diese dann nach Ravenna und Byzanz ging.

nach seinem Schwert, aber es war so fest angebunden, daß er es nicht los=
machen konnte, da nahm er einen Fußschemel (scabellum subpedaneum) und
wehrte sich damit einige Zeit. Aber ach! der heldenhafteste und kühnste Mann
vermochte nichts gegen seinen Feind und ward wie ein Schwächling umgebracht:
er, der durch die Besiegung so vieler Feinde so hoch berühmt geworden, fiel
durch die Arglist eines Weibes. Sein Leichnam wurde unter lautem Weinen
und Klagen der Langobarden unter den Stufen einer zum Palast hinauf=
führenden Treppe bestattet. Er war hochragend von Gestalt und sein ganzer
Körper trefflich zum Kampf. Sein Grab hat in unsern Tagen Gisilbert,
der vormalige Herzog von Verona, öffnen lassen, und daraus das Schwert
und was sich von Schmuck darin fand fortgenommen, und dann mit seiner
gewöhnlichen Eitelkeit bei ungebildeten Leuten geprahlt, er habe Alboin ge=
sehen (c. 28).

Helmichis suchte nun nach Alboins Ermordung dessen Reich an sich zu
reißen; aber durchaus vermochte er das nicht, da die Langobarden, voll Schmerz
über den Tod ihres Königs, ihn umzubringen trachteten. Rosimunda schickte
daher alsbald (wohl von Pavia aus, wohin sie von Verona zunächst ge=
gangen) zu Longinus, dem Präfecten (= exarcha) von Ravenna und
ließ ihn bitten, ihr so schnell als möglich ein Schiff (aus dem Po in den
Tessin) zu schicken, das sie beide aufnehmen könnte. Longinus freute sich
über diese Kunde und sandte eiligst ein Schiff ab, welches Helmichis und
Rosimunda, die bereits sein Weib geworden war, bestiegen; und bei Nacht
entflohen sie. Sie nahmen Alpsuinda, des Königs Tochter, und den ganzen
langobardischen Schatz mit sich fort und gelangten schnell nach Ravenna
(August 573). Da begann der Präfect Longinus, in Rosimunda zu bringen,
Helmichis zu tödten und sich mit ihm zu vermählen. Sie, wie sie denn zu
jeder Schändlichkeit gern bereit und zugleich begierig war, Herrscherin (domina)
von Ravenna zu werden, erklärte sich einverstanden, und als Helmichis einst
ein Bad nahm, reichte sie ihm, wie er aus der Wanne stieg, einen Becher
mit einem Gifttrank, den sie für gar gesund ausgab. Wie jener aber merkte,
daß er den Becher des Todes getrunken, zog er das Schwert gegen Rosi=
munda und zwang sie, die Neige leer zu trinken. Und also starben durch
das Gericht des allmächtigen Gottes[1]) die ruchlosen Mörder in Einem Augen=
blick (c. 29).

Als diese so umgekommen waren, schickte der Statthalter Longinus
Alpsuinda sammt den Schätzen der Langobarden nach Konstantinopel dem
Kaiser. Einige versichern auch, Peredeo sei mit Helmichis und Rosimunda
nach Ravenna gekommen und von da mit Alpsuinda nach Konstantinopel
geschickt worden, dort habe er in einem Kampfspiele vor dem Volk und dem
Kaiser einen Löwen von wunderbarer Größe getödtet. Damit er aber nicht,

---

1) Ueber diesen Ausdruck, der hier nicht ein „Gottesurtheil" bedeutet, s. Bau=
steine II, Berlin 1880, S. 21.

weil er ein so starker Held war, in der königlichen Stadt etwas schlimmes
anstelle, wurden ihm, wie erzählt wird, auf Befehl des Kaisers die Augen
ausgerissen. Nach einiger Zeit verschaffte er sich zwei Messer, verbarg diese
unter seine Aermel und ging in den Palast, wo er versprach, dem Kaiser,
wenn er vor ihn gelassen werde, wichtiges mitzutheilen. Der Kaiser sandte
zwei Patricier, seine Vertrauten, zu ihm, seine Worte entgegenzunehmen.
Als diese zu Peredeo gekommen waren, ging er näher auf sie zu, als wolle
er ihnen etwas im Geheimen sagen, und brachte ihnen, in beiden Händen die
Messer, die er verborgen gehalten hatte, so schwere Wunden bei, daß sie sofort
zu Boden stürzten und den Geist aufgaben. Also rächte er, dem starken Samson
in gewissem Sinne nicht unähnlich, das ihm zugefügte Weh und tödtete für
den Verlust seiner beiden Augenlichter zwei dem Kaiser besonders nützliche
Männer.[1])

In Italien aber wählten die sämmtlichen Langobarden nach gemeinsamer
Berathung Klef (den Sohn Beleo's), den adeligsten Mann unter ihnen,
bisher Herzog von Bergamo, in der Stadt Ticinus zu ihrem König (573).[2])
Dieser ließ viele Römer mit dem Schwerte umbringen, andere vertrieb er aus
Italien. Nachdem er aber mit seiner Gemahlin Masane ein Jahr und sechs
Monate auf dem Thron gesessen war, wurde er (575) von einem seiner
Knechte mit dem Schwert erschlagen (c. 31).

Die Langobarden blieben nach seinem Tode zehn Jahre (al. 12) ohne
König (sein Söhnlein Authari schien zu jung) und standen unter Herzogen.
Jeder Herzog nämlich herrschte in seiner Stadt: Zaban in Ticinus, Wal-
lari in Bergamus, Alachis in Brixia, Evin in Tridentum, Gisulf
in Forojuli. Außer diesen gab es noch dreißig Herzoge in verschiedenen
Städten. Zu jener Zeit wurden viele vornehme Römer aus Habgier ermordet, die Uebrigen wurden zinspflichtig gemacht und den langobardischen
Fremdlingen in der Art zugetheilt, daß sie den dritten Theil ihrer Früchte
an sie zu entrichten hatten. Unter diesen langobardischen Herzogen und im
siebenten Jahr seit dem Einbruch Alboins und des ganzen Volkes geschah es,
daß die Kirchen geplündert, die Priester erschlagen, die Städte zerstört, die
Einwohner, die den Saaten gleich aufgeschossen waren,[3]) umgebracht und der
größte Theil Italiens von den Langobarden erobert und unterjocht wurde,
ausgenommen die schon von Alboin gewonnenen Landschaften"; d. h. hier
kamen solche Gewaltthätigkeiten jetzt nicht mehr vor.

Mit Unrecht hält man obige Zahl von Herzogen für übertrieben: es
handelt sich nicht um ducatus und provinciae, wie z. B. im Frankenreich
und in den beiden Gothenreichen: vielmehr entsprechen die langobardischen
duces in der Regel den fränkischen, gothischen comites, je eine Stadt und

---

[1]) Ganz in der Weise später Sagen-, auch Kunstdichtung über Thaten und Leiden
germanischer Helden am Hofe zu Byzanz.	[2]) Offenbar weil Alboin keinen Sohn
hinterließ. Gleichwohl lebte noch Ariulf, sein Vetter oder Neffe.	[3]) Um die
Beseitigung der vorher erwähnten Entvölkerung zu erklären.

ihr Weichbild bildete das Gebiet eines langobardischen dux: 35 (größere)
Städte aber zählte das Langobardenreich gewiß; nur die vier Grenzherzoge von
Trient, Friaul, Spoleto, Benevent entsprechen fränkischen Herzogen, und
nur sie oder andere größere ducatus haben dann auch — ausnahmsweise —
comites unter sich: regelmäßig begegnen bei Langobarden keine comites, da
ihre duces den comites entsprechen.   Im Uebrigen ist dem ganzen Bericht
wohl zu entnehmen, daß die in den letzten Jahren Alboins eingetretene fried-
lichere und schonendere Behandlung der Römer schon unter Klef, dann unter
den Herzogen wieder durch eine mehr gewaltthätige verdrängt wurde.   Daß
das Königthum 10 Jahre völlig ruhte, ist ein arger Rückfall in längst über-
wundene Zustände: es war offenbar das reichsverderberische Trachten[1]) der
großen Herzoge, welches (die Wehrunfähigkeit des Königsjohnes ausnützend)
diesen Erfolg feierte.   Die „Herzoge" entsprechen darin dem Dienstadel der
Franken, doch tritt bei den mächtigsten auch ein Streben hervor: nicht am
Hof und durch den König, sondern gestützt auf ihre weiten Landschaften, fern
von und im Gegensatz zum Hof, eine Stellung einzunehmen schon nach Alboins Tod, wie sie im Frankenreich die Herzoge der Alamannen, Baiern,
Thüringe doch erst nach dem Niedergang der Merovingen ertrotzen seit
ca. 650: die Wahrheit ist, daß mit Ausnahme der drei Jahre von Alboins
italischer Herrschaft überhaupt noch kein Königthum bei den Langobarden aufgekommen war von der eindringenden Mächtigkeit, wie es Chlodovech und
seine Söhne und Enkel aufgerichtet hatten.   Indessen ist abgesehen von den in
den erneuten Kriegen getödteten, vertriebnen, kriegsgefangnen Römern — immer
nur Einzelnen — auch in diesen Kämpfen an allgemeine Verknechtung
der Römer und Wegnahme all' ihres Landes gar nicht zu denken: vielmehr
wurde gerade seit Alboins Tod jene hospitalitas eingeführt, wonach dem
langobardischen hospes nur ⅓ der Früchte oder der Colonatverhältnisse abgetreten ward (s. unten Verfassung).   Servitus also, Knechtschaft, Sklaverei, volle
persönliche Unfreiheit, traf die Römer, abgesehen von den Kriegsgefangnen,
nicht: allein den Halbfreien, Albionen, Laeten traten sie doch nach germanischer
Anschauung durch diese Schatzungs- und Zinspflicht sehr nahe oder gleich.

---

1) Ganz anders Weise, S. 34, der die „Königstreue" der Langobarden, zumal
ihrer Herzoge, dieser fast ununterbrochen empörten Trotzfürsten, das einheitliche Trachten
langobardischer Statskunst, überhaupt die Leistungen dieser Statskunst nach Außen
gewaltig überschätzt: diese Könige sind weder mit ihren Herzogen noch mit den Päbsten
noch mit den Byzantinern noch gar mit den aus bloßer Raubgier gereizten Franken
fertig geworden. Alboins früher Tod und die Königlosigkeit von 575—585 haben das
Königthum gleich im Anfang des italischen Reiches gegenüber den Mitte-fliehenden
Gewalten der Herzoge nicht recht aufkommen lassen: bestand es doch überhaupt erst
seit Agelmund. — Daß Zaban von Pavia einstweilen als „Reichsverweser" für den
damals schon als König ins Auge gefaßten Authari gewaltet habe, ist reine Einbildung
Weises. Warum haben sie dann den Knaben nicht gleich gekrönt, wie die Franken
so oft thaten? — Richtig aber läßt er die langobardische Härte zumeist 568—570, dann
unter Klef 575 und den Herzogen 575—585 auf die Römer drücken.

Uebrigens verbot man ihnen nicht, in rein römischen Fällen nach römi=
schem Recht zu leben, während sonst allerdings die Langobarden die Nicht=
Langobarden, z. B. auch die Sachsen bis zu deren vielleicht hierdurch mit ver=
anlaßtem Abzug, ferner Gepiden, Bulgaren, Slaven dem Langobardenrecht
unterwarfen, falls nicht (später) ausnahmsweise der König solchem wargangus
(z. B. Franken) verstattete, nach seinem angeborenen Recht zu leben.

Der Grund solcher Zurückhaltung war gewiß nicht mildes Erbarmen,
sondern die geringe Zahl der neu Anzusiedelnden: man hatte gar nicht Hände
genug, durch sie allein die neu gewonnenen Aecker bebauen zu lassen: in diesen
neuen Erwerbungen wurden wohl großentheils Vornehme weiter bedacht,
welche bereits unter Alboin mit Land versorgt worden waren. Vor jeder
Verallgemeinerung muß man sich übrigens hüten: die Urkunden zeigen später
Langobarden bis tief in den Süden verstreut, freilich wohl oft auf geliehener
Scholle.[1]

In der königlosen Zeit wurden denn nun (zum Theil) auch die höchst
thörigen Einfälle in das Frankenreich, die allerdings schon unter Alboin
(569, 570, 572, unter Klef 573, 574) — wir wissen nicht, wie weit von ihm
befohlen oder nur nicht verhinderbar — begonnen hatten, von den Herzogen
an der fränkischen Grenze gesteigert (576 fränkische Vergeltungszüge, auch im
Solde von Byzanz, 581 und 584) und oft wiederholt: Schritte, welche auf
einem Ausbreitungsbedürfniß durchaus nicht beruhten — die wichtigsten
Burgen, ganz nahe langobardischen Herzogsitzen, blieben dabei in den Händen
der Byzantiner! —, vielmehr lediglich von muthwilliger Raubgier eingegeben,
schlimm verderbliche Herausforderungen des übermächtigen Nachbars waren:
wir haben diese Dinge ausführlich (III, 146 f.) dargestellt.[2]

In den nächsten Jahren besserte sich zwar das Verhältniß zwischen Lango=
barden und Franken: 580 klagt Pabst Pelagius über beider Freundschaft.
Aber schon 581 und 584 greifen nun die Franken an. Die Herzoge breiteten
sich damals erfolgreich auf Kosten der Byzantiner aus, zumal Faroald von
Spoleto und Zotto von Benevent, welche jedesfalls erst jetzt zu be=
deutenderer Macht gelangten. 573—574 bedrängten sie Rom: der Nachfolger
Johannes' III. († 13. Juli 573), Benedict I., war von Byzanz abgesperrt,
erst Juni 574 erhielt er nach der kaiserlichen Bestätigung die Weihe: bezwingen
konnten die Herzoge die Stadt nicht, da sie aus Mangel an Schiffen, den
Tiber zu sperren, zusehen mußten, wie Kaiser Justin ägyptisches Getreide
den Belagerten zuführte. Im offnen Felde wurde freilich 576 ein Heer der
Kaiserlichen unter Justins Eidam Baduarios von Zotto geschlagen.

577 verheerte Zotto Campanien, 578 belagerten er und Faroald
abermals Rom, am 31. Juli starb Benedict I. während der Einschließung.
Die Bürger hatten 577 bei Uebersendung von 5000 Pfund Goldes Steuern

---

1) Vgl. Hegel, Geschichte der Städteverfassung in Italien I, 354.   2) Paulus
entnimmt sie einfach Gregor III, 1—9 (IV, 42, VI, 6).

14*

nach Byzanz dortselbst um Waffenhilfe gebeten, aber der Kaiser, ganz vom Perserkrieg in Anspruch genommen, hatte nur Gold zur Bestechung der Barbaren gesandt, was wirklich die beiden Herzoge 579 nach dem Exarchat und Unteritalien abgelenkt zu haben scheint. Befreit baten Pabst Pela=gius und die Römer sofort wieder um Hilfe zu Byzanz, aber auch der neue Kaiser Tiberius II. sandte außer Gold nur wenige Soldaten. Nun (579) gelang Faroald sogar die Einnahme von Classe, der Hafenstadt von Ra=venna, und von da aus wurden alle Städte zwischen Rom und Perugia, Perugia und Classe von ihm bezwungen, Longinus in Ravenna selbst bedrängt (579/580). 581 belagerte er wieder Rom, während Zotto Neapel bedrängte, beides vergeblich, während gleichzeitig die Kräfte der oberita=lischen Langobarden nutzlos in den thörigen Räubereien in Gallien ver=geudet wurden."

Hier erweist sich das Verderbliche der Zerspaltung in die Herzogsgewalten besonders klar: hätte ein König der Langobarden die ganze Kriegskraft des Volkes in fester Hand zusammengefaßt gehalten und einen so wichtigen Erfolg wie die Eroberung von Classe war, erzielt, er würde diese ganze Kraft daran gesetzt haben, ihn zur Bezwingung Ravenna's, zur Vertreibung der Byzantiner aus dem ganzen Exarchat zu erweitern. Ein einzelner Herzog, nur noch von seinem Nachbar gelegentlich unterstützt, war auf die Dauer den Kaiserlichen nicht gewachsen: die wichtige Eroberung ging bald wieder verloren.

„In diesen Tagen (581) ergab sich die Burg Anagnis (Nano, im Val di Non, am rechten Ufer des Noce), oberhalb von Tridentum[1]) auf der Grenze Italiens gelegen, den heranrückenden Franken. Deswegen zog der langobardische Graf von Lagore (Lager=Thal), mit Namen Ragilo, nach Anagnis und heerte dort. Als er aber mit seiner Beute zurückkehrte, stieß Chramnichis, der Frankenfeldherr, im rotalianischen Felde (zwischen Sa=lurn und Anagnis auf dem rechten Ufer des Noce) auf ihn und erschlug ihn und viele von seinen Leuten. Nicht lange nachher kam Chramnichis heer=rend bis nach Trident. Jedoch Evin, der Herzog von Trident, verfolgte ihn, erschlug ihn sammt den Seinen bei dem Orte Salurnis, nahm ihm alle Beute, die er gemacht hatte, wieder ab, verjagte die Franken und gewann das ganze Gebiet von Trident zurück."

Von diesem Mißerfolg der fränkischen Feldzüge im Langobardischen schweigt Gregor. Gregors und Fredigars Angaben, die Langobarden (auch die gar nicht betheiligten mittel= und südítalischen Herzoge?) hätten sich damals den Franken unter Schatzungspflicht förmlich als Unterthanen unterworfen, verdienen — mag der Abzug hie und da durch Zahlungen erkauft worden sein — durchaus keinen Glauben: daher ebensowenig, daß die Langobarden vor Wiederaufrichtung ihres Königthums Childibert und Guntchramn um Erlaubniß gebeten hätten! Diese wäre wohl schwerlich ertheilt worden. Dieser

---

1) Wohl aus Secundus von Trient, s. unten S. 237, 348.

Evin, Herzog von Tribent, nahm eine Tochter Garibalds, des „Königs" der Bajuvaren (sagt Paulus), zur Gemahlin. — —

„Zu der Zeit rückte Faroald (?—591, ihm folgte 592 Ariulf), der erste Herzog von Spoletum, mit einem langobardischen Heere gegen Classis, plünderte die reiche Stadt gänzlich aus und zog dann wieder ab." Man sieht, es fehlt an jeder zielbewußten Leitung der langobardischen Streitkräfte: ein einzelner Herzog gewinnt die wichtigste Stätte in Italien, die Hafenstadt von Ravenna! Ihre dauernde Behauptung hätte die Aushungerung und Bezwingung der Hauptstadt des Exarchats, der wichtigsten Trutzburg der Byzantiner auf der Halbinsel, zur Folge haben müssen, und unter einem König oder im Bunde mit andern Herzogen hätte dieser Versuch doch wenigstens gewagt werden können: aber der Herzog von Spoleto plündert und zieht ab! Etwa wie Alamannen im 5. Jahrhundert rheinischen Städten gegenüber verfuhren. Planmäßiges Trachten, ganz Italien zu unterwerfen, darf wohl nur sehr wenigen langobardischen Führern zugetraut werden.

„Die Langobarden aber erhoben, nachdem sie zehn Jahre lang (575— 584) unter Herzogen gestanden hatten, nach gemeinsamem Beschluß (584/85) Authari, den Sohn des oben erwähnten Fürsten Klef, zu ihrem Könige. Sie gaben ihm um der Ehrung willen[1]) den Beinamen „Flavius",[2]) den von nun an alle langobardischen Könige mit Glück geführt haben. In dieser Zeit gaben zur Wiederherstellung des Königthums alle damaligen Herzoge die Hälfte ihres Besitzes[3]) für die Bedürfnisse des Königs her, damit hiervon der König selbst, sein Gefolge und alle, welche ihm in verschiedenen Aemtern dienten, unterhalten würden. Die bedrückten Völker aber wurden vertheilt unter die langobardischen hospites.[4]) Und das war in der That wunderbar im Reiche der Langobarden: keine Gewaltthätigkeit wurde jetzt begangen, keine geheimen Ränke wurden geschmiedet, Niemand wurde ungerechter Weise zur Frohn gezwungen, Niemand plünderte, Diebstahl und Räubereien fielen nicht vor, Jeder konnte, wohin es ihm gefiel, ohne Furcht und Sorge gehen."[5])

Diese Ueberlieferung ist der sagenhafte — und daher sehr übertreibende — Ausdruck dafür, daß der königlose Zustand zugleich ein in hohem Grade zucht- und friedeloser, daß zumal die Willkür der Großen gegen die Kleinen, wohl auch der Langobarden gegen die Römer in den damals neu erworbenen Landschaften, sehr hart gewesen war. In jene Zeit der Schwäche der Statsgewalt, der mangelnden Sorge für die Gesammtheit fällt auch sehr bezeichnend

---

1) Sagt Paulus: In Wahrheit war es der Ausdruck dafür, daß er auch seinen römischen Unterthanen als rechtmäßiger Nachfolger der weströmischen Kaiser und als Schirmherr erscheinen wollte. 2) S. Westgothen I, 533, Könige VI, 2. Aufl. S. 509. 3) Der alte Schatz war ja nach Byzanz gewandert, Klef ein König ohne Hort gewesen, oben S. 208. 4) Nicht Fremdlinge, wie Jacobi: es ist das feste Rechtsverhältniß der hospitalitas gemeint, d. h. die schon früher oben (S. 210) erwähnte Maßregel wurde bekräftigt und erweitert auf neue Gebiete. 5) Ueber die Kämpfe zwischen Authari und Childibert, welche Gregor für die Franken im Endergebniß zu günstig, Paulus zu ungünstig darstellt, III, 441 ff.

das Zerwürfniß mit den Sachsen und deren Abzug aus Italien, — wahrscheinlich, weil die Herzoge ihnen das vertragene Maß von Selbständigkeit nicht gönnten: eine erhebliche Einbuße der ohnehin geringen germanischen Macht in Italien. Mag immerhin das hier gezeichnete Bild der Zustände unter Authari, — wie ja zum Theil Pauls eigene Darstellung der Empörung der Herzoge beweist, — allzuschön gefärbt sein,[1] immerhin spiegelt die Sage treu die Erstarkung des Rechtsschutzes durch die Wiederaufrichtung des Königthums. Welche Gründe jedoch die sonst reichsverderberischen Herzoge zu diesem weisen und vaterlandliebenden Schritte drängten — unter Darbringung solcher Opfer an Vermögen d. h. Macht —, das entzieht sich unserer Kenntniß. Plötzliche Begeisterung für das Wohl der Gesammtheit ist wohl am Wenigsten anzunehmen, auch gewiß nicht das Verlangen der führerlosen und wenig hervortretenden kleinen Freien[2]: eher die Gefährdung durch die jetzt verbündeten Franken und Byzantiner[3]: denn bei Vernichtung der langobardischen Selbständigkeit hatten am Meisten diese fast königgleichen Herzoge zu verlieren.

Daß aber keineswegs alle Herzoge mit jenem Schritt einverstanden waren, weist gleich das Folgende dar: König Authari und sein Nachfolger sollten gar viel echte Königsarbeit gegen die Herzoge finden: traten doch einzelne jener Großen geradezu auf Seite der äußeren Feinde des Reiches. In dem nächsten Fall war es freilich nicht ein geborner Langobarde.

„Hierauf zog König Authari vor die Stadt Brexillus (Brescella, nördlich von Parma), die am Ufer des Padus liegt, und belagerte sie; es hatte sich nämlich Herzog Droctulft von den Langobarden dahingeflüchtet[4]), sich auf die Seite des Kaisers geschlagen und leistete nun, mit den kaiserlichen Soldaten[5]) verbunden, dem Heere der Langobarden tapfern Widerstand. Er stammte aus dem Volk der Schwaben d. h. der Alamannen,[6]) war unter den Langobarden aufgewachsen und hatte, weil er von trefflicher Gestalt war, das Ehrenamt eines Herzogs erlangt: aber als er Gelegenheit fand, sich für seine Gefangenschaft[7]) zu rächen, erhob er sofort die Waffen wider die Langobarden. Diese hatten schwere Kämpfe gegen ihn zu führen, endlich aber überwältigten sie ihn sammt den Kaisersoldaten, die er unterstützte, und zwangen

---

1) Vgl. Pabst, Forsch. z. D. Gesch. II, 425.   2) So meint Hirsch S. 4. 3) So, wie ich nachträglich finde, auch Weise, S. 66: aber gewiß nicht aus „angestammter Treue zum Herrscherhaus", S. 69: von der leider wenig zu spüren, wie stimmt dazu S. 70: „seine Abstammung war dabei doch nur nebensächlich?" Bei allen langobardischen Königen folgte nur selten der Sohn dem Vater, und von „ritterlich erzogen" und „Rittergefolgschaft" sollte man doch fast ein halb Jahrtausend zu früh (u. 580) nicht reden.   4) Er scheint vielmehr, nachdem er zuerst nach Ravenna gegangen und bei der Wiedereroberung von Claffe betheiligt gewesen war, Brexillum den Langobarden entriffen zu haben.   5) „milites" ist bei Paul und auch in älteren Quellen stehende Bezeichnung der kaiserlichen Soldaten, wie respublica für das Kaiserreich, aber nie heißen barbarische Krieger milites schlechthin. 6) Sagt Paulus sehr richtig; gegen die falsche Unterscheidung beider s. oben S. 89. 7) Von der uns Paulus nichts gesagt hat.

ihn, (wieder) nach Ravenna zu weichen. Brezillus wurde erobert und seine
Mauern bis auf den Grund gebrochen. Hierauf schloß König Authari mit
dem Patricius Smaragbus, der damals seit 574/85 als Nachfolger des un=
kräftigen Longinus in Ravenna befehligte, auf drei Jahre Frieden.¹) (c. 18.)

Mit Hilfe des genannten Droctulft²) kämpften die Kaiserfolbaten (milites)
von Ravenna häufig gegen die Langobarden: sie rüsteten eine Flotte und
vertrieben unter seiner Mithilfe die Langobarden aus der Stadt Claffis.³)
Nach seinem Tode wurde er ehrenvoll vor der Kirche des heiligen Märtyrers
Vitalis (in Ravenna) bestattet und ihm eine rühmende Grabschrift gesetzt.“⁴)

Nach Pabst Benedict (I) (574—578) wurde Pelagius (II) ohne
Erlaubniß des Kaisers (578—590) erwählt, da die Langobarden Rom ringsum
belagerten,⁵) so daß Niemand aus der Stadt herauskommen konnte. Damals
wurde die Widerstandskraft des kräftigen Smaragbus, Exarchen zu Ravenna,
gegen die Langobarden geschwächt durch den sogenannten Drei=Capitel=

---

1) Ob sich dieser Waffenstillstand auf alle noch byzantinischen Gebiete der Halb=
insel oder nur auf den Exarchat bezog, ist zweifelhaft —, letzteres aber sehr wohl
denkbar, so daß Authari's Angriffe auf Istrien (587) unter Herzog Evin von Trient
und auf den magister militum (Francio) Francilio im Comersee (586/7) sich
hieraus erklären würden. Uebrigens brachen auch um Claffe die Kämpfe schon vor
Ablauf des dritten Jahres (587) wieder aus. 2) Vgl. über Droctulft Theo=
phylactus Simocatta (c. 629), ed. Bekker (Bonn 1834) II, 17. Pabst Gregor
der Große (590—604), Briefe, Reg. I, 85, X, 44 empfiehlt den von den Feinden, d. h.
den Langobarden zur republica übertretenden Droctulft Gennadius, dem Patri=
cius der Provinz Afrika. Der Friede mit Smaragbus fällt vor 586, vgl. Brief
des Pabstes Pelagius II (578—590) an die Bischöfe von Istrien, Manfi IX, 892.
Ohne ausreichenden Grund vermuthet Waitz III, 18, die Nachricht der Einnahme von
Brezillum durch Authari beruhe auf Verwechslung mit der in der Grabschrift
Droctulfts erwähnten Einnahme dieser Stadt durch Droctulft. Aber derselbe Paulus,
welcher zuerst von Droctulfts Eintreffen in Brezillum und der Vertheidigung der
Stadt durch ihn meldet, berichtet später die Einnahme durch Authari und fügt ja die
Grabschrift bei. 3) Oben S. 213. Der Angriff geschah also von der Seeseite, welche
die Langobarden in Ermangelung von Schiffen nicht decken konnten. 4) Paulus
theilt sie mit: sie enthält nicht unwichtige Angaben, aber auch das schlimme Wortspiel

cum Bardis fuit ipse quidem, nam gente Suavus
omnibus et populis inde suavis erat. (!)

Sein langer Bart auf starker Brust, sein grimmes Antlitz werden geschildert. Die
„publica“ signa sind — „Romana“ signa. Vgl. oben. Wortspiele begegnen auch
sonst darin:

inde etiam retinet dum Classem fraude Faroaldus
vindicet ut Classem classibus arma parat.

Wir erfahren, daß die wenig zahlreichen Schiffe auf dem Padrinus (Padoreno),
einem Arm des Po, die „Barden“ angriffen; später focht er für den Kaiser auch im
Avarenland; sein Schutzheiliger war Vitalis. Als Suabe war er nicht Arianer,
sondern Heide oder Katholik, jedesfalls aber wohl seit dem Uebertritt zu Byzanz katho=
lisch geworden. 5) Von dieser Belagerung Roms im Jahre 578 erfahren wir hier
nur ganz gelegentlich: Paulus hält durchaus keine strenge Zeitfolge ein, er greift hier
von 584 auf 578 zurück; es gehört dieser Zug (welches Herzogs?) in die II, 32 von
ihm geschilderten Kämpfe.

streit[1]) und die daran sich knüpfende Kirchenspaltung, wobei der Patricius Smaragdus gegen den Patriarchen Severus von Aquileja (587) gewaltsam vorging;[2]) es ergab sich also die für die Langobarden günstigste Verschiebung, welche später in dem „Bilderstreit" wieder kehrte, daß die Macht der Kaiserlichen mit der katholischen Kirche Italiens in Streit gerieth. Das kriegerische und erfolgreiche Vorgehen Authari's hängt wohl mit jener Behinderung des Exarchen zusammen. Smaragdus ward im Frühjahr 589 abgerufen[3]) und durch Romanus ersetzt. Kaiser Mauritius schreibt an Pabst Gregor ausdrücklich, er wünsche die Beilegung jenes Streites „im Hinblick auf die dermaligen Wirrnisse in Italien", wozu wohl auch die Angriffe Authari's gehörten. Schon früher hatte er Smaragdus bedeutet, er möge den Patriarchen in Ruhe lassen, bis nach Vertreibung der Langobarden alle Bischöfe unter dem Kaiserthum vereint seien. Ein gleichzeitiger Angriff Childiberts (585) mißlang sehr schlimm vermöge der Uneinigkeit der Franken und Alamannen im merovingischen Heere.

„Zu dieser Zeit schickte König Authari ein Heer nach Istrien, welches Herzog Evin von Trident[4]) befehligte. Dieser schloß nach Raub und Landbrand Frieden auf ein Jahr und brachte dem König viel Geld heim. Andere Langobarden belagerten den magister militum Francio (Francilio) auf der Insel Comacina,[5]) der noch von des Narses Zeit her war und sich bereits zwanzig Jahre gehalten hatte. Nach sechsmonatlicher Belagerung übergab Francio die Insel den Langobarden, er selbst erhielt nach seinem Wunsche mit seiner Frau und Habe freien Abzug vom Könige und ging nach Ravenna. Es fanden sich auf der Insel große Schätze, die von einzelnen geborgen worden waren" (c. 27). Diese Angaben sind sehr lehrreich: wie Susa in nächster Nähe von Turin, so ist die winzige Insel im Comersee in nächster Nähe von Bergamo — beides langobardischer Herzoge Sitz — noch nach zwanzig Jahren in den Händen der Byzantiner.[6]) So wenig planmäßig war die Eroberung des Landes betrieben worden!

Die Verlobung Authari's mit Childiberts Schwester Chlodosvintha ward von dem Merovingen aufgehoben, um das Mädchen dem einstweilen

---

1) v. Hefele, Conciliengeschichte II, 798—924. 2) Paulus III, 22. 3) Vorher hatte er aber, durch Droctulft besonders, Classe wieder gewonnen. 4) Wohl aus Secundus von Trient. 5) Im Comersee, daher die Schreibung Almacina auf Versehen beruht. 6) Nicht einmal diese kleine Wasserfläche vermochten sie durch Schiffe zu beherrschen. Herr Weise nennt es „ganz verkehrt", daß ich S. 86 v. Wietersheim' S. 15 als Grund der Enthaltung der Langobarden vom Seewesen die geringe Zahl der Einwanderer anführe. Zur höflichen Antwort diene: da sie nicht einmal ausreichten, die dringendsten Aufgaben durch ihre Landmacht zu lösen, würden sie eine Kriegsflotte nur haben bemannen können durch massenhafte Heranziehung von Römern, welche sie nicht wollten und — wohl mit Recht — nicht wagten. Herr Weise meint, in ihren früheren Sitzen hätten die Langobarden die Schiffahrt nicht lernen können; sie saßen Jahrhunderte an der Unter-Elbe, dann viele Jahrzehnte Jahre an der Donau, beide sind schiffbar; am Comersee handelt es sich nicht um Meer-fahrt.

katholisch gewordenen Westgothen-König Rekared (I, 387, III, 419) zu geben. Darauf kam es (Sommer 588) zu dem neuen Feldzug der Franken in Italien, der mit ihrer schweren Niederlage endete.[1]

Nach Auflösung der Verlobung mit Chlodosvintha that Authari einen höchst einsichtsvollen Schritt. Die Treulosigkeit der (von byzantinischem Golde gewonnenen) Merovingen erkennend und die Unmöglichkeit, mit den Franken dauernd Freundschaft zu halten, wandte er sich den natürlichen Bundesgenossen der Langobarden gegen die Frankenherrschaft zu: seinen Nachbarn im Norden, den Baiern. Daß diese Statskunst für beide Völker die richtige gewesen wäre, wurde oben gezeigt. Authari hat das Verdienst, dies zuerst erkannt und mit Erfolg ins Werk gesetzt zu haben. Die Annäherung hatte guten Erfolg. Schon vorher hatte Herzog Evin von Trient eine (ältere) Tochter des Baiernherzogs Garibald I. sich vermählt.[2] Jetzt schickte Authari Gesandte nach Baiern (588) und ließ durch sie um die Tochter „König" (sagt Paulus) Garibalds für sich werben. „Der nahm sie freundlich auf und versprach Authari seine Tochter Theudelinda[3] zu geben.[4] Als die Gesandten mit dieser Nachricht zu Authari zurückkehrten, kam ihm das Verlangen, seine Braut mit eigenen Augen zu sehen. Er gesellte sich wenige, aber gewandte Langobarden, darunter einen ihm ganz treu ergebenen Mann, gleichsam als Führer (seniorem) und zog mit ihnen flugs gen Baiern. Als sie nach Gesandtenbrauch vor König Garibald geführt worden waren und jener, der als Führer der mit Authari gekommenen Gesandtschaft auftrat, nach der Begrüßung die üblichen Worte gesprochen hatte, trat Authari, der von keinem der Baiern gekannt wurde, näher auf König Garibald zu und sprach: „Mein Herr, König Authari, hat mich eigens deshalb hergesandt, auf daß ich eure Tochter, seine Braut, die künftig unsere Herrin sein wird, sehen soll, damit ich meinem Herrn sicherer berichten kann, wie sie aussieht." Wie das der König hörte, ließ er seine Tochter kommen. Und als nun Authari sie mit schweigendem Nicken angeschaut hatte, wie sie gar aus der Maßen schön war, und sie ihm in allen Stücken sehr wohl gefiel, sprach er zu dem Könige: „Da wir das Wesen deiner Tochter so finden, daß wir sie mit allem Grund zu unserer Königin wünschen, möchten wir, falls es eurer Herrlichkeit beliebt, einen Becher Weins aus ihrer Hand entgegennehmen, wie sie ihn uns später reichen wird."[5] Da der König einwilligte, daß es so geschehe, nahm Theudelinda zuerst den Becher mit Wein und überreichte ihn zunächst dem, der der Führer zu

---

1) Gregor. Tur. XI, 25, es ist gar hübsch, wie sich Paulus wundert, daß, während der fränkische Bischof dies erzählt, der langobardische Secundus von Trient nichts davon weiß. 2) Paulus III, 10. 3) Ueber eine frühere Verlobung derselben mit Childibert II. (585) Fredigar c. 34. 4) Daß derselbe auf der Spindelseite von dem Langobardenkönig Wacho, also dem altberühmten Geschlechte der Lethinge stammt (s. die Stammbäume im Anhang), mochte für Authari auch in's Gewicht fallen. 5) Also noch immer wie in den Tagen Beowulfs reicht die Königin selbst den vornehmsten Gefolgen des Gemahls in der Halle den Becher.

sein schien, und hierauf Authari, von dem sie nicht wußte, daß es ihr Bräu=
tigam sei. Als dieser getrunken hatte und ihr nun den Becher zurückgab,
berührte er, ohne daß es Jemand bemerkte, ihre Hand mit dem Finger und
strich ihr mit seiner Rechten von der Stirn über Nase und Wangen herab.
Von Schamröthe übergossen erzählte das Theudelinda ihrer Amme; da sagte
diese zu ihr: „Wäre das nicht der König selbst und dein Bräutigam, er hätte
es nimmer gewagt, dich zu berühren. Laß uns aber einstweilen stille sein,
damit dein Vater nichts davon erfährt. Denn wahrlich es ist ein Mann,
wohl würdig, unter Krone zu gehen und dein Gemahl zu werden." Es
stand aber damals Authari in voller jugendlicher Blüthe, war von edler Ge=
stalt, umwogt von lichtem Haar und gar schön gebildetem Antlitz. Bald
nachher machten sie sich mit königlichem Geleite wieder auf den Weg zurück
nach ihrer Heimath und zogen eilig aus dem Gebiet[1]) der Noriker. Die
Provinz Noricum, welche das Volk der Baiern bewohnt, grenzt aber gegen
Morgen an Pannonien, gegen Abend an Schwaben (Suavia), gegen
Mittag an Italien, gegen Mitternacht an die Donau.[2]) Als nun Authari
in die Nähe der Grenze von Italien gekommen war und die Baiern, die ihm
das Geleite gaben, noch um sich hatte, erhob er sich, so sehr als er konnte,
auf dem Pferd, das ihn trug, schlug mit aller Macht die kleine Streitaxt
(securiculam), die er in der Hand trug, in einen nahe stehenden Baum
und ließ sie darin stecken mit den Worten: „Solche Hiebe führt Authari."
Wie er das gesprochen hatte, da erkannten die Baiern, die ihm das Geleit
gaben, daß er der König Authari selber sei.[3]) Als nun nach einiger Zeit
Garibald durch den Anzug der Franken in Bedrängniß kam,[4]) floh seine
Tochter Theudelinda mit ihrem Bruder, der Gundoald hieß, nach Italien[5])
und ließ ihrem Verlobten Authari ihre Ankunft melden. Der ging ihr
sogleich in stattlichem Aufzuge zur Hochzeit entgegen und traf sie auf dem
Sardisfeld oberhalb Verona, wo am fünfzehnten Tage des Wonnemonats
unter allgemeiner Freude das Beilager vollzogen wurde. Es war aber
damals neben andern langobardischen Herzögen auch Agilulf zugegen, der
Herzog von Turin. Wie nun daselbst bei einem Gewitter ein Stück Holz,
das im königlichen Hofe (in septis regiis) lag, unter gewaltigem Krachen des
Donners von einem Blitzstrahl getroffen wurde, sprach einer seiner Knechte
(puer), der ein Wahrsager (aruspex) war und vermöge teuflischer Kunst
wußte, welche künftige Ereignisse die Blitzschläge bedeuteten, heimlich zu Agilulf,
als diesen ein natürliches Bedürfniß bei Seite zu gehen zwang: „Dieses Weib,
das sich soeben mit unserem König vermählt hat, wird nach nicht gar langer

---

1) Nicht durch das Gebiet, wie Abel=Jacobi, denn Baiern ist Paulus — Noricum.
2) Da der Nordgau damals, d. h. da Paulus schrieb, bereits abgetrennt war.
3) Wenn diese Brautwerbung des Unerkannten nicht volle Sage, ist sie jedesfalls sagen=
haft sehr stark ausgeschmückt.   4) Ein solcher Angriff Childiberts 588/9? auf Baiern
ist sonst nicht bezeugt, indessen bei dieser Verbindung mit den Langobarden nicht
unwahrscheinlich.   5) Offenbar über Trient.

Zeit deine Gemahlin werden." Als dies Agilulf hörte, drohte er, ihm den Kopf herunterzuschlagen, wenn er hierüber noch ein Wort spreche. Jener aber versetzte: „Ich mag wohl getödtet werden, aber (nam!) gewiß ist, daß diese Frau dazu in unser Land gekommen ist, dir angetraut zu werden." Und so geschah es auch in der Folge. — Zu der Zeit wurde, aus welcher Ursache ist ungewiß, Ansul, ein Anverwandter des Königs Authari, zu Verona getödtet (c. 31).

Kamm und Fächerkapsel der Königin Theudelinda.
Im Domschatz zu Monza.

Um diese Zeit, glaubt man, sei es geschehen, was von König Authari erzählt wird.[1]) Die Sage geht nämlich, der König sei damals nach Spoletum und Benevent gekommen und habe diese Gegend erobert[2]) und sogar bis nach Regium, der äußersten und nahe bei Sicilien liegenden Stadt Italiens, sei er gezogen. Und hier sei er auf seinem Pferde bis zu einer Säule geritten, die daselbst im Meere stehen soll, habe sie mit seiner Lanze berührt und dabei die Worte gesprochen: „Bis hierher soll das Gebiet der Langobarden reichen." Und diese Säule stehe, so sagt man, noch bis auf den heutigen Tag und werde die Säule des Authari genannt"[3]) (c. 32).

Damals (588/9) hatte Childibert den langobardischen Herzog Grasulf in Istrien unter Vermittlung von kaiserlichen Gesandten zu gemeinsamem

---

1) Lediglich Sage.   2) War längst geschehen.   3) Aehnlich die Sage vom Ottensund.

Angriff auf Authari gewonnen. Doch scheint Grasulf sich wieder dem König genähert zu haben, wenigstens wird später sein offen zu Byzanz übertretender Sohn Gisulf „besser als sein Vater" genannt.[1]) Doch war Authari nicht ausreichend gerüstet, als im Sommer 589 abermals ein Heer Chilbiberts in Italien einbrach: er bat um Frieden, erbot sich zu Geldzahlungen und Waffenhilfe, unmöglich aber zu voller Unterwerfung oder auch nur dauernder Schatzung.[2]) Es gelang ihm auch dadurch, die Franken zur Umkehr zu bringen; gehalten wurden die Versprechungen von Authari's Nachfolgern nicht. In das Jahr 589 fällt die große Ueberschwemmung wie Roms so Veronas, Mitte Januar 590 brach die Beulenpest aus, welche Pabst Pelagius II. 6. Febr. hinraffte; ihm folgte Gregor der Große (3. Sept. 590 bis März 604).

In diesem Jahre (590) sollte das schwache Langobardenreich verspüren, welche todbrohende Gefahr ein ernsthaftes Zusammenwirken seiner beiden Hauptfeinde, der kaiserlichen und der fränkischen Macht, bedeutete. In der That, wenn jene von Südosten, diese von Nordwesten gleichzeitig kraftvoll vorgingen, mochten sie die Langobarden in der Mitte zangengleich zerknirschen. Und diesmal machten die Byzantiner ausnahmsweise Ernst in wohlgeplantem Angriff. Der kraftvolle neue Exarch Romanus hatte das Zusammenwirken mit den fränkischen Heeren geplant und führte es tüchtig und tapfer durch. Die Bewegungen — mit anfänglichem Erfolge — des fränkischen Ostheeres an der Etsch und des Westheeres am Comersee haben wir bereits dargestellt (III, S. 465f.). Die Langobarden wichen in die Festungen zurück, Authari selbst nach Pavia: sie wurden vom Schlagen im offnen Felde wohl vor Allem abgehalten durch das drohende Vordringen der Byzantiner in ihrem Rücken; schon bevor die Franken die Alpen überschritten, hatte Romanus, von Ravenna vorbrechend, Modena, Altinum, Mantua erobert. Da beeilten sich aufs Aeußerste (cum omni festinatione) die[3]) „Herzoge von Reggio, Parma und Piacenza, in Mantua zu erscheinen, (von ihrem König verrätherisch abzufallen) und sich der heiligen Republik, d. h. dem Kaiserthum zu unterwerfen." Solche Vorgänge decken es doch klar auf, wo die Schwäche dieses States lag! Das ist die „Königstreue" dieser Herzoge! Schon bedrohte Romanus Mailand und Pavia selbst, mit einem Theile seiner Truppen dem fränkischen Westheer die Hand entgegenstreckend. Die Langobarden hatten wieder nicht einmal so viele Schiffe, um den Tessin, den natürlichen Graben ihrer Hauptstadt, zu decken; kaiserliche Schnellsegler fuhren ungehindert aus dem Po in den Tessin und schnitten den Belagerten die Zufuhr auch auf dem Wasserweg ab. Romanus selbst zog dem fränkischen Ostheer nach Verona entgegen.

Das Reich der Langobarden wäre mit dem Fall Pavia's und der Gefangennahme seines Königs — 590 wie 774 — verloren gewesen. Da

---

1) Troja, IV, 1 codice diplomatico N. 42. 46.   2) Von Gregor berichtet IX, 29.   3) Nach Herrn Weise so „Königstreuen".

rettete es die Thorheit der fränkischen Heerführer, welche, allerdings auch von
Hunger und Seuchen bedrängt, Waffenruhe auf 10 Monate schlossen und heim:
zogen. Fünf gewonnene Grenzburgen an der Etsch gab Childibert damals
dem ihm gefügigen neuen Baiernherzog Tassilo. Romanus bekämpfte noch
Herzog Grasulf in Istrien, dessen Sohn Gisulf zu ihm übertrat, und seine
Feldherren, der Patricius Nordulf und Ossio (Germanen, wahrscheinlich Lango:
barden), nahmen hier einige Städte. Um einen für 591 geplanten nochmaligen
Doppelangriff der Kaiserlichen und der Franken zu verhüten, schickte Authari
590 Gesandte an die Merovingen; bevor diese heimkehrten, starb er am
5. September zu Pavia angeblich an Gift.[1]

Sofort wurde von den Langobarden (d. h. wohl Theudelinda) eine neue
Gesandtschaft an Childibert geschickt, ihm den Tod des Königs Authari zu
melden und ihn um Frieden zu bitten. Er entließ sie nach einigen Tagen
mit dem Versprechen des Friedens. — „Der Königin Theudelinda aber ver:
statteten die Langobarden, weil sie ihnen so ausnehmend gefiel, ihre könig:
liche Würde zu behalten, und riethen ihr, sich aus sämmtlichen Langobarden
einen Mann auszuwählen, welchen sie wollte, nur aber einen solchen, der das
Reich wacker leiten könne. Sie ging nun mit verständigen Männern zu Rath
und wählte Agilulf,[2] den Herzog von Turin, sich zum Gemahl, dem Volk
der Langobarden zum König. Es war dieser Agilulf ein kraftvoller Held,
und an Leib und Seele zur Führung der Herrschaft wohl geeignet.[3] Die
Königin entbot ihn sogleich zu sich und eilte ihm selbst bis nach der Stadt
Laumellum (Lumello) entgegen. Als er zu ihr gekommen war, ließ sie
sich, nachdem sie einige Worte gewechselt, Wein bringen, trank zuerst und
reichte das Uebrige Agilulf hin. Wie dieser den Becher von ihr entgegen:
nahm und dann ehrerbietig ihre Hand küßte, sprach die Königin lächelnd
und erröthend, der dürfe ihr nicht die Hand küssen, der ihr einen Kuß
auf den Mund drücken sollte. Darauf hieß sie ihn sich erheben und sie
küssen und eröffnete ihm Alles von Hochzeit und Königthum. Was weiter?
Unter großer Freude wurde die Vermählung gefeiert, und Agilulf, von der
Spindelseite[4] ein Verwandter des Königs Authari, erhielt Anfangs November
die königliche Würde. Erst später jedoch ward er in einer Versammlung

---

1) Das man keineswegs, wie Herr Weise, ohne Weiteres von den katholischen
Geistlichen mischen lassen darf, bloß weil Authari Ostern 590 verboten hatte, lango:
bardische Kinder katholisch zu taufen. Pabst Gregor nennt allerdings deßhalb Authari
nefandissimum. Daß er sich aber, wie Herr Weise will, über die Stiftung einer
arianischen Kirche durch diesen zu Fara bei Bergamo hätte freuen sollen, ist zu=
viel verlangt von Herrn Dr. Weise S. 114. 2) Ohne hinreichenden Grund behauptet
Waitz III, 35, Agilulf habe die Krone und die Hand Theodelindens mit Gewalt an
sich gerissen; auch die Origo und Prosper sagen das nicht, wird auch exire de (Turin)
oft von kriegerischem Auszug gebraucht. Die sagenhafte Ausschmückung hebt den
geschichtlichen Kern nicht auf. 3) Von Abstamm ein Thüring, aus dem Geschlecht
Anava: so hatten nun die Langobarden einen Thüring zum König, eine Baierin zur
Königin. 4) Das wog wohl die thüringische Schwertmagenseite auf.

der Langobarden im Monat Mai zu Mailand auf den königlichen Thron
erhoben.

Um jene Zeit folgte in Spoleto auf Faroald Ariulf, in Benevent
auf Zotto Arichis, welchen König Agilulf von Friaul dorthin versetzte.[1]

Votivkrone der Königin Theudelinda
und Kreuz des Königs Agilulf.
Im Domschatz zu Monza.

Um die von nun ab immer verwickelter
werdenden Beziehungen zu erklären, muß eine
gedrängte Uebersicht vorausgeschickt werden des
Entwicklungsganges der Dinge und der wechseln-
den Gruppirung der auf der apenninischen Halbinsel gegeneinander ringenden Kräfte seit der
langobardischen Einwanderung.

Dieses Eindringen geschah (a. 568), wie
wir gesehen, von Nordosten her: die damalige
Provinz Venetien, dann Istrien, Friaul
und die Lombardei wurden zuerst überströmt,
Pavia (Ticinum) zur Hauptstadt des Reiches
geloren. Von hier aus breiteten sich die Einwanderer erst allmälig über den Süden und
Westen der Halbinsel aus. Niemals aber gelang es ihnen, ganz Italien in ihre Gewalt zu
bringen: im Süden sowie in dem „Exarchat
von Ravenna" behaupteten sich die Byzantiner:
diese für die damaligen Belagerungsmittel durch
Sturm unbezwingbare Festung der Sümpfe hätte
nur durch Hunger überwältigt werden mögen:
aber dies war unmöglich, so lange sie durch
ihre Hafenstadt Classis die freie Verbindung
mit dem Meere hatte: und die Langobarden
begingen den schwer begreiflichen Unterlassungs-
fehler, niemals eine irgend nennenswerthe Kriegsflotte herzustellen: sie wurden nie eine Seemacht: die Halbinsel der Apenninen kann aber
durch eine Landmacht allein weder völlig erobert
noch behauptet werden. Dazu kam, daß die
großen Gränzherzogthümer des Langobardenreiches: Trient im Norden, Friaul im Nordosten, Spoleto und namentlich Benevent im
Süden von der Krone fast unabhängige kleine Sonderstaaten bildeten: in weit
höherem Maße noch als von den drei andern galt dies von Benevent, dessen
Verhältnisse wir alsbald zu betrachten haben werden: oft genug mußten die

---

1) Dies ward wichtig für unsere Kenntniß gerade friaulischer und beneventanischer Dinge, da der Friauler Paulus gerade über sie besonders unterrichtet ward.

Könige die Waffen gegen diese Herzoge wenden. Endlich aber war eine weitere selbstständige Macht in Italien der römische Bischof. Für die großartige Ent= faltung der katholischen Hierarchie und ihrer Weltherrschaft im Mittelalter war es von wichtigster Bedeutung gewesen, daß seit dem Untergang des Ostgothen= reichs der Pabst keinen weltlichen Herrn in Rom, in Ravenna, auf der ganzen Halbinsel über sich hatte. Seit a. 555 war der oströmische Kaiser wieder sein einziges und unmittelbares Statsoberhaupt: aber dieses saß fern in Byzanz und nur einmal in den dritthalb Jahrhunderten bis auf Karl den Großen ist ein Imperator von dort her zu kurzem Besuch nach Italien gekommen. Zwar saß sein Statthalter zu Ravenna, aber eben — zu größtem Vortheil für den Pabst — nicht in Rom. Und seit der Einwanderung der Lango= barden hatte der Exarch soviel mit diesen zu schaffen, daß er nicht daran denken konnte, das Bestreben nieder zu drücken, mit welchem der Bischof von Rom sich in dieser Stadt und ihrer Umgebung eine, weltlicher Statsgewalt immer ähnlicher sich gestaltende, Machtstellung kühn und klug und beharrlich emporbaute. Männer von hervorragendem Geist und Charakter schmückten damals wiederholt den päbstlichen Stuhl und aus sehr unscheinbaren Anfängen erwarben sie sich allmälig eine von Byzanz, von Ravenna und von dem Senat von Rom immer mehr unabhängige, auch in weltlichen Dingen entscheidende Stellung. Sehr viel trug hiezu bei, daß gegen die langobardische Bedrängung Kaiser und Exarch selten Beistand, ausgiebige Hilfe fast nie leisteten, daß dagegen die Päbste mit den Mitteln ihres geistlichen Ansehens wie durch Klugheit und Muth wiederholt den Widerstand der Bürger geleitet, oder die bedrohenden Fürsten abgelenkt hatten. Die Langobarden mußten nach dem Besitz von Rom trachten: daran wurde durch ihren Uebertritt zum Katholicismus durchaus nichts geändert, wenn sie jetzt auch nicht mehr, wie sie als Arianer gethan, auf ihren Kriegszügen Kirchen, Geistliche, Mönche der Katholiken mit besonders wilder Härte (— die man aber sehr übertrieben hat —) behandelten, vielmehr dem römischen Bischof, auch wenn sie die Stadt bedrängten, höchste Ehrfurcht erwiesen. Die natürlichen Verbündeten der Päbste gegen die Lango= barden waren nun aber die Franken: anfangs schon deßhalb, weil diese im ganzen Abendland die einzigen katholischen Germanen waren. Aber auch nachdem die Langobarden das rechtgläubige Bekenntniß angenommen, blieb es für die Regel bei jener Gruppirung, da ja Franken und Langobarden fast stets feindselige Nachbarschaft hielten.

Die ungünstigste, weil fast ganz vereinzelte Stellung unter den mit einander ringenden italischen Mächten, war hiernach die der langobardischen Könige, welche, abgesehen von der Abwehr äußerer Feinde: Avaren, Slaven und Franken, zugleich Byzanz (Ravenna), den Pabst, die Stadt Rom und oft die eigenen empörten Gränzherzoge wider sich und nur an den Baiern fern, jenseit der Alpen, eine befreundete Anlehnung hatten, die aber sehr selten in gemeinsamer Handlung gegen die Franken auftrat.

Viel früher, als es wirklich (774) geschah, hätte das langobardische

Sarg aus einem langobardischen Fürstengrabe. Reconstruction.

Gefunden 1885 in dem Reihengräberfelde bei dem Dorfe Civezzano östlich von Trient. Das Eisenbeschläge fand sich vollständig erhalten; die Holztheile waren vermodert, aus Resten hat sich ergeben, daß der Sarg aus Lärchenholz war. Länge (bedingt durch die des Speers) 236 Centimeter, Breite am oberen Ende (bedingt durch die des Schildes) 80 Centimeter. Firsthöhe 80 Centimeter, Höhe des Sargglases 51 Centimeter. Das in dem Grabe gefundene, gut erhaltene Skelett lag mit dem Gesicht nach Osten, rechts neben ihm ein zweischneidiges Langschwert, drei Pfeilspitzen und am Kopf eine blattförmige Lanzenspitze. Zur linken Seite des Skeletts lag ein einschneidiger Skramasax (Kurzschwert), ein reich verzierter Schildbuckel, ein eiserner Armring und eine eiserne Schere. Auf der Brust ein Kreuz aus gepreßtem Goldblech, in der Beckengegend zwei pyramidale Bronzeknöpfe und verschlungene Goldfäden, auf den Unterschenkeln ein großes Becken von Bronze. Außerdem Schnallen, eiserne Reste und Beschläge. Ueber alledem lag das Eisenbeschläge des Sarges, welches auf den sechs Ecken des Deckels zwei Hirsch- und vier Widderköpfe nachahmt. (Nach Wieser, in der Zeitschr. d. Ferdinandeums f. Tirol u. Vorarlberg.)

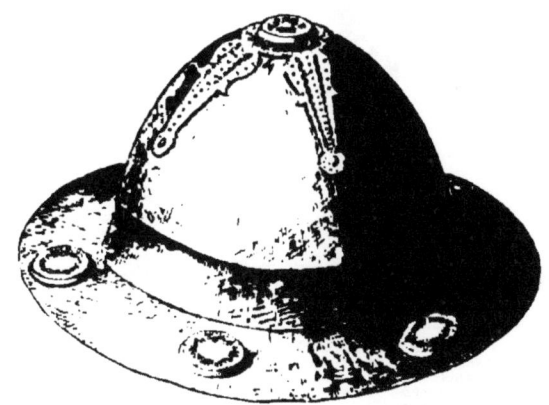

Eiserner Schildbuckel mit vergoldetem Bronzebeschläge.
Aus dem langobardischen Fürstengrabe von Civezzano.

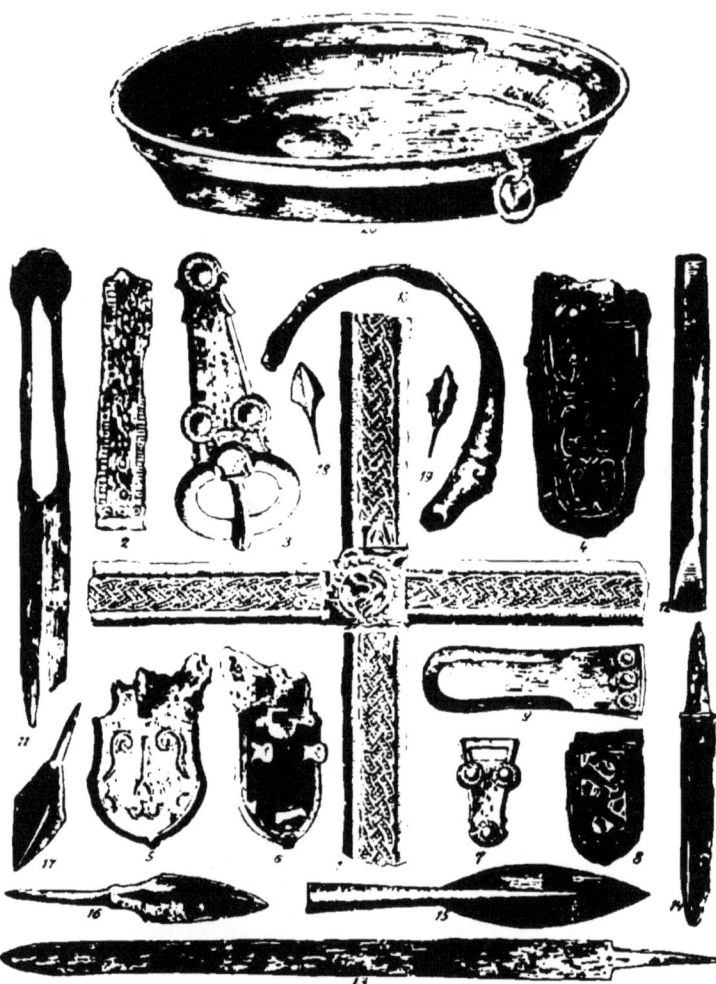

Waffen, Geräth und Schmuck aus dem bei Civezzano aufgedeckten langobardischen Fürstengrabe.

1. Goldkreuz, auf der Brust des Beigesetzten gefunden; die Kreuzbalken sind 14 Centimeter lang und 1³⁄₄ Centimeter breit; aus Goldblech mit eingepreßten Ornamenten. Gewicht 8,6 Gramm. 2. Mundstück der Scheide des Langschwertes; Bronze. 4. Riemenzunge mit Tauschirarbeit, Eisen. 5—6. Riemenbeschlag; Bronze. Border- und Hinteransicht. 8. Riemenzunge mit Tauschirarbeit; Eisen. 10. Armring; Eisen. 11. Schere; Eisen. 13. Langschwert (Spatha); Eisen; einschließlich der Griffzunge 102¹⁄₂ Centimeter lang, 4 Centimeter breit. 14. Kurzschwert (Skramasar); Eisen. Klinge 38 Centimeter lang 4¹⁄₂ Centimeter breit; Griff 16 Centimeter lang. 15. Lanzenspitze; Eisen; 27¹⁄₂ Centimeter lang, größte Breite 5 Centimeter. 18 19. Pfeilspitzen, breilappig; bei 19 sind die Schneiden der drei Lappen gestammt. 20. Becken, mit zwei Henkeln; Bronze, 43 Centimeter Durchmesser. 9¹⁄₂ Centimeter tief. — Einige Gegenstände aus anderen Gräbern von Civezzano: 3. Gürtelschnalle; Bronze. 7. Riemenbeschlag; Bronze. 9. Riemenzunge; Bronze. 12. Meisel; Bronze. 16. 17. Pfeilspitzen; Eisen.

Königthum dieser Übermacht erliegen müssen, hätten sich nicht unter seinen Feinden manchmal Spannungen, ja Kämpfe eingestellt: Byzantiner und Franken hielten zwar meist, doch nicht immer zusammen: die Stadt Rom, d. h. die Adelsparteien, der dux des ducatus Romanus, und der „Senat" waren nicht mit jedem Papst in gutem Vernehmen.

Von höchstem Vortheil aber für die Könige zu Pavia war es, daß zwischen dem Kaiser zu Byzanz und dem römischen Bischof wiederholt Streit ausbrach, der beide Mächte auf das Bitterste verfeindete: zuerst der sogenannte „Drei-Capitelstreit" (f. oben S. 215), dann der „Bilderstreit" (f. unten S. 270).

Das ist der Boden, auf welchem, das sind die vorgefundenen Verhält= nisse, unter deren Voraussetzung die nun zu schildernden Verhandlungen und Kämpfe sich bewegten.

„Nachdem nun Agilulf (oder Ago, wie er auch heißt) in seiner könig= lichen Würde bestätigt war, schickte er wegen derer, welche aus den triden= tinischen Burgen von den Franken abgeführt worden, Bischof Agnellus von Trident ins Frankenland. Dieser kam mit einer ziemlichen Anzahl von Gefangnen zurück, welche Brunichilda, die Frankenkönigin, mit ihrem eigenen Gelde losgekauft hatte. Auch Evin, der Herzog von Trident (der Königin Schwäher), war nach Gallien abgegangen, Frieden abzuschließen;[1]) als ihm dies gelungen war, kehrte er wieder heim."

Wenn der thatkräftige König gegen Byzanz und Rom nicht viel ausrichtete trugen daran vor Allem die Herzoge Schuld, welche nicht die erforderliche Hilfe leisteten, ja sehr oft selbst des Königs Waffen von den äußeren Feinden ab und auf sich zogen.

„In diesen Tagen ließ König Agilulf Mimulf, den Herzog von der Insel des heiligen Julian,[2]) tödten, weil er sich jüngst verrätherisch den Heerführern der Franken ergeben hatte. Gaidulf, der Herzog von Ber= gamo (angeblich ein Gesippe Authari's), empörte sich und verschanzte sich hinter den Mauern seiner Stadt gegen den König, gab jedoch dann Geißeln und schloß Frieden mit dem König. Bald darauf (591) stand Gaidulf aber= mals auf und zog sich auf die Insel Commacina zurück (oben S. 216). König Agilulf aber landete auf der Insel, vertrieb Gaidulfs Leute daraus und ließ den Schatz, den er daselbst gefunden und der noch von den Römern niedergelegt war, nach Ticinus bringen (oben S. 208). Gaidulf war nach Pergamus (Bergamo) entronnen, wurde daselbst von König Agilulf ge= fangen, dann aber wieder zu Gnaden angenommen. Auch Herzog Ulfari von Tarvisium (Treviso) empörte sich gegen König Ago, wurde aber von ihm belagert und gefangen genommen.

Zu der Zeit auch schloß König Agilulf einen Frieden mit den Avaren ab, die fortwährend in das Byzantinische einbrachen."

1) Gewiß nicht unter Schatzungspflicht der Langobarden, wie Fredegar c. 45, III, 408.   2) San Giulio im Lago d'Orta, westlich vom Lago Maggiore.

Die zusammenhanglose und in der Zeitfolge sehr ungenaue Darstellung Pauls von den Beziehungen des Reiches zu Rom und Byzanz muß nun aber durch Folgendes ersetzt werden.

Nicht der König, dessen Macht in Oberitalien lag, die beiden Herzoge von Benevent und Spoleto führten im Wesentlichen die Kämpfe und die Verhandlungen mit dem Pabst und dem Exarchen, Benevent auch mit Neapel und den Byzantinern in Unteritalien. Die Seele des Widerstandes·der Katholischen und Kaiserlichen war der große Pabst Gregor, dessen Briefe eine Hauptquelle für die Zeitgeschichte bilden. Er entfaltete eine wahrhaft bewundernswerthe Thätigkeit; er bat unablässig um Hilfe zu Byzanz, er besserte die alten Mauern Aurelians und Belisars aus und ertheilte den römischen Befehlshabern im offenen Felde, in Tuscien Rathschläge (591), er suchte[1]) (590/592) Agilulf durch seine katholische Königin friedlich zu stimmen; er rief den Beistand der Merovingen an, er schickte Geld, Soldaten, Befehlshaber in die von den Langobarden bedrohten Burgen (Nepi 591), er warnte die Städte (Velletri), aber auch die Inseln Sicilien, Sardinien, Corsica vor deren Ueberfällen.[2])

592 zog Ariulf von Spoleto gegen Rom, ward aber in einer Unterredung mit dem geistgewaltigen Gregor zur Aufhebung der Belagerung bewogen, selbstverständlich gegen reiche Geschenke. Der Patricius Romanus, in den Friedensvertrag nicht eingeschlossen, zog von Ravenna heran und gewann durch Verrath des langobardischen Herzogs Maurisio Perugia und die Städte bis gegen Rom hin (Herbst 592), im Frühjahr 593 noch andere Städte: Sutrium, Polimarcium (Bomarzo), Horta (Orte), Tuder (Todi), Ameria (Amelia), Luceoli. Als König Agilulf davon Nachricht bekam, zog er mit einem starken Heer von Ticinus aus und griff die Stadt Perusium an, den Verräther Maurisio nahm er gefangen und ließ ihn

---

1) Um diese Zeit (aber wann? s. Waitz IV, 17 gegen Bethmann. Paulus folgt Gregors des Großen Dial. II, 17) ward das Kloster des h. Benedict auf Monte Casino zur Nacht von den Langobarden eingenommen. „Alles wurde von ihnen geplündert, aber nicht einen einzigen von den Mönchen konnten sie ergreifen, auf daß des ehrwürdigen Vaters Benedict Wort, das er lange zuvor gesprochen hatte, in Erfüllung ginge: „Mit Mühe habe ich es von Gott erhalten können, daß er mir die Seelen von diesem Ort überließ." Die Mönche flohen von Casinum nach Rom und nahmen dabei das Buch, das die von dem genannten Vater aufgestellte heilige Regel enthielt, sodann einige andere Schriften, ein Pfund Brod, ein Maß Wein, und was sie noch von ihrem Hausrath aufraffen konnten, mit sich." Es hatte übrigens nach dem heiligen Benedict Konstantin, nach diesem Simplicius, nach diesem Vitalis, zuletzt Bonitus die Gemeinschaft geleitet; unter diesem letzten begab sich die Zerstörung. 2) Aber echt christlich nahm er sich auch gefangener Feinde an. Es war die Burg von Cumä von den Langobarden aus Benevent eingenommen, jedoch unter Anführung des kaiserlichen Statthalters von Neapel in nächtlichem Ueberfall die Burg selbst wieder erobert, ein Theil der Langobarden gefangen genommen, ein anderer getödtet worden. Für die Befreiung derselben schenkte der Pabst siebzig Pfund Gold, wie er versprochen hatte.

ohne Verzug hinrichten. Das einzig Richtige wäre gewesen, alle durch Tod
erledigten oder durch Hochverrath verwirkten Herzogthümer nicht mehr zu be=
setzen, sondern durch königliche Gastalden (s. unten Verfassung) und Richter
verwalten zu lassen: allein dies war gegen den Adel, welcher gierig auf erledigte
Herzogthümer wartete, wie es scheint, auch von dem kräftigsten Könige nicht
durchzuführen, denn auf den guten Willen dieser noch nicht zu herzoglichen
gewordenen zweitmächtigsten Geschlechter war die Krone offenbar am Meisten
gegen die Herzoge angewiesen.

Nun zog er auf Rom (Sommer 593). „Bei dem Anzug des Königs
erschrak der heilige Pabst Gregor so sehr, daß er die Erklärung des Tempels,
von dem man bei Ezechiel liest, abbrach, wie er selbst in seinen Homilien
berichtet." Die Stadt gerieth in sehr harte Bedrängniß. Gleichwohl hob
Agilulf die Belagerung unverrichteter Dinge auf! Weniger wohl die Geld=
zahlungen Gregors, der eine Jahresschatzung von 5 Centnern Gold übernahm,
und die Seuchen in seinem Lager, als die Empörungen von drei Herzogen
in seinem Rücken bewogen ihn zum Abzug. Es waren die Herzoge Zangrulf
von Verona, Warnegaus von des Königs eigner Hauptstadt Ticinus
und der unverbesserliche Gaidulf von Bergamo. Der König brachte sie
rasch in seine Gewalt und ließ alle drei sehr ersprießlichermaßen hinrichten
(593/4). Aber die Gewinnung Roms war wieder einmal vereitelt!

„Nicht lange nachher (in Wahrheit aber erst 599) schloß er, vornehmlich
auf Betreiben seiner Gemahlin, der Königin Theudelinda (wie sie der heilige
Vater Gregor öfters in Briefen ermahnt hatte, die Erzbischof Konstantin
von Mailand vermittelte), mit eben diesem und mit den Römern einen festen
Frieden."[1])

Ganz unabhängig von Krieg oder Frieden ihres Königs verfuhren einst=
weilen die Herzoge von Spoleto und Benevent. Ariulf gab sogar Perugia,
des Königs höchst wichtige Eroberung von 593, 594 den Römern wieder
heraus; dabei war dieser Ariulf Heide, aber freilich hatten auf ihn Gregor
und der Katholicismus größten Eindruck gemacht (s. unten).

„Damals starb auch Herzog Evin von Trient, zum Nachfolger ward
ihm Gaidoald gegeben, ein guter Mann und von katholischem Glauben."

In Benevent war nach dem Tode des ersten Herzogs Zotto, Arichis
an dessen Stelle getreten, von König Agilulf gesandt. Dieser stammte aus
Friaul, hatte die Söhne des Herzogs Gisulf von Friaul ermordet und
war selbst ein Gesippe Gisulfs.

Auch dieser Herzog hielt 594/5 Friede mit dem Pabst und dem Exarchen,
aber 596 eroberte er (im Bunde mit Spoleto) Capua in Campanien,
Meria, Kroton, Locri in Lucanien und Bruttien und heerte im Gebiet
von Neapel. Im Jahre 598 (April) starb der Exarch Romanus, mit welchem
Pabst Gregor gar manchen Hader gehabt; sein Nachfolger Kallinikos schloß

---

[1] Die Dankbriefe des Pabstes an das Königspar schaltet Paulus 9 u 10 ein.

Innenansicht der S. Clemens-Basilika zu Rom.

Clemens aus dem Anfange des 5. Jahrh. — Gregor der Große hielt 592 hier Bußpredigten zur Anrufung Gottes um Gnade und um Zeichen der Milde für Rom. — Seit Papst Johannes VIII. bis auf Clemens XI. mehrfach restauriert.

dann (599) für Byzanz und den Pabst einen allgemeinen Frieden mit Agilulf, welchem jedoch die Herzoge von Spoleto und Benevent nur bedingt beitraten. Man sieht, dieselben üben die Vertretungshoheit ihrer Fürstenthümer un= abhängig vom König, der also nicht einmal für das ganze Reich Frieden schließen kann.

Die Herzoge Gaidoald von Trient und Gisulf von Friaul suchten — nicht ohne Erfolg eine Zeit lang (wohl 599—602) — sich ebenfalls vom König unabhängig zu machen, dem dann nach Abzug jener vier großen Gränzherzogthümer nur Ticinus, Mailand und Tuscien verblieben wäre! Aber diese nördlichen und östlichen Gebiete lagen doch den Grundlagen seiner Macht noch näher als jene südlichen, daß er sie (602) wieder zu vollem Ge= horsam zurückzwang, freilich unter Verzicht auf ihre Bestrafung.[1])

Damals näherten sich nun Langobarden und Avaren, wohl weniger in Erinnerung alter Bündnisse, als wegen der gemeinsamen Feindschaft gegen Byzanz.[2]) Gesandte gingen zwischen Agilulf und dem Chacan hin und her, ja der König schickte den Avaren Handwerker zur Erbauung von (Kriegs=) Schiffen, mit welchen der Chacan wirklich eine thrakische Insel eroberte,[3]) anstatt alle Kraft daran zu wenden, durch solche italische Schiffsbaumeister eine langobardische Kriegsflotte zu bauen und Rom, Ravenna, Neapel dadurch zu bezwingen.

Im Jahre 601 ging die Waffenruhe von 599 zu Ende. Kallinikos gelang es, Parma zu überfallen, wo, wie er wußte, Herzog Godiskalk mit einer Tochter Agilulfs aus früherer Ehe weilte, er nahm beide gefangen und ließ sie nach Ravenna bringen. Der König aber eroberte durch Feuerbrände Padua, das, obwohl Pavia so nahe, noch nie den Byzantinern entrissen worden war; er schleifte die Mauern (statt sie zu besetzen, offenbar aus Mangel an Mannschaft); die Besatzung ließ er, wie das sehr oft geschah, frei nach Ravenna abziehen. Bald darauf (602) heerten langobardische Scharen in Istrien, vermöge des Bündnißvertrages von 599 zusammen mit Avaren und diesen unterworfenen Slaven. Schon vorher aber (noch 601?) schlug Ariulf von Spoleto die Kaiserlichen bei Camerinum, woran sich eine bezeichnende Kirchensage (= Legende) knüpft.

„Im nachfolgenden Jahre (601/2) starb Herzog Ariulf, der Faroald in Spoletum gefolgt war. Als dieser Ariulf bei Camerinum mit den Römern gekämpft hatte und Sieger geblieben war, erforschte er von seinen Leuten, was das für ein Mann gewesen, den er in der Schlacht so tapfer habe streiten sehen? Wie ihm darauf seine Heermänner zur Antwort gaben, sie hätten keinen heldenhafter schaffen sehen, als ihn, den Herzog selber, so sprach er: „Nein, ganz gewiß! Ich habe einen gesehen, der in allem Besseres leistete denn ich. Und so oft mich Jemand von der feindlichen Seite treffen wollte, hat mich dieser Held mit seinem Schild beschützt." Als nun der Herzog nach Spoletum kam, wo die Kirche des heiligen Martyrs, des Bischofs Sabinus, liegt, in welcher dessen ehrwürdiger Leichnam ruht, fragte er, wem dieses so stattliche Haus angehöre? Da wurde ihm von den Gläubigen geantwortet, hier ruhe der Martyr Sabinus, den die Christen zu ihrem Beistand anzurufen pflegen, so oft sie gegen Feinde in den Krieg ziehen. Ariulf aber, der ja noch Heide war, antwortete: „Und mag es denn geschehen, daß ein Todter einem noch Lebenden irgend Hilfe bringe?" Nachdem er dies gesprochen hatte, sprang er vom Roß und trat in die Kirche, um sie zu beschauen, und fing nun, während die andern beteten, die Gemälde der Basilika zu bewundern an. Wie er das Bild des heiligen Martyrs Sabinus erblickte, rief er und betheuerte alsbald mit einem Schwur, ganz so an Gestalt und Kleidung sei der Mann gewesen, der ihn in der Schlacht beschützt habe. Da wurde denn erkannt, daß der heilige Martyr Sabinus ihm[1]) in der Schlacht Hilfe gebracht hatte. Nach dem Tode dieses Ariulf nun stritten sich die zwei Söhne Faroalds, des früheren Herzogs, um das Herzogthum, der eine von ihnen, mit Namen Teudelap, wurde mit Sieg gekrönt und erhielt das Herzogthum. Derselbe hielt nun Friede mit Rom."

Arichis von Benevent soll damals Sicilien bedroht, muß also doch wenigstens einige Schiffe gerüstet[2]) haben: aber Gregor bewog ihn zum Frieden, ja vielleicht — es ist zweifelhaft — sogar zur Annahme des Katholicismus.

Im November 602 folgte zu Byzanz auf Mauritius Phokas als Kaiser, der Anfang 603 den Kallinikos durch Smaragdus ersetzte, welcher schon früher als Exarch zu Ravenna gewaltet hatte.

König Agilulf wurde damals (Ende 602) im Palast zu Modicia von der Königin Theudelinda ein Sohn geboren, der den Namen Abaloald erhielt. In der folgenden Zeit eroberte er — die Herzöge von Friaul und Trient waren wieder zum Gehorsam gebracht — die Burg von Monssilicis. Darauf (Ostern 7. April 603) ließ er seinen Knaben Abaloald zu St. Jo= hann in Modicia katholisch taufen (Secundus von Trient war Pathe) — ein zukunftreicher Schritt, ein großer Erfolg Gregors und Theudelindens. Mit Smaragdus ward Waffenruhe auf einen Monat geschlossen, nach dessen Ablauf zog Agilulf im Juli aus Mailand und belagerte Cremona in Ver= bindung mit den Slaven, die ihm (gemäß dem Bündnißvertrag) der Khakan der Avaren zur Hilfe geschickt hatte, eroberte die Stadt am 21. August und

---

1) Dem Heiden! gegen die Katholischen! 2) Um diese Zeit sieht es wirklich ein= mal danach aus, als solle auch zur See den Römern und Byzantinern entgegen getreten werden: aber nicht der König, überhaupt nicht Langobarden, die Pisaner sind es, welche, von den Kaiserlichen nicht ausreichend geschützt, auf die Seite des Königs ge= treten, „Dromonen" (Schnellsegler) ausrüsten wollten, aber nicht zur Kriegführung, sondern lediglich behufs Seeraubs; allein es verlautet nichts von der Ausführung des Planes.

zerstörte sie bis auf den Grund. Gleichermaßen eroberte er auch Mantua;
er durchbrach die Mauern mit Sturmböcken, ließ die Besatzung — wie ge=
wöhnlich — frei nach Ravenna abziehen und rückte am 13. September in die
Stadt ein. Damals ergab sich auch die Burg Bultumia (Valdoria) an die
Langobarden, die Kaisersoldaten aber brannten auf ihrer Flucht noch das
Städtchen Bregillus nieder. Auf diese Erfolge hin — schon drangen die
Langobarden über den Po gegen Ravenna — suchte Smaragdus Waffenstill=
stand nach: er ward (September 603) bis 1. April 605 bewilligt, die Tochter
des Königs sammt ihrem Gemahl, ihren Kindern und ihrem ganzen Vermögen
ward herausgegeben.

Brustkreuz des Königs Adaloalt.
Im Tomschatz zu Monza.

Diese kehrte von
Ravenna nach Parma zurück, starb
aber an einer schweren Niederkunft als=
bald. Während dieser Waffenruhe noch
(Anfang März 604) starb der gewaltige
Vertheidiger Roms, der große Pabst
Gregor; sein Nachfolger ward Sabi=
nianus (604—606).

Im Monat Julius nun des fol=
genden Sommers (605) wurde das zwei=
jährige Knäblein Adaloald zu Mai=
land im Circus auf den Thron der
Langobarden gesetzt in Gegenwart seines
Vaters, des Königs Agilulf, und der
Gesandten Theudiberts, des Franken=
königs. Und es ward die Tochter König
Theudiberts mit dem königlichen Knaben
verlobt (III, 567) und ewiger Friede
mit den Franken geschlossen. Weislich
suchte Agilulf dem verderblichen Krieg
um die Krone für den Fall seines Todes
vorzubeugen.

Am ersten April 605 begann wieder der Krieg: es wurden die tusci=
schen Städte Balneus regis (Bagnorea) und Urbs vetus (Orvieto)
von den Langobarden erobert. Im November 605 erkaufte Smaragdus Waffen=
ruhe auf ein Jahr um 12,000 solidi und nach deren Ablauf abermals auf
drei Jahre (bis November 609): der Exarch verhielt sich nur vertheidigend,
so befestigte er Argenta und Ferraria. Agilulf hatte die Angriffe der
Kaiserlichen erfolgreich abgewehrt: er übte nun auch in seinem Reiche kräftig
die Kirchenhoheit: nach dem Tode des Patriarchen Severus (607?) wurde
an dessen Stelle der Abt Johannes zum Patriarchen von Alt=Aquileja
gemacht unter Beistimmung des Königs und des Herzogs Gisulf.[1]

1) Ueber das nicht zur Ausführung gelangte Bündniß Agilulfs gegen Theuderich II.
s. III, 570.

Im Herbste 609 (vor Ablauf der Waffenruhe) saudte König Agilulf seinen Notar Stabilicianus nach Byzanz zu Kaiser Phokas. Er kam, nachdem er Waffenstillstand auf ein Jahr abgeschlossen hatte, mit den Gesandten des Kaisers zurück, die König Agilulf kaiserliche Geschenke darbrachten: Phokas ward 5. October 610 durch Heraklius gestürzt, der durch Smaragdus die Waffenruhe von 610 bis 611, von dessen Nachfolger Johannes Lemigius Thrax bis 612 verlängern ließ.

Byzantiner und Langobarden hatten nämlich jetzt viel dringendere Sorgen als die Kämpfe an Po und Tiber: jene waren durch die Perser vollauf in Asien beschäftigt, und Agilulf sollte nun erfahren, welch schlimme Bundesgenossen jene Avaren und Slaven waren, mit denen er in Istrien gemeinsame Sache gemacht. Zuerst brachen die unter avarischer Hoheit stehenden Slaven den Frieden mit Byzanz und verwüsteten das noch kaiserliche Istrien, gleich darauf (611) aber fiel der Khakan der Avaren selbst in das langobardische Istrien ein, dann in Benetien und Friaul. Paul, über friaulische Dinge besonders gut unterrichtet und warm dabei empfindend, erzählt:

„Um diese Zeit (611) rückte der König der Avaren, den diese in ihrer Sprache Khakan nennen, mit zahllosen Horden in das venetianische Gebiet ein. Ihm warf sich Gisulf, der Herzog von Friaul, mit den Langobarden, die er an sich ziehen konnte, kühn entgegen, aber so tapfergemuth er auch mit seiner geringen Schar gegen die ungeheure Uebermacht stritt, wurde er dennoch auf allen Seiten umringt und fast mit seiner gesammten Mannschaft erschlagen. Die Gemahlin dieses Gisulf aber, Namens Romilda, barg sich mit den Langobarden, die entkommen waren, und mit den Weibern und Kindern der in der Schlacht Gefallenen hinter den Mauern von Forojuli. Sie hatte zwei schon erwachsene Söhne, Taso und Kakko, Radoald dagegen und Grimoald standen noch im Knabenalter. Auch vier Töchter hatte sie, von welchen die eine Appa, eine zweite Gaila hieß, die Namen der beiden übrigen haben sich nicht erhalten. Auch in den benachbarten Burgen vertheidigten sich die Langobarden, in Cormone (Cormons), Nemas (Nimis), Ciopus (Cssopo am Tagliamento), Artenia (Artegna in Kärnthen), Reunia (Ragogna), Glemonia (Gemona), Ibligis (Iplis), das durch seine Lage ganz uneinnehmbar ist. In gleicher Weise verschanzten sie sich auch in den übrigen Burgen, damit sie nicht den Hunnen, d. h. Avaren, zur Beute würden. Die Avaren aber überflutheten das ganze Land Friaul, verheerten Alles mit Feuer und Schwert, belagerten die Stadt Forojuli und trachteten mit aller Macht, sie zu erobern. Als nun ihr König oder Khakan gewappnet und mit großem Reitergefolge um die Mauern herumritt, auszukunden, von welcher Seite her er die Stadt am leichtesten einnehmen könne, erblickte ihn Romilda von der Mauer herab, und als sie sah, wie er in schönster Mannesjugend stehe, da erwachte das Verlangen des ruchlosen Weibes und sie ließ ihm alsbald durch einen Boten sagen, sie wolle ihm, wenn er sie zur Ehe nehme, die ganze Stadt mit Allen, die darin seien, übergeben. Als das der Bar-

barenkönig vernahm, versprach er mit hinterlistiger Bosheit, nach ihrem Vor-
schlag zu thun und sie zum Weibe zu nehmen. Unverweilt öffnete sie nun die
Thore von Forojuli und ließ, zu ihrem und aller Einwohner Verderben, den
Feind herein. Die Avaren drangen mit ihrem Könige in Forojuli ein, plünderten
Alles, was sie fanden, verbrannten die Stadt mit Feuer und schleppten Alle,
die sie aufgegriffen, in die Gefangenschaft fort unter dem trügerischen Versprechen, sie in Pannonien anzusiedeln, von wo sie einst ausgezogen waren.
Aber als die Avaren auf ihrem Heimzuge nach dem sogenannten „heiligen
Feld" gekommen waren, beschlossen sie, alle erwachsenen Langobarden mit
dem Schwert umzubringen; die Weiber aber und Kinder vertheilten sie unter
sich als Kriegsbeute. Sobald indeß Taso, Kakko und Raduald, die Söhne
Gisulfs und Romilda's, diesen argen Anschlag der Avaren merkten, sprangen
sie auf ihre Rosse und ergriffen die Flucht. Einer von ihnen glaubte, ihr
jüngster Bruder Grimoald sei noch zu jung, sich auf einem Roß im vollen
Laufe halten zu können, und hielt es daher für besser, ihn mit dem Schwert
umzubringen, als im Joche der Knechtschaft zurückzulassen, und wollte ihn tödten.
Wie er aber den Speer erhob, ihn zu durchbohren, weinte der Knabe und
rief: „Durchstoße mich nicht, denn ich kann mich auf einem Roß halten!"
Da ergriff ihn sein Bruder am Arm und setzte ihn auf den glatten Rücken
des Pferdes und mahnte ihn, sich darauf zu halten, wenn er könne. Aber
der Knabe faßte den Zügel an und ritt seinen fliehenden Brüdern nach. Bei
dieser Nachricht bestiegen die Avaren alsbald ihre Pferde und verfolgten sie,
und während die drei andern in rascher Flucht entkamen, ward der Knabe
Grimoald von einem Avaren, der schneller geritten kam, eingeholt; aber ob
seines zarten Alters mochte er den Knaben nicht tödten, sondern bewahrte ihn
lieber zu seinem Dienst auf. Er kehrte also, Grimoalds Roß am Zügel führend,
nach dem Lager um und war hoch erfreut über seine edle Beute, denn der
Knabe war von schöner Gestalt, glänzenden Augen, und von langem, milch-
weißem Haar umwogt. Grimoald aber voll Schmerz, gefangen so dahin-
geschleppt zu werden, und

„Große Gedanken im kleinen Busen bewegend"

zog sein kurzes Schwert, wie er es in seinem Alter führen konnte, aus der
Scheide und schlug den Avaren, der ihn mit sich führte, mit aller Macht
auf den Kopf: der Hieb ging bis auf das Gehirn, so daß der Feind alsbald
vom Pferde sank. Der Knabe Grimoald aber wandte sein Roß um, floh
fröhlich von dannen, bis er seine Brüder wieder eingeholt hatte, und erfreute
diese höchlich durch die Erzählung von dem Tode des Feindes.

        Die Avaren aber brachten wirklich alle Langobarden, die schon im Mannes-
alter standen, mit dem Schwert um, Weiber und Kinder schleppten sie in
die Gefangenschaft. Jedoch Romilda, welche alles Unheil verursacht hatte,
behandelte der König der Avaren um seines Eides willen in einer Nacht als
sein Eheweib, wie er ihr versprochen hatte, dann aber übergab er sie zwölf

Avaren, die sie die ganze Nacht hindurch, sich einander ablösend, durch die Befriedigung ihrer Lust marterten, hierauf ließ er in offenem Felde einen Pfahl aufrichten und sie darauf spießen, wobei er noch zum Hohn die Worte sprach: „Das ist der Mann, den du verdienst.“ Auf solche Weise fand die verruchte Vaterlandsverrätherin, die mehr ihrer Wollust als dem Wohl ihrer Mitbürger und Gesippen hatte dienen wollen, den Tod. Ihre Töchter aber folgten nicht der Sinnengier ihrer Mutter nach, sondern aus Liebe zur Keuschheit sorgten sie, daß sie nicht von den Barbaren befleckt würden, und legten sich rohes Hühnerfleisch unter die Brustbinden zwischen die Brüste, das dann in der Wärme verweste und einen stinkenden Geruch aushauchte. Als nun die Avaren sie berühren wollten, konnten sie den Gestank nicht aushalten, meinten, sie stänken so von Natur, wichen fluchend weit von ihnen zurück und sprachen: „Alle langobardischen Weiber stinken!“ Durch diese List retteten sich die edeln Mädchen vor den Begierden der Avaren, bewahrten ihre Keuschheit und hinterließen ein nützliches Beispiel für Erhaltung der Keuschheit denjenigen Frauen, denen etwas Aehnliches widerfahren sollte. Sie wurden später nach verschiedenen Ländern verkauft und auf eine ihrer edeln Geburt (nobilitatem) würdige Weise vermählt: denn eine heirathete, wie erzählt wird, den König (Paulus meint Herzog) der Alamannen, eine andere den Fürsten der Baiern.“[1])

Hier schaltet Paulus Züge aus der Geschichte seiner Ahnen ein, welche so bezeichnend sind für die Zustände und für den wackern Sohn des Warnefrid selbst, daß sie nicht übergangen werden sollen.

„Es verlangt mich, an dieser Stelle die allgemeine Geschichte zu unterbrechen und Weniges über mein, des Schreibers, Sippe einzuflechten, dabei aber, weil die Sache es also erheischt, in dem Verlauf der Erzählung ein wenig zurückzugreifen. Zu der Zeit, da das Volk der Langobarden aus Pannonien nach Italien kam, war auch mein Ururgroßvater Leupichis, ebenfalls Langobarde von Geburt, mit ihnen eingewandert. Nachdem er noch etliche Jahre in Italien gelebt hatte, starb er mit Hinterlassung von fünf noch ganz jungen Söhnen, die nun zu der Zeit, von der wir eben sprachen, alle in Gefangenschaft geriethen und aus der Burg Forojuli in die Fremde nach dem Avarenland fortgeschleppt wurden. Nachdem sie daselbst viele Jahre lang das Elend der Gefangenschaft erduldet und bereits das Mannesalter erreicht hatten, blieben vier von ihnen, deren Namen wir nicht behalten haben, in der Noth der Knechtschaft zurück, der fünfte aber von den Brüdern, mit Namen Leupichis, der nachmals mein Urgroßvater wurde, beschloß, wie ich glaube, auf Eingebung des Herrn der Barmherzigkeit, das Joch der Gefangenschaft abzuschütteln, nach Italien, wo er sich noch erinnerte, daß dort das Volk der Langobarden sitze, zurückzukehren und seine Freiheit wieder zu erlangen. Wie er seine Flucht

---

1) Ueber die hier eingeschaltete Geschichte der Vorfahren Pauls s. Langob. Studien I, 2.

anhob, nahm er bloß einen Bogen mit dem Köcher und etwas Speise zur
Wegzehrung mit, wußte aber gar nicht, wo hinaus er ziehen sollte: da kam
ein Wolf und wurde ihm Führer und Begleiter auf der Reise.[1] Wie der
Wolf vor ihm hertrabte, sich häufig nach ihm umsah, wenn er Halt machte,
auch stille stand, wann er aufbrach, wieder vorausging, da merkte er, daß ihm
das Thier von Gott[2] zugeschickt sei, damit es ihm den Weg weise, den er
nicht kannte. Als sie auf diese Weise mehrere Tage durch die öden Berge
hingezogen waren, ging dem Wandrer das wenige Brod, das er hatte, ganz
aus. Mit leerem Magen schritt er weiter, wie er aber, von Hunger gänzlich
erschöpft, zu erliegen drohte, spannte er den Bogen und wollte den Wolf mit
einem Pfeile tödten, ihn zu verzehren. Aber der Wolf wich dem Schuß aus
und verschwand aus seinen Augen. Leupichis wußte, als der Wolf ihn verlassen, nicht, wohin er den Schritt richten solle; dazu war er durch den
Hunger gar schwach geworden; schon am Leben verzweifelnd warf er sich zur
Erde und schlief ein; da sah er im Traum einen Mann,[3] der folgende
Worte zu ihm sprach: „Steh auf! Was schläfst du? Nimm den Weg nach
der Seite zu, wohin deine Füße gerichtet sind: denn dort liegt Italien, nach
dem du trachtest.“ Sogleich sprang er auf und wanderte nach der Seite hin,
von der er im Traum gehört hatte, und alsbald kam er zu einer Hausung
von Menschen. Es waren aber in jenen Gegenden Slaven ansässig. Eine
bereits ältliche Frau merkte, wie sie ihn erblickte, alsbald, er sei ein Flücht-
ling und leide Hunger. Sie ward von Mitleiden mit ihm ergriffen, versteckte
ihn in ihrem Hause und reichte ihm insgeheim und ganz allmählich Speise,
auf daß er nicht, wenn er auf einmal bis zur Sättigung Nahrung zu sich
nähme, sein Leben verlöre. In angemessener Weise gab sie ihm so zu essen,
bis er wieder völlig zu Kräften gekommen war; und als sie ihn nun wieder
zur Fortsetzung der Reise tüchtig sah, gab sie ihm noch Speise auf den Weg
mit und wies ihm die Richtung, welche er einschlagen müsse. Nach einigen
Tagen erreichte er Italien und kam zu dem Hause, in dem er geboren war.
Es lag so verödet, daß es nicht allein kein Dach mehr hatte, sondern auch
von Buschwerk und Dornen vollgewachsen war. Er hieb sie nieder, an einem
gewaltigen Eschenstamm[4] aber, den er innerhalb der Wände vorfand, hing
er seinen Köcher auf. Von seinen Gesippen und Freunden mit Gaben beschenkt
baute er das Haus wieder auf und nahm ein Weib; aber von der Fahrhabe,
die sein Vater besessen, konnte er nichts mehr wieder bekommen; er blieb
durch diejenigen, die sich durch langjährigen Besitz dieselbe angeeignet hatten,
davon ausgeschlossen. Dieser nun wurde, wie ich schon oben angab, mein
Urgroßvater. Er erzeugte meinen Großvater Arichis, Arichis aber meinen
Vater Warnefrid, Warnefrid endlich hat mit seinem Weibe Theudelinda

---

1) Ueber den von Wotan gesendeten glücklichen „Angang“ dieses Thieres s.
Dahn, Bausteine II (Berlin 1879) S. 81.　2) D. h. ursprünglich wohl von Wotan.
3) Wohl ursprünglich Wotan, dann ein Heiliger.　4) Wotans heiliger Baum.

mich, Paulus, und meinen Bruder Arichis gezeugt, auf den der Name unsers
Großvaters überging. Dies Wenige habe ich über mein eignes Geschlecht
anführen wollen; und nehme jetzt den Faden der allgemeinen Geschichte
wieder auf."

„Nach dem Tode Gisulfs übernahmen seine Söhne Taso und Kakko die
Regierung des Herzogthums. Sie besaßen zu ihrer Zeit das Land der Slaven,
das Zellia (Cilly) genannt wird, bis zu dem Orte Medaria (Windisch-
Matrei); daher kam es, daß bis zu den Zeiten des Herzogs Ratchis diese
Slaven den Herzogen von Friaul schatzten. Diese beiden Brüder brachte der
römische Patricius Gregorius in der Stadt Opitergium (Oderzo) durch
einen hinterlistigen Anschlag ums Leben. Er versprach nämlich Taso, wie es
Sitte war, den Bart zu scheeren und ihn zu seinem Sohne zu machen (III, 814),
worauf denn Taso mit seinem Bruder Kakko und einer auserlesenen Schar
junger Männer, nichts Böses fürchtend, zu Gregorius kam. Sobald er jedoch
mit seinen Leuten Opitergium betreten hatte, ließ der Patricius die Thore
der Stadt verschließen und bewaffnete Soldaten über Taso und sein Gefolge
herfallen. Als Taso und seine Leute das merkten, rüsteten sie sich unerschrocken
zum Streit, nahmen, als ihnen Waffenruhe gewährt war, Abschied von einander und zerstreuten sich dann durch die verschiedenen Gassen der Stadt
dahin und dorthin und machten nieder, wer ihnen in den Weg kam, bis sie
zuletzt, nachdem sie ein großes Blutbad unter den Römern angerichtet hatten,
selber den Tod fanden. Der Patricius Gregorius aber ließ um des Schwurs
willen, den er gethan hatte, Tasos Kopf vor sich bringen und schnitt ihm,
wie er versprochen hatte, meineidig den Kopf ab.

Nachdem diese Männer auf solche Weise umgekommen waren, wurde
Grasulf, Gisulfs Bruder, zum Herzog von Friaul gemacht. Radoald aber
und Grimoald sahen eine Erniedrigung darin, unter der Gewalt ihres Oheims
Grasulf zu stehen, da sie schon beinahe das Mannesalter erreicht hatten; sie
bestiegen ein kleines Schiff und fuhren nach dem Lande von Benevent, zogen
dann zu ihrem alten Erzieher, dem Herzog Arichis von Benevent, wurden
von ihm auf's liebreichste aufgenommen und wie seine Söhne gehalten. Zu
diesen Zeiten wurde nach dem Tode Tassilo's, des Herzogs der Baiern,
dessen Sohn Garibald zu Aguntum von den Slaven besiegt und die bairischen
Marken verheert. Die Baiern rafften jedoch ihre Kräfte wieder auf, nahmen
den Feinden die gemachte Beute wieder ab und jagten sie aus dem Lande.

Im folgenden Monat März (612) starb zu Trident Secundus, der
Knecht Christi, von dem ich schon mehrmals gesprochen habe: er hat bis auf
seine Zeiten herab eine gedrängte Geschichte der Langobarden abgefaßt. Zu
der Zeit schloß König Agilulf abermals Frieden mit dem Kaiser, 612 auf ein
Jahr, dann wohl noch zweimal erneuert. Ganz zu derselben Zeit wurde auch
Gunduald, der Bruder der Königin Theudelinda und Herzog in der Stadt
Asta (oben S. 218), durch einen Pfeilschuß getödtet, ohne daß Jemand den
Anstifter des Mordes erfuhr.

König Agilulf beschloß, nachdem er 25 Jahre regiert hatte, seine Tage (615 oder 616 zu Mailand) und hinterließ seinem (12jährigen) Sohne Adaloald (615—625) sammt dessen Mutter Theudelinda die Herrschaft. Unter diesen wurden die Kirchen wiederhergestellt und viele reiche Schenkungen an heilige Stätten gemacht.

Hier ist der Ort, auf die bedeutende Einwirkung dieser baierischen Fürstin auf die Geschicke des Langobardenreichs einen zusammenschließenden Blick zu werfen: unter drei Regierungen hat sie solche geübt. Die Ehe mit Authari löste der Tod schon nach 16 Monaten. Aber als Gattin Agilulfs stand sie in regstem Verkehr mit dem großen Gregor, stets bemüht, den König zum Frieden und zu günstiger Behandlung ihrer katholischen Kirche zu bewegen. Gregor sandte Bücher der Königin Theudelinda zu, von der er wußte, daß sie dem Glauben an Christum treu ergeben und hervorragend sei in guten Werken (5). Als aber Adaloald den Verstand verlor und wahnsinnig wurde, so wurde er, nachdem er 10 Jahre mit seiner Mutter regiert hatte, vom Thron gestoßen und Arioald von den Langobarden an seine Stelle gesetzt. Von den Thaten dieses Königs ist fast nichts zu meiner Kenntniß gekommen.

Durch diese Königin erlangte die Kirche Gottes vielen Vortheil. Denn die Langobarden hatten, als sie in heidnischem Irrsal befangen waren, fast alles Vermögen der Kirche weggenommen; aber durch ihr heilbringendes Flehen bestimmt, hielt der König fest am katholischen Glauben, spendete der Kirche vielen Landbesitz und führte die Bischöfe aus Druck und Mißachtung in ihre alte ehrenvolle Stellung zurück (6).

Königin Theudelinda ließ (601?) die Kirche Sanct Johannes des Täufers weihen, die sie in dem zwölf Milien oberhalb Mailand gelegenen Modicia erbaut hatte, schmückte sie mit vielen goldenen und silbernen Zierrathen aus und machte ihr große Verleihungen. Ebendaselbst hat auch vormals der Gothenkönig Theoderich einen Palast erbaut, weil der Ort zur Sommerszeit durch die Nähe der Alpen ein gemäßigtes und gesundes Klima hat.

Auch die Königin Theudelinda baute sich hier einen Palast, den sie mit Stücken aus der langobardischen Geschichte ausmalen ließ. Auf diesen Gemälden sieht man deutlich, wie sich die Langobarden zu jener Zeit das Haupthar schoren und wie ihre Tracht und ihr Aussehen war. Nacken nämlich und Hinterkopf hatten sie glattgeschoren, die andern Hare hingen ihnen über die Wangen bis zum Mund herab und waren in der Mitte der Stirn gescheitelt. Ihre Kleidung war weit und meist leinen, wie sie die Angelsachsen tragen, zum Schmuck mit breiten Streifen von anderer Farbe verbrämt. Ihre Schuhe waren oben fast bis zur großen Zehe offen und durch herübergezogene lederne Nesteln zusammengehalten. Nachher aber fingen sie an, Hosen zu tragen, über die sie beim Reiten wollene Gamaschen zogen; diese Tracht haben sie indeß erst von den Römern angenommen.

Diptychon der Königin Theodelinda: „theca aurea." Im Domschatz zu Monza.

Zu der Zeit nahm Johannes von Consia Neapel ein, wurde aber schon nach wenigen Tagen von dem Patricius Eleutherius wieder aus der Stadt gejagt und getödtet. Hierauf maßte sich eben dieser Patricius Eleutherius, ein Eunuche, die Reichsgewalt an, als er aber von Ravenna nach Rom zog, wurde er auf der Burg Luceoli von den Soldaten ermordet und sein Haupt dem Kaiser nach Konstantinopel geschickt (610?).

Nachdem nun Arioald zwölf Jahre die Herrschaft über die Langobarden geführt hatte, schied er aus diesem Leben und Rothari vom Geschlecht Arodus überkam das Reich der Langobarden. Er war aber ein starker und tapferer Mann und ging den Weg der Gerechtigkeit; im christlichen Glauben jedoch hielt er nicht die richtige Bahn inne, sondern befleckte sich durch den Unglauben der arianischen Ketzerei. Zu den Zeiten Rotharis waren fast in allen Städten seines Reichs zwei Bischöfe, ein katholischer und ein arianischer. Bis auf diesen Tag zeigt man sich noch in der Stadt Ticinus, wo der arianische Bischof an der Kirche des heiligen Eusebius wohnte und das Baptisterium hatte, während der katholischen Kirche ein anderer Bischof vorstand. Der arianische Bischof jedoch, welcher in dieser Stadt war, mit Namen Anastasius, trat zum katholischen Glauben über und regierte nachmals die Kirche Christi. Dieser König Rothari ließ die Gesetze der Langobarden, welche bis dahin nur im Gedächtniß und durch den Gerichtsgebrauch festgehalten worden waren, schriftlich aufsetzen und nannte dieses Buch das Edict. Es geschah dies aber, wie der König in dem Vorwort zu seinem Edict bezeugt, im siebenundsiebzigsten Jahre, seitdem die Langobarden nach Italien gekommen waren (s. unten).

Zu diesem König schickte Herzog Arichis von Benevent seinen Sohn Ago. Als der auf dem Wege nach Ticinus in Ravenna ankam, wurde ihm hier von den schlechten Römern ein Trank gegeben, der ihn um seinen Verstand brachte, und seit der Zeit war er nie wieder bei vollen und gesunden Sinnen.

Als nun Herzog Arichis, der Vater dieses Ago, schon hochbetagt, sich seinem Ende näherte, empfahl er, wohl wissend, daß sein Sohn Ago nicht recht bei Sinnen sei, Radoald und Grimoald, die in der Blüthe des Mannesalters standen, den anwesenden Langobarden als seine eigenen Söhne und sprach zu ihnen, sie würden besser, als es sein Sohn vermöge, die Herrschaft führen.

Nach dem Tode des Arichis nun, der fünfzig Jahre lang Herzog gewesen war, wurde sein Sohn Ago zum Führer der Samniten gemacht und Radoald und Grimoald gehorchten ihm in allen Dingen als ihrem älteren Bruder und Herrn. Als Ago bereits ein Jahr und fünf Monate das Herzogthum Benevent verwaltet hatte, kamen die Slaven mit zahlreichen Schiffen" (— also hatten die Schiffsbaumeister, welche die Langobarden ihnen gesandt, ihre Schuldigkeit gethan, d. h. ihren Herren, den Avaren, gegen die Langobarden! —) „und schlugen nicht weit von der Stadt Sepontum ihr Lager auf. Sie machten nun ringsherum verborgene Gruben, und wie Ago in Radoalds und Grimoalds Abwesenheit gegen sie zog und sie vernichten wollte, fiel sein Roß in eine dieser Gruben, worauf die Slaven über ihn herstürzten und ihn mit manchem Anderen umbrachten.

Als das Raboald verkündet ward, kam er eiligst herbei und redete mit den Slaven in ihrer eigenen Sprache, und sobald er sie dadurch lässiger

Statuen von Langobarden-Fürstinnen im byzantinischen Kostüme des 8. Jahrhunderts, in der Betkapelle des alten Benediktiner-Klosters zu Cividale in „Friaul" (s. Seite 264).

im Kriegsdienst gemacht hatte, überfiel er sie, richtete eine große Niederlage unter ihnen an, rächte Ago's Tod und zwang die Feinde, die am Leben ge= blieben waren, aus jener Gegend zu fliehen.

König Rothari eroberte nun von der tuscischen Stadt Luna längs der Meeresküste alle Städte der Römer bis zur fränkischen Gränze. Ebenso er= oberte er auch die zwischen Tarvisium und Forojuli gelegene Stadt Opi= tergium und zerstörte sie. Mit den Ravennatischen Römern kämpfte er in der Provinz Emilia an dem Fluß Scultonna; in dieser Schlacht fielen auf Seite der Römer 8000, die Uebrigen ergriffen die Flucht.

In Benevent aber wurde nach dem Tode des Herzogs Raboald, der
fünf Jahre lang geherrscht hatte, dessen Bruder Grimoald Herzog und verwaltete 25 Jahre hindurch das samnitische Herzogthum. Er erzeugte mit
einem kriegsgefangenen, jedoch abligen Mädchen mit Namen Ita einen Sohn
Romuald und zwei Töchter. Da Grimoald ein ungemein kriegerischer und
in Allem ausgezeichneter Mann war, fiel er über die Griechen, die zu der
Zeit gekommen waren, um das auf dem Berge Garganus gelegene Heiligthum des heiligen Erzengels auszuplündern, mit seinem Kriegsvolk her und
richtete ein schreckliches Blutbad unter ihnen an.

Nachdem aber König Rothari sechzehn Jahre und vier Monate die Herr-
schaft geführt hatte, schied er aus diesem Leben und hinterließ das Reich der
Langobarden seinem Sohne Rodoald (652—653). Er wurde neben der
Kirche des heiligen Johannes des Täufers beigesetzt; nach einiger Zeit öffnete
Jemand, von ungerechter Begierde entzündet, bei Nacht sein Grab und nahm,
was er von Kostbarkeiten an dem Leichnam fand, mit fort. Diesem erschien nun
der heilige Johannes im Traum, erschreckte ihn heftig und sprach zu ihm:
„Warum hast du dich vermessen, den Leichnam dieses Mannes anzurühren?
Wenn er auch nicht den rechten Glauben hatte, so hat er sich doch mir an-
befohlen. Weil du nun das zu thun dich erfrecht hast, so sollst du von nun
an nie wieder den Eintritt in meine Kirche haben." Und so geschah es auch.
Denn so oft er das Heiligthum des heiligen Johannes betreten wollte, war es
ihm sogleich, als würde seine Kehle von dem stärksten Faustkämpfer gepackt
und er fiel plötzlich rückwärts zu Boden. Ich spreche damit die Wahrheit
in Christo: es hat mir das einer erzählt, der es mit seinen eigenen Augen
gesehen hat.

Rodoald übernahm also nach dem Begräbniß seines Vaters die Herrschaft
der Langobarden und vermählte sich mit Gundiperga, der Tochter Agilulfs
und Theudelindas. Diese Königin Gundiperga erbaute nach dem Vorbild
ihrer Mutter, wie diese in Monza, so sie in Ticinus eine Kirche zu Ehren
des heil. Johannes des Täufers, die sie mit Gold, Silber und Ge-
wändern wundervoll ausschmückte, mit einzelnen Stücken reichlich beschenkte
und in der auch ihr Leichnam begraben liegt. Als sie bei ihrem Gemahl des
Ehebruchs angeklagt wurde, erbat es sich ihr Knecht, Karellus mit Namen,
vom Könige, für die Keuschheit seiner Herrin einen Zweikampf zu bestehen.
Er stritt nun allein mit jenem Ankläger und überwand ihn vor allem Volke.
Die Königin aber trat nach diesem Ereigniß in ihre alte Würde wieder ein.

Rodoald ward, wie erzählt wird, von einem Langobarden, dessen Weib
er geschändet hatte, ermordet nach einer Regierung von fünf Jahren und
sieben Tagen. Auf ihn folgte in der Regierung des Reiches Aripert,
der Sohn Gundoalds, welcher der Bruder der Königin Theudelinda gewesen war. Er erbaute in Ticinus dem Heiland ein Heiligthum, das vor
dem westlichen Thor, das Marenca heißt, gelegen ist, und stattete es mit
verschiedenem Schmuck und genügendem Vermögen aus.

Aripert nun starb, nachdem er neun Jahre hinburch in Ticinus über die Langobarden geherrscht hatte, und hinterließ seinen beiden noch im Jünglings= alter stehenden Söhnen Perctarit und Godipert das Reich. Godipert nahm seinen Herrschersitz zu Ticinus, Perctarit aber in der Stadt Mailand. Indeß entbrannte, von schlechten Menschen angeführt, zwischen diesen Brüdern Zwie= tracht und Haß bis zu dem Grabe, daß der Eine des Andern Reich an sich zu reißen strebte. Zu diesem Zweck sandte Godipert Herzog Garipald von Turin an Grimoald, den damaligen tapfern Herzog von Benevent, mit der Auf= forderung, sobald als möglich herbeizurücken und ihm gegen seinen Bruder Perctarit

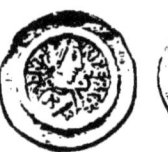

Münze von König Aripert.
Gold, Originalgröße. Berlin. Kgl. Münz-Cabinet.

hilfe zu leisten, und versprach ihm, dafür des Königs Tochter, seine Schwester, zum Weibe zu geben. Aber der Gesandte handelte verrätherisch gegen seinen Herrn und ermahnte Grimoald, zu kommen und das Langobardenreich, das die beiden unerwachsenen Brüder zerrissen, selbst an sich zu bringen, da er reif an Alter, mächtig und klug im Rath sei. Wie Grimoald das hörte, richtete er alsbald seinen Sinn auf die Erlangung der Langobardenherrschaft, und nachdem er seinen Sohn Romoald zum Herzog von Benevent ein= gesetzt hatte, brach er mit auserlesener Mannschaft gegen Ticinus auf und verschaffte sich in allen Städten, durch die ihn sein Weg führte, Freunde und Hilfsgenossen zur Eroberung der Herrschaft. Den Grafen Transemund von Capua schickte er nach Spoletum und Tuscien ab, die Langobarden dieser Gegenden für sich zu gewinnen. Dieser führte seinen Auftrag mit erfolg= reicher Thätigkeit aus und schloß sich mit vielen Hilfsgenossen ihm auf seinem Marsch in der Emilia an. Als nun Grimoald mit zahlreicher und starker Mannschaft in Placentia angelangt war, schickte er Garipald, der als Godiperts Gesandter zu ihm gekommen war, nach Ticinus voraus, um Godipert seine Ankunft zu melden. Dieser sprach, als er vor Godipert erschien, Grimoald ziehe in Eile heran; und als nun Godipert ihn befragte, wo er Grimoald die Wohnung bereiten solle, gab Garipald zur Antwort, es gezieme sich, daß Gri= moald, der zur Unterstützung seiner Sache gekommen sei und seine Schwester heirathen werde, im Palast seine Wohnung habe. Und also geschah es auch. Denn wie Grimoald ankam, erhielt er im Palast eine Wohnung. Derselbe Garipald aber, der Anstifter der ganzen Bosheit, beredete Godipert, nicht anders, als mit einem Panzer unter dem Kleide angethan, sich mit Grimoald in eine Unterredung einzulassen, indem er ihn versicherte, Grimoald wolle ihn umbringen. Auf der andern Seite kam aber dieser Lügenkünstler auch zu Grimoald und sagte, wenn er sich nicht wacker vorsehe, so werde ihn Godipert mit seinem Schwert tödten, und zeigte ihm an, Godipert trage, wenn er zur Zwiesprach mit ihm komme, unter seinem Kleide einen Panzer. Was

16*

geschah? Als sie am andern Morgen zu einer Unterredung zusammenkamen, umfaßte Grimoald nach der Begrüßung Godipert und merkte nun sogleich, daß dieser einen Panzer unter seinem Kleide trage. Unverweilt zog er das Schwert, brachte ihn ums Leben und riß sein Reich und alle Gewalt an sich. Es hatte aber Godipert zu der Zeit bereits einen kleinen Sohn, Namens Raginpert, der von den Getreuen Godiperts weggebracht und heimlich auf= erzogen wurde; Grimoald ließ ihn, da er noch ein Kind war, nicht weiter verfolgen. Bei der Kunde, daß sein Bruder ermordet worden, ergriff Perc= tarit, der in Mailand regierte, in größter Eile die Flucht und kam zu dem Avarenkönig, dem Kakan; seine Gemahlin Rodelinda nnd seinen kleinen Sohn Kuninkpert, die er zurückgelassen hatte, schickte Grimoald in die Ver= bannung nach Benevent. Garipald aber, auf dessen Veranlassung und Be= treiben das Alles geschehen war, — und nicht bloß das hatte er gethan, son= dern auch auf seiner Gesandschaftsreise einen Betrug begangen, indem er die Gaben, die er hätte nach Benevent bringen sollen, nicht ganz ablieferte — der Thäter solcher Werke also hatte eine kurze Freude. Es war nämlich in der Stadt Turin ein kleines Männchen, zu Godiperts Dienerschaft gehörend. Da der wußte, daß Herzog Garipald am heiligen Ostertage zum Gebet nach der Kirche des heiligen Johannes des Täufers kommen werde, stieg er auf den Taufstein des Baptisteriums, hielt sich mit der linken Hand an einem Pfeiler der Decke, wo Garipald vorübergehen mußte, und hatte unter seinem Gewand ein blankes Schwert; und als nun Garipald kam und an ihm vorüber= ging, so lüpfte er sein Gewand, hieb ihm mit aller Macht mit dem Schwert in den Nacken und schlug ihm mit einem Schlage den Kopf herab. Die Be= gleiter Garipalds stürzten nun zwar über ihn her und tödteten ihn mit vielen Wunden. Aber wiewohl er den Tod fand, hatte er doch den Tod seines Herrn Godipert auf eine glänzende Weise gerächt" (und der fromme Christ und Diakon Paulus hat doch so viel germanisches Heidenthum an sich, daß er mit der Blutrache, obwohl durch Mord in der Kirche vollzogen, im Herzen offenbar ganz einverstanden ist!)

„Nicht lange nun, nachdem Grimoald zu Ticinus in seiner Herrschaft bestätigt worden war, vermählte er sich mit der ihm schon vormals versprochenen Tochter König Ariperts, deren Bruder Godipert er ermordet hatte. Das Beneventaner Heer, durch dessen Beistand er die Herrschaft erlangt hatte, schickte er reich beschenkt nach Hause, einen Theil davon behielt er jedoch zurück, um ihn bei sich wohnen zu lassen, und wies ihm große Besitzungen an.

Als er hierauf erfuhr, daß Perctarit in's Skythenland geflohen sei und beim Kakan lebe, schickte er Gesandte zu dem Avarenkönig (Kakan) und ließ ihm sagen, wenn er Perctarit noch länger Aufenthalt in seinem Reiche gewähre, würden die Langobarden das friedliche Verhältniß, in dem sie bisher zu ihm gestanden, fernerhin nicht mehr bewahren können. Wie der Avarenkönig das hörte, rief er Perctarit vor sich und hieß ihn gehen, wohin er wolle, damit nicht die Avaren seinetwegen mit den Langobarden in

Feindschaft kämen. Auf das hin machte sich Perctarit auf zu Grimoald und
kehrte nach Italien zurück: denn er hatte gehört, daß er sehr milde sei. Als
er nun nach der Stadt Lauba kam, schickte er Unulf, seinen Getreuen, zu
König Grimoald voraus, um diesem seine Ankunft zu melden. Unulf kam zum
König und berichtete ihm, daß Perctarit im Vertrauen auf seinen Schutz zurück-
kehre. Wie das der König hörte, gab er das Versprechen, jenem solle nichts
Böses widerfahren, wenn er im Vertrauen auf seinen Schutz komme. Perctarit erschien also vor Grimoald, und wie er bei seinem Eintritt sich ihm zu
Füßen werfen wollte, hielt ihn der König gnädig zurück und küßte ihn. Da
sprach Perctarit zu ihm: „Ich bin dein Knecht; da ich wußte, daß du fromm
und christlichen Sinnes bist, so bin ich, wiewohl ich unter den Heiden leben
konnte, auf deine Gnade bauend, zu deinen Füßen gekommen." Der König
erwiderte ihm darauf mit seinem gewöhnlichen Schwur: „Bei dem, der mich
hat geboren werden lassen, du sollst, nachdem du im Vertrauen auf meinen
Schutz zu mir gekommen bist, in keiner Weise etwas Uebles erfahren, sondern
ich werde so für dich sorgen, daß du mit Anstand leben kannst." Alsdann
gab er ihm in einem geräumigen Hause eine Wohnung, hieß ihn nach seinen
Mühsalen der Ruhe pflegen und ließ ihm aus öffentlichen Mitteln Unterhalt und Alles, was er bedurfte, in reichlichem Maße darreichen. Als nun
Perctarit die vom König ihm angewiesene Wohnung bezogen hatte, fingen
die Bürger von Ticinus an, in ganzen Scharen zu ihm zu strömen, um ihn
zu sehen oder, wenn sie ihn von früheren Zeiten her kannten, zu grüßen.
Aber was kann nicht eine böse Zunge verderben? Bald kamen einige boshafte
Schmeichler vor den König und erklärten ihm, er werde, wenn er nicht
Perctarit schnell aus der Welt schaffe, gar bald Herrschaft und Leben verlieren: in dieser Absicht, versicherten sie, ströme die ganze Stadt zu ihm.
Grimoald schenkte diesen Reden zu schnell Glauben, vergaß sein Versprechen,
beschloß sogleich den Tod des unschuldigen Perctarit und überlegte, wie er
ihn, da es schon spät am Tage war, am andern Morgen ums Leben bringen
könne. Er schickte ihm nun Abends mancherlei Speisen, auch treffliche Weine
und verschiedene Getränke, um ihn trunken zu machen, damit er in dieser
Nacht, aufgelöst vom Trinken und im Wein begraben, nicht an seine Rettung
denken könne. Da war aber Einer, der zu dem Gefolge von Perctarits Vater
gehört hatte, der steckte, als er Perctarit den königlichen Schemel brachte, wie
um ihn zu grüßen, seinen Kopf unter den Tisch und flüsterte ihm heimlich
zu, daß es der König auf seinen Tod abgesehen habe. Perctarit gab nun
augenblicklich seinem Mundschenken die Weisung, ihm nichts anderes als etwas
Wasser in einer silbernen Schale zu reichen; und als die, welche ihm die
vielerlei Getränke vom König brachten, nach dessen Befehl ihn aufforderten,
seine ganze Schale auszutrinken, sagte er, er wolle sie zu Ehren des Königs
leeren, schlürfte aber nur etwas Wasser aus seinem silbernen Kelche. Als
nun die Diener dem König berichteten, wie jener mit Begierde trinke, sprach
Grimoald mit froher Miene: „Er trinke nur zu, der Säufer, morgen wird

er den nämlichen Wein, mit seinem Blut vermischt, ergießen." Perctarit aber ließ Unulf schleunig zu sich kommen und that ihm des Königs Vorhaben, ihn umzubringen, kund. Unulf schickte sogleich einen Diener nach seinem Hause, ließ sich Polster bringen und ein Lager neben Perctarits Ruhestatt bereiten. Unverweilt bot nun König Grimoald seine Leute auf, das Haus, in dem Perctarit schlief, zu bewachen, damit er nicht irgendwie entkommen könne. Als jetzt das Gelage aufgehoben war und Alle sich entfernt hatten bis auf Perctarit, Unulf und den Kämmerer des Perctarit, die ihm durchaus treu waren, eröffneten diese beiden jenem ihren Plan und beschworen ihn, während Perctarit sich auf die Flucht mache, solle er solange als möglich den Glauben zu erwecken suchen, jener ruhe in seinem Schlafgemach. Als er sich damit einverstanden erklärt hatte, legte Unulf seine Polstertücher, sein Bett und ein Bärenfell Perctarit auf Rücken und Nacken, trieb ihn, der Verabredung gemäß, als wäre er ein Knecht vom Lande, zur Thüre hinaus, gab ihm dabei viele Scheltworte, schlug ihn mit einem Stock und hörte nicht auf, ihn zu mißhandeln, sodaß er unter den Tritten und Schlägen mehrmals zu Boden stürzte. Als die Leute des Königs, die als Wache aufgestellt waren, Unulf fragten, was denn das sei, sprach er: „dieser nichtsnutzige Knecht hat mir das Bett in die Schlafkammer jenes betrunkenen Perctarit gestellt, der so voll Weines ist, daß er wie todt da liegt. Aber ich bin es nun satt, wie bisher mich nach seiner Thorheit zu richten, fortan werde ich, so lange mein Herr König lebt, in meinem eigenen Hause bleiben." Wie das jene hörten, wurden sie, da sie es glaubten, sehr vergnügt, machten Platz und ließen ihn sowie auch den Perctarit, den sie für einen Knecht hielten, und der, um nicht erkannt zu werden, sein Haupt verhüllt hatte, frei abziehen. Als sie fort waren, blieb jener treue Kämmerer, nachdem er sorgfältig die Thüre verriegelt hatte, ganz allein im Hause zurück. Unulf aber ließ Perctarit in der an den Fluß Ticinus stoßenden Ecke an einem Seil von der Mauer hinab und führte ihm soviel Gefährten, als er konnte, zu. Sie griffen nun Pferde, die sie auf der Weide fanden, auf und gelangten mit ihnen noch in der nämlichen Nacht nach der Stadt Asta, wo sich Perctarits Anhänger, die sich Grimoald noch gar nicht unterworfen hatten, befanden. Hierauf floh Perctarit in höchster Eile nach der Stadt Turin und von da über die Grenze Italiens nach dem Land der Franken. Und also errettete der allmächtige Gott durch seine barmherzige Fügung den Unschuldigen vom Tod und bewahrte zugleich den König, der von Herzen aus das Gute thun wollte (!), vor Sünde. Aber König Grimoald meinte, Perctarit schlafe in seiner Wohnung und ließ von da bis nach seinem Palast an verschiedenen Orten seine Leute in Reihe aufstellen, damit Perctarit durch ihre Mitte geführt werde und so in keiner Weise entfliehen könne. Als nun die vom Könige Abgesandten kamen, Perctarit nach dem Palast zu rufen, und an der Thür des Gemaches, worin sie ihn schlafend glaubten, klopften, sprach jener Kämmerer, der innen war, bittend zu ihnen: „Habt Erbarmen mit ihm und lasset ihn

noch ein Weilchen ruhen, denn er liegt von seiner Reise erschöpft noch im
tiefen Schlafe." Jene beruhigten sich dabei und meldeten dem König, daß
Perctarit noch im tiefen Schlaf liege. Da sprach Grimoald: „So sehr hat er
sich also gestern Abend mit Wein angefüllt, daß er gar nicht erwachen kann."
Indeß befahl er ihnen, sogleich ihn aufzuwecken und nach dem Palast zu
bringen. Als sie an die Thür des Gemaches kamen, worin, wie sie glaubten,
Perctarit schlief, fingen sie an, stärker zu klopfen. Da lag ihnen jener
Kämmerer abermals mit Bitten an, sie möchten doch Perctarit noch ein
Weilchen schlafen lassen. Aber sie schrien voller Zorn, der Trunkenbold habe
jetzt genug geschlafen, stießen alsbald mit den Füßen die Thür des Gemachs
ein und suchten nun drinnen Perctarit in seinem Bett. Als sie ihn hier
nicht finden konnten, vermutheten sie, er befriedige sein natürliches Bedürfniß.
Wie sie ihn aber auch da nicht fanden, fragten sie den Kämmerer, was
denn aus Perctarit geworden sei, worauf jener antwortete, er sei entflohen.
Da ergriffen sie ihn sogleich an den Haren und schleppten ihn ganz wüthend
und unter Schlägen nach dem Palast, führten ihn vor den König und erklärten, er habe um die Flucht Perctarits gewußt und verdiene darum den
Tod. Der König aber befahl, ihn freizulassen, und fragte ihn der Ordnung
nach, wie Perctarit entkommen sei. Jener berichtete dem König Alles, wie es
sich zugetragen hatte. Darauf wandte sich der König an die Umstehenden und
fragte sie: „Wie dünket Euch um diesen Menschen, der solches gethan hat?"
Da gaben Alle mit Einem Munde zur Antwort, er verdiene unter Martern
jeglicher Art zu sterben. Aber der König sprach: „Bei dem, der mich hat ge-
geboren werden lassen: dieser Mensch, der aus Treue zu seinem Herrn in den
Tod zu gehen sich nicht scheute, verdient, gut behandelt zu werden." Er nahm
ihn sogleich unter seine Kämmerer auf, ermahnte ihn, ihm dieselbe Treue zu
bewahren, die er gegen Perctarit bewiesen, und versprach, ihn reichlich zu bedenken. Als hierauf der König fragte, was aus Unulf geworden sei, ward
ihm gemeldet, er habe zu der Kirche des heiligen Erzengels Michael seine
Zuflucht genommen. Sofort schickte er nach ihm und versprach ihm aus freien
Stücken, es solle ihm kein Leid widerfahren, er solle nur im Vertrauen auf
seinen Schutz kommen. Unulf warf sich dem Könige zu Füßen und erzählte
auf die Frage des Königs, durch welche Mittel und Wege Perctarit denn
habe entkommen können, Alles nach der Ordnung. Da lobte der König seine
Treue und Klugheit und ließ ihn huldreich im Besitze seines ganzen Vermögens
und von Allem, was er haben konnte.

Als aber nach einiger Zeit Grimoald Unulf fragte, ob er sein Leben
bei Perctarit zuzubringen wünsche, da antwortete er und betheuerte es mit
einem Schwur, er wolle lieber mit Perctarit sterben, als anderswo im höchsten
Genuß leben. Darauf fragte der auch jenen Kämmerer, ob er es vorziehe,
bei ihm im Palast zu bleiben, oder bei Perctarit in der Fremde zu leben.
Als er eine ähnliche Antwort wie Unulf gab, da nahm der König die Worte
beider gütig auf, belobte ihre Treue und hieß Unulf Alles, was er wünsche,

aus seinem Hause mit fortnehmen, seine Knechte nämlich, seine Rosse und mancherlei Hausrath, und damit ungefährdet zu Perctarit ziehen. In gleicher Weise entließ er auch jenen Kämmerer. Sie nahmen also nach des Königs huldreichem Willen ihre ganze Habe, soviel sie brauchten, und zogen damit unter des Königs Schutz nach dem Lande der Franken zu ihrem geliebten Perctarit.

In dieser Zeit rückte das Heer der Franken aus der Provinz (Provence) in Italien ein. Grimoald zog ihnen mit den Langobarden entgegen und täuschte sie durch folgende List. Er that nämlich, als fliehe er vor ihrem Angriff, und ließ sein Lager mitsammt den Zelten voll mancherlei Schätzen, besonders aber einer Menge vorzüglichen Weins ganz menschenleer hinter sich. Als nun die fränkischen Heerhaufen ankamen, glaubten sie, Grimoald und die Lango=barden hätten aus Schrecken ihr Lager im Stiche gelassen, fielen alsbald voll Jubel um die Wette über Alles her und richteten sich eine reichliche Mahlzeit her. Als sie nun aber, von dem vielen Essen und Trinken beschwert, im Schlafe lagen, überfiel sie Grimoald nach Mitternacht und richtete eine solche Metzelei unter ihnen an, daß nur wenige von ihnen entkamen und ihr Vater=land wieder erreichen konnten. Der Ort, wo diese Schlacht geschlagen wurde, heißt bis auf den heutigen Tag der Frankenbach und ist nicht weit von den Mauern des Städtchens Asta entfernt.

In diesen Tagen wollte Kaiser Constantinus, der auch Constans genannt wurde, Italien den Händen der Langobarden entreißen, er zog aus Constantinopel und kam, seinen Marsch der Küste entlang nehmend, nach Athen, von da fuhr er über das Meer und landete in Tarent. Vorher besuchte er jedoch einen Einsiedler, der in dem Rufe stand, den Geist der Weissagung zu besitzen, und befragte ihn mit Eifer, ob er das Volk der Langobarden, das in Italien wohnte, besiegen und beherrschen könne. Der Knecht Gottes erbat sich nun von ihm die Frist einer Nacht, um wegen dieser Sache zu dem Herrn zu flehen, und gab dann am andern Morgen dem Kaiser diese Antwort: „Das Volk der Langobarden kann jetzt von Niemandem unter=jocht werden, weil eine Königin, die aus einem andern Lande kam, im lango=bardischen Gebiet eine Kirche des heiligen Johannes des Täufers erbaut hat und deßhalb der heilige Johannes selber fortwährend für das Volk der Langobarden Fürbitte einlegt. Es wird aber eine Zeit kommen, da dieses Heiligthum mißachtet werden wird und alsdann wird das Volk zu Grunde gehen." Daß dieses also in Erfüllung ging, das habe ich erfahren, der ich mit ansah, wie eben diese in Monza gelegene Kirche des heiligen Johannes vor dem Untergang der Langobarden von schlechten Menschen verwaltet wurde, so daß die ehrwürdige Stätte unwürdigen Personen und Ehebrechern nicht ob ihres Verdienstes, sondern als Belohnung verliehen wird.

Als nun Kaiser Constans, wie schon erwähnt, in Tarent angelangt war, rückte er von da aus weiter, drang in das Gebiet von Benevent ein und er=oberte fast alle langobardischen Städte, durch deren Landschaften er kam. Auch

Luceria, eine reiche Stadt Apuliens, nahm er nach einem tapfern Sturm ein, zerstörte sie und machte sie dem Erdboden gleich. Agerontia jedoch konnte er wegen der ungemein festen Lage des Orts durchaus nicht einnehmen. Hierauf schloß er mit seinem ganzen Heere Benevent ein und begann mit Eifer die Belagerung der Stadt, wo damals Romoald, der noch sehr junge Sohn Grimoalds, das Herzogthum führte. Dieser schickte, sobald er von dem Anzug des Kaisers Kunde erhielt, seinen Erzieher Sesuald über den Po zu seinem Vater Grimoald und ließ ihn beschwören, so schnell als

Tauskapelle der St. Peterskirche in Asti; Langobardenbau.

möglich zu kommen und seinem Sohne und den Beneventanern, die er einst selber gütig regiert hatte, mit Heeresmacht beizustehen. Als das der König Grimoald hörte, rückte er sogleich mit einem Heere gen Benevent, um seinem Sohne Hilfe zu bringen. Unterwegs aber verließen ihn mehrere Langobarden(!) und kehrten nach Hause zurück, indem sie sagten, er habe den Palast ausgeplündert und gehe nun nach Benevent zurück, um nicht wiederzukehren.

Unterdessen setzte das Heer des Kaisers mit allerlei Maschinen Benevent heftig zu. Romoald aber mit seinen Langobarden leistete tapfern Widerstand; zwar wagte er wegen der geringen Anzahl seines Heeres mit einer so großen Menge nicht in offener Feldschlacht zu streiten, dagegen brach er mit

tüchtigen Jünglingen häufig ins feindliche Lager ein und richtete daselbst
großen Schaden an. Als nun sein Vater Grimoald nahe heranrückte, schickte
er jenen schon erwähnten Erzieher zu seinem Sohne, ihm seinen Anzug zu
melden. Als dieser aber bereits in die Nähe von Benevent gekommen war,
wurde er von den Griechen gefangen und vor den Kaiser gebracht, der ihn
fragte, woher er komme; er sagte, er komme vom König Grimoald, der in
Eile heranrücke. Darüber erschrak der Kaiser und berieth sich sogleich mit den
Seinigen über einen mit Romoald abzuschließenden Vertrag, um dann nach
Neapel zurückkehren zu können. (6.)

Nachdem er nun Romoalds Schwester, die Gisa hieß, als Geisel erhalten hatte, machte er mit ihm Frieden. Den Erzieher Sesuald aber ließ er
an die Mauern führen und bedrohte ihn mit dem Tod, wenn er Romoald
oder den Bürgern etwas von dem Anzug Grimoalds melden würde, er solle
vielmehr versichern, es sei diesem unmöglich, zu kommen.

Jener versprach, so zu thun, wie ihm befohlen ward; als er aber an
die Mauer kam, verlangte er, Romoald zu sehen. Romoald eilte schnell
herbei, da sprach er so zu ihm: „Harre aus, mein Gebieter Romoald, habe
Zuversicht und laß dich nicht ängstigen, in Bälde wird dein Vater erscheinen
und dir Hilfe bringen; denn wisse, in dieser Nacht steht er mit einem starken
Heere am Fluß Sangrus. Nur flehe ich dich an, daß du dich meines Weibs
und meiner Kinder erbarmst; denn mich wird dieses treulose Volk nicht am
Leben lassen." Als er das gesprochen hatte, wurde ihm auf Befehl des Kaisers
das Haupt abgeschlagen und mittelst einer Kriegsmaschine, die Petraria genannt wird, in die Stadt geschleudert. Da ließ Romoald das Haupt zu
sich bringen, küßte es unter Thränen und befahl, es an würdiger Stätte zu
beerdigen (8).

Der Kaiser fürchtete nun den schleunigen Anzug König Grimoalds, hob
die Belagerung Benevents auf und zog nach Neapel. Sein Heer erlitt
jedoch von Mitola, dem Grafen von Capua, an den Gewässern des Caloris,
an einer Stelle, die noch heutigen Tages Pugna (die Schlacht) heißt, eine
bedeutende Niederlage (9).

Als aber der Kaiser in Neapel angekommen war, erbat sich, wie erzählt
wird, einer seiner Großen mit Namen Saburrus 20,000 Mann Soldaten
von ihm und versprach, damit Romoald siegreich zu bekämpfen. Er erhielt
das Heer, zog nach dem Orte, der Forinus heißt, und schlug hier sein
Lager auf. Wie Grimoald, der bereits in Benevent angelangt war, dies
hörte, wollte er gegen ihn ausziehen. Da sprach sein Sohn Romoald zu
ihm: „Es ist nicht nöthig, sondern gebt mir nur einen Theil von Eurem
Heere. Ich will unter Gottes Beistand mit ihm streiten, und wenn ich ihn
besiege, so wird Eurer Hoheit ein größerer Ruhm zufallen."

Und so geschah es, er erhielt einen Theil von seines Vaters Heer und
zog damit und mit seinen eigenen Leuten gegen Saburrus aus. Ehe er
den Kampf mit diesem begann, ließ er an vier Stellen die Trompeten er-

tönen, und alsdann fiel er kühn über die Feinde her. Wie nun beide Theile
im heißen Kampf waren, da nahm Einer aus des Königs Heer mit Namen
Amalong, der gewöhnlich den königlichen Speer trug, diesen Speer in seine
beiden Hände und durchbohrte mit Macht so ein Griechenmännlein, hob es
aus dem Sattel und trug es in freier Luft über seinem Haupt. Wie das
griechische Heer solches sah, ward es von ungeheurer Furcht ergriffen und
wandte sich zur Flucht, es erlitt eine vollständige Niederlage und holte sich
auf der Flucht den Tod, Romoald aber und den Langobarden brachte es
Sieg. So kehrte Saburrus, der seinem Kaiser langobardische Siegeszeichen
zu gewinnen versprochen hatte, mit wenigen Mannen und mit Schande be=
laden zu ihm zurück; Romoald aber hatte über seinen Feind einen Sieg er=
rungen, zog im Triumph nach Benevent zurück und brachte seinem Vater
Freude, Allen aber durch Verscheuchung der Furcht vor den Feinden Sicher=
heit mit (10).

Wie aber Kaiser Conftans sah, daß er nichts gegen die Langobarden
ausrichte, ließ er seine ganze Wuth an seinen eigenen Leuten, den Römern,
aus. Er verließ Neapel und zog nach Rom; am sechsten Meilensteine vor
der Stadt kam ihm der Pabst Vitalianus mit den Priestern und dem Volk
von Rom entgegen. Als der Kaiser die Stätte des heiligen Petrus betrat,
brachte er ein mit Gold gewirktes Pallium als Gabe dar; er blieb zwölf
Tage in Rom (15).

Wie aber König Grimoald den Griechen die Stadt und das Gebiet von
Benevent entrissen hatte, gab er, als er nach seinem Palast zu Ticinus
heimkehren wollte, Transamund, der bisher Graf von Kapua gewesen
war und ihm bei der Erlangung der Herrschaft die trefflichsten Dienste ge=
leistet hatte, seine Tochter, Romoalds zweite Schwester, zum Weib und machte
ihn nach Osio, von dem oben die Rede war, zum Herzog von Spoletum.
Alsdann kehrte er nach Ticinus zurück (16).

Es folgte nach dem Tode Grafulfs von Friaul Ago im Herzogthum,
nach welchem bis auf den heutigen Tag ein Haus in der Stadt Forojuli
„Ago's Haus" heißt. Nach dem Tode dieses Ago wurde Lupus Herzog von
Friaul. Dieser Lupus drang auf einem schon vor alten Zeiten durch das
Meer gemachten Damme mit einem berittenen Heere nach der nicht weit von
Aquileja gelegenen Stadt Gradus, plünderte die Stadt und kehrte beladen
mit den geraubten Schätzen der Kirche von Aquileja wieder zurück. Diesem
Lupus nun hatte Grimoald, als er gen Benevent zog, die Regierung in
seinem Palast anvertraut (17).

Während des Königs Abwesenheit schaltete Lupus, der seine Zurückkunft
nicht vermuthete, mit großem Uebermuth zu Ticinus. Da er nun wohl
wußte, daß seine üble Handlungen dem König mißfallen würden, zog er bei
dessen Heimkehr nach Friaul und empörte sich im Bewußtsein seiner Schuld
gegen den König (18).

Grimoald wollte keinen Bürgerkrieg zwischen Langobarden erregen und ließ darum an den Kakan, den Avarenkönig, die Aufforderung ergehen, mit Heeresmacht nach Friaul zu rücken, den Herzog Lupus zu vernichten. Und so geschah es auch. Der Kakan rückte mit einem großen Heere herbei und an dem Ort, der Flavius heißt, schlugen sich Herzog Lupus und die Friauler drei Tage lang mit dem Heere des Kakan, wie mir das alte Männer erzählt haben, die diese Schlacht mitgemacht. Am ersten Tage trug er über jenes große Heer den Sieg davon und nur wenige von seinen Leuten wurden verwundet; am zweiten wurde eine bedeutende Anzahl von ihnen verwundet und getödtet, aber auch viele Avaren kamen dabei um; am dritten Tage rieb er, so viele Streiter er auch schon durch Wunden und Tod verloren hatte, nichtsdestoweniger das große Heer des Kakan völlig auf, und machte reiche Beute. Am vierten Tage jedoch sahen sie so zahllose Haufen gegen sich heranziehen, daß sie nur mit Noth durch die Flucht entkommen konnten (19).

Hierbei nun fand Herzog Lupus den Tod, die übrigen, die entkommen waren, schützten sich hinter den festen Mauern. Die Avaren aber über- schwemmten das ganze Land, plünderten und verheerten es mit Feuer und Schwert. Wie sie das eine Zeit lang getrieben hatten, forderte sie Grimoald auf, jetzt von der Verwüstung abzulassen. Da schickten sie aber Gesandte an den König, und ließen ihm sagen, sie würden Friaul, das sie mit eigenen Waffen erobert hätten, nicht wieder räumen (20).

Da sah sich Grimoald genöthigt, sein Heer aufzubieten, die Avaren aus dem Lande zu schlagen. Mitten im Blachfeld schlug er nun sein Lager und das Gastgezelte für die avarischen Gesandten auf; da er aber nur einen kleinen Theil seines Heeres bei der Hand hatte, so ließ er diese wenigen mehrere Tage lang in verschiedener Tracht und Rüstung, als kämen immer wieder neue Heereshaufen, an den Gesandten vorbeiziehen. Wie nun die Gesandten der Avaren dieselben Scharen immer in verschiedenem Aufzuge kommen sahen, glaubten sie, es sei das ein ganz zahlloses Langobarden- heer. Grimoald aber sprach zu ihnen: „Mit dieser ganzen Heeresmasse, die Ihr gesehen habt, werde ich alsbald über den Kakan und die Avaren her- fallen, wenn sie nicht schleunig Friaul räumen." Wie nun die avarischen Gesandten, was sie gesehn und gehört hatten, ihrem König vermeldeten, zog dieser sogleich mit seinem ganzen Heer in sein Reich ab (21).

Nachdem Lupus, wie schon berichtet, umgekommen war, wollte sein Sohn Arnefrit dem Vater im Herzogthum von Friaul folgen; da er aber die Macht König Grimoalds fürchtete, floh er zu dem Volk der Slaven nach Karnuntum, was in verderbter Aussprache auch Karantanum genannt wird. Von hier aus zog er nachmals heran, mit Hilfe der Slaven das Herzogthum zu erobern, wurde aber unweit von Forojuli bei der Burg Nemas von den Friaulern überfallen und getödtet (22).

Hierauf wurde Wechtari als Herzog von Friaul bestellt; er stammte aus der Stadt Vincentia und war ein gütiger und seines Volkes mild waltender Herr. Als das Slavenvolk hörte, daß er nach Ticinus gezogen sei, sammelten sie eine starke Heeresmacht, die Stadt Forojuli zu überfallen, sie kamen und schlugen nicht weit davon an dem Orte, der Broxas heißt, ihr Lager auf. Aber nach göttlicher Fügung war Herzog Wechtari schon am Abend zuvor ohne Wissen der Slaven von Ticinus wieder angelangt. Da indeß seine Begleiter,[1]) wie es zu gehen pflegt, bereits nach Hause ab= gezogen waren, rückte er bei der Nachricht von den Slaven mit nur wenigen Mannen, fünfundzwanzig an der Zahl, gegen sie aus. Als ihn nun die Slaven mit so Wenigen herankommen sahen, lachten sie und sprachen, da ziehe wohl der Patriarch mit seinen Pfaffen gegen sie zu Felde. Aber wie er an die Brücke des Flusses Natisio kam, wo die Slaven gelagert waren, nahm er seinen Helm vom Haupt und gab sich ihnen dadurch zu erkennen, denn er hatte einen Kahlkopf. Sobald nun die Slaven sahen, daß es Wechtari selber sei, wurden sie ganz bestürzt und riefen, Wechtari sei da, und bei dem Schrecken, den Gott über sie kommen ließ, dachten sie mehr ans Laufen als ans Kämpfen. Da fiel Wechtari mit den Wenigen, die um ihn waren, über sie her und richtete ein solches Blutbad unter ihnen an, daß von fünftausend nur wenige übrig blieben, die entkamen (23).

Nach diesem Wechtari erhielt Landari das Herzogthum Friaul, und nach dessen Tode folgte Roboald (24).

Als nun, wie schon berichtet, Herzog Lupus umgekommen war, gab König Grimoald dessen Tochter Theuderaba seinem Sohne Romoald, der in Benevent herrschte, zum Weibe. Er erzeugte mit ihr drei Söhne, Grimoald, Gisulf und Arichis (25).

An allen denen, die bei seinem Zuge nach Benevent von ihm abgefallen waren, nahm König Grimoald Rache (26).

Forumpopuli aber, eine Stadt der Römer, deren Einwohner ihm auf seinem Zuge gegen Benevent mancherlei Schaden zugefügt und seine von Bene= vent hin und her reitenden Boten zu wiederholten Malen verletzt hatten, richtete er folgendermaßen zu Grunde. Zur Zeit der Fasten rückte er ohne Wissen der Römer über die Barbos Alpe in Tuscien ein, überfiel ganz unvermuthet am heiligen Ostersamstag zu der Stunde, da getauft wurde, die Stadt und nun begann ein Morden, bei dem selbst die Geistlichen, die die kleinen Kindlein tauften, an dem heiligen Becken nicht verschont wurden. Und so furchtbar suchte er die Stadt heim, daß sie bis auf diesen Tag nur sehr wenige Einwohner zählt (27.)

Es trug nämlich Grimoald unversöhnlichen Haß gegen die Römer im Herzen, weil sie einst seine Brüder Taso und Kakko meineidig verrathen hatten. Darum zerstörte er auch die Stadt Opitergium, wo sie ermordet worden waren, von Grund aus und vertheilte ihr Gebiet unter die Einwohner von Forojuli, Trevisium und Ceneta (28).

Zu diesen Zeiten verließ, man weiß nicht, aus welcher Ursache, ein

---

1) comites sind hier doch wohl nicht „Grafen", wie Abel=Jacobi wollen.

Bulgarenherzog Namens Alpeto sein Volk, kam mit allen Mannen seines Herzogthums ganz friedlich nach Italien zu König Grimoald, versprach, ihm zu dienen und in seinem Lande zu wohnen. Der König schickte ihn zu seinem Sohn Romoald nach Benevent mit dem Befehl, ihm und seinen Leuten Wohnplätze anzuweisen. Romoald nahm sie huldreich auf und räumte ihnen weite Wohnsitze ein, die bis dahin ganz verlassen gewesen waren, Sepianum nämlich, Bovianum, Isernia und andere Städte nebst ihren Gebieten, Alpeto selbst aber gab er mit Veränderung des Namens der Würde statt des herzoglichen den Titel Gastaldius. Diese Bulgaren wohnen noch heutiges Tags in den genannten Orten und haben, obwohl sie auch lateinisch reden, ihre eigene Sprache noch durchaus nicht verlernt.

Zu dieser Zeit herrschte in den gallischen Landen Dagipert über die Franken, mit dem König Grimoald einen festen Friedensbund geschlossen hatte. Da nun Perctarit auch noch im Lande der Franken Grimoalds Macht fürchtete, verließ er Gallien und zog nach der britannischen Insel hinüber zu dem König der Sachsen (32).

Grimoald aber saß in seinem Palast neun Tage, nachdem er sich zur Ader gelassen hatte; wie er nun seinen Bogen zur Hand nahm, eine Taube zu schießen, da brach die Ader seines Armes wieder auf, die Aerzte legten ihm, wie erzählt wird, vergiftete Heilmittel darauf und führten so seinen Tod herbei. In dem Gesetzbuch, das König Rothari hatte anfertigen lassen, hat er einige Zusätze gemacht, die ihm heilsam dünkten. Er war von gewaltigem Körperbau, kahlem Haupte, starkem Barte, an Kühnheit der erste, durch Rath und That gleich ausgezeichnet. Sein Leib liegt in der Kirche des heiligen Bekenners Ambrosius begraben, die er selbst schon früher in der Stadt Ticinus erbaut hatte. Ein Jahr und drei Monate waren nach dem Tode König Ariperts verflossen, als er das Reich der Langobarden an sich brachte; er herrschte neun Jahre und hinterließ seinem Sohne Garipald, den ihm König Ariperts Tochter geboren hatte und der noch ein Knabe war, den Thron. Perctarit nun verließ, wie ich schon zu erzählen anfing, Gallien und bestieg ein Schiff, nach der britannischen Insel ins Sachsenreich zu fahren. Wie er aber schon eine Weile auf der See gefahren war, ließ sich von der Küste her eine Stimme hören, die fragte, ob sich Perctarit auf diesem Schiffe befinde. Als geantwortet wurde, Perctarit sei da, sprach jener Rufer weiter: „Saget ihm, er möge heimkehren in sein Vaterland, denn heute ist der dritte Tag, daß Grimoald aus dieser Welt geschieden ist." Auf diese Nachricht hin kehrte Perctarit augenblicklich um, konnte aber, wie er gelandet war, den Menschen nicht finden, der ihm Grimoalds Tod verkündet hatte; dies brachte ihn auf den Glauben, es sei das kein Mensch, sondern ein Bote vom Himmel gewesen. Sofort zog er nun der Heimath zu, und wie er an die Klausen Italiens kam, fand er hier bereits alle Diener des Palastes und das ganze königliche Gefolge, das ihn, umgeben von einer großen Menge Langobarden, erwartete. Er kehrte jetzt nach Ticinus zurück, vertrieb den

Knaben Garipald und ward von sämmtlichen Langobarden auf den Thron gesetzt im dritten Monat nach Grimoalds Tode. Er war aber ein gottes= fürchtiger, katholisch gläubiger Mann, der fest an der Gerechtigkeit hielt und den Armen reichliche Almosen gab. Alsbald schickte er nun nach Benevent und ließ von da seine Gemahlin Rodelinba und seinen Sohn Kuninkpert zu sich bringen (33).

An jener Stelle am Fluß Ticinus, von wo aus er einst geflohen war, ließ er gleich nach seinem Herrschaftsantritt seinem Herrn und Befreier ein Kloster bauen zu Ehren der heiligen Jungfrau und Märtyrerin Agathe, welches „das neue" heißt; hier versammelte er viele Jungfrauen und schenkte der Stätte Eigenthum und mancherlei Kostbarkeiten. Die Königin Rodelinba aber gründete außerhalb der Mauern der Stadt Ticinus eine Kirche der heiligen Mutter Gottes, welche „zu den Stangen" genannt wird, mit besonderer Kunst und zierte sie mit herrlichem Schmuck. „An den Stangen" aber heißt dieser Ort um deßwillen, weil hier vormals aufrechte Stangen standen, die nach langobardischer Sitte aus folgender Ursache gesetzt zu werden pflegten: wenn einer irgendwie im Kriege oder sonstwo umgekommen war, so setzten seine Blutsverwandten auf ihre Grabstätten eine Stange, auf deren Spitze sie eine hölzerne Taube befestigten, die nach der Gegend hingewandt war, wo der Geliebte gestorben war, damit man nämlich wußte, wo der Todte seine Ruhestätte habe (34).

Nachdem Perctarit sieben Jahre allein regiert hatte, gesellte er sich im achten Jahre seinen Sohn Kuninkpert als Mitherrscher bei, mit dem er noch weitere zehn Jahre regierte (35).

Während sie nun in tiefem Frieden lebten und überall ringsum Ruhe hatten, erhob sich gegen sie der Sohn des Bösen, mit Namen Alahis, störte den Frieden im Langobardenreiche und verursachte blutigen Streit, der Vielen das Leben kostete. Als Herzog von Trident gerieth er in Fehde mit dem Grafen der Baiern, der in Bauzanum (Bozen) und andern festen Städten herrschte, und erfocht einen herrlichen Sieg über ihn. Dies machte ihn über= müthig, also daß er sogar gegen Perctarit, seinen König, sich empörte und in der Stadt Trident verschanzte. Wie nun Perctarit gegen ihn ausgerückt war und ihn belagerte, da machte Alahis unvermuthet einen plötzlichen Ausfall aus der Stadt, eroberte des Königs Lager und trieb ihn selbst in die Flucht. Nachher kehrte er jedoch auf Betreiben Kuninkperts, des Sohnes des Königs, der ihn schon von früher her lieb hatte, in König Perctarits Gehorsam zurück. Mehrmals wollte ihn der König tödten lassen, immer aber verhinderte es sein Sohn Kuninkpert in dem Glauben, er werde fortan getreu sein. Auch ließ er nicht ab, bis er es bei seinem Vater auswirkte, daß er demselben auch das Herzogthum Brexia verlieh, so oft auch der Vater einwand, Kuninkpert thue das zu seinem eigenen Verderben, indem er damit seinem Feinde die Mittel in die Hand gebe, die Krone an sich zu reißen. Denn in der Stadt Brexia hielt sich immer eine große Anzahl edler langobardischer Großen auf, und durch ihren Beistand, fürchtete Perctarit, werde Alahis zu mächtig werden. In diesen Tagen ließ König Perctarit in der Stadt Ticinus nahe bei dem Palast mit großer Kunst ein Thor bauen, das auch das „Palastthor" heißt (36).

Nachdem er achtzehn Jahre lang und zwar zuerst allein, dann in Gemeinschaft mit seinem Sohn das Reich geführt hatte, schied er aus diesem Leben. Sein Leib wurde in der Kirche unseres Herrn und Heilandes beigesetzt, die sein Vater Aripert erbaut hatte. Er war aber von würdiger Gestalt, vollem Körper und in Allem sanft und mild. König Kuninkpert führte Hermelinda aus dem Geschlechte der Angelsachsen als Gemahlin heim. Diese hatte einst im Bade Theodote erblickt, ein Mädchen aus einem sehr edeln römischen Geschlechte, von anmuthiger Gestalt und mit langem, fast bis auf die Füße reichendem blonden Haar, und rühmte hierauf deren Schönheit ihrem Gemahl, König Kuninkpert. Der ließ sich nicht merken, wie gerne er das von seiner Frau hörte, entbrannte aber in heißer Leidenschaft zu dem Mädchen. Und ohne Säumen zog er auf die Jagd in den sogenannten Stadtwald und nahm sein Weib Hermelinda mit sich. Nachts aber kehrte er sofort nach Ticinus zurück, ließ die junge Theodote zu sich kommen und schlief bei ihr. Nachmals jedoch schickte er sie in das Kloster, was in Ticinus gelegen und nach ihr benannt ist (37).

Alahis aber vergaß der großen Wohlthaten, die ihm König Kuninkpert erzeigt, vergaß auch des Schwurs, mit dem er ihm Treue gelobt hatte, und brachte auf Antreiben des Aldo und des Grauso, zweier Bürger von Brexia, und vieler andern Langobarden den bösen, schon längst gefaßten Vorsatz zur Ausführung: er setzte sich in Kuninkperts Abwesenheit in den Besitz der Herrschaft und des Palastes zu Ticinus. Sobald Kuninkpert das erfuhr, floh er von dem Ort, wo er sich gerade befand, auf die im larischen See nicht weit von Comum gelegene Insel und setzte sich hier in festen Vertheidigungszustand. Große Angst kam da über alle, die ihn liebten, besonders aber über die Priester und Geistlichen, die Alahis alle verhaßt waren. Es war aber zu der Zeit Damianus, ein Mann Gottes, durch reinen Lebenswandel ausgezeichnet und mit den edlen Wissenschaften vertraut, Bischof der Kirche zu Ticinus. Wie der nun sah, daß Alahis in den Palast eingezogen war, schickte er, ∙damit er nicht selbst oder seine Kirche Uebles von ihm zu erfahren hätte, seinen Diaconus Thomas, einen weisen und frommen Mann, an ihn ab und ließ durch ihn Alahis den Segen seiner heiligen Kirche überbringen. Als Alahis gemeldet wurde, der Diaconus Thomas stehe vor der Thüre, ihm vom Bischof den Segen zu überbringen, sprach er, der, wie schon bemerkt, die Geistlichen nicht leiden konnte, zu seinen Dienern: „Geht und sagt ihm, er solle hereinkommen, wenn er saubere Hosen habe; sei das aber nicht der Fall, so möge er nur draußen bleiben." Thomas aber gab auf diese Rede zur Antwort: „Meldet ihm, daß ich saubere Hosen habe, denn ich habe heute frisch gewaschene angezogen." Da ließ Alahis abermals sagen: „Ich spreche nicht von den Hosen, sondern von dem, was in den Hosen

steckt." Hierauf antwortete Thomas: „Geht und sagt ihm: Gott allein kann
in dieser Hinsicht etwas tadelnswerthes an mir finden, er aber kann es durch=
aus nicht." Als nun Alahis den Diaconus bei sich hatte eintreten lassen,
sprach er mit Scheltworten und in sehr rauhem Tone zu ihm. Da ergriff
alle Priester und Geistlichen Furcht und Haß gegen den Tyrannen, denn sie
hielten es für unmöglich, sein rohes Benehmen auszuhalten: und um so mehr
sehnten sie sich nach Kuninkpert, da sie Alahis als einen übermüthigen Kron=
räuber verfluchten. Indeß nicht gar zu lange saß die Rohheit und Barbarei
auf dem angemaßten Throne (38).

Wie er eines Tages auf dem Tische Schillinge zählte, fiel ihm ein
Tremissis von dem Tische herab; der Sohn des Albo, noch ein zarter
Knabe, hob ihn von dem Boden auf und gab ihn Alahis wieder. Dieser
in der Meinung, der Kleine verstehe es noch nicht, sprach zu ihm: „Von
diesen Dingen hat dein Vater gar viele, die er mir, so Gott will, demnächst
wird ablassen müssen." Als der Knabe Abends nach Hause kam und ihn
sein Vater fragte, was der König heute mit ihm gesprochen habe, erzählte er
seinem Vater, was vorgefallen war und was der König zu ihm gesagt
hatte. Die Kunde davon machte Albo sehr bestürzt, er ließ seinen Bruder
Grauso zu sich kommen und theilte ihm Alles mit, was der König in seinem
argen Sinn geredet hatte. Sofort besprachen sie sich mit ihren Freunden
und solchen, denen sie trauen konnten, und ersannen einen Plan, den Tyrannen
Alahis vom Throne zu stoßen, ehe er ihnen Schaden zufügen könne. In
aller Frühe gingen sie in den Palast und sprachen zu Alahis: „Was magst
du immer in diesen Mauern sitzen? die ganze Stadt und alles Volk ist dir
treu, und jener Trunkenbold Kuninkpert ist so heruntergekommen, daß ihm
weiter gar keine Macht mehr zur Verfügung steht. Ziehe hinaus auf die
Jagd und tummle dich mit deinen jungen Gesellen herum, wir schirmen dir
unterdessen mit deinen übrigen Getreuen diese Stadt. Aber auch das noch
versprechen wir, daß wir in Kurzem das Haupt deines Feindes Kuninkpert
bringen werden." Alahis ließ sich durch ihre Worte überreden, zog hinaus
nach dem großen Stadtwald und fing an, sich der Lust und der Jagd zu
überlassen. Albo aber und Grauso gingen nach dem Comaciner See,
bestiegen ein Bot und fuhren zu Kuninkpert. Sobald sie zu ihm kamen,
warfen sie sich ihm zu Füßen, gestanden ein, wie schlecht sie au ihm gehandelt,
thaten ihm kund, was für Reden Alahis arglistig gegen sie geführt und
welchen Rath sie ihm zu seinem Verderben gegeben hätten. Da flossen denn
auf beiden Seiten Thränen, Schwüre wurden gewechselt und der Tag be=
stimmt, an dem Kuninkpert kommen und ihm die Stadt Ticinus übergeben
werden sollte. Und so geschah es auch. Am festgesetzten Tage erschien
Kuninkpert vor Ticinus, wurde mit Freuden von ihnen aufgenommen und zog
wieder in den Palast ein. Da liefen alle Bürger, vor Allem der Bischof,
die Priester und die ganze Geistlichkeit, Jung und Alt zu ihm, umarmten ihn
unter Thränen und sagten in unaussprechlicher Freude Gott Dank für seine

Wiederkehr, er aber küßte sie Alle so viel er konnte. Alsbald ward ein Bote an Alahis abgesandt mit der Nachricht, Albo und Grauso hätten ihr Versprechen gelöst und ihm Kuninkperts Kopf gebracht, ja nicht bloß den Kopf, sondern den ganzen Leib: er sitze bereits im Palast. Wie Alahis das vernahm, wurde er schwer betroffen, wüthend und zähneknirschend stieß er viele Drohungen gegen Albo und Grauso aus; alsbann zog er über Placentia nach Austrien (d. h. das Ostland des Langobardenreiches) zurück und brachte einzelne Städte theils mit Güte, theils mit Gewalt auf seine Seite. Wie er vor Vincentia kam, rückten die Bürger der Stadt zur Schlacht gegen ihn aus, aber bald wurden sie besiegt und nun seine Bundesgenossen. Von da zog er aus und nahm Trevisium ein, und gleicherweise noch andere Städte. Während nun Kuninkpert ein Heer gegen ihn sammelte und die Friauler in treuem Gehorsam ihm zu Hilfe ziehen wollten, versteckte sich Alahis bei der Brücke über den Fluß Liquentia, der achtundvierzig Meilen von Forojuli entfernt fließt auf dem Wege nach Ticinus, in dem sogenannten Capulanuswald, und wie das Heer der Friauler in zerstreuten Haufen heranzog, zwang er sie Alle, sowie sie kamen, ihm zu schwören, und traf sorgsame Vorkehrung, daß keiner von diesen umkehrte und es den Nachzüglern meldete; und so wurden Alle, die aus Friaul kamen, an seine Fahnen gebunden. Alahis mit dem ganzen Ostlande und Kuninkpert mit seinen Mannen rückten nun gegen einander und schlugen auf der Ebene Coronate ein Lager auf (39).

Kuninkpert sandte einen Boten an Alahis mit der Aufforderung zum Zweikampf, damit beiden Heeren die Mühe erspart werde. Aber Alahis wollte sich hierauf durchaus nicht einlassen. Als einer seiner Leute, der aus Tuscien stammte, ihm als einem tapferen und kriegsgeübten Manne zuredete, kühn gegen Kuninkpert in den Streit zu ziehen, gab ihm Alahis zur Antwort: „Kuninkpert ist, obwohl trunksüchtig und einfältigen Sinnes, doch sehr kühn und von wunderbarer Stärke. Bei Lebzeiten seines Vaters, als wir noch junge Leute waren, wurden im Palast Widder von ganz besonderer Größe gehalten und diese hob er, indem er sie an der Wolle des Rückens packte, mit ausgestrecktem Arm vom Boden, was ich nicht vermochte." Wie das der Tuster hörte, sprach er zu ihm: „Wenn du nicht den Muth hast, dich mit Kuninkpert in einen Zweikampf einzulassen, so werde ich auch fürder nicht mehr dein Dienstmann sein." Und mit diesen Worten machte er sich auf, floh sofort zu Kuninkpert hinüber und erzählte ihm den ganzen Hergang. Es trafen also, wie schon erwähnt, beide Heere auf der Ebene Coronate zusammen; wie sie aber schon so nahe bei einander waren, daß sie handgemein werden mußten, trat Seno hervor, ein Diaconus von Ticinus und Pfleger an der einst von der Königin Gundiperga erbauten und in derselben Stadt gelegenen Kirche des heiligen Johannes des Täufers, und sprach, weil er ihn gar sehr liebte und fürchtete, er möchte im Streite fallen, zum König die Worte: „Mein Herr König! unser Aller Leben beruht auf deinem Wohlergehen: kommst du in der Schlacht um, so wird der Tyrann

Alahis uns Alle auf verschiedene Weise zu Tode martern. Möge dir also
mein Rathschlag gefallen: gieb mir deine Rüstung und ich will ausziehen und
mit dem Tyrannen streiten. Falle ich, so wirst du deine Sache wieder gut
machen, siege ich aber, so wird dir um so größerer Ruhm zufallen, da du
durch deinen Knecht gesiegt hast." Wie nun der König erklärte, er werde
das nicht zugeben, drangen die wenigen Getreuen, die zugegen waren,
weinend in ihn, daß er dem, was der Diaconus gesagt hatte, seine Beistimmung
gebe. Endlich ließ er sich auch, wie er denn frommen Gemüthes war, durch
ihre Bitten und Thränen erweichen und gab dem Diaconus seine Brünne,
den Helm, die Beinschienen und die andern Waffen und ließ ihn in seiner
Rüstung in den Kampf ausziehen. Der Diaconus hatte nämlich dieselbe
Größe und Gestalt, so daß er von Jedermann für König Kuninkpert gehalten
wurde, als er in voller Rüstung aus dem Zelt hervortrat. Die Schlacht
begann nun und es wurde mit aller Macht gekämpft. Alahis aber richtete
die Hauptkraft dahin, wo er den König vermuthete, und tödtete den Diaconus
Seno in der Meinung, Kuninkpert erschlagen zu haben. Wie er jedoch
ihm das Haupt abzuschlagen befahl, um es auf einen Speer zu stecken und
Gott Dank zu sagen, und er den Helm herunter nahm, erkannte er, daß er
einen Geistlichen getödtet habe. Da schrie er voll Wuth: "Weh mir! nichts
ist gewonnen, wenn wir dazu in den Kampf zogen, um einen Pfaffen zu
tödten. Aber das Gelübde thue ich jetzt, daß, wenn mir Gott abermals den
Sieg verleihen wird, ich einen ganzen Brunnen mit Pfaffenhoden will
füllen lassen" (40).

Wie nun Kuninkpert sah, daß die Seinigen die Sache verloren gaben,
gab er sich ihnen sogleich zu erkennen, benahm ihnen dadurch ihre Furcht
und stärkte alle Herzen zu neuer Siegeshoffnung. Von Neuem ordneten sich
also die Reihen, auf der einen Seite bereitete sich Kuninkpert, von der andern
Alahis zum Schlachtenkampf. Wie sie jetzt sich schon soweit genähert hatten,
daß beide Heere handgemein wurden, trat Kuninkpert abermals hervor und
rief Alahis die Worte zu: "Siehe, wie viel Volkes auf beiden Seiten
steht! Was ist es nöthig, daß so viele Menschen zu Grunde gehen? Messen
wir beide, ich und du unsere Schwerter im Zweikampf, und wem von uns
der Herr den Sieg verleihen will, der möge all' dies Volk wohlbehalten und
unversehrt beherrschen." Wie nun Alahis von seinen Mannen aufgefordert
wurde zu thun, was Kuninkpert vorschlug, antwortete er: "Ich kann das
nicht thun, weil ich zwischen ihren Speeren die Gestalt des heiligen Erzengels Michael erblicke, bei dem ich jenem Treue geschworen habe." Da
sprach einer von ihnen: "Aus Angst siehst du, was nicht vorhanden ist; du
bist schon lange darüber hinaus, dir solche Gedanken zu machen." Unter
dem Schall der Trompeten stürzten nun die Heere aufeinander, und da kein
Theil zum Weichen gebracht wurde, gab es ein ungeheueres Blutvergießen.
Endlich fiel der grausame Tyrann Alahis und Kuninkpert errang unter
des Herrn Beistand den Sieg. Das Heer des Alahis suchte bei der Kunde

von seinem Tode das Heil in der Flucht, aber wen das Schwert verschonte, den begrub der Fluß Abba. Alahis wurde das Haupt abgeschlagen, die Beine abgeschnitten und nur der ungestalte Rumpf des Leichnams blieb zurück. Die Friauler Mannschaft machte diese Schlacht nicht mit, weil sie gegen ihren Willen Alahis geschworen hatte, und darum weder ihm, noch dem König Kuninkpert beistand, sondern während die übrigen den Kampf begannen, kehrten sie nach Hause zurück. Nachdem nun Alahis ein solches Ende gefunden hatte, ließ König Kuninkpert den Leib des Diaconus Seno an der Thüre der Kirche des heiligen Johannes, welcher derselbe vorgestanden war, prächtig bestatten, er selbst aber kehrte als Herrscher mit Triumph und Siegesjubel nach Ticinus zurück.

Münzen von König Kuninkpert.
Gold. Originalgröße. Berlin, kgl. Münz-Cabinet.

Während sich das bei den Langobarden jenseits des Po zutrug, bot Romoald, Herzog von Benevent, ein zahlreiches Heer auf, belagerte und eroberte Tarent und in gleicher Weise Brundisium und unterwarf jenes ganze Land in weitem Umkreise seiner Herrschaft. Seine Gemahlin Theuderaba erbaute in derselben Zeit vor den Mauern der Stadt Benevent eine Kirche zu Ehren des heiligen Apostels Petrus, und stiftete daneben ein Kloster für viele Mägde Gottes (VI, 1).

Nachdem Romoald sechzehn Jahre das Herzogthum geführt hatte, schied er aus der Welt; nach ihm regierte sein Sohn Grimoald drei Jahre über das Volk der Samniten. Mit ihm war Wigilinda vermählt, eine Schwester Kuninkperts und eine Tochter König Perctarits. Als auch Grimoald gestorben war, wurde sein Bruder Gisulf Herzog und herrschte siebzehn Jahre über Benevent. Seine Gemahlin war Winiperga, die ihm Romoald gebar.

Da in jenen Zeiten auf der Burg von Casinum, wo der Leib des heiligen Benedict ruht, schon seit längeren Jahren öde Einsamkeit herrschte, kamen Franken aus der celmanischen oder aurelianischen Gegend und nahmen, während sie bei dem ehrwürdigen Leibe die Nacht betend zuzubringen vorgaben, die Gebeine des ehrwürdigen Vaters und die seiner Schwester Scholastika mit sich fort und brachten sie in ihre Heimath, wo dann zwei Klöster zu Ehren beider, des heiligen Benedict nämlich und der heiligen Scho= lastika, erbaut wurden. Aber es ist gewiß, daß dieses ehrwürdige und über allen Nektar süße Gebein und die immer gen Himmel blickenden Augen und die übrigen Gliedmaßen, wenn auch halbverwest, uns verblieben sind. Denn allein der Körper des Herrn sah die Verwesung nicht; die Körper aller Heiligen aber sind ihr unterworfen, um in der ewigen Herrlichkeit wieder erneuert zu werden, mit Ausnahme derer, die durch göttliches Wunder unversehrt sich erhalten (2).

Als aber Radoald, der Herzog von Friaul war, einmal sich aus der Stadt Forojuli entfernt hatte, kam Ansfrid von der festen Stadt Reunia und setzte sich ohne Geheiß des Königs in den Besitz des Herzogthums. Auf diese Kunde hin floh Rodoald nach Istrien und gelangte von da zu Schiff über Ravenna nach Ticinus zu König Kuninkpert. Ansfrid aber, nicht zu= frieden mit dem Herzogthum Friaul, empörte sich gegen König Kuninkpert und wollte auch noch sein Reich haben; aber zu Verona ward er ergriffen, vor den König gebracht und geblendet in die Verbannung geschickt. Das Herzog= thum Friaul aber verwaltete hierauf Rodoalds Bruder Ado ein Jahr und sieben Monate mit dem Titel eines Statthalters (3). — —

Hernach geschah es, daß Kuninkpert mit seinem Stallmeister (Marpahis) in der Stadt Ticinus zur Ermordung des Albo und Grauso einen Plan schmiedete; während dessen saß an dem Fenster, vor dem sie standen, eine große Mücke, die wollte Kuninkpert mit seinem Messer zerschneiden, um sie zu tödten, schnitt ihr aber nur einen Fuß ab. Wie nun Albo und Grauso, die von des Königs Absicht nichts wußten, auf dem Wege nach dem Palast zu der daneben liegenden Kirche des heiligen Martyrs Romanus kamen, begegnete ihnen ein hinkender Mann mit einem abgenommenen Bein und sagte ihnen, Kuninkpert werde sie, wenn sie zu ihm kämen, umbringen. Wie sie das hörten, flohen sie, von großer Furcht ergriffen, an den Altar derselben Kirche. Nicht lange, so wurde König Kuninkpert gemeldet, Albo und Grauso hätten sich in die Kirche des heiligen Martyrs Romanus geflüchtet. Da fing Kuninkpert an, seinen Stallmeister zu schelten, warum er habe seine Absicht verrathen müssen? Dieser erwiderte ihm: „Mein Herr König, du weißt, daß, seitdem wir diese Sache besprochen haben, ich dir nicht aus den Augen gekommen bin: wie hätte ich also einem Andern davon sagen können?" Da schickte der König nach Albo und Grauso und ließ sie fragen, warum sie nach der heiligen Stätte geflohen seien? Sie gaben zur Antwort: „Weil uns angezeigt worden ist, daß der Herr König uns tödten wolle." Abermals schickte jetzt der König zu ihnen und ließ fragen, wer es gewesen, der ihnen solches angezeigt; wenn sie ihm den Verräther nicht nennen würden, so könnten sie keine Gnade bei ihm finden.

Nun ließen sie dem König berichten, wie es sich zugetragen hatte, wie näm=
lich ein hinkender Mann, der einen abgenommenen Fuß und bis zum Knie
ein Stelzbein gehabt habe, ihnen begegnet sei, und der habe ihnen ihren Tod
angezeigt. Da merkte der König, daß selbige Mücke, der er den Fuß abgeschnitten,
ein böser Geist gewesen sei und seinen geheimen Gedanken verrathen habe.
Sofort ließ er nun Aldo und Grauso unter Versicherung seines Schutzes aus
der Kirche holen, verzieh ihnen ihre Schuld (welche?) und hatte sie von nun
an in seinem nächsten Gefolge (6).

Zu der Zeit stand der Grammatiker Felix, der Oheim meines Lehrers
Flavianus, in großem Ansehen. Der König hatte ihn so lieb, daß er ihm
außer reichen Gaben auch einen mit Silber und Gold geschmückten Stab
verehrte (7).

In der nämlichen Zeit lebte auch Johannes, Bischof von Bergamus,
ein Mann von besonderer Heiligkeit. Als er einst König Kuninkpert unter
den Gesprächen der Tafel verletzt hatte, ließ ihm dieser bei der Heimkehr
zur Herberge ein wildes und ungebändigtes Roß vorführen, das den Reiter
unter lautem Wiehern zu Boden zu werfen pflegte. Sobald es aber der
Bischof bestiegen hatte, wurde es so sanft, daß es ihn in leichtem Trabe bis
nach Hause trug. Als das der König hörte, erwies er dem Bischof von dem
Tage an die schuldige Ehrfurcht und machte ihm auch das Roß, das er durch
seinen Ritt geweiht hatte, zum Geschenk (8).

In jenen Tagen bekehrte sich Cedoald, der König der Angelsachsen,
der in seinem Lande viele Kriege geführt hatte, zu Christus und zog nach Rom.
Unterwegs ward er von König Kuninkpert mit großen Ehren empfangen.
Als er in Rom angelangt war, wurde er vom Pabst Sergius getauft und
Petrus genannt, noch trug er das weiße Kleid, als er ins Himmelreich
einging. Sein Leib liegt in der Peterskirche begraben und hat eine Grab=
schrift (15).

Unterdessen schied Kuninkpert, der von allen geliebte Fürst, endlich aus
diesem Leben, nachdem er seit seines Vaters Tode zwölf Jahre allein über
die Langobarden geherrscht hatte. Er hat auf der Ebene von Coronate, wo
er die Schlacht gegen Alahis schlug, zu Ehren des heiligen Martyrs Georg
ein Kloster erbaut. Er war aber ein schöner und durch seine Güte aus=
gezeichneter Mann, dabei ein kühner Streiter. Unter reichlichen Thränen der
Langobarden wurde er in der Kirche unseres Herrn und Heilandes, die weiland
sein Großvater Aripert erbaut hatte, beigesetzt und hinterließ das Langobarden=
reich seinem Sohne Liutpert, noch einem Knaben, dem er Ansprand, einen
weisen und erlauchten Mann, als Vormund zur Seite stellte (17).

Nach Verfluß von acht Monaten zog Herzog Raginpert von Turin,
den einst König Godipert, als er von Grimoald getödtet wurde, als Kind
hinterlassen hatte, mit starker Mannschaft heran, überwand Ansprand und
Herzog Rotharit von Bergamus in offener Feldschlacht bei Novariä und
riß das Langobardenreich an sich. Aber noch in demselben Jahre starb er (18).

Betkapelle des alten Benediktiner-Klosters zu Cividale in Friaul.
Ein Langobardenbau aus dem 8. Jahrh., zugeschrieben der Herzogin Gertrude von Friaul (s. Seite 241).

Hierauf begann sein Sohn Aripert den Kampf von Neuem, stritt bei
Ticinus mit König Liutpert sowie mit Ansprand, Ato, Tatzo, Rotharit
und Faro. Aber sie Alle besiegte er; das Kind Liutpert nahm er in der
Schlacht gefangen. Ansprand floh nach der commacinischen Insel und setzte
sich daselbst zur Wehr (19).

Wie aber Herzog Rotharit von Bergamus nach seiner Stadt zurückgekehrt war, warf er sich selbst zum König auf. Gegen ihn rückte nun König
Aripert mit großer Heeresmacht, eroberte Lauda, belagerte Bergamus und
eroberte es in kurzer Zeit ohne die geringste Schwierigkeit durch Mauerbrecher
und andere Kriegsmaschinen; den falschen König Rotharit nahm er gefangen,
ließ ihm Haupt und Bart scheeren und verbannte ihn nach Turin, wo er
nach einiger Zeit getödtet wurde. Ebenso ließ er dem gefangenen Liutpert
im Bade das Leben nehmen (20).

Auch gegen Ansprand schickte er ein Heer ab nach der Insel Commacina. Bei dieser Nachricht floh Ansprand nach Claveuna, gelangte von da
über die rhätische Stadt Curia zu Teutpert, dem Herzoge der Baiern,
und lebte bei diesem neun Jahre. Ariperts Heer besetzte die Insel, auf die
Ansprand geflohen war, und zerstörte die Stadt darauf (21).

Nachdem sich nun König Aripert in der Herrschaft befestigt hatte, ließ er
Ansprands Sohn Sigiprand die Augen ausstechen und Alle, die mit jenem
durch Blutsverwandtschaft verbunden waren, strafte er auf mancherlei Weise.
Auch Ansprands jüngeren Sohn Liutprand hielt er gefangen; weil er ihm
aber eine geringfügige Person und auch noch gar zu jung schien, that er ihm
nicht nur nicht das geringste körperliche Leid an, sondern ließ ihn auch zu
seinem Vater ziehen. Daß dies auf Geheiß des allmächtigen Gottes geschah,
der ihn zu der Leitung des Reichs vorbereiten wollte, daran läßt sich nicht
zweifeln. Liutprand zog also zu seinem Vater ins Baierland und machte
ihm durch sein Erscheinen eine unaussprechliche Freude. Ansprands Frau
aber, mit Namen Theoderada, ließ König Aripert gefangen setzen und,
als sie prahlte, nach ihrem Weiberwillen werde sie noch Königin werden,
ihr Nase und Ohren abschneiden und so ihr Antlitz häßlich entstellen. Auf
gleiche Weise wurde auch Liutprands Schwester Aurona ihrer Schönheit
beraubt (22).

Nach dem Tode Ado's, des Statthalters von Friaul, erhielt Ferdulf
das Herzogthum, der aus Ligurien gebürtig war, ein falscher und hoch-
müthiger Mensch. Seine Sucht nach der Ehre eines Sieges über die Slaven
brachte ihm selbst und den Frianlern großen Schaden. Er bezahlte nämlich
einige Slaven, daß sie auf seine Aufforderung ein slavisches Heer in sein
Gebiet schicken sollten. Dies geschah auch, brachte aber über das Land von
Friaul großes Verderben. Slavische Räuberbanden überfielen die Schafhirten
und Herden, die in ihrer Nachbarschaft weideten, und führten die gemachte
Beute hinweg. Der Amtmann jenes Bezirks, der in langobardischer Sprache
Sculdahis genannt wird, ein edler und an Leib und Seele tüchtiger Mann,

verfolgte sie nun, konnte die Räuber aber nicht mehr einholen. Wie er hierauf
zurückkehrte, begegnete ihm Herzog Ferdulf und fragte ihn, was aus jenen
Räubern geworden sei. Argait, so hieß er nämlich, erwiderte, sie seien geflohen.
Da sprach Ferdulf höhnisch zu ihm: „Wann hättest du auch eine tapfere That
vollbringen können, der du doch deinen Namen Argait von Arge (= Feige)
führst?" Jener, als tapferer Mann darüber von Zorn entbrannt, antwortete:
„Wolle Gott, daß ich und Herzog Ferdulf nicht eher aus diesem Leben gehen,
als bis man erkannt habe, wer von uns beiden mehr der Arge ist." Nicht
lange, nachdem sie mit solchen Reden an einander gerathen waren, begab es
sich, daß das Slavenheer, dessen Erscheinen Herzog Ferdulf durch Geldzahlungen
veranlaßt hatte, mit starker Macht hereinbrach. Da die Slaven ihr Lager auf
dem höchsten Gipfel eines Berges aufgeschlagen hatten, wo man ihnen fast
von allen Seiten nur sehr schwer beikommen konnte, zog Herzog Ferdulf mit
seinem Heer um den Berg herum, sie auf einem eb eneren Wege angreifen zu
können. Da sprach Argait zu Ferdulf diese Worte: „Denke daran, Herzog
Ferdulf, daß du mich einen feigen und untüchtigen Mann, oder in unserer
Sprache einen „Argen", genannt hast. Der Zorn Gottes ergehe nun über
den von uns beiden, der zuletzt an diese Slaven kommt." Und mit diesen
Worten wandte er sein Roß und fing an den steilen, sehr schwer zu besteigenden
Berg hinan gegen das Lager der Slaven zu reiten. Ferdulf aber schämte sich,
die Slaven nicht auf demselben schwierigen Wege anzugreifen, und ritt ihm
auf dem steilen und ungebahnten Wege nach. Das Heer hielt es für schimpf-
lich, seinem Herzog nicht zu folgen, und setzte sich gleichfalls in Bewegung.
Wie nun die Slaven sie auf dem abschüssigen Boden gegen sich heranrücken
sahen, rüsteten sie sich mannhaft zum Widerstand und stritten mehr mit großen
Steinen und Beilen als mit den („Nahe"-)Waffen wider sie, warfen sie von
den Pferden und machten sie fast Alle nieder. Und also erlangten sie den Sieg
nicht durch ihre eigene Kraft, sondern durch den Zufall. Hier wurde der ganze
Adel von Friaul aufgerieben, hier fiel Herzog Ferdulf und auch jener, der
ihn so herausgefordert hatte, fand seinen Tod. Die vielen tapfern Männer,
die hier durch übeln Hader und Unbesonnenheit umkamen, hätten bei ein-
trächtigem und verständigem Handeln Tausende von Feinden bezwingen können.
Ein Langobarde, mit Namen Munichis, der nachmals der Vater der Herzöge
Petrus von Friaul und Ursus von Ceneta wurde, führte damals eine
tapfere und mannhafte That aus. Wie er nämlich vom Pferd geworfen war
und ihm ein Slave, der sich augenblicklich auf ihn stürzte, die Hände mit
Stricken gebunden hatte, wand er noch mit gefesselten Händen dem Slaven
den Speer aus der Rechten, durchbohrte ihn damit, rollte sich dann, gebunden wie er war, den steilen Berg herunter und so entkam er. Diese Geschichte habe ich hauptsächlich darum erzählt, damit nicht Andern durch das
Uebel der Eifersucht Aehnliches widerfahre (24).
    Nachdem nun Ferdulf auf solche Weise gefallen war, kam Korvulus
an seine Stelle, der jedoch nicht lange das Herzogsamt bekleidete, sondern

wegen einer Beleidigung gegen den König geblendet wurde und seine Tage
aller Ehren beraubt verlebte (25).

Hierauf aber erhielt Pemmo das Herzogthum, ein verständiger und dem
Lande nützlicher Mann. Zum Vater hatte er Billo, der aus Bellunum
stammte, aber wegen eines Aufruhrs, den er dort erregt hatte, nach Forojuli
übersiedelte und hier in Frieden lebte. Die Gemahlin dieses Pemmo hieß
Ratperga, die, weil sie von bäurischem Ansehen war, oftmals ihren Mann
anlag, er möge sie verstoßen und sich ein anderes Weib suchen, das einem
so mächtigen Herrn besser als Gemahlin anstehe. Aber er, als ein ver=

Steinplatte mit Skulpturen von der Vorderseite eines von Herzog Pemmo von Friaul errichteten Altars.

ständiger Mann sagte, ihr demüthiges und ehrerbietiges Betragen und ihre
Züchtigkeit gefalle ihm mehr als Schönheit des Leibes. Mit dieser Frau
nun zeugte Pemmo drei Söhne, Ratchis, Ratchait und Ahistulf, lauter
wackere Männer, deren Geburt die Niedrigkeit der Mutter zu Ehren brachte.
Dieser Herzog nahm die Söhne all der Edlen, die in jener Schlacht gefallen
waren, zu sich und ließ sie mit seinen eignen Söhnen erziehen, als hätte er
sie selbst gezeugt (26).

In dieser Zeit eroberte Gisulf, Herzog von Benevent, die römischen
Städte Sura, Hirpinum und Arcis. Dieser Gisulf rückte zur Zeit des
Pabstes Johannes mit seiner ganzen Macht in Campanien ein und ver=
heerte es mit Feuer und Schwert; er machte viele Gefangene und kam bis
an den Ort, der Horrea heißt, und Niemand konnte ihm widerstehen. Da
schickte der Pabst Priester an ihn ab mit apostolischen Geschenken, löste alle

Gefangenen wieder ein und bewog den Herzog mit seinem Heere zum Rückzug in sein Land (27).

Zu der Zeit stellte Aripert, der Langobardenkönig, durch eine Schenkung
das Recht des apostolischen Stuhls auf das Gebiet der kottischen Alpen
her, welche vormals demselben angehört hatten, aber ihm seit längerer Zeit
von den Langobarden entrissen waren, und schickte die in goldenen Buchstaben
darüber ausgestellte Schenkungsurkunde nach Rom. In jenen Tagen kamen
auch zwei Sachsenkönige zur Stätte der Apostel nach Rom und starben
daselbst nach ihrem Wunsch in kurzer Zeit (28). — —

Nach dem Tode des Herzogs Transamund von Spoletum erhielt sein
Sohn Faroald das Herzogsamt. Der Bruder Transamunds war Wachilapus,
der zugleich mit seinem Bruder das Herzogthum führte (30).

Nachdem nun Ansprand bereits neun Jahre im Baierland in der Verbannung zugebracht hatte, vermochte er endlich im zehnten Jahre den Teutpert
zum Krieg. Der Herzog der Baiern rückte also mit Heeresmacht in Italien
ein und lieferte dem Aripert eine Schlacht, in der auf beiden Seiten viel Volks
umkam. Aber obschon zuletzt die Nacht dem Kampfe ein Ende machte, so ist es
doch sichere Thatsache, daß die Baiern das Feld räumten und Ariperts Heer
siegreich in sein Lager zurückzog. (S. aber oben S. 126.) Indem aber Aripert
nicht im Lager bleiben wollte, sondern lieber sich nach der Stadt Ticinus
wandte, entmuthigte er seine Leute und gab dem Feinde neue Kühnheit. Bald
nachdem er in die Stadt eingezogen war, mußte er die Erfahrung machen,
daß er sich ob dieser That das Heer verfeindet habe; er gab also dem Rathe
Gehör, nach dem Frankenlande zu fliehen, und nahm dabei so viel Geld,
als ihm nöthig schien, aus dem Palast mit fort. Als er aber mit diesem
Gelde beschwert über den Ticinusfluß schwimmen wollte, wurde er davon
zu Grunde gezogen und ertrank. Am andern Morgen ward sein Leichnam
aufgefunden, im Palast gebührend besorgt und dann in der Kirche unsers
Herrn und Heilandes beigesetzt, die der alte Aripert erbaut hatte. Dieser
König ging in den Tagen, da er die Herrschaft führte, oftmals bei Nacht
hinaus und da- und dorthin, um selbst zu erkunden, was man in den einzelnen
Städten von ihm spräche, und erforschte sorgsam, wie die verschiedenen Richter
Gerechtigkeit übten im Volk. Wenn die Gesandten fremder Völker zu ihm
kamen, so erschien er in geringen Kleidern oder in Pelzwerk vor ihnen, und
damit keine Absichten auf Italien in ihnen erwachten, ließ er ihnen niemals
köstliche Weine oder sonst ausgesuchte Dinge vorsetzen. Er regierte aber, theils
in Gemeinschaft mit seinem Vater Raginpert, theils allein, im Ganzen bis
ins zwölfte Jahr. Er war ein frommer Mann, ein Freund der Gerechtigkeit
und gab reichliche Almosen; zu seiner Zeit entwickelte die Erde eine üppige
Fruchtbarkeit, die Zeiten aber waren wild. Sein Bruder Gumpert floh damals
ins Frankenreich und verblieb hier bis an sein Ende. Ihm wurden drei
Söhne geboren, von denen der älteste, mit Namen Raginpert, in unsern
Tagen der aurelianischen Stadt (Orléans) vorstand. Nach dem Begräbniß

Aripert nun brachte Ansprand das Reich der Langobarden an sich, regierte aber nur drei Monate: er war ein Mann in allen Dingen ausgezeichnet, mit dessen Klugheit sich Wenige messen konnten. Als die Langobarden sein Ende kommen sahen, setzten sie seinen Sohn Liutprand auf den königlichen Thron, worüber sich Ansprand, dem die Kunde davon noch zu Ohren kam, ungemein freute (35). — —

In der Zeit bestätigte König Liutprand der römischen Kirche die Schenkung in den kottischen Alpen. Nicht lange nachher führte dieser Herrscher Guntrut, die Tochter Herzog Teutperts von Baiern, bei dem er in der Verbannung gelebt hatte, als Gemahlin heim, bekam aber nur eine einzige Tochter von ihr (43).

Zunächst nahm König Liutprand die Gelegenheit wahr, das bis dahin von der Krone völlig unabhängige Herzogthum Benevent näher heranzuziehen: er vermählte mit Herzog Romoald II. Guntberga, die Tochter seiner Schwester Aurona: ca. a. 728 leistete Romoald dem König den Eid der Treue; als er ca. a. 732 starb, schützte Liutprand, in Person nach Benevent eilend, dessen Söhnlein Gisulf wider eine Gegenpartei,[1] führte dasselbe mit sich fort und setzte seinen eigenen Neffen Gregor (vermählt mit Gisilperga) zum Herzog ein.

Herzog Faroald II. von Spoleto nöthigte er, die den Byzantinern abgenommene Hafenstadt von Ravenna, Classis, wieder herauszugeben (nach Muratori ca. a. 716), ein Schritt, dessen Begründung sich unserer Kenntniß ebenso entzieht, wie fast alles andere in des Königs Regierung, außer den nackten Thatsachen selbst. Wir können nur daraus schließen, daß Liutprand damals mit dem Exarchen in sehr gutem Vernehmen stand. Vielleicht wollte er den Spoletaner nicht noch mächtiger werden lassen: diesen zur Herausgabe zu bewegen, war er also stark genug   Das für die langobardische Krone Wünschenswertheste wäre gewesen, die Herausgabe der wichtigsten Seehafen= stadt, des Schlüssels von Ravenna, nicht an die Kaiserlichen, sondern an den König zu eigener Besitzung. Weßhalb Liutprand dies nicht verlangte, aus welchen Gründen er darauf verzichten mußte: — wir wissen es nicht. Wir finden nur mehrere Jahre später (a. 728) den König im Bunde mit Herzog Transamund II. von Spoleto (der a. 723—724 seinen Vater Faroald II. entthront und zum Geistlichen gemacht hatte) gegen Benevent (s. oben) und wohl auch gegen Pabst Gregor II, wider welchen sich der Exarch wandte, während der König die beiden Herzoge wenigstens dahin brachte (ohne Waffen= gewalt, soviel wir wissen) ihm zu Spoleto den Treueeid zu schwören. — Auch in die Verhältnisse des dritten mächtigsten Herzogthums, Friaul, griff Liutprand kräftig ein; hier waltete der sehr tüchtige Herzog Pemmo (s. oben S. 266), der die Slaven (und Avaren?), die alten Plagegeister dieser Marken,

---

1) Guntberga war vor Romoald gestorben, dieser hatte sich dann mit Rani= gunda, Tochter des Herzogs Gaidoald von Brescia, vermählt (VI, 50).

die Niederlagen seiner Vorgänger und greuelvolle Verwüstungen rächend, tapfer zurückgeschlagen hatte.[1]) Er gerieth in heftigen Streit mit dem von Liut= prand eingesetzten und begünstigten Patriarchen Calixtus von Aquileja, der eigenmächtig seinen Sitz von Cormona nach Friaul, der Residenz des Herzogs, verlegt[2]) und den mit Zustimmung des letzteren hier residirenden Bischof Amator von Julia Carnica gewaltthätig aus dessen bisherigem Palatium vertrieben hatte. Kein Wunder, daß Pemmo dies nicht dulden wollte: er verhaftete Calixtus, ließ ihn in die Meerburg Pontium bringen und soll dessen Leben bedroht haben. Sofort entsetzte ihn aber der König des Herzogthums und verlieh es des Entsetzten erstgebornem Sohn Ratchis (dem späteren König). Dieser vermittelte zwischen seinem Vater und dem König, hielt den Ersteren ab, mit seinem Anhang zu den Slaven zu flüchten, und verschaffte ihm freies Geleit zu dem Königsgericht zu Pavia, wo freilich dann alle Anhänger Pemmo's verurtheilt, nur er selbst mit seinen beiden jungen Söhnen Aistulf und Ratchait begnabigt worden.[3])

1) Als jene abligen Söhne, die Pemmo, Herzog der Friauler Langobarden, mit seinen eigenen auferzog, bereits das Jünglingsalter erreicht hatten, kam ihm plötzlich die Kunde zu, daß die Slaven in ungeheurer Anzahl an dem Ort, der Lauriana heißt, erschienen seien. Da fiel er mit seinen Jünglingen zum dritten Mal über sie her und brachte ihnen eine blutige Niederlage bei; von langobardischer Seite aber fiel Niemand als Sigualb, der bereits hoch bei Jahren war, denn schon in jener früheren Schlacht, die unter Ferdulf vorfiel, hatte er zwei Söhne verloren. Bereits zweimal hatte er, wie er wünschte, an den Slaven Rache genommen, aber auch zum dritten Male ließ er sich vom Herzog und andern Langobarden nicht zurückhalten, sondern gab ihnen zur Antwort: „Jetzt habe ich den Tod meiner Söhne zur Genüge gerächt, und will nun freudig den Tod hinnehmen, wenn es so kommen müßte." Und so ge= schah es auch und er fiel ganz allein in dieser Schlacht. Pemmo aber fürchtete, nach= dem er viele Feinde getödtet hatte, er möchte noch einen von seinen Leuten in diesem Kampfe verlieren und schloß mit den Slaven auf dem Schlachtfelde Frieden; und seit der Zeit bekamen die Slaven immer mehr Furcht vor den Waffen der Friauler. (VI, 45.) 2) „Calixtus aber, der ein gar vornehmer Herr war, wollte es nicht gefallen, daß ein Bischof seiner Diöcese bei dem Herzog und den Langobarden wohnen, er aber bei dem gemeinen Volke sein Leben zubringen sollte." 3) Als nun Liutprand zu Gericht saß, verzieh er Pemmo und seinen Söhnen Ratchait und Ahistulf Ratchis zulieb, und ließ sie sich hinter seinem Stuhl aufstellen; dann aber rief er mit lauter Stimme alle die auf, die Pemmo beigestanden hatten, und befahl, sie festzunehmen. Da konnte Aistulf seinen Schmerz nicht bezwingen und er würde mit dem schon gezückten Schwert den König umgebracht haben, wenn ihn nicht sein Bruder Ratchis zurückgehalten hätte. Wie nun die Langobarden festgenommen wurden, da zog einer von ihnen mit Namen Hersemar sein Schwert und floh, sich vor seinen vielen Verfolgern mannhaft wehrend, nach der Kirche des heiligen Michael, und er allein ging durch des Königs Gnade straflos aus, während die übrigen lange Zeit in Ketten schmachteten. Ratchis, der, wie schon bemerkt, Herzog von Friaul geworden war, unternahm mit seinen Mannen einen Feldzug nach Karniola (Krain), dem Lande der Slaven, tödtete eine große Anzahl von ihnen und verwüstete Alles. Bei einem plötzlichen Ueberfall der Slaven konnte er seinen Speer nicht mehr aus den Händen des Waffenträgers nehmen und schlug den ersten, der ihm in den Weg kam, mit dem Stock todt, den er gerade trug VI, 55.

Die Geschichte der Kämpfe und der Bündnisse des Königs mit Byzan=
tinern und Päbsten (von ca. a. 726 — ca. a. 740) ist uns sehr stückhaft
überliefert: die Aufeinanderfolge der Ereignisse ist oft geradezu unbestimmbar:
die Beweggründe der häufigen Umschläge von Bündniß in Kampf und um=
gekehrt, zumal aber überraschender Zugeständnisse des Königs, entziehen sich
fast immer unserer Kenntniß. Pabst Gregor II. (715—731) hatte in dem
Bestreben, die langobardische Macht nicht auf Kosten der kaiserlichen erstarken
zu lassen, noch im Jahre 718 (ungefähr) den byzantinischen dux Johannes
von Neapel ermahnt, Herzog Romoald II. von Benevent das feste Cumä,

Steinplatte mit Skulpturen aus der Taufkapelle (Baptisterium) des Patriarchen Calixtus von
Aquileja zu Civibale. (1. Hälfte des 8. Jahrh.)

das dieser mitten im Frieden überrumpelt, wieder zu entreißen, und ihm nach
glücklicher Ausführung dieser That das dafür versprochene Gold auszuzahlt.

Nach Ausbruch des Bilderstreites (a. 726) geriethen aber der Pabst
und Kaiser Leo III. in heftigen Gegensatz; die Italiener erhoben sich in
offener Empörung gegen die „bilderstürmenden“ Byzantiner zum Schutz der
altverehrten Heiligthümer: die Gelegenheit war Liutprand höchst günstig zur
Ausbreitung seiner Macht, wenn auch der Pabst niemals mit voller Ent=
schiedenheit sich auf Seite der Langobarden gegen das Kaiserreich stellte: nur
dem einzelnen ketzerischen Kaiser trat er gegenüber. Liutprand nahm den
Byzantinern Narni (a. 726?) und, mit Aufgebot der ganzen Heeresmacht,
die Hafenstadt von Ravenna, Classis, vielleicht auch auf kurze Zeit
Ravenna selbst. Der außerordentliche Erfolg gelang nur, weil die Ravennaten

in blutigem Aufruhr sich gegen die Besatzung erhoben hatten. Es ist auf=
fallend, daß bald darauf (a. 728/829) Liutprand mit dem byzantinischen
Patricius Eutychius zusammen gegen den Pabst und die Herzoge
(s. oben) auftritt. — Die Langobarden, welche (fast) gleichzeitig dem Pabst Bei=
stand gegen die Byzantiner leisteten,[1]) sind daher keinesfalls Unterthanen
Liutprands, sondern wohl der empörten Herzoge. In denselben Jahren (726
bis 728) vernehmen wir aber wieder von der Wegnahme mehrerer Städte in
der Aemilia, darunter Bologna und in dem Fünfstädte=Gebiet („Penta=
polis"): Ancona, Ariminum, Pisaurum, Fanum, Numana durch
den König. Auch weist er die Friedensvorschläge des Patricius ab. In den
Jahren 728 und 729 zog Liutprand zweimal in das römische Gebiet und
nahm 728 Sutri.[2]) Aber schon nach 140 Tagen gab er diese Stadt gegen
Geld — dem Pabste, nicht den Kaiserlichen — heraus zu eigenem Besitz „die
erste Schenkung einer Stadt an die Kirche, der erste Keim des Kirchenstates
außerhalb Roms".

Die Beweggründe sind uns unbekannt. Es ist ungerecht, ohne volle
Kenntniß der Verhältnisse die Handlungsweise des Königs zu verurtheilen.
Aber wohl dürfen wir sagen, daß er uns hier und in den folgenden Zu=
geständnissen an den Pabst geradezu unbegreiflich scheint, wenn anders wir
Liutprand den Gedanken, Ravenna, Rom und ganz Italien zu gewinnen,
beilegen wollen. Fromme Gesinnung gegen Pabst und Kirche,[3]) innere Schwäche

---

1) Es schickte der Patricius Paulus von Ravenna Leute ab, den Pabst zu tödten,
aber da die Langobarden sich zur Vertheidigung des Pabstes stellten, die Spoletaner
auf der salarischen Brücke und die tuskischen Langobarden anderswo Widerstand
leisteten, wurde der Plan der Ravennaten vereitelt.   2) König Liutprand eroberte
die in Oemilia gelegenen festen Städte Feroniamum, Mons Bellius, Luxeta,
Persiceta, Bononia, die Pentapolis und Auximum. Auch Suttrium brachte
er damals an sich, gab es aber nach einigen Tagen an die Römer zurück.   3) Er
hat sie vielfach bethätigt: „wie aber Liutprand hörte, daß die Sarazenen nach
der Verwüstung Sardiniens auch die Stätte beunruhigten, wo die Gebeine
des heiligen Bischofs Augustinus einst vor der Plünderung der Barbaren hin=
gebracht und feierlich beigesetzt waren, schickte er dahin, brachte sie um hohen Preis
an sich und ließ sie nach der Stadt Ticinus führen, wo sie mit der einem
so hohen Kirchenvater schuldigen Ehrfurcht bestattet wurden (VI, 48). Dieser ruhm=
reiche König erbaute an den verschiedenen Orten, wo er sich aufzuhalten pflegte,
zur Ehre Christi viele Kirchen. Das Kloster des heiligen Petrus, das vor den
Mauern der Stadt Ticinus liegt und „der goldene Himmel" genannt wird,
ist von ihm gestiftet. Auch auf dem Gipfel von Bardosalp erbaute er ein Kloster,
das Bercetum heißt. In seinem Hofgut Clonua ließ er zu Ehren des heiligen
Martyrs Anastasius ein herrliches Bauwerk aufführen und es zu einem Kloster ein=
richten. In gleicher Weise stiftete er auch an vielen andern Orten Gotteshäuser. Auch
in seinem eigenen Palast erbaute er eine Kapelle unseres Herrn und Heilandes und
stellte, was unter keinem König vor ihm gewesen war, Priester und Geistliche dabei
an, die täglich den Gottesdienst für ihn abhalten mußten. — Zu den Zeiten dieses
Königs lebte in dem Orte, der Forum heißt, am Fluß Tanarus, ein Mann von
seltener Heiligkeit mit Namen Bardolinus, der durch den Beistand der Gnade
Christi sich durch viele Wunder auszeichnete. Gar oft weissagte er das Zukünftige,

seiner Regierungsgewalt — es fehlte, auch abgesehen von den rebellischen Herzogen, nicht an Widersachern — (s. unten) mögen Manches erklären, namentlich auch eine mystische Stimmung, welche ebenso andere Herrscher jener Tage
zu Handlungen fortriß, für deren Würdigung uns fast der Maßstab fehlt.
Am einfachsten erklären sich jene Widersprüche gegen den Einungsgedanken
doch nur, wenn man sich entschließt, diesen Gedanken selbst als einen dem
König fremden, von uns ihm ohne Recht untergeschobenen anzusehen.

Unerachtet der Schenkung von Sutri an den Pabst im Jahre 728 zog
im folgenden Jahre (729) Liutprand, diesmal mit Eutychius zusammen, in
das römische Gebiet, ja er lagerte auf dem „Felde des Nero" dicht vor den
Thoren der Stadt. Doch gelang es dem Pabst bei einer Zusammenkunft, den
König durch die Mittel geistlicher Ueberredung zu friedlichem Abzug zu bewegen, ohne daß dieser unseres Wissens etwas erreicht hätte. Er häufte auf
den Pabst und die römische Kirche hohe Ehren und suchte, ihn zur Annäherung an Byzanz zu bewegen: — eine für uns schwer begreifliche Statskunst!
Wahrscheinlich sollte der Pabst vor Allem gewonnen werden, nicht die rebellischen Herzoge zu unterstützen. Allein gerade dies that Gregors II. Nachfolger,
Gregor III. (a. 731—741), der auch den Bilderstreit mit Byzanz heftig
fortführte: so daß nun Langobardenherzoge, Langobardenkönig, Pabst, Italiener
und byzantinische Besatzungen als untereinander kämpfende, gelegentlich verbündete Parteien zu unterscheiden sind. Römer unter Führung des Herzogs
Agatho von Perusia versuchten Liutprand Bologna wieder zu entreißen,

---

und sprach von Entferntem wie von gegenwärtig Geschehendem. Als nun einmal
König Liutprand in den Stadtwald auf die Jagd gezogen war, verwundete einer
seiner Begleiter, wie er auf einen Hirsch seinen Pfeil abdrückte, wider seinen Willen
des Königs Neffen, nämlich seinen Schwestersohn Aufusus. Bei diesem Anblick brach
der König, der den Knaben sehr lieb hatte, über sein Unglück in Klagen und Thränen
aus und schickte sofort einen Reiter zu dem Manne Gottes Bardolinus ab, auf daß er
für das Leben des Knaben zu Christus flehe. Während der aber zu dem Diener
Gottes ritt, starb der Knabe. Und Bardolinus sprach, sobald jener zu ihm kam, die
Worte: „Ich weiß, was dich zu mir herführt; aber das, was du von mir verlangen
sollst, kann nicht mehr geschehen; denn der Knabe ist bereits todt." Als diese Worte
des Bardolinus dem König von dem Boten hinterbracht wurden, so schmerzte es ihn
zwar, daß er sich der Wirkungen seines Gebets nicht mehr erfreuen konnte, aber er
erkannte deutlich, daß der Mann Gottes den Geist der Weissagung habe. Diesem
nicht unähnlich lebte zu Verona ein Mann mit Namen Teudelap, der außer
vielem Wunderbaren, was er vollbrachte, auch Vieles, was noch in der Zukunft lag,
mit dem Geist der Weissagung vorher verkündete. Zu der Zeit lebte auch, durch sein
Leben und seine Worte berühmt, Bischof Petrus von Ticinus, der als Liutprands Blutsverwandter von König Aripert weiland nach Spoletum verbannt
worden war. Wie dieser einst die Kirche des Martyrs Sabinus besuchte, wurde
ihm von dem Heiligen vorher verkündigt, daß er Bischof von Ticinus werden würde.
Als dieses in der Folgezeit geschah, erbaute er dem heiligen Martyr Sabinus auf
eigenem Grund und Boden eine Kirche in Ticinus. Außer andern herrlichen Tugenden zeichnete er sich in seinem Lebenswandel durch den Schmuck jungfräulicher Keuschheit aus."

wurden aber von des Königs Feldherrn Waltari, Peredeo und Rotkari blutig zurückgeschlagen. Dagegen gelang es der emporstrebenden Lagunenstadt Venedig, den Langobarden Classis (Ravenna) durch Ueberfall wieder abzunehmen, wobei des Königs Neffe Hildeprand (s. unten) gefangen, der tapfere dux von Vicenza Peredeo erschlagen ward. Liutprand machte unseres Wissens damals wenigstens keinen Versuch, diese für weitgreifende Pläne so wichtige Stellung wieder zu gewinnen: doch könnte ein langobardisches Heer, welches in Abwesenheit des Königs damals bei Ariminum geschlagen ward, gegen Ravenna bestimmt gewesen sein: leider läßt sich nur die Zeitfolge der stückhaft berichteten Eingriffe zwischen 731 und 738 durchaus nicht bestimmen. Gleichzeitig führten die Byzantiner aber auch Krieg gegen die wider den bilderstürmenden Kaiser empörten Italiener, welche sich folgerichtig dem Langobardenkönig näherten: eine Anzahl derselben, die Liutprand Ehrengeschenke in das Dorf Pilleum in der Pentapolis bringen wollte, ward von den Kaiserlichen erschlagen oder gefangen. Ob Liutprand ganz Italien, Rom und Ravenna umfassende Pläne hegte, wir wissen es nicht: es ist schwer zu entscheiden. Dagegen die Bändigung der Herzoge hatte er zweifellos als Hauptwerk seiner Regierung sich vorgesteckt und wer daran rütteln wollte, forderte seine ganze Willenskraft zur Abwehr heraus. Das that aber Gregor III, als er, frühere Feindschaft mit Transamund II. von Spoleto in Freundschaft verwandelnd, sich von diesem durch reiche Geschenke die Abtretung von Gallese am Tiber an den ducatus Romanus, in welchem jedoch thatsächlich der Bischof von Rom gebot, erkaufte und mit diesem Herzog, sowie mit dem von Benevent ein Bündniß schloß, welches wohl einerseits die Vertheidigung der Romagna durch diese Herzoge bezweckte, andererseits aber deren Unterstützung durch die thatsächlichen und geistlichen Mittel des Pabstes für Losreißung von der Statsgewalt des Königs. Daher versagten die Herzoge dem König offen den Gehorsam, als er (a. 738) den Heerbann gegen den römischen ducatus aufbot. Sofort wandte sich Liutprand, unter empfindlicher Schädigung die Campagna nach Osten hin durchziehend, gegen Transamund. Dieser floh nach Rom. An seiner Stelle setzte Liutprand Hilderich zum Herzog ein. Der Pabst verweigerte die Auslieferung des Rebellen. Auch der kaiserliche Feldherr Stephanus, der dux des ducatus Romanus, trat für den Pabst und den Herzog auf. Liutprand entfaltete nun große Thatkraft. Er entriß den Byzantinern die Städte Orte, Ameria, Bieda und Pomarzo, ließ gleichzeitig den Exarchat von Ravenna durch seinen Neffen Hildeprand verwüsten und belagerte, unter starken Verheerungen des flachen Landes, den Pabst in Rom. Hart bedrängt rief dieser Karl Martell um Hilfe an: aber auch Liutprand schickte Gesandte an diesen seinen Freund und bewog ihn, die Verlogenheit und Treulosigkeit der Politik des heiligen Vaters aufdeckend, neutral zu bleiben, so flehentlich der Pabst Karl (bei den von ihm zum Geschenke übersendeten Schlüsseln des heiligen Grabes) auch um Beistand gebeten hatte (III, 817). Aber auch diese langobardische Belagerung Roms endete wie alle anderen: der König konnte die Stadt weder erstürmen, noch, Mangels einer Flotte, von der See absperren und aushungern. Vor September 739 zog er ab und nach Pavia zurück. Sofort drang Transamund wieder in sein Herzogthum ein: die Byzantiner des ducatus Romanus unterstützten ihn, da er versprach, die vier von Liutprand eroberten Städte dem dux (oder dem Pabst) zurückzugewinnen. Bald fielen ihm auch die meisten Bürger in seinem Herzogthume zu. Gegen Ende des Jahres zog er wieder in Spoletum selbst ein, Hilderich ward getödtet. Auch Benevent focht damals gegen Liutprand. Doch zögerte Transamund, die vier Städte dem König zu entreißen, der einen neuen Angriff auf Rom vorbereitete und sich durch die Fürbitte seiner eigenen Bischöfe, deren Vermittelung der Pabst nun (740) anrief, schwerlich hätte abhalten lassen. Da starb Gregor III. (November 741) und sein Nachfolger, ein höchst milder und sanfter Mann, Zacharias, von griechischer Abkunft und Klugheit, beschloß alsbald, die bisherige Parteistellung des römischen Stuhls völlig zu wechseln. Transamund, der jene vier Städte seinem Versprechen gemäß zu erobern nicht einmal versucht hatte, ließ er fallen, schickte eine Gesandtschaft nach Pavia, erbat und erhielt von dem König die Zusage der Rückgabe jener vier Städte und erwirkte als Gegenleistung, daß die Truppen des römischen Ducatus mit Liutprand gegen jenen Herzog auftraten, er zog selbst gegen Spoleto.[1]) Da gab dieser jeden Widerstand auf und stellte sich freiwillig dem König, der ihn in ein Kloster schickte und an dessen Stelle seinen (des Königs) Neffen Agiprand, früher Herzog von Chiusi, setzte. Sofort wandte sich Liutprand gegen Benevent: hier war sein Neffe Gregor (oben S. 268) um das Jahr 738 erschlagen und zu seinem Nachfolger von der Gegenpartei ein gewisser Gottschall erhoben worden, welcher bisher (738—742) stets mit Transamund und den anderen Feinden des Königs gemeinsame Sache gemacht hatte. Aber jetzt zog Liutprand von dem neu unterworfenen Spoleto heran, Gottschall ward, bevor er zu Schiff entfliehen konnte, von seinen Feinden erschlagen und nun setzte (a. 742) der König Romoalds (oben S. 268) inzwischen herangewachsenen Sohn, jenen Gisulf (II.) zum Herzog ein, den er mit einer edlen Langobardin, Skauniperga, ver-

---

1) Als er in der Pentapolis von der Stadt Fanum nach Forum Sempronii zog, fügten die Spoletaner, die sich mit den Römern verbündet hatten, seinem Heere in einem auf dem Wege liegenden Wald schweren Verlust zu. Der König übertrug Herzog Ratchis und dessen Bruder Ahistulf mit den Friaulern die Nachhut. Diese wurden von den Spoletanern und Römern angefallen und einige von ihnen verwundet; aber Ratchis mit seinem Bruder und andern besonders tapfern Männern hielt die ganze Schwere des Kampfes aus, sie stritten mannhaft, machten Viele nieder und zählten, als sie mit ihren Leuten aus dem Streit kamen, nur wenig Verwundete. Ein ungemein tapferer Spoletaner, Berto geheißen, rief damals Ratchis beim Namen auf und stürzte wohlbewaffnet auf ihn los; Ratchis warf ihn sogleich mit einem Stoß vom Pferd, und als ihn seine Gesellen umbringen wollten, ließ er ihn mit gewohnter Mildherzigkeit entrinnen. Damals tödtete auch Ahistulf zwei sehr tapfre Spoletiner, die ihn auf der Brücke von rückwärts angefallen hatten.

wählt hatte und in völliger Abhängigkeit von der Krone hielt. Da nun aber auch Liutprand mit der versprochenen Herausgabe der vier Städte zögerte, faßte der Pabst den ebenso muthigen als klugen Beschluß, den Löwen in seiner Höhle aufzusuchen, d. h. zu König Liutprand selbst zu gehen. Das eben gebrauchte Bild enthält freilich arge Uebertreibung, denn irgend welche Gefahr lief der römische Bischof dabei durchaus nicht. Und der seelenkundige Grieche wußte genug von des Königs frommem Sinn und ehrfurchtsvoller Scheu vor der Kirche, um die völlige Unbedenklichkeit seines genialen Gedankens zu erkennen. Daß er an Leben, Leib, Freiheit geschädigt werden könne, wenn er, als Gast, freiwillig kommend, den König aufsuchte, war völlig ausgeschlossen. Das Schlimmste, was Zacharias widerfahren konnte, war Abweisung seiner Forderung. Und auch dies war höchst unwahrscheinlich. Vielmehr war mit Sicherheit darauf zu zählen, der ehrliche Sinn des Fürsten werde der Persönlichkeit des Pabstes gegenüber dessen unmittelbarer, mit allen geistlichen Mitteln unterstützter Mahnung, ein Königswort einzulösen, nicht widerstehen können. Und so geschah es denn auch: zugleich aber bereitete die im höchsten Maß ehrfurchtreiche pietätvolle Behandlung, welche dem Pabste vom Beginn bis zum Beschluß seiner Reise von König, Adel und Volksheer der Langobarden zu Theil ward, dem römischen Stuhl einen bedeutungsreichen Triumph. Zacharias zog an der Spitze eines großen Theils des römischen Clerus nach Interamna (Terni) im ducatus Spoletanus, wo Liutprand mit seinem Heere lagerte, der ihm sofort einen vornehmen Beamten (Grimoald) bis nach Orte entgegensandte, ihn bis Narni zu geleiten: in der festen Stadt ward der Pabst von einigen Herzogen mit deren Scharen begrüßt und Liutprand selbst zog ihm bis auf acht (römische) Meilen zwischen Narni und Interamna entgegen. Hier waren Adel und Heer um die Basilika des heiligen Valentinus zum feierlichen Empfang aufgestellt. Nach der Messe führte der König den Pabst abermals eine römische Meile weit bis an dessen Zelt. Am folgenden Tag setzte Zacharias bei dem König in einer Unterredung Alles durch, was er wollte, und was Transamund und früher Liutprand selbst zugesagt hatte. Denn nun schenkte der König die vier Städte mit deren Gebiet und Bewohnern einfach und unverhüllt der römischen Kirche: nicht, wie es früher wenigstens ausgedrückt, wenn auch nicht gemeint gewesen war, dem ducatus Romanus, d. h. dem Kaiser, ihrem früheren Herrscher. — Aber außerdem gab der König der römischen Kirche alles Land in der Sabina zurück, welches seit dreißig Jahren schon langobardisch gewesen war, und dazu noch das große Thal bei Sutri, endlich die Gebiete von Ancona, Narni, Auximum (Osimo) und Numana. Ferner wurden alle Kriegsgefangenen — Byzantiner und Römer —, welche Liutprand in Tuscien und jenseit des Padus (Po) festgehalten hatte, darunter sehr vornehme Männer und hohe Beamte, ohne Lösung freigelassen und schließlich dem römischen Stuhl und seinen Besitzungen für zwanzig Jahre Friede zugesagt. — Wahrlich, nicht ohne Berechtigung mochte die Lebensbeschreibung des Pabstes rühmen, daß er „mit der Palme

18*

des Sieges nach Hause gekehrt sei". Die letzten Gründe dieser ganz erstaun-
lichen Zugeständnisse Liutprands sind gewiß in der frommen Gesinnung des
Königs und der gewaltig eindringenden geistlichen Beredsamkeit, der zugleich
klugen und ehrwürdigen Persönlichkeit des Pabstes zu suchen. Freilich durfte
sich Liutprand auch nicht in Widerspruch setzen gegen die sehr fromme Gesinnung seines Volkes, zumal es ihm an einer Gegenpartei nicht fehlte (siehe
unten). Aber so schwach war seine Stellung doch nicht, daß er durch solche
Schenkungen die Gunst des Pabstes sich hätte erkaufen müssen. Nach Allem,
was wir von der Lage der Dinge wissen, war diese Nachgiebigkeit ein schwerer
politischer Fehler: — immer vorausgesetzt, daß wir Liutprand den Gedanken
einer Eroberung von ganz Italien als der Zukunftsaufgabe des Langobardenreiches beilegen, eine Idee, welche wir aber wahrscheinlich nur willkürlich
in ihn und die meisten Langobardenkönige hineintragen. Alsbald sollte sich
die Verderblichkeit jener Statskunst der Schwäche nach anderer Richtung hin
wiederholen, ihre üblen Folgen offenbaren. Liutprand versuchte im folgenden
Jahre (742—743) die Lähmung der byzantinischen Macht durch die Kämpfe
zwischen Kaiser Constantin V. (Kopronymos), dem ebenfalls bilderstürmenden Nachfolger Leos III., und dessen Schwager, dem bilderschützenden Arta-
bados, in neuen Angriffen auf Ravenna zu benützen. Seine Heere verwüsteten das Flachland des Exarchats, eroberten Cesena, bereiteten die
Belagerung von Ravenna vor. Da wandten sich Exarch, Erzbischof und Volk
von Ravenna an des Königs Freund, den Pabst, mit der Bitte, durch seine
Vermittelung Liutprand zur Umkehr zu bewegen. Wirklich schickte Zacharias
Gesandte an Liutprand, welche ihm die Herausgabe von Cesena und Beendung
der Feindseligkeiten ansannen, und da die Zumuthung ("mit schroffem Starr-
sinn", sagt die Biographie des Pabstes) abgewiesen ward, begab sich der Pabst
selbst von Rom nach dem bedrängten Ravenna, wobei es ohne Wunderzeichen
nicht abging. Liutprand weilte nicht im Exarchat, sondern in Pavia. Ihn
wollte der Pabst aufsuchen. Der Weg von Rom nach Pavia führte durchaus
nicht unmittelbar über Ravenna. Vielmehr war diese Abbiegung ein Umweg,
eine Verzögerung. Daher muß den römischen Bischof hierbei ein besonderer
Beweggrund geleitet haben. Es war gewiß die Absicht, Ansehen und Einfluß
des Pabstthums auch in dessen Hauptstadt und in dessen Hauptstadt ganz außerordentlich zu erhöhen, indem Zacharias als der einzige Retter aus der Noth
langobardischer Bedrängniß erschien. Wenigstens ward diese Wirkung auf das
Umfassendste erreicht. Exarchat und Volk von Ravenna empfingen den Pabst
wie einen Boten des Himmels, dem ja auch zum Schutz gegen den Sonnen-
brand Gott eine Wolke von Rom bis zur Basilika San Apollinare vor
Ravenna über dem Haupte schweben und ebenso auf der Reise nach Pavia
feurige Heerscharen in den Wolken voraufziehen ließ. Der feine Grieche auf
dem römischen Stuhl trachtete danach, für den Pabst in Ravenna allmählig
eine gleiche — zunächst geistliche und politische — Autorität zu gewinnen, wie
sie in Rom schon längst thatsächlich bestand und an der sich hier wie dort

St. Georgs-Basilika zu Rom.
Von Pabst Leo II. erbaut, im 9. Jahrhundert von Pabst Zacharias restaurirt.

auch rechtliche Gewalt, Rechte der Herrschaft emporbauen konnten. Nun ließ Zacharias durch Gesandte den König wissen, daß er alsbald bei ihm in Pavia eintreffen werde. Es macht fast humoristischen Eindruck, wie sich der Helden-könig vor dieser bedrohlichen Annäherung des waffenlosen Greises fürchtet. Hatte Liutprand doch zu seinem Schaden erfahren, wie wehrlos vielmehr er

selbst dem beredten Einfluß dieses Priesters gegenüberstand, wie dieser ihm
durch fromme Reden Alles entriß, was er irgend wollte. Der König fürchtete
sich vor dieser abermaligen persönlichen Begegnung. Er mißtraute nach den
Erfahrungen des Vorjahres seiner eigenen Festigkeit. Und der Erfolg sollte
lehren, wie vollbegründet solche Besorgniß war. Die vorausgeschickten Boten
des Pabstes erfuhren, daß die Langobarden in Imola von ihrem König
beauftragt waren, die Reise des Pabstes nach Pavia, nöthigenfalls mit Gewalt
zu verwehren: sie warnten Zacharias und mahnten ihn, einen andern Weg
einzuschlagen. Der Pabst soll darüber sehr erschrocken sein. Das ist glaublich, da ihm an dem Durchdringen bis zum König selbst Alles gelegen war.
— Wenn er aber wirklich äußerte, „er fürchte für sein Leben", so wird man
solche Worte kaum für ernst gemeint halten dürfen: Liutprand fürchtet sich
mit allem Grund viel mehr vor dem Pabst, als dieser Ursache hatte, dem
König Mordpläne wider das so hoch von diesem verehrte Oberhaupt der Kirche
zuzutrauen.

Jedesfalls überwand Zacharias seine Besorgnisse, machte sich, unerachtet jener Warnung, auf den Weg und gelangte, den Maßregeln des Königs
zum Trutz, nach Pavia. Liutprand, sehr ungehalten, und beunruhigt über
diese abermalige Heimsuchung, deren Absichten ihm natürlich klar waren, weigerte
sich, Krankheit (oder „Schmerz") als Grund angebend, die beiden Gesandten
des Pabstes zu empfangen. Als aber am 28. Juni 743 dieser selbst am
Padus eintraf, ward er von den vornehmsten Großen feierlich eingeholt und
nach der Residenz begleitet, vor deren Thoren sich die ecclesia celi aurei
(Ciel de' Oro), von Liutprand gegründet, erhob. Hier feierte er die Messe
und zog dann in die Stadt ein. Am folgenden Tage wiederholte er die
Messe auf Einladung des Königs, der ihn hier vor den Thoren zuerst begrüßte.
Am 30. Juni erst ward er in das „palatium" entboten, wo er, höchst ehren-
voll empfangen, sofort seine früheren Zumuthungen eindringlichst wiederholte.
Und der König — gab abermals nach. Wenigstens in allem Wesentlichen: er
versprach Einstellung der Feindseligkeiten und Rückgabe von ²/₃ des den
Ravennaten abgenommenen Gebietes sofort, das letzte Drittel mit der Festung
Cesena sollte am 1. Juni 744 zurückgegeben werden „nach Rückkehr der vom
König nach Byzanz gesendeten Unterhändler". Wir wissen von dem Zweck
dieser Gesandtschaft nichts; vielleicht sollte sie mit einem der beiden sich immer
noch bekämpfenden Machthaber (oben S. 276) ein Bündniß gegen den andern
anbahnen. Nachdem der Pabst so wenn nicht alle, doch die meisten seiner
Forderungen durchgesetzt, kehrte er, ehrenvoll vom Könige bis an den Padus,
von mehreren Herzogen noch weiter begleitet, nach Rom zurück. Diese Herzoge bewirkten auch sofort die versprochene Räumung des ravennatischen Gebietes: „und Ravenna und die Pentapolis, von Bedrängniß befreit, sättigten
sich, Dank dem Pabste, wieder an Korn, Wein und Oel". In Rom veranstaltete
der Pabst eine große kirchliche Feier, in welcher aber noch immer „Gottes
Beistand angerufen wurde wider den Bedränger und Verfolger der Römer

und Ravennaten, König Liutprand. Gott erhörte dies Gebet und rief den
König noch vor jenem Termin (1. Juni) von der Welt, worauf alle Ver=
folgung zu hoher Freude der Römer und Ravennaten aufhörte." Wahrschein=
lich ist dies so zu verstehen: — der Hinweis auf jenen Termin hat doch wohl
diesen Sinn, — daß sich der König vorbehalten hatte, Cesena und das letzte
Drittel je nach der von seinen Gesandten aus Byzanz zurückgebrachten Ant=
wort zu behalten, oder — nach seiner Wahl — für den einen oder den andern
der Machthaber zwar als byzantinisches Gebiet anzusehen, aber selbst in Ver=

Kreuzgang in S. Giorgio Inganna=poltron im Policella=Thale bei Verona.
Ein Langobardenbau um 720.

tretung seines Verbündeten besetzt zu halten. Mag letztere Vermuthung zu
sehr in das Einzelne sich wagen: — jene Verhandlung mit Byzanz, von der
wir nur ganz gelegentlich erfahren, mußte von entscheidender Bedeutung für
Liutprands Haltung gegenüber Pabst und Exarchen werden. Die für ihn
richtigste Statskunst wäre gewesen, sich des einen byzantinischen Kaisers gegen
den andern zu bedienen. Jedenfalls aber, — und dies ist, soweit ich sehe,
bisher nicht richtig erfaßt worden — bildete den Grund der Unzufriedenheit
des Pabstes mit dem Erfolge seiner Sendung die Ursache, weßhalb er nach
der Rückkehr gegen seinen „Freund" und Verehrer Kirchengebete und öffent=
liche Bittgänge veranstaltete: gerade ein an jene Frist geknüpfter Vorbehalt

des Königs, der also doch wenigstens für Cesena und das letzte Drittel seiner
Eroberungen sich die Entscheidung vorbehalten hatte bis zur Rückkehr seiner
Gesandten.

So erklärt es sich, daß die ganz einseitige Quelle (die „vita Zachariae")
den doch so frommen König gewissermaßen als todtgebetet darstellt und seine
„Abberufung" noch vor der „gottlos" von ihm festgestellten Frist als eine ihn

Thurm von S. Giorgio Inganna-poltron im Policella-Thale
bei Verona.

strafende oder doch Rom und
Ravenna, in Erhörung der
päbstlichen Gebete, rettende
Wunderthat Gottes. Das
war der Dank der kirchlichen
Auffassungen für die bis an
begreifliche Schwäche strei-
fende ehrerbietige Nachgiebigkeit des wackeren, aber nun
auch schon sehr betagten
Königs. Liutprand starb im
Januar 744: er ward be-
stattet in der Basilika des
heiligen Hadrianus neben
seinem Vater. Im zwölften
Jahrhundert (1173 oder
1174) wurde die Leiche nach
Ciel de' Oro übertragen.
Seit dem Jahre 735 bereits
hatte mit ihm zugleich sein
Neffe Hildeprand (ältester
Sohn von Sigiprand,
s. oben S. 264) als Mit-
könig gewaltet, welcher bei
einer schweren Erkrankung
Liutprands von einer Partei
in sicherer Voraussetzung
seines Todes, den sie in
ihrer Ungeduld gar nicht

erwarten zu können schien, in die Kirche Sanctae Mariae „bei den Stangen"
(ad perticas) vor den Thron geführt und zum König erhoben worden war.
„Aber auf den Speer", welchen sie dem neuen König „nach der Sitte" in die
Hände gaben, flog ein Kuckuck, was weisen Männern vorzubedeuten schien:
die Regierung werde nicht frommen". Diese von Paulus Diaconus über-
lieferte Sage und das daran geknüpfte Urtheil zeigt, daß nach richtiger Auffassung des Volkes dieser Schritt ein Unrecht war. Auch war Liutprand nach
seiner Genesung über solche Vorschnelligkeit nicht erfreut und ließ sich nur

gefallen, was er ohne Bürgerkrieg nicht ändern konnte. Denn freiwillig zurück=
treten, fiel dem Neffen nicht ein. So urkundeten denn Beide fortab zusammen
als Könige. Schon vor diesem Gewaltstreich waren wiederholt Anschläge
gegen das Leben des Königs geplant worden. Zuerst gleich nach seiner
Thronbesteigung von einem Verwandten, Rothari, ein ander Mal von
zwei Waffenträgern. In beiden Fällen vorher gewarnt, bewies er hohen
Muth. Paulus deutet aber an, daß er auch noch manchem Andern ähn=
liche Schuld zu verzeihen hatte.[1])

Sind politische Beweggründe
dieser Pläne zu suchen, so liegen
sie wohl in dem Widerstreben
der alten unbotmäßigen Abels=,
zumal Herzogsgeschlechter gegen
die verdienstlichste Richtung von
Liutprands Regierung: nämlich
die Befestigung des Königthums
über dem gebändigten Adel, und

Kapitell von den Säulen des Altar=Baldachins (Ciborium)
in S. Giorgio Inganna=poltron im Pollcella=Thale
bei Verona.

Laut Inschrift unter der Regierung Liutprands errichtet

1) Wie aber Liutprand sich im
Reich befestigt hatte, wollte ihn
Rothari, sein Gesippe, umbringen.
Er richtete in seiner Wohnung in
Ticinus ein Gastmahl zu und ver=
steckte die stärksten Männer bewaffnet
in seinem Hause, den König bei
der Tafel ermorden zu lassen. Da
das Liutprand hinterbracht wurde,
ließ er ihn nach seinem Palast rufen
und fand nun, indem er ihn mit der
Hand anfühlte, daß er, wie ihm
gemeldet worden war, einen Panzer
unter seinem Kleide trage. Als
Rothari merkte, daß er verrathen
sei, zog er alsbald einen Dolch
heraus, um jenen zu durchstoßen.
Dieser aber zog sein Schwert aus
der Scheide. Einer der königlichen
Leibwächter, mit Namen Suto,
packte Rothari im Rücken, wurde aber von ihm an der Stirne verwundet. Dann
sprangen aber auch noch Andere auf Rothari los und machten ihn auf der Stelle
nieder. Auch seine vier Söhne, die nicht zugegen gewesen waren, wurden, wo man
sie fand, getödtet. Es war aber Liutprand ein Mann von seltenem Muth: so 'ging
er einst mit zwei Schildträgern, die, wie ihm gemeldet war, ihn zu ermorden beabsich=
tigten, ganz allein in den dicksten Wald. Hier zog er sein Schwert aus der Scheide,
hielt es ihnen entgegen und rückte ihnen nun vor, daß sie ihn ermorden wollten,
und forderte sie auf, es nun zu thun. Da warfen sie sich ihm zu Füßen und ge=
standen ihm ihr ganzes Vorhaben. Auch noch mit andern machte er es in ähnlicher
Weise, sobald sie aber ihre Schuld eingestanden hatten, verzieh er ihnen ihr Ver=
brechen.

Partie aus dem Kreuzgang in S. Giorgio Inganna poltron im Policella-Thale bei Verona.

die Unterwerfung der großen Herzogthümer. Wir wissen nicht eben viel von den Verwaltungsmaßregeln des Königs, dagegen können wir aus seiner

Thätigkeit als Gesetzgeber manches seiner Ziele erkennen: so vor Allem den Schutz des Rechts gegen Willkür der Richter, die schriftliche Feststellung unge= wissen Gewohnheitsrechts. Eine Reihe von Edicta, auf den Reichstagen während seiner langen Regierung erlassen, hat das Langobardenrecht in höchst bedeut= samer Weise ergänzt, geändert, fortgebildet. Er verdient gewiß in vollem Maß das Lob, das ihm (fast) gleichzeitige Quellen als Krieger und Held, als frommem Christen, als tugendreichem Mann ertheilen. Paulus erblickt in der wunderbaren Errettung des Knaben aus der Gefährdung seiner Sippe ein wohlthätiges Wunder Gottes, welches den Langobarden diesen Mann erhalten wollte, der ohne Zweifel einer ihrer allerbedeu= tendsten Könige werden sollte. Auch die Sage hat ihn früh verherrlicht, die glaubwürdigste, weil unbestech= lichste Bezeugerin des Dankes eines Volkes. Ueber seine schwer erklärliche

Münzen von König Liutprand.
Gold, Originalgröße. Berlin, kgl. Münz-Cabinet.

Schwäche gegenüber dem Pabst und — mittelbar — auch gegen die Byzan= tiner wiederholen wir unser Urtheil dahin: daß man ihm entweder den Ge= danken der Eroberung von ganz Italien absprechen oder seine Ehrerbietung gegen die Kirche als hauptsächlichen Beweggrund für schwere Verfehlungen des Gealterten betrachten muß. Es ist ja möglich, daß auch rein statliche Gründe mitgewirkt haben: die Erkenntniß seiner Schwäche, die Furcht vor Gegenparteien, vor dem Widerstand der Großen, welche bei einem schroffen, dauernden Streit mit der Kirche das fromme Volk gegen die gottlose Krone empört haben möchten, auch Rücksicht auf etwaiges Eingreifen der Franken, falls der Kirche ihre weltliche Stellung mit Gewalt entrissen worden wäre: — obzwar das gute Einvernehmen mit Karl Martell und dessen Sohn[1]) hiegegen ausreichend zu sichern versprach.

Jedesfalls wissen wir viel zu wenig von diesen statlichen Verhältnissen, um mehr als ziemlich unbestimmte Vermuthungen an sie knüpfen zu können über Beweggründe für die hierin befremdende Handlungsweise des bedeutenden Herrschers.

Wir haben die Geschichte (und Sage) der Langobarden bis auf Liutprand großentheils in des trefflichen Paulus eignen Worten erzählt; er brach hier ab, vermuthlich weil er, einerseits ein treuer Anhänger von Arichis von Benevent, des Eidams des letzten Langobardenkönigs langobardischen Stamms, andererseits ein dankbarer Genosse der Akademie des großen Karl, nicht ohne inneren Widerstreit die Ereignisse der letzten Jahrzehnte hätte erzählen können.

Wir haben dieselben — nur sehr mangelhaft sind wir darüber unter=

---

1) III, 814.

richtet — im Wesentlichen bereits in der Geschichte der Franken dargestellt
(III, S. 865f.): es ist daher hier nur Weniges nachzutragen.

Schon sieben Monate nach Liutprand (Januar 744) starb dessen Neffe
Hildiprand, Sohn Sigiprands, welchen jener vor neun Jahren (735) als
Mitherrscher angenommen hatte. Sein Nachfolger ward Ratchis, der bisher
als Herzog von Friaul tapfer gegen Abaren und Slaven gekämpft hatte.
Er war den Römern geneigt, seine Gemahlin Tassia stammte aus Rom; er
schloß denn auch bald auf Bitten des Pabstes Zacharias einen Frieden auf
10 Jahre. Allerdings brach er denselben und belagerte Perugia, aber da
machte sich Pabst Zacharias (741—752) selbst auf, den Bedränger in seinen
Zelten aufzusuchen, eingedenk, wie erfolgreich derselbe Schritt gegenüber Liutprand
gewesen.

Und wirklich erschütterte den König die Beredsamkeit und das ganze
Wesen des heiligen Vaters so mächtig, daß er nicht nur die Belagerung der
Stadt und den Krieg wider „Sanct Petrus" aufgab, sondern bald darauf dem
Thron und der Welt entsagte (749). Dies scheint freilich nicht ganz freiwillig geschehen zu sein. Seine Hinneigung zu den Römern — bei seiner
Vermählung mit der Römerin hielt er die Vorschriften des Langobardenrechts
nicht ein, schenkte auch Römern in römischer (statt in langobardischer) Rechtsform — verstimmte die Kriegspartei unter den Langobarden. Schon drohten
ihm feindselige Verbindungen in Oberitalien, als er Herzog Lupus von
Spoleto aufsuchte und — auf Tassias Wunsch — das Kloster des h. Syl-
vester auf dem Soralte. Während dieser Abwesenheit ward sein kriegseifriger
Bruder Ahistulf — Aistulf zum Gegenkönig ausgerufen (Juli 749), Ratchis
gab jeden Widerstand auf, ging mit Frau und Tochter nach Rom und trat dann
unter dem Segen des Pabstes in das Kloster des h. Benedikt zu Monte
Casino, welches vor Kurzem auch Karlmann aufgenommen hatte (III, S. 851).

Der Reichstag zu Pavia (März 750) erklärte alle Schenkungen des
Ratchis und seiner Gattin, welche nach Aistulfs Erhebung ausgestellt worden
(zumal an Kloster Soralte) für ungültig, falls sie letzterer nicht ausdrücklich
anerkenne. Aistulf erneuerte schon 751 den Angriff auf den Exarchat: und
wirklich gelang ihm, den Exarchen Eutychius zu vertreiben und sich Ravenna's
selbst zu bemächtigen. Den zweiten Jahrestag seiner Herrschaft (Juli 751)
feierte er bereits im Kaiserpalaste zu Ravenna, schon 750 besaß er den
größten Theil des Exarchats, der Erzbischof von Ravenna wohnte dem langobardischen Reichstag vom 1. März 750 bei. Nicht auf Ausraubung, auf
Einverleibung des noch byzantinischen und des römischen Gebietes der Halbinsel ging des Königs staatsmännischer Plan; er forderte Anerkennung seiner
Gerichtsbarkeit und Finanzhoheit in den besetzten Städten. Ein Großes war
erreicht.

Im folgenden Jahre (752) führte er das Heer in den ducatus Romanus. Auch in den Herzogthümern Benevent und Spoleto machte der
kraftvolle König die Rechte der Krone geltend. Lupus von Spoleto, des

Langobartenbau in Spoleto: Faſſade der Peterskirche.

Ratchis ergebenen Anhänger, scheint er abgesetzt und — sehr weise — nicht durch einen Nachfolger ersetzt zu haben; in Benevent beließ er zwar Liut= prands Neffen Gisulf, dann dessen Wittwe Skauniperga und deren Sohn Liutprand, aber der König übt auch hier die oberste Gerichtsbarkeit und er zwingt auch in der Folge die Aufgebote beider Herzogthümer, mit dem übrigen Heer des Reichs gegen Rom zu ziehen (756). Auf Bitten des Pabstes Stephan II. (26. März), 752—757, des Zacharias Nachfolger, schloß er (Juni 752) Frieden auf 40 Jahre, aber schon nach 4 Monaten, October, brach er ihn wieder Der Pabst suchte vergeblich, durch eine Gesandt= schaft mit Geschenken und Bitten die Gefahr abzuwenden. Schon im März stand Aistulf im Ducatus, im October in Nepi, im September 753 nahm er die Burgen in der Nähe Roms, so Ceccano bei Frosinone, Sanct Peter gehörig, nur 30 römische Meilen (30,000 Schritte) von Rom, erneuerte, unter schweren Drohungen Kopfgeld von den Römern heischend, den Kampf, wies eine neue Gesandtschaft des Pabstes und eine Botschaft des Kaisers Constantin Kopronymos, welche des Pabstes Bruder, der Diakon Paulus (später Pabst Paul I 757—767) nach Ravenna begleitete, ab und fuhr fort, den Ducatus zu bedrängen (753). Weiter als jemals früher schien das langobardische Königthum vorgeschritten in der Lösung all' seiner Aufgaben — gegenüber Ravenna, Rom und den Gränzherzogen, oben S. 273 — da trat ihm jene Verbindung des Pabstthums mit der arnulfingischen Franken= macht entgegen, jene verhängnißvolle Thatsache von höchster Bedeutung, deren Wucht es erliegen mußte. Es folgten nun die bereits (III, S. 865) dar= gestellten Verhandlungen Stephans mit Pippin, die Reise zu Aistulf und, da das wiederholt bewährte Mittel päbstlichen Besuches bei diesem nichts half, jene Fahrt über die Alpen zu dem Frankenkönig mit ihren weltgeschichtlichen Folgen (III, 866f.). Wir haben die Pippinische Schenkung und die beiden Feldzüge von 754 und 756 bereits erörtert (III, 875—905). Als Aistulf durch einen Sturz auf der Jagd den Tod gefunden (Nov. oder Dec. 756), ward Desiderius, Herzog von Tuscien, sein befreundeter comes stabuli (marpahis) zum König der Langobarden gekoren; er sollte der letzte des Alboinschen Reiches sein.

Seine Thronfolge ward anfangs nicht ungefährlich bestritten; Ratchis trat aus dem Kloster in die Welt zurück und nahm die Krone wieder in An= spruch: wir erfahren nicht aus welchen Gründen —; er fand Anhang, ja von December 756 bis März 757 behauptete er sich im Besitze des Königs= palastes zu Pavia, auch in Tuscien, wo doch Desiderius seine Hauptmacht sammelte, erkannte ihn der Bischof von Pisa noch März 757 an. Aber Desiderius gewann für sich den Pabst und Pippins Gesandten Fulrad durch eidliches Versprechen, alle Wünsche des Pabstes zu erfüllen (vgl. III, 908), worauf der Pabst, besonders durch Fulrad, Ratchis zur Rückkehr in das Kloster bewog. Allein das Verhältniß zu dem heiligen Stuhle trübte sich bald; Desiderius hielt dem neuen Pabst Paul I. (757—767) nicht die besten Bruder

ertheilten Versprechungen. Der Pabst unter=
stützte nun die wieder einmal empörten Her=
zöge von Benevent und Spoleto, worauf
Desiderius in den von Pippin dem Kirchenstat
geschenkten Exarchat einfiel und sich gegen
Pabst und Pippin — so seltsam hatte sich die
Stellung der Widerstreitenden verschoben! —
mit Byzanz in Verbindung zu setzen suchte.
Pippin zwar lehnte noch die flehentlich erbetene
Waffenhilfe ab, er vermittelte nur durch Ge=
sandtschaften. Wie sich dann aber durch Karl
den Großen die Geschicke des Langobardenreiches
erfüllten, ist bereits dargestellt worden (III, 967).

Bleisiegel (gefälscht) Pabst Pauls I.
Nach einem Gipsabguß im kgl. Geh.
Staatsarchiv zu Berlin.

Von Verfassung und Recht[1]) des Reiches muß hier folgender kurzer
Abriß genügen. Langobardisches Volksrecht ward zuerst aufgezeichnet, um=
gestaltet und weiter gebildet unter und durch König Rothari im Jahre 643;
der Entwurf des „Edictus"[2]) ward von Adel und Volk nach altgermanischer
Sitte durch Zusammenschlagen der Speere (Geer, Gaire=things) feierlich gut
geheißen. Mit Grund hat man Rotharis Gesetz das vorzüglichste der „Stammes=
rechte" genannt.

Es ist eine gewisse Gliederung der Stoffe wahrnehmbar:[3]) I. 1—152
Vergehen gegen Stat oder König, gegen Personen (43—128 Wundbußen an
Freie, Halbfreie, Unfreie, ministeriales, servi rusticani). II. Erbrecht, Familien=
recht, Freilassung (153—226). III. Schuldrecht, Sachenrecht, Vergehen gegen
Vermögen, Beweis. IV. Anhang: Verschiedenes.

Unerachtet der Bekanntschaft mit dem römischen Recht — als Vorwort
wird sogar eine Novelle Justinians verwerthet — ist doch der Inhalt fast
ganz ausschließlich germanisch, in scharfer, genauer Ausdrucksweise; zahlreiche
langobardische Rechtsbegriffe sind in der Volkssprache eingefügt; der Kirche
wird nicht viel gedacht, der Römer nur einmal: diese lebten in rein römischen
Fällen nach römischem Recht, in gemischten sollte, scheint es, wie in rein lango=
bardischen, der Edictus angewendet werden. Dafür spricht doch — was noch nicht
erkannt ist — entscheidend, daß für die Griechen im Herzogthum Benevent
Auszüge in griechischer Uebertragung gefertigt wurden. Diese hatten doch nur

1) Ed. Bluhme, Monumenta Germaniae historica Legum IV, 2; auch Octav-
ausgabe, Hannoverae 1870. — v. Savigny, Geschichte des römischen Rechts im
Mittelalter II. (Heidelberg 1834.) — Türk, Forschungen auf dem Gebiet der Geschichte IV. (1835.) — Merkel, Geschichte des Langobardenrechts (1850). — Pertile,
storia del diritto Italiano I. — Pasquale del Giudice, le tracce di diritto
Romano nelle leggi Langobardi I. Editto di Rotari (1886). — Brunner I, 368.
Schröder I, 231.   2) Tacitus, Germania c. 13.   3) Brunner I, 309.

unter obiger Voraussetzung für die Griechen (und Römer) Werth! Neue
Nachträge von Grimoald (668) zeigen zum Theil Einfluß des römischen
Rechts (sogenanntes Repräsentationsrecht der Söhne vorverstorbener Söhne).
Viel zahlreicher sind die Ergänzungen Liutprands (713—735), in 15 Jahren
als 15 „volumina" gefaßt, nicht so knapp und klar wie der Edictus, breiter,
mit Angabe der Beweggründe, mit Rücksicht auf vorgekommene Fälle und unter
starkem Einfluß des Katholicismus (der Pabst heißt: „das Haupt der Kirchen
Gottes und der Priester in der ganzen Welt"), auch, wenigstens im Urkunden=
wesen, des römischen Rechts. Sehr merkwürdig ist die Rechtsprechung und
die scharfe, die Begriffe zergliedernde Auslegung des älteren Rechts, z. B. die
besondere Bedrohung der Zusammenrottung von Weibern, weil dieser Fall
nicht unter die Bestimmungen des Edictus über hari-skild und Zusammen=
rottung von Bauern falle, welche nur von Männern handeln. Wenn man
aber mit vollem Recht bei den Langobarden mehr Begabung für das Recht,
Rechtsgestaltung, Rechtsauslegung als bei andern Germanen bemerkt hat, ist
doch wohl daran zu erinnern, daß der Einfluß der Römer, die volksthümliche
Begabung und der Eifer der Italiener hiefür nicht ohne Bedeutung war,
wenn auch keineswegs der Inhalt des römischen Rechts früh oder stark in
das Langobardenrecht eindrang. Weitere Zusätze erhielt der Edictus durch
Ratchis (746) und Aistulf (755). Außer diesen auf den Reichstagen
erlassenen Gesetzen sind königliche Verordnungen erhalten von Liutprand
über die actores der königlichen villae, von Ratchis über Fremdenüberwachung
und Paßzwang, von Aistulf (745,6) über den Krieg mit Rom (750); eine
private Aufzeichnung ist das memoratorium Comacinorum, d. h. über
die besonders häufig am Comersee wohnenden Zimmerleute und Bauhand=
werker und deren Verhältnisse.[1]
    Die Aehnlichkeit des langobardischen Rechts mit dem sächsischen, obzwar
die Langobarden in Stamm und Sprache zu den Ober=, nicht zu den Nieder=
deutschen zählen, erklärt sich aus der Nachbarschaft mit den Sachsen in den
alten Sitzen der Langobarden an dem Unterlauf der Elbe (oben S. 189),
wohl auch aus dem Nebeneinander von Sachsen und Langobarden in Italien.
Dagegen die Uebereinstimmung mit dem nordgermanischen Recht ist, sofern sie
nicht auf gemein-germanisches, das bei andern Stämmen erloschen oder nur
nicht aufgezeichnet und uns nicht überkommen ist, doch nur daraus zu erklären,
daß jene Germanen, welche von Süden nach Norden, also von den Küsten
der Nord= und Ostsee nach Skandinavien auswanderten, was eine andere
germanische Einwanderung von Osten nach Westen (aus Finnland) durch=
aus nicht ausschließt, denjenigen Elbe-Germanen, welche diese Wanderung nicht
theilten, wahrscheinlich nahe verwandt und jedenfalls Jahrhunderte lang nahe
benachbart gewesen waren.[2]

----

    1) Ueber die langobardische Gesetzgebung unter fränkischer Herrschaft s. oben
S. 50.   2) Aehnlich auch Brunner I, 374.

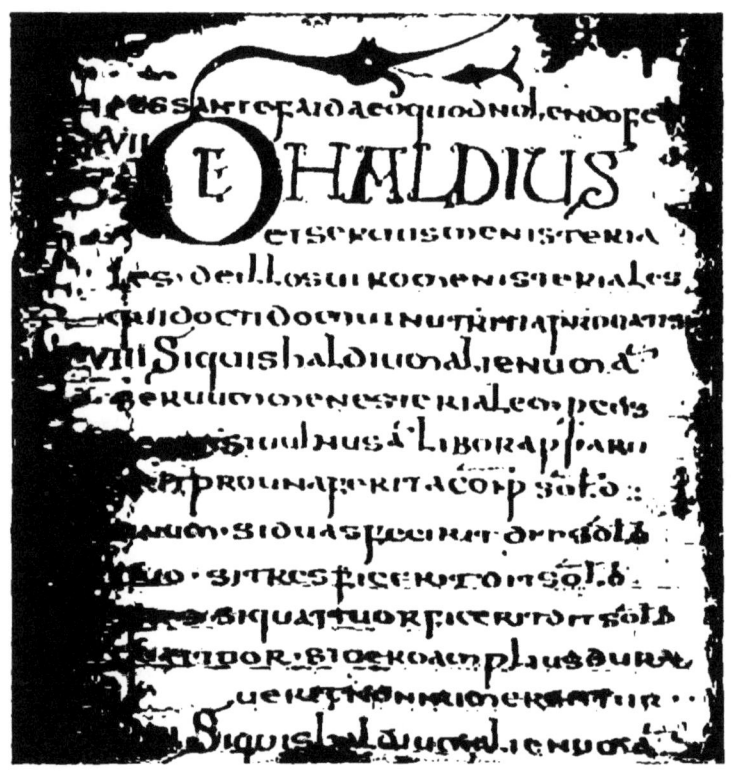

Facsimile aus der Handschrift des Edictum Rotharis; St. Gallen, Stiftsbibliothek, cod. 730.

Transscription und Uebersetzung.

LXXVII. De haldius et servus menisteriales. de illos viro menisteriales, qui docti domui nutriti apronati sunt.

LXXVIII. Si quis haldium alienum aut servum menesterialem percusserit, si vulnus aut libor apparuerit, pro una ferita componat sol. unum, si duas fecerit, dit solidos duo, si tres ficerit, dit solidos tres, si quattuor ficerit, dit solidos quattuor, si vero amplius duraverit, non numerentur.

77. Von den Italienern (d. h. dem unterworfenen Volke) und den Sklaven der Ministerialen, und von jenen, welche im Hause gelehrt, genährt und erzogen werden.

78. Wenn einer einen fremden Italiener oder den Sklaven eines Ministerialen verwundet hat, wenn die Wunde schwer ist, soll er für eine Wunde einen Schilling, wenn er zwei zugefügt, zwei, wenn drei, drei, wenn vier, vier Schillinge zahlen. Betragen die Wunden mehr, so werden sie nicht weiter gezählt.

Von der Verfassung des Langobardenreiches sei hier nur das Folgende hervorgehoben.

Die Einwanderung war vom Nordosten her geschehen in die damals sogenannte „provincia Venetia“. von da aus erfolgte allmälig die Ausbreitung in den Süden und Westen der Halbinsel. Diese Ausbreitung geschah nur sehr langsam. Jahre dauerte es, bis Ticinum (Pavia) bezwungen werden konnte; es ward zur Hauptstadt des jungen Reiches erhoben und blieb das bis zu dessen Untergang. Es war wohl die geringe Zahl der Einwanderer, von denen die Sachsen sich schon sehr bald wieder trennten, was diese zögernde Ausdehnung erklärt. Dazu kam aber der Mangel an einheitlicher zielbewußter Leitung der kriegerischen Kraft, wie sie etwa Chlodovech in fester Faust geführt; der König hielt die mächtigen Herzöge von Friaul und Trient, später dann die von Spoleto und Benevent nicht straff genug in der Hand. So zersplitterte sich die ohnehin nicht speerereiche Macht in den thörigen Raubzügen über die Alpen in das Frankenreich hinein, welche gleich von Anfang diesen übermächtigen Nachbar reizen, in Feindschaft und zur Wiedervergeltung treiben mußten, ohne daß irgend eine rechtfertigende Ursache vorlag. Denn von einem Ausbreitungsbedürfniß kann gar keine Rede sein, die Einwanderer waren so wenig zahlreich, daß wir mit Staunen vernehmen, daß noch sechs Jahre nach ihrer Ankunft die Veste Susa noch in den Händen der Byzantiner war und die kleine Insel im Comersee, obwohl die dorthin geflüchteten Schätze locken mußten, unbezwungen, ja unangegriffen blieb. So ist es denn den Langobarden in zwei Jahrhunderten nicht gelungen zu erreichen, was den Söldnern Odovakars in Einem Jahre, den Ostgothen in fünf Jahren gelang, sich der ganzen Halbinsel, auch Ravenna's und Roms, geschweige auch der zugehörigen Inseln zu bemächtigen. Ein Hauptgrund dieses Unerfolges war, wie wiederholt bemerkt, die kaum begreifliche Thorheit, daß die Langobarden niemals auch nur daran dachten, sich eine Kriegsflotte zu schaffen, wie sie Odovakar und Theoderich besessen. Eine Halbinsel, zumal von der Gestaltung der Apenninischen, mit der Lage ihrer beiden festen, zu Lande damals unbezwingbaren Hauptstädte an Tiber und Po und an beiden Meeren, kann man aber nur durch Mitwirkung einer Seemacht erobern und — vertheidigen. In unglaublicher Verblendung liefern die Langobarden ihren greulichen avarischen Plagegeistern Schiffsbauholz und Schiffsbaumeister, sich selbst aber fertigen sie nicht einmal so viel Segel als erforderlich sind, den Hafen Classis von Ravenna, ja, auch nur soviel, um den Tiber oder den Tessin zu sperren. Wiederholt sehen wir zu, wie die Päbste den Fluß hinab jene eilenden Boten in das Frankenreich senden, welche die Arnulfingen und das Verderben über die Langobarden herbeirufen.

Sie versuchten es nicht einmal, die Vesten Rom und Ravenna vom Meer abzusperren, ihnen die Zufuhr zur See und den byzantinischen Entsatz abzuschneiden, sie durch Hunger zur Ergebung an das belagernde Landheer zu zwingen, wie das Alarich Rom, Theoderich Ravenna gegenüber gelungen war. Abgesehen von der Ohnmacht der Könige, dem häufigen Wechsel des königlichen Geschlechts und der Unbotmäßigkeit der vier mächtigen Gränzherzöge muß man doch auch annehmen, sogar den kräftigsten dieser Herrscher schwebte der Gedanke der Eroberung der ganzen Halbinsel keineswegs so klar, so dauernd als Nothwendigkeit vor, wie wir — durch die Geschichte belehrt — das wohl anzunehmen geneigt sind. Wir können freilich behaupten, daß, wenn Rom und Ravenna nicht langobardisch wurden, Langobardien byzantinisch, päbstlich oder fränkisch werden mußte.

Rom, der Exarchat von Ravenna und die Südspitze der Halbinsel blieben unbezwungen.

Die Langobarden in Italien und die Vandalen in Afrika sind — unseres Wissens — die einzigen Germanen, welche ihre Reiche auf altrömischem Boden ohne irgend welchen Vertrag mit einem Kaiser, Statthalter oder der Einwohnerschaft lediglich als Eroberer begründet haben. So geschah denn das erste Eindringen und auch die erste Niederlassung sehr gewaltsam: gar viele vornehme, reiche Römer, welche sich durch die Flucht in den Süden nicht retten konnten oder wollten, wurden erschlagen, kriegsgefangen, also verknechtet, ihre „possessiones", wie selbstverständlich die des römischen Fiscus, als erobertes Land vom König und dem Volksheer angeeignet. Das gleiche Geschick aber traf auch die Stadtgemeinden: wohin die Eroberer drangen, da hoben sie die städtische Verfassung auf: das war aber ein ganz besonders harter Schlag: die ganze antike, zumal auch römisch-italische Cultur und das Cultur-Leben beruhte auf der Stadt, war ein städtisches.[1]

Auch ihre Ländereien verfielen der Vertheilung, schlimm erging es im Anfang auch den Kirchen und Klöstern, sowie den einzelnen Priestern bis gegen Mitte des 7. Jahrhunderts: die Einwanderer waren zum Theil noch Heiden, zum größern Theil aber — und das war noch viel bedrohlicher — Arianer, von Erbitterung gegen die Katholischen beseelt und begierig, die Verfolgungen ihrer Glaubensgenossen durch die Rechtgläubigen zu rächen: gerade damals (568—588) tobte der Kampf der katholischen Spanier, Sueben, Byzantiner, Franken gegen die arianischen Westgothen. So wurden denn die Priester natürlich nicht geschont, die Kirchen geplündert, die Ländereien derselben von der Krone eingezogen oder vertheilt.

Weiter aber darf man nicht gehen: von einer wirklichen „Verknechtung" aller Römer im Reich ist nie, auch in den Stürmen der ersten Jahre nicht, die Rede gewesen. Auch geschahen die späteren Ausbreitungen — auch noch in der heidnischen und arianischen Zeit — nicht mehr gewaltsam. Es kam vielmehr

---

1) Irrig nahm v. Savigny, Gesch. des röm. R. im M.-A., Fortdauer der römischen Stadtverfassung unter den Langobarden an: sonder Unterbrechung sollte die Verfassung der lombardischen Städte des 11. Jahrhunders aus der alten Municipalverfassung hervorgewachsen sein: das haben schon Bethmann-Hollweg und Hegel widerlegt: die fortdauernden collegia waren nicht die curiae, sondern Handwerker- und sonstige Gilden.

jetzt zu einer geordneten Landtheilung nach den uns bereits bekannten Grund=
sätzen der hospitalitas (s. Bd. I Ost=, Westgothen 289, 442, oben S. 115
Burgunden): der römische hospes ward aber nun sehr oft (oben S. 210)
nicht gezwungen, dem langobardischen ein Drittel des Eigenthums an der
„possessio“ selbst abzutreten: vielmehr begnügten sich die Langobarden — bei
dieser späteren Ausbreitung — regelmäßig mit jener älteren und für die Römer
minder drückenden Gestaltung der hospitalitas, wonach statt des Eigenthums an
Grund und Boden nur die Früchte den Gegenstand der Theilung und Abtretung
— ⅓ an den Langobarden — bildeten. Und da thatsächlich — wie schon seit
vielen Jahrhunderten — die Weise, in welcher die römischen possessores ihre
Landgüter verwertheten, darin bestand, daß sie dieselben an Colonen zur
Bewirthschaftung verliehen — persönlich freie, aber an die Scholle gebundene,
zinspflichtige, in sogenannter colonia partiaria, in welcher der Colone einen
gewissen Theil des Rohertrages für sich behielt, das Meiste dem Herrn ab=
lieferte — so wurden anstatt des Eigenthums oder der Früchte diese Colonat=
verhältnisse zum Gegenstand der Theilung unter den hospites gemacht, so
daß dem Langobarden der dritte Theil der Colonen, d. h. der Colonatverhält=
nisse des Römers und seiner hieraus folgenden Ansprüche gegen die Colonen,
abgetreten wurde. Daher erklärt es sich auch, daß wir so häufig Langobarden
in den Städten lebend finden: es war nicht nothwendig für sie, auf dem
Lande zu wohnen und selbst den Acker zu bestellen: ihre Colonen hatten ihnen
den vertragsmäßigen Theil des Ertrags — in Früchten oder in Geld — ab=
zuliefern. Indessen: in vielen Fällen eignete der Langobarde solche „tertiae“
an Früchten oder an Colonatverhältnissen neben dem Grundstück, das er als
ursprüngliche sors zu eigner Bebauung bei der ersten Ansiedlung zumal in
den Zeiten gleich nach der Einwanderung — also im Norden, Osten und Nord=
osten der Halbinsel: Venetien, Friaul (so die fara des Warnefrid), Istrien,
Oberitalien bis gegen Tuscien hin — erhalten hatte.

Abgesehen also von den im Kriege gefangenen (nicht ausgelösten) und
daher verknechteten Römern blieben die Römer persönlich frei und lebten in
rein römischen Fällen (bis 643 auch in gemischten Fällen) wohl (nach dem
Grundsatz der persönlichen Rechte) nach dem römischen Recht und zwar nach
den Justinianischen Gesetzen, welche nach Vernichtung des Ostgothen=
reiches auch in Italien waren eingeführt worden. Die Langobarden lebten
in rein langobardischen nach langobardischem Recht: in gemischten Fällen
hat man sich bis 643 vermuthlich durch ähnliche Unterscheidungen beholfen,
wie z. B. auch im Franken= und Burgundenreich, — seit 643 in den Fällen
beider Arten nach dem Edictus und dessen Zusätzen.

Es wurde — wie auch sonst in diesen Reichen — den Römern ein Wer=
geld zugebilligt, der Fehdegang aber verboten. Die Verschmelzung von
Römern und Langobarden zu dem Mischvolke der „Lombarden“ — selbst=
verständlich nur da, wo die Germanen in dichterer Menge siedelten — ward
erst ermöglicht, als die Einwanderer allmählich ca. 625—650 das katholische

Bekenntniß annahmen: nun war die Ehegenossenschaft hergestellt und der Haber der Bekenntnisse aus dem Wege geräumt; die Frau tritt in das Recht ihres Mannes ein, aber selbstverständlich muß der Römer, der eine Lango= barbin heirathet, deren bisherigem Muntwalt die Muntschaft durch den Muntschatz ablösen.

Was die Stände betrifft, so ist auch bei den Langobarden alter Volks= adel sicher bezeugt: diese Edelfreien bilden die oberste Schicht der Gemein= freien, der (hari-manni — exercituales) „Heermänner", unter diesen stehen Freigelassene verschiedner Abstufung, auch die Aldionen, ungefähr den liten andrer Völkerschaften entsprechend, und unfreie Knechte und Mägde.

Bei den Römern bestanden selbstverständlich die Standesverhältnisse fort, wie wir sie unter ostgothischer Herrschaft geschildert (I, 291): lagen doch nur 13 Jahre zwischen dem Untergang der Gothen und der Einwanderung der Langobarden: also „senatorische" Geschlechter, dann in den Städten mercatores, opifices, auf dem flachen Lande possessores, Colonen und Sklaven. Freigelassene sind häufig in den Städten für ihre „Patrone" arbeitend in Handel und Gewerk, aber auch auf dem flachen Lande.

Ganz wie bei den Franken tritt auch hier der alte Volksadel allmählich zurück oder geht vielmehr in dem neuen Dienstadel auf, der sich auf den gleichen Vorzügen (Königsamt, Königsland, Königsdienst im palatium) aufbaut. Aber freilich mit einer verhängnißvollen Ausnahme: in den Herzogen, die erblich zu werden trachten, erhalten sich einige alte Adelsgeschlechter, oder es machen sich doch die von den Königen eingesetzten neuen dienstadeligen Sippen alsbald von der Krone so unabhängig, daß sie aufhören, Dienstadel zu sein, vielmehr starke, bald erbliche Fürstengeschlechter werden, selbständig durch Grundbesitz, zahlreiche Abhängige, auch durch Geld mächtig genug, dem König zu trotzen: die Bändigung dieser herzoglichen Gewalten war die wichtigste Aufgabe des langobardischen Königthums, nur vorübergehend ward sie — von Liutprant und Aistulf — gelöst: es hat das Herzogthum Benevent das Königthum noch überdauert. Die lango= barbischen Herzöge nehmen ihrem Könige gegen= über eine Stellung ein, wie etwa die rechts= rheinischen des 7. Jahrhunderts gegenüber den merovingischen, die deutschen des 10. und 12. Jahrhunderts gegenüber dem Teutschen König.

Allmählich zog sich nun aber die Unter= scheidung von potentes, sequentes, minores (— primi, medii, infimi oder potentiores, mediani, viles [— pauperes]) lediglich nach dem Reichthum durch die beiden Völker, Langobarden und Römer, gleichmäßig hindurch,

Die sogenannte „eiserne Krone" der Langobardenkönige.
Im Domschatz zu Monza.

ganz ebenso wie wir dies bei Gothen, Franken, Burgunden beobachtet, und zwar aus den gleichen wirthschaftlichen und gesellschaftlichen Gründen.

Der König wird von und aus den Freien gekoren, thatsächlich stets aus einem der alt=edeln, oder doch amts=edeln Geschlechter. Er hat den Heerbann, Gerichtsbann, Polizeibann, Amtsbann, Finanzbann, die Kirchenhoheit, die Vertretung des States nach Außen, über Krieg und Frieden entscheidet er thatsächlich auch meist allein: ein Recht des Reichstags oder Reichsheeres, hiebei mit zu sprechen, ist kaum erkennbar. Verletzungen an Leib und Gut werden ihm mit zwiefacher Buße gebüßt: der Landfriedensbruch ist mit 900 solidi bedroht: erhöhter Friede schützt (wie einst das Ding) so nunmehr den Palast des Königs, den Hin= und Herweg zu diesem, aber auch Kirchen und Städte. Hauptstadt ist Pavia (Ticinum): hier wird der Königshort bewacht. Seit Authari führt der König den Beinamen Flavius (s. die Westgothen). Die Macht der Krone liegt wesentlich in dem Krongut, aus welchem die „fideles" (das sind aber vor 774 nicht „Vasallen") Land geschenkt erhalten (aber vor 774 nicht als „beneficia"). Seine Gefolgen, gasindi, sind durch höheres Wergeld geschützt (wie die Antrustionen der Merovingen). Die wichtigsten Hof=, Palast= und Reichsbeamten sind der Protonotarius, der Marpahis (= mariskalk), der Vestiarius, pincerna, store=saz (III, 1123), auch ein major domus begegnet, gewiß desselben Ursprungs wie der vandalische, gothische, fränkische, d. h. römischen Namens für eine sowohl römische als germanische Sache: aber hier gewinnt der major domus nie hervorragende Bedeutung. Wer in diesem Reiche ehrgeizig nach Macht trachtete, der trachtete nach dem ducatus, dem Herzogthum. Denn diese, die duces, waren nach, neben, oft vor dem König die Gewaltigsten im Langobardenstat: Empörung, Königsmord, Trachten nach der Krone, reichsverrätherisches Bündniß mit Pabst oder Kaiser waren nur zu häufige Frevel dieser Herzoge, die hierin den westgothischen und den merovingischen Großen sehr ähnlich sind.

Nicht in Grafschaften, comitatus, in Herzogthümer, ducatus, war regelmäßig das Reichsgebiet getheilt: nur ausnahmsweise erscheinen in sehr großen Herzogthümern unter dem Herzog seltene Grafen in einzelnen Städten. Der König ernennt zwar kraft seiner Amtshoheit Herzoge, Grafen und Richter (judices): aber thatsächlich werden die Herzoge früh erblich. Das Gebiet eines Richters (judiciaria) war getheilt in sculdasiae unter je einem skuldahisk, der also unter dem Richter (judex) wie dieser unter dem Herzog steht (judex ist wohl zuweilen auch = comes). Unter dem skuldahisk stehen für die Verwaltung der Dörfer decani (= locopositi) römischen Ursprungs. Von Hundertschaften, Centenen, begegnet keine Spur: der decanus setzt also auch bei andern Stämmen durchaus nicht einen centenarius voraus. Sehr häufig aber verwalteten auf dem flachen Lande (ganz wie bei Gothen und Franken und aus den gleichen Gründen) die „actores" königlicher villae, langobardisch „Gastalden", nicht nur die Krongüter, indem sie über deren unfreie, halbfreie und freie Insassen an Stelle der öffentlichen Beamten — zunächst der decani — Gerichts=, Polizei= und Finanzbann übten, — oft traten sie auch in den nicht zur villa gehörigen Nachbargütern in solcher Verrichtung an Stelle der decani: auch in den Städten lagen königliche Höfe (curtes), deren Gastalden dann sogar an Stelle des judex traten. Die Förster königlicher Wälder (lateinisch saltarius, von saltus, daher noch heute „Saldner", Weinberghüter in Südtirol) stehen hierin den Gastalden gleich. Die Herzoge, Grafen, Richter, Gastalden und saltarii sind zugleich Befehlshaber des Heeres,

Stadtmünzen von Mailand.
Gold, Originalgröße. Berlin, kgl. Münzcabinet.

in welchem sehr bald, wenn vielleicht auch nicht schon in den ersten Jahren Alboins, auch die Römer zu dienen hatten: unerachtet des schroffen Gegensatzes, der im Anfang zwischen ihnen und den Einwanderern bestand, und obwohl zumeist gegen Römer und Byzantiner gekämpft ward, zwang offenbar die geringe Zahl der Langobarden zu dieser Maßregel, die wir übrigens, mit Ausnahme der Ostgothen und vielleicht der Vandalen, in allen diesen Reichen antreffen. Aistulf stufte die Verpflichtung zur Bewaffnung nach drei Vermögensschichten ab: erste Schar: Schwerbewaffnete, mit Speer, Schild und Brünne, zweite Schar: ohne Brünne, dritte Schar: Leichtbewaffnete, Fernkämpfer mit Bogen und Pfeil ohne Schild und Brünne.[1]

1) Reiche Literaturangaben und werthvolle Forschungen zur Langobardengeschichte finden sich in den soeben (Mai 1889) erschienenen „Studi di storia e diritto" von Pasquale del Giudice, Milano 1889.

Viertes Buch.

Die Literatur im Frankenreich. Rückblicke.

———

Erstes Capitel.

Die Literatur in den in dem Frankenreich vereinigten Gebieten bis zu dem Tode Karls des Großen.

Eine „Urgeschichte der germanischen und romanischen Völker" darf nicht lediglich eine sogenannte „äußere", „politische" Geschichte sein: sie muß die Entwicklung von Recht und Verfassung, von Wirthschaft und Bildungsfortschritt — letzteres im umfassendsten Sinn, auf allen Gebieten menschlicher Lebensbethätigung — einbegreifen.

Wir haben Recht, Verfassung und Wirthschaft so eingehend, als der Raum verstattete, dargestellt, auch auf den übrigen Bildungsgebieten Manches betrachtet: erschöpfend kann der hier lagernde Stoff nicht herangezogen werden: harrt er doch zu großem Theil noch der Förderung aus den Schächten zu Tage. Aber die Literatur wenigstens soll in Kürze Berücksichtigung finden, wie wir sie bei Vandalen (I, S. 217), Ost- (I, S. 316) und Westgothen (I, S. 537) berücksichtigt haben.

In jenen drei Reichen kam nur lateinische Literatur in Frage: in dem Frankenreiche verlangt die germanische Sprache in ihren leisen Anfängen einer Dichtung, wenn auch noch nicht einer Literatur, Beachtung.

In jenen drei Reichen war die Trennung nach Statsgrenzen durchführbar: aber für die im Frankenreich zusammengefaßten Gebiete Galliens und Germaniens hat solche Scheidung keinen Sinn: ob Avitus in Burgund lebte oder in Neustrien, ob ein Annalenwerk, eine Klosterchronik in Alamannien oder in Bajuvarien angelegt wurde, das hat auf die Eigenart des Ergebnisses keinen Einfluß.

Nur Italien, das blos auf etwa vierzig Jahre in den Zusammenhang mit dem Frankenreich — soweit wir es darstellen — eintritt, könnte, muß aber nicht gesondert betrachtet werden in seiner Literatur.

Begrifflich würde sich der Stoff gliedern einerseits in prosaische und „wissenschaftliche" (allerdings oft höchst unwissenschaftliche!) Literatur in ihren verschiedenen Zweigen und andrerseits in dichterische: da aber sehr häufig dieselben Männer als Prosaiker und als Dichter auftreten und ihre Eigenart doch nur im Zusammenhang ihrer gesammten Schriftstellerei gezeichnet werden kann, empfiehlt es sich, je nach Bedürfniß bald nach Gegenständen, bald nach Verfassern einzutheilen.

Wir beginnen mit der Geschichtschreibung.[1])

Die frühesten uns erhaltenen Aufzeichnungen auf — später — germanischem Boden betreffen nicht weltliche, sondern geistliche Dinge: es sind
Kirchensagen, Legenden, deren geschichtlichen Kern oft nur der Name
des Heiligen bildet, der an dem bestimmten Ort, in der fraglichen Landschaft
verehrt wurde, während die ganze daran geknüpfte Geschichte erst spät daran
geknüpfte Erfindung ist.[2]) — Beglaubigt ist die „Leidensgeschichte der
heiligen vier Gekrönten" (passio sanctorum quatuor coronatorum),
vier christliche Arbeiter in den Steinbrüchen Pannoniens, welche einen
fünften belehren: der dorthin verbannte Bischof Cyrillus von Antiochia
tauft ihn: 307 werden sie hingerichtet: so, durch Gefangene und Verbannte,
nicht, wie die Legende zu rühmen weiß, durch die Apostel und deren Schüler,
ward das Christenthum im Abendlande verbreitet. Höchst werthvoll als
Geschichtsquelle ist die Beschreibung des Lebens des heiligen Severinus
(† 8. Jan. 482, I, S. 575) durch dessen Schüler, den Abt Eugippius
des Klosters in Castellum Lucullanum bei Neapel: wir erhalten dadurch einen Blick in die Zustände jener Donaulandschaften kurz bevor Odovakar die letzten römischen Besatzungen dortselbst abrief (I, S. 577, 581).
Der Ausgang für mannichfaltige Arten von Aufzeichnungen wurde der römische
amtlich herausgegebene Statskalender mit der Aufzählung der Consuln bis
354, den Ostertafeln von 312 bis 412, Verzeichnissen der Stadtpräfecten
von 258 bis 354, Todestagen der Bischöfe und Martyrer zu Rom, der
Päbste bis auf Liberius (352), endlich mit einer Weltchronik bis 354, einer
Stadtchronik von Rom mit der Schilderung der „regiones" der Stadt.
Zahlreiche Nachträge wurden eingefügt, so die amtlichen zu Ravenna, welche
in der Folge von fast allen Chronisten verwerthet wurden. Von großer Bedeutung wurden die an jenes Verzeichniß der Martyrer im römischen Statskalender geknüpften „Martyrologieen", welche, unter Wiederholung der ersten
und ältesten Namen, in verschiedenen Landschaften verschiedene Zusätze und
Fortführungen von Heiligen — eben den für die Gegend aus irgend einem
Grunde wichtigsten — beifügten: am häufigsten abgeschrieben ward das Martyrologium Beda's († 735), der neben Boethius, Cassiodorius (I, S. 320),
Isidor von Sevilla (I, S. 546), Rhabanus Maurus und einigen Andern
zu den einflußreichsten Lehrern des Mittelalters zählte. An diese Verzeichnisse

---

1) Hauptwerk: Wattenbach, Deutschlands Geschichtsquellen im Mittelalter. 5. Auf-
lage. I. Berlin 1885. — Potthast, Bibliotheca historica medii aevi. I. Berlin 1862.
II. 1868. — Ebert, Allgemeine Geschichte der Literatur des Mittelalters im Abend-
lande. I. Leipzig 1874. II. 1880. — Teuffel. Geschichte der römischen Literatur
3. Auflage. Leipzig 1875. -- Dahlmann, Quellenkunde zur Deutschen Geschichte.
Göttingen 1875. — Vgl. die kurze Zusammenstellung bei Dahn in v. Wietersheim,
Dahn, Geschichte der Völkerwanderung. II. Leipzig 1881. S. 466.   2) Hauptwerk:
Rettberg, Kirchengeschichte Deutschlands. I. Göttingen 1846. II. 1848 (bis 814). —
Friedrich, Kirchengeschichte Deutschlands. I. Römerzeit. 1867. II. Die Merovinger.
1869. — Hauck, Kirchengeschichte Deutschlands. I. Leipzig 1887.

von Blutzeugen schlossen sich später häufig solche von Todten, welche sich die Feier ihres Gedächtnisses in dem Kloster oder der Kirche durch irgend welche Wohlthat gesichert hatten: diese Nekrologieen zählten ihre Sterbetage auf; verwandt sind die „Todten=Jahrbücher", in welchen, ohne jenen Zweck der Gedächtnißfeier, die Versterbenden Jahr für Jahr eingetragen wurden: so z. B. in Fulda von 779 bis ins 11. Jahrhundert; daneben stehen die Verbrüderungs= bücher („libri confraternitatum"), in welche Lebende sich zeichnen ließen, welche sich gegenseitig verpflichteten, für die Vorausstreibenden Messen und Gebete zu veranstalten: so das von Sanct Peter zu Salzburg (III, S. 156).

An diese kirchlichen und klösterlichen Aufzeichnungen reihen sich die Lebensbeschreibungen der Heiligen, welche nun — seit Eugipps Schrift über Severin, oben S. 300 — immer zahlreicher werden. Sie sind eine wahre Fundgrube, nicht nur für die Geschichte der Kirche und der religiösen Anschauungen, auch für die gesammte Bildung, Cultur — oder Uncultur — für die Volkswirthschaft, für das öffentliche und private Recht, nicht selten auch für die politische Geschichte: so hat man[1] verdienstreichster Weise die fränkischen Heiligenleben des 6. bis 9. Jahrhunderts[2] dazu verwerthet, den Unterschied der alten Schenkungen von Königsland zu vollem vererblichen Eigen von dem später erst aufkommenden Beneficialgut klar zu stellen: wir haben im dritten Bande vielfach aus diesen Quellen zu schöpfen gehabt. Freilich sind dieselben gar trübe: nicht wegen der meist ziemlich leicht zu durchschauenden absichtlichen, viel häufiger unabsichtlichen Entstellung des Thatsächlichen aus Gründen kirchlicher, religiöser Partei= lichkeit. Viel gefährlicher ist die Einseitigkeit der Antheilnahme nur an ge= wissen Dingen oder doch gewissen Seiten der Dinge, die blinde Gleichgültigkeit für gar Vieles, was uns am Nächsten anliegen würde; daher dann die Nach= lässigkeit, das Irreführende im Ausdruck: dies gilt ganz besonders von allem rein weltlichen Recht, von allen Verhältnissen des öffentlichen und des privaten Rechts, sofern sie nicht aus irgend einem besonderen Grunde für den heiligen Helden oder die Kirche von Bedeutung werden: dazu kommt, daß mit der Gleichgültigkeit gegen den genauen Ausdruck für das geltende Recht der Gegen= wart sich die unselige Neigung verbindet, entweder aus falscher Frömmigkeit oder auch wohl aus bloßer Bequemlichkeit der Gewöhnung Ausdrücke des neuen oder des alten Testaments für fränkische Beamte oder Einrichtungen zu brauchen oder gar — was noch schlimmer — mit hebräischer, griechischer, römischer Gelehrsamkeit zu prunken und ehrliche germanische Dinge mit hochtönenden classischen Namen nicht so fast zu nennen als zu umschreiben und falsch zu bezeichnen: gar mancher „tribunus" und „centurio" verbirgt solchermaßen einen Grafen, Richter, Schultheiß, Hundertschaftsvorsteher, Scharführer.

1) Paul von Roth in der Geschichte des Beneficialwesens. Erlangen 1850. Feudalität und Unterthanenverband. Weimar 1863. 2) Die merovingischen sind nunmehr in dankwürdigster Art kurz zusammengestellt von Krusch in Wattenbach a. a. O. I, S. 409 f.

Wir sahen, wie zum Beispiel die einander widersprechenden Lebens-
darstellungen des heiligen Leodegar der geschichtlichen Darstellung reichen Stoff
darbieten, der Sichtung aber dunkle Schwierigkeiten aufbrängen: und nicht oft
wird es uns so gut, wie hier, daß wir die Lobeserhebungen für den einen
mit den Anklagen von Seite des andern Heiligen abwägen mögen: Sanct
Praejectus als Zeuge wider Sanct Leodegar, das ist ein seltener Fall!¹)
    Wichtige Lebensbeschreibungen von Heiligen sind die des heiligen Amandus
(III. S. 657, † 679) von Baudemund (einem Zeitgenossen, † 680) und
— in Hexametern — von Milo von St. Amand († 872). Unter den zahlreichen irischen Mönchen, welche zu Ende des 6. und im Laufe des 7. Jahrhunderts die Reinigung der fränkischen Kirche und die Verbreitung des Christenthums auf dem rechten Rheinufer betrieben, hat der hervorragendste, Sanct
Columba (III. S. 553 f., † 615), in Jonas, dem Abt († 665) des von dem
Meister gegründeten Klosters Bobbio in Italien, einen Lebensbeschreiber gefunden. Daran reihen sich die Beschreibungen des Lebens des heiligen Gallus,
(keltisch Callo, Gallun), der mit elf andern Gefährten Columba aus dem
Kloster Bangor auf Irland gefolgt, nach des Führers Uebersiedlung nach
Italien in Alamannien geblieben und der Stifter des Klosters Sanct
Gallen geworden war. Auch die Thätigkeit der Bekehrer der Baiern: Sanct
Hruotperaht (Rupert, 696), Emeramn und Corbinian (oben S. 156)
ist uns geschildert, die der letzteren beiden von Aribo von Freising (ca. 775),
die Lebensbeschreibung Sanct Kilians aber stammt erst aus dem 10. Jahrhundert.
    Daran schließen sich dann die Heiligenleben der arnulfingischen und der
karolingischen Zeit: so vor Allem Sanct Arnulfs selbst (wo aber die oben
beklagte pfäffische Beschränktheit sehr stark hervortritt) und einzelner Glieder
seines Hauses; dann der angelsächsischen Bekehrer der Friesen: Wilfrid,
Erzbischof von York († 709), Egbert, Abt von Hy, Wigbert und Willibrord (von Alkuin), legendenhaft sind die Lebensbeschreibungen des weißen
und des schwarzen Ewald, der Sachsenbekehrer, die von Liafwin (von
Hukbald von St. Amand) stammt erst aus dem 10. Jahrhundert, die von
St. Burchhard, Bischof von Wirzburg, zwar aus dem 9., ist aber sehr un-
geschichtlich. Dagegen trefflich und höchst werthvoll ist die Lebensbeschreibung
des Bonifatius, welche bald nach dessen Tod Willibald, Priester zu Sanct
Victor bei Mainz, auf Veranlassung der Bischöfe Lull von Mainz und
Megingoz von Wirzburg verfaßte. Daran knüpfen sich die Lebensbeschreibungen der angelsächsischen Brüder Willibald (Bischof von Eichstädt) und
Wynnibald († 763) verfaßt von einer ihnen versippten Nonne im Kloster
zu Heidenheim, welches Wynnibald gegründet hatte. Die Schrift der gelehrten Engländerin ist ein Urbild jenes oben gerügten gelehrten Schwulstes,

¹) Der die Behandlung in einer besonderen Erörterung verdient, ja erheischt:
eine solche wird demnächst durch einen meiner Schüler, Graf Du Moulin, veröffentlicht werden.

asthelacius sed   unr   ln   mens̄r viii et xiii
anastabasiussed   unr   l   mens̄r xx et xliii
firmacus sed   anr   xv   mens̄r vii et xii
bormisda sed   anr   xiii   mens̄r   et xiii

bormisda sed   anr   xiii   mens̄r   et xiii
iohannis sed   anr   ii

Chlodacharius rex Francorū. omnebus
agentibus, usus est clementiae prince-
pxlis. Necessitatem prouinciae eprince
uel subiectorū sibi omniū populorū
prouida sollecicius mente tractare

QVILEGISORVPROM ETCAVENEHISREGVLIS
CONTRAIAS ETSENTENTIA MISTVS
SEVERITATISVEL CENSORAENCVRRAS
INCIPIVNTCONSTITVTIONESCANONICIMANQVIRIIA
osu epɪdixitquoniaemmultapraetermisaesuntquae

MEROVINGISCHE CAPITAL-, UNCIAL- UND CURSIV-SCHRIFTEN.

AUS DER ÄLTESTEN BEKANNTEN SAMMLUNG DER KIRCHEN-SATZUNGEN; 6. JAHRH. FRÜHER IN DER ABTEI CORBIE.
PARIS, NATIONAL-BIBLIOTHEK.

SPROPIANMIHI
INTERMULTOS
NIMECUM

SCHRIFTPROBE AUS DEM PSALTER DES HEIL. GERMANUS, BISCHOF VON PARIS. 6. JAHRH.

(IM JAHRE 1200 UNTER DEN RELIQUIEN DES KLOSTERSCHATZEN VON ST. GERMAIN-DES-PRÉS UNTER DER BEZEICHNUNG
„PSALTER DES HEIL. GERMANUS" AUFGEFÜHRT). PARIS, NATIONAL-BIBLIOTHEK.

während die eingeschaltete Schilderung von Willibalds Wallfahrt nach Jeru=
salem schlicht und einfach berichtet. Anderer Heiligenleben wird anderwärts
zu gedenken sein: so bei Benantius Fortunatus, Gregor von Tours
und sonst.

Benantius Fortunatus, der Italiener (geboren bei Treviso, s. oben
S. 204), gebildet zu Ravenna, kam um 565 an den Hof Sigiberts und
Brunichildens und gewann reichen Beifall für seine meist recht herzlich poesie=
losen, in der italischen Rhetorenschule erlernten Verskünsteleien. Er ging dann
nach Tours: verdankte er doch einem Wunder Sanct Martins Heilung von
einem Augenübel. Innig befreundet mit der heiligen Radegundis (III, S. 77)
trat er, deren Beispiel und Andringen folgend, aus der Welt in den geistlichen
Stand und lebte wie sie (III, S. 77) zu Poitiers, wo er nachmals (ca. 695?)
zum Bischof erhoben ward und starb (ca. 710?). Seine Schilderung des Unter=
gangs des Thüringenreiches (III, S. 78, oben S. 99), die er auf Rade=
gundens Wunsch für deren zu Byzanz lebenden Gesippen verfaßte, ist nicht
ohne dichterischen Werth, wie ihm denn überhaupt Begabung durchaus nicht
gebricht, nur daß sie meist von der Geziertheit seiner Rhetorik erstickt wird.
Ein anderes schönes Gedicht, scheinbar voll Gefühls, behandelt den Tod Gal=
svinthens (III, S. 133): nur wird der Glaube des Lesers an die Wahrheit
dieser Empfindung doch recht erheblich dadurch gestört, daß derselbe Dichter
bald darauf die Mörderin der Unseligen mit jedem Lob erhebt: sollte er auch
wirklich von jenem Morde nichts geahnt haben — was schwer glaublich —,
konnte er doch unmöglich in Unkenntniß bleiben der zahlreichen übrigen Frevel
dieser Walandine und ihrer verruchten Bösartigkeit.

Der Manneswerth dieses Dichters und Bischofs erscheint gar gering und
nahezu widerlich einem gesunden Empfinden wird der schönseelige und süßliche
Verkehr zwischen dem Geistlichen und der Aebtissin, in welchem der geschleckige
Poet jedes Stücklein Kuchen andichtet, das ihm die Seelenschwester schickt.
Schön und schwungvoll sind einzelne seiner religiösen Hymnen („vexilla regis
prodeunt" und „quem terra pontus aethera", wenn von Benantius). Seine
Prosa ist noch gespreizter fast als seine Verse, abgesehen von den Heiligen=
leben (Sanct Albin von Anjou, Sanct Marcell von Paris, Sanct Ger=
manus, Sanct Medardus und Radegundis), welche, zum Vorlesen für
das Volk bestimmt, gemeinverständlich gehalten werden mußten. Seine Ge=
dichte (gegen 300, uns in XI Büchern erhalten) sind „Gelegenheitsgedichte":
Lobgedichte, Hochzeitsgedichte, Gedichte bei Todesfällen, Klagegedichte, Brief=
gedichte, Sinngedichte und Spruchgedichte; außerdem hat er das Leben des
heiligen Martinus von Tours in vier Büchern Hexameter besungen.

Enge Freundschaft verband Fortunatus mit dem Geschichtschreiber der
Franken, Gregor von Tours, der ihn veranlaßte, seine Gedichte zu sammeln
und zu veröffentlichen: sie hatten dem guten Gregor wohl einen ganz über=
wältigenden Eindruck gemacht, vor Allem durch die grammatisch=rhetorische
Künstelei des Ausdrucks.

Ueber Gregor als Verfasser der Kirchengeschichte der Franken haben wir ausführlich genug gehandelt (s. III, 42—525): wir haben seine oft unglaubliche Einfalt, — zumal wo es sich um die entfernte Möglichkeit handelt, an ein Wunder zu glauben! — sein haarsträubendes Latein, seine kindliche Beschränktheit in Auffassung der Weltgeschichte, welche im Wesentlichen die Verherrlichung der rechtgläubigen Bischöfe auf Kosten schlimmer Grafen bezweckt, kennen gelernt: aber auch seine ganz vortrefflichen Seiten: seine Naivetät, seine Ueberzeugungstreue, sein Gemüth, Züge, welche sogar seine Schwächen liebenswerth erscheinen lassen.

Er hieß Georgius Florentius und nannte sich erst später „Gregorius", nach dem Großvater seiner Mutter, dem Bischof Gregor von Langres. Er gehörte einer jener „senatorischen" Familien des Provincialadels an, in welchen thatsächlich wie die Stellen in der städtischen Curie, so die Bischofswürde der Episkopalstadt sich vererbten: „domus infulatae" nannte man sie deßhalb: die Auvergne und ihre alte Hauptstadt Clermont-Ferrand waren die Sitze des Geschlechtes: alle Vorgänger auf diesem Bischofsstuhl mit Ausnahme von fünf zählten zu Gregors Geschlecht. Schon als Knabe ward er (geb. ca. 540) von der Mutter zum Geistlichen bestimmt und von seinem Oheim Gallus, Bischof von Clermont, dann von dessen Nachfolger (seit 511) Avitus für diesen Beruf erzogen. Etwa 35 Jahre alt ward er (573) nach dem Tode des Euphronius, eines Vetters seiner Mutter, zum Bischof von Tours gewählt und von Sigibert I., der ihn gleich zu Rheims weihen ließ, trotz seiner weigernden Bescheidenheit zur Annahme gedrängt. Fortunatus begrüßte seinen Amtsantritt mit einem außergewöhnlich guten, warm empfundenen Gedicht: Gregor hat ihm später einen Ansitz geschenkt.

Wir sahen, wie der wahrlich nicht durch Geist hervorragende Mann, der an eine so wichtige Stätte gestellt war — die Zuflucht, welche Sanct Martins Grab gewährte, ward von sehr gefährlichen Gästen besucht: Leubast, Merovech! — den Kampf selbst gegen Chilperich und Fredigundis im Ganzen durch schlichte Wackerheit rühmlich bestand, den Tod nicht scheuend, kaum ein einzigmal (vielleicht) der bösen Königin mehr, als die Canones billigten, nachgebend (III, 224 f.). Auch bei Gunthramn und Childibert II. stand er in Gunst und Ansehn; er starb bald nach seinem Gönner Gunthramn (593) (17. November 594).

Sein Geschichtswerk 576 begonnen, 592 abgeschlossen, haben wir nicht mehr zu erörtern. Außer demselben schrieb er (574—593) vier Bücher über die Wunder des Heiligen, dessen Weihthum ihm anvertraut war, Martins von Tours: und fast ausnahmslos „gegenwärtige" Wunder desselben, d. h. solche, welche nach dem Tode des Heiligen an dessen Grabe „fast täglich" noch geschehen — manche hatte er an sich selbst erlebt —: Heilungen von allerlei Leiden durch das Wasser, mit welchem das Grab gereinigt wurde, den Staub, der sich auf demselben ansammelte: — diese wurden als Heilmittel verwendet und versendet. Der gute, fromme, bescheidene Mann hatte sich an das Werk

erst gewagt, nachdem ihn wiederholt der Geist seiner Mutter im Traumgesicht
dazu gemahnt hatte. Daran schließen sich (582—586 geschrieben) die Wunder
des heiligen Julian († ca. 304 in der Auvergne): die Darstellung bezweckt
dasselbe, was die ganze Frankengeschichte: nämlich zu zeigen, „daß man nur
durch die Fürsprache der Heiligen gerettet werden könne". Das Buch „de
gloria martyrum" (586/587) beginnt zwar mit Wundern Christi, der Jungfrau
und der Apostel, zumal den von ihren Ueberbleibseln gewirkten, behandelt aber
dann vornehmlich (von Sanct Saturninus an) die von gallischen Mar-
tyrern vollbrachten: diese Erzählungen, welche man mit Fug „christliche" oder
„geistliche Novellen" genannt hat, sollten nach Gregors Meinung die antik-
heidnische mythologische Unterhaltungsliteratur ersetzen und — als Gegengift —
bekämpfen. Hier findet sich die, soweit ich sehe, früheste Spur der unzähligemale
im Mittelalter wiederholten und zu häufigen Verfolgungen (z. B. in Deggen-
dorf) mißbrauchten Geschichte von der durch einen Juden mißhandelten und
Blut vergießenden Hostie. Daran schließt sich (587/8) die Schrift „de gloria
confessorum", welche in ganz gleicher Weise Wunder und Wünderlein von
Bekennern (an der Heiligen Statt) erzählt: es sind ebenfalls Gallier und
meist nächste Landsleute aus der Touraine und der Auvergne. Auch das
Buch „vitae patrum" schildert Leben und Wunder gallischer Heiliger: zumal der Zeitgenossen, Nachbarn, ja Gesippen Gregors (so des Gregor von
Langres, Nicetius von Lyon, Gallus von Clermont): die zuerst vereinzelt herausgegebenen Lebensbeschreibungen faßte er später unter dem Namen
„vita" zusammen. Das gelehrteste Werk Gregors ist jedesfalls das über den
Gang der Gestirne und den danach zu richtenden Gang nächtlicher Gottes-
dienste (de cursibus stellarum qualiter ad officium [d. h. Gottesdienste] imp-
lendum debeat observari). In der Einleitung zählt er außer den sieben
(im ganzen Mittelalter, aber mit Abweichungen, wiederholten) Weltwundern von
Menschenhand sieben unvergängliche Weltwunder von Gottes Hand auf, denen
sich dann der Gang der Gestirne anreiht.

Wir haben (im III. Band) gar oft darauf hingewiesen an zahlreichen
Belägen, wie das unglaubliche Latein des guten Gregor, der die Mängel seiner
grammatischen Kenntnisse selbst beklagt, insofern manchmal recht anziehend ist,
als es die Anfänge des aus dem Vulgär-Latein sich entwickelnden Romanischen
— hier also des Altfranzösischen — darweist.

Bevor wir jedoch nun zu Gregors jüngeren Zeitgenossen und seinen
Fortsetzern weiter schreiten, sind noch einige ältere Schriftsteller nachzuholen.

Wie Gregor gehörte der Auvergne an, einem vornehmen „senatorischen"
Geschlecht derselben und einer „domus infulata" Alcimus Ecdicius Avitus,
dem als einem wichtigen Vorkämpfer des Katholicismus im Burgundenreich, ja in ganz Gallien, wir bereits[1]) begegnet sind: seit ca. 490 Bischof

---

1) Oben S. 109 und III, 57, sein Brief an Chlodovech wird aber jetzt für unecht
erklärt von Havet, s. Deutsche Geschichte I⁵, S. 82 und Könige VII, 3. Hauptstück.

von Vienne — wie sein Vater, vielleicht auch sein Groß= und sein Urgroß=
vater — suchte er die Könige der Burgunden für den rechten Glauben zu ge=
winnen und eiferte für die katholisch gewordenen Merovingen: er erlebte
noch die Erfolge Chlodovechs und den Untergang König Sigismunds (523).
Seine Dichtung über die Ereignisse der geistlichen Geschichte (de spiritalis
historiae gestis) erzählt in fünf Büchern Hexametern den Inhalt des
alten Testaments von der Erschaffung der Welt bis zu dem Auszug der
Juden aus Aegypten: „mindestens der Anlage nach die bedeutendste Leistung
in der poetischen Behandlung der Bibel in der älteren christlichen Poesie".[1])
Dichterisch viel geringerwerthig und für unser Gefühl geradezu verletzend ist
sein „Trostbrief an seine Schwester Fuocina zum Lobe der Jungfräulichkeit"
(in 660 Hexametern). Die Arme war von der Geburt an zur Nonne bestimmt
und scheint unter der widernatürlichen, ihr aufgezwungenen Ehelosigkeit schwer
gelitten zu haben: der Bruder malt ihr nun die Ehe in einer geradezu ab=
scheulichen Weise aus, lediglich das Fleischliche — und zwar in der anstößigsten
Weise! — hervorhebend. So schrieb ein Bischof an eine Nonne, ein Bruder
an seine Schwester, ein hochgebildeter Edelmann an eine hochgebildete Edel=
dame! Und das Gedicht fand allgemein höchste Bewunderung. Das ist die
durch und durch unsittliche Wirkung jener Verleugnung der Natur, jener „Ab=
tödtung des Fleisches", jener vielgepriesenen „Askese", welche man gegenüber
dem „sinnlichen Heidenthum" in der Sittenlehre jener Jahrhunderte so hoch
stellt. Sie verdarb nicht blos Zartgefühl und Geschmack, sie verkehrte das
Heiligste und Keuscheste in das Thierische und ließ die Seele stets zittern vor
der „Bestie", dem Leib, an welche wie an ein gefesseltes, aber unablässig die
Losreißung drohendes Unthier sie geschmiedet schien. Wir haben das tief Unsitt=
liche jener ganzen Sittenlehre mit ihrer Rechnung auf Lohn, mit ihrer Furcht
vor den höllischen Flammen und mit ihrer Bestechung der Heiligen oft genug
(III, 523) aufgedeckt.

Wichtig für die Zeitgeschichte sind die (gegen 90) uns erhaltenen Briefe
des Bischofs: solche wurden damals einzeln wegen besonderer Wichtigkeit ihres
Inhalts oder in Sammlungen als Muster, um das Briefschreiben zu lehren,
aufbewahrt und immer wieder abgeschrieben: so auch die des Remigius
von Rheims († 532, III, 52) und des Desiderius von Cahors (637
bis 660).

Erwähnt mag auch werden Paulinus von Perigeur,[2]) der ca. 470
das von Sulpicius Severus (ca. 363—415) in Prosa geschriebene Leben
Sanct Martins in Hexameter übertrug. Von Caesarius, geboren 469,
seit 502 Bischof des (westgothischen) Arles, gestorben 542, sind uns Predigten,

---

1) Ebert I, 378, der, wie schon Guizot, mit Recht auf vielfache Ueber=
einstimmung mit Miltons paradise lost hinweist.   2) Nicht, wie so oft ge=
schehen, z. B. bereits von Gregor von Tours, und noch geschieht, zu verwechseln
mit Paulinus von Nola und mit Paulinus von Pella (Eucharisticon ca. 465);
s. Könige VI², 53.

berechnet auf das Verständniß der großen Menge und hiefür trefflich geeignet, und „die älteste Nonnenregel, die man kennt"[1] erhalten: die „regula ad virgines", welche er schrieb für das 513 von ihm gestiftete Kloster, dessen erste Aebtissin seine Schwester Caesaria ward: es wird darin den Nonnen neben geistlichen Uebungen und Werken der Barmherzigkeit auch das Abschreiben von Handschriften eingeschärft. Er war, wie der Priester Vincentius, Verfasser des „Commonitorium" (434), ein Schüler des Klosters Lerinum.[2]

Sehr anerkennenswerth ist die Schrift des Claudius Mamertus († 474) über den Zustand der Seele (ca. 470: de statu animae), gerichtet gegen den ohne Nennung des Verfassers veröffentlichten Brief des Bischofs Faustus von Riez, welcher die Körperlichkeit der Seele behauptete. Mamertus war Priester zu Vienne und ein Bruder des Bischofs daselbst, den er in der Leitung des Gottesdienstes, besonders aber des Kirchengesanges unterstützte oder ersetzte: er verfügte über ein ungewöhnliches Maß von classischer Gelehrsamkeit und mißbrauchte diese doch so wenig zur Künstelei, daß die Einfachheit seines Ausdrucks sogar seinem Freund Apollinaris Sidonius Anerkennung abnöthigte, ohne ihn freilich im Geringsten zur Nacheiferung hierin zu vermögen.[3]

Kehren wir hiemit wieder in das Ende des 6. Jahrhunderts zurück, so ist zunächst in Italien Pabst Gregor zu nennen, der mit bestem Fug den Namen des Großen trägt. Geistvoll hat man[4] ihn Cassiodorius (I, 320) gegenüber gestellt: wie dieser die versinkende Antike noch einmal zusammenfaßt, kann Gregor bereits als ein Schriftsteller des beginnenden Vor-Mittelalters bezeichnet werden. Einem senatorischen patricischen Haus entstammt und der weltlichen Laufbahn gewidmet, ward der glänzend an Geist und hervorragend an Willensmuth Begabte frühe schon Prätor der ewigen Stadt. Aber nach dem Tode des Vaters überwog der Einfluß der frommen Mutter, welche nun in ein Kloster trat, und steigerte die Neigung zur Weltentsagung in dem Sohne so mächtig, daß er die gewaltigen Erbgüter des Hauses verkaufte, Almosen zu spenden und nicht weniger als sieben Klöster zu stiften, eins in Rom, in welches er selbst als Mönch sich zurückzog. Jedoch Pabst Pelagius II., der die hervorragende staatsmännische Begabung des weltscheuen jungen Mannes erkannt haben mochte, sandte ihn als „römischen Diakon" und päbstlichen Gesandten nach Byzanz, das will sagen: zu jenen Schlauen, welche sich für die Schlauesten halten, wie Cassiodor einmal Theoderich sagen läßt, und in die schwierigste Stellung, welche damals auszufüllen war. Schon hier bewährte Gregor jene außerordentliche Begabung, die er dann, zurückgekehrt ca. 585 und Abt geworden, später als Pabst (590—604) in den so wirr verwickelten italischen Verhältnissen an den Tag legen sollte in seiner unermüdlichen Thätigkeit gegenüber Kaiser, Exarch, Volk und Senat von Rom, König

1) Ebert I, 450.   2) Vergl. über ihn Könige VI², 406.   3) Vergl. I, 541 und Könige V, 96.   4) Ebert I, 517.

und Herzogen der Langobarden, den fränkischen Machthabern, in Geltend-
machung päbstlichen Ansehens gegenüber den Bischöfen vieler Staten und in
der Bekehrung heidnischer Germanen.

In aufrichtiger Bescheidenheit und in dem Verlangen nach beschaulichem
Leben in Einsamkeit sträubte sich Gregor lange lebhaft, die dornenreiche Tiara
zu tragen. Aber das Volk von Rom, das ihn schon früher abgehalten hatte,
als Bekehrer zu den Angelsachsen zu ziehen, klammerte sich an ihn als den
Retter in der Noth. Die Pest wüthete in der Stadt, — sie hatte Pabst
Pelagius II. hingerafft — der Hunger drohte und die Langobardenmacht.
Gregor, obwohl kränklich und gar leibesschwach, erwies sich wirklich als der
Helfer aus allen Gefahren. Er ermuthigte durch sein Beispiel die vor der
Seuche Zitternden, er versorgte die Stadt mit Getreide, er wandte wiederholt
die langobardische Bedrängniß ab, ja, er betrieb mit Erfolg den Uebertritt
dieses Stammes zum Katholicismus, er ertheilte den kaiserlichen Feldherren
und den bedrohten Städten warnende Winke und gewann in der Stadt auch
in weltlichen Dingen so hoch gebietendes Ansehen, daß er wie kein Anderer
den werdenden Kirchenstat vorbereitete und die Lösung des römischen Bischofs
von der Statsgewalt zu Byzanz.

Von größter Bedeutung für die gesammte Bildungsgeschichte, zumal der
Tonkunst, wurde seine Umgestaltung der Liturgie, zumal der Messe, und
des Kirchengesanges.

Dieser beruhte auf den von Sanct Ambrosius (ca. 340—397) geschaffnen
Grundlagen[1]), welcher die „antiphonische", in Gesang und Gegengesang
bestehende Vortragsweise bei Hymnen und bei Psalmen aus der syrischen
Kirche herübergenommen hatte. Gregor hat nun zwar keineswegs den „ambrosianischen Gesang" verdrängt, vielmehr selbst metrische Hymnen in der Weise
des Ambrosius gedichtet (etwa sieben sind uns erhalten, die übrigen ihm zu-
geschriebenen sind unecht), welche auch in dessen Art gesungen wurden: aber
daneben hat er die nach ihm benannte „gregorianische" Singweise, die „einfache und feste", nicht neu eingeführt, aber neu eingerichtet und verbreitet,
wobei alle Töne ohne Bezug auf Rhythmus und Metrum in gleichem Verhältniß gesungen werden.[2]) Diese Vortragsweise wurde von entscheidendem
Einfluß auch auf die Volksdichtung weltlicher Lieder. Gregors Hymnen,
darunter zwei in der sapphischen Strophe, sind noch rein metrisch (— also
nach der Quantität der Sylben, aber häufig mit Verstattung des Hiatus —),
jedoch sind schon vor ihm rein rhythmische — nach dem Wortaccent — in
Gebrauch gewesen; der Reim ist bei Gregor nicht so häufig, wie schon bei
Sedulius (ca. 450). Gregor ist auch der Begründer der weltberühmten
Sängerschule oder Capelle zu Rom geworden, indem er Knaben, meist

---

1) S. die treffliche, lichtvolle Darstellung bei Ebert I, 164 f. — Ferner Wolf,
Ueber die Lais, Sequenzen und Leiche. Heidelberg 1841. — Augusti, Denkwürdig-
keiten aus der christlichen Archäologie V. Leipzig 1822.   2) Ebert I, 519.

Eine Seite aus einem carolingischen Sacramentarium. (Autun, Seminar=Bibl.)

Ausgeführt um die Mitte des 9. Jahrh. Die Blätter sind 338 Millim. hoch und 240 Millim. breit. Die Malerei stellt die höheren und die niederen Weihen dar; in dem oberen Abschnitt: Bischof, Priester und Diakonus unter der Ueberschrift: Pontificum est proprium conferre per ordinem honores — Quosqui suscipiunt studeant servare pudici; in dem unteren fünf Geistliche, die in goldener Schrift bezeichnet werden als Ostiarius, Lector, Subdiaconus, Exorcista, Acholitus. Diese sind überschrieben mit den Versen: Pontifices caveant domini ne mystica vendant — Cumque gradus dederint videant ne munera sumant.

Waisen, in dem von ihm gestifteten Waisenhaus (Orphanotrophium) zu Sängern unter seiner eignen Leitung ausbilden ließ. Er sammelte die bei der Messe zu singenden Gesänge und Gegengesänge in dem „Antiphonarium" und arbeitete die dabei zu sprechenden Gebete und Spruchformeln um, das „Sacramentarium".

Von seinen Werken sind zuerst zu nennen die Dialoge, Unterredungen mit einem Diakon Petrus, in welchen Gregor Kirchensagen erzählt von italischen Heiligen, zumal von St. Benedict, aber auch von andern wenig oder gar nicht bekannten. Er schöpfte dieselben großentheils aus dem Munde des Volkes; zuletzt aber berichtet er, um die viel bezweifelte Unsterblichkeit der Seele zu beweisen, Gesichte von abgeschiednen Geistern: so erschien der Martyr Eutychius einem Bischof, diesem das nahende Ende der Welt zu verkünden, worauf Feuerzeichen am Himmel im Norden den bald folgenden Einbruch der Langobarden vorbedeuteten. Von großem Einfluß wurde eines dieser Gesichte, in welchem ein an der Pest „Verstorbener" und wieder in das Leben zurück Getretener eine Brücke über die Hölle — einen schwarzen sumpfigen Fluß —, jenseit derselben das Paradies — ein goldbedachtes Haus und blumige Wiesen, auf welchen die Seligen in weißen Gewanden wallen —, einen Kampf der Teufel und der Engel um eine Seele auf der Brücke selbst, und von der Brücke in die Tiefe stürzende Seelen von Verdammten erschaut: — die Grundlage ungezählter mittelalterlicher Legenden von Himmel, Fegefeuer — das von Gregor mit Nachdruck gelehrt ward — und Hölle, ja auch von Dante's „Göttlichem Schauspiel". Weiteste Verbreitung wie die Dialoge fand im Mittelalter Gregors kleines Buch „regula pastoris", in welchem er die Pflichten des Seelenhirten auseinandersetzt. Eine höchst ausführliche sinnbildliche und sittenlehrende Erklärung des Buches Hiob (die „Moralia") hat er Leander von Sevilla (I. 393) zugeeignet; in diesem Buch spricht sich Gregors auch sonst geäußerte Verachtung der weltlichen, heidnischen und daher gefährlichen Wissenschaft und Dichtung aus, welche Geringschätzung ihn allerdings von dem unleidlichen Schwulst der Rhetorik seiner Zeit ferngehalten hat. Seine zahlreichen (etwa 850) Briefe (XIV Bücher, Registri) von ihm selbst gesammelt und der Zeitfolge nach geordnet, sind wichtige Quellen für die Geschichte jener Jahre, gelegentlich auch einzelne seiner Predigten (Homilien).

Von erheblichem Werth für die Geschichte des Burgundenlandes ist die Fortsetzung der Chronik Prospers des Aquitaniers von 455 bis 581 durch einen Zeit- und Amtsgenossen Gregors von Tours, den wackern Marius von Avenches (Aventicum). Vornehmem römischem Geschlecht in der Landschaft von Autun entstammt (geb. ca. 530), ward er 574 Bischof von Avenches, verlegte aber später den Sitz des Bisthums nach Lausanne (Lausanna), wo er 594 starb und begraben ward. Er fühlt sich durchaus als Römer — die „res publica" (vgl. oben S. 214) erscheint ihm als das allein Dauernde in der Erscheinungen Flucht, galt doch das römische Weltreich der Kirche als das letzte bis auf Christi Wiederkunft —, rechnet noch immer nach

Confuln, seit 522 gleich den Byzantinern auch nach Indictionen, wendet Italien rege Beachtung zu, und da das Westreich seit 476 erloschen ist, tritt ihm Byzanz an die Stelle von Rom: — er erzählt sogar Stadt= geschichten von Byzanz, der „Hauptstadt", und die Regierungswechsel der dortigen Kaiser (Justin II. und Tiber II.) beschäftigen ihn fast mehr als die seiner Landesherren, der Merovingen. Für die ältere Zeit verwerthet er außer den Ravennatischen Fasten arlesische Annalen. „Er scheint ein vortrefflicher Mann und exemplarischer Bischof gewesen zu sein, dazu ein geschickter Gold= schmied, welcher kunstreiche Geräthe für seine Kirche selbst anfertigte."[1]

Erst in neuester Zeit hat deutscher Scharfsinn Licht und Gliederung getragen in ein merkwürdiges Geschichtswerk, welches bisher unterscheidungslos einem halb sagenhaften Urheber zugeschrieben wurde, der „Frebigar" geheißen und seit Ende des 16. Jahrhunderts „Scholasticus" zubenannt wurde. Man[2] hat nun dargewiesen, daß dieses „Chronicon" zusammengesetzt ist aus vier Stücken: es beginnen burgundische Annalen aus dem pagus ultra= juranus (III, 599), fortgeführt zu Avenches, bis 613, dann folgt die Arbeit des eigentlichen Frebigar (613—642), endlich der Abschluß durch einen Austrasier 658 (zu Metz?). Der Ausdruck ist recht unbeholfen, die Sprache ein unglaub= lich barbarisches Latein: aber der bescheidene Verfasser legt sich selbst nur „bäurischen Sinn bei und beschränkten Verstand": er meint: „wir stehen der= malen im Greisenalter der Welt, daher hat die Schärfe des Geistes nachgelassen und niemand kann es in unsern Tagen den früheren Schriftstellern gleich thun". Hier finden sich zuerst jene Gregor noch unbekannten Fabeln über die Vorzeit der Franken, „welche uns von nun an aller Orten begegnen und bald weiter ausgesponnen wurden: Erzeugnisse einer kindischen Gelehrsamkeit und lecker Erfindung, echter Sage völlig fremd, die aber nach und nach bei Halbgelehrten und Ungelehrten Eingang fanden."[3]

Merkwürdig ist, daß bezüglich der Burgunden schon im 4. Jahrhundert bei Ammianus Marcellinus eine ähnliche widergeschichtliche Fabelei auf= gekommen war (370): nur daß der baldige Untergang ihres Reiches der gelehrten Erfindung den Beweggrund entzog, jenen Wahn von deren römischer Abstammung weiter auszubilden.

Bezeichnend für die seit 630 und 650 immer schroffer hervortretende Spaltung zwischen dem noch merovingisch verbleibenden Neustrien und Burgund einerseits und dem immer mehr arnulfingisch werdenden und von den Merovingen sich lösenden Austrasien andrerseits (III, 610, 640 f.) ist es, daß die nächste Fortführung Gregors (bis 720) durch den ungenannten Ver=

---

1) Wattenbach I, 98.   2) Bruno Krusch, Neues Archiv für Geschichts= Wissensch. VII; dazu jetzt die eben erschienene Ausgabe in den Monumenta (Hannoverae 1889). 3) Wattenbach I, 101; daselbst die Literatur über diese Trojanersage der Franken. Zarncke, Berichte der königlich sächsischen Gesellschaft der Wissenschaften 1866, S. 257. Lüthgen, Die Quellen und der historische Werth der fränkischen Troja= sage. Bonn 1875. Krusch a. a. O. S. 475.

fasser der „Thaten der Frankenkönige" („gesta regum Francorum"), die
727 wahrscheinlich in St. Denis oder Germain=des=Prés bei Paris
geschrieben wurde, das wenig gekannte und geliebte Austrasien fast völlig über=
geht, dagegen Neustrien und die Merovingen eingehend behandelt. Man
vermuthet in dem Verfasser einen vor den Arabern nach Frankreich geflüch=
teten westgothischen Mönch, weil er in den Anführungen aus Gregor dessen
Gehässigkeiten wider die Westgothen fort läßt.

Jene fabelnde und falsche Schuldichtung gelehrter Mönche, welche die
trojanische Herkunft der Franken erfunden hat, waltet auch in dem Gedicht
„über die Erdscheibe" („de rota mundi"), das geographische Abschnitte
der „Etymologien" (XIV. 3 und IX) Isidors (I, 547) in (129) Verse
gebracht und bei Gallien einige Zeilen stolzer Ruhmrede über Franken und
Burgunden — ähnlich dem Vorwort zum salischen Recht (D. G. Ib, 579) —
angefügt hat.

Die (dreizeiligen) Strophen sind von Bedeutung für die Umbildung des
Verses: sie enthalten eine leise Fortbildung, im Wesentlichen aber Wiederholung
des Versmaßes der Hymnen bei Venantius Fortunatus: es findet sich zwar
noch Cäsur in trochäischen Vierfüßlern, aber fast nur mehr Zählung der
Sylben nach dem Auftakt (ictus) und ein — freilich sehr weitherziger! —
Endreim. — Man vermuthet den Verfasser in jenem Theodfrid, erstem Abt
von Corbie (ca. 660), der später (ca. 680) Bischof (von Amiens?) ward
und ein ungefähr gleich ungefüges Gedicht über die sechs Weltalter verfaßt hat.

Ein lecker und zugleich wüster Schwindel ist die in Prosa verfaßte Erd=
beschreibung des sogenannten Aithikos (— Aethicus — Ethicus — Philo=
sophus?), eines angeblichen „Philosophen" aus Istrien, welche eine Ueber=
setzung des Kirchenvaters Hieronymus (ca. 340—420) aus dem Griechischen
sein will, dabei aber Avitus (oben S. 305, ca. 460—585) verwerthet! Der
Stoff ist meist Isidor († 634) entlehnt: dazu treten jedoch phantastische Erfin=
dungen des Verfassers, welcher die wirklichen und ersonnenen Länder und Völker
alle selbst bereist haben will. Bedeutsam sind die auch hier auftretenden
Fabeln von der trojanischen Herkunft der Franken und von Alexander
dem Großen.

Die Zeitgeschichte wird zwar nur sehr selten, aber doch einige Male in
lateinischen Gedichten behandelt, welche wir freilich aus dem Prosagewand
erst wieder heraushüllen müssen, in welchen allein sie uns — unvollständig
genug — enthalten sind.

Zwar die Annahme, in dem Leben des heiligen Droctoveus, ersten
Abtes von St. Germain=des=Prés, sei ein Volkslied in Prosa übertragen,
welches den Feldzug Childiberts I. gegen die Westgothen von 542 (III, 93),
die Belagerung von Saragossa[1]) und die Eroberung der Stola des heiligen
Vincentius schilderte, hat sich nicht als haltbar erwiesen. Dagegen ist in

----

1) Könige V, 120.

das Leben des heiligen Faro, Bischofs von Meaux, welcher angeblich Gesandte der Sachsen vor der geplanten Ermordung durch Chlothachar II. 622 (III, 607) schützte, ein Bruchstück eines geschichtlichen Liedes aufgenommen worden und wir halten unsere Vermuthung (III, 797) — nicht höheren Rang beanspruchen wir für den Gedanken — aufrecht, daß auf die Schilderung der Schlacht am Cenon, welche der sonst herzlich nüchterne Isidor von Beja (Bajabo3, Chronicon 610—754) in echt dichterischem Schwunge giebt, ein auf Karl Martells Sieg gedichtetes Lagerlied nicht ohne Einfluß geblieben ist.

Während nun in Italien mit Gregor dem Großen, in Frankreich mit Gregor von Tours, in Spanien mit Isidor von Sevilla das Schriftstellerthum auf geraume Zeit erlischt, erblüht seit Anfang des 7. Jahr-

Zierleiste über einer Genealogie Jesu Christi in einer irischen Handschrift a. d. 7. Jahrh.
Dublin, Bibl. d. Trinity-College.

hunderts die Pflege des Schriftthums im äußersten Nordwesten der weiland von Rom berührten Welt, auf Irland und England.[1]) Der Ire Sankt Columba (oben S. 302 und III, 553) hat uns einige Gedichte hinterlassen, in denen das Eifern gegen den Reichthum und das vergängliche Erdenglück überhaupt bei dem grimmen Bußprediger nicht überrascht. Wohl aber erregt es erfreuliches Staunen, daß der Eiferer unter den wahrhaft werthvollen Schätzen des Lebens außer den Werken und Worten der Frömmigkeit auch die Dichtung — freilich blos die christliche — hervorhebt. Während zwei dieser Gedichte in Hexametern geschrieben sind, zeigt ein drittes (Brief an Febolius) die sogenannten „adonischen" Verse, welche Columba dem Freund ausführlich in ihrem Bau erklärt und auf Sappho zurückführt; auch hier lobt er die Dichtung und erbittet als Gegengabe ebenfalls Verse.

Die Dichtung, obzwar blos die geistliche, wurde eifrig gepflegt sowohl in dem irischen Kloster Bangor (Benchuir), von welchem Columba aus-

1) Ebert I, 582.

gegangen war, wie in dem später von ihm in Italien zu Bobbio gestifteten (III, 603). Ein Antiphonarium von Bangor, wahrscheinlich aus dem 7. Jahrhundert, zeigt in den Hymnen auf den ersten Abt, Columba's Lehrer, Sanct Comgill, dann in der Aufzählung der Aebte von jenem bis auf Cronan, endlich in den Versen „zum Lobe der Genossenschaft zu Bangor" (versiculi familiae Benchuir) in höchst belehrender Weise die allmähliche Umgestaltung der alten Versmaße, z. B. des Ambrosianischen (oben S. 308), in neue Rhythmen, die steigende Verdrängung der Herrschaft der Sylben-Quantität durch den Ictus (Accent, Aufschlag, Betonung der Stammsylbe, des Sinnes), endlich das Hervortreten des Endreims oder doch des Gleichklangs der Selbstlauter der beiden letzten oder der vorletzten Sylben.[1]

Columba, obgleich Ire, hat in die fränkischen Dinge tief eingegriffen (III, 553 f. — 603); dies war nicht der Fall bei zwei Angelsachsen, welche aber für die Entwickelung der lateinischen Dichtung und der heiligen wie der weltlichen Geschichtschreibung im Mittelalter auch auf dem Festlande solche Bedeutung erlangten, daß ihrer in Kürze wenigstens gedacht werden muß. Es sind dies Aldhelm und Beda. Aldhelm, geboren in Wessex zwischen 640 und 660, dem Königshause verwandt, ward erzogen von dem Abt Hadrian zu Kent, dem Begleiter des Mönches Theodor aus Tarsos, welchen Gregor der Große zur Belehrung der Angelsachsen nach England gesandt hatte, wo er zum Erzbischof von Canterbury geweiht ward: in dieser Schule ward auch Griechisch gelehrt, was damals außerhalb Italien wohl fast gar nicht, auch in Italien selten geschah. Später ward Aldhelm Mönch und Abt in dem Kloster Malmsbury, das „bis in das späte Mittelalter einer der vornehmsten Sitze gelehrter Bildung in England blieb"[2]; von Pabst Sergius nach Rom eingeladen (ca. 690), ward er nach seiner Rückkehr, als das Bisthum Wessex in zwei Bisthümer getheilt ward (705), zum Bischof des einen, Sherborn (Schireburn, später nach Salisbury übertragen), gewählt; er blieb jedoch zugleich Abt zu Malmsbury, wo er (709) begraben ward. Noch wichtiger als durch seine Bücher „zum Lobe der Jungfräulichkeit" in Prosa und in Hexametern ward er durch seinen Brief an Adcircius, d. h. König Alfred von Northumberland, in welchem er hundert Räthsel in verschiedenen Versmaßen mittheilt, an die er eine ausführliche Darstellung der ganzen damaligen Verskunst reiht; auch in lateinischen Stabreimen hat er gedichtet, wie er (leider verlorene) angelsächsische Stabreime verfaßte: er ward durch jene Verslehre und seine Anwendung derselben „der Vater der anglo-lateinischen Dichtung". — Noch berühmter ward sein Stammgenosse Beda (Baeda), geboren 672 auf dem Gebiet des Klosters Weremouth, erzogen von dessen Abt Benedict (Biscop) und dem Freund desselben, Ceolfrid, Abt des nahen Klosters Jarrow, in welchem Beda den größten Theil seines Lebens verbrachte und 735 begraben

---

1) Vgl Ebert I, 584.   2) Ebenda S. 586.

warb. Er, schon im 9. Jahrhundert mit dem ständigen Beinamen: der „Ehrwürdige", „venerabilis", ausgezeichnet, ward einer der einflußreichsten

Tracht im 7. Jahrh.
Initial in einer angelsächsischen Handschrift
„Psalter des heil. Augustinus"
aus d. 7. Jahrh.
London, Brit. Museum.

Lehrer des Mittelalters. Sein Hauptwerk ist die „Kirchengeschichte des Angelnvolks" („historia ecclesiastica gentis Anglorum"), welche er im 59. Lebensjahre vollendete. Sie stellt in fünf Büchern die Geschichte Englands von Cäsar bis 731 dar, besonders eben die Geschichte des Christenthums und der Kirche auf der Insel.

Die zahlreichen eingeflochtenen Traumgesichte bezeugen, daß auch Beda den Wunder- und Aberglauben jener Tage voll theilte: merkwürdig ist eines jener Gesichte, in welchem einem scheinbar Sterbenden, der aber dann in das Leben zurückkehrt, auf einer Wanderung der Seele von einem Engel Hölle, Fegefeuer, Himmel und der Kampf der Teufel und der Engel um die auf dem Wege von der Erde nach dem Jenseits begriffenen Seelen gezeigt wird, ganz wie in dem Gedichte Gregors des Großen

(oben S. 310), ebenfalls eine Grundlage vieler Dichtungen im Mittelalter.

Ergänzend tritt zu dem großen Werke die kurze Geschichte von fünf Aebten der Klöster Weremouth und Jarrow: das Leben, zumal die wiederholten Reisen des Abtes Benedict (Biscop), aus anglischem Adelsgeschlecht, früher Gefolge des Königs Oswy, sind sehr lehrreich: sie zeigen, wie diese Mönche, wahrhafte Träger und Verpflanzer der Bildung, nicht blos Knochen und — meist recht abgeschmackte — Geschichten von Heiligen, auch werthvolle Keime echt menschlicher Gesittung, von Wissen, Kunst und Kunsthandwerk und jeden heitren Schmuck des Lebens von Land zu Land trugen. So war Benedict fünfmal in Rom, von wo er Handschriften in Menge mit nach England brachte, aber auch Bilder für die heiligen Klosterkirchen, seidene Gewänder für den König und dessen Thane, Land dagegen einzutauschen für die Klöster; aus Gallien holte er Maurer und — für die Kirchenfenster — kundige Glaser, aus Rom den Vorsteher der päbstlichen Sängerschule, den archicantor, bei welchem wie Beda gar viele Mönche auch andrer Klöster Englands lernten.

Aus den brittischen Eilanden wanderten dann diese Mönche und ihre — italische — Bildung nach Deutschland über: nur Unkenntniß oder Undank kann die damaligen Verdienste des Klosterwesens verkennen.

Vor der schon erwähnten Kirchengeschichte hatte Beda das Leben des

heiligen Cuthbert, Abtes von Lindisfarne, in Versen und in Prosa dar=
gestellt, sowie das Leben des heiligen Felix von Nola in Prosa.

Aber der große Angelsachse — „einen Mann wie diesen Beda hat die
gesammte irische Kirche nicht hervorgebracht; er war der Lehrer des ganzen
Mittelalters"[1]) — verfügte auch über ein erstaunendes mathematisch=astro=
nomisch=chronologisches Wissen: in seinem Werke „de temporum ratione",
„einem vollständigen Lehrbuch der Zeit= und Fest=Rechnung"[2]), handelt er,
von der Finger=Rechnung anhebend, von der Berechnung der Zeit, der Ge=
wichte, des Tages, der Nacht, der Woche (auch der „Weltwochen"), der Monate,
von deren Sternbildern, vom Mond, von Ebbe und Fluth, den Jahreszeiten,
den Jahren, dem Schalttag, der Rechnung nach Christi Geburt, den römischen
Rechnungsweisen, der kirchlichen Osterberechnung u. s. w. Darauf folgt eine
„Chronik der Welt in ihren sechs Weltaltern" („Chronicon sive de
sex hujus saeculi aetatibus"), mehr nach Augustinus, dessen „civitas
Dei" wörtlich jener Eintheilung der Weltgeschichte zu Grunde gelegt wird,
als nach Isidor; in einem Anhang „de temporum ratione" wird die
Zeit des Antichrist, dann der Wiederkunft Christi und des jüngsten Gerichtes
behandelt. An die Chronik reiht sich das schon früher (oben S. 300) erwähnte
„Martyrologium", welches, auf römischen Martyrologieen ruhend, seiner=
seits die höchst wichtige Grundlage aller späteren Umarbeitungen wurde.[3])

Von seinen übrigen Werken nennen wir nur noch eine kurze Vers=Lehre
— Beda dichtete auch: erhalten sind ein Gedicht von den Wundern des heiligen
Cuthbert und einige Hymnen, darunter eine zum Lobe der königlichen
Nonne Etheldrida — und eine Weltbeschreibung. Unter seinen Briefen ist
hervorzuheben der an seinen Schüler Egbert, nachdem dieser Erzbischof von
York geworden.

An Beda reiht sich sein Stammgenosse Bonifatius (III, 817, von
„bonum fatum", nicht von „fari"). Geboren ca. 680 in England, Mönch
und Priester geworden, versuchte er zuerst die Bekehrung der Frisen (716,
III, 763), ging dann nach Rom (718) und unternahm, von Pabst Gregor II.
bevollmächtigt, aufs Neue die Bekehrung der Frisen, Thüringe, Hessen.
723 in Rom zum Bischof geweiht, ward er 745 Erzbischof von Mainz
(III, 936, über seinen Tod 755 s. oben S. 165). Für die Verbreitung von
Wissenschaft und Bildung jeder Art in Deutschland ward von höchster Bedeutung
die Stiftung des Klosters Fulda: hieher und in andere mitteldeutsche Klöster
berief er aus England eine reiche Zahl von Priestern, Mönchen und Nonnen.
Er schrieb ein Schulbuch „de octo partibus orationis", auch eine Vers=
lehre, wie er denn, die Neigung seiner Stammgenossen zu Dichtung und
zumal Räthseldichtung theilend, unter Anderm zwanzig Räthsel in Hexa=
metern (und Akrosticha, so daß die Anfangsbuchstaben der Verse das Räthsel:

1) Wattenbach I, 122. 2) Ideler, Handbuch der Chronologie II, 292.
3) Wattenbach I, 123.

Eine Seite mit Band- und Thierornament in einer irischen Evangelienhandschrift aus dem 7. Jahrh.
Dublin, Bibl. d. Trinity-College.

wort bilden) verfaßte. Außerdem sind seine (15) Predigten (angezweifelter Echtheit) und seine Briefe zu erwähnen, wichtige Quellen für die Geschichte, zumal aber für die sittlichen, religiösen und kirchlichen Zustände der Zeit. Auch hier finden sich Gesichte von Himmel, Fegefeuer, Hölle und Kampf der Engel und Teufel um scheidende, ja um noch auf Erden weilende Seelen, so des Königs Ceolret von Mercia. Wir sahen, die neuerdings gegen Bonifatius erhobene Beschuldigung, er habe die „deutsche" (soll heißen „fränkische": eine „deutsche" gab es noch lange nicht) Kirche Rom unterworfen, beruht auf thöriger Uebertragung protestantischer und neuzeitlicher Anschauungen auf jenes Jahrhundert: die vorbereitete „deutsche" — damals „austrasische" — Kirche mußte „römisch" werden, oder sie ward gar nicht. Wer den Zweck der Bekehrung der Germanen will, der muß auch das allein hiezu diensame Mittel wollen: was im 16. Jahrhundert entbehrlich und schädlich, war im 8. unentbehrlich und heilsam. Es steht hier ähnlich wie mit dem Kirchenstat: gewiß hat die weltliche Herrschaft des Pabstes in der Folge nicht blos der Einheit und Freiheit Italiens, auch der Reinheit und Innerlichkeit des Kirchenthums selbst geschadet und doch that Gregor der Große weise daran, damals die Anfänge einer weltlichen Macht vorzubereiten.

Bevor wir übergehen zu den Tagen des großen Karl und dem staunenswerthen Aufschwung folgen, welchen das gesammte Geistesleben im Frankenreich unter dem Glanze seiner Herrschaft, zu erheblichem Theil durch seinen eigenen Eifer nahm, ist einer Art der Geschichtsaufzeichnung zu gedenken, welche auch erst in der karolingischen Zeit die Erhebung auf höhere, wissenschaftliche Stufe gewann: wir meinen die Jahrbücher, die Annalen.

Selbstverständlich kann an dieser Stelle nicht eingegangen werden auf die zahlreichen Streitfragen, welche sich an Ursprung, Bedeutung. Verfasserschaft, Abhängigkeitsverhältnisse dieser Aufzeichnungen knüpfen und in den letzten Jahren von zahlreichen Forschern, theilweise mit glänzendem Scharfsinn und mit umfassender Gelehrsamkeit, erörtert worden sind: manche der hier waltenden Schwierigkeiten werden gar nicht gehoben werden können: wenigstens nicht mit dem bis jetzt vorliegenden Bestand an Handschriften: neue Funde könnten freilich Manches aufhellen.[1]

Durch die neuere Forschung ist dargewiesen, daß sehr viele Benennungen von Annalen nach Klöstern, als deren — wegen vereinzelter Beziehungen auf solche — vermutheten Entstehungsstätten, unbegründet, ja irreführend sind: gleichwohl wird man die einmal eingebürgerten Bezeichnungen — unter obigem Vorbehalt — beibehalten müssen, soll nicht durch — verschieden gewählte — Umtaufungen schlimme Wirrniß geschaffen werden.[2]

---

1) Wie z. B. die Auffindung der (sogenannten) Annales Mosellani von 709—797 durch Lappenberg in St. Petersburg.   2 Ohne im Einzelnen auf diese verwickelten Untersuchungen einzugehen, beschränke ich mich hier darauf, meine Uebereinstimmung im Wesentlichen mit Wattenbach, Waitz, v. Giesebrecht und

Der Ausgangspunkt für diese gesammte, an die Jahresfolge sich knüpfende
Aufzeichnung von Geschehnissen waren die Listen der römischen Consuln, der
römische Statskalender mit seinen Consularfasten, dann deren Ueber=
tragung so zu sagen in das Christlich=Römische gewesen (s. oben S. 300).

Allmählig traten — außerhalb Roms, Ravenna's und Italiens — die
Ostertafeln an Stelle jener Jahrestabellen: in den andern Landen wich die
Bedeutung jener römischen Dinge ganz zurück, während die Kenntniß der
richtigen Osterzeit in allen christlichen Reichen von allerhöchster Wichtigkeit
war: eine Abweichung konnte zur Spaltung, zu dem Vorwurf der Irrlehre,
zur Ausstoßung aus der Gemeinschaft der Kirche führen. (Vergl. Gregor
von Tours und Columba III, S. 553.) Nun lud aber der breite Rand
jener Ostertafeln, die nur in der Mitte in wenigen schematischen Worten die
Jahreszahlen und den Tag des Osterfestes enthielten, dazu ein, die wichtigsten
Ereignisse jedes Jahres je nach dessen Schluß hier einzutragen. Die ältesten
Spuren weisen nach England (d. h. dorthin wurden sie zuerst von den
italischen Belehrern, dann von Angelsachsen, die Rom besucht hatten, mit=
gebracht). Wir sahen, wie in der Folge die Ostertafeln Beda's gewissermaßen
ein Handwerksgeräth aller englischen Belehrer geworden sind. Allein schon
lange vor Beda müssen solche Ostertafeln auch im Frankenreich sehr vielfach
im Gebrauch und auch schon zur Eintragung von Jahresereignissen verwendet
gewesen sein.

„Mit den Ostertafeln selbst wurden nun auch die Randbemerkungen ab=
geschrieben und gingen von einem Kloster ins andere über: bald fing man
an, gerade auf sie zu legen, schrieb die noch ganz kurzen und mageren
nach den Jahren beigefügten Angaben auch abgesondert ab, setzte sie fort, ver=
band sie mit andern und machte sich endlich auch an die Arbeit, die dürftige
Kenntniß über die frühere Vorzeit durch Benutzung anderer Quellen, aus Schrift=
stellern aller Art, aus der Sage und aus gelehrter Berechnung zu ergänzen.

Daraus ergiebt sich nun, wie verschiedenartig, von wie ungleichem Werthe
der Stoff ist, welchen diese Jahrbücher darbieten. Vielfache Fehler konnten
schon beim Abschreiben nicht ausbleiben. Der Rand der Ostertafeln hatte
häufig nicht ausgereicht; dann waren Bemerkungen unten, oben, an verschie=
denen Stellen nachgetragen, durch Zeichen auf das betreffende Jahr bezogen
[diese Zeichen oft mißverstanden worden] und oft ist es selbst, wenn das
Original noch erhalten, schwer, sich darin zurecht zu finden. Gedankenlose
Abschreiber haben dann nicht selten die allerärgste Verwirrung angerichtet,
zuweilen gar die Jahrzahlen ganz fortgelassen: so bei den Annalen von
Ottobeuren."

Selbstverständlich ist nun Voraussetzung für wissenschaftliche Verwerthung
dieser Art von Quellen die Feststellung ihres Abhängigkeitsverhältnisses von

einander, die Ausscheidung der späteren Zuthaten, z. B. aus jüngeren Quellen: denn es ist klar, daß Zusätze aus den späten Annalen von Metz oder den „Reichsannalen" zu einer Handschrift des 7. Jahrhunderts für Ereignisse dieses Jahrhunderts nicht dieselbe Glaubwürdigkeit beanspruchen können wie gleichzeitige Einträge.

Die Aufspürung des Entstehungsortes ist, abgesehen von der Verfolgung der Abhängigkeits= und Entlehnungsverhältnisse, auch deßhalb wichtig, weil selbstverständlich z. B. ein Kloster bei Metz über austrasische Dinge besser unterrichtet sein wird, als über septimanische oder aquitanische. Allein in jenem löblichen und unvermeidlichen Streben ist man vielfach zu weit gegangen. Weil im Mittelalter — vor dem Aufkommen der Städtechroniken — solche Jahrbücher so gut wie ausschließend in Klöstern geführt wurden, nahm man auch für unsere Jahrhunderte stets ein Kloster als Entstehungsort derartiger Aufzeichnungen an: irgend eine Angabe über ein Kloster, wie sie der Natur der Sache nach fast überall vorkommen, sollte dann als Grund genügen, diesem Kloster die Aufzeichnung zuzusprechen. Bei manchen trifft das ja auch zu: dann ist aber die Geschichte des Klosters und etwa seines Gaues die Hauptsache und Angaben aus der Reichs= oder gar der Welt= geschichte, z. B. aus Rom oder Byzanz, werden nur gelegentlich eingeflochten. „Findet sich dagegen eine Reichsgeschichte, welche, wenn auch noch so dürftig, doch das Bestreben nach vollständiger Mittheilung zeigt, was, vom Mittelpunkt aus gesehen, das ganze Reich betrifft, so wird man den Ursprung schwerlich in einem Kloster zu suchen haben, und wenn hin und wieder eine locale Notiz sich findet, ist sie wahrscheinlich, oft nachweisbar einer Abschrift zugesetzt. Den Klöstern lag ein solcher Gesichtspunkt ursprünglich ganz fern, während der Hof damals noch wirklich den lebendigen Mittelpunkt des Reiches bildete, an dessen Bewegungen und Heerfahrten auch die Bischöfe mit ihren Caplanen fortwährend sich betheiligen mußten. Die Aebte aber, welche in denselben Strudel hineingezogen wurden, waren entweder geradezu Laienäbte, oder sie entfremdeten sich doch durch solch unklösterliches Leben der Genossenschaft der Mönche."[1] Allerdings hat man[2] abermals die klösterliche Herkunft der Auf= zeichnungen behauptet und geltend gemacht, was in den sogenannten „Königs= annalen" stehe, habe man auch im Kloster Lorch recht wohl erkunden können: gewiß, aber am Hofe brauchte man es gar nicht erst zu „erkunden": man hatte die Dinge selbst gethan oder erlitten und hatte nur das Erlebte auf= zuzeichnen: liegt in jenem Anführen irgend ein Beweis, daß man diese Auf= zeichnungen am Hofe nicht habe machen können? — Auch war doch gewiß „der Sinn der Mönche im 8. Jahrhundert den weltlichen Dingen nicht in so hohem Grade zugewandt, was auch später nur ausnahmsweise der Fall gewesen ist. Nur für wenige Kloster hatten die jährlichen Feldzüge ein un=

---

1) Wattenbach I, a. a. O.   2) v. Sybel, in seiner bekannten, stets geist=
reichen, aber nicht immer grund=erbohrenden Weise: „echtes Klostergewächs" nannte er
diese Jahrbücher. Historische Zeitschrift XLII, S. 266 f.

mittelbares Interesse."[1]) Andererseits hat man darin gefehlt, sich die ältesten Aufzeichnungen, welche dann als gemeinsame Quellen aller späteren angesehen wurden, allzu umfangreich vorzustellen:[2]) oder darin schon für 771/2 „Hof= annalen" anzunehmen.[3]) Die ältesten — zwar nicht erhaltenen, aber uns erschließ= baren — Aufzeichnungen waren wohl jene, welche die Grundlagen der späteren so genannten[4]) Annales Sancti Amandi von 687—769 bilden, (welche übrigens gewiß nicht dies Kloster zum Hauptgegenstand oder Entstehungsort haben, lediglich deßhalb, weil dasselbe zweimal, häufiger erst in den Fort= setzungen bis 810, erwähnt wird): sie sind von Anfang eifrig arnulfingisch, und die Reichsgeschichte verfolgen sie. Manches darin ist wohl erst später nachgetragen, „die Erinnerungen auseinanderzuhalten und zu ordnen".[5]) Die Versuche, die Entstehung auf eine bestimmte Landschaft, z. B. die kölnische[6]), zurückzuführen, können als überzeugend nicht bezeichnet werden. Aehnliche Eigen= art zeigen die (oben S. 318 Anm. 1) sogenannten (weil zuweilen Klöster an der Mosel berücksichtigt werden) Annales Mosellani, deren irische Namen wohl den Anschluß an Beda's Schrift de temporibus darthun, später aber auf Chrodegang von Metz hinweisen; spätere Fortsetzungen hat man nach dem Fundort der Handschrift Annales Maximiniani und Annales Laureshamenses (Kloster Lorsch in Württemberg)[7]) benannt; die eben= hiernach benannten Laurissenses enthalten Zusammenhänge mit Aufzeich= nungen in Baiern (Annales Juvavenses nnd St. Emerumni.)

Wir erwähnen nur noch die nach dem ehemaligen Eigner der Handschrift (Petau) benannten Annales Petaviani, die Guelferbytani (nach dem Fundort der Handschrift benannt), die wohl in dem Vogesenkloster Mur= bach entstanden, die Annales Alamannici und Nazariani (d. h. ebenfalls Lorsch, monasterium St. Nazarii). Ein bezeichnendes Beispiel der Wande= rungen dieser Aufzeichnungen gewähren die Annalen von Lindisfarne (643—664, oben S. 316) auf Holy=Island bei Berwick an der Ostküste von Northumberland, welche mit späteren aus Canterbury (643—690) wahrscheinlich durch Alkuin (III, 990 und unten S. 330) an Karls Hof kamen. Alkuin trug hier selbst die Orte ein, an denen der König 782—787 Ostern feierte; daran fügten die Mönche von St. Germain=des=Prés auf Grund von Jahrbüchern aus St. Denis ihre eignen Aufzeichnungen; eine Abschrift der älteren Handschrift von Lindisfarne nahm Arn, Alkuins ver= trauter Freund, mit nach Salzburg (III, 1056), woran sich dann hier weitere Aufzeichnungen schlossen.[8])

---

1) So vortrefflich Wattenbach I, 133.   2) So Is. Bernays, zur Kritik karolingischer Annalen (Straßburg 1883).   3) Arnold, Beiträge zur Kritik karo= lingischer Annalen, Leipzig 1878, dagegen besonders Waitz, Neues Archiv V, 499; vgl. auch Simson, Karl der Große. I. II.   4) Von Pertz in den Monumenta Germaniae historica Scr. I. Vgl. Archiv VI.   5) Wattenbach I, 134.   6) So v. Giesebrecht, fränkische Königsannalen, Münchener histor. Jahrbuch 1865, S. 220.   7) Nicht zu verwechseln mit Lorch, Lauriacum, in Oesterreich.   8) Verloren

Die Anfänge dieser Aufzeichnungen — gelegentliche Einträge an den Rand eines Kalenders, häufig geraume Zeit nach den Geschehnissen vorgenommen behufs unterscheidender oder zusammenfassender Erinnerung — dem Umfang nach kärglich, dem Inhalt nach oft kaum verständlich, waren weit entfernt von wissenschaftlicher Bedeutung: sie wollten, sollten und konnten nicht Bestandtheile irgend eines Teiles der „Literatur" werden, von Geschichtsdarstellung konnte dabei so wenig die Sprache sein wie von Geschichtsforschung: den Einträgen in Hausbücher sind sie zu vergleichen.

Der gewaltige Einfluß, den Karl der Große auf Hebung des gesammten Geisteslebens seiner Zeit übte, bewährt sich nicht zum Geringsten, ja für den Kundigen vielleicht am Bedeutsamsten in der Umwandlung, welche nunmehr jene Jahreseinträge erfuhren: nun wurden sie in der That „zu einem Ganzen verbunden und dann mit Absicht und Bewußtsein als gleichzeitige Aufzeichnung der Geschichte weiter geführt".[1]

Es leidet keinen Zweifel: diese Schöpfung einer gleichzeitigen Geschichtschreibung, einer zeitgenössischen Reichsgeschichte ging unmittelbar von Karl selbst aus. Die Gelehrten, Theologen, Dichter an seinem Hofe hatten, wie es scheinen will, gerade für Geschichtswissenschaft am Wenigsten Sinn: Karl aber war voll Eifers für die Geschichte zunächst seines Hauses, dann des mit demselben seit länger als einem Jahrhundert auf das Innigste verknüpften Reiches. Die Verdienste seiner Ahnen und die eignen um dies Frankenreich, um die Christenheit, um die Kirche, um Sanct Peter sollten der Nachwelt überliefert werden. So ließ er, wie wir sahen, die Briefe der Päbste und der Kaiser an seine Vorfahren, wie an ihn selbst — die älteren drohten in den Urschriften unlesbar zu werden — sorgfältig abschreiben und in ein besonderes Buch, den Codex Carolinus, zusammenfassen. Dabei waltete auch die Nebenabsicht, diese Urkunden als Beweismittel für die so oft zwischen Sanct Peter, Byzanz, den Langobarden und dem Frankenkönig, später dem Kaiser Karl bestrittenen und schwankenden Besitz- und Rechtsverhältnisse in Italien zu sichern und zu erhalten.

Aus dem gleichen Grunde ordnete er ja auch an, daß die neu unter seiner Herrschaft aufgezeichneten Stammesrechte, wie die Beschlüsse des Reichstages in sorgfältig verglichenen Abschriften an verschiedenen Orten des Reiches aufzubewahren seien, während die Urschrift in dem Reichsarchiv am Hofe niedergelegt wurde. Mit Fug hat man[2] übrigens hervorgehoben, wie jene Sorge um Ueberlieferung der Geschichte des arnulfingischen Hauses nicht Karl allein eigen, vielmehr vererbt ist: schon Pippins Oheim Hildibrand (III. 829) hatte die Chronik des sogenannten Fredigar in der Weise fort-

ist ein baierisches Geschichtswerk aus dem 8. Jahrhundert, das auf einen cancellarius Tassilo's, „Cranz", zurückgeführt wird (von Aventin, s. Riezler, Sitzungs-Berichte der k. baierischen Akademie der Wissenschaften 1881. I, 247 und dieselbe in seiner Ausgabe von Aventin III, 576).

1) Wattenbach I, 142.   2) Ebenda S. 120. 180.

führen und erweitern lassen, daß Angaben über die arnulfingische Haus=
geschichte hinzu und zum Theil an die Stelle von Nachrichten über die
Merovingen traten; ja von 752, also von dem Erwerb der Königskrone
durch das gewaltige Geschlecht ab übernahm die Fortführung jener Chronik
ein Sprößling dieses Hauses selbst: Nibelung, Hildiprands Sohn.

Wir werden nun sehen, wie an Karls Hof eine Geschichte der Bischöfe
von Metz entstand, in welcher Arnulf, der Stammvater seines Hauses,
hervorglänzt (s. unten Paulus Diaconus). Und gewiß nicht ohne Anregung
Karls geschah es — vielleicht veranlaßt durch seine Gewohnheit, an die Ge=
lehrten seiner Umgebung Fragen zu richten, ihnen Aufträge zu Aeußerungen, zu
Berichten zu ertheilen, — daß[1]) die Bischöfe und andern hervorragenden Geist=
lichen an seinem Hofe, welche als Berather, zum Theil als Glieder der könig=
lichen Kancelei, als Verfasser der besonderen, geheimen, nicht in der „öffent=
lichen" Kancelei aufgesetzten Schreiben, z. B. an die Päbste, in die Statsgeschäfte
auf das Genaueste eingeweiht waren, zu des Königs und ebenso zu ihrer
eignen — in der That fast unerläßlichen — Belehrung, behufs der Möglichkeit
raschen Zurechtfindens in der unübersehbaren Fülle von sich Jahr für Jahr
drängenden Ereignissen der Kriege und friedlicher Maßregeln und Beschlüsse
in Gesetzgebung und Verwaltung, des völkerrechtlichen Verkehrs mit so vielen
Fürsten und Völkern Europa's und Asiens anfingen, nicht nur die älteren,
nach Umfang und Inhalt so mangelhaften Aufzeichnungen mit den reichen
Mitteln, welche ihnen das Archiv, die Kancelei des Palastes, aber auch die ihnen
stets zugänglichen Büchereien aller Kirchen und Klöster ihrer Bisthümer an
die Hand gaben, zusammenzustellen, zu ergänzen, zu berichtigen, in ein besseres
Latein — wie es die gesteigerten Ansprüche der neuen Zeit verlangten —
umzuschreiben und nun, im Anschluß an die so hergestellten verbesserten Be=
richte über die Vergangenheit, die neuen Ereignisse der Gegenwart
— das war noch ungleich wichtiger und zugleich anziehender — Jahr für Jahr
in der gleichen Weise aufzuzeichnen und dergestalt die zeitgenössische Reichs=
geschichte, den Geschehnissen stets auf der Ferse folgend, zu schreiben: ein
Beginnen, für uns von unschätzbarem Werth! Denn diese zweifache, in das
Vergangne rückschauende und die Gegenwart begleitende Arbeit allein ermög=
licht auch uns erst wieder eine umfassende Geschichtsforschung und zusammen=
reihende Geschichtsdarstellung der germanischen Völker, welche, seit dem Erlöschen
der römisch=byzantinischen Geschichtschreibung (zumal Ammian im 4., Pro=
kop im 6. Jahrhundert) nahezu unmöglich gemacht, auch durch Jordanis
und Gregor doch nur sehr ungenügend gestützt wird.

Wir wissen nun bestimmt, daß z. B. ein Bischof von Metz, Angilramn,
so viel Sinn für Geschichte hegte, daß er Paulus Diaconus veranlaßte, die
Geschichte der früheren Bischöfe dieser Kirche zu schreiben. Auch sein Vor=

---

1) Nach der von Wattenbach I, 131. 181 vertretenen, gewiß richtigen Ansicht,
von welcher ich nur durch obige Vermuthung (mehr soll's nicht sein) über den ersten
Anlaß einigermaßen abweiche.

21*

gänger Chrodegang (742—766) scheint ähnlich gewirkt, die Anlegung von neuen und die Verbesserung von alten Jahrbüchern besorgt zu haben.

Hervorragend unter diesen neuern Annalen sind die sogenannten „großen Lorscher Annalen" (Annales Laurissenses majores), welche man nach dem Fundort der ältesten Handschrift früher diesem Kloster zuschrieb. Allein schon vor mehr als dreißig Jahren hat Leopold von Ranke[1]) in einer neue Bahn brechenden Abhandlung dargewiesen, daß diese Jahrbücher eine ganz besondere Richtung und Absicht und daher auch eine besondere Entstehungs-weise tragen: er erklärte sie geradezu als amtliche Aufzeichnungen auf Be-fehl des Hofes (d. h. des Königs) von Staatswegen verfaßt: er sagte: „Es fällt (bei diesem Annalisten) zweierlei auf: einmal, ... daß er große Unglücks-fälle verschweigt — auch von den neueren Stürmen, den dann und wann auftauchenden Verschwörungen giebt er keine oder nur ungenügende Nachricht — sodann aber, daß er über das, was er berührt, ausnehmend gut unter-richtet ist. Ein Mönch in seinem Kloster konnte unmöglich die Dinge so genau erkunden, wie sie hier beschrieben sind: wir haben Kloster-Annalen dieses Landes, aus derselben Zeit, allein wie sehr sind sie verschieden! Sie berichten nur das ganz Allgemeine der auffallendsten Thatsachen.

Hier aber haben wir einen Autor vor uns, der die Züge der Heere, ihre Zusammensetzung und Führung, die einzelnen Waffenthaten kurz, aber sicher angiebt, und der auch von den Unterhandlungen bis auf einen gewissen Grad zuverlässige Kenntniß hat. Niemand konnte über die Unternehmungen gegen Benevent (III, 1003) und Baiern (III, 1007) so gute Nachrichten mit-theilen, der nicht dem Rath des Kaisers (Königs) nahe stand. Diese beiden Eigenschaften zusammen: gute Kunde und große Zurückhaltung scheinen fast[2]) auf eine officielle Abfassung zu deuten, die aber freilich von einem Geistlichen herrühren müßte: jede Phrase bezeichnet einen solchen.[3]) Es würde ein in den Weltgeschäften erfahrener und mit dieser Thätigkeit vielleicht speciell be-auftragter Geistlicher gewesen sein, der diese Notizen am Hofe selbst auf-gesetzt hätte."

Diese geradezu musterhafte und für den Altmeister Ranke höchst be-zeichnende Darlegung fand allgemeine Annahme und ist in ihren Grund-gedanken auch durch neuere Anzweifelung[4]) nicht im Geringsten erschüttert worden: die Anregung durch Karl, die Aufzeichnung am Hofe selbst, durch einen Geistlichen, mit der Absicht, Ungünstiges zu verschweigen oder abzu-

---

1) Zur Kritik fränkisch-deutscher Reichsannalisten, Abhandlungen der königlichen Akademie der Wissenschaften zu Berlin. 1854. S. 416 ff., besonders S. 434.   2) In seinen Vorträgen hat v. Ranke diese Ansicht viel bestimmter ausgesprochen.   3) Das ist Alles, was an v. Sybels Wort „echtes Klostergewächs" richtig ist: nicht gerade klösterlich, nur priesterlich, theologisch, geistlich ist die Denk- und Sprachweise. 4) Durch v. Sybel, Historische Zeitschrift XLII, S. 260—268, XLIII, S. 410 f., dagegen be-sonders Simson (in Vertheidigung seiner Doctorschrift, de statu quaestionis, sintne Einhardi necne sint quos ei ascribunt, Annales Imperii. Regimontii 1860). Forschungen zur Deutschen Geschichte XX, S. 205. Karl der Große II, 604.

schwächen. Dagegen ist einzuräumen, daß die Aufzeichnung eine amtliche, von statswegen aus erfolgende nicht war: wir würden heute sagen: halbamtlich („officiös"), d. h. im Auftrag, nach dem Wunsche der Regierung und ver= mittelst Nachrichten, welche dieselbe — mit Auswahl und Färbung und unter Zurückdrängung des minder Günstigen — dem Aufzeichner ganz regelmäßig zukommen ließ.

Solche Feststellung der Thatsachen und auch der amtlichen Würdigung und Auffassung derselben konnte nach Ablauf einiger Zeit für die Regierung selbst behufs leichten Zurechtfindens sehr wichtig sein, und wenn man[1]) mit Recht auf das Beispiel Karls des Kahlen und Friedrichs I. dafür hin= gewiesen hat, daß Herrscher solche Geschichtswerke stets bei sich führten, so mag noch einmal hervorgehoben werden, daß wir von demjenigen Herrscher, um den es sich hier handelt, von Karl ja ganz bestimmt wissen, daß er für die Erhaltung geschichtlicher Ueberlieferung persönlich eifrige Sorge trug, und daß er es liebte, sich in zweifeligen Fragen an die gelehrten Geistlichen seines Hofes zu wenden. Wollen wir gegen all diese in der Sache und in der Person, das heißt in der Eigenart dieser Aufzeichnungen und dieses Herrschers liegenden Gründe uns eigensinnig verschließen?

Sollte man auch wirklich in Lorsch all' diese genauen Angaben über Vorgänge im Feldlager und im Rathsal des Königs haben erkunden können — was nicht gerade wahrscheinlich! — immerhin konnte man sie nur vom Hof, von geistlichen Angehörigen der „domus regia" erfahren und so gelangen wir auch bei Annahme eines Klosters als Ortes der Auf= zeichnung — wofür rein gar nichts spricht — doch immer wieder an den Hof als Ausgangspunkt, als Quelle. Und glaubt man, diese Hofgeistlichen würden in anderem als dem oben[2]) geschilderten Sinne berichtet haben? Wenn nun auch andere Stellen, welche ausdrücklich von „Annales regum" sprechen, nicht gerade sehr tragfähig sind — am Wenigsten können sie neben den sogen. Annales Laurissenses noch andere „eigentliche" Hofannalen „von viel größerer Bedeutung und Zuverlässigkeit", die dann aber räthselhafterweise spurlos verschwunden sein sollen, beweisen![3]) —, so verhält sich das doch wesentlich anders mit der werthvollen Versicherung eines gut unterrichteten und vollglaubhaften Mannes, eines unmittelbaren Zeitgenossen. Das ist Arbo Smaragdus, Schüler des heiligen Benedict von Aniane (gestorben 812), der — er selbst starb 843 — in der von ihm verfaßten Lebensbeschreibung seines Mei= sters ausdrücklich betheuert: „jeder Gelehrte, mein' ich, weiß, daß die (fränkischen, von anderen ist nicht die Rede) Könige seit alter Zeit bis auf die Gegen= wart (also ca. 830) die Gewohnheit geübt haben, was immer an Thaten oder Geschehnissen vorkam, Jahrbüchern zu überliefern zur Kenntnißnahme durch die Nachkommen".[4]) Diese bestimmte Angabe kann man doch nicht

---

1) Wattenbach I, 183.   2) v. Ranke, s. S. 324.   3) Wie Is. Bernays zur Kritik karolingischer Annalen, Straßburg 1883, will.   4) Mabillon, Acta Sancto-

ohne jeden ersichtlichen Grund — nur wegen vorgefaßter Meinungen — verwerfen!

Was nun den Verfasser dieser Hofannalen betrifft, so hat man[1]) die Abfassung des um 788 entstandenen ersten Theiles Arn von Salzburg zugeschrieben: die Entsetzung Tassilo's, die Einverleibung Baierns als unmittelbar vom König beherrschten Landes soll den Anstoß dazu gegeben und gerade Arn den Wunsch gehabt haben, seinen Uebertritt (787 war er noch als Gesandter Tassilo's nach Rom gegangen, III, 1006) zu rechtfertigen.

Jedoch die Bücherei zu Salzburg gewährte sicher nicht die hier verwertheten Quellen. Eine Fortsetzung von 796 ab ward früher allgemein[2]) Einhard zugeschrieben[3]): entscheidende, zwingende Gründe sind unseres Erachtens nicht dafür vorgebracht, daß nicht wenigstens einzelne Abschnitte dieser Fortsetzung von Einhard herrühren: die Entscheidung wird wohl davon abhängen, ob „der nach dem Muster der Alten gebildete Stil und der im Verhältniß zum 8. Jahrhundert unvergleichlich reichere Wortschatz ausschließlich für Einhart Zeugniß ablegen ... oder ob .. wir darin eine Frucht des verbesserten Schulunterrichts zu erblicken haben, die keines einzelnen Autors Eigenthum war".[4]) Ohne Zweifel ist es vorsichtiger, dieser letzteren Meinung zu folgen: wir kennen eben doch die Hofgeistlichen und Gelehrten Karls zu wenig, um behaupten zu können, nur Einhard habe so schreiben können. Was z. B. die Poesie betrifft, so ist die Aehnlichkeit des Stils (oder richtiger: der „Manier!") bei diesen Versemachern so stark, daß man sehr viele ebenso gut von dem Einen wie von dem Andern erwarten könnte.

Da die Reichsannalen erst mit 741 begannen, ward behufs Ergänzung aus den verbreitetsten Quellen (Beda, Hieronymus, Orosius, Fredigar, Gesta und andern) eine „Weltchronik" bis 740 vorangestellt.[5])

Gehören die sogenannten großen Annalen von Lorsch an den Hof, so sind die im Gegensatze zu jenen sogenannten „kleinen" Lorscher Annalen

rum Ordinis Sancti Benedicti saeculi IV. 1. p. 192 (praefatio) ... perantiquam ... consuetudinem hactenus regibus usitatam, quaeque geruntur acciduntre Annalibus tradi posteris cognoscenda, nemo ut reor ambigit doctus. Jetzt — aber tausend Jahre später: — „ambigunt docti quidam!"

1) W. v. Giesebrecht a. a. O. die fränkischen Königsannalen und ihr Ursprung. Münchener historisches Taschenbuch 1864, S. 190 f.   2) Seit Du Chesne von Pertz, v. Ranke und auch v. Wattenbach noch in den früheren Ausgaben seines classischen Werkes: jetzt in der fünften von 1885 hat er [gegenüber dem Widerspruch von Monod (Revue critique. Paris 1873. Nr. 42), Tünzelmann (Neues Archiv II, 460), v. Sybel (a. a. O. XLIII) und Jf. Bernays (a. a. O.), während doch Manitius (Neues Archiv VII), Die annales Sithienses, Laurissenses minores und Enharti Fuldensis (Lipsiae 1881) und Dorr. Neues Archiv X] darauf „verzichtet, die frühere Behauptung aufrecht zu halten." Andere Leute, die viel weniger Ursache dazu haben, sind von ihrer Unfehlbarkeit überzeugt.   3) Und bis zum Jahre 813 hält v. Giesebrecht daran fest.   4) Wattenbach I, 188.   5) Vielleicht zu Flavigny im Bisthum Autun, Wattenbach I, 191.

Fränkische Elfenbeinschnitzerei von einem Buchdeckel aus dem 9. Jahrh. Paris, Louvre-Mus.
Motiv: Das Urtheil Salomos.

Im oberen Felde Salomo, neben sich vier Krieger seiner Leibwache. Im unteren Felde die beiden Frauen:
die Mutter des Kindes auf den Knieen Salomo anflehend, und zwei Soldaten, die im Begriff sind, das
Kind zu tödten.

ohne Zweifel in diesem Kloster entstanden.[1]) Dagegen ist das sogenannte
Chronicon Moissiacense südfranzösischer Herkunft: nur eine Bearbeitung
stammt aber aus Moissac, die andere aus Aniane. Bis 813 schreibt sie

1) Von Waitz daher nun treffend anders, „die kleine Lorscher Franken-
chronik" benannt. Sitzungsberichte der königlichen Akademie der Wissenschaften zu
Berlin 1882, S. 400 f.

ihre Quellen wörtlich ab: von 813—818 scheint sie eine sonst nicht erhaltene
Handschrift der Annales Laureshamenses (nicht Laurissenses) abgeschrieben
zu haben.[1])

Die Annalen wurden bis 829 fortgeführt: die seit jenen Jahren immer
wüster um sich greifende Wirrniß im Reiche des kleinen Sohnes eines so großen
Vaters mußte Lust und Fähigkeit zu solcher Arbeit lähmen: schon bald nach
Karls Tode ward über Mißachtung der Wissenschaft geklagt.[2])

Nachdem wir um des inneren Zusammenhangs willen die Fortentwicklung
der Annalen von ihren Anfängen bis über die Zeit Karls hinaus verfolgt
haben (S. 325 f.), kehren wir zu dem Beginn der Regierung dieses Herrschers
zurück, die mannichfaltige, tiefgreifende, unmittelbare und mittelbare Einwirkung
seines weisen, väterlich sorgenden, glanzvollen Waltens auf die verschiedensten
Gebiete der Wissenschaft, der Kunst, des Kunsthandwerks, der Bildung — im
umfassendsten Sinne dieses Wortes — zu betrachten.

„Ein neuer Aufschwung, ja eine Wiederherstellung der Weltliteratur beginnt mit und durch Karl den Großen. ... Vor ihm fanden wir eine literarische
Cultur im Abendlande nur noch im Norden und im Südosten, in Brittannien
und in Italien: aber wirklich productiv nur bei den Angelsachsen allein, welche
die Bildungsmittel der Italiener wie der Angeln sich angeeignet, um sie
schöpferisch zu verwerthen. ... Das Frankenreich ... war seit den Tagen des
Fortunatus aller literarischen Cultur entfremdet. Karl führt sie dorthin, ja
er macht es zum Hauptsitz derselben".[3])

Dieser wunderbare Mann, von wildesten Leidenschaften für Krieg, Glaubens-
zwang, Herrschgewalt und Liebesgenuß erfüllt, hat zugleich eine verständniß-
eifrige Bewunderung für die antike, griechisch-römische Bildung gehegt, er, der
blutige Sachsenschlächter, wie vor ihm von allen Germanenkönigen nur der
weise Friedensfürst Theoderich und nach ihm erst wieder Otto III. Die
ersten Jahre seiner Herrschaft waren zu stark von Sorgen und Kämpfen bewegt — gegen Karlmann, dessen Wittwe, den Langobardenkönig —, als
daß er Muße für die Pflege der Bildung hätte gewinnen mögen. Doch zeichnete
er schon im Jahre 776 bei seinem Aufenthalt in Italien den Grammatiker
Paulinus durch Schenkung eines Landgutes aus: derselbe (gestorben den
11. Januar 802) schrieb, wohl auf Wunsch des Kaisers, wie Alkuin, gegen
die Irrlehre des Felix von Urgel, den Adoptianismus (III, 1027).
Später lebte er an dem Hofe mit Petrus von Pisa befreundet mit Alkuin,
der Angilbert (s. unten S. 336) als ihren gemeinsamen Zögling bezeichnet.[4])
Später (787?) erlangte er die hohe Würde des Patriarchats zu Aquileja:
über seine Freundschaft mit dem heldenhaften Markgrafen Erich von Friaul
haben wir bereits gehandelt.[5])

Wohl schon mehrere Jahre vorher hatte aber Karl daheim in Austrasien

1) Wattenbach I, 194. Monod a. a. C.   2) Wattenbach I, 195.   3) Ebert
II, 3.   4) Wattenbach I, 143.   5) Ueber seine Werke s. unten S. 341.

Fränkische Elfenbeinschnitzerei von einem Buchdeckel aus dem 9. Jahrh. Paris, Louvre=Muſ.
Motiv: 2. Buch Samuelis, 2. Capitel.
Im oberen Felde Abner vor den Mauern der Stadt Gibeon, in Unterhandlung mit Joab begriffen; unter
ihnen die zwölf jungen Männer vom Stamme Benjamin (in der Tracht und Bewaffnung fränkischer
Krieger); darunter der Fiſchteich von Gibeon mit einem Schiff und Wasservögeln.

einen begabten und strebsamen jungen Alamannen in dem Betrieb seiner
Forschungen gefördert: Adam, den Sohn Haynharbs (Hagin-harbs) aus

dem Elsaß: kaum 30 Jahre alt hatte er von Karl die Abtei Maßmünster (Masun-vilare) erhalten: um 780 schrieb er zu Worms ein grammatisches Werk ab und widmete es dem König „in Versen, die metrisch freilich mangel= haft, übrigens aber leidlich sind".[1]) Ohne Zweifel hat auch der wiederholte Aufenthalt in Italien den Sinn für die römische und die christliche Bildung in Karl zwar nicht erst begründet oder auch nur erweckt, aber doch ganz er= heblich entfaltet und gesteigert, wie denn selbstverständlich auch der Gedanke der Erneuerung des weströmischen Kaiserthums erst nach der Erwerbung Italiens und Roms entstehen konnte. Der Anblick der antiken Bauwerke, Bildsäulen, Mosaiken, des gesammten römisch=italischen Bildungslebens bis auf das Kunsthandwerk herab, dann die kirchlichen Einrichtungen, das Zusammen= wirken aller Künste, den Gottesdienst in einem Gebäude wie die Peterskirche zu verherrlichen und zu schmücken, der Verkehr mit dem Pabst, den Gelehrten, auch in weltlichen Wissenschaften wohl bewanderten Geistlichen zu Rom und den Bischöfen ganz Italiens, der Briefwechsel und Austansch von Gesandt= schaften mit Byzanz: — all das mußte das Verlangen in der eiferstarken Seele Karls steigern, Aehnliches in sein Frankenreich über die Alpen zu ver= pflanzen.

Noch mehr als der italische Aufenthalt des Jahres 776 ward der von 781 von Bedeutung für diese Bestrebungen: die Osterfeier dieses Jahres, bei welcher Hadrian I. Pippin aus der Taufe hob (III, 991), war ein glän= zender Ausdruck der neu hergestellten innigsten Beziehung zwischen König und Pabst, des Bewußtseins der Herrschaft über Italien, der Oberhoheit auch über Rom: damals „begann Godisskalk jenes Wunderwerk der Kalligraphie, das auf Purpurpergament mit Uncialschrift ganz in Gold und Silber geschriebene Evangeliarium, welches Karl und Hildigard zum dauernden Andenken dieser Feier anfertigen ließen".

"Providus ac sapiens, studiosus in arte literarum"
("Weise, vorschauenden Geiste, in der Wissenschaft eiferbeflissen")

heißt Karl in den Versen, durch welche Godisskall seinen Namen verewigt hat.[2]) (Das Prachtwerk ruhte früher zu Saint=Sernin de Toulouse, jetzt zu Paris.) Die Gemälde sind nach antiken Mustern, die Randverzierungen jedes Blattes theils ebenfalls römischen, theils auch irisch=englischen Ursprungs.

In diesem Jahre (781) aber gewann Karl in Italien außer Petrus von Pisa und Paulus Diaconus (s. unten S. 346) denjenigen Mann für seinen Hof und sein Reich, welcher wie kein Anderer der Träger der großartigen Bildungspflege des Königs werden sollte: den Angelsachsen Alkuin (Alch-vine) oder, wie er sich latinisirt nannte, Albinus, einen Schüler Egberts in der Domschule zu York, seit 732 Erzbischof, der

1) Wattenbach I, 113.   2) Ebenda S. 144, vgl. Piper, Karls des Großen
Kalendarium.

seinerseits ein Schüler Beda's gewesen war (oben S. 314 f.): „in ihm also reicht diese Literaturperiode der vorhergehenden die Hand".[1]

Er war ca. 730 zu York geboren als Gesippe Sanct Willibrords (III, 787), dessen Leben er dargestellt hat (unten S. 335 und oben S. 302). Auch Aelbert war dort sein Lehrer, der ihn auf einer Reise nach Rom mitnahm, wo — wieder einmal (oben S. 315) — Handschriften für England gekauft wurden: als Aelbert 766 Erzbischof ward, bestellte er Alkuin zum Vorsteher der Domschule. Da er 781 für Erzbischof Eanbald das Pallium aus Rom holte traf er zu Parma mit Karl zusammen, den er aber schon früher kennen gelernt hatte (III, 990).

Der Einladung an den Hof folgte Alkuin erst im folgenden Jahre (782): er brachte mit aus England seine Schüler Wizo, der in der Sprache dieses „akademischen" Kreises Candidus genannt wurde, Fridugis, genannt Nathanaël (derselbe ward unter Ludwig dem Frommen 819—832 Kanzler; vorher war er aber (804) Alkuins Nachfolger als Abt des St. Martins= kloster zu Tours geworden; auch Abt von St. Bertin war er)[2] und Sigulf, genannt Vetulus, später als Alkuins Nachfolger Abt von Ferrières und Stifter der dortigen Schule.[3] Karl übertrug Alkuin die Abteien von Ferrières und von St. Lupus zu Troyes, d. h. deren Einnahmen, während der Meister, von der Pflicht entbunden, in diesen Klöstern zu wohnen und zu walten, Vorsteher der Hofschule in dem Palatium und Haupt der „Academici" wurde. In jener Schule ward aber nicht nur die Jugend unterrichtet, die große Zahl von Knaben und Jünglingen, welche, nach alter Sitte der fränkischen Könige (D. G. Ib, 618), am Hof in geistlichen und weltlichen Dingen für geistliche und weltliche Würden erzogen und herangebildet wurden: — auch Erwachsene, zumal Karl selbst und, nach angelsächsischem Vorbild (oben S. 316), auch die Frauen des Hauses, seine Gattinnen, seine Schwester, seine Base, seine Töchter lernten hier. Aber auch außerhalb dieser Vorträge nahm Karl bei Alkuin und Petrus von Pisa Unterricht in allerlei Wissenschaften. Es war doch nicht bloße Spielerei, daß die „Academici" in diesem Umgang mit aus der Antike oder der Bibel entlehnten Namen bezeichnet wurden: die gewiß von Alkuin nach angelsächsischem Vorbild[4] um der „familiaritas" willen eingeführte Sitte schied einerseits die Eingeweihten von den ferner Stehenden und be= seitigte andrerseits die Schranken, welche Rang und Stand dem freien Verkehr im Ernst und zumal im Scherz würden gezogen haben. So hieß Karl selbst David, Alkuin Flaccus, Angilbert Homer, Eginhard Beseleel (Erbauer der Stiftshütte), nur übersetzt Arn Aquila, Wizo Candidus, Karls Schwester Gisela Lucia, Karls Base Gundrad (III, 1175 und unten S. 335) Eulalia, Rothtrud Columba. Aus diesem Kreise wählte der König auch, wann er in dem Palatium weilte, gern die Genossen seiner Tafel: während des Speisens

---

1) Ebert II, 4.   2) Wattenbach I, 151.   3) Ebenda S. 152.   4) Ebert I, 590; II, 6.

ward Musik getrieben, wurden Räthsel aufgegeben (besonders von Alkuin, oben S. 316), Karl selbst soll vor Andern geschickt im Errathen gewesen sein, Gedichte vorgelesen und oft scherzweise und neckisch beurtheilt; aber auch aus seinem Lieblingswerke ließ Karl sich dabei vorlesen, der civitas Dei Augustini, welches für ihn und für die ganze Auffassung des Mittelalters vom Verhältniß zwischen Stat und Kirche, Recht, Sittlichkeit und Religion so verhängnißvoll werden sollte (III, 1094).

An diesen Kreis aber richtete Karl auch die Fragen, welche ihn in Theologie (praktisch in der Gesetzgebung, z. B. über den Adoptianismus, über die Bilderverehrung oder lehrhaft, wie auch in Astronomie oder Grammatik) beschäftigten: er ließ sich Berichte ausarbeiten, ganze Bücher darüber schreiben (vgl. oben „Annalen"). Man wird übrigens darüber streiten können, inwiefern dieser ganze Literaturbetrieb kirchlich war und wie weit er, weltlich und laienhaft, der Schule, dem Unterricht dienen sollte, wie fern z. B. die Pflege der classischen Dichter wie Vergils und Ovids um des Inhalts willen, um der Dichtung willen betrieben wurde.[1]) Man hat vielleicht das Weltliche, die Schule, die Selbständigkeit der weltlichen Bildung hierbei überschätzt. Es ist ja richtig, daß, seit allmälig der Gedanke der Erneuerung des Kaiserthums durch Karl — aber nicht in Karl, in Alkuin (III, 1075) — hervortritt, Karl als ein „zweiter Augustus" gedacht wird, auch die Erneuerung der literarischen Blüthe eines „augusteischen Zeitalters" vorzuschweben beginnt. Allein für Karl und namentlich für Alkuin war doch das Alles nur weltliches Mittel zu geistlichem Zweck: die Erneuerung des Kaiserthums war ja selbst nur weltlich, statliches Mittel zu dem geistlichen Zweck der Theokratie, der „civitas Dei". Alkuins vorzüglichster Beweggrund war nach seiner eignen Angabe nicht etwa wissenschaftlicher Eifer, sondern „die Sorge für die Aufrechthaltung der kirchlichen Orthodoxie im Frankenreiche, wie denn der kirchliche Standpunkt bei ihm durchaus maßgebend ist". Dies allein erklärt es auch für die Seelenkunde, daß Alkuin „in späteren Jahren völlig in Frömmelei versank und das Studium Vergils, den er selbst einst eifrig nachzuahmen gestrebt hatte, später als höchst gefährlich, wenigstens für Mönche, verwarf".[2])

Es begreift sich das: die innere Unvereinbarkeit der heidnischen, durch und durch weltlichen, weltfreudigen Literatur mit der weltflüchtigen, weltverachtenden Christenlehre der civitas Dei konnte auf die Dauer nicht unerkannt bleiben. — Aber auch Karl hat es wiederholt ausgesprochen, daß der letzte Grund, aus welchem er, zumal bei Geistlichen, aber auch bei Laien, für Schulbildung eiferte, durchaus nicht der Werth dieser weltlichen Bildung als solcher war: sie sollte nur Mittel zu dem Zweck sein, die Lehre der Bibel und die der Kirche richtig und klar zu erfassen: die Heranbildung aller seiner Unter-

1) Ebert II, 7. — Wattenbach I, 152 scheint mir hier dem Richtigen näher.
2) Wattenbach I, 150. 152.

PROBEN VON KAROLINGISCHEN SCHRIFTEN.

thanen zu verständnißvollen Bürgern des States Gottes auf Erden: — das war der Zweck seines Bildungseifers. So sagt er geradezu in dem Rundschreiben von 787 an die Bisthümer und Klöster: sie sollen die studia literarum treiben, um das alte und das neue Testament tiefer zu verstehen. So eifert er für Besserung des Bibeltextes — die letzten Stunden seines Lebens noch beschäftigte diese Sorge! — Daher auch die Veranstaltung der Predigtensammlung durch Paulus Diaconus (unten S. 348), wobei wieder (wie 789 auch) die Textverbesserung besonders hervorgehoben wird. Und wenn dann das Capitular von 789 allerdings mit allen bischöflichen Kirchen und mit allen Klöstern Schulen verbunden wissen will, in welchen die Knaben Kirchengesang, Rechnen und Grammatik lernen sollen, so handelt es sich doch hierbei lediglich um die Ausbildung von künftigen Geistlichen; das Capitular von 802 führt dann freilich den Schulzwang im Allgemeinen ein, — sie sollen wenigstens lesen lernen, — aber daß sie weltlich-heidnische Bücher lesen sollten, war dabei gewiß nicht die Absicht: sie sollen lesen lernen — vor Allem — um richtig zu beten, um die geistlichen Bücher zu verstehen.

Da Alkuin nur auf Zeit von seinem Erzbischof und seinem König Urlaub erhalten, kehrte er 790 nach England zurück, aber schon 793 folgte er wieder Karls dringendem Rufe: es galt der Bekämpfung der adoptianischen Irrlehre und der viel bestrittenen Bilderverehrung: mündlich auf den Kirchenversammlungen zu Regensburg und zu Frankfurt (III, 1027, 1038) und schriftlich griff er wiederholt und kräftig in diese Fragen ein; 796 erhielt er die durch den Tod des Iterius erledigte Abtei des hochberühmten (III, 792) Sanct Martinsklosters zu Tours: ungefähr sechzig Jahre alt wünsche er sich aus dem lauten Treiben des Hoflebens zurückzuziehen: die Rückkehr in die Heimath wurde ihm ohnehin abgeschnitten durch die gerade damals erfolgte Ermordung seines Gönners und Schützers König Ethelred (III, 1053). Er stellte nun die gesunkene Schule jenes Klosters wieder her, ja, errichtete hier, nach Karls Wunsch, eine „Musterschule, ein zweites York" (oben S. 314 f.), wo die oft aus weiter Ferne hergekommenen Schüler zu Lehrern des Frankenreiches ausgebildet wurden; die literarischen Hilfsmittel ließ er durch Wizo (s. oben S. 331) aus England kommen,[1] das in diesen Dingen der damals schon so viel früher gepflegten Bildung dem Frankenreiche weit voraus war. Auch von Tours aus bekämpfte er den Adoptianismus, — er fehlte auch nicht auf der Kirchenversammlung zu Aachen — unterhielt einen ausgebreiteten Briefwechsel (gesammelt [gegen 300] durch Arn, Angilbert, Adalhard und angelsächsische Freunde) mit seinen Schülern und Freunden in beiden Ländern, mit dem Hof[2]) und mit Karl, dem er nach wie vor in seinem Eifer für Ver-

---

1) Ebert II, 15. 2) Ebert II, 33 theilt sie in vier Gruppen: an den König (z B. über die Bekehrung der Avaren, über Pabst Leo, über die Bedeutung des Kaiserthums oder die Bildungsbestrebungen Karls), an Arn (30—40, die meisten sind in Tours geschrieben, also von 796—804), an Verschiedene und in die angelsächsische Heimath: zum Theil von hohem Werth als Quellen für die Geschichte. Letztere zeigen

breitung von Religion, theokratischen Vorstellungen und Bildung als „Cultus=
minister"[1]) zur Seite stand; er starb am 19. Mai 804. Sein Leben ward
beschrieben auf Wunsch eines Abtes, Alberich (?) von Ferrières, 829 Erz=
bischof von Sens,[2]) früher Mönch zu Tours unter Alkuin, einem Schüler
Sigulfs (oben S. 331), zumal nach dessen mündlichen Berichten. Die Wissen=
schaft tritt darin gar sehr hinter der Frömmigkeit zurück, wie dies ja in den
letzten Jahren im Leben Alkuins der Fall war: — Anschauungen, welche der
Briefwechsel in unablässig wiederholten erbaulichen Ermahnungen darlegt.

Man hat Melanchthon den „Lehrer Deutschlands" genannt: mit
besserem Fug mag man Alkuin den Lehrer des Frankenreichs unter Karl und
noch für lange Folgezeit nennen. Seine drei Lehrbücher der Grammatik,
Rhetorik, Dialektik — also eines großen Theiles des gesammten weltlichen
Lehrstoffes jener Zeit: dazu traten noch in dem Unterricht Arithmetik,
Geometrie, Musik und Sternkunde (auch zwei Abhandlungen hierüber
schrieb er) — nach angelsächsischer Sitte (oben Aldhelm S. 314) in
Gestalt von Wechselgesprächen eines fragenden Schülers und antwortenden
Lehrers — wurden von entscheidendem Einfluß. Sehr bedeutsam ist, daß in
der Grammatik ein Franke als lernend, ein Angelsachse als Lehrer darge=
stellt wird; in das Gespräch werden Scherze nach dem Vorbild der Tafel=
späße und Neckgedichte des Hoflebens (oben S. 331) eingeflochten; das Buch
war wohl auch für die Hofschule zu Aachen, dagegen die Rhetorik wie die
Dialektik für Karl selbst bestimmt, der im Wechselgespräch mit „magister
Albinus" auftritt; alle sieben Künste haben aber ausgesprochenermaßen nur
den Zweck, den Sieg der rechten Lehre über die Irrlehrer zu erleichtern! Ein
Büchlein über Rechtschreibung ist belehrend über die damalige Aussprache des
Lateinischen; eine „Unterredung mit (Karls Sohn) Pippin" enthält witzige
Begriffsbestimmungen — oft epigrammatischer Färbung — zumal aber Räthsel,
wie sie die Angelsachsen so liebten.[3]) Von seinen theologischen Werken sind
zu nennen die auf Wunsch Gisela's und Rothtrudens (oben S. 331) ver=
faßte Erläuterung des Johannes=Evangeliums und die für seine Schüler
Wizo, Fribugis und Onias bestimmte Erläuterung des „Predigers
Salomonis", dann die drei Karl (als Kaiser) zugeeigneten (ganz Augusti=
nischen) Bücher über die Lehre von der Dreieinigkeit, in welchen er den
Zweiflern zeigen wollte, wie nothwendig es war, daß Karl bei ihm Dialektik
gelernt habe, welche ja Augustin als für ganz unerläßlich erklärt habe, für
das — Verständniß der Dreieinigkeit. Also auch diese weltliche Wissenschaft
dient nur jenem geistlichen Zweck!

―

ergreifend seine schöne warme Liebe für Vaterland und Volk: er mahnt die Angel=
sachsen zu Tugend und Eintracht gegenüber den Dänen, wie weiland Gildas seine
keltischen Stammgenossen gegenüber den Angelsachsen, und eifert gegen die Trunksucht
und den Kleiderprunk von Laien und Geistlichen seines Volkes.

1) Ebert II, 15. 2) So Wattenbach I, 154; nach dem Tod Benedicts
von Aniane, also nach 11. Februar 821. 3) Ebert II, 20.

An jene Gundrad (oben S. 331) richtete er eine Schrift (mit an=
gefügten Gedichten) über das Wesen der Seele, — man wird an Leibniz
und dessen philosophische Briefe an gebildete und wissensdurstige Fürstinnen
erinnert! — worin er für die Erklärung der Bedeutung der geheimnißreichen
Sechszahl — (Zahlenmystik spielt bei Alkuin eine wichtige Rolle: hier handelt
es sich aber nur um die Sechszahl der Zeilen seiner Strophen!) — auf Karl
selbst verweist, der bei allen Sorgen der Statsgeschäfte sich so eifrig um die
Geheimnisse der Philosophen bemühe wie kaum ein Mensch, der gar nichts zu
thun habe! Eine Schrift über die Tugenden und die Laster an Graf Wido
von der Bretagne, „ein Laienbrevier mit besonderer Rücksicht auf das Grafen=
Amt"[1] wäre für uns noch viel werthvoller, enthielte es weniger erbauliche
Mahnungen und mehr Thatsächliches aus der Geschäftsführung und den Miß=
bräuchen des Grafenamts: wir erfahren nur von Bestechlichkeit und Härte
der Richter in Bestätigung unserer anderweitigen Nachrichten.

Zwei ältere Heiligenleben hat Alkuin umgearbeitet, den gesteigerten An=
forderungen der Zeit an Form und Stil entsprechend: das des heiligen Richar
auf Wunsch Angilberts und das des heiligen Vedast auf Wunsch des Rabo.
Angilbert war Abt des dem heiligen Richar († 645) geweihten Klosters
St. Riquier bei Abbeville en Picardie, monasterium Centulense,
Rabo des Klosters des heiligen Vedast († 540; Zeitgenossen Chlodovechs,
III, 56) zu Arras. Neu verfaßt hat er — in Prosa und in Versen —
das Leben des heiligen Willibrord, des „Apostels der Friesen", eines
northumbrischen Landsmanns, Stifters des Klosters Epternach und
ersten Bischofs von Utrecht (696—739; III, 787). Unter den Dichtungen
Alkuins ist zu nennen seine in (1657) Hexametern geschriebene Geschichte der
„Väter, Könige und Heiligen der Erzbisthums York" (Eburicae) von dem
ersten christlichen König Northumbriens, Eduris (627) bis auf den Tod
seines Lehrers Aelbert, wohl noch zu York geschrieben: die jugendliche
Frische und die Schule Vergils — z. B. in den mit Liebe geschilderten
Gefechten — berühren hier sehr erfreulich: obwohl die Kirchengeschichte und
das Religiöse die Hauptsache, führt doch diese Dichtung „auf das weltliche
Gebiet hinüber, so daß es wie der erste Vorläufer jener dem Epos so nahe
verwandten Reimchroniken des späteren Mittelalters erscheint".[2]

Viel geringer ist der dichterische Werth seines Klageliedes und Trost=
gedichts über die Zerstörung des Klosters Lindisfarne (Juni 793 durch
die dänischen Vikinge) gerichtet an den Abt Higbald und dessen Mönche.
Außerdem sind zu erwähnen seine zahlreichen Gelegenheitsgedichte, z. B.
Inschriften für Gräber (so die noch erhaltene für das Grab des Pabstes
Hadrian, III, 1046), Altäre, Kirchen, Büchereien, und poetische Episteln,
theils Prosabriefen angehängt, theils ausschließlich in Versen, an Glieder des
Hauses oder des Hofes des Königs: hervorragend ist das Briefgedicht an Karl,

---

1) Ebert II, 22. 2) So vortrefflich Ebert II, 27.

welches bei dessen Römerzug die Herstellung des Kaiserthums bereits bestimmt andeutet.[1]) Auch bukolische Gedichte, Idyllen, hat er geschrieben, Akrosticha, und — als Angelsachse selbstverständlich — Räthsel.

Eine hervorragende Stellung unter den „Akademikern" nicht nur, zugleich unter den Statsmännern Karls nahm ein jener Angilbert, der „Homer" dieses Kreises. Von edler Abkunft, wohl wenig jünger als der König,[2]) war er, wie viele vornehme Frankenknaben, an dem Hof erzogen. Er befreundete sich mit Alkuin, Petrus von Pisa und Paulinus von Aquileja, deren Schüler er ward. Aus diesen gelehrten und dichterischen Strebungen entfernte ihn der vertrauensvolle Auftrag Karls, der ihn als primicerius palatii, d. h. als leitenden Statsminister des Knaben Pippin nach Italien sandte (III, 991); aber auch nachdem er an den Hof zurückgekehrt und Glied der königlichen Capella geworden, schickte ihn Karl noch dreimal in wichtigen Aufträgen an den Pabst (792, 794, 796; III, 1028, 1039, 1046), auch bei der Kaiserkrönung soll er nicht gefehlt haben und im Jahre 811 unterzeichnet er als Zeuge Karls Testament (III, 1150). Er bekleidete ohne Zweifel ein geistliches Amt, wenn auch die Verleihung der Einkünfte der Abtei St. Riquier (oben S. 335) nach dem Vorgang der Zeit Karl Martells (III, 767) nicht gerade geistlichen Stand eines solchen palatinus voraussetzen würde. Er nahm sich dieses Klosters auf das Eifrigste an, baute es mit eignen Mitteln, dann durch reiche Geschenke Karls und dessen Baukünstler unterstützt ganz neu — aus Italien wurden Säulen und Marmorplatten hieher wie nach Aachen verbracht — und stattete das Stift auf das Glänzendste aus „mit jedem Zubehör des prachtvollen Kirchendienstes": auch die Bücherei beschenkte er mit 200 Werken.[3]) Er blieb einer der vertrautesten Räthe des Königs, auch nachdem dessen Tochter Bertha ihm — außer der Ehe — zwei Söhne, Rithard und Harnid, geboren (III, 1175): das Verhältniß gab vielleicht Anlaß zur Entstehung der Sage von Einhard und Emma. Im Jahre 80) bewirthete er Karl als Gast in St. Riquier und starb wenige Tage nach dem Kaiser (18. Februar 814). Daß bei solchen Verdiensten um das Kloster Angilbert daselbst später als Heiliger verehrt ward, versteht sich von selbst.[4]) Aber im Anfang des 12. Jahrhunderts setzte sein Nachfolger in der Abtwürde und sein Lebensbeschreiber Anschar die förmliche Heiligsprechung dieses ziemlich weltfreudigen Heiligen durch (1110), indem er Erzbischof Radulf von Rheims, vielleicht auch Pabst Paschalis II. außer der Lebensbeschreibung drei Bücher Mirakel, welche an dem Grabe neu begonnen hatten, überreichte.

Wir besitzen von Angilbert ein Gedicht, in welchem er den Sieg König Pippins über die Avaren (796) feiert: auf der Reise nach Italien traf er den jugendlichen Helden zu Langres: mit warmer Empfindung malt er aus,

1) Nicht nur „ahnt", wie Ebert II, 29: sie war wohl seit beschlossene Sache und am frühesten und kräftigsten gerade von Alkuin angeregt worden. 2) So Wattenbach I, 162. 3) Wattenbach I, 164. 4) Ebenda S. 164, der eine Reihe ähnlicher rein örtlicher Verehrungen anführt.

Die Grabplatte Fabrians I.

wie der Vater, wie die Schwestern den heimkehrenden Sieger empfangen
werden. Die nahe innige Beziehung Angilberts zu Karl und dessen Haus,
dessen „Theuere" (cari) erhellt auch aus einem andern Gedicht, in welchem
der König als Schirmer der Dichter und Weisen gepriesen wird, aber auch
die Kinder und einige Akademiker des Königs einzeln gefeiert werden; zart
und anmuthig erwähnt er Bertha's, „der seine Lieder gefallen möchten!" und
er grüßt die reizenden Gärten in der Nähe der Pfalz, in welchen er mit
seinen Knaben zu wandeln pflege: sie sollen ihm Hof und Haus treulich hüten
bis zu seiner Wiederkehr. Vielleicht — aber es läßt sich bei der Aehnlichkeit
all' dieser Dichter und ihrer Weisen nicht feststellen — war Angilbert auch
Verfasser der großen uns nur in Bruchstücken erhaltenen Dichtung, welche die
Begegnung Karls mit Pabst Leo zu Paderborn (und gewiß doch auch
dessen Wiedereinsetzung zu Rom und vielleicht auch die Kaiserkrönung) schilderte.
Die Nachahmung Vergils ist sehr hervortretend. Das Wärmste und Leben-
digste und Bilderreichste daran ist die Beschreibung einer Jagd Karls bei
Aachen in Begleitung Hildegardens und seiner Kinder, von denen wieder
Pippin und Bertha mit Vorliebe behandelt sind. Erfreulich ist im Gegensatz
zu der bisherigen fast ausschließlich geistlichen Schuldichtung der frische weltliche Zug, das Malerische in der Schilderung, die Freude an der Schönheit
der Frauen und ihrer Gewandung: es ist, weit abliegend von der Askese der
Heiligenpoesie, eine „sinnlich romantische, höfische Dichtungsart".[1]) Man möchte
gerne glauben, der glückliche, heißblütige, schönheitfreudige Geliebte der schönen
Bertha sei der Verfasser dieser warmen, weltfrohen Schilderung. Alkuin in
seinen späteren Jahren versuchte ihm — wie es scheint mit Erfolg — die
Freude an den Schauspielen (nicht näher bestimmbarer Art, histriones) als
sündhaft zu verleiden.

Einen weltlichen Gegenstand behandelt auch die Dichtung des „irischen
Flüchtlings" (Hibernicus exsul), d. h. also eines der zahlreichen aus Irland als Bekehrer und Lehrer nach dem Frankenreich übergesiedelten Priester,
die wir seit Sanct Columban (III, 553) kennen; er besingt den vom Teufel
eingegebenen Abfall Tassilo's und dessen Unterwerfung vom Jahre 787: —
offenbar vor der abermaligen Empörung und darauf folgenden Absetzung des
Agilolfingen (788).

Ein andres Gedicht, an Gundrade (oben S. 335) gesandt, verherrlicht
die Einheit des Glaubens und der Statsgewalt auf Erden: Ein Gott, Ein
Glaube, Ein Herrscher. Letzteren Gedanken hat Theodulf einmal vertreten
(III, 1116).

Dieser aus Spanien nach dem Frankenreich übergewanderte West-
gothe vereinte mit umfassender Gelehrsamkeit und einer Gesinnung, welche
auch Ovid und den classisch-heidnischen Sagen — freilich diesen erst nach
einer „philosophischen" Umdeutung in das Christliche — gerecht zu werden

---

1) Ebert II, 62.

vermochte, eine hervorragende Formbegabung: von den „Dichtern" dieses Kreises hat er am meisten Sinn und Fähigkeit für dichterische Form. Aber dieser angeborne wahrhaft ästhetische Sinn — es ist nicht blos anerzogene „ästhetische Bildung"[1]) — beschränkt sich ihm nicht auf die Dichtung: sie erstreckte sich auch auf Baukunst, Bildnerei, Malerei: er baute zu Germigny eine Basilika nach dem Vorbilde der Palastkirche zu Aachen und schmückte ihr Inneres auf das Reichste, „er ließ Handschriften der Bibel verfertigen, die noch heute als kalligraphische Musterwerke bewundert werden, und sie mit Bildern verzieren".[2])

Ja, auch die Genüsse des weltlichen Lebens liebte er in schöne Formen zu kleiden und zog zu deren Dienst das Kunsthandwerk heran: „so schmückte er seine Tafel durch Aufsätze kunstvoller Werke im symbolisch- allegorischen Stil der spätrömischen Zeit: um dem Geist ebenso wie dem Leibe Nahrung zu spenden, wie er selbst in der Beschreibung eines solchen mit einem Tellurium verbundenen Aufsatzes sagt."[3])

Wir wissen nicht, wie und wann der Gothe an Karls Hof gekommen: doch finden wir ihn seit 788 als Bischof von Orléans, Abt von Fleury und St. Aignan, in welchen Stellungen er Karls Strebungen für Ver- breitung von Bildung unter Geistlichen und Laien auf das Eifrigste unter- stützte: er wies seine Geistlichen an, unentgeltlich auch draußen auf dem Land in den Landhöfen (villae) und Dörfern (vici) Schule zu halten; er berief Mönche von Aniane nach Mici, die Klosterverbesserungen seines gothischen Volksgenossen Benedicts (Wittika) von Aniane[4]) auch in seinem Sprengel auszuführen. Karl bestellte ihn 798 zum Sendboten (III, 1061), 800 zum Mitglied des Gerichts zu Rom, welches über Pabst Leo und dessen Ankläger zu urtheilen hatte (III, 1065), wo er dann das Pallium (oben S. 331) empfing.

Nach Alkuins Tod ließ sich der Kaiser von Theodulf in den ihn be- schäftigenden theologischen Streitfragen, z. B. über das „Filioque" (den Aus- gang des heiligen Geistes vom Vater und vom Sohne, III, 1027, 1038) berathen und berichten. Anfangs auch noch von Ludwig dem Frommen hochgeehrt — der sandte ihn 816 Pabst Stephan zur Bewillkommnung im Franken- reich entgegen — gerieth er doch bald in den Verdacht der Mitschuld an der Verschwörung Bernhards von Italien, des Sohnes Pippins (III, 1154), ward (818) aller seiner Aemter entsetzt und bis an seinen Tod (821) in einem Kloster zu Angers gefangen gehalten: höchst wahrscheinlich unschuldig: er weigerte sich standhaft, die ihm zugesicherte Begnadigung durch das Geständniß einer Schuld zu erkaufen, die er nicht begangen habe. — Seine Dichtungen sind großentheils lehrhafte: von einem großen Lehrgedicht ist uns nur ein

---

1) Wie Ebert II, 71.   2) Ebert II, 71. — Delisle, les bibles de Théo- dulfe, Bibliothèque de l'éccle des chartes XL. 1879. p. 7.   3) Ebert II, 71. 4) Ebert II, 346 f.: geboren 760, gestorben 821.

Stück erhalten, welches den Kampf der Tugenden gegen die Laster schildert. Höchst bedeutsam und werthvoll ist nun aber, daß einem zweiten Lehrgedicht, der Ermahnung an die Richter, nicht die abgezogene Pflichtenlehre zu Grunde liegt, sondern die eigene thatsächliche Lebenserfahrung: es ist die Reise, welche Theodulf als Sendbote Karls im Jahre 798 unternahm. Gar anschaulich schildert er, wie er zusammen mit Laidrad (von Lyon) Narbonne, Arles, Marseille bereist: die Zustände im Frankenreich, zumal die Bestechlichkeit der Richter, werden lebendig dargestellt: wir lernen, wie weit verbreitet sie war, ja, wie auch das von Karls Weisheit zur Bekämpfung dieser Mißbräuche ersonnene oder entlehnte (D. G. I b. S. 379) Amt der Sendboten unter den gleichen Schäden litt, so daß die Bestechbarkeit auch Theodulfs und Laidrads von Vornehm und Gering ganz allgemein vorausgesetzt wird. Das Werthvolle — dichterisch und geschichtlich — an dem Werk ist nun gerade, daß nicht in allgemeinen Wendungen von der Richterpflicht gehandelt, sondern uns in einzelnen Fällen der bestimmte Vorgang vorgeführt wird: wir lernen für die Wirthschafts- und die Sittengeschichte wichtige Dinge daraus: z. B.[1]) den regen Verkehr mit dem arabischen Spanien, die Nachfrage nach arabischen Goldmünzen, nach Leder von Córdoba; den eifrigen Kunstliebhaber Theodulf sucht man durch eine kostbare Vase zu bestechen, welche er dann eingehend mit liebevollem Verständniß schildert; ein kleineres Gedicht beschreibt ein Bild, welches die sieben freien Künste allegorisch darstellt.

Anziehend durch lebendige Naturschilderung sind beschreibende Gedichte, so eines Kampfes zwischen zwei gewaltigen Scharen von Vögeln. In seinen Epigrammen tritt außer wirklichem Humor — die „Späße“ vieler „Dichter“ dieses Kreises sind höchst frostig und gekünstelt — hervorragend gesundes, weises Urtheil hervor, so in der Bekämpfung der Pilgerfahrten nach Rom, an welche sich ja sehr grobe Mißbräuche knüpften, und in der Verfechtung der Stateinheit gegen die geplante Dreitheilung des Reiches (III. 1116).

Am Glänzendsten aber erscheint Theodulfs inhaltliche Begabung, seine Gedankenfülle, sein Anschauungsvermögen und seine spielende Beherrschung der Form in seinen Briefgedichten. Mit der ganzen Ueberlegenheit des wirklichen Dichters verspottet er die Eitelkeit und Unfähigkeit der vielen Versemacher am Hofe. Schwungvoll und kraftvoll preist er die Besiegung der Avaren durch Karl und droht den Arabern in Spanien das gleiche Geschick; auch als Beschirmer der Kirche verherrlicht er den König; besonders schön und reizvoll ist seine Schilderung der Lebensweise Karls und der Seinen: die ganze Tagesordnung des Hofes, der Verkehr Karls mit der Königin Liutgard, mit Gisela, mit den Töchtern und Söhnen, zumal aber das Tafeln wird geschildert, mit echtem Humor ein boshafter „Recensent“ aus Schottland verspottet, Eginhard, „in dessen kleinem Leib eine große Seele wohnt“ gelobt; sehr hübsch ist, wie ein gliedergewaltiger Kriegsheld, dem schon Wein und

----

1) Wie Ebert (II, 76) hervorhebt.

Hauptstücke des Goldfundes von Petreoſ
Nach galvanoplaſtiſchen Copien

 Ungarn (sogen. Schatz des Athanarich).
Kunstgewerbe-Museum zu Berlin.

hier das Haupt schwer gemacht haben, brummt und schilt, als Theobulf an-
hebt, seine Gedichte vorzulesen.

Geradezu ergreifend sind die Gedichte, in welchen der unschuldig
Verfolgte aus seinem Kerker die Fürsprache eines Amtsgenossen, Bischof
Modvin von Autun (815 bis ca. 840), anruft, der den wackern Gothen
aber so wenig versteht, daß er in seinem uns erhaltenen Antwortgedicht
(— vielleicht ist er der in der Akademie „Naso“ genannte Versemacher —)
ihm anräth, durch ein, wie Modvin weiß, — falsches — Bekenntniß seiner
Schuld die Gnade Ludwigs zu erkaufen. In Ernst und Scherz, in Inhalt und Form, an Geist und sittlicher Tüchtigkeit ragt Theobulf aus
diesem ganzen Kreise hervor: er steht uns auch menschlich näher als die
meisten Andern.

Die gewaltigen Heldenthaten Karls und seiner Paladine, ihre Kriegszüge
zum Theil in weit entlegene Lande mußten aber neben jener gelehrten und
überwiegend geistlichen Kunstdichtung die Einbildungskraft der Zeitgenossen
auch zu einer volksmäßigen, weltlichen Dichtung begeistern, wie wir Anfänge
und Bruchstücke einer solchen auch in der Zeit der glänzenden Siege Karl
Martells über den Islam zu finden glaubten (III, 797). Die Unterwerfung der Avaren in den fernen Steppen Ungarns muß großen Eindruck gemacht haben, und die Vertheilung der unermeßlich reichen, diesen
Räubern abgejagten Beute, [sie führte ja zu einem Sinken der Kaufkraft der
Edelmetalle (III, 1044)] unter die Getreuen des Königs verbreitete in hand-
greiflicher, anschaulicher Wirkung die Größe des Erfolges über das ganze
Reich: die Geschenke an den Pabst, an die angelsächsischen Könige zeigten,
wie Karl seinen Sieg als einen Sieg der ganzen Christenheit auffaßte. Diesen
Gedanken führt aus ein Gedicht über den Sieg des „katholischen“ Königs
Pippin von 796 über die kirchenräuberischen Heiden: es ist also zwar geistlich
gefärbt, der Verfasser vielleicht ein Geistlicher, der den Heereszug begleitete,
aber die Fassung ist mehr volksthümlich.

Dasselbe Gepräge trägt auch das ergreifende, tief und warm empfundene
— im Gegensatz zu der angekünstelten und nachgekünstelten, daher so oft
frostigen und unwahren Verseschmiederei jener „Akademiker“ — schöne Gedicht,
in welchem der Heldentod des tapfern Alamannen, Markgraf Erich von
Friaul 799 (III, 1066) geschildert und beklagt wird. Der Verfasser ist jener
Paulinus, oben S. 328, selbst (wie Paulus Diaconus) aus Friaul,
der schon vor den meisten Akademikern von Karl als Lehrer der Grammatik
war herangezogen und (787?) sogar zum Patriarchen von Aquileja (starb
als solcher 11. Januar 802) war erhöht worden (III, 1055).

Wir sahen (III, 1027, 1038), wie bedeutsam der hervorragende Mann in
die Bekämpfung der Irrlehrer eingriff, zumal aber mit welchem Eifer — aber
auch, im Gegensatz zu der Sachsenschlächterei, — mit welcher Milde er, in
Uebereinstimmung mit seinem Freund Alkuin und durch seinen Freund Arn
von Salzburg, die Bekehrung der Avaren betrieb. Viel mehr Kunstdichtung

als jenes Trauerlied (planctus) ist das Gedicht über die Zerstörung Aquileja's durch Attila (452).[1])

Mehrere Hymnen werden ihm mit zweifelhaftem Recht, begründetermaßen
aber eine über die Geburt Christi und ein Gedicht über die Regel des Glaubens zugeschrieben: — gewöhnliche Kunstverse nach der Weise der Zeit, welche
von der dichterischen Schönheit des Trauerliedes weit abstehen. In Prosa
schrieb Paulus auf Wunsch Karls und Alkuins sein großes Werk gegen den
Ketzer Felix von Urgel (III, 1027), ebenfalls auf Alkuins Bitten eine Anweisung für die Bekehrung der Avaren und für Erich von Friaul ein Buch
der Ermahnungen, ähnlich dem Alkuins für Graf Wido, aber nicht so reich
an Hinweisen auf die einzelnen Pflichten der Amtsführung.

Außer dem von Theodulf wiederholt verspotteten „Schotten" Clemens,
oben S. 340 (aus Irland), waren noch mehrere am Hof und im Reiche
thätig: so Dungal, erst zu St. Denis, wo er über die Sonnenfinsterniß
von 810 an den Kaiser berichtete (vergl. oben S. 332), später wahrscheinlich
Lehrer zu Pavia, Dikuil (erst gegen Ende von Karls, besonders unter
Ludwigs Regierung), Erd- und Sternkundiger, auch Grammatiker, Josef,
ein Schreiber Alkuins, und Andere mehr.

Wurden die bisher erwähnten Männer von Karl als Gehilfen herbei-
gezogen, so war sein trefflicher Lebensbeschreiber Einhard schon ganz unter
dem Einfluß von Karls Zeitalter erwachsen und gab selbst den schönsten Beweis für den gesegneten Erfolg dieses Strebens. „Kein mittelalterlicher Schriftsteller ist den classischen Vorbildern, welchen sie nacheiferten, so nahe gekommen."[2])
Einhard ist Ostfranke, er ward ca. 770 im Maingau geboren, edeln Eltern
entstammt, die wahrscheinlich Einhard und Engilfredis hießen; schon als
Knabe ward er in die treffliche Klosterschule zu Fulda gebracht, von wo ihn
Abt Baugulf (779—802), Sturms (III, 953) Nachfolger, etwa 794 an
den Hof sandte, wo er alsbald durch seine ausgezeichneten Anlagen, seine
mannichfaltigen Kenntnisse und seine vortreffliche Eigenart eine ganz hervorragende Stellung gewann. Einmal in der Akademie, in welcher er wegen seiner
vorzüglichen Leistungen in der Baukunst — Karl betraute ihn mit der Ober-
leitung seiner zahlreichen und großartigen Bauten (III, 1173) — nach dem
Erbauer der Stiftshütte des alten Testaments Beseleel hieß. Dann aber auch
als Statsmann: er ward der vertrauteste Rath des Kaisers in dessen späteren
Jahren und so z. B. von diesem nach Rom gesandt, die Reichstheilung von 806
dem Pabste mitzutheilen. Er ward nahe befreundet mit Alkuin und Theodulf,
welche ihn wegen seines winzigen, fast zwerghaften Körpers (homuncio heißt
er und Nardulus) mit gutmüthigen, zum Theil recht zierlichen Versen necken.
Er soll auch ganz wesentlich — nach dem Vorversterben der andern Söhne —

---

1) v. Wietersheim-Dahn, Geschichte der Völkerwanderung II, 460. Leipzig
1880.   2) Wattenbach I, 169 sagt: nicht Eginhard, er selbst schrieb Einhart,
„Einhard" schrieben die Zeitgenossen urkundlich.

die Erhebung Ludwigs zum Mitkaiser schon bei Lebzeiten des Vaters (III, 1157) bewirkt haben. So stand er denn auch bei Ludwig in höchstem

Fränkische Elfenbeinschnitzerei von einem Buchdeckel aus dem 9. Jahrh. Paris, Louvre-Muf.
Motiv: David Psalmen dictirend.
Oben der König, eine Pergamentrolle in der Hand, auf einem Throne, die Leibwache zu seinen Seiten,
darunter vier Schreiber; zwischen diesen ein geöffneter Behälter zur Aufnahme von Handschriften.

Ansehen: er empfing als Welt=Abt die Einkünfte mehrerer bedeutenden Klöster, ward 817 zum Berather des jungen Lothar bestellt und seiner Tüchtigkeit und vermittelnden Milde gelang es 830, den drohenden Streit zwischen Vater

und Sohn lang aufzuhalten, nach dessen Ausbruch aber mit beiden in gutem
Einvernehmen zu bleiben. Doch verstärkte die nun immer häßlichere Gestaltung
dieser Wirren seine alte Neigung, sich der Staatsgeschäfte zu entledigen und
mit seiner innig geliebten Gattin Imma (nicht Tochter Karls, vielleicht
Schwester des Bischofs Bernhar von Worms) ganz in Waldeinsamkeit und
frommen Werken zu leben. Er zog sich mit ihr auf den Einödhof Michelstadt im Odenwald zurück, den er sich schon 813 vom Kaiser erbeten, zumal nachdem es ihm gelungen war, die kostbaren Ueberbleibsel von Heiligen
(s. unten) zu erwerben; er wollte hier ein Kloster stiften, verlegte dann aber
die Ausführung nach Mulinheim am Main, später Seligenstadt genannt;
er folgte seiner 836 verstorbenen, tief beklagten Imma — der alte Kaiser kam
selbst zu ihm, ihn zu trösten — bald nach (14. März 840); wir sind über
sein Leben unterrichtet durch die Einleitung, welche Walahfrid Strabo, der
berühmte Abt von Reichenau (geb. ca. 808, gest. 18. August 849), der
Einhardischen Lebensbeschreibung Karls voranstellte.

Denn außer seinem Briefwechsel (der uns aber nur aus den Jahren
830—840 erhalten ist in dem Kloster St. Bavo bei Gent, dessen Abt er
war) und seinen (?) Annalen (oben S. 326) besitzen wir von ihm jene un-
schätzbare, in manchem Betracht unvergleichliche Darstellung der Eigenart, der
Lebensweise, des Waltens seines kaiserlichen Freundes in Reich und Haus,
in Krieg und Frieden, in seiner Akademie und mit seinen Frauen und Kindern,
aus der wir so viel geschöpft haben (III, 954—1180).

Das von edelster Begeisterung für seinen Helden durchglühte Werk artet
doch nirgends zur Lobhudelei aus. Es ist nun aber höchst wundersam, wie
Einhard die Darstellung dieses „fränkischen Volkskönigs" so ganz, so bis in
die kleinsten Wendungen hinein der Lebensbeschreibung des römischen Im-
perators Augustus von Sueton nachgeahmt hat: „wie auffallend, daß ein
Schriftsteller, der eine der größten und seltensten Gestalten aller Jahrhunderte
darzustellen hat, sich dennoch nach Worten umsieht, wie sie schon einmal über
einen oder den andern Imperator gebraucht worden sind. Einhard gefällt sich
darin, die individuellsten Eigenheiten der Persönlichkeit seines Helden mit den
Redensarten zu schildern, die Sueton von Augustus .... gebrauchte. Er hat
gleichsam die Maße und Verhältnisse nach dem Muster der Antile eingerichtet,
wie in seinen Bauwerken: aber damit noch nicht zufrieden, wendet er wie in
diesen auch sogar antile Werkstücke an."[1] Man hat nun mit Recht bemerkt,
daß in diesem suetonischen Kaiserbild der „fränkische Volkskönig" unmöglich
zur vollen Erscheinung kommen kann, aber auch beigefügt, „daß Einhard ja den
fränkischen Volkskönig kaum mehr kannte, sondern hauptsächlich nur den alternden
Kaiser (das Buch ist nach Karls Tod geschrieben, aber gleich darauf, 821,
besitzt schon die Bücherei zu Reichenau eine Abschrift), der selber nach der
Wiederbelebung des antiken Wesens trachtete, dessen Streben in vieler Hinsicht

1) v. Ranke, Zur Kritik fränkisch-deutscher Reichsannalen S. 417.

Transcription zu dem Facsimile aus

Einhardi Vita Karoli imperatoris.

Wien, k. k. Hofbibliothek. Cod. Nr. 510. fol. 45 verso und 46 recto.
21. 22. und erste Hälfte des 23. Capitels.

[21. Amabat peregrinos et in eis suscipiendis magnam habebat curam, adeo ut
eorum] multitudo non solum palatio, uerum etiam regno non inmerito uideretur one-
rosa. Ipse tamen prae magnitudine animi huiuscemodi pondere minime grauabatur,
cum etiam ingentia incommoda laude liberalitatis ac bonae famae mercede conpensaret.

22. Corpore fuit amplo atque robusto, statura eminenti, quae tamen iustam non
excederet (nam septem suorum pedum proceritatem eius constat habuisse mensuram),
apice capitis rotundo, oculis praegrandibus ac uegetis, naso paululum mediocritatem
excedenti, canitie pulchra, facie laeta et hilari. Vnde formae auctoritas ac dignitas
tam stanti quam sedenti plurima adquirebatur; quamquam ceruix obesa et breuior
uenterque proiectior uideretur, tamen haec ceterorum membrorum celabat aequalitas.
Incessu firmo totaque corporis habitudine uirili; uoce clara quidem, sed quae minus
corporis formae conueniret; ualitudine prospera, praeter quod, antequam decederet,
per quatuor annos crebro febribus corripiebatur, ad extremum etiam uno pede claudi-
caret. Et tunc quidem plura suo arbitratu quam medicorum consilio faciebat; quos
pene exosos habebat, quod ei in cibis assa, quibus assuetus erat, dimittere et elixis
adsuescere suadebant.

Exercebatur assidue equitando ac uenando; quod illi gentilicium erat, quia uix
ulla in terris natio inuenitur, quae in hac arte Francis possit aequari. Delectabatur
etiam uaporibus aquarum naturaliter calentium, frequenti natatu corpus exercens; cuius
adeo peritus fuit, ut nullus ei iuste ualeat anteferri. Ob hoc etiam Aquisgrani regiam
extruxit ibique extremis uitae annis usque ad obitum perpetim habitauit. Et non solum
filios ad balneum, uerum optimates et amicos, aliquando etiam satellitum et custodum
corporis turbam inuitauit, ita ut nonnumquam centum uel eo amplius homines una
lauarentur.

23. Vestitu patrio, id est Francico, utebatur. Ad corpus camisam lineam; et
feminalibus lineis induebatur; deinde tunicam, quae limbo serico ambiebatur, et
tibialia; tunc fasciolis crura et pedes calciamentis constringebat; et ex pellibus [lutrinis
et murinis] thorace confecto umeros ac pectus hieme muniebat; sago Veneto amictus
et gladio semper accinctus, cuius capulus ac balteus aut aureus aut argen[teus erat].

multitudo nonsolum palatio· uerum &um regno
noninmerito· uideretur onerosa· Ipse tamen p
magnitudine animi; huiuscemodi pondere
minime grauabatur· Cum &um ingentia in
commoda laude liberalitatis ac bone famae
mercede compensaret· Corpore fuit amplo
atq· robusto statura eminenti quae tamen
iustam non excederet· Nam septem suorum
pedum p certitate eius constat habuisse mensura·
Apice capitis rotundo· Oculis p grandibus· ac
uegetis· Naso paululum mediocritatem exce
denti· canitie pulchra facie laeta &hilari· In
deformae auctoritas ac dignitas tamstanti qua
sedenti plurima adquirebatur· quam qua ceruix
obesa &breuior uenterq· proiechor uideretur·
Tamen haec caeterorum membrorum celabat
aequalitas· incessu firmo totaq· corporis habi
tudine uirili· Uoce clara quidem sed quae minus
corporis formae conueniret· Ualitudine prospera·
pter quod ante qua decederet perquatuor annos
crebro febribus corripiebatur· adextremum &u
uno pede claudicaret· &tunc quidem plura suo
arbitratu qua medicorum consilio faciebat· quos

pene exosos habebat quod et incibis assa quibus as
suetus erat dimittere & elixis adsuescere suadebant.
exercebatur assidue atq; uitando acuenando quod
illi gentilicium erat. quia uix ulla interris natio
inuenitur quae inhac arte francis possit aequari.
Delectabatur etiam uaporibus aquarum natura
liter calentium. frequenti natatu corpus exer
cens. Cuius adeo peritus fuit. ut nullus ei iuste
ualeat anteferri. Ob hoc etiam aquisgrani regia
exstruxit. ibiq; extremis uitae annis usq; ado
bitum perpetim habitauit. & nonsolum filios
adbalneum. uerum optimates & amicos aliquan
do etiam satellitum & custodum corporis turba
inuitauit. Ita ut non numquam centum uel eo
amplius homines una lauarentur. Vestitu pa
trio idest francico utebatur. adcorpus camisa
linea m et feminalibus lineis induebatur. De
inde tunica quae limbo serico ambiebatur. &
tibialia. cum fasciolis crura & pedes calciamentis
constringebat. & expellibus lutrinis t murinis
thorace confecto umeros acpectus hieme muniebat
sago ueneto amictus & gladio semper accinctus.
Cuius capulus acbalteus aut aureus aut argen

auf die Herstellung des alten Imperatorenreiches gerichtet war."[1]) Daß Einhard auch in der Gliederung des Stoffes fast ganz Suetons Anordnung folgte,
hatte die günstige Wirkung, daß er Manches, was von „Augustus" abwich,
oder auch mit ihm übereinstimmte, anführte, was er sonst wohl übergangen
hätte. „Ein Werk, welches diesem an Vollendung der Form, wie an an-
sprechendem Inhalt zu vergleichen war, hatten die germanischen Nationen noch
nicht hervorgebracht .... (so fand) es rasch die größte Verbreitung und gehörte Jahrhunderte lang zu den beliebtesten und gelesensten Büchern ... noch
jetzt sind mehr als 80 Handschriften davon uns bekannt."[2]) In manchen
derselben folgen dann die Reichsannalen (oben S. 326) und auch wohl die
Schrift des Mönches von St. Gallen, welche dieser 883 auf Wunsch
Karls III. verfaßte, die Sagen und Erzählungen aufzeichnend, welche über den
großen Karl, Ludwig den Frommen und Ludwig den Deutschen im
Volk im Schwange gingen: sie zeigt uns das Bild des Kaisers, nicht wie er
geschichtlich war, aber wie es sich in der Seele des Volkes spiegelte.

Ganz verschieden von dieser echten Volkssage ist die spätere Kunstdichtung
von Karl, seiner Kreuzfahrt, seinen Abenteuern zu Byzanz und andere Erfindungen des sogenannten Bischofs Turpin.[3]) Sehr bezeichnend für die
gesammte „sittliche" und religiöse Anschauung der Zeit ist nun aber, was
uns Einhard in einer andern kleinen Schrift erzählt von der Uebertragung
(translatio) der Ueberbleibsel der Martyrer Sanct Marcellinus und
Sanct Petrus, welche unter Diokletian zu Rom den Tod gefunden
haben sollten.

Nach Vollendung seiner Kirche zu Michelstadt war Einhard unschlüssig,
welchem Heiligen er sie widmen solle, zumal dazu auch Ueberbleibsel des fraglichen Heiligen gehörten. In Aachen versichert ihm nun ein Diakon aus Rom,
Teusdona, er könne ihm aus der reichen Menge von Ueberbleibseln zu
Rom „echte" besorgen, falls er ihn nur dorthin zurückbeförderte. Einhard ver-
sieht ihn mit Reisegeld, einem Maulthier und giebt ihm seinen Schreiber
Ratleik (später Kanzler Ludwigs des Deutschen und Nachfolger Einhards
als Abt) und einen Diener mit.

Zu Soissons verspricht der Diakon gleichermaßen den Leib des heiligen
Tiburtius dem Abte Hildwin, der dann auch einen Priester, Hun, mit-
sendet. Zu Rom angelangt, merken die beiden Franken bald, daß der Diakon
sie betrogen und durchaus keine Ueberbleibsel zur Verfügung habe: einem von
ihnen hatte das schon während der Reise ein Traumgesicht enthüllt! Da
beschließen die Gottseligen, einfach die heiligen Knochen und sonstigen Kostbarkeiten — zu stehlen! An die Ausführung gehen sie jedoch erst, nachdem sie
sich drei Tage lang durch Fasten und Gebet zu dem Diebstahl vorbereitet.
Es gelingt auch bezüglich des h. Marcellin und des h. Petrus, der Sarko-

---

1) Wattenbach I, 175.   2) Ebenda S. 175—177.   3) S. Therese Dahn,
Kaiser Karl und seine Paladine. Leipzig 1887. S. 243.

phag des h. Tiburtius trotz ihrem Brecheisen, aber auch Hun wird getröstet: er erhält eine Hand voll Asche aus dem Grabe des Petrus, welche, da sie gesondert lag, die des h. Tiburtius „hätte sein können"! Mit listiger Heimlichkeit schleppen die frommen Diebe ihre Beute über die Alpen bis auf fränkisch Gebiet nach Sanct Moritz: von da findet nun offen und feierlich die eigentliche „Ueberführung" statt, indem alles Volk zusammenläuft und psallirend den heiligen Diebeszug begleitet. Die Martyrer werden nun zunächst in Michelstadt beigesetzt, da sie aber mehreren Leuten in Traumgesichten erklären, daß sie da nicht bleiben wollen, werden sie nach Mulinheim (Seligenstadt) weiter übertragen. Nun erfährt jedoch Einhard, daß jener Priester Hun, mit der doch etwas zweifeligen Asche von Sanct Tiburtius nicht begnügt, durch Bestechung des Dieners Ratleis einen ganzen Krug voll Asche des heiligen Marcellinus sich erlistet hat, und es ist jetzt doch eine absonderliche Rechts- und Sittlichkeits-Anschauung dieser Frommen, daß Einhard die Auslieferung dieser Zubehörde des Gestohlenen verlangt und durchsetzt, weil er ja die Haupt-sache glücklich gestohlen hat! Auch die Uebertragung dieser Ueberbleibsel nach Mulinheim wird ausführlich geschildert und dann die Reihe der von dem Ganzen gewirkten Wunder; der gute Einhard war sehr enttäuscht, als die heiligen Knochen die Todeskrankheit seiner geliebten Imma zu heilen ablehnten; ob die in volksmäßigen Weisen gedichtete Beschreibung dieser Uebertragung auch von Einhard herrührt, ist zweifelhaft; daß er auch Verse machte, steht freilich fest.

Wir beschließen die Reihe dieser Akademiker Karls mit der Gestalt des wackern Langobarden Paulus Diaconus: unter Verweisung auf unsere eingehende Sonderdarstellung seines Lebens und seiner Schriften können wir uns hier kurz fassen: aus seiner Langobardengeschichte haben wir Vieles, zumal das Sagenhafte, bereits oben S. 189 f. verwerthet.[1])

Paulus, der Sohn des Warnefrid (über die Vorgeschichte seines Ge-schlechts (ca. 610—620) s. oben S. 235), entstammte einer in Friaul an-gesiedelten langobardischen Sippe. Etwa um 725 geboren, ward er von dem

---

1) Langobardische Studien I. Leipzig 1876. Dabei wurden auch die Gedichte Pauls abgedruckt nach den erreichbaren Drucken, nicht nach Handschriften, mit ein-zelnen neuen von mir verschuldeten Druckfehlern: — ich war während der Berichtigung auf dem Lande, fern von allen Büchern. Aber auch abgesehen hievon hat man diese „Ausgabe" mit großer Bitterkeit angegriffen. Und doch war leicht zu erkennen, daß es sich um eine „Ausgabe" nicht im Entferntesten handeln konnte: meine ganze Beweisführung schöpfte fast ununterbrochen aus den Gedichten: der Leser mußte daher in den Stand gesetzt werden, das Angeführte — im Zusammenhang — zu prüfen: die Abdrücke der Gedichte sind weit zerstreut, zum Theil sehr schwer zugänglich ge-wesen: lediglich zu obigem Zweck stellte ich sie zusammen. Auf die Ausgabe in den „Monumenta" hätte ich, wie der Erfolg lehrte, noch recht lange warten können! Daß ich — ohne Handschriften! — eine „Ausgabe" im Wettbewerb mit der bevor-stehenden der Monumenta beabsichtigt hätte, diese Unterstellung zeiht mich eines Maßes von — Dummheit, welches das unter uns herkömmliche und landesübliche doch bis zur Unwahrscheinlichkeit überschreitet. Nach dreizehn Jahren Schweigens wird diese kleine Abwehr sehr unbegründeter Angriffe wohl nicht zu verübeln sein.

Grammatiker Flavianus in der Schule zu Pavia unterrichtet (ca. 745): auch Griechisch lernte er hier, was später von Bedeutung für sein äußeres Leben ward. Er besuchte den Hof des Königs Ratchis (ca. 748), dauernder Aufenthalt an demselben ist nicht nachweisbar. Dagegen trat er in nähere Beziehungen (755—774) zu dem Fürstenpaar in Benevent, Arichis und Adelperga, der Tochter des Desiderius (III, 1004): das Herzogsgeschlecht stammte aus Friaul: Paulus zeigt bezüglich friaulischer und beneventanischer Vorgänge besonderen Eifer und genauere Kenntnisse: vielleicht war die fara Warnefrids, obwohl gewiß eine freigeborene, in einem Abhängigkeitsverhältniß — z. B. auf Grund der Landleihe — zu jenem (nach Benevent übergepflanzten) großen Adelsgeschlecht gestanden: der Bruder Pauls führt ebenfalls den Namen Arichis. Auf Wunsch der gebildeten und bildungseifrigen Fürstin erweiterte er die römische Geschichte des Eutropius zumal auch durch Berücksichtigung der Kirchengeschichte und führte sie bis auf den Untergang des Ostgothenreiches, also bis kurz vor die Einwanderung seines Volkes in Italien herab (zwischen 760 und 774?). Nach dem Fall des Langobardenreiches (774) trat Paul in das Kloster zu Monte Casino (775/6), sein Bruder Arichis war in die Erhebung wider Karl vom Jahre 776 verwickelt und ward gefangen in das Frankenreich abgeführt: vielleicht waren beide Ereignisse oder war doch das erste nicht ohne Einfluß auf den Rücktritt des sein Volk warm liebenden Mannes aus der Weltlichkeit. Im siebenten Jahre der Gefangenschaft seines Bruders (zwischen 781 und 783) richtete er einen Brief an Karl, in welchem er um die Freilassung des Arichis und anderer Gefangenen bat: bald darauf (782) reiste er aus Monte Casino an den Hof Karls, ungewiß, ob einer Berufung Karls folgend oder um jene Bitte zu überbringen oder doch mündlich zu unterstützen. Am Hofe ward er sehr gütig aufgenommen: er scheint die Freigebung jener Gefangenen erzielt zu haben. Er wechselte poetische Briefe mit dem König, welche ein recht vertrauliches Verhältniß voraussetzen: wie er denn auch den ehrenvollen Auftrag erhielt, die damals (784—785, seit 781) mit dem Kaisersohn zu Byzanz verlobte Tochter Karls, Rothtrud (III, 991), im Griechischen zu unterrichten und die Grabschriften für Karls Lieblingsgemahlin (III, 963) Hildigard (gestorben 30. April 783) und deren neugeborenes Töchterlein Adelheid (gestorben 9. Mai 783, III, 996), eine früher verstorbene (mit der Mutter gleichnamige) Tochter derselben und für zwei Töchter König Pippins zu verfassen.

Während des Aufenthalts im Frankenreiche wohl schrieb er auf Wunsch des Bischofs Angilramn zu Metz die Geschichte der Vorgänger auf dessen Stuhl, also zumal auch der Arnulfingen: diese Geschichte ist der Beweis für des Verfassers Gesinnungstüchtigkeit: er hat, ohne Verletzung seines langobardischen Volksgefühls, ohne unwürdige Schmeichelei, das Großartige in dem zur Weltherrschaft aufstrebenden Geschlecht erkannt: er hat — nach seiner aufrichtig frommen Weltanschauung — in den Erfolgen der Arnulfingen das Walten der Vorsehung erkannt: dieser Glaube hat ihm auch ermöglicht,

sich bei allem langobardischen Volksgefühl in den Sturz des Königthums
Alboins durch Karl zu finden — war doch die Veränderung eine fast auf den
Wechsel der Person oder des Hauses des Herrschers beschränkte (III, 973) —,
und dankbar erkennt Paulus die schonende Milde des Siegers an. Und in
dieser Schrift hat er jene seine „Philosophie der Geschichte" — die einzige
damals mögliche! — ausgesprochen, während er mit edelm Zartgefühl die Geschichte seines eigenen Volkes lieber mit seiner Glanzzeit — Regierung Liutprands (712—744) — abbrach, als daß er sie bis zur Erzählung des Sieges
des Eroberers durchgeführt hätte. Dies, sein Hauptwerk, die Langobardengeschichte, schrieb er aber nicht mehr am Hofe, sondern in der Stille des
Klosters in Italien, wohin er Karl (December 786) begleitete; von Weih-
nachten bis Februar weilte er mit dem König in Rom. Hier schrieb er ein
Leben Gregors des Großen; März 787 ging er (und Karl) nach Monte
Casino; 787/788 schrieb er die schöne Grabschrift für den am 25. August
787 gestorbenen Herzog Arichis von Benevent, begann 790 die Langobardengeschichte, beantwortete noch 792 eine Anfrage Karls wegen der Klosterregel und starb um 795. Schon früher hatte er im Auftrage Karls eine
Mustersammlung von Predigten verfaßt.[1])

Ueber sein Hauptwerk können wir kein treffenderes Urtheil anführen als
die schönen Worte[2]): „Läßt er .... als gelehrter Geschichtschreiber viel zu
wünschen übrig, so entschädigen uns doch dafür andere sehr wesentliche Vorzüge: die einfache Klarheit seiner Darstellung, die lautere Wahrheitsliebe ...
die Wärme des Gefühls für sein Volk, welche sich auch ohne ruhmredige Verherrlichung besonders in der Aufzeichnung der alten Sagen kundgiebt:...
rettungslos würde alles dieses ... dem Untergang verfallen sein, wenn nicht
des alten Mönches Hand es mit treuer Liebe aufgezeichnet hätte."[3])

---

1) Ueber seine Gedichte, von denen einzelne wahre Empfindung, auch Naturgefühl und edeln Schwung zeigen, s. Dahn a. a. O.   2) Wattenbach I, 161.
3) Ueber Secundus von Trient, die friaulischen und beneventanischen Ueberlieferungen
als seine Hauptquellen s. Dahn, Langobardische Studien II.

Zweites Capitel.

Germanische Sprache und Literatur bis zum Tode Karls des Großen.

Anknüpfend an das in der Einleitung (I, 114f.) über die Eigenart und Entwicklung germanischer Sprache Gesagte[1]), stellen wir in Kürze zusammen, was in diesen Jahrhunderten auf jenem Gebiete zu verzeichnen ist: nur Trümmer und Bruchstücke haben sich erhalten, welche uns den Entgang des Verlorenen auf das Bitterste beklagen lassen: der fromme Ludwig hat die von seinem Vater angelegten Sammlungen der alten Sagen verbrennen lassen: dem alten Helden hatte bei aller Verpfaffung der heidnische Ruch und Schmack jener Geschichten die Freude an ihrer heldenhaften Kraft und Schöne nicht verleiden können. —

Neue Aufgaben wurden den germanischen Mundarten gestellt durch die Verkündigung des Christenthums unter diesen Stämmen durch die irischen, angelsächsischen, später auch fränkischen Glaubensboten: selbstverständlich konnte nicht irisch oder lateinisch zu den zu Belehrenden gesprochen werden: bei den Predigten bediente man sich, so z. B. Sanct Gallus, der Dollmetscher, kürzere Stücke aber wurden von den fremden Priestern auswendig gelernt: so entstanden germanische Uebersetzungen des Vaterunsers, des Glaubensbekenntnisses, so wurden in germanischen Mundarten verfaßt Teufelsabschwörungen (D. G. Ib, S. 308) und Beichtformeln sowie Stücke aus dem Katechismus und „Ermahnungen an die christliche Gemeinde", welche der Taufe vorausgingen. Da nun die Fremden Germanisch, die Germanen Lateinisch lernen sollten — wenigstens die zum Priesterstande bestimmten — entstand eine umfangreiche Literatur der „Glossen", d. h. Verdeutschungen lateinischer Wörter, bald nur vereinzelt zwischen den Zeilen (oberhalb des lateinischen Wortes, Interlinearglossen), bald mit den zu übersetzenden Wörtern besonders, etwa an den Rand geschrieben (Randglossen) oder als ein Wörterbuch alphabetisch geordnet (Vocabularien): so das Vocabularium Sancti Galli, das (angeblich) bis auf den Stifter des Klosters zurückgeht, in welchem schon die große Zahl von Iren und Angelsachsen die Pflege dieser Sprachmittel erheischte: ob die sogenannten keronischen Glossen wirklich von dem Sanct Galler Mönch Kero (ca. 750) herrühren, ist bestritten; inhaltlich belehrend sind jene Glossen, welche, meist

---

1) Im Wesentlichen nach Wackernagel, Geschichte der Teutschen Literatur I. Zweite Auflage durch Martin (Basel 1879) S. 42f.

in Anlehnung an die Etymologien Isidors (I, 547, † 635), die germanischen Wörter eines bestimmten Betriebes, z. B. Gartenbau, zusammenstellen;
von den Interlinearglossen unterscheiden sich die Interlinearversionen
dadurch, daß sie nicht einzelne Wörter, sondern jedes Wort — aber ohne
Rücksicht auf den Satzbau — übertragen: so (in's Alamannische des 8. Jahrhunderts) die Benedictinerregel und Hymnen des Ambrosius. Wirkliche
Uebersetzungen wurden nur zu kirchlichen Zwecken unternommen: so wurden
übersetzt das Evangelium Matthäi, zwei Schriften Isidors (in's Fränkische),
welche Beweisgründe wider Juden und Heiden darboten, Predigten, eine von
St. Augustin, eine über den Vorrang des Apostels Petrus: vielleicht sind
auch die andern Stücke von Isidor zuerst in's Fränkische, erst später in's
Alamannische und Baierische übertragen worden; selbständige Prosa enthalten nur zwei medicinische Recepte des 8. Jahrhunderts.

Mußte die Kirche, wollte sie verstanden werden, sich germanischer Prosa
bedienen, so bekämpfte sie doch und verfolgte auf das Aeußerste die germanische Dichtung. Denn sie war heidnisch, weltlich und — zum Theil — sinnlich: letzteres galt von den Wini-loodos (Mädchenliedern), welche Karl der
Große den Nonnen untersagte. Heidnisch aber war selbstverständlich das ganze
Epos: Sage (Götter-, Helden- und Thiersage), Erzählung, Schwank, heidnisch
die Gesänge bei den Mummereien (zu Frühlingsanfang), bei den Leichen-
schmäusen, weltlich die Spottlieder und die Reigenlieder beim Tanz.
„Der Inbegriff von Tanz und Spiel und Gesang der Menge, insofern Musik
dieselbe leitete, mochte Leich genannt werden (gothisch laikan, hüpfen) im
Gegensatz zum Lied, das auch ein Einzelner singen konnte und bei dem die
Musik den Worten so sich unterordnete, daß man es gelegentlich sogar blos
schrieb."[1]

Ruhte diese Dichtung auch auf dem ganzen Volk, so gab es doch Sänger
(skof, liudari), welche mit besonderer Vorliebe und Kunst des Liedes pflagen,
verschieden von den Spielleuten, welche mit Harfe oder Schwegelpfeife
oder (romanischer) Trumba den Gesang begleiteten, auch etwa in Mummereien
mit Tanzen, Springen, Fratzenschneiden und sehr roher Schauspielerei. Roma-
nisches und Germanisches mischte sich wohl in diesen scurrae, mimi, histriones:
denn unvermischte, ununterbrochene Fortführung römischer histriones im
Frankenreich und bis auf Karl den Großen ist nicht anzunehmen.

Wie die germanische Dichtung verfolgte die Kirche auch die germanische
Schrift, d. i. die Runen (I, 122), als heidnisch: noch im 6. Jahrhundert
„ritzten" die Franken in althergebrachter Weise die Runen auf Holzstäbe und
Holztafeln. Aber zum Schreiben in großem Umfang und auf Pergament
empfahlen sich die lateinischen Buchstaben und Rohrfeder und Dinte (atra-
mentum) besser: das „scriban" verdrängte nun auch sprachlich das „ritzan"
(ausgenommen im Englischen, wo „to write" sich erhielt); die Runen wurden

---

1) Wackernagel I, 50.

Transscription und Uebersetzung zu dem Facsimile des
Hildebrandsliedes.

Im 9. Jahrh. auf das erste und letzte leere Blatt einer theologischen
Handschrift geschrieben. Einziger in aus heidnischer Zeit stammender Form
überlieferter Rest deutscher Heldensage.

Caffel, Landesbibliothek (Cod. theol. 54).

(Nach Koennecke.)

Ik gihorta dat seggen . . . .
Ich hörte das sagen,
dat sih urhettun   aenan   muotin
daß sich herausforderten   (zu einer Begegnung (Kampf) (zum Einzelkampfe)
Hiltibraht enti Hadubrand   untar heriun tuem
Hildebrand und Hadubrand   zwischen Heeren zweien
sunufatarungo   iro   saro   rihtun,
Sohn und Vater   ihre Rüstung richteten,
garutun se iro gudhamun,   gurtun sih iro   suert ana,
bereiteten sie ihr Kampfkleid,   gürteten sich ihre Schwerter an,
    helidos ubar   ringa,   do sie to dero hiltiu ritun.
(die) Helden über (die Panzer) Ringe,   da sie zu dem Kampfe ritten.
Hiltibraht gimahalta: [Heribrantes sunu]   her uuas   heroro   man
Hildebrand sprach: [Heribrands Sohn]   er war (der) betagtere Mann
ferahes frotoro;   her fragen   gistuont,
Gestes weiser;   er (zu) fragen stehen blieb (anfing),
fohem uuortum,   wer sin fater wari
mit wenigen Worten,   wer sein Vater wäre
    fireo   in folche . . . .
der Menschen im Volke
. . . .   eddo welihhes cnuosles du sis.
    oder welches Geschlechtes du seiest.
ibu du mi enan sages,   ik mi de odre uuet,
wenn du mir einen sagst,   ich mir die andere weiß,
chind, in chunincriche: chud ist min   al   irmindeot!
Kind, im Königreiche: Kund ist meiner alles groß Volk! (Menschenvolk).
Hadubraht gimahalta,   Hiltibrantes sunu:
Hadubrand sprach,   Hildebrands Sohn:
„dat sagetun mi   usere liuti,
„Das sagten mir   unsere Leute,
alte anti frote   dea   erhina   warun,
alte und weise,   die vorhin (früherhin) waren,
dat Hiltibrant haetti   min fater: ih heittu Hadubrant.“
daß Hildebrand heiße   mein Vater: ich heiße Hadubrand.“
    „forn her ostar gihueit   floh her Otachres nid
„vormals er ostwärts ging   floh er Otokars Neid
    hina   miti Theotrihhe,   enti sinero   degano   fila,
von hinnen mit   Dietrich,   und seiner Degen (Helden) viel.
her furlaet in   lante   luttila   sitten
er (verließ im (Vater-)Lande   (die) klein (schöne) sitzen
    prut   in   bure,   barn   unwahsan,
(Braut) Frau in (der) Wohnung,   (ein) Kind unerwachsen,
arbeo laosa: her raet ostar   hina.
Erbe los: er ritt ostwärts von hinnen.
sid dat sid Detrihhe   darba   gistuontun
seitdem Dietrich   Darben (Mangel) (ent-)standen
fatereres mines.   dat uuas so friuntlaos   man:
Vaters meines.   Das war so freundloser Mann:
her was Otachre   ummet   irri
er war dem Otokar   unmäßig zornig
    degano   dechisto   unti Deotrihhe; (darba gistontun)
(der) Degen (Helden) liebster   und dem Dietrich;
her was   eo   folches   at   ente: imo uuas eo feheta ti leop:
er war immer des Volkes am Ende (an der Spitze):   ihm war immer Gefecht zu lieb:
chud was her   chonnem mannum.
fund was er   kühnen Mannen.
    ni wania ih   iu   lib   habbe . . .
nicht wähne ich immer (mehr) (daß er) Leben habe . . .
    wettu,   irmingott,   quad . . . .
wahrlich, großer Gott, sprach . . . .
Hiltibraht   obana ab   heuane,
Hildebrand   oben vom Himmel,
dat du neo   dana   halt   mit sus sippan man
daß du nie dann (fortan) mehr   mit so gesipptem Mann

dinc ni geleitos . . . . . ."
Kampf nicht geleitest (suchest) . . ."
waut her do ar arme   wuntane bouga,
Wand er da vom Arme   gewundene Ringe,
   cheisuringu   gitan.   so imo se der chuning gap,
von Kaisermünzen gemacht,   so ihm sie der König gab,
   Huneo truhtin: „dat ih dir it nu bi huldi gibu".
der Hunnen Herr: „daß ich dir es nun mit Hulden gebe".
Hadubraht gimalta,   Hiltibrantes sunu,
Hadubrand sprach,   Hildebrands Sohn,
   „mit geru   scal   man geba infahan,
mit Gere (Wurfspeere) wird   (ein) Mann Gabe empfangen,
   ort   widar   orte.   du bist dir, alter Hun,
Spitze wider (gegen) Spitze.   du bist dir, alter Hunne,
   ummet   spaher,   spenis mih . . . .
unmäßig (sehr) schlau,   lockest mich . . . .
mit dinem wuortun,   wili mih   dinu spero werpan.
mit deinen Worten,   willst mich (mit) deinem Speere werfen.
   pist also gialtat man,   so du ewin inwit fortos.
bist so gealterter Mann,   als du ewigen Betrug fuhrtest.
   dat sagetun mi seolidante
das sagten mir Seefahrende
   westar   ubar   wentilsyo   dat inan wic furnam:
westwärts über (den) Wendelsee (Ocean)   daß ihn Krieg fortnahm:
   tot is Hiltibrant,   Heribrantes sunu.
tot ist Hildebrand,   Heribrands Sohn."
Hiltibraht gimahalta,   Heribrantes sunu:
Hildebrand sprach,   Heribrands Sohn:
   „wela gisihu ih   in dinem hrustim,
„Wohl sehe ich   an deinem Rüstzeug,
   dat du habes heme   herron goten,
daß du habest daheim   Herren guten,
   dat du noh bi desemo riche   reccheo ni wurti."
daß du nicht bei diesem Reiche   Verbannter nicht wurdest."
   „welaga nu, waltant   got, [quad Hiltibrant]   wewurt   skihit.
„Wehe mir, waltender   Gott, [sprach Hildebrand]   Wehschicksal geschieht.
   ih wallota sumaro   enti wintro sehstic
ich wallte der Sommer   und der Winter sechzig
   ur lante, dar man mih   eo   scerita   in   fole   sceotantero,
außer Lande, da man mich   immer einordnete   in (das) Volk (der) Schießenden:
   so man mir at burc   enigeru   banun ni   gifasta:
obgleich man mir bei Burg irgend einer   Tod nicht fügte (bewirkte):
   nu scal mi suasat chind   suertu hauwan,
nun wird mich eigenes   Kind (mit) Schwerte hauen,
   breton mit sinu billiu,   eddo ih imo ti   banin werdan.
zerschmettern mit seinem Beile,   oder ich ihm zu Verderben werden.
   doh maht du nu aodlihho,   ibu dir din ellen taoc,
doch magst du nur leichtlich,   wenn dir dein Muth taugt
   in sus heremo man   hrusti giwinnan,
an so hehrem Mann   Rüstung gewinnen,
   rauba bihrahanen,   ibu du dar enic reht habes."
Raub erbeuten,   wenn du da einiges Recht hast."
   „der si doh nu   argosto   [quad Hiltibrant]   ostarliuto
„der sei doch nun der ärgste (feigste)   [sprach Hildebrand]   der Ostleute
   der dir nu   wiges   warne,   nu dih es so wel lustit.
der dir nun   Krieges   warnte,   nun dich es so wohl (ge)lüstet,
   gudea   gimeinun.   niuse do   motti
(nach) Kampf gemeinsamen.   Versuche die Begegnung (den Kampf)
   werdar   sih dero   hiutu kregilo hrumen muotti,
welcher von beiden sich der   heute Panzer rühmen muß,
   erdo desero brunnono   bedero uualtan."
oder dieser Brünnen   beider walten."
   do lettun se aerist   asckim   scritan,
da ließen sie zuerst   mit den Eschen (Lanzen) schreiten,
   scarpen   scurim: dat in dem   sciltim stont
(mit) scharfen Schauern: daß in den Schilden (es) stand (steckte)
   do stoptun tosamane   staim bort chludun,
da stießen zusammen   Steinkante Wormende,
   heuwun harmlicco   huitte scilti,
(zer)hieben ingrimmig   weiße Schilde,
   unti im iro   lintun   luttilo wurtun,
bis ihnen ihre Lindenschilde   klein wurden
   giwigan   miti wambnum . . . . .
gerüstet (überzogen) mit Leder . . . . .

noch insgeheim zu Zauber verwendet, einzelne aber, z. B. das Zeichen für w, in das lateinische Alphabet eingereiht, wie schon Wulfila mehrfach gethan hatte (I, 425).

Der allein dem Wesen germanischer Sprache gemäße Stabreim (I, 115) der Hebungen zweier unmittelbar aufeinanderfolgender Verszeilen wurde im Laufe des 9. Jahrhunderts durch den Endreim verdrängt, der aus dem latei- nischen Kirchenlied (oben S. 308) eindrang: im Muspilli steht er bereits ebenso stark vertreten neben dem Stabreim, während er in den Gedichten des 8. Jahrhunderts nur noch spärlich hinter dem Stabreim, ohne denselben nur in ganz seltenen Ausnahmefällen auftritt.

Der Verfolgung durch die Kirche und den frommen Ludwig, der ja den germanischen Theil seiner durch den Vater angeordneten Jugendbildung so bitter bereute, „daß ihn der heidnischen Gedichte, die er in der Jugend gelernt, ekelte: er wollte sie weder lesen noch hören und verbot sie zu lehren," der bei Sang und Spiel nach heimischer Art nie den Mund zu Lächeln verzog[1]) und die vom Vater gesammelten Heldensagen verbrennen ließ, entgingen nur kärgliche Trümmer der Dichtung germanischer Vorzeit: das Hildebrandslied, in hessischer Mundart, wohl zu Fulda geschrieben, den Kampf des alten Waffenmeisters Dietrichs von Bern bei der Rückkehr in dessen Reich mit dem unerkannten Sohn Hadubrand schildernd, das Wessobrunner Gebet in dem oberbairischen Kloster Wessobrunn gefunden, an eine kurze Schöpfungsgeschichte (sächsisch) und den Sturz der Engel (hochdeutsch) ein Gebet reihend, und zwei im 10. Jahrhundert in Thüringen aufgezeichnete Zauberlieder (für Befreiung eines Gefesselten und für Heilung eines ver- renkten Fußes).

Unter Karl begegnet von Urkunden in germanischer Sprache die Eid- formel der Pfarrer bei ihrer Einsetzung und, Latein und Deutsch gemischt, eine Weisung der Mark von Wirzburg durch einen Königsboten von 779. Er eifert für die Predigt in deutscher Sprache; noch kurz vor seinem Tode befiehlt er die Uebertragung der lateinischen Predigten, welche Paulus (782) auf sein Gebot gesammelt hatte (oben S. 348), wie in das Volkslatein der Romanen so in das Deutsche. Bruchstücke wenigstens von Katechismus- reden sind erhalten. Daß er selbst sogar sich an eine „Deutsche Grammatik" wagte und auf Reinigung der deutschen Sprache drang, indem er germanische Namen an Stelle der Fremdwörter bei Bezeichnung der Monate und Winde setzte, haben wir schon erörtert.

Der Mann, welcher auch unter der allem Germanischen so abgünstigen Regierung Ludwigs im Sinne Karls das Deutsche liebevoll zu pflegen fort- fuhr, war Hrabanus Maurus, geboren ca. 776 zu Mainz, wie Einhard (oben S. 342) ein Schüler der Klosterschule zu Fulda unter Baugulf (780—802), dann ganz besonders Alkuins zu Tours, der ihn nach einem

---

1) Theganus, vita Ludovici ed. c. 19.

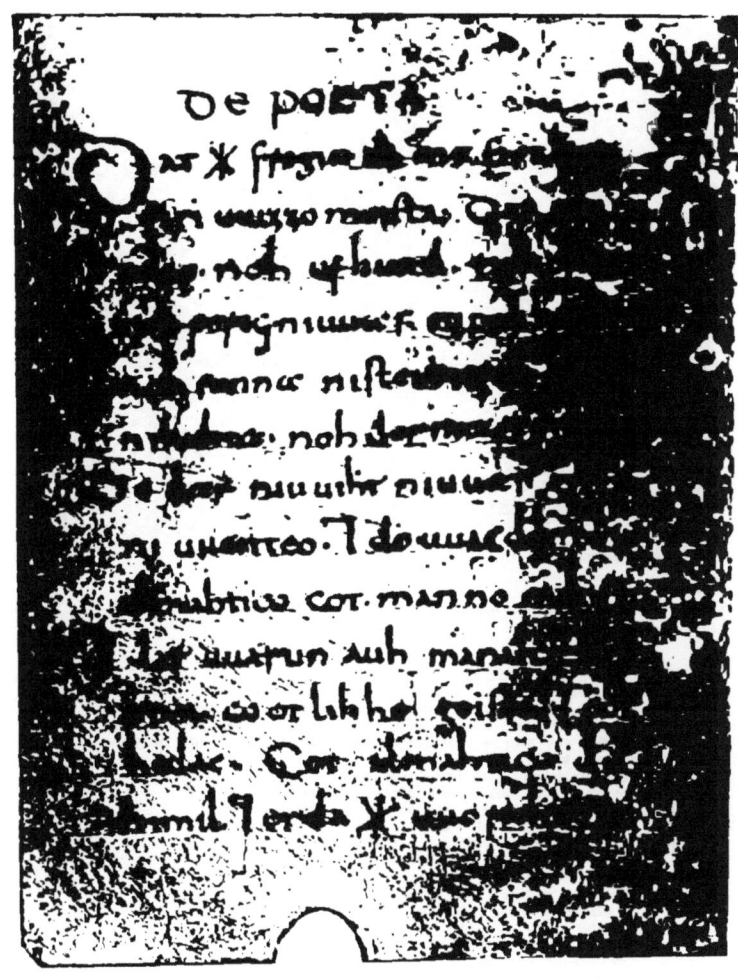

Facsimile der Handschrift des Wessobrunner Gebets.
München. kgl. Bibliothek. Aus dem Anfang des 9. Jahrh. Originalgröße.

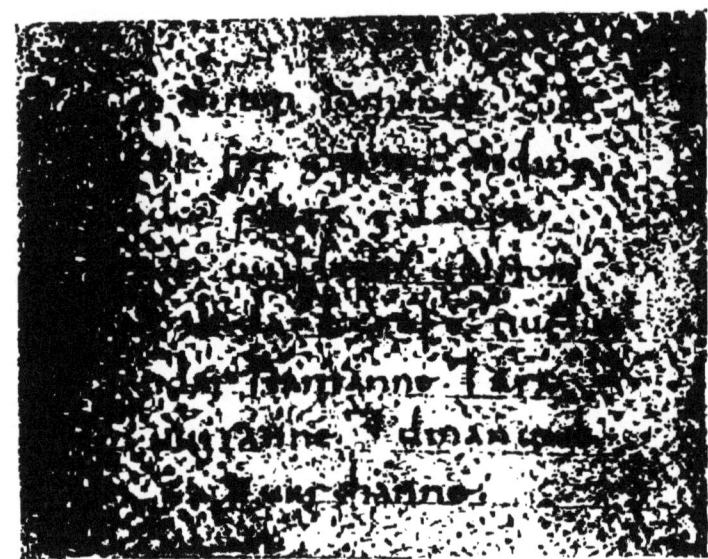

Transskription und Uebersetzung des „Wessobrunner Gebets".
(Nach Koennecke.)

De Poeta. Vom Dichter.

Dat gafregin Ih mit firahim firiuuizzo meista.
Das erfuhr ich mit (den) Menschen (als der) Menschenweisheit meiste (größte).
dat ero ni uuas noh ufhimil noh paum noh pereg ni uuas
daß Erde nicht war noch der Himmel oben noch Baum noch Berg nicht war
ni noh heinig noh sunna ni scein
nicht noch einiges noch Sonne nicht schien
noh mano ni liuhta noh der marʒo seo:
noch Mond nicht leuchtete noch der heerliche See:
Do dar niuuiht ni uuas enteo ni uuenteo:
Da (als) da nichts nicht war (der) Enden noch (der) Wenden:
enti do uuas der eino almahtico cot,
und da war der eine allmächtiger Gott,
manno millisto enti dar uuarun auh manake mit inan,
der Mannen mildeste und da waren auch manniche mit ihm
cootlihho geista enti cot heilac.
göttliche Geister und Gott (der) heilige.
Cot almahtico, du himil enti erda gauuorahtos enti du
Gott allmächtiger (der) du Himmel und Erde wirktest (schufst) und (der) du
mannun so manac coot rotʒapi, vorgip mie in dino
Menschen so mannich Gut gabst gib mir in (bei) deiner
ganada rehta galaupa enti cotan uuilleon uuistom enti spahida
Gnade rechten Glauben und guten Willen Weisthum und Klugheit
enti craft tiuflun za uuidarstantanno enti arc za piuuisanna
und Kraft Teufeln zu widerstehen und Arg zu vermeiden
enti dinan uuilleon za gauurchanne.
und deinen Willen zu wirken (thun).

Lieblingsschüler Sanct Benedicts Maurus zubenannte. Nach Fulda zurück=
gekehrt ward er Lehrer in der Klosterschule, und 822 nach Eigils (oben
S. 156) Tod Abt daselbst, 842 legte er diese Würde nieder, ward aber 847
Erzbischof von Mainz, als welcher er 856 starb. Schon zu Fulda hatte er
eifrig deutsche Glossen zur Bibel geschrieben: seine liebevolle Pflege des Deutschen
wirkte mächtig auf seinen Schüler Otfried, den Verfasser des „Krist“: er
nahm sogar uneracht der heidnischen Runen das Alphabet der Nordalbinger
in eines seiner Bücher auf. Als Erzbischof von Mainz erneuerte er Karls
Gebot bezüglich der Verdeutschung der lateinischen Predigten (oben S. 351).
Mit Recht hat man[1]) es als den meist bezeichnenden Ausdruck für die durch
Karl gegebene Anregung auch für germanische „Literatur“ hervorgehoben, daß
um die Mitte des 10. Jahrhunderts unter Walahfrid Strabo (oben S. 344
842—849) in der Klosterschule zu Reichenau fremde Brüder deutsche Sprache
gelehrt wurde an deutschen Gedichten. Die Einwirkung Karls ist also doch
nicht so spurlos nach seinem Tod erloschen, wie gewöhnlich dargestellt wird.

1) Wackernagel I, 68.

Transscription zu dem Facsimile aus

Otfried's Evangelienbuch ("Krist").

Wien, k. k. Hofbibliothek. Cod. Nr. 2687. fol. 11 recto bis 13 recto.

(Lob der Franken und die Begründung,
weshalb Otfried sein Buch deutsch gedichtet hat.)

ioh flit, er, gigâho, thaz sinaz lo gibuhe:
Vuánana sculun fránkon éinon thaz biuuánkôn,
   ni sie in frénkisgon biginnen, sie gotes lób singên?
Nist si sô gisúngan, mit régulu bithuúngan,
   si hábèt thoh thia ríhti in scônêru slihti.
Íli thu zi nóte theiz scrîmo thoh gilute,
   ioh gótes uuizzôd thánne thárana scóno hélle;
Thaz thárana singe, iz scôno man giséme,
   in thêmo firstántnisse uuir giháltan sin giuuisse.
Thaz lás thir uuesan súazi, sô mézent iz thie fúazi,
   zit ioh thiu régula, so ist gótes selbes brédiga.
Vuil thú thes uuóla drahtôn, thu mêtar uuollês áhtôn,
   in thina súngûn uuirkon dûam ioh scôni uers uuollês dûan;
Íl io gótes uuillen állo ziti irfúllen,
   sô scrîbent gótes thegânâ in frénkisgon thie régulâ.
In gótes gibotes súazi láz gángan thine fúazi,
   nilâz thir zit thes ingân: theist scôni uêrs zár gidân.
Dihto io thaz zi nóti theso sêhs ziti,
   thaz thú thih sô girústes, in theru sibuntôn girúestês.
Thaz kristes uuort uns ságêten ioh druti zîne uns sélitun,
   bifôra Kristu ih iz âl, so ih bi réthemen scal.
Vuanta sie iz gisúngun hárto in ódil zungún,
   mit góte iz allaz riatun, in uuérkon oub giziartun.
Theist súazi ioh oub núzzi inti lérit unsih uuizzi,
   himilis gimácha; bi thiu ist thaz ánder racha.
Ziu sculun fránkon, sô ih quád, si thiu éinen uuesan úngiuuah,
   thie liutes uuibit niduáltun, thie uuir hiar óba zaltun.
Sie sint sô sáma chúani, sélb sô thie rômâni;
   nithárf man thaz oub rédinôn thaz kriahj in es giuuideròn.
Sie éigun in zi núzzi sô sámalicho uuizzi,
   in feide ioh in uuálde sô sint sie sámabalde;
Rihiduam ginúagi, ioh sint oub filu chuani,
   zi uuáfane snélle, sô sint thie thegana alle.
Sie búent mit gizingôn ioh uuúrun io thes giuuôn
   in gúatemo lánte; bi thiu sint se únscante.
Iz ist filu feizzit, hárto ist iz giuuéizzit
   mit mánagfaltên êhtin; nist iz bi únsên fréhtin.
Zi núzze grébit man oub thâr ér inti kúphar
   ioh, bi thia meina! ísine stéinâ.
Oub tháraZua fúagi silabar ginúagi,
   ioh lésent thâr in lánte góld in iro sánte.
Sie sint fástmuate zi mánagemo gúate,
   zi mánagêru núzzi, thaz dúent in iro uuizzi.
Sie sint filu redie sih fianton zirréttinne;
   nigidúrrun sies biginnan, sie éigun se ubaruuúnnan.
Liut sih in nintfúarit, thaz iro lánt rúarit,
   ni se biro guati in thionôn io zi noti;
Joh ménnisgon álle, ther sô iz niumtarfálle —
   ih uueiz, iz gót uuorabta — al éigun se iro fórahta.
Nist liut, thaz es biginne, thaz uuidar in ringe,
   in éigun sie iz firméinit, mit uuáfanon giréimit.
Sie lértun sie iz mit suérton, náles mit thên uuórton,
   mit spéron filu uuásmo; bi thiu fórahtên, sie se nóh sô.
Nisi thiot, thaz thes gidráhte, in thiu iz mit in fehte,
   thoh mêdj iz sin ioh persi, nub in es thi uuirs sî.

Lås ih lu is alauuår in einån búachon, ih uuelz uuár,
sie in sibbu iob in åhtu sîn alexánderes slahtu,
Ther uuórolti só githréuuita, mit suértu sîa al gistréuuita,
untar sîn'n bánton mit filu hertên bántom;
Ioh fånd in theru rédinu, thaz fon macedóniu
ther liut in gibúrti giscéldliher uuúrti.
Nist uutar in, thaz thúlte, thaz kúning iro uuálte,
in uuórolti nibéine, nisi thie sie zugun heime;
Odo in erdringe ånder es bigiune
in thihemigemo thiote, thaz ubar sie gibiete.
Thes eigun sie io nuzzi in uuélH ioh in uuizzi,
nintrátent sie nihéinan, unz si man eigun béilan.
Er ist gizál uharál, in só édil thegan u al,
uoisér inti kúani, thero eigun se io gisúagi.
Uueltit er githiuto mánagêro liuto
ich richit er so réine selb só sîne héime.
Nisint, thie imo ouh dériên, in thiu nan fránkon uuériên,
thie snélli sint irbiten, thaz sie nan umbiriten.
Unanta állaz, thaz sies thénkent, sies al mit góte uuirkent;
ni-lúent sies uuiht in noti åna sîn giráti.
Si sint gótes uuorto filzig filu hárto,
thaz sie thaz gilérnên, thaz in thia béah zellên,
Tház sie thez biginnên, in úzana giuuingen,
joh sie iz ouh irfúllên mit mihilemo uuillen.
Gidán ist es nu rédina thaz sie sint góate theganá,
ouh góte thionônte álle ioh uuísduames fólle.
Nu uuill ih scrîban unsêr héil, éuangéliôno déil,
só nuir nu biar bigúnnun, in frénkisga zúngûn;
Thaz sie niuuesên eino thes selben ádeilo,
ni man in iro gisungi kristes iob sungi.
Ioh er ouh iro uuorto gihíbôt uuerde hárto,
thér sie zimo hálêta, zi gilóubôn sînên ládêta.
Ist ther in iro lante iz álles uuío niutstánte,
in ánder gisúngi úrnôman iz nikúnnî;
Hiar hôr er io zi góate uuaz gót imo gibiote,
thaz uuir imo hiar gisúngun in frénkisga zúngûn.
Ny iréuuên sih es álle, só uuer só muôla uuolle,
ioh so uuér sî hold in môate fránkôno thiote,
Thaz uuir kriste sungun in únsera zúngûn,
ioh uuir ouh thaz gilébêtun, in frénkisgon nan alôôtun.

ioh ílit er gi záhe · thaz sínaz io gi hóhe

U uanar sculun fráncon · éinon thaz bi uuán
ni fie in frénkis ron bi ginnen · fiezotes lób

N ift fi fo gi fúngan · mit régulu bi thúungai
fi háb& choh thia ríhtu · in fcón erus líhtti

J lidu zi nóte · thaz fcón oꝰ doh gi lutt̃
ioh gót ef uuizod thánne · thar ína fcono h

T ház thar ana finge · iz fcóno man zi no ine
in themo fir ftánt niffe · uuir gi háltan fin z

T haz láz thir uuefan fúzzi · fomézent iz thiefú
zit ioh thiu régula · fo ift gótef félber bréid
V ul dithef uuola dráhton · du métar uuolles
in thina zungun · uuirken dúam · ioh fconu u

J lio gótef uuillen · állo ztzi erfúllen
fo fcribent gótef thezana · in frénkis zon thiu

J n gótef zi bote fúzzi · laz génzan thinef fúzzi
ni laz chir · zit chef ín gán · cheft fcomfct́f ſa

O ibto ió chaz zi nóte · thefo fchif ztzi
chaz d̃ dúhih fo gi ráftef · in theru ftbumum zu

T haz xpíftef uuortanf fágetum · ioh drútaf inc
bi fora lazu th iz ál · foth birdtcone̅ ſcal

nuzzi. infhelli ioh inuuizzi ./

enihanarr. unzskeman eigun hailan ·

ril iofo edil thegan skal ·

iam. thero eigunfieio giniuazi

uto. mana zeroliuto

fereme. felbfo fine heime·

o ouh derren. indthiu nanfrankon uueri er

eirbiten. chazfienan umbiriten

paz fief thenkent. fieiz almit goteuuirkent·

uuihe innoti. anafin girazi

uorto. flizig filu harto

gilérnen. chazindiu buah zellen ·

ngimnen. izuzana gifingen

irfullen. mit mihilomo uuillen ·

nuredina. chazfiefint giuuechegana

mionti. alle. ioh uuifduames folle·

ban unferhál. euangeliono deil

iar bigúnnun. infrénkisga zungun ·

efen éno. chefelben idalo

o gizungi krifter lób fungi

o uuorto. gilóbor uuerdenifto

Drittes Capitel.

Schlußbetrachtung. Rückblicke.

An dem Ziel einer langen Wanderung sind wir angelangt: wir haben die Geschicke der Ost= und der Westgermanen (ausgenommen der nach den brittischen Eilanden ausgewanderten Angeln und Sachsen; ausgeschlossen blieben die Nordgermanen) verfolgt von ihrem frühesten Auftauchen als eines von den übrigen Ariern gesonderten Völkerzweiges bis zu dem Zu= sammenschluß aller späteren deutschen Stämme und der Langobarden in einem erneuten weströmischen Kaiserthum germanischer Nation. Wir haben sie in Europa, in Afrika Reiche gründen, bis nach Asien zu Land und zur See streifen sehen. Wir haben aus der Mischung von Germanen mit Römern in Italien, mit latinisirten Kelten und Iberiern in Gallien und Hispanien die drei romanischen Völker der Italiener, Franzosen und Spanier hervorwachsen sehen. Wir haben die Germanen die Bildung des römischen Weltreiches und als ein Stück derselben die kaiserlich römisch= byzantinische Statsreligion, das Christenthum, später die rechtsrheinischen Stämme dasselbe als die königlich fränkische Statsreligion annehmen sehen. Endlich haben wir die gewaltigsten Veränderungen in der Verfassung aller germanischen Völker westlich vom Rhein und südlich der Alpen, zuletzt auch Umgestaltungen in den Verfassungszuständen der rechtsrheinischen Stämme er= folgen sehen.

Es ist wohl gethan, auf die weiten und vielverschlungenen Wege, die wir gewandert, von der erstiegenen Höhe aus einen Rückblick zu werfen, aus der in ihrer Fülle fast verwirrenden Menge von Thatsachen, von äußeren Begebnissen das Wesentliche, den inneren Zusammenhang, die treibenden Kräfte, die wirkenden Ursachen und bewirkten Ergebnisse zusammenfassend heraus= zugreifen und knapp und hell vor Augen zu stellen.

Wir beginnen mit dem Beginn.

Welche treibende Kräfte es waren, welche zuerst die Lösung der Germanen von den übrigen Zweigen der arischen (kaukasischen, indogermanischen) Race bewirkten, also von Indern, Persern, Armeniern, Graekoitalikern, Kelten und Letto=Slaven, — wir wissen es nicht: ebenso wenig in welcher Zeit dieses Hervortreten der Germanen als selbständiger Völkerverband erfolgte. Als die

23*

Urheimath der Indogermanen wurde lange Zeit unbestritten Asien, das vordere Mittelasien — östlich vom Kaspischen Meer — angesehen.

In neuerer Zeit wurde diese, wie es schien, für immer gesicherte An= nahme vielfach angefochten: zum großen Theil mit Gründen, welche herzlich wenig beweisen würden, auch falls die dabei behaupteten Thatsachen richtig wären, in echt dilettantischer Methodelosigkeit. Jedoch haben auch Männer wie Benfey (in Göttingen) und Bezzenberger (in Königsberg) mit Gelehrsamkeit, mit Scharfsinn und mit methodischer Kritik die früher allein herrschende Lehre bekämpft: sie verlegen jene Urheimath nach Europa, ja sogar in die Mitte von Europa, in den Kern von Teutschland! Ueberzeugend kann man jedoch diese scharfgeistigen, nur etwas allzuscharfen und spitzigen Aus= führungen nicht nennen. Sie stehen mit manchen zweifellosen Thatsachen in unvereinbarem Widerspruch.

Die Einwanderung der Italiker in die apenninische Halbinsel ist nicht, wie obige Annahme voraussetzen würde, von Norden über die Alpen her erfolgt.

Die Einwanderung der Hellenen in Griechenland ist ohne Zweifel von Osten, nicht, wie jene Annahme voraussetzen würde, von Westen her erfolgt. Daß Inder und Perser aus Thüringen an den Indus und Ganges sollten gewandert sein, ist doch recht schwer denkbar. Mag übrigens die Urheimath der Indogermanen wegen der der Ursprache fehlenden Namen für Löwen und Tiger weiter westlich als bisher geschehen angesetzt werden müssen: — fest steht jedenfalls, daß in Europa die Richtung der allmäligen Fortbewegung der Germanen nicht nach Osten, sondern nach Westen erfolgte — im Ganzen und Großen. Wanderungen der Gothen, Burgunden und Langobarden von Nordwest nach Südost sind dadurch nicht ausgeschlossen. Zur Zeit des Pytheas (330 v. Chr.) trennt noch die Elbe Kelten und Germanen: lange vor Cäsar (ca. 50 v. Chr.) haben die Germanen sogar den Rhein überschritten: in der Zeit zwischen 300 und 100 v. Chr. also haben sie den ganzen Zwischenraum, die Kelten vor sich herschiebend, zum Theil aber als unterworfne unter sich wohnen lassend (so in Böhmen und noch südöstlich von Böhmen), theils erfüllt, theils doch durchzogen und be= herrscht.

Diese Bewegung vollzog sich nun aber gar langsam, keineswegs als eine mit Bewußtsein auf einmal nach Westen gerichtete: die Bewegung, welche uns ihrem Ergebniß nach als eine einheitliche erscheint, bestand in Wahrheit aus einer unübersehbaren Zahl von kleinen zusammenhanglosen Bewegungen ein= zelner Völker, ja einzelner Gane.

Daß dabei — allmälig und zuletzt: denn im Anfang bei sehr starkem Uebergewicht schweifender Viehzucht über den noch nicht in dauernder Seß= haftigkeit betriebenen Ackerbau mag lange Zeit ein Umherwandern im Kreise stattgefunden haben — nachdem man tiefer in Europa eingedrungen, die Rich= tung nach Westen und Süden überwog, mag einmal in der stärkeren An=

ziehungskraft des milderen Himmelsſtrichs, des fruchtbareren Bodens, der von den Kelten bereits begonnenen Urbarmachung von Wald und Sumpf begründet geweſen ſein, andrerſeits mochten die dicht hinter ihnen folgenden Oſtgermanen den Weſtgermanen, den Oſtgermanen die hinter ihnen darein ziehenden Letto=Slaven die Umkehr nach Oſten erſchwert haben.

Die alte Gliederung der Germanen in Oſtgermanen = Gothen, Nordgermanen = Skandinavier, Weſtgermanen = Deutſche (mit Langobarden und Burgunden) iſt aufrecht zu halten gegenüber der neuerdings vorgeſchlagenen von Oſtgermanen (Gothen und Skandinavier) und Weſtgermanen (Teutſche).

Die Einwanderung in Skandinavien geſchah, wie es ſcheint, von zwei verſchiedenen Seiten aus: die ältere von Oſt nach Weſt (wohl ſchon gleich, nachdem man aus dem aſiatiſchen in das europäiſche Rußland vorgedrungen), die jüngere von Süd nach Nord, von den Küſten und Inſeln der Oſt= und Nordſee her.

Wir haben geſehen, wie die Einwanderung der Germanen zwar gleich der der Kelten von Oſt nach Weſt, aber bedeutend weiter nördlich als die der Kelten erfolgt iſt; ſpätere Rückwanderung einzelner keltiſcher Schwärme nach Oſten und Süden iſt damit voll vereinbar.

Wir haben dann ausführlich dargewieſen, wie die Unmöglichkeit, an Rhein und Donau die römiſchen Gränzen zu durchbrechen die Weſtgermanen gezwungen hat, allmählich immer mehr zu ſeßhaftem Ackerbau überzugehen, wie in Folge hievon die Bevölkerung ſtark und raſch zunehmen mußte, entſprechend der Vermehrung und der verſtärkten Sicherheit der Nahrungsmittel; wie dieſe Uebervölkerung nach Außen und nach Innen wirkte, iſt noch einmal in Kürze zu erinnern.

Nach Außen führte ſie zu jenen Völkerausbreitungen, welche man „Völkerwanderung“ genannt und viel zu ſpät (375 n. Chr.) angeſetzt hat.

Selbſtverſtändlich würde der von den Weſtgermanen behauptete Raum vom Rhein bis an die Donaumündungen genügt haben, eine noch viel größere Volksmenge zu ernähren, bei eindringendem, mit wiſſenſchaftlichem Verſtändniß, mit entſprechenden Mitteln und Geräthen betriebenem Ackerbau: allein hiefür fehlte es eben an Kenntniſſen und Werkzeugen, zum Teil auch an Neigung.[1]) Daß es ſich aber bei jenen Bewegungen um nothgedrungene Ausbreitungen, nicht um muthwillige Abenteuer handelte, erhellt ſchon daraus, daß nicht nur die Wehrfähigen, daß Weiber, Kinder, Greiſe, Unfreie, Herden und auf Wagen die andere Habe mitgeführt werden. Auch „wandert“ in ſehr vielen Fällen nicht das ganze Volk aus den bisherigen Sitzen, ſondern es ziehen nur einzelne Gaue deſſelben aus, um den Zurückbleibenden Raum zu ſchaffen.

---

1) Wir haben dieſe Verhältniſſe bei den Germanen von der Wanderung der Kimbern und Teutonen bis zur Mitte des 4. Jahrhunderts unter Heranziehung aller in den Quellen angegebenen Zahlen ausführlich dargeſtellt in der Abhandlung die „Landnoth der Germanen“, Breslauer Feſtſchrift für Windſcheid. Leipzig 1889.

Im Inneren bewirkte die zunehmende Bevölkerung das Verschwinden oder doch die Schmälerung der früheren breiten Flächen ungerodeten Landes, das Zusammenrücken der Gaue und der Völkerschaften, daher verstärkten Druck, vermehrte Anziehungskraft in Krieg und Frieden der größeren Verbände auf die kleineren: folgeweise Zusammenwachsen der bisherigen Gaustaten zu Staten der Völkerschaft: später dann der Staten der Völkerschaften zu Gruppen der Stämme, der Völker — Alamannen, Franken, Frisen, Sachsen, Thüringe, Baiern — durch Nachbarschaft, alte Blutsverwandtschaft, gemeinsame Opfer, gemeinsame Gefahren und zu deren Abwehr auch wohl durch Bündnißverträge — vorübergehende erst, dann häufig wiederholte, endlich dauernde —, verbunden, bis in fortschreitender mittestrebiger Bewegung Ein Volkskönig alle Alamannen, alle Franken, alle Thüringe vereint und endlich ein Reichskönig im Frankenreich alle „deutschen" Stämme zusammenschließt, die Langobarden und zuletzt auch ungermanische Völkerschaften heranzwingt.

Gleichzeitig mit diesem Vorschreiten vom Gaustat zu dem der Völkerschaft u. s. w. und Hand in Hand damit vollzieht sich eine zweite Aenderung der Verfassung: die noch zur Zeit des Tacitus ungleich zahlreicheren gewählten Richter (Grafen) weichen immer mehr verdrängt durch Könige, welche zwar auch nicht ohne Wahl, aber mit stäter starker Einwirkung des Erbrechts des königlichen Geblütes erhoben werden. Ausbreitung des Statsgedankens über eine größere Zahl von Statsangehörigen, über weitere Strecken Landes und Erstarkung der Statsgewalt in der Hand eines Königs vollziehen sich zugleich: zumal die Vertretung nach Außen und die Entscheidung über Krieg und Frieden gleitet in den Stürmen des 3. und 4. Jahrhunderts thatsächlich, obzwar nicht rechtlich, immer mehr aus der Volksversammlung auf den König hinüber.

Ungefähr bis Mitte des 2. Jahrhunderts kann die Entwickelung bei Ostgermanen und Westgermanen einheitlich dargestellt werden: von der Südwanderung der Gothen aus den Ostseelanden an die Donaugegenden an muß die Geschichte dieser Völker besonders verfolgt werden.

Diese Südwanderung, der Druck der „von oben her" drängenden „Nordvölker" auf die Donaugermanen, zumal Markomannen und Quaden, bewirkte das Einfluthen dieser letzteren über den Strom in das römische Gebiet, den von den Römern sogenannten „Markomannenkrieg": er bildete den Anfang von Bewegungen, welche auf die Dauer nicht zurückzustauen waren: lange bevor die Westgermanen den Rheinlimes und den Rhein, überschritten die Ostgermanen die Donau und wurden unter stets ihnen günstigeren Bedingungen in römischen Provinzen angesiedelt als Gränzer, als Colonisten, als Foederati, bald unter Belassung ihrer Könige: häufig wurde ihnen gemäß alter römischer Verpflegungseinrichtung, der hospitalitas, der dritte Theil der Früchte, später dann des Grundeigenthums je eines römischen „possessor" zugesprochen, wogegen sie unter Anerkennung kaiserlicher Oberhoheit die Gränze gegen andere Barbaren zu vertheidigen hatten.

Die anfangs, d. h. so lang das Römerthum die Kraft hatte, die aufgenommenen barbarischen Kräfte sich anzueignen und aufzusaugen, ersprießliche
Maßregel mußte, als jene Kraft versiegte, zur allmählichen Barbarisirung
des Reiches führen. Die Entwickelung zeigt nun ununterbrochen eine Steigerung der Ansprüche der germanischen Söldner: sie begnügen sich nicht mehr
mit den Früchten und mit den rauhen und viel gefährdeten Außenprovinzen
— Italien, Mösien — sie verlangen Theilung des Grundeigens selbst,
und zwar in den fruchtbaren Binnenlanden des Reiches: die Weigerung der
kaiserlichen Regierung, Italien selbst zum dritten Theil den germanischen
Söldnern — fast ganz ausschließend gothischer Völker — zu überlassen, führt
zu deren Aufstand und dem Untergange des Weltreiches.

Von den großen gothischen Völkern ist das der Vandalen zuerst untergegangen. Eine sehr langsame, mit vielen Unterbrechungen ausgeführte Verschiebung hat dieselben allmählich von der Oder an die Donau in Ungarn
geführt, von da nach langem Verweilen quer durch Deutschland und Frankreich nach wiederholten vergeblichen Versuchen auch in die pyrenäische Halbinsel und nach etwa einem Menschenalter über die schmale Meerenge gar nach
Afrika, wo es schon nach einem Jahrhundert erlag, die thörige Verfolgung
der Katholiken hatte den Gegensatz der Römer zu den ketzerischen Barbaren
noch verschärft; übrigens wäre dies Reich ohne Zweifel ein Jahrhundert später
dem Islam noch früher und leichter erlegen, als das westgothische in Spanien.

Die Westgothen konnten sich vermöge der Lage ihres Gebietes dem
hunnischen Joch entziehen: sie fanden Aufnahme auf römischem Boden unter
Annahme des Christenthums in dem Bekenntniß des eifrig arianischen Kaisers
Valens. Nach langer Zersplitterung unter einem König des ganzen Volkes
zusammengefaßt finden die Westgothen, welche von allen Germanen zuerst Rom
erobert haben, in Gallien und Spanien endlich eine „ruhige Heimath"
(quietam patriam): gegen Ende des 5. Jahrhunderts unter Eurich vor
Errichtung des Ostgothenreiches in Italien und des fränkischen durch
Chlodovech ist ihr Reich der mächtigste Germanenstat im Abendland: ganz
Spanien (abgesehen von Portugal) und Frankreich bis an die Loire
umfassend: aber bald geht der größte Theil der gallischen Besitzungen, das
Reich von Toulouse, an die Franken verloren: das Reich von Toledo krankt
an dem Mangel eines sich in erblichem Besitz der Krone behauptenden Königs-
geschlechts, an der Meisterlosigkeit eines junkerhaften Weltadels, an dem schroffen
Gegensatz der ketzerischen Gothen zu den katholischen Römern und, nach Herstellung der Glaubenseinheit, an einer völligen Unterjochung des States durch
den geistlichen Adel der Bischöfe: der Stat verrottet wie ein wurmstichig
Kloster, eine allbevormundende, greisenhafte Gesetzgebung kann die absterbende
Heldenschaft nicht ersetzen und das Reich, von Parteien unterwühlt, erliegt
dem Islam bei dem ersten Anlauf.

In Italien war an Stelle des Söldnerreiches das Ostgothenreich
Theoderichs getreten, in formaler Abhängigkeit von dem Kaiserthum zu

Byzanz. Die Bewunderung des großen Friedensfürsten für die antike Bildung konnte dieser Statsschöpfung einen gewissen Glanz im Inneren, nicht aber sichere Grundlagen der Dauer gewähren. Der Gegensatz der Bekenntnisse und der Volksart blieb auch hier unüberbrückt: der Versuch, der gefährlich um sich fressenden Gewalt der Franken ein Friedensbündniß der andern Germanen-staten unter Theoderichs Schutzherrschaft entgegen zu stellen, scheiterte: das schon gegen das Ende von Theoderichs Herrschaft aufsteigende Gewitter entlud sich über den Häuptern seiner schwachen Erben und nach heldenhaftem Wider-stand erlag seine Schöpfung dem Bündniß der katholischen römischen Be-völkerung mit der überlegenen byzantinischen Feldherrnkunst.

Schon dreizehn Jahre darauf aber verlor Byzanz, durch die Perser-kriege vom Abendland abgehalten und durch innere Wirren geschwächt, ganz Ober- und Mittelitalien an die aus Ungarn ausgewanderten Langobarden, denen es bei ihrer geringen Volkszahl, zumal in Ermangelung einer Seemacht, gleichwohl in zwei Jahrhunderten nicht gelungen ist, die ganze Halbinsel zu erobern: der Mangel eines starken erblichen Königthums, die Unbotmäßigkeit der drei großen Gränzherzogthümer, die thörige Herausforderung der fränki-schen Uebermacht, die musterhafte Vertheidigung des oft bedrohten Rom durch ausgezeichnete Päbste — fast nur mit geistigen und geistlichen Mitteln — vereitelten diesen, auch nie beharrlich genug angestrebten Erfolg. Das Reich erlag dem Bündniß des Pabstthums mit dem arnulfingischen Geschlecht und der Frankenmacht.

Uebrigens muß von all diesen Reichen in Afrika, Spanien, Süd-gallien und Italien gesagt werden, daß sie — auch ohne Vernichtung durch Byzanz, Araber und Franken — als Germanen-Reiche von An-fang an unrettbar verloren waren. Denn die Germanen in diesen so weit südlich und westlich gegründeten Staten waren von vornherein auf den Aus-sterbestand gesetzt: so viele als eingewandert waren blieben darin, — nicht Einer kam nach. Da mußte denn die gegenüber der vorgefundenen roma-nischen Bevölkerung verschwindend schwache Zahl von Germanen in kurzer Zeit unter dem überwältigenden Einfluß eines südlichen Himmelsstrichs und einer unvergleichlich überlegenen Bildung — zumal bei dem höchst wichtigen noch viel zu wenig gewürdigten Eintritt in die gesammten wirthschaft-lichen Zustände der Römerwelt — der Verrömerung verfallen; alle Vortheile, aber auch alle Nachtheile der überreifen römischen Bildung ergriffen Van-dalen, Ostgothen, Westgothen, Burgunden, langsamer Langobarden. Dagegen büßten sie alle jene Vortheile ein, welche seit dem dritten Jahr-hundert den Germanen das Uebergewicht über das Römerthum gewahrt hatten: sie hatten kein Austrasien, ihr Neustrien immer wieder zu erfrischen, zu verjüngen.

Die Franken hingegen vereinten alle Vortheile der römischen Bildung (einschließlich des Christenthums) in ihren südwestlichen mit allen Vortheilen germanischer Waldfrische in ihren nordöstlichen Gebieten: wiederholt hat ihr

Austrasien ihr Neustrien gerettet: an Stelle der verfaulten neustrischen Merovingen traten die austrasischen Arnulfingen und vor dem Islam haben, nachdem er Aquitanien überfluthet und bereits die Loire überschritten hatte, Christenthum und romanische Bildung die Schwerter der „Nordvölker", der Austrasier, geschützt.

Die übrigen Gründe, welche gerade den Franken es ermöglichten die andern germanischen Stämme von den Langobarden im Süden bis zu den Dänen im Norden hin unter Einer Reichsgewalt zu versammeln, haben wir ausführlich erörtert: es war die glänzende Begabung dieses raschen Stammes, die in den ersten der Merovingen gleichsam gipfelt, und das enge Bündniß mit der gallischen, später auch der römischen Kirche durch die Annahme des Christenthums im katholischen Bekenntniß: — eine That von weltgeschichtlicher Tragweite. Dazu kam, daß die Frankenmacht früher jene Verfassungsumgestaltung gewann, welche kurz als Erstarkung des Königthums bezeichnet werden mag, während die rechtsrheinischen Stämme noch in jenen mittefliehenden Zuständen beharrten, welche sie zu Angriff und Vertheidigung ungleich weniger geschickt machten. Sehr wichtig ward, daß schon Chlodovech nicht nur nach Süden und Westen das Frankenreich ausdehnte — hier wäre die Romanisirung des ganzen States unvermeidlich geworden — daß schon er durch Heranziehung der Alamannen seinen Söhnen und Enkeln die Brücke über den Rhein schlug: dies eben sicherte seinem Reiche die Verjüngung aus germanischem Blut.

Gegen Ende des 7. Jahrhunderts droht dem Frankenreich das Auseinanderfallen: wir sahen, einen wie schmalen Streifen Landes nur noch der Meroving oder sein neustrischer Hausmeier beherrschte: Aquitanien, d. h. alles Land südwestlich der Loire, ist thatsächlich selbständig, ebenso alles Land östlich vom Rhein und Austrasien auf dem linken Rheinufer, ja sogar die Champagne bis über Rheims hinaus macht Miene, zwischen Neuster und Auster eine Sonderstellung einzunehmen: die Krone ist von dem Tienstadel unter Führung des Majordomus geknechtet: da erhebt sich das arnulfingische Geschlecht, dies Geschlecht von Helden und Statsmännern, aus geringen Anfängen, nicht ohne einen starken Rückschlag (Grimoald), nicht ohne wiederholtes Mißlingen der beiden ersten Pippine und Karl Martells: aber ihre andauernde Zähigkeit, ihre große Klugheit, ihre scharfe Kraft siegt; und bei aller Selbstsucht des Eifers für ihren Hausvortheil: sie erkennen klar: das der Gesammtheit des Volkes, das dem Reich Erprießliche und sie erstreben es mit allen jenen Vorzügen: das enge Bündniß mit Rom, begründet und in seiner Dauer gesichert durch die Bekämpfung gemeinsamer Feinde in Italien, durch Anstrebung gemeinsamer Ziele in Teutschland, durch das Schutzbedürfniß der Päbste und durch das Bedürfniß Pippins nach kirchlicher Weihung seiner unrechtmäßigen Thronbesteigung, führt endlich in dem genialen Vollender des von den talentvollen Ahnen Begonnenen auf allen Gebieten, in Karl dem Großen, zu dem krönenden Abschluß des Gebäudes:

die Frankengeschichte geht in der Erwerbung der Kaiserkrone in die Weltgeschichte, das Frankenreich in das Weltreich über.

Vom Sippeverband durch den Geschlechterstat, den Gemeindestat, den
Gaustat, den Stat der Völkerschaft, des Volkes, mehrerer Völker im Reichsstat,
bis zu dem Weltstat des Abendlands führte unser langer Weg: bis dahin hat
der Statsgedanke getrachtet, immer größere Kreise von Leuten und Land in
Einen Stat zusammenzufassen.

Mit dem Tode Karls beginnt die entgegengesetzte Strömung: ein Jahrhundert nach seinem Tod ist sein Reich vermöge der Verschiedenheit der
Bildungsstufen, der Verschiedenheit der Stärke der Verrömerung auseinander-
gebrochen in die drei großen fortab für immer getrennten Gruppen: das
völlig romanisirte Italien, das halb romanisirte Frankreich, das gar nicht
romanisirte Deutschland: diese großen Gebiete hatten nichts miteinander
gemein als das Christenthum und die Person des Herrschers: als letztere eine
gewaltige nicht mehr war, vermochte der gemeinschaftliche Glaube allein die
Gegensätze der Völkerart, der Bildungs- und Wirthschafts-Zustände nicht mehr
statlich zusammenzuhalten — in Einem Reich. Ja, die mittefliehende Bewegung drohte auch die deutschen Stämme in etwa sechs Stammesstaten zu
zerspalten: nur die Noth, das Bedürfniß der Abwehr gemeinsamer Feinde im
Norden und Osten, welche dem einzelnen Stamm nicht möglich war, hat das
„deutsche Reich" zu Anfang des 10. Jahrhunderts zu Stande gebracht und
gegenüber der Selbstsucht der Fürstengeschlechter geraume Zeit erhalten.[1]

---

1) Nachtrag. Krusch in seiner trefflichen Ausgabe von Fredigar (s. oben
S. 311) liest jetzt IV, 61, S. 151, vgl. 578, Neustrasiorum statt Austrasiorum, wodurch
die III, S. 627 erörterten Schwierigkeiten einfach behoben sind.

Stammtafel der Me

(Aus v. Giesebrechts Lehr

I. Die Merovinger bis

König Merovech

König Childerich I., gest. 481
Basina, in erster Ehe mit dem Thüringerkönig B

König Chlodovech I., geb. 466, gest. 511.
1) Eine Beischläferin.
2) Chlodechildis (Chrodechildis), Tochter des Burgunderkönigs Chilperich, gest. 51

1.	3.	5.	2
König Theuderich I., gest. 531	Ingomar, geb u gest 494.	König Chlodomer, geb. 495, gest. 524.	König Childib
Suavegotta, Tochter des Burgunder- königs Sigimund.		Guntheuka, in 2 Ehe m. Chlothachar I verm.	Bultrogotha.
	Theudoald, gest. um 530.	Gunthar, gest. um 530.	Chlodoald, Geistl. gest. um 560.	Chroteberge
König Theudebert I., gest. 548.			
1) Deoteria, in erster Ehe ?) mit einem Römer von Cabrière verm.			
2) Wisigarbis, Tochter des Langobardenkönigs Wacho.			
3) Eine Ungenannte.			
König Theudobald, gest. 555.			
Vulderada, Tochter des Langobardenkönigs Wacho, in zweiter Ehe mit Chlothachar I vermählt.			

2.	3.	3.	3	
	Gunthar, gest. v. 561.	Chilberich, gest. 561.	König Charibert, gest. um 570.	König Guntra
Chramn, erm. 560.			1) Ingoberga, gest. 589.	1) Beretrada
Chalda, Tochter des Herzogs Willichar von Aquitanien, erm. 560.			2) Merofledis, Tochter e Wollart.	2 Marcatrude gest v 577
			3) Marcovefa, Merofledens Schw	3) Austrigildis,
Mehrere Töchter, ermordet 560.			4) Theodigildis, Tochter eines Schäfers, später im Kloster zu Arles	

1.	2. oder 3.	2 oder 3	4.	1.
Bertha oder Alberga. König Ethelbert von Kent.	Berthefledis, Nonne zu Tours.	Chrodielbis, Nonne zu Poitiers	Ein Sohn, der bald nach der Geburt starb	Gundobad, gest.

II. Die Nachkommen S

König Sigibert, ermordet 575.
Brunichildis, Tochter des Westgothenkönigs Athanagild, vermählt 566,
abermals 576 mit Merovech vermählt, hingerichtet 614.

König Childibert II., geb. 571, gest. 596. Failenba.	Ingundis, gest. in Afrika 585. Hermenigild, Sohn des Westgothenkönigs Leovigild	Chlodosuinda.
König Theodebert II., geb. 586, gest. 612.	König Theoderich II., geb. 587, gest. 613.	Ein Sohn, geb u gest 589.

1.	1.	1.	1.		5.
Theodebert, gefallen 575.	Merovech, erm. 577. Brunichildis, Sigiberts Wittwe.	Chlodovech, erm. 580.	Basina, wird u. 580 Nonne zu Poitiers. ¹)	Rigunthis.	Chlodobert, geb. 5

ovinger zu Gregor.

ng von Gregor von Tours.)

igibert und Chilperich.

vermählt.

Zudefleda. Theoderich der Große, König der Oftgothen.	Albofleda.	Lautechildis.

	2.		2.
t I., geft. 558.	König Chlothachar I., geft. 561.		Chlodechildis (Hrodechildis).
	1) Guntheuka, Wittwe Chlodomers.		Amalarich, König der Weftgothen.
	2) Chunfina. ')		
Chrotefinda.	3) Ingundis, aus niederem Stande.		
	4) Aregundis, Ingundens Schwefter.		
	5) Radegundis, Tochter des Thüringerkönigs Berthar,		
	wird um 550 Nonne zu Poitiers.		
	6) Eine Beifchläferin.		
	7) Gulderrada, Wittwe Theodebalds, dann gefchieden		
	und Herzog Garivald vermählt.		

	3.	3.	4.	6.
I, geft. 594.	König Sigibert, geb. um 535,	Chlodofinda.	König Chilperich, erm.	Gundoald, von Chlothachar
...folterin, eine Magd.	erm. 575. (S. Tafel II.)	Alboin, König der	584. (S. Tafel II.)	nicht anerkannt, erm. 585.
...ochter Herzog Magnachars,		Langobarden.		Eine Frau aus Italien.
...eratrudens Magd, geft. 580.				Zwei Söhne.

	2.	3.	3.	3.
570.	Ein Sohn, geft. um 570.	Chlodomer, geft. 577.	Chlothachar, geft. 573.	Chlodechildis (Hrodechildis).

t war ganz feft. — 2) Aus diefer Ehe ftammte die Tochter der Deoteria, deren Ende B. III Cap 26 erzählt wird.

berts und Chilperichs.

König Chilperich, ermordet 584.
1) Audovera, verlaffen um 567, ermordet 580.
2) Galfvintha, vermählt und ermordet 567.
3) Fredigundis, von niederer Abkunft, erft Beifchläferin (?)
vermählt um 567, geft. 597.

	3.	3.	3.	3.
...rb 580.	Samfon, geb. 575, geft. 577.	Dagobert, geb. und geft. 580	Theoderich, geb. 582, geft. 584.	König Chlothachar II., geb. 584, geft. 628.

, erwähnt, jedoch in einer Erzählung, die fabelhaft zu fein fcheint.

Stammtafel Gregors.

(Nach v. Sickenbrecht.)

Georgius. Leocadia.

Gallus, Bischof von Clermont.

Florentius.

Petrus, Diakon zu Langres.

Gregorius, Bischof von Langres. Armentaria.

Tetricus, Bischof von Langres.

Eustenius, Bischof von Tours.

Ein Sohn.

Ein Sohn.

Gregorius, Bischof von Tours.

Eine Tochter. Armentaria.

Eine Tochter. Justinus.

Justina, Probstin im Kloster zu Poitiers.

Eustheria. Alcetius.

Eine Tochter.

Florentius. Artemia.

Nicetius, Herzog Gundulf. Bischof von Lyon.

Verzeichniß der Illustrationen.

Im Text.

Vollbilder.

Doppelvollbilder.

Beilagen.

Inhalts-Verzeichniß.

Dritter Theil.

Zweites Buch.
Die Franken.
Fortsetzung: Innere Geschichte des fränkischen Reichs bis 814.

Drittes Buch.
Die im fränkischen Reich versammelten Germanen.

Viertes Buch.
Die Literatur in Frankreich. Rückblicke.

Beendigung des Satzes am 9. September 1869.